W0287735

Arthur Miller · Stücke

Arthur Miller
Stücke

Tod eines Handlungsreisenden
Hexenjagd
Blick von der Brücke
Erinnerung an zwei Montage
Zwischenfall in Vichy
Der Preis
Die große Depression
Spiel um Zeit

Nachwort
von Eberhard Brüning

Henschelverlag Berlin 1988

ISBN 3-362-00111-4

© dieser Ausgabe
Henschelverlag Kunst und Gesellschaft,
DDR – Berlin 1988
4., erweiterte Auflage
Lizenz-Nr. 414. 235/16/88
LSV-Nr. 7336
Lektor: Hildegard Zander
Gestaltung: Birgit Großmann
Umschlagbild: Falk von Wangelin
Printed in the German Democratic Republic
Gesamtherstellung: Offizin Andersen Nexö Leipzig,
BT Hildburghausen
625 809 0
01900

Tod eines Handlungsreisenden

Zwei Akte und ein Requiem

Personen

Willy Loman
Linda
Biff
Happy
Bernard
Die Frau
Letta
Charley
Onkel Ben
Howard Wagner
Jenny
Stanley
Miss Forsythe
Kellner

Die Handlung spielt in Willy Lomans Haus und Hinterhof sowie an verschiedenen Orten im heutigen New York und Boston.

Erster Akt

Eine Melodie ist zu hören, auf einer Flöte gespielt. Sie ist zart und fein, spricht von Wiesen, Bäumen und Ferne. Der Vorhang geht auf.

Vor uns das Haus des Handlungsreisenden. Dahinter bemerkt man turmartige, rechtwinklige Formen, die es von allen Seiten einschließen. Nur ein blauer Schein fällt vom Himmel auf das Haus und die Vorderbühne; die Umgebung liegt in einem aggressiven, orangefarbenen Dunst. Als es heller wird, erkennt man eine solide Mauer von Wohnblocks rundum das kleine, zerbrechliche Eigenheim. Eine traumartige Stimmung liegt über der Szene, ein der Wirklichkeit entrückter Traum. Die Küche im Mittelpunkt wirkt ziemlich real durch einen Küchentisch, drei Stühle und einen Eisschrank. Aber keine anderen Einrichtungsgegenstände. Im Hintergrund der Küche ist ein Durchgang mit einem Vorhang zum Wohnzimmer. Rechts von der Küche ist auf einer um einen halben Meter erhöhten Fläche ein Schlafzimmer, das nur mit einem metallenen Ehebett und einem einfachen Stuhl möbliert ist. Auf einem Regal über dem Bett steht eine silberne Sporttrophäe. Ein Fenster geht auf den seitlichen Wohnblock.

Hinter der Küche liegt, ungefähr zwei Meter erhöht, das Schlafzimmer der Jungen; es ist im Augenblick jedoch kaum sichtbar. Man ahnt zwei Betten und an der Rückwand ein schmales Mansardenfenster. (Dieser Raum liegt über dem nicht gezeigten Wohnzimmer.) Links führt eine Treppe von der Küche im Bogen hinauf.

Der ganze Bau ist zum Teil, an manchen Stellen sogar vollständig, durchsichtig. Der Dachgiebel ist eindimensional; darüber und darunter sind die Wohnblöcke zu sehen. Vor dem Haus dehnt sich eine Fläche über die Rampe bis in den Orchestergraben. Diese vordere Fläche stellt sowohl den Hinterhof als auch den Raum für Willys Visionen und die Szenen in der Stadt dar. Immer wenn die Handlung in der Gegenwart spielt, achten die Darsteller

auf den imaginären Grundriß und betreten das Haus nur durch die Tür auf der linken Seite. In den Szenen aus der Vergangenheit jedoch gibt es solche Grenzen nicht, und Personen kommen und gehen ›durch‹ die Wand auf der Vorderbühne.
Von rechts tritt Willy Loman, der Handlungsreisende, auf; er trägt zwei große Musterkoffer. Die Flöte spielt weiter. Er hört sie, doch ohne darauf zu achten. Er ist über sechzig, unauffällig gekleidet. Sogar als er die Bühne zu dem Hauseingang überquert, ist ihm die Erschöpfung anzumerken. Er schließt auf, kommt in die Küche, setzt die Koffer ab und reibt sich die tauben Handflächen. Ein Stoßseufzer kommt über seine Lippen, es könnte »Junge, Junge, Junge« sein. Er macht die Tür zu, dann trägt er die Koffer durch den abgrenzenden Vorhang nach hinten in das Wohnzimmer. Linda, seine Frau, hat sich rechts im Bett aufgerichtet. Sie steht auf, horcht und zieht einen Morgenrock über. Sie hat Gemüt und unterdrückt standhaft ihre Erregung über Willys Verhalten – sie liebt ihn nicht nur, sie bewundert ihn, weil sie in seiner unsteten Natur, seinen Launen, seinen gewaltigen Träumen und kleinlichen Bosheiten nur zu deutlich die stürmischen Sehnsüchte in seinem Innersten erkennt; Sehnsüchte, die sie teilt, obwohl es ihr an Temperament fehlt, sie auszudrücken und ihnen wirklich nachzugeben.

Linda *als sie Willy außerhalb des Schlafzimmers hört, ruft sie leicht besorgt* Willy?

Willy Alles in Ordnung. Ich bin wieder da.

Linda Warum denn? Was ist los? *kurze Pause.* Ist was passiert, Willy?

Willy Nein, nein. Nichts ist passiert.

Linda Du hast doch keinen Unfall gehabt, oder?

Willy *mit leichtem Unwillen* Ich sag doch: nichts ist passiert. Hast du mich nicht verstanden?

Linda Fühlst du dich nicht wohl?

Willy Ich bin todmüde. *Die Flöte verklingt. Erschöpft setzt er sich zu ihr aufs Bett.* Ich habe es nicht geschafft. Ich hab's einfach nicht geschafft, Linda.

Linda *sehr vorsichtig, behutsam* Wo bist du den ganzen Tag gewesen? Du siehst schrecklich aus.

Willy Ich hab's bis kurz hinter Yonkers geschafft. Dann hab' ich eine Kaffeepause gemacht. Vielleicht lag's am Kaffee.

Linda Was?

Willy *kurze Pause* Auf einmal konnte ich nicht mehr fahren. Der Wagen zog dauernd zur Seite, verstehst du?

Linda *hilfsbereit* Ach. Vielleicht liegt es wieder an der Lenkung. Ich glaube, Angelo kennt sich einfach nicht aus mit dem Studebaker.

Willy Nein, ich bin schuld, ich. Auf einmal merke ich, daß ich hundert Sachen draufhabe und weiß nicht mehr, was in den letzten fünf Minuten war. Ich war ... So als ob ich mit meinen Gedanken woanders wäre.

Linda Vielleicht liegt es an der Brille. Du mußt dir eine neue Brille machen lassen.

Willy Nein, ich sehe alles. Zurück bin ich im Schrittempo gefahren. Für die letzten zwanzig Kilometer hab' ich vier Stunden gebraucht.

Linda *resigniert* Na schön, du mußt eben ausspannen, Willy. So geht's nicht weiter.

Willy Ich war doch gerade erst in Florida.

Linda Aber im Kopf hast du nicht abgeschaltet. Dir geht zuviel im Kopf rum, und der Kopf ist das Wichtigste, Liebster.

Willy Ich fahr' morgen früh wieder los. Vielleicht – bestimmt geht's mir morgen früh besser. *Sie zieht ihm seine Schuhe aus.* Oh, diese verdammten Einlagen bringen mich noch um.

Linda Willst du ein Aspirin? Soll ich dir ein Aspirin holen? Das wird dir gut tun.

Willy *erstaunt* Ich bin so gefahren, verstehst du? Es ging mir gut. Ich hab' sogar auf die Landschaft geachtet. Stell' dir das vor, ich und einen Blick für die Landschaft, durch die ich zeitlebens jede Woche fahre. Aber es ist so schön da oben, Linda, die Bäume sind so riesig, und die Sonne ist warm. Ich hab' die Windschutzscheibe aufgemacht und mir die warme Luft um den Kopf wehen lassen und auf einmal komm' ich von der Straße ab! Ich sag' dir, ich hatte vollkommen vergessen, daß ich fuhr. Wenn ich über die weiße Linie auf die Gegenfahrbahn geraten wäre, hätte es Tote geben können. Ich fuhr also weiter – und fünf Minuten später war ich wieder am Träumen, und beinahe – *Er drückt zwei Finger auf seine Augen.* Ich hab' so Gedanken, so seltsame Gedanken.

Linda Willy, Lieber, red' noch mal mit ihnen. Nichts spricht dagegen, daß du in New York arbeitest.

Willy In New York brauchen die mich nicht. Ich bin ihr Mann für Neu-England. Ich bin unersetzlich in Neu-England.

Linda Aber du bist sechzig Jahre alt! Sie können nicht von dir erwarten, daß du jede Woche auf Achse bist.

Willy Ich muß ein Telegramm nach Portland schicken. Ich sollte morgen früh um zehn Uhr Brown und Morrison treffen, um ihnen die Kollektion zu zeigen. Verdammt nochmal, denen könnte ich was verkaufen. *Er zieht seine Jacke wieder an.*

Linda *nimmt ihm die Jacke weg* Warum gehst du morgen nicht rein in die Firma und sagst Howard, daß du jetzt einfach in New York arbeiten mußt. Du bist zu nachgiebig mit denen, Lieber.

Willy Wenn der alte Wagner noch leben würde, wäre ich längst für den Bezirk New York zuständig. Das war ein Gentleman, ein Meister in seinem Fach. Aber sein Sohn, dieser Howard, weiß gar nicht, was er an mir hat. Als ich das erste Mal in den Norden gefahren bin, da wußten Wagner und Co. noch nicht mal, wo Neu-England liegt!

Linda Das mußt du Howard mal sagen, Liebling!

Willy *ermutigt* Mach' ich, mach' ich bestimmt. Hast du irgendeinen Käse da?

Linda Ich mach' dir ein Brot.

Willy Nein, geh' schlafen. Ich trink' einen Schluck Milch. Ich komm' gleich rauf. Sind die Jungs da?

Linda Sie schlafen. Happy ist heut' abend mit Biff ausgegangen.

Willy *interessiert* Tatsächlich?

Linda Es war so schön, sie beide zusammen beim Rasieren vorm Spiegel zu sehen, im Badezimmer, einer hinter dem andern, und dann zusammen in die Stadt. Merkst du nichts? Das ganze Haus riecht nach Rasierwasser.

Willy Überleg' bloß mal. Da arbeitet man ein Leben lang, um ein Haus abzuzahlen. Schließlich gehört's dir, und keiner ist da, um drin zu leben.

Linda Ja, Lieber, das Leben besteht aus Enttäuschungen. So geht es allen.

Willy Nein, nein, es gibt auch welche, die's zu was bringen. Hat Biff irgendwas gesagt, nachdem ich weg bin heute morgen?

Linda Du hättest ihn nicht kritisieren sollen, Willy, wo er doch gerade erst vom Zug kam. Du darfst nicht immer so ungehalten mit ihm sein.

Willy Wann zum Teufel war ich denn ungehalten? Ich hab' ihn nur gefragt, ob er was verdient. Ist das vielleicht ein Vorwurf?

Linda Ach, Lieber, wie soll er denn Geld verdienen?

Willy *beunruhigt und verärgert* Er hat so eine Art an sich. Er ist richtig launisch geworden. Hat er sich entschuldigt, als ich heute morgen weg bin?

Linda Er war am Boden zerstört, Willy. Du weißt doch, wie sehr er dich bewundert. Ich glaube, wenn er erst mal zu sich findet, werdet ihr euch wieder verstehen und nicht mehr streiten.

Willy Wie kann er denn auf einer Farm zu sich finden? Ist das ein Leben? Als Landarbeiter? Anfangs, als er noch jung war, dachte ich, na gut, ein junger Mensch soll ruhig herumreisen und alle möglichen Jobs annehmen. Aber das geht jetzt schon über zehn Jahre so, und er verdient keine fünfunddreißig Dollar die Woche!

Linda Er ist noch auf der Suche nach sich selbst, Willy.

Willy Mit vierunddreißig noch nach sich zu suchen ist eine Schande!

Linda Psst!

Willy Das Problem ist, daß er faul ist, verdammt nochmal!

Linda Willy, bitte!

Willy Biff ist ein fauler Sack!

Linda Sie schlafen! Geh jetzt runter, was essen.

Willy Warum ist er heimgekommen? Ich möchte bloß wissen, aus welchem Grund?

Linda Ich weiß es nicht. Ich glaube, er ist verloren, Willy, ich glaube, er ist sehr verloren.

Willy Biff Loman »verloren«. Im größten Land der Welt geht ein junger Mann, mit so einer – gewinnenden Persönlichkeit verloren! Und so ein fleißiger Kerl dazu. Weil, eins muß man Biff lassen: Faul ist er nicht.

Linda Nie gewesen.

Willy *mitleidsvoll und entschlossen* Ich red' mit ihm morgen früh; ich werd' mich nett mit ihm unterhalten. Ich verschaff' ihm einen Job als Vertreter. Er kann es im Nu zu was bringen. Mein Gott! Weißt du noch, wie ihm alle nachgelaufen sind in der Highschool.
Ein Lächeln von ihm und die anderen strahlten. Wenn er die Straße runter lief ... *Er verliert sich in Erinnerungen.*

Linda *um ihn zurückzuholen* Willy, Liebster, ich hab' heute eine neue amerikanische Käsesorte gekauft. In der Tube.

Willy Warum kaufst du amerikanischen, wenn ich Schweizer mag?

Linda Ich dachte als Abwechslung –

Willy Ich will keine Abwechslung! Ich will Schweizer Käse. Warum wird mir immer widersprochen?

Linda *mit einem ablenkenden Lachen* Es sollte eine Überraschung sein –

Willy Warum machst du hier drin kein Fenster auf, verdammt nochmal?

Linda *mit unendlicher Geduld* Sie sind alle offen.

Willy Wie die uns hier eingepfercht haben. Steine und Fenster, Fenster und Steine.

Linda Wir hätten das Grundstück nebenan kaufen sollen.

Willy Die Straße ist mit Autos vollgeparkt. Nirgends in der Nachbarschaft kann man frische Luft schnappen. Nirgends wächst mehr Gras, nicht mal Karotten kann man im Hof pflanzen. Es sollte ein Gesetz geben gegen diese Wohnblöcke. Erinnerst du dich noch an die zwei wunderschönen Ulmen dahinten? Wie ich und Biff die Schaukel dazwischen aufgehängt haben?

Linda Ja, als ob man Millionen Meilen von der Stadt weg wäre.

Willy Der Bauunternehmer gehört hinter Gitter, der die hat fällen lassen ... Sie haben das Viertel kaputtgemacht ... *Gedankenverloren.* Immer öfter denke ich an damals, Linda. Um diese Jahreszeit gab's Glyzinien und Flieder. Und dann kamen die Begonien raus, und Pfingstrosen. Ein Duft war das im Zimmer hier!

Linda Na ja, irgendwo mußten die Leute ja hinziehen.

Willy Nein, es werden immer mehr.

Linda Ich glaube nicht, daß es mehr Leute sind, ich glaube –

Willy Es sind mehr! Daran geht dieses Land kaputt! Die Bevölkerung ist außer Kontrolle geraten! Der Wettbewerb ist wahnsinnig! Riech' den Gestank aus diesem Wohnblock! Und da drüben ist noch einer ... Wie kann es denn Käse aus der Tube geben?

Während Willys letztem Satz richten sich Biff und Happy im Bett auf und lauschen.

Linda Geh' runter, probier' ihn. Und sei still.

Willy *dreht sich schuldbewußt zu Linda um* Du machst dir doch meinetwegen keine Sorgen, Schätzchen?

Biff Was ist los?

Happy Hör doch!

Linda Du hast viel zu viel auf dem Kasten, als daß man sich deinetwegen Sorgen machen müßte.

Willy Du bist mein Halt und meine Stütze, Linda.

Linda Entspann' dich jetzt nur, Lieber. Du machst aus einer Mücke einen Elefanten.

Willy Ich streit' nicht mehr mit ihm. Wenn er zurück will nach Texas, soll er gehen.

Linda Er macht schon seinen Weg.

Willy Bestimmt. Es gibt Menschen, die sind Spätentwickler. Wie Thomas Edison, glaub' ich. Oder B. F. Goodrich. Einer von den beiden war taub. *Er geht Richtung Schlafzimmertür.* Ich setze auf Biff.

Linda Und Willy – wenn's am Sonntag schön ist, fahren wir aufs Land. Wir öffnen die Windschutzscheibe und machen ein Picknick.

Willy Nein, bei den neuen Wagen geht die Windschutzscheibe nicht auf.

Linda Aber du hast sie doch heute aufgemacht.

Willy Ich? Hab' ich nicht. *Er bleibt stehen.* Das ist aber seltsam. Ist das nicht bemerkenswert – *Erstaunt und erschrocken bricht er ab, und in der Ferne hört man die Flöte.*

Linda Was, Liebling?

Willy Das ist ja besonders bemerkenswert.

Linda Was, Lieber?

Willy Ich mußte an den Chevy denken. *Pause.* 1928 ... als ich diesen roten Chevy fuhr – *Er bricht ab.* Ist doch komisch. Ich könnte schwör'n, ich hab' heute den Chevy gefahren.

Linda Naja so was gibt's. Irgendwas muß dich an ihn erinnert haben.

Willy Bemerkenswert. Tja. Erinnerst du dich an damals? Wie Biff immer den Wagen polierte? Der Händler wollte uns nicht glauben, daß er einhundertdreißigtausend Kilometer drauf hatte. *Er schüttelt den Kopf.* Heh! *Zu Linda.* Mach' die Augen zu. Ich bin gleich wieder da. *Er geht raus.*

Happy *zu Biff* Herrgott, vielleicht hat er wieder einen Unfall gebaut!

Linda *ruft Willy nach* Gib' auf der Treppe acht, Lieber! Der Käse liegt im mittleren Regal! *Sie dreht sich um, geht zum Bett, nimmt seine Jacke und verläßt das Schlafzimmer.*

Das Zimmer der Jungen wird beleuchtet. Willy ist nicht mehr zu sehen, aber sein Selbstgespräch ist zu hören. ›Einhundertunddreißigtausend Kilometer‹ und ein kurzes Lachen. Biff steht auf, kommt ein Stück nach vorne, und hört aufmerksam zu. Biff ist zwei Jahre älter als sein Bruder Happy, kräftig gebaut, aber er wirkt jetzt erschöpfter und unsicherer. Er war nicht so erfolgreich, seine Träume sind stärker und schwieriger zu verwirklichen als Happys. Happy ist groß und kraftvoll. Seine Sexualität ist sichtbar wie eine Hautfarbe oder wie ein Duft, den viele Frauen gespürt haben. Er ist, wie sein Bruder, verloren, doch auf eine andere Art, da er sich niemals erlaubt hat, dem Scheitern ins Auge zu blicken, weshalb er verwirrter und abgebrühter ist, obwohl er zufriedener wirkt.

Happy *steigt aus dem Bett* Wenn er so weitermacht, werden sie ihm den Führerschein wegnehmen. Allmählich mach' ich mir Sorgen um ihn, Biff.

Biff Seine Augen lassen nach.

Happy Nein, ich bin ja mit ihm gefahren. Seine Augen sind in Ordnung. Er paßt einfach nicht auf. Letzte Woche bin ich mit ihm in die Stadt gefahren. Bei Grün hält er an, und wenn's Rot wird, fährt er los. *Er lacht.*

Biff Vielleicht ist er farbenblind.

Happy Paps? Wo er der Spezialist für Farben in der Branche ist. Weißt du doch.

Biff *setzt sich aufs Bett* Ich geh' schlafen.

Happy Du bist doch nicht mehr sauer auf Paps. Oder, Biff?

Biff Er ist in Ordnung, glaub' ich.

Willy *darunter im Wohnzimmer* Jawohl, mein Herr, hundertdreißigtausend Kilometer – hundertdreiunddreißigtausend!

Biff Rauchst du?

Happy *hält ihm die Schachtel hin* Willst du eine?

Biff *nimmt eine Zigarette* Ich kann nicht schlafen, wenn ich's rieche.

Willy Heh! Das nenn' ich eine Politur!

Happy *mit viel Gefühl* Komisch Biff, was? Daß wir beide wieder hier schlafen. In unseren alten Betten. *Er klopft liebevoll auf das Bett.* Was wir in diesen beiden Betten alles beredet haben, was? Unser ganzes Leben.

Biff Ja 'ne Menge Träume und Pläne.

Happy *mit tiefem, männlichen Lachen* Mindestens fünfhundert Frauen wüßten gern, was hier alles geredet worden ist. *Beide lachen leise.*

Biff Erinnerst du dich noch an die dicke Betsy sowieso – Wie hieß die noch, verdammt – die aus der Bushwick Avenue.

Happy *kämmt sich* Die mit dem Collie!

Biff Genau die. Die hab' ich dir zugeführt, stimmt's?

Happy Ja, das war mein erstes Mal – glaub' ich. Mann, war

das eine Sau! *Beide lachen, fast grob.* Du hast mir alles über Frauen beigebracht. Vergiß das nicht!

Biff Ich wette, du hast vergessen, wie schüchtern du damals gewesen bist. Vor allem mit Mädchen.

Happy Das bin ich immer noch, Biff.

Biff Ach komm!

Happy Ich laß' mir's nur nicht anmerken, das ist alles. Ich glaub', ich bin nicht mehr so schüchtern, du dafür um so mehr. Was ist los mit dir, Biff? Du warst immer so fröhlich und hast dir alles zugetraut. *Er schlägt Biff aufs Knie. Biff steht auf und geht unruhig hin und her.* Was ist los mit dir?

Biff Warum macht sich Daddy immer lustig über mich?

Happy Er macht sich nicht lustig. Er –

Biff Ich brauch' nur was zu sagen, schon setzt er dieses verächtliche Gesicht auf. Ich komm' nicht ran an ihn.

Happy Er will nur, daß du's zu was bringst, sonst nichts. Ich wollte schon lange mit dir über Paps reden, Biff. Irgendwas passiert mit ihm. Er führt Selbstgespräche.

Biff Hab' ich heute morgen bemerkt. Aber er hat schon immer so vor sich hingemurmelt.

Happy Aber nicht so auffallend. Es wurde so peinlich, daß ich ihn nach Florida geschickt hab'. Und weißt du was? Meistens spricht er mit dir.

Biff Was sagt er über mich?

Happy Ich kann ihn nicht verstehen.

Biff Was sagt er über mich?

Happy Ich glaub', die Tatsache, daß aus dir noch nichts Rechtes geworden ist, daß du noch nicht weißt, was du willst, daß du noch irgendwie in der Luft hängst . . .

Biff Es gibt noch ein paar andere Gründe für seinen Zustand, Happy.

Happy Was meinst du damit?

Biff Ist doch egal, nur gib' nicht mir die ganze Schuld.

Happy Aber irgendwann müßtest du mal anfangen – ich meine – gibt's denn da draußen überhaupt 'ne Zukunft für dich?

Biff Ich sag' dir Hap, ich weiß nicht, was Zukunft ist. Ich weiß nicht – was ich mir wünschen soll.

Happy Wie meinst du das?

Biff Naja, in den ersten sechs, sieben Jahren nach der Highschool – hab' ich alles versucht, um mich hochzuarbeiten. Als Packer, als Vertreter, alle möglichen Geschäfte. Was ist das für eine miese Existenz. Sich an heißen Sommertagen in die U-Bahn zu quetschen. Dein ganzes Leben dafür zu opfern, ein Warenlager zu führen oder zu telefonieren oder zu kaufen oder zu verkaufen. Fünfzig Wochen im Jahr zu leiden für zwei Wochen Ferien, wenn du am liebsten draußen wärst und zwar ohne Hemd. Und immer schneller sein zu müssen als die anderen. Und trotzdem hast du nur so eine Zukunft.

Happy Naja, gefällt es dir wirklich auf einer Farm? Bist du da zufrieden?

Biff *mit wachsender Erregung* Hap, ich hab' um die zwanzig oder dreißig verschiedene Jobs gehabt, seit ich vor dem Krieg von zu Hause weg bin, und es war immer dasselbe Lied. Neulich hab' ich es begriffen. In Nebraska, wo ich Rinder hütete, in den Dakotas, in Arizona und zuletzt in Texas. Diese Farm, wo ich arbeite, da ist jetzt Frühling, siehst du? Und sie haben ungefähr fünfzehn junge Fohlen. Und es ist kühl da, siehst du? In Texas ist Frühling und doch kühl. Und egal, wo ich bin, wenn's Frühling wird, spüre ich plötzlich, daß ich immer noch nicht weiter bin. Dann frage ich mich: Warum zum Teufel spiel' ich hier mit Pferden rum, für achtundzwanzig Dollar die Woche! Ich bin vierunddreißig Jahre alt und sollte mir eine Existenz aufbauen. Dann laufe ich regelmäßig nach Hause. Und dann, kaum bin ich hier, weiß ich nichts mit mir anzufangen. *Nach einer Pause.* Immer kam es mir darauf an, mein Leben nicht zu vergeuden, und jedesmal wenn ich hierher zurückkomme, weiß ich, daß ich nichts anderes als das getan hab': Mein Leben vergeudet.

Happy Du bist ein Dichter, Biff. Ist dir das klar? Du bist ein – du bist ein Idealist.

Biff Nein, ich bin völlig durcheinander. Vielleicht sollte ich heiraten. Mich auf irgendwas einlassen. Vielleicht ist das mein Problem. Ich bin ein Junge geblieben. Bin nicht verheiratet, hab' kein Geschäft, ich bin immer noch – ein Junge. Bist du zufrieden, Hap? Du bist erfolgreich, oder? Bist du zufrieden?

Happy Keine Spur!

Biff Wieso nicht? Du machst doch Geld, oder?

Happy *bewegt sich energisch und gestenreich* Das einzige, was mir übrigbleibt, ist zu warten, bis der Abteilungsleiter stirbt. Und angenommen ich werde Abteilungsleiter? Er ist ein guter Freund von mir und hat sich gerade ein tolles Anwesen auf Long Island gebaut. Und dort hat er zwei Monate gelebt und es verkauft, um woanders ein anderes zu bauen. Sobald's fertig ist, verliert er die Lust daran. Verdammt nochmal, ich weiß nicht, wofür ich arbeite. Manchmal sitz' ich in meiner Wohnung – ganz allein. Und ich denke an die Miete, die ich zahle. Ein Wahnsinn! Aber andererseits war das ja immer mein Traum. Meine eigene Wohnung, ein Auto und jede Menge Frauen. Und doch, verdammt noch mal, bin ich einsam.

Biff *begeistert* Hör zu, warum kommst du nicht mit mir in den Westen?

Happy Du und ich, hm?

Biff Klar. Vielleicht könnten wir 'ne Ranch kaufen. Viehzucht, Muskelarbeit! Wer so wie wir gebaut ist, sollte im Freien arbeiten.

Happy *begierig* Die Loman Brüder, was?

Biff *mit großer Zuneigung* Klar. Wir wären bekannt wie bunte Hunde!

Happy *hingerissen* Mein Traum, Biff! Manchmal möchte ich mir mitten im Laden die Kleider vom Leib reißen und den verdammten Abteilungsleiter k. o. schlagen. Du, ich kann jeden in dem Laden schlagen, ob im Boxen, Rennen oder Gewichtheben, und ich muß mich von diesen miesen, kleinen Arschlöchern rumkommandieren lassen bis zum Gehtnichtmehr.

Biff Ich sag' dir, Junge, wenn du mitkämst, ginge's mir gut da draußen.

Happy *begeistert* Siehste, Biff, hier sind alle so falsch, daß ich allmählich meine Ideale verliere.

Biff Einer würde für den andern einstehen, Kleiner, jeder hätte einen, dem er trauen kann.

Happy Wenn ich bei dir wäre –

Biff Hap, das Problem ist: Wir haben nicht gelernt, hinterm Geld herzusein. Ich kann das einfach nicht.

Happy Ich auch nicht!

Biff Dann nichts wie weg!

Happy Nur eins noch: Wieviel kann man da machen?

Biff Guck' dir doch deinen Freund an. Baut eine Villa und hat dann die Ruhe nicht, drin zu leben.

Happy Schon, aber wenn der in den Laden kommt, teilen sich die Wasser. Da kommen zweiundfünfzigtausend Dollar Jahresgehalt durch die Drehtür, dabei hab' ich im kleinen Finger mehr als der im Kopf.

Biff Du hast doch gerade gesagt –

Happy Ich muß ein paar von diesen aufgeblasenen, wichtigtuerischen Bossen zeigen, daß Hap Loman ein Mann ist, mit dem man rechnen muß. Ich will den Laden so betreten wie der. Dann komm' ich mit Biff. Wir kommen noch zusammen, versprochen. Denk mal an die beiden von heute abend. Waren die nicht große Klasse?

Biff Die Klasse hatte ich seit Jahren nicht.

Happy Krieg' ich jederzeit, Biff, wenn ich eine Aufmunterung brauche. Das Problem ist nur, es wird wie Bowling oder so was. Ich leg' sie nur noch um, aber es bedeutet mir nichts. Treibst du's noch so?

Biff Nee. Ich such' ein Mädchen – auf Dauer, eine mit Charakter.

Happy Genau danach sehne ich mich.

Biff Hör auf! Dir ist keine recht.

Happy Doch! Eine mit Anstand und Charakter! Wie Mutter, verstehst du? Du wirst sagen, ich bin ein Schwein, wenn du das jetzt hörst. Diese nette Charlotte, mit der ich heute abend aus war, ist verlobt und soll in fünf Wochen heiraten. *Er probiert seinen neuen Hut.*

Biff Im Ernst?

Happy Klar. Ihr Kerl ist Anwärter für die Geschäftsführung bei uns. Ich weiß nicht, was da in mich fährt, vielleicht ist es nur mein angeborener Sinn für Wettbewerb oder so was, aber ich bin ran, hab' sie ruiniert und dazu werd' ich sie jetzt nicht mehr los. Und das ist der dritte Vorgesetzte, mit dem ich das gemacht habe. Ist das nicht ein mieser Charakterzug? Und der Gipfel ist: Ich gehe zu ihrer Hochzeit! *Entrüstet, aber lachend.* Genauso wie ich Schmiergeld ablehnen sollte. Fabrikanten bieten mir hier und da einen Hunderter, um sie bei der Bestellung zu berücksichtigen. Du weißt, wie ehrlich ich bin, aber es ist wie mit dem Mädchen, siehste. Ich verachte mich selbst. Weil ich das Mädchen gar nicht will und doch nehm' ich sie – und hab' meinen Spaß dran.

Biff Gehn wir schlafen.

Happy Ich glaub, wir haben nichts geklärt, was?

Biff Eine Idee hab' ich noch, die ich versuchen will.

Happy Was denn?

Biff Erinnerst du dich an Bill Oliver?

Happy Klar, Oliver ist jetzt einer von den ganz Großen. Willst du wieder für ihn arbeiten?

Biff Nein, aber als ich gekündigt hab', hat er mir was gesagt. Er hat seinen Arm um meine Schulter gelegt und gesagt: ›Biff, wenn du mal irgendwas brauchst, komm' zu mir.‹

Happy Weiß ich noch. Klingt gut.

Biff Ich hab' vor, zu ihm zu gehen. Wenn ich zehntausend

oder nur sieben, achttausend Dollar kriegen könnte, würde ich eine schöne Ranch kaufen.

Happy Ich wette, der investiert in dich. Weil er große Stücke auf dich hält, Biff. Ich meine, alle tun das. Du bist sehr beliebt, Biff. Deshalb sag' ich, komm' hierher zurück. Wir haben die Wohnung. Und ich sag' dir, Biff, jede Puppe, die du willst . . .

Biff Nein, auf der Ranch könnte ich meine Art Arbeit machen und doch was sein. Ich frag' mich nur, ich frag' mich, ob Oliver noch denkt, ich hätte den Karton Basketbälle geklaut.

Happy Ach, das hat er sicher längst vergessen, ist fast zehn Jahre her. Du bist zu empfindlich. Jedenfalls hat er dich nicht richtig rausgeschmissen.

Biff Na, ich glaube, er war drauf und dran. Ich glaub', deshalb bin ich weg. Ich war mir nie sicher, ob er's wußte oder nicht. Ich weiß, was für eine gute Meinung er von mir hatte. Ich war der einzige, der den Laden abschließen durfte.

Willy *unten* Machste Motorwäsche, Biff?

Happy Pst!

Biff schaut Happy an, der nach unten lauscht. Willy murmelt im Wohnzimmer.

Happy Hörst du's?

Sie lauschen. Willy lacht herzlich.

Biff *mit wachsendem Ärger* Weiß er nicht, daß Mama ihn hören kann?

Willy Mach deinen Pullover nicht schmutzig, Biff!

Biff sieht geschmerzt aus.

Happy Ist das nicht schrecklich? Geh' nicht wieder weg, hörst du? Du findest hier Arbeit? Du mußt dableiben. Ich weiß nicht mehr, was ich machen soll; es wird langsam peinlich.

Willy Das nenn' ich poliert!

Biff Mama hört ihn!

Willy Spaß beiseite, Biff, du hast 'ne Verabredung? Wunderbar!

Happy Geh' schlafen. Aber sprich morgen mit ihm, versprochen?

Biff *geht widerwillig zu Bett* Mensch! Wo sie im Haus ist!

Happy *im Bett* Wenn du nur mal richtig mit ihm sprichst.

Licht in ihrem Raum blendet langsam ab.

Biff *im Bett für sich* So ein blöder Egoist . . .

Happy Pst! . . . Schlaf, Biff.

Ihr Licht geht aus. Bevor sie aufhören zu sprechen, wird

Willys Silhouette schon in der dunklen Küche sichtbar. Er macht den Eisschrank auf, sucht herum und nimmt eine Flasche Milch raus. Die Wohnhäuser werden abgeblendet, während das ganze Haus und die Umgebung von Sonne, die durch Blattwerk scheint, erhellt wird. Musik beginnt mit dem Lichtwechsel.

Willy Paß bloß auf mit den Mädchen, Biff. Mehr sag' ich nicht. Und mach' keine Versprechungen. Keine Versprechungen irgendwelcher Art. Weil die Mädchen, verstehst du, die glauben immer alles, was man ihnen sagt, und du bist sehr jung, Biff, viel zu jung, um dich mit einem Mädchen einzulassen.

Die Küche wird hell. Willy macht während des Gesprächs den Eisschrank zu und kommt nach vorne zum Küchentisch. Er schenkt sich ein Glas Milch ein. Er ist ganz in sich versunken und lächelt vor sich hin.

Willy Viel zu jung, Biff. Zuerst kommt die Schule. Dann, wenn du's geschafft hast, warten jede Menge Mädchen auf'n Jungen wie dich. *Er grinst einen Küchenstuhl an.* Stimmt das? Die Mädchen bezahlen für dich mit? *Er lacht.* Junge, du mußt ja ein toller Hecht sein.

Willy wendet sich allmählich immer direkter an jemanden, jenseits der Küchenwand, und seine Stimme erreicht bald die Lautstärke einer normalen Unterhaltung.

Willy Und ich hab' mich schon gewundert, warum du das Auto so sorgfältig polierst. Haha! Vergeßt die Radkappen nicht, Jungs. Nehmt das Leder für die Radkappen. Happy, nimm' Zeitungspapier für die Fenster, ist am besten. Zeig' ihm, wie's gemacht wird, Biff! Siehst du, Happy? Knüll' es zusammen, wie'n Lappen. Genau, genau so, saubere Arbeit. Du schaffst es schon, Hap. *Er bricht ab, nickt ein paar Sekunden zustimmend, schaut dann nach oben.* Biff, sobald wir Zeit haben, müssen wir als erstes den großen Ast da über'm Haus absägen. Ich hab' Angst, er bricht in einem Sturm und fällt aufs Dach. Ich sag' dir was. Wir nehmen ein Seil, werfen es rüber, klettern rauf mit einer Säge und schneiden ihn ab. Sowie ihr mit dem Wagen fertig seid, Jungs, will ich euch sehen. Ich hab' ne Überraschung für euch, Jungs.

Biff *aus der Kulisse* Was isses denn, Daddy?

Willy Nein, erst fertigmachen. Nie 'ne Arbeit liegen lassen, ehe sie fertig ist – merkt euch das. *Er schaut zu den ›großen Bäumen‹.* Biff, oben in Albany hab' ich 'ne schöne Hängematte gesehen. Ich glaub', auf der nächsten Fahrt kauf' ich sie und wir hängen sie zwischen die beiden Ulmen.

Wär 'ne feine Sache, was? Da zwischen den Ästen zu schaukeln, Junge, das wär's ...

Der junge Biff und der junge Happy erscheinen aus der Richtung, in die Willy sprach. Happy schleppt Lumpen und einen Eimer Wasser. Biff, der einen Pullover mit einem großen »S« trägt, hat einen amerikanischen Fußball.

Biff *deutet auf das in der Kulisse angenommene Auto* Was sagst du dazu, Paps? Professionell was?

Willy Toll. Toll gemacht, Jungs. Fabelhafte Arbeit, Biff.

Happy Wo ist die Überraschung, Paps?

Willy Im Wagen auf'm Rücksitz.

Happy Junge, Junge! *Er rennt los.*

Biff Was isses, Dad? Sag', was haste gekauft?

Willy *lacht und schubst ihn* Laß man gut sein, so was solltet ihr einfach haben.

Biff *dreht sich um und läuft los* Was ist es, Hap?

Happy *in der Kulisse* Ein Punchingball!

Biff Au, Daddy!

Willy Mit Gene Tunneys Autogramm drauf.

Happy rennt mit dem Punchingball auf die Bühne.

Biff Du, woher hast du gewußt, daß wir'n Punchingball wollten.

Willy Na, ist eben das Beste für's Training.

Happy *legt sich auf den Rücken und strampelt mit den Beinen* Ich nehm' ab, hast du gesehen, Paps?

Willy *zu Happy* Seilspringen ist auch gut.

Biff Hast du den neuen Fußball gesehen?

Willy *betrachtet den Ball* Wo hast du'n neuen Ball her?

Biff Der Trainer meint, ich soll meine Pässe üben.

Willy Ach so, und dafür hat er dir den Ball gegeben, was?

Biff Na, ich hab' ihn mir aus dem Geräteraum geborgt.

Er lacht verschmitzt.

Willy *lacht mit ihm über den Diebstahl* Du bringst ihn sofort zurück, verstanden?

Happy Siehst du, ich hab' dich gewarnt!

Biff *ärgerlich* Ich bring' ihn ja zurück.

Willy *bricht den kleinlichen Streit ab, zu Happy* Ist doch klar, daß er mit 'nem vorschriftsmäßigen Ball trainieren muß. *Zu Biff.* Dem Trainer ist deine Initiative sicher nur recht.

Biff Der lobt meine Initiative dauernd, Dad.

Willy Weil du beliebt bist. Bei jedem andern hätt' es einen Mordskrach gegeben. Also, was gibt's Neues, Jungs, was gibt's Neues?

Biff Wo bist du diesmal gewesen, Daddy? Du, wir haben dich vermißt.

Willy *geschmeichelt legt er einen Arm um jeden Jungen und kommt an die Rampe* Vermißt habt ihr mich?

Biff Die ganze Zeit.

Willy Was du nich' sagst. Ich verrat' euch was, Jungs, aber sagt's nicht weiter. Eines Tages werd' ich mein eigenes Geschäft haben, dann fahr' ich nie mehr von zu Hause weg.

Happy Wie Onkel Charley, was?

Willy Größer als Onkel Charleys! Weil Onkel Charley ist nicht beliebt. Er ist schon beliebt, aber er ist nicht – richtig beliebt.

Biff Wo warst du diesmal, Paps?

Willy Also, ich bin auf die Landstraße, erst mal Richtung Norden nach Providence. Hab' den Bürgermeister getroffen.

Biff Den Bürgermeister von Providence!

Willy Er saß in der Hotelhalle.

Biff Was hat er'n gesagt?

Willy ›Morgen!‹ hat er gesagt, und ich: 'ne schöne Stadt haben Sie hier, Herr Bürgermeister! Und dann hat er 'n Kaffee mit mir getrunken. Und dann bin ich weiter nach Waterbury. Waterbury ist 'ne schöne Stadt. Große Uhrenstadt, die berühmten Waterbury Uhren. Guten Abschluß gemacht da. Und dann nach Boston – Boston ist die Wiege der amerikanischen Revolution. 'ne schöne Stadt. Und noch 'n paar Städte in Massachusetts, weiter nach Portland und Bangor und dann schnurstracks zurück nach Hause!

Biff Du, ich käm' gern mal mit dir, Paps.

Willy Sowie's Sommer wird.

Happy Versprochen?

Willy Du und Hap und ich, und ich zeig' euch alle Städte. Amerika ist voller schöner Städte, und überall gibt's nette, aufrechte Leute. Und alle kennen mich, Jungs, überall in Neu-England. Alles nette Leute. Und wenn ich euch Burschen mitbringe, gehen Türen und Tore auf, weil eins müßt ihr wissen, Jungs: Ich hab' Freunde. Ich kann mein Auto in jeder Straße in Neu-England abstellen, und die Polizisten bewachen's wie ihr eigenes. Diesen Sommer, was?

Biff und Happy *zusammen* Ja, klar!

Willy Badehosen nehmen wir mit.

Happy Deine Koffer tragen wir, Paps!

Willy O Mann, das wird was! Wenn ich in Boston in die Geschäfte komme und ihr Jungs tragt mir die Koffer voraus. Eine Sensation! *Biff drippelt herum und übt Pässe mit dem Ball.*

Willy Aufgeregt, Biff, wegen dem Spiel?

Biff Nicht, wenn du mitkommst.

Willy Was sagen die'n in der Schule dazu, daß du Kapitän der Mannschaft geworden bist?

Happy In der Pause laufen die Mädchen ihm scharenweise nach.

Biff *nimmt Willys Hand* Am Samstag, Dad, am Samstag brech' ich durch und mach' ein Tor – dir zuliebe.

Happy Du sollst Pässe spielen.

Biff Das Spiel mach' ich für Dad. Paß auf, Dad, wenn ich den Helm abnehme, das heißt, daß ich durchbreche. Dann wirst du sehen, was ein Alleingang ist.

Willy *küßt Biff* Na warte, bis ich das in Boston erzähle!

Bernard tritt auf, in Bundhosen. Er ist jünger als Biff, ernst und anständig, ein besorgter Junge.

Bernard Biff, wo bist du? Du solltest doch heute mit mir lernen.

Willy Heh, guckma, Bernard. Was hältst du da für'n Bleichgesicht in die Gegend, Bernard?

Bernard Er muß lernen, Onkel Willy. Er hat nächste Woche Abschlußprüfung.

Happy *reizt und stößt Bernard herum* Komm' box', Bernard!

Bernard Biff! *Er entfernt sich von Happy.* Paß auf, Biff, ich hab' gehört, wie Herr Birnbaum gesagt hat, daß er dich durchfallen läßt, wenn du Mathe nicht lernst. Dann bleibste sitzen. Ich hab's gehört!

Willy Geh' lieber mit ihm lernen, Biff. Geh' jetzt los.

Bernard Ich hab's gehört!

Biff Au, Daddy, haste meine Turnschuhe gesehen? *Er hält einen Fuß hoch und zu Willy.*

Willy Heh, das sieht ja aus wie gedruckt!

Bernard *wischt sich die Brille ab* Nur weil der Virginia-Universität auf die Turnschuhe schreibt, kommt er noch lange nicht durch, Onkel Willy!

Willy *ärgerlich* Was erzählst du da? Wo drei Unis ihm Stipendien anbieten, kann er doch nicht durchfallen?

Bernard Aber ich hab' Herrn Birnbaum selbst gehört –

Willy Sei kein Petzer, Bernard. *Zu seinen Jungs.* So ein Bleichgesicht!

Bernard Gut, ich warte zu Hause auf dich, Biff. *Bernard geht. Die Lomans lachen.*

Willy Bernard ist wohl nicht sehr beliebt, was?

Biff Er ist schon beliebt, aber nicht richtig beliebt.

Happy Stimmt, Paps.

Willy Was ich immer sage, in der Schule kann Bernard noch so gut sein, nicht wahr, aber wenn ihr erst mal draußen im Geschäftsleben steht, nicht wahr, schlagt ihr ihn um

Längen! Deshalb dank ich dem Allmächtigen, daß ihr wie junge Götter ausseht. Weil so ein Aussehen im Geschäftsleben Eindruck macht, und vorwärts kommt nur der, der persönlichen Eindruck macht. Wer beliebt ist, dem wird's nie an etwas fehlen. Nehmt mich zum Beispiel. Ich muß nie Schlange stehen, um die Einkäufer zu sehen. ›Willy Loman ist da!‹ – heißt es, und schon werde ich vorgelassen!

Biff Hast du's ihnen wieder gezeigt, Paps?

Willy Sieg durch K. o. in Providence, ein Schlachtfest in Boston!

Happy *auf dem Rücken liegend, wieder ›Luft tretend‹* Ich nehm' ab, Paps, siehst du?

Linda tritt auf, wie in jungen Jahren, ein Band im Haar und einen Wäschekorb tragend.

Linda *mit jugendlichem Elan* Hallo, Lieber!

Willy Mein Liebling!

Linda Wie lief der Chevy?

Willy Linda, der Chevrolet ist bis dato das beste Auto überhaupt. *Zu den Jungs.* Seit wann laßt ihr Mutter die Wäsche hochschleppen?

Biff Faß an, Junge!

Happy Wohin, Mom?

Linda Hängt sie auf die Leine. Und kümmer' dich um deine Freunde, Biff. Der Keller ist voller Jungs, die nichts mit sich anzufangen wissen.

Biff Ach, wenn Paps heimkommt, müssen sie warten!

Willy *lacht zufrieden* Geh' lieber runter und gib' ihnen was zu tun, Biff.

Biff Am besten, ich laß' sie den Heizungskeller putzen.

Willy So ist's richtig, Biff.

Biff *durchquert die angenommene Wand zur Küche und ruft nach hinten in den Keller* Jungs! Alle Mann Heizungskeller putzen! Komm' gleich runter!

Stimmen Wird gemacht! Geht in Ordnung, Biff.

Biff George und Sam und Frank, kommt hinten raus! Wäsche aufhängen! Los, Hap, Beeilung! *Er und Happy tragen den Wäschekorb raus.*

Linda Wie die parieren!

Willy Alles nur 'ne Frage der Erziehung. Ich sag' dir, ich war dabei, tausende über tausende umzusetzen, aber ich mußte heim.

Linda Ach, das ganze Viertel kommt zu dem Spiel. Hast du was verkauft?

Willy In Providence hab' ich fünfhundert Umsatz gemacht und siebenhundert in Boston.

Linda Nein! Moment mal, ich hab'n Bleistift. *Sie holt Papier und Stift aus ihrer Schürze.* Dann macht deine Provision... Zweihundert – mein Gott! Zweihundert und zwölf Dollar!

Willy Naja, ich hab's noch nicht ausgerechnet, aber...

Linda Wieviel haste denn?

Willy Also ich – ich hab' – ungefähr einhundertundachtzig Umsatz in Providence gemacht. Also, nein – es waren – grob geschätzt zweihundert Umsatz auf der ganzen Reise.

Linda *ohne Zögern* Zweihundert Umsatz. Das macht ... *Sie rechnet.*

Willy Der Ärger war, daß drei der Geschäfte in Boston wegen Inventur so gut wie geschlossen waren. Sonst hätte ich alle Rekorde gebrochen.

Linda Also, das macht siebzig Dollar und 'n paar Pennies. Das ist doch gut.

Willy Wieviel schulden wir?

Linda Also, am ersten sechzehn Dollar für den Eisschrank –

Willy Wieso sechzehn?

Linda Also, der Keilriemen ist gerissen, macht'n Dollar achtzig.

Willy Der war ganz neu!

Linda Also, der Mann sagt, so ist das eben. Muß sich erst einfahren, verstehst du? *Sie gehen ›durch die Wand‹ in die Küche.*

Willy Hoffentlich war das Ding kein Fehlkauf.

Linda Hatte die größte Reklame von allen!

Willy Weiß ich, ist'n gutes Gerät. Was noch?

Linda Also, da sind neun-sechzig für die Waschmaschine. Und für den Staubsauger sind drei und ein halber am fünfzehnten fällig. Dann das Dach, da sind noch einundzwanzig Dollar offen.

Willy Isses etwa nicht dicht?

Linda Doch, ist prima gemacht. Dann schuldest du Frank für den Vergaser –

Willy Keinen Pfennig kriegt der Kerl von mir! Dieser gottverdammte Chevrolet, so ein Fabrikat gehört überhaupt verboten, gehört das!

Linda Also, du schuldest ihm drei und'n halben. Alles in allem macht es ungefähr einhundertzwanzig Dollar am fünfzehnten.

Willy Einhundertundzwanzig Dollar! Mein Gott, wenn's nicht aufwärts geht mit'm Geschäft, weiß ich auch nicht –

Linda Also, nächste Woche schaffst du sicher mehr.

Willy Ja, nächste Woche leg' ich sie aufs Kreuz. Ich fahr' nach Hartford. In Hartford bin ich sehr beliebt. Das Problem ist, Linda, ich glaub', die Leute nehmen mich nicht ernst. *Sie kommen in den Vordergrund.*

Linda Ach, red' keinen Unsinn.

Willy Ich weiß es, sowie ich reinkomme. Sie scheinen mich auszulachen.

Linda Wieso? Wieso sollten sie über dich lachen? Sag so was nicht, Willy.

Willy kommt an den Bühnenrand. Linda geht in die Küche und beginnt, Strümpfe zu stopfen.

Willy Ich kann's mir auch nicht erklären, aber sie gehen an mir vorbei. Ich bin Luft für sie.

Linda Du schaffst es doch prima, Lieber. Du machst siebzig bis hundert Dollar die Woche.

Willy Aber ich brauch' zehn, zwölf Stunden am Tag dafür. Die anderen – ich weiß nicht – die haben's leichter. Ich weiß nicht warum – ich kann den Mund nicht halten – ich rede zuviel. Man sollte mit wenigen Worten auftreten. Eins mußte Charley lassen. Er macht nicht viel Worte und wird geachtet.

Linda Du redest nicht zuviel, du bist nur lebhaft.

Willy *lächelnd* Na ja, was solls, zum Teufel, das Leben ist kurz, ein paar Witze können nicht schaden. *Für sich.* Ich mach' zuviel Witze! *Das Lächeln verschwindet.*

Linda Wieso? Du bist –

Willy Ich bin klein. Ich sehe richtig – lächerlich aus, Linda. Ich hab' dir nichts gesagt, aber um Weihnachten rum sprach ich bei F. H. Stewarts vor, und ein Vertreter, den ich kenne, gerade als ich rein zu dem Einkäufer gehe, höre ich ihn sagen: Knirps. Und ich – ich gab ihm eine in die Fresse. So was laß ich mir nicht gefallen. So was nicht! Aber sie lachen mich aus. Das weiß ich.

Linda Liebling . . .

Willy Ich muß das überwinden. Ich muß das schaffen. Vielleicht bin ich unvorteilhaft gekleidet.

Linda Willy, Liebling, du bist ein Prachtkerl –

Willy Ach nein, Linda.

Linda Für mich bist du's. *Pause.* Der Prächtigste von allen.

In der Dunkelheit hört man eine Frau lachen. Willy dreht sich nicht um, spricht aber während Lindas Sätzen weiter.

Linda Und für die Jungs, Willy. Wenige Männer werden so von ihren Kindern vergöttert wie du.

Musik ist zu hören, als nun, hinter einer spanischen Wand, links vom Haus, die Frau beim Anziehen sichtbar wird.

Willy *mit viel Gefühl* Du bist die Beste von allen, Linda, du bist'n Kumpel, weißt du das? Unterwegs – unterwegs überkommt mich manchmal die Lust, dich zu packen und zu küssen, bis dir die Luft ausgeht.

Das Lachen wird lauter, und Willy tritt auf die beleuchtete Fläche links; die Frau kommt dort hinter der spanischen Wand hervor, setzt im Stehen ihren Hut auf, schaut in einen ›Spiegel‹ und lacht.

Willy Weil ich fühl' mich so einsam – vor allem wenn's Geschäft nicht läuft, und keiner da, mit dem ich reden könnte. Dann hab' ich das Gefühl, daß ich nie mehr was verkaufe, daß ich nicht mehr genug verdiene für euch. Und es nie zu einer Firma bringe, einer Firma für die Jungs ... *Er spricht weiter, während die Frau lacht; sie macht sich vor dem ›Spiegel‹ zurecht.* Es gibt so viel, was ich noch schaffen möchte –

Frau Du mich? Von schaffen kann keine Rede sein, Willy. Ich hab' mir dich angelacht.

Willy *erfreut* Du mich angelacht?

Frau *in Willys Alter, anständig aussehend* Richtig. Tag für Tag hab' ich mir die Vertreter angesehen, die an meinem Schreibtisch vorbeigekommen sind. Du hast Humor und wir verstehen uns doch prima, stimmt's?

Willy Klar, klar. *Er nimmt sie in die Arme.* Warum mußt du jetzt weg?

Frau Es ist zwei Uhr ...

Willy Nein, bleib' da. *Er zieht sie rein.*

Frau Was sollen meine Schwestern denken? Wann kommst du wieder?

Willy Och, so in zwei Wochen. Kommst du dann wieder mit?

Frau Klarer Fall. Du bringst mich zum Lachen. Das tut mir gut. *Sie drückt und küßt ihn.* Und ich finde, du bist ein Prachtkerl!

Willy Also, du hast mich angelacht?

Frau Klar. Weil du so süß bist. Und so'n Spaßvogel.

Willy Also, bis ich zum nächsten Mal in Boston bin.

Frau Ich laß' dich gleich rein zu den Einkäufern.

Willy *haut ihr auf den Hintern* Recht so. Hoch das Bein!

Frau *haut liebevoll zurück und lacht* Du bringst mich um, Willy. *Plötzlich drückt und küßt er sie heftig.* Du bringst mich um. Danke auch für die Strümpfe. Nylons krieg' ich nie genug. Also, gute Nacht.

Willy Gute Nacht. Und halt die Ohren steif!

Frau Ach, Willy!

Sie bricht in Lachen aus, und Lindas Lachen blendet ein. Die Frau verschwindet in der Dunkelheit. Jetzt wird es um den Küchentisch herum hell. Linda sitzt wie vorher am Tisch und stopft ein Paar ihrer Seidenstrümpfe.

Linda Stimmt, Willy. Ein Prachtkerl! Du hast keinen Grund dich zu fühlen als –

Willy *kommt aus dem dunkler werdenden Bereich der Frau rüber zu Linda.* Ich mach' alles wieder gut, Linda, ich –

Linda Es gibt nichts gutzumachen, Lieber. Du schaffst es, besser als –

Willy *bemerkt ihre Stopferei* Was soll das?

Linda Ich stopfe meine Strümpfe. Sie sind so teuer –

Willy *ärgerlich, nimmt sie ihr weg* Ich dulde nicht, daß du in diesem Haus Strümpfe stopfst! Schmeiß sie weg! *Linda steckt die Strümpfe in die Schürzentasche*

Bernard *kommt reingerannt* Wo ist er? Wenn er nicht lernt!

Willy *kommt ganz aufgeregt nach vorne* Du läßt ihn abschreiben!

Bernard Ja sonst, aber bei der Abschlußprüfung! Die ist staatlich! Da können sie mich verhaften!

Willy Wo ist er? Ich peitsch' ihn aus, ich peitsch' ihn!

Linda Und er soll den Fußball zurückgeben, Willy, es ist nicht recht.

Willy Biff! Wo ist er? Warum klaut er alles?

Linda Mit den Mädchen ist er zu frech, Willy. Die Mütter haben alle Angst vor ihm.

Willy Ich peitsch' ihn aus!

Bernard Er fährt das Auto ohne Führerschein!

Das Lachen der Frau ist zu hören.

Willy Halt's Maul!

Linda Alle Mütter –

Willy Halt's Maul!

Bernard *zieht sich leise zurück* Herr Birnbaum sagt, ihm reicht's.

Willy Hau bloß ab!

Bernard Wenn er sich nicht zusammenreißt, fällt er in Mathe durch! *Er geht.*

Linda Er hat recht, Willy, du mußt –

Willy *schreit sie an* Der Junge ist vollkommen in Ordnung! Soll er so'n Kriecher werden wie Bernard? Er hat Temperament, er strotzt nur so . . .

Währenddessen geht Linda, den Tränen nahe, ins Wohnzimmer. Willy ist allein in der Küche, außer Atem und starren Blicks. Die Laubschatten sind weg. Es ist wieder Nacht, die Wohnhäuser hinten überragen das Eigenheim.

Willy ... vor Persönlichkeit. Strotzt! Was heißt klauen? Bringt er's etwa nicht zurück? Warum sollte er klauen? Was hab' ich ihm beigebracht? Nie im Leben hab' ich ihm was anderes als Anstand beigebracht!

Happy kommt im Schlafanzug die Treppe runter. Willy wird sich plötzlich Happys Gegenwart bewußt.

Happy Komm' jetzt, geh'n wir zu Bett!

Willy *setzt sich an den Küchentisch* Ach! Warum hat sie wieder selbst gebohnert? Jedesmal, wenn sie frisch bohnert, fällt sie der Länge nach hin. Das weiß sie doch!

Happy Psst. Immer mit der Ruhe. Wieso bist du heute umgekehrt?

Willy Ich hab' einen Riesenschreck bekommen. Beinah'ein Kind überfahren in Yonkers. Mein Gott! Warum bin ich damals nicht mit meinem Bruder Ben nach Alaska! Ben! Das war ein Genie, der Erfolg in Person! So ein Fehler! Er hat mich angefleht.

Happy Naja, das nützt jetzt auch –

Willy Ihr Kerle! Der Mann zog los mit nichts als einem Hemd am Leib und zum Schluß besaß er Diamantenfelder!

Happy Junge, Junge, möchte bloß mal wissen wie.

Willy Kein Geheimnis! Der wußte, was er wollte und ist hin und hat sich's verschafft. Marschierte in den Dschungel und mit einundzwanzig kommt er raus und ist reich! Die Welt ist eine Auster, aber auf 'ner Matratze läßt sie sich nicht knacken!

Happy Paps, im Alter sorg' ich für dich –

Willy Mit lumpigen siebzig Dollar die Woche willst du für mich aufkommen? Mit deinen Weibern, mit deinem Auto, mit deiner Wohnung willst du mich im Alter versorgen. Herrgott nochmal, heute hab' ich's kaum bis Yonkers geschafft! Wo seid ihr Kerle, wo seid ihr bloß? Der Wald brennt lichterloh! Ich kann nicht mehr Autofahren!

Charley taucht im Flur auf. Er ist ein mächtiger Mann, der langsam spricht, lakonisch und in sich ruhend. In allem, was er sagt, und obwohl er's sagt, ist Mitgefühl und jetzt sogar Sorge. Er trägt einen Morgenmantel über dem Schlafanzug, an den Füßen Pantoffeln. Er betritt die Küche.

Charley Alles in Ordnung?

Happy Ja, Charley, alles in ...

Willy Was ist los?

Charley Hab' Lärm gehört. Dachte: Ist was passiert. Können wir nichts mit den Wänden machen? Wenn man hier drin niest, fliegt einem bei mir drüben der Hut vom Kopf.

Happy Geh'n wir ins Bett, Paps. Komm'.

Charley bedeutet Happy zu gehen.

Willy Geh du voraus, ich bin noch nicht müde.

Happy *zu Willy* Immer mit der Ruhe, ja? *Er geht.*

Willy Wieso bist du noch auf?

Charley *setzt sich Willy gegenüber an den Küchentisch.* Konnt' nicht richtig schlafen. Hatte Sodbrennen.

Willy Weil du nicht weißt, wie man ißt.

Charley Ich esse mit dem Mund.

Willy Nein, du Ignorant. Man muß über Vitamine und so was Bescheid wissen.

Charley Komm, dreschen wir einen. Damit du müde wirst.

Willy *zögernd* Na gut. Haste Karten?

Charley *zieht ein Spiel aus der Tasche* Ja, hab' ich irgendwo. Also was ist mit Vitaminen?

Willy *gibt* Fördern den Knochenbau. Chemie.

Charley Gut, aber was haben Knochen mit Sodbrennen zu tun.

Willy Was redste'n du? Du hast ja keine Ahnung.

Charley Sei nicht gleich beleidigt.

Willy Red' du nicht über Dinge von denen du nix verstehst.

Sie spielen. Pause.

Charley Wieso bist du zu Hause?

Willy Ärger mit dem Wagen.

Charley Aha. *Pause.* Ich möchte 'ne Reise nach Kalifornien machen.

Willy Waste nicht sagst.

Charley Willst du'n Job?

Willy Ich hab'n Job, hab' ich dir oft genug gesagt. *Nach kurzer Pause.* Warum zum Teufel bietest du mir'n Job an?

Charley Sei nicht wieder beleidigt.

Willy Beleidig' mich nicht.

Charley Ich kann das nicht einsehen. Du brauchst nicht so weiterzumachen.

Willy Ich hab' einen guten Job. *Pause.* Warum kommst du immer wieder an damit?

Charley Soll ich gehen?

Willy *nach einer Pause . . .* Ich begreif' es nicht. Er geht wieder nach Texas. Was zum Teufel soll'n das?

Charley Laß' ihn gehen.

Willy Ich kann ihm nichts geben, Charley, ich bin blank, vollkommen blank.

Charley Verhungern wird er nicht. Ist noch keiner. Laß' ihn laufen.

Willy Woran soll ich mich dann erinnern?

Charley Du nimmst es zu schwer. Zum Teufel nochmal. Wenn die Flasche zu Bruch geht, gibt's kein Pfand zurück.

Willy Du hast gut reden.

Charley Ich hab' nicht gut reden.

Willy Haste die Decke gesehen, die ich im Wohnzimmer eingezogen hab'.

Charley Ja, 'n schönes Stück Arbeit. Wie man so was macht, ist für mich ein Rätsel. Wie zieht man 'ne Decke ein?

Willy Was geht dich das an?

Charley Erzähl' doch mal.

Willy Willst'n du 'ne Decke einziehen?

Charley Wie soll ich 'ne Decke einziehen?

Willy Warum verdammt belästigst du mich dann?

Charley Schon biste wieder beleidigt.

Willy Ein Mann, der nicht mit Werkzeug umgehen kann, ist keiner. Du bist zum Kotzen.

Charley Nenn' mich nicht zum Kotzen, Willy.

Onkel Ben betritt mit Koffer und Regenschirm die Vorderbühne, von der rechten Seite des Hauses kommend. Er ist kräftig, in den Sechzigern, mit Schnurrbart und beeindruckenden Gebärden. Er ist Meister seines Schicksals, und eine Aura weiter Ferne umgibt ihn. Er erscheint genau bei Willys Satz.

Willy Ich bin furchtbar müde, Ben.

Bens Musik ist zu hören. Ben schaut sich überall um.

Charley Gut, spiel weiter; dann schläfst du besser: Hast du mich Ben genannt?

Ben schaut auf seine Uhr.

Willy s'komisch. Einen Moment lang hast du mich an meinen Bruder erinnert.

Ben Ich hab' nur ein paar Minuten Zeit. *Er geht herum, betrachtet die Umgebung. Willy und Charley spielen weiter.*

Charley Seit damals hast du nie mehr was von ihm gehört?

Willy Hat dir Linda nichts erzählt? Vor ein paar Wochen bekamen wir einen Brief von seiner Frau aus Afrika. Er ist tot.

Charley Tatsache?

Ben *lachend* Das ist also Brooklyn, wie?

Charley Vielleicht erbst du was von seinem Geld.

Willy Nee! Er hat sieben Söhne. Die Chance, es mit ihm zu was zu bringen, hab' ich verpaßt . . .

Ben Ich muß zum Zug, William. Ich muß mir in Alaska ein paar Ländereien ansehn.

Willy Klar, klar. Wenn ich damals mit ihm nach Alaska gegangen wäre, wär' heute alles anders.

Charley Ach was, da oben wärste erfroren.

Willy Was redest du'n da?

Ben Enorme Möglichkeiten in Alaska, William. Wundert mich, daß du nicht raufgehst.

Willy Klar. Enorm.

Charley Was?

Willy Das war der einzige, dem ich je begegnet bin, der auf jedes Problem die Lösung wußte.

Charley Wer?

Ben Wie geht's euch allen?

Willy *kassiert den Einsatz, lächelt* Gut, gut.

Charley Ziemlich happig heut' abend.

Ben Lebt Mutter bei euch?

Willy Nein, sie ist vor langer Zeit gestorben.

Charley Wer?

Ben Schade. War das Muster einer Frau, Mutter.

Willy *zu Charley* Heh!

Ben Hatte gehofft, das alte Mädchen wiederzusehen.

Charley Wer ist tot?

Ben Hast du was von Vater gehört?

Willy *genervt* Was meinst du mit ›wer ist tot?‹

Charley *nimmt den Stich* Wovon redest du überhaupt?

Ben *schaut auf seine Uhr* William, es ist halb neun.

Willy *um von seiner Verwirrung abzulenken, faßt er nach Charleys Hand* Das ist mein Stich!

Charley Ich hab' das As –

Willy Wenn du nicht mehr weißt, wie man Karten spielt! Ich werd' dir doch mein Geld nicht nachwerfen!

Charley *steht auf* Das war mein As, verdammt nochmal!

Willy Mir reicht's! Mir reicht's!

Ben Wann ist Mutter gestorben?

Willy Ist lange her. Von Anfang an konntest du nie richtig Karten spielen.

Charley *nimmt die Karten und geht zur Tür* Geht in Ordnung. Nächstes Mal bring ich ein Spiel mit fünf Assen.

Willy Solche Spiele spiel' ich nicht!

Charley *dreht sich zu ihm um* Du solltest dich schämen!

Willy Ja?

Charley Ja! *Er geht.*

Willy *schmeißt die Tür zu* Ignorant!

Ben *als Willy sich durch die ›Küchenwand‹ an ihn wendet* Du bist also William.

Willy *schüttelt Bens Hand* Ben! Ich hab' schon so lang auf dich gewartet! Wie heißt die Lösung? Wie hast du's geschafft?

Ben Ach, das ist eine ganze Geschichte.

Linda tritt auf, wie früher, mit dem Wäschekorb.

Linda Ist das Ben?

Ben *galant* Wie geht's, meine Liebe?

Linda Wo warst du all die Jahre? Willy hat sich immer gefragt, warum du –

Willy *zieht Ben ungeduldig von ihr weg* Wo ist Vater? Bist du ihm nach? Wie hast du's angefangen?

Ben Ich weiß nicht, wie weit du dich noch erinnerst.

Willy Na, ich war ja noch'n Baby, damals, drei oder vier Jahre alt –

Ben Drei Jahre und elf Monate.

Willy Was für'n Gedächtnis, Ben!

Ben Ich hab' viele Unternehmen und hab' niemals Buch geführt.

Willy Ich erinnere mich, ich saß unter einem Planwagen in – war das Nebraska?

Ben Es war in Süd-Dakota und ich hab' dir einen Strauß Feldblumen gegeben.

Willy Ich weiß noch, wie du auf 'ner weiten Landstraße davongegangen bist.

Ben *lacht* Ich wollte zu Vater nach Alaska.

Willy Wo ist er?

Ben Damals hatte ich noch eine ziemlich falsche Vorstellung von Geographie, William. Ich kam nach ein paar Tagen drauf, daß ich genau nach Süden ging – und statt in Alaska, landete ich in Afrika.

Linda Afrika!

Willy Die Goldküste!

Ben Hauptsächlich: Diamantenfelder!

Linda Diamantenfelder!

Ben Ja, meine Liebe. Aber leider habe ich nur ein paar Minuten –

Willy Nein! Junge, Jungs! *Der junge Biff und Happy tauchen auf.* Paßt auf! Das ist euer Onkel Ben, ein großartiger Mann! Erzähl's meinen Jungen, Ben!

Ben Also Jungs, als ich siebzehn war, bin ich in den Dschungel, und als ich einundzwanzig war, kam ich wieder heraus. *Er lacht.* Und bei Gott: Ich war reich.

Willy *zu den Jungen* Genau was ich euch immer sage: Nichts ist unmöglich!

Ben *schaut auf die Uhr* Ich hab' nächste Woche Dienstag einen Termin in Ketschikan, William.

Willy Nein, bitte erzähl' was von Vater. Ich will, daß sie das hören. Sie sollen wissen, aus was für 'ner Familie sie kommen. Ich erinnere mich nur noch an einen Mann mit einem großen Bart, und ich saß auf Mamas Schoß an einem Feuer, und da war so eine helle Musik.

Ben Seine Flöte. Er spielte Flöte.

Willy Klar, er spielte Flöte, natürlich!

Eine neue Musik, eine hohe, getragene Melodie ist zu hören.

Ben Vater war ein großartiger Mann, mit einem sehr ungestümen Temperament. In Boston zogen wir los, und er packte die Familie in den Planwagen, und kutschierte die ganze Mannschaft quer über den Kontinent; durch Ohio und Indiana, Michigan, Illinois und die ganzen Weststaaten! Und in den Städten hielten wir an und verkauften die Flöten, die er unterwegs geschnitzt hatte. 'n großer Erfinder, unser Vater. An einer Idee verdiente er mehr in 'ner Woche, als jemand wie du in seinem ganzen Leben macht.

Willy Genau so zieh' ich die Jungs groß, Ben – zackig, beliebt und selbständig.

Ben So? *zu Biff.* Schlag' mal zu, Junge, so fest du kannst. *Er haut sich auf den Bauch.*

Biff Nein, mein Herr, lieber nicht!

Ben *nimmt Boxhaltung ein* Los, greif an! *Er lacht.*

Willy Greif' an, Biff. Los, zeig's ihm!

Biff *ballt die Fäuste und beginnt* O. k.

Linda *zu Willy* Müssen sie immer kämpfen, Willy?

Ben *beim Sparring mit Biff* Gut so, gut, Junge!

Willy Siehste, Ben, was?

Happy Die Linke, Biff! Die Linke!

Linda Müßt ihr denn kämpfen?

Ben Gut so, Junge! *Plötzlich bricht er aus, wirft Biff zu Boden und steht über ihm, die Spitze seines Regenschirms auf Biffs Auge gerichtet.*

Linda Paß auf, Biff!

Biff Au weia!

Ben *tätschelt Biffs Knie* Kämpf' niemals fair mit 'nem Fremden, mein Junge. Sonst schaffst du's nie im Dschungel. *Er nimmt Lindas Hand und verbeugt sich.* Es war mir eine Ehre und ein Vergnügen, Linda.

Linda *zieht ihre Hand erschrocken und schroff zurück* Gute Reise!

Ben *zu Willy* Und viel Glück bei deinem – was machst du noch?

Willy Verkaufen.

Ben Na schön ... *Er winkt allen zum Abschied zu.*

Willy Nein, Ben, du darfst nicht denken, daß ... *Er nimmt*

Bens Arm und zeigt ihm. Das ist zwar Brooklyn, aber wir gehen hier auch auf die Jagd.

Ben Ach, tatsächlich.

Willy Na klar, hier gibt's Schlangen und Hasen und – deshalb sind wir ja hergezogen. Biff, zum Beispiel, der fällt dir jeden Baum in Nullkommanichts! Jungs! Ihr lauft jetzt rüber, wo der Wohnblock im Bau ist und schafft Sand her. Wir renovieren die Veranda und zwar auf der Stelle! Sieh dir das an, Ben!

Biff Klar, Chef! Beeilung, Hap!

Happy *während er mit Biff losrennt* Ich hab' abgenommen, Paps, merkst du's?

Charley tritt in Knickerbockern auf, bevor die anderen noch weg sind.

Charley Hör zu! Wenn die noch mehr von der Baustelle klauen, wird ihnen der Wachmann die Polizei auf den Hals hetzen!

Linda *zu Willy* Oh, laß' Biff nicht ... *Ben lacht belustigt.*

Willy Du hättest sehn' sollen, was die letzte Woche für Bauholz heimgeschleppt haben. Mindestens ein Dutzend schwere Kanthölzer, die jede Menge wert sind.

Charley Hör zu, wenn der Wachmann sie –

Willy Ich hab' sie zusammengestaucht, verstehst du, aber die zwei schrecken vor nichts zurück.

Charley Willy, die Gefängnisse sind voll von Leuten, die vor nichts zurückschrecken.

Ben *haut Willy auf die Schulter und lacht Charley aus* Und die Börse erst, mein Freund!

Willy *stimmt in Bens Gelächter ein* Wo ist'n der Rest von deiner Hose?

Charley Hat meine Frau gekauft.

Willy Fehlt dir nur noch'n Golfschläger, dann kannste dich rauf ins Bett legen. *Zu Ben* Richtiger Athlet! Der und sein Sohn können dir zusammen keinen Nagel einschlagen!

Bernard *stürmt rein* Der Wachmann rennt Biff nach!

Willy *verärgert* Halt's Maul! Er klaut ja nichts!

Linda *eilt beunruhigt nach links* Wo ist er? Biff, Liebling! *Sie geht.*

Willy *kommt nach links, sich von Ben entfernend* Es ist alles in Ordnung. Was hast'n wieder?

Ben Hat Nerven, der Junge!

Willy *lachend* Nerven wie Drahtseile, der Biff!

Charley Weiß nicht, woran's liegt. Mein Neu-England Vertreter kommt nach Hause wie'n Gespenst. Dem haben sie den letzten Blutstropfen ausgesaugt! ...

Willy Beziehungen, Charley, Beziehungen muß man haben! Wie ich.

Charley *sarkastisch* Freut mich, Willy. Komm' später auf'n Spielchen rüber. Ich knöpf dir was ab von dem Geld, das du in Portland gemacht hast. *Er lacht über Willy und geht.*

Willy *zu Ben* Kein Geschäft zu machen, Konkurrenz ist mörderisch. Aber natürlich nicht für mich.

Ben Ich besuch euch auf'm Rückweg nach Afrika.

Willy *flehentlich* Kannst du nicht ein paar Tage bleiben, Ben? Du bist genau, was ich brauche, Ben, weil ich – ich hab' ne gute Stellung hier, aber ich – ich war noch so klein, als Vater weg ist, hatte nie Gelegenheit, mit ihm zu reden, und ich hab' das Gefühl als wär mein Leben immer noch – irgendwie provisorisch.

Ben Ich versäume meinen Zug. *Sie befinden sich an den entgegengesetzten Enden der Bühne.*

Willy Ben, meine Jungs – können wir nicht reden? Sie würden für mich durch die Hölle gehen, aber ich –

Ben William, du machst es prima mit den Jungs. Außergewöhnliche, prächtige Kerls!

Willy *klammert sich an seine Worte* Wirklich, Ben? Das hör' ich gern! Weil manchmal frag' ich mich, ob ich ihnen das Richtige beibringe – Ben, was soll ich ihnen beibringen?

Ben *jedes Wort gewichtig betonend, mit tückischer Bedeutung* William, als ich in den Dschungel ging, war ich siebzehn. Als ich rauskam, war ich einundzwanzig. Und, weiß Gott, ich war reich. *Er verschwindet in der Dunkelheit hinter der rechten Ecke des Hauses.*

Willy ... und warst reich! Genau in diesem Geiste will ich sie erziehen! Sich im Urwald durchschlagen! Ich hatte recht! Ich hatte recht! Hatte recht!

Ben ist weg, aber Willy spricht noch zu ihm, als Linda, in Nachthemd und Mantel, in die Küche kommt und nach Willy schaut; dann geht sie zur Tür des Hauses, schaut raus und entdeckt ihn. Sie kommt links raus zu ihm. Er starrt sie an.

Linda Willy, mein Liebling? Willy?

Willy Ich hatte recht!

Linda Hast du was vom Käse gegessen? *Er kann nicht antworten.* Es ist schrecklich spät, Liebling. Komm zu Bett, ja?

Willy *schaut in die Höhe* In diesem Hof muß man sich das Genick brechen, um einen Stern zu sehen.

Linda Kommst du rein?

Willy Wo ist eigentlich diese – diamantenbesetzte Taschenuhr hingekommen? Weißt du noch? Als Ben damals aus Afrika kam? Hat er mir da nicht eine Taschenuhr geschenkt mit einem Diamanten drauf?

Linda Du hast sie versetzt, Liebling. Vor zwölf, dreizehn Jahren. Für Biffs Fernkurs in Radiotechnik.

Willy Du, das war ein schönes Stück. Ich geh' noch 'n paar Schritte.

Linda Doch nicht in Hausschuhen, Willy.

Willy *geht links um das Haus los* Ich hatte recht! Hatte ich! *Halb zu Linda, im Gehen, den Kopf schüttelnd.* So ein Mann! Mit so einem Mann lohnt sich's zu reden. Ich hatte recht!

Linda *ruft Willy nach* Doch nicht in Hausschuhen, Willy!

Willy ist fast weg, als Biff im Schlafanzug die Treppe runter in die Küche kommt.

Biff Was macht er da draußen?

Linda Psst!

Biff Gott Allmächtiger, Mama, seit wann geht das schon so?

Linda Leise, sonst hört er dich.

Biff Was zum Teufel ist mit ihm los?

Linda Morgen früh ist es wieder vorbei.

Biff Sollten wir nicht was unternehmen?

Linda Ach, mein Lieber, eine ganze Menge solltest du unternehmen, aber es ist nichts zu machen, also geh' ins Bett.

Happy kommt die Treppe runter und setzt sich auf die Stufen.

Happy So laut hab' ich ihn noch nie gehört, Mom.

Linda Komm' öfter her, dann hörst du ihn. *Sie setzt sich an den Küchentisch und flickt das Futter in Willys Jacke.*

Biff Warum hast du mir das nie geschrieben, Mom?

Linda Wie sollte ich dir denn schreiben? Über drei Monate hattest du keine Anschrift.

Biff Ich war unterwegs. Aber in Gedanken bin ich immer bei euch gewesen. Das weißt du doch, Kumpel.

Linda Ich weiß, Lieber, ich weiß. Aber er hätte eben gern einen Brief. Nur um zu wissen, daß es vielleicht noch mal besser wird.

Biff Er ist doch nicht immer so, oder?

Linda Wenn du heimkommst, ist es am schlimmsten.

Biff Wenn ich heimkomme?

Linda Wenn du schreibst, daß du kommst, freut er sich und macht Pläne – und es geht ihm wunderbar. Und je näher deine Ankunft rückt, desto fahriger wird er, und wenn du schließlich auftauchst, schimpft er schon und ist wütend auf dich. Ich glaub', es liegt daran, daß er's nicht fertigbringt, offen mit dir zu reden. Warum seid ihr so voller Haß aufeinander? Wie kommt das?

Biff *ausweichend* Ich hab' keinen Haß, Mama.

Linda Aber kaum kommst du zur Tür rein, geht der Streit los!

Biff Ich weiß nicht, warum. Ich will es ja ändern, Mom. Ich versuch's, verstehst du?

Linda Bist du endgültig zurückgekommen?

Biff Ich weiß nicht. Ich will mich umsehen; ob sich was tut ...

Linda Biff, du kannst dich nicht dein Leben lang nur umsehen, nicht wahr?

Biff Ich krieg' es nicht in den Griff, Mom. Ich krieg' mein Leben einfach nicht in den Griff.

Linda Biff, ein Mensch ist keine Schwalbe, die mit der Jahreszeit kommt und geht.

Biff Dein Haar – *Er faßt es an.* Dein Haar ist so grau geworden.

Linda Ach, es ist grau, seit du aus der Schule bist. Ich färbe es nur nicht mehr, das ist alles.

Biff Färb' es wieder, ja? Ich will nicht, daß mein Kumpel alt aussieht. *Er lächelt ihr zu.*

Linda Was bist du nur für ein Kind! Du meinst, du kannst ein Jahr lang wegbleiben und ... Biff, es ist Zeit, dir klarzumachen, daß du eines Tages an diese Tür klopfen wirst, und es werden dir fremde Leute aufmachen –

Biff Was redest du da? Du bist noch nicht mal sechzig, Mom.

Linda Und was ist mit deinem Vater?

Biff *schwach* Für ihn gilt das gleiche.

Happy Er bewundert Paps.

Linda Biff, mein Lieber, wenn du keine Gefühle für ihn hast, dann kannst du auch keine Gefühle für mich haben.

Biff Klar kann ich das, Mom.

Linda Nein ... Du kannst nicht nur meinetwegen kommen, denn ich liebe ihn. *Mit einer Andeutung – aber nicht mehr – von Tränen.* Er ist mir der liebste Mensch auf der Welt, und solange ich da bin, darf ihn niemand so behandeln, daß er sich ungeliebt, wertlos und traurig fühlt. Du mußt dich jetzt ein für allemal entscheiden, mein Junge, es gibt keine Ausflüchte mehr. Entweder er ist dein Vater und du zollst ihm den schuldigen Respekt oder du betrittst dieses Haus nicht mehr. Ich weiß, es ist nicht einfach mit ihm – niemand weiß das besser als ich – aber ...

Willy *von links, mit einem Lachen* Heh! Heh, Biffo!

Biff *will raus und Willy hinterher* Was zum Teufel ist nur los mit ihm? *Happy hält ihn auf.*

Linda Nein, nein, du kommst mir nicht in seine Nähe!

Biff Mom, hör auf, ihn in Schutz zu nehmen! Für ihn bist du doch immer, immer nur ein Putzlumpen gewesen. Nie hat er die geringste Achtung für dich gehabt.

Happy Er hat sie immer geachtet –

Biff Was, verdammt nochmal, weißt du schon davon?

Happy *kleinlaut* Nenn' ihn bloß nicht verrückt!

Biff Er hat keinen Charakter – Charley würde so was nicht tun. Nicht in seinem eigenen Haus – den ganzen Scheiß in seinem Kopf abzulassen.

Happy Charley hat's auch nie so schwer gehabt wie er.

Biff Vielen geht es dreckiger als Willy Loman.
Glaub' mir, ich hab's gesehen!

Linda Dann nimm dir doch Charley zum Vater, Biff. Das geht nicht, oder? Ich behaupte nicht, er sei eine Größe. Willy Loman hat nie viel Geld verdient. Sein Name war nie eine Schlagzeile wert. Sein Charakter ist auch nicht gerade der beste, aber er ist ein Mensch, und es passiert ihm gerade etwas Schreckliches. Also gebührt ihm Achtung. Er darf nicht ins Grab fallen, wie ein alter Hund. Achtung! Achtung schulden wir einem solchen Menschen. Du hast ihn verrückt genannt –

Biff Was ich meine, war –

Linda Nein, 'ne Menge Leute meinen, daß er aus dem Gleichgewicht ist. Aber es gehört nicht viel dazu, um zu begreifen, was sein Problem ist. Der Mann ist erschöpft.

Happy Genau.

Linda Ein kleiner Mann kann genauso erschöpft sein wie einer von den Bossen. Im März werden es sechsunddreißig Jahre, daß er für diese Firma arbeitet; er hat ihnen ungeahnte Märkte für ihre Ware erschlossen, und jetzt, wo er alt wird, streichen sie ihm den Lohn.

Happy *empört* Das hab' ich nicht gewußt, Mom.

Linda Du hast nie danach gefragt, mein Lieber! Jetzt wo du dein Geld woanders herkriegst, machst du dir seinetwegen keine Gedanken mehr.

Happy Ich hab' dir Geld gegeben –

Linda An Weihnachten, fünfzig Dollar! Die Reparatur für den Boiler hat siebenundneunzig-fünfzig gekostet. Seit fünf Wochen arbeitet er nur noch auf Provision, wie ein Neuling, wie ein Anfänger!

Biff So eine undankbare Bande!

Linda Sind sie etwa schlimmer als seine Söhne? Als er Geschäfte für sie machte, als er jung war, war er gern gesehen. Aber jetzt sind seine alten Freunde, die Einkäufer, bei denen er so beliebt war und die immer irgendeinen Abschluß für ihn parat hatten – jetzt sind die alle tot oder im Ruhestand. Früher konnte er sechs, sieben Abschlüsse pro Tag in Boston machen. Jetzt holt er die Koffer aus dem Auto und lädt sie wieder ein und packt sie wieder aus, und er ist erschöpft. Statt rumzulaufen, spricht er jetzt mit sich selbst. Er fährt über tausend Kilometer, und wenn er ankommt, kennt ihn niemand mehr, keiner begrüßt ihn. Und was soll einem Mann denn durch den Kopf gehen, der die tausend Kilometer wieder heimfährt, ohne einen Pfennig verdient zu haben? Warum soll der keine Selbstgespräche führen? Warum nicht? Wo er alle acht Tage zu Charley gehen muß, um fünfzig Dollar von ihm zu borgen und mir vorzumachen, es wär' sein Gehalt. Wie lange kann das gutgehen? Wie lange? Verstehst du, wie ich hier sitze und warte? Und da – sagst du mir, er hat keinen Charakter? Der Mann, der sein ganzes Leben lang nur für euch gearbeitet hat? Und wann erhält er jemals den Dank dafür? Ist das etwa der Lohn – daß er sich im Alter von dreiundsechzig Jahren nach seinen Söhnen, die er mehr liebt als sein Leben, umschaut und sieht, daß der eine ein verbummelter Schürzenjäger ist –

Happy Mom!

Linda Nichts anderes bist du, mein Kindchen! *zu Biff.* Und du! Was ist aus deiner Liebe zu ihm geworden? Richtige Kumpel seid ihr gewesen. Wie du jeden Abend mit ihm telefoniert hast! Wie allein er sich gefühlt hat, ehe er nicht wieder bei dir war!

Biff Also gut, Mom, ich zieh wieder in mein Zimmer, und ich such' mir einen Job. Ich werd' ihm nur aus dem Weg geh'n, das ist alles.

Linda Nein, Biff! Du kannst nicht hierbleiben und dauernd mit ihm streiten!

Biff Er hat mich aus dem Haus gejagt, vergiß das bitte nicht.

Linda Warum hat er das getan? Ich hab' nie erfahren, warum.

Biff Weil ich weiß, daß er schwindelt, und das erträgt er nicht.

Linda Er schwindelt? Was meinst du damit?

Biff Schieb' mir nur nicht alles in die Schuhe. Das betrifft nur ihn und mich – mehr hab' ich nicht zu sagen. Ich steuer' mein Geld bei von jetzt an. Mit der Hälfte meines Lohns kann er auskommen. Es wird ihm gut gehen. Ich geh' schlafen. *Er geht zur Treppe.*

Linda Es wird ihm nicht gutgeh'n.

Biff *dreht sich wütend auf der Treppe um* Ich hasse diese Stadt und bleibe trotzdem. Was willst du mehr?

Linda Er stirbt, Biff. *Happy dreht sich erschrocken zu ihr um.*

Biff *nach einer Pause* Wieso stirbt er?

Linda Er hat versucht, sich umzubringen.

Biff *mit großem Entsetzen* Wie?

Linda Ich leb' von einem Tag auf den andern.

Biff Was redest du da?

Linda Weißt du noch, wie ich dir schrieb, daß er den Wagen wieder kaputtgefahren hat? Im Februar?

Biff Ja und?

Linda Der Versicherungsmann war hier. Er sagte, sie hätten Beweise. Daß all' die Unfälle im letzten Jahr ... das waren ... das waren gar keine Unfälle.

Happy Wie können sie das behaupten? Das ist gelogen.

Linda Offenbar gibt es da eine Frau ... *Sie atmet tief ein.*

Biff *scharf, aber beherrscht* Was für 'ne Frau ...

Linda *gleichzeitig* ... und diese Frau. Was?

Biff Nichts. Red' weiter.

Linda Was hast du gesagt?

Biff Nichts. Ich fragte nur, was für 'ne Frau.

Happy Was ist mit ihr?

Linda Also, diese Frau soll die Straße entlang gegangen sein und sein Auto gesehen haben. Sie sagt, er sei gar nicht schnell gefahren und auch nicht ins Schleudern geraten. Sie sagt, er kam an die kleine Brücke und ist absichtlich gegen das Geländer gefahren und nur der niedrige Wasserstand hat ihm das Leben gerettet.

Biff Ach, wahrscheinlich ist er wieder am Steuer eingeschlafen.

Linda Ich glaub' nicht, daß er eingeschlafen ist.

Biff Warum nicht?

Linda Letzten Monat ... *Mit großer Anstrengung.* Ach, Jungs, es ist so schwer, davon zu sprechen! Für euch ist er nur ein blöder, alter Mann, aber ich sage euch, in ihm ist mehr Gutes als in vielen anderen Leuten. *Sie schluchzt, wischt sich die Augen.* Ich suchte nach einer Sicherung. Das Licht war ausgegangen, und ich ging runter in den Keller. Da fiel hinter dem Sicherungskasten – es war der reine Zufall – dieses kurze Stück Gummischlauch herunter.

Biff Im Ernst?

Linda An einem Ende ist ein Anschlußteil. Da wußte ich's. Und wahrhaftig, unten am Warmwasserkessel ist ein neues Ventil an der Gasleitung.

Happy *verärgert* So ein Idiot!

Biff Hast du's weggenommen?

Linda Ich ... ich schäm' mich, es zu tun. Wie soll ich das zur Sprache bringen? Jeden Tag geh' ich runter und nehm' den kleinen Gummischlauch weg. Aber wenn er heimkommt, leg' ich ihn wieder an seinen Platz. Ich kann ihn doch nicht so beleidigen? Ich weiß nicht mehr weiter. Ich leb' von einem Tag zum anderen, Jungs. Ich weiß ganz genau, was in ihm vorgeht. Es klingt so dumm und altmodisch, aber ich sage euch, er hat euch sein ganzes Leben geopfert. Und ihr habt euch von ihm abgewandt.

Sie sitzt vornübergebeugt, weinend, das Gesicht mit den Händen verdeckend. Biff, ich schwör' bei Gott! Biff, sein Leben ist in deinen Händen!

Happy *zu Biff* Was sagst du zu so einem verdammten Narr!

Biff *gibt ihr einen Kuß* Ist gut, Kumpel, ist gut. Jetzt geht alles in Ordnung. Ich hab' versagt. Ich weiß das, Mutter. Aber jetzt bleib' ich und ich schwör' dir, ich werd' mir Mühe geben. *Er kniet vor ihr, mit fieberhaften Selbstvorwürfen.* Ich passe halt nicht in die Geschäftswelt. Nicht, daß ich's nicht versuche. Ich werd's weiter versuchen und alles gutmachen.

Happy Klar wirst du das! Dein Problem mit'm Geschäft war immer nur, daß du nie versucht hast, den Leuten zu gefallen.

Biff Ich weiß – ich –

Happy Zum Beispiel wie du damals für Harrison gearbeitet hast. Bob Harrison sagt, du wärst Spitze, und du gehst hin und machst so was Verrücktes, wie ganze Arien im Fahrstuhl zu pfeifen wie'n Komiker.

Biff Na und? Ich pfeif' eben gern.

Happy Wer im Fahrstuhl pfeift, kann kein verantwortungsbewußter Mitarbeiter sein!

Linda Also streitet jetzt nicht drüber!

Happy Oder als du während der Geschäftszeit zum Schwimmen abgehauen bist, statt die Muster vorzuführen.

Biff *mit wachsendem Unmut* Also, machst du nie blau? Du verdrückst dich doch auch manchmal? An einem schönen Sommertag?

Happy Ja, aber ich sicher' mich ab!

Linda Jungs!

Happy Wenn ich 'ne Fliege mache, kann der Chef jede Nummer anrufen, wo ich sein müßte, und sie werden schwören, daß ich gerade da war. Da ist noch was, und ich sag's nicht gern, Biff, aber in der Geschäftswelt halten dich viele für verrückt.

Biff Scheiß auf deine Geschäftswelt.

Happy Gut, scheiß drauf! Prima! Aber sicher' dich ab!

Linda Hap, Happy!

Biff Ist mir egal, was die denken! Vater lachen die schon seit Jahren aus, und weißt du warum? Weil wir nicht in dieses Irrenhaus von einer Stadt passen! Wir sollten irgendwo draußen auf dem weiten Land Zement mischen oder – oder als Zimmerleute arbeiten. Ein Zimmermann darf wenigstens pfeifen!

Willy kommt durch den linken Eingang ins Haus.

Willy Sogar dein Großvater war was Besseres als ein Zimmermann. *Pause. Sie beobachten ihn.* Du wirst nie erwachsen. Bernard würde nie im Fahrstuhl pfeifen, das kannst du mir glauben.

Biff *um die Lage mit einem Witz zu entspannen* Nein, aber du schon, Daddy.

Willy Noch nie im Leben hab' ich in 'nem Fahrstuhl gepfiffen! Und wer in der Geschäftswelt hält mich für verrückt, hm?

Biff So habe ich das nicht gemeint, Papi. Mach' da nicht gleich 'ne große Sache draus!

Willy Geh' wieder in den Westen! Werd' Zimmermann oder Cowboy! Ich wünsche viel Vergnügen!

Linda Willy, er hat gerade gesagt –

Willy Ich hab' gehört, was er gesagt hat!

Happy *versucht Willy zu beruhigen* He, Paps, nun komm doch ...

Willy *läßt sich von Happy nicht beirren* Sie lachen mich also aus, wie? Geh' zu Filene, geh' zu Hub, geh' zu Slattery in Boston und nenn' da den Namen Willy Loman: Wirst seh'n was passiert. Da bin ich 'ne Größe!

Biff Ist ja gut, Daddy.

Willy Ganz groß!

Biff Ja doch.

Willy Warum mußt du mich immer beleidigen?

Biff Ich hab' kein Wort gesagt. *Zu Linda.* Oder hab' ich was gesagt?

Linda Er hat nichts gesagt, Willy.

Willy *geht in Richtung Wohnzimmer* Na schön, gute Nacht, gute Nacht.

Linda Willy, er hat sich gerade entschieden –

Willy *zu Biff* Wenn's dir morgen langweilig hier wird, kannste ja die Decke anstreichen, die ich im Wohnzimmer eingezogen hab'.

Biff Ich muß morgen früh aus dem Haus, Daddy.

Happy Er trifft sich mit Bill Oliver, Paps.

Willy *interessiert* Mit Oliver? Weshalb?

Biff *zurückhaltend, aber er gibt sich Mühe* Er hat immer gesagt, er würde mich unterstützen. Ich will nämlich ein Geschäft anfangen und ihn vielleicht beim Wort nehmen.

Linda Ist das nicht wunderbar?

Willy Red' nicht dazwischen. Was soll da wunderbar dran sein? Fünfzig Leute hier in New York würden ihn finanzieren. *Zu Biff.* Sportartikel?

Biff Ich denk' schon. Davon versteh' ich was und –

Willy Davon versteht er was! Davon verstehst du mehr als ein Weltmeister, Herrgott nochmal! Wieviel streckt er dir vor?

Biff Ich weiß nicht, ich hab' ihn noch nicht getroffen, aber –

Willy Warum reißt du dann das Maul so auf?

Biff *fängt an, sich zu ärgern* Also, alles, was ich gesagt hab', war, daß ich ihn sehen will!

Willy *wendet sich ab* Ungelegte Eier, wie üblich!

Biff *nach links zur Treppe* Himmel Herrgott! Ich geh' ins Bett.

Willy *ruft ihm nach* In diesem Haus wird nicht geflucht.

Biff *dreht sich um* Seit wann bist du so ein Saubermann?

Happy *will ihn bremsen* Warte mal ...

Willy Sprich' nicht in diesem Ton mit mir! Das verbitte ich mir!

Happy *hält Biff und ruft laut* Moment mal! Ich hab' eine Idee! Eine machbare Idee. Hör zu Biff, laß uns drüber reden, laß' uns mal vernünftig reden. Als ich das letzte Mal in Florida war, hatte ich 'ne tolle Idee, wie man Sportartikel verkaufen könnte. Gerade fällt's mir wieder ein. Du und ich, Biff, wir bilden ein Team, das Loman-Team. Wir trainieren ein paar Wochen und machen ein paar Schauveranstaltungen, verstehst du?

Willy Kein schlechter Einfall!

Happy Wart' ab. Wir bilden zwei Basketball-Teams, verstanden? Zwei Wasser-Polo-Teams. Wir spielen gegeneinander. So 'ne Reklame ist eine Million wert. Zwei Brüder, verstehst du? Die Loman-Brüder! Plakate im Royal Palms – in allen Hotels. Fahnen über dem Stadion, auf allen Sportplätzen: »Die Loman-Brüder«. Junge, könnten wir Sportartikel verkaufen!

Willy Der Einfall ist Millionen wert!

Linda Wundervoll!

Biff Für so was bin ich in Hochform!

Happy Und das Schönste daran ist, Biff, es wär' nicht wie'n Geschäft. Wir würden wieder draußen Ball spielen ...

Biff *angesteckt* Ja, das wär's ...

Willy ... Millionen wert!

Happy Und so was wird man nie leid, Biff. Wir wären wieder 'ne Familie. Wie früher, mit Anstand und Kameradschaft, und wenn du mal zum Schwimmen abhauen willst, machste's einfach! Ohne daß irgendein gerissener Hund dir gleich deine Stelle wegschnappt!

Willy Zeigt's ihnen! Ihr zwei zusammen könnt die gesamte westliche Welt aufs Kreuz legen!

Biff Morgen geh' ich zu Oliver. Hap, wenn wir das schaffen ...

Linda Vielleicht wird doch alles noch gut ...

Willy *mit wilder Begeisterung zu Linda.* Unterbrich doch nicht immer! *Zu Biff.* Aber keine Windjacke und Jeans, wenn du zu Oliver gehst!

Biff Nein, ich werde –

Willy Einen grauen Anzug, und faß' dich kurz und bündig, und reiß' keine Witze.

Biff Ich war beliebt bei ihm. Immer gewesen.

Linda Richtig geliebt hat er dich!

Willy *zu Linda* Hörst du auf! *Zu Biff.* Gib' dich völlig seriös. Du bewirbst dich ja nicht als Laufbursche. Es geht um eine Menge Geld. Sei ruhig, nett und vertrauenerwekkend. Jeder mag einen Witzbold, aber keiner leiht ihm Geld.

Happy Ich werd' auch versuchen, was aufzutreiben, Biff. Ich bin sicher, das klappt.

Willy Ich seh' Großes voraus für euch Jungs. Ich glaube, eure Schwierigkeiten sind überwunden. Aber denk' dran, nur wer groß anfängt, bringt's zu was. Verlang' fünfzehn. Wieviel wolltest du verlangen?

Biff Du, ich weiß nicht –

Willy Fang nicht jeden Satz mit ›du‹ an. ›Du‹, das machen nur Teenager! Ein Mann, der wegen fünfzehntausend Dollar kommt, fängt seine Sätze nicht mit ›du‹ an!

Biff Zehntausend, glaub' ich, ist wohl das Höchste.

Willy Sei nicht so bescheiden. Immer machst du dich klein. Tritt gleich mit einem Lacher auf. Wirk' nicht bedrückt.

Gib' ein paar gute Geschichten zum besten, um Stimmung zu machen. Es kommt nicht drauf an, was du sagst, sondern wie du wirkst ... nur die Persönlichkeit zählt.

Linda Oliver hat immer große Stücke von ihm –

Willy Wirst du mich ausreden lassen!

Biff Schrei' sie nicht an, Dad, bitte.

Willy *ärgerlich* Ich war mitten im Satz, oder nicht?

Biff Ich mag nur nicht, wie du sie dauernd anschreist, das darf ich doch wohl sagen, oder?

Willy Übernimmst du jetzt das Wort hier?

Linda Willy, er –

Willy *zu ihr* Ergreif' nicht dauernd seine Partei, verdammt nochmal!

Biff *wütend* Hör auf, sie anzuschreien!

Willy *gibt plötzlich klein bei, niedergeschlagen, schuldbewußt.* Dann grüß Bill Oliver schön von mir ... vielleicht kennt er mich noch. *Er geht durch das Wohnzimmer ab.*

Linda *mit leiser Stimme* Warum hast du wieder damit anfangen müssen? *Biff wendet sich ab.* Hast du nicht gesehen, wie lieb er gleich war, als du ihm ein bißchen Hoffnung gemacht hast. *Sie geht rüber zu Biff.* Komm' rauf und sag' ihm Gut' Nacht. Laßt ihn nicht so zu Bett geh'n.

Happy Los komm, Biff, muntern wir ihn auf!

Linda Bitte, Lieber. Nur Gute Nacht sagen. Es braucht so wenig, ihn glücklich zu machen. Komm! *Sie geht nach hinten und ruft durch das Wohnzimmer nach oben.* Dein Schlafanzug hängt im Badezimmer, Willy!

Happy *schaut Linda nach* Sie ist die Letzte von ihrer Sorte, weißte das, Biff. Was für 'ne Frau.

Biff Er bekommt kein Gehalt mehr. Mein Gott, nur noch Provision!

Happy Also, machen wir uns nichts vor: Eine Verkaufskanone ist er nie gewesen, was ja nicht ausschließt, daß er manchmal, zugegeben, ein ganz lieber Kerl ist.

Biff *entschlossen* Gib' mir zehn Dollar, ja? Ich will ein paar neue Krawatten kaufen.

Happy Ich zeig' dir ein Geschäft, das ich kenne. Hinreißende Sachen. Zieh' morgen eines von meinen gestreiften Hemden an.

Biff Sie ist schon ganz grau. Sie ist alt geworden. Du, morgen mach' ich meinen Besuch bei Oliver und erleichtere ihn um die –

Happy Komm' mit rauf. Erzähl' es Paps. Das gibt ihm wieder Auftrieb. Los, komm.

Biff *in Fahrt* Weißt du, mit zehntausend Mäusen, Mann!

Happy *während sie durch das Wohnzimmer gehen* So ist's richtig, Biff, jetzt hör' ich zum ersten Mal wieder dein altes Selbstbewußtsein! *Leiser werdend aus dem Zimmer.* Wir werden zusammen wohnen, Junge. Und eins kann ich dir sagen: Alle Weiber, die du willst. Ein Wort genügt ... *Die letzten Sätze sind kaum zu hören. Sie gehen die Treppe zum Schlafzimmer rauf.*

Linda *kommt ins Schlafzimmer und spricht zu Willy, der im Badezimmer ist. Sie macht das Bett für ihn zurecht.* Sieh' doch mal nach der Dusche. Sie tropft.

Willy *aus dem Badezimmer* Auf einmal geht alles aus dem Leim! Diese verdammten Installateure, einen Prozeß sollte man denen machen. Kaum ist das Ding eingebaut und schon ... *Seine Worte werden unverständlich.*

Linda Ich frag' mich, ob sich Oliver an ihn erinnern wird? Du scheinst es zu glauben?

Willy *kommt im Schlafanzug aus dem Bad* Ob der sich erinnert? Was ist denn los mit dir, bist du verrückt? Wenn er bei Oliver geblieben wäre, wär' er jetzt schon ganz oben! Warte nur, bis Oliver ihn wiedersieht. Du kennst das Durchschnittsformat nicht mehr. *Er steigt ins Bett.* Der durchschnittliche junge Mann von heute hat ein Format von Null-Komma-Nichts. Immer hat er nur rumgebummelt – *Biff und Happy tauchen in der Schlafzimmertür auf. Pause.*

Willy *unterbricht sich, zu Biff* Raus mit der Sprache, Junge.

Happy Er wollte dir Gutnacht sagen, Sportsmann.

Willy *zu Biff* Ja, leg' sie aufs Kreuz, Junge. Willst du mir was sagen?

Biff Nimm's nicht so schwer, Daddy. Gute Nacht!
Er dreht sich um und will gehen.

Willy *kann es nicht lassen* Und wenn irgendwas von seinem Schreibtisch runterfällt, während du mit ihm redest – ganz egal was – heb' es auf keinen Fall auf. Dafür haben die Laufburschen.

Linda Ich mach' ein großes Frühstück.

Willy Läßt du mich ausreden? ... *zu Biff.* Sag' ihm, daß du geschäftlich im Westen tätig warst – nicht als Landarbeiter.

Biff In Ordnung, Daddy.

Linda Ich seh' schon, es wird alles ...

Willy *spricht mitten in ihren Satz* Und daß du dich nicht unter Wert verkaufst! Nicht unter fünfzehntausend Dollar!

Biff *erträgt es nicht mehr* Okay ... Gut' Nacht, Mami. *Er geht.*

Willy Weil, du hast das Zeug zu was Großem in dir, Biff! Vergiß' das nie. Zu was ganz Großem ... *Er lehnt sich erschöpft zurück. Biff verschwindet.*

Linda *ruft Biff nach* Schlaf gut, mein Liebling!

Happy Ich hab' vor zu heiraten, Mami. Wollte ich dir nur sagen.

Linda Geh' ins Bett, Junge.

Happy *im Gehen* Ich wollte es nur gesagt haben.

Willy Mach' immer so weiter. *Happy geht.* Gott ...
Weißt du noch damals – das Spiel in Ebbets-Field? Die Meisterschaft der Stadtliga?

Linda Ruh' dich jetzt aus. Soll ich dir was singen?

Willy Ja, sing was. *Linda summt ein Wiegenlied.* Als seine Mannschaft rauskam – war er der größte, weißt du noch?

Linda Ja, und ganz in Gold.
Biff kommt unten in die dunkle Küche, nimmt eine Zigarette und geht nach draußen. Er kommt im Vordergrund in einen goldenen Lichtfleck. Er raucht und schaut in die Nacht.

Willy Wie ein junger Gott! Herkules – oder so was. Und die Sonne, die Sonne um ihn herum. Weißt du noch, wie er mir zuwinkte. Mitten vom Platz runter, wo die Vertreter von drei Colleges auf ihn warteten? Und die Einkäufer, die ich eingeladen hatte, und die Zurufe, als er rauskam – Loman, Loman, Loman! Gott Allmächtiger, aus dem wird noch was ganz Großes. So ein Stern, so ein strahlender, kann niemals verblassen. *Das Licht auf Willy blendet ab. Der Gasboiler scheint durch die Küchenwand neben der Treppe; eine blaue Flamme unter roten Ziegeln.*

Linda *schüchtern* Willy, Lieber, was hat er nur gegen dich?

Willy Ich bin so müde. Sei jetzt still!
Biff kommt langsam in die Küche zurück und starrt auf die Gasflamme.

Linda Fragst du Howard, ob er dich in New York arbeiten läßt?

Willy Als Allererstes morgen früh.
Biff greift hinter den Boiler und zieht den Gummischlauch hervor. Er ist erschrocken und schaut zu Willys Zimmer rauf, das noch schwach beleuchtet ist und von wo Lindas verzweifeltes und monoton anschwellendes Summen zu hören ist.
Es wird alles gut werden.

Willy *der durchs Fenster ins Mondlicht schaut* Du schau mal, wie der Mond durch die Wohnblöcke wandert!
Biff wickelt den Gummischlauch um seine Hand und geht schnell die Treppe rauf.

Vorhang

Zweiter Akt

Fröhliche, helle Musik. Vorhang geht auf, während die Musik abblendet.
Willy, in Hemdsärmeln, den Hut auf dem Schoß, sitzt am Frühstückstisch und schlürft Kaffee. Linda schenkt nach, sobald es geht.

Willy Wunderbarer Kaffee. Eine Mahlzeit für sich.
Linda Soll ich dir ein paar Eier machen?
Willy Nein. Ruh' dich aus.
Linda Du siehst ganz erholt aus.
Willy Ich hab' wie ein Toter geschlafen. Das erste Mal seit Monaten. Stell dir vor, ich schlaf' bis zehn an einem Dienstagmorgen. Jungs sind weg, früh und pünktlich, stimmt's?
Linda Um acht Uhr waren sie aus dem Haus.
Willy Gut gemacht!
Linda Es war so schön, wie sie zusammen losgegangen sind. Das ganze Haus riecht nach Rasierwasser!
Willy *lächelnd* Mmmm –
Linda Biff war ganz verändert heut' morgen. Er strahlte so 'ne Zuversicht aus. Kaum daß er's erwarten konnte, Oliver in der Stadt zu treffen.
Willy Mit ihm geht's jetzt aufwärts, gar keine Frage. Bei manchen Menschen dauert es länger, bis ihr Charakter sich – festigt. Was hat er angezogen?
Linda Den blauen Anzug. Er sieht so gut aus in dem Anzug. Er könnte ein – alles könnte er sein in dem Anzug.
Willy steht vom Tisch auf. Linda hält ihm die Jacke hin.
Willy Keine Frage, gar keine Frage. Du, auf dem Heimweg heute werd' ich Samen kaufen.
Linda *lacht* Das wäre wunderbar. Aber da hinten kommt zu wenig Sonne hin. Da wächst nichts mehr.
Willy Wart' ab, Kindchen, bevor ich aufhöre, haben wir unser Plätzchen auf dem Land, und ich zieh' mein Gemüse selbst, ein paar Hühner ...
Linda Ja, du schaffst es schon noch, Liebster.

Willy zieht den Arm wieder aus dem Ärmel und geht. Linda folgt mit der Jacke.

Willy Dann heiraten die beiden und kommen am Wochenende raus. Ich bau' ein kleines Gästehaus. Werkzeug hab' ich ja genug, alles was ich brauche, ist ein bißchen Bauholz und meine Ruhe.

Linda *freudig* Ich hab' das Futter genäht ...

Willy Ich könnte zwei Gästehäuser bauen, damit sie beide unterkommen. Hat er dir gesagt, wieviel er nun von Oliver verlangen will?

Linda *zwingt ihn in die Jacke* Er hat's nicht ausgesprochen, aber ich nehme an zehn- oder fünfzehntausend. Sprichst du heute mit Howard?

Willy O ja. Ich werd's ihm klipp und klar beibringen. Er muß mich einfach von der Straße runterholen.

Linda Und Willy, vergiß nicht um'n kleinen Vorschuß zu bitten, weil wir die Versicherungsprämie haben. Wir sind schon im Verzug.

Willy Das macht hundert ...

Linda Einhundertacht, achtundsechzig. Weil, wir sind wieder etwas knapp dran.

Willy Wieso denn knapp?

Linda Also, die Reparatur am Auto ...

Willy Dieser verdammte Studebaker!

Linda Und die letzte Rate für den Eisschrank ...

Willy Er ist doch schon wieder kaputt!

Linda Na, er ist alt, Willy.

Willy Ich hab' dir ja gesagt, wir hätten eine bekannte Marke kaufen sollen. Charley hat einen General Electric gekauft; der ist zwanzig Jahre alt, und das Drecksding läuft immer noch!

Linda Aber Willy –

Willy Wer hat je im Leben was von einem Eisschrank Marke ›Hastings‹ gehört. Ich möchte nur, daß mir einmal was ganz gehört, bevor's kaputtgeht. Immer dieser Wettlauf mit dem Schrottplatz. Kaum hab' ich das Auto abbezahlt, schon ist es schrottreif. Der Eisschrank verschleißt Keilriemen wie ein Wahnsinniger. Ist alles Berechnung. Die berechnen die Dinger so, daß sie nach der letzten Rate im Eimer sind.

Linda *knöpft seine Jacke, die er aufknöpft, wieder zu* Alles in allem würden wir mit zweihundert Dollar über die Runden kommen. Aber da ist die letzte Rate für die Hypothek dabei. Nach der Zahlung gehört das Haus uns, Willy.

Willy Nach fünfundzwanzig Jahren!

Linda Biff war neun, als wir es kauften.

Willy Also, das ist eigentlich großartig. Eine Hypothek in fünfundzwanzig Jahren abzuzahlen, das ist schon –

Linda – eine Leistung ist das.

Willy Der ganze Zement, das Holz, die Arbeit, die ich da 'reingesteckt habe. Kein einziger Riß mehr im ganzen Mauerwerk.

Linda Also, das Haus hat seinen Zweck erfüllt.

Willy Was für einen Zweck? Irgendein Fremder wird kommen, einziehen, und das war's dann. Wenn doch Biff es übernehmen und eine Familie drin gründen würde ... *Er geht zum Ausgang.* Auf Wiedersehen, ich muß geh'n.

Linda *erinnert sich plötzlich* O, beinah hätt' ich's vergessen. Sie wollen, daß du heut' abend mit ihnen essen gehst.

Willy Ich?

Linda In Franks Chop House, Achtundvierzigste, gleich an der Sechsten Avenue.

Willy Ist das wahr? Was ist mit dir?

Linda Nein, nur ihr drei Männer. Ein Festessen für dich!

Willy Was sagst du dazu? Wer hatte diese Idee?

Linda Biff kam heute morgen zu mir und sagte: Dad verdient ein Festessen. Pünktlich sechs Uhr. Du und deine beiden Jungs geh'n heut' abend essen.

Willy Donnerwetter! Also so was! Ich werd' Howard die Pistole auf die Brust setzen, ich krieg' meinen Vorschuß, und ich komm' heim mit einem Job in New York. Verdammt nochmal, ich werd' es schaffen!

Linda O, das ist die richtige Einstellung, Willy.

Willy Nie wieder werd' ich mich hinter ein Steuer setzen.

Linda Es geht aufwärts, Willy, ich spüre, wie's aufwärts geht!

Willy Überhaupt keine Frage. Tschüß, 's ist spät. *Wieder geht er los.*

Linda *ruft ihm nach, während sie vom Küchentisch ein Taschentuch holt* Hast du deine Brille?

Willy *tastet seine Taschen ab und kommt zurück* Ja, ich hab' meine Brille.

Linda *Sie gibt ihm das Taschentuch* Und dein Taschentuch.

Willy Und ein Taschentuch.

Linda Und dein Sacharin?

Willy Ja, mein Sacharin.

Linda Sei vorsichtig auf der U-Bahntreppe. *Sie gibt ihm einen Kuß. Willy sieht einen Seidenstrumpf, den sie in der Hand hält.*

Willy Kannst du dieses Strümpfestopfen lassen! Wenigstens solange ich zu Haus' bin. Es geht mir auf die Nerven! Ich kann dir gar nicht sagen, wie.

Linda versteckt die Strümpfe in der Schürze, während sie Willy über die Vorderbühne vor dem Haus folgt.

Linda Und vergiß nicht: Franks Chop House.

Willy *an der Rampe* Vielleicht würden dahinten Rote Beete wachsen.

Linda *lacht* Das hast du doch schon oft versucht.

Willy Also, tu nicht zuviel heute. *Er verschwindet um die rechte Hausecke.*

Linda Und sei vorsichtig. *Linda winkt dem sich entfernenden Willy nach. Plötzlich klingelt das Telefon. Sie läuft über die Vorderbühne in die Küche und hebt ab.*

Linda Hallo? O, Biff! Ich bin froh, daß du anrufst, gerade ... Ja, klar, hab' ich ihm gerade gesagt. Ja, er trifft euch zum Abendessen um sechs Uhr, alles klar. Hör zu, ich muß dir was sagen. Weißt du, der kleine Gummischlauch, von dem ich euch erzählt hab'? Der mit dem Anschluß für die Gasleitung? Heute morgen hab' ich mich endlich entschlossen runterzugehen, ihn wegzunehmen und kaputt zu machen. Aber er ist weg! Stell dir vor! Er hat ihn selbst weggenommen. Er ist weg! *Sie hört zu.* Wann? Ach, dann warst du es. Ach – nichts, ich hatte nur gehofft, er hätte es selbst gemacht. Ach, ich mach' mir keine Sorgen, mein Schatz, weil, heute morgen war er so unternehmungslustig, es war wie in alten Zeiten! Ich hab' keine Angst mehr. Hast du Mr. Oliver schon getroffen? ... Also, dann warte du schön. Und mach' einen guten Eindruck, mein Schatz. Schwitz' nur nicht zu sehr. Und viel Spaß mit Vater. Er wird vielleicht auch 'ne gute Nachricht mitbringen! ... Ja, richtig, eine Stelle in New York. Und seid nett zu ihm heut' abend, Biff. Und liebevoll. Er ist nur ein kleines Boot, das 'n Hafen sucht. *Sie zittert vor Freude und Unruhe.* Na ist doch wunderbar, Biff, du rettest ihm das Leben. Danke, Liebling. Nimm' ihn in die Arme, wenn er ins Restaurant kommt. Lächelt ihm zu. Bist ein guter Junge ... Tschüß, mein Lieber ... Hast du deinen Kamm? ... Gut so. Tschüß, Biff, Lieber.

Während ihrer Rede rollt Howard Wagner, sechsunddreißig, einen kleinen Schreibmaschinentisch rein, auf dem ein Tonbandgerät steht und schließt es an die Steckdose an. Das passiert links vorne. Das Licht bei Linda blendet ab und auf bei Howard. Howard ist so von der Maschine gefesselt, daß er kaum über die Schulter schaut, als Willy eintritt.

Willy Pst! Pst!

Howard Hallo, Willy! Komm rein.

Willy Hätt' gern mal mit dir geredet, Howard.

Howard Entschuldige einen Augenblick. Gleich bin ich dein Mann!

Willy Was ist das, Howard?

Howard Hast du so was noch nie gesehen? Ein Tonbandgerät.

Willy Oh. Haste 'ne Minute Zeit?

Howard Nimmt Töne auf. Gestern erst geliefert worden. Macht mich ganz verrückt. Das ist der phantastischste Apparat, den ich jemals im Leben geseh'n hab. Ich war die ganze Nacht auf.

Willy Was machst du damit?

Howard Gekauft hab' ich ihn für Diktate, aber du kannst alles mit ihm machen. Hör dir das an. Ich hab' ihn gestern mit nach Hause genommen. Hör mal, was ich aufgenommen hab'. Das erste ist meine Tochter. Hör zu. *Er stellt den Apparat an und ein gepfiffenes Volkslied – ›Roll out the Barrel‹ – ist zu hören.* Hör dir an, wie die Kleine pfeift!

Willy Klingt sehr lebensecht, nicht wahr?

Howard Sieben Jahre alt. Und so ein Klang.

Willy Tz, tz. Wollt' dich um einen kleinen Gefallen ...

Das Pfeifen hört auf und die Tochter sagt:

Stimme kleines Mädchen ›Jetzt du, Daddy.!‹

Howard Sie liebt mich abgöttisch. *Wieder wird das Lied gepfiffen.* Das bin ich! Haha!

Willy Du bist prima!

Das Pfeifen bricht ab. Der Apparat bleibt einen Moment stumm.

Howard Psst. Jetzt paß' auf, das ist mein Sohn.

Junge ›Die Hauptstadt von Alabama ist Montgomery, die Hauptstadt von Kalifornien ist Sacramento, die Hauptstadt von Colorado ist Denver, die Hauptstadt von Arizona ist Phoenix, die Hauptstadt von Arkansas ist Little Rock‹ usw.

Howard *hält fünf Finger hoch* Fünf Jahre alt, Willy!

Willy Der wird eines Tages noch Ansager.

Junge ›Die Hauptstadt von ...‹

Howard Hör zu. Alles alphabetisch! *Der Apparat verstummt.* Augenblick mal, da ist das Hausmädchen über die Schnur gestolpert.

Willy Das ist doch tatsächlich ...

Howard Psst, um Gottes willen!

Junge ›Es ist neun Uhr Ortszeit, und ich muß jetzt ins Bett.‹

Willy Also wirklich das ist ...

Howard Wart' noch! Die nächste ist meine Frau. *Sie warten.*

Howards Stimme ›Jetzt mach schon, sag irgendwas! *Pause.* ... Sag doch was!

Stimme seiner Frau Mir fällt aber nichts ein.

Stimme Howard Also, Red! ... Der Apparat läuft!

Stimme seiner Frau *schüchtern, unterdrückt* Hallo! *Pause.* O Howard, ich kann nicht zu so einem Ding sprechen ...‹

Howard *stellt den Apparat ab* Das war meine Frau.

Willy Das ist ein fabelhafter Apparat. Können wir –

Howard Ich sag dir Willy, meine Kamera, meine Laubsäge, alle meine Hobbies, alles geschenkt. Das ist die aufregendste Freizeitbeschäftigung, die je erfunden wurde.

Willy Vielleicht sollte ich mir auch so was anschaffen.

Howard Klar, kostet nur hundertfünfzig. So was muß man einfach haben. Nimm an, du möchtest Jack Benny hören, ja? Aber du kannst um die Zeit nicht daheim sein. Dann sagst du dem Hausmädchen, sie soll das Radio einschalten, wenn Jack Bennys Sendung kommt, und der nimmt automatisch die Sendung auf.

Willy Und wenn du nach Hause kommst, ...

Howard Du kannst heimkommen, wann du willst, um ein Uhr nachts, wie's dir paßt, du nimmst dir eine Coke, machst es dir bequem, schaltest ein und hast die Jack Benny Show mitten in der Nacht!

Willy Ich werd' mir das unbedingt anschaffen. Ich bin so oft unterwegs und denk' immer, was ich wohl so alles im Radio verpasse!

Howard Hast du kein Radio im Auto?

Willy Ja, sicher, aber wer denkt schon dran, es anzustellen?

Howard Sag, solltest du heute nicht nach Boston?

Willy Darüber wollte ich mit dir sprechen, Howard. Hast du eine Minute? *Er zieht sich einen Stuhl von der Seite heran.*

Howard Was ist passiert? Wieso bist du hier?

Willy Also ...

Howard Du hast doch nicht wieder Mist gebaut?

Willy O nein, nein ...

Howard Du hast mir einen Schrecken eingejagt. Was hast du für ein Problem?

Willy Also, um ganz ehrlich zu sein, Howard, ich habe mich entschieden, lieber nicht mehr herumzureisen.

Howard Nicht mehr reisen? Ja, was denn dann?

Willy Weißt du noch, Weihnachten bei der kleinen Feier hier hast du gesagt, du wolltest dich nach einem Plätzchen für mich hier in der Stadt umsehen.

Howard Bei uns?

Willy Ja klar.

Howard Ah ja, ja, jetzt erinnere ich mich. Also, ich hab' nichts Passendes gefunden, Willy.

Willy Es ist so, Howard: Die Kinder sind erwachsen, verstehst du. Wenn ich, wenn ich, sagen wir – so fünfundsechzig Dollar die Woche nach Hause brächte, könnte ich mir's wohl sein lassen.

Howard Ja, aber Willy, versteh' doch –

Willy Es ist so, Howard: Offen gesagt, unter uns beiden, nicht wahr – also ich bin nur etwas erschöpft.

Howard O, dafür hab' ich Verständnis, Willy. Aber du bist Reisender, Willy. Wir leben von dem Geschäft draußen. Hier in der Stadt haben wir nur 'n halbes Dutzend Vertreter.

Willy Gott ist mein Zeuge, Howard, ich hab' niemals jemanden um einen Gefallen gebeten. Aber ich war schon in der Firma, als dein Vater dich noch auf dem Arm hier herumtrug.

Howard Ich weiß ja, Willy, aber –

Willy Als du geboren wurdest, kam dein Vater an und fragte mich, was ich von dem Namen Howard halte. Gott hab' ihn selig.

Howard Weiß ich zu schätzen Willy, aber hier ist einfach kein Platz für dich. Wenn's einen gäbe, würde ich dich sofort nehmen, aber hier ist nicht die winzigste Stelle frei. *Er sucht nach seinem Feuerzeug, Willy hat es genommen und hält es ihm hin. Pause.*

Willy *zunehmend verärgert* Howard, alles was ich netto brauche, sind fünfzig Dollar die Woche.

Howard Aber wo soll ich dich hinstecken, Mann?

Willy Es steht wohl außer Frage, daß ich's verstehe, die Ware an den Mann zu bringen, stimmt's?

Howard Klar, aber hier geht's ums Geschäft, Mann. Da muß jeder seine eigene Last tragen.

Willy *verzweifelt* Laß dir mal 'ne Geschichte erzählen, Howard –

Howard Du mußt doch zugeben: Geschäft ist Geschäft.

Willy *ärgerlich* Selbstverständlich, Geschäft ist Geschäft, aber jetzt hör mal eine Minute zu. Du verstehst da was nicht. Als ich 'n Junge war, mit – achtzehn, neunzehn – war ich schon als Vertreter auf Achse. Und ich stellte mir die Frage, ob in Zukunft Verkaufen für mich das Richtige sei. Weil, damals hatte ich Lust nach Alaska zu gehen. Weißt du, die waren gerade auf Gold gestoßen, drei Goldadern in einem Monat! Und ich hatte Lust hinzugehen. Nur zum Spaß, wenn du so willst.

Howard *kaum interessiert* Was du nicht sagst.

Willy O ja, mein Vater hat jahrelang in Alaska gelebt. Er war ein richtiger Abenteurer. Unsere Familie hat überhaupt einen ziemlichen Hang zur Unabhängigkeit. Ich wollte mit meinem älteren Bruder losziehen und nach ihm suchen, um uns vielleicht mit dem alten Mann im Norden niederzulassen. Und ich war fest entschlossen aufzubrechen, als ich im Parker-Haus einen Handlungsreisenden traf. Er hieß Dave Singleman. War vierundachtzig Jahre alt und verscheuerte Ware in einunddreißig Staaten! Und der alte Dave ging auf sein Zimmer, verstehst du, schlüpfte in seine Pantoffeln aus grünem Samt – werd' ich nie vergessen –, nahm sich das Telefon und rief die Kunden an, und so, ohne je sein Zimmer zu verlassen, verdiente er, im Alter von vierundachtzig, sein Geld. Und als ich das sah, wußte ich, daß Verkaufen der Traumberuf schlechthin ist. Weil, was kann befriedigender sein, als im Alter von vierundachtzig, in zwanzig oder dreißig verschiedene Städte zu fahren, und du brauchst nur den Telefonhörer abzunehmen, um von ganz verschiedenen Leuten begrüßt, geliebt und unterstützt zu werden? Weißt du was? Als er starb – er starb übrigens den Tod eines Handlungsreisenden, in seinen grünen Samt-Pantoffeln, im Rauchersalon des New-York-New-Haven – Hartford-D-Zugs, bei der Einfahrt nach Boston – als er starb, waren Hunderte von Reisenden und Einkäufern auf der Beerdigung. Monatelang herrschte Trauer, auf den Straßen und in den Zügen. *Er steht auf. Howard hat ihn nicht mal angesehen.* In jenen Tagen ging's um Charakter, Howard. Um Hochachtung, Freundschaft und Dankbarkeit beim Geschäft. Heute ist alles nüchtern und trocken, Freundschaft und – Charakter zählen überhaupt nicht mehr. Verstehst du, was ich meine? Keiner kennt mich mehr.

Howard *entfernt sich nach rechts* Das ist es ja, Willy.

Willy Wenn ich vierzig Dollar hätte – mehr brauch' ich nicht, Howard.

Howard Junge, woher nehmen und nicht stehlen, ich –

Willy *Verzweiflung packt ihn jetzt* Howard, in dem Jahr als Al Smith Gouverneur von New York wurde, kam dein Vater zu mir und –

Howard *beim Weggehen* Draußen warten Leute, Junge –

Willy *hält ihn zurück* Ich rede von deinem Vater! Hier an diesem Tisch ist etwas versprochen worden! Erzähl' mir nicht, daß draußen Leute warten – ich hab' dieser Firma vierunddreißig Jahre geopfert, Howard, und heute kann ich nicht mal meine Versicherung zahlen! Du kannst die Zitrone nicht auspressen und dann die Schale wegwerfen – ein Mensch ist doch kein Abfall! *Nach kurzer Pause.* Jetzt gib mal acht. Dein Vater – 1928 hatte ich ein gutes Jahr. Ich machte damals einen Schnitt von hundertundsiebzig Dollar pro Woche in Provision.

Howard *ungeduldig* Bitte, Willy niemals hast du einen Schnitt von –

Willy *haut mit der Faust auf den Tisch* Im Jahr 1928 hab' ich einen Schnitt von einhundertsiebzig Dollar pro Woche gemacht! Und dein Vater kam zu mir – nein, es war genau hier in diesem Raum – genau hier an diesem Schreibtisch – und er hat seine Hand auf meine Schulter gelegt –

Howard *steht auf* Du mußt mich entschuldigen, Willy, draußen warten Leute auf mich. Reiß' dich zusammen. *Er geht zur Tür.* Ich bin in ein paar Minuten wieder da.

Während Howard geht, wird sein Sessel eigenartig grell beleuchtet.

Willy Mich zusammenreißen! Verdammt, was hab' ich bloß zu ihm gesagt? Um Gottes willen, ich hab' ihn angeschrien! Wie konnte ich nur? *Willy verliert sich, starrt in das Licht, das den Sessel beleuchtet und belebt. Er wendet sich über den Schreibtisch hinweg in den Sessel.* Frank, Frank, weißt du nicht mehr, was du mir damals gesagt hast? Wie du deine Hand auf meine Schulter gelegt hast, und Frank ... *Er beugt sich über den Schreibtisch und stützt sich, als er des Toten Namen ausspricht, auf den Schalter des Tonbandgerätes, das sofort –*

Howards Sohn ›... Hauptstadt von New York ist Albany. Die Hauptstadt von Ohio ist Cincinnati, die Hauptstadt von Rhode Island ist ...‹ *Die Litanei geht weiter.*

Willy *schreckt zurück und ruft laut* Heh! Howard! Howard! Howard!

Howard *kommt reingerannt* Was'n los?

Willy *deutet auf den Apparat, der mit kindlicher, krächzender Stimme weitere Hauptstädte ausspuckt* Schalt ab! Schalt ab!

Howard *zieht den Stecker raus* Paß auf, Willy ...

Willy *hält sich die Hände vor die Augen* Ich muß mir 'ne Tasse Kaffee besorgen. Ich brauch 'n Kaffee ... *Willy geht zur Tür, Howard hält ihn zurück.*

Howard *wickelt das Kabel auf* Willy, paß auf ...

Willy Ich fahr' nach Boston.

Howard Willy, für uns kannst du nicht nach Boston fahren.

Willy Warum kann ich das nicht?

Howard Weil ich nicht will, daß du weiter als unser Vertreter auftrittst. Wollt' ich dir schon lange sagen.

Willy Howard, schmeißt du mich raus?

Howard Du brauchst eine richtige, gute Erholung, Willy.

Willy Howard –

Howard Und wenn's dir besser geht, kommst du wieder, und wir werden sehen, was sich machen läßt.

Willy Aber ich muß Geld verdienen, Howard. Ich bin nicht in der Lage –

Howard Wo sind deine Söhne? Warum greifen sie dir nicht unter die Arme?

Willy Sie arbeiten an einem Riesengeschäft.

Howard Für falschen Stolz ist jetzt nicht der richtige Moment, Willy. Geh' zu deinen Söhnen und sag' denen, daß du erschöpft bist. Du hast doch zwei große Jungs?

Willy Oho! Keine Frage, keine Frage, aber inzwischen ...

Howard Das wär's also.

Willy In Ordnung, ich fahr' morgen nach Boston.

Howard Nein, nein.

Willy Ich kann meinen Söhnen nicht zur Last fallen. Ich bin kein Krüppel!

Howard Paß auf, Junge, ich hab' viel zu tun heute.

Willy *packt Howards Arm* Howard, du mußt mich nach Boston fahren lassen!

Howard *hart und beherrscht* Draußen warten 'ne Menge Leute auf mich. Jetzt setz dich hin, ruh' dich fünf Minuten aus, reiß' dich zusammen, und dann gehst du nach Hause, einverstanden? Ich brauch' das Büro, Willy. *Er will gehen, erinnert sich des Tonbandgerätes und schiebt es samt Tisch nach draußen.* Ach ja. Egal wann's dir paßt diese Woche, komm hier vorbei und liefer' die Muster ab. Wird dich erleichtern, Willy, und später kommst du wieder, und wir unterhalten uns. Reiß dich zusammen, Junge, draußen sind Leute. *Howard geht nach links ab, wobei er den Tisch vor sich herschiebt. Willy blickt erschöpft ins Leere. Von ferne, dann lauter, ist Bens Musik zu hören. Während Willy spricht, tritt Ben von rechts auf. Er trägt Koffer und Regenschirm.*

Willy O Ben! Wie hast du's gemacht? Wie heißt die Lösung? Hast du das Alaska-Geschäft schon abgeschlossen?

Ben Kleinigkeit, wenn man weiß, was man will. Bin auf 'ner Geschäftsreise. Schiff geht in einer Stunde. Wollte nur Wiederseh'n sagen.

Willy Ben, ich muß mit dir reden.

Ben *schaut auf die Uhr* Keine Zeit, William.

Willy *geht über die Bühne zu Ben* Ben, nichts klappt. Ich weiß nicht mehr weiter.

Ben Also, hör zu, William. Ich hab' in Alaska Wald gekauft und ich such' jemand, der sich drum kümmert.

Willy Mein Gott. Wälder in Alaska! Ich und die Jungs draußen in dem weiten Land!

Ben Ein ganzer Kontinent liegt vor dir, William. Geh raus aus den Städten, die voll sind von Gerede und Ratenzahlungen und Gerichtsterminen. Verlaß' dich auf deine Fäuste, und schaff' dir da draußen ein Vermögen!

Willy Ja, ja! Linda, Linda!

Linda tritt auf, wie in früheren Tagen, mit der Wäsche.

Linda *zu Ben* Ach, du bist wieder da.

Ben Hab' nicht viel Zeit.

Willy Nein, warte! Linda, er hat ein Angebot für mich in Alaska.

Linda Aber du hast hier – *Zu Ben.* Er hat hier eine gute Stellung.

Willy Aber in Alaska, Kind, könnte ich –

Linda Dir geht's hier gut genug, Willy!

Ben *zu Linda* Gut genug wofür, meine Gute?

Linda *hat Furcht vor und Wut auf Ben* Erzähl' ihm nicht solche Geschichten! Genug um glücklich zu sein, hier und jetzt. *Zu Willy, während Ben lacht.* Es muß doch nicht jeder die Welt erobern? Du bist beliebt, die Jungs lieben dich und eines Tages – *Zu Ben* – also, der alte Wagner hat ihm gerade neulich versprochen, daß er Partner in der Firma wird, wenn er so weiter macht, stimmt's Willy?

Willy Klar, klar. Ich bau' was auf mit der Firma, Ben, und wer was aufbaut, muß auf dem richtigen Weg sein, nicht wahr?

Ben Was baust du auf? Kannst du's anfassen? Wo ist es?

Willy *zögernd* Stimmt, Linda, wir haben nichts in den Händen.

Linda Wieso? *Zu Ben.* Da ist ein Mann von vierundachtzig Jahren –

Willy Richtig, Ben, richtig! Wenn ich mir den Mann ansehe, frag' ich mich, warum soll ich mir Sorgen machen!

Ben Ach was!

Willy Ist wahr, Ben. Er braucht nur in eine x-beliebige Stadt zu fahren, das Telefon abzunehmen und schon verdient er sein Geld. Und weißt du warum?

Ben *nimmt seinen Koffer* Ich muß geh'n.

Willy *hält ihn zurück* Sieh dir diesen Burschen an! *Biff tritt auf, im Trainingspullover und einem Koffer in der Hand. Happy trägt Biffs Schulterpolster, den goldenen Helm und die Football-Hosen.*

Willy Ohne Namen, ohne einen Pfennig Vermögen, wird er von drei großen Universitäten umworben und von da gibt's keine Grenze nach oben, weil's, kommt nicht drauf an, was du machst, Ben. Sondern wen du kennst und wie beliebt du bist! Beziehungen, Ben, Beziehungen! Der ganze Reichtum Alaskas wird beim Mittagessen im Commodore Hotel verhandelt, und das ist ja das Wunder, das Wunder dieses Landes, daß man es zu Diamanten bringen kann, nur weil man beliebt ist. *Er wendet sich zu Biff.* Und deshalb ist das Spiel heute so wichtig für dich. Weil Tausende von Leuten zu dir halten und dich lieben werden. *Zu Ben, der wieder gehen will.* Ach Ben! Wenn der ein Geschäft oder ein Büro betritt, wird sein Name wie eine Fanfare sein, Tür und Tor werden sich ihm öffnen! Ich hab's erlebt, Ben, ich hab's selbst unzählige Male erlebt! Du kannst es vielleicht nicht anfassen, wie ein Stück Wald, aber es hat seinen Wert!

Ben Wiedersehen, William.

Willy Ben, hab' ich recht? Findest du nicht, daß ich recht hab'? Dein Rat ist mir viel wert.

Ben Ein ganzer Kontinent liegt vor dir, William. Du könntest reich werden. Reich! *Er verschwindet.*

Willy Wir schaffen's hier, Ben! Hörst du! Wir schaffen's hier! *Der junge Bernard rennt herein. Gleichzeitig setzt die fröhliche Musik der Jungen ein.*

Bernard O je! Hab' Angst gehabt, ihr seid schon weg!

Willy Warum? Wieviel Uhr ist's?

Bernard Es ist halb zwei!

Willy Also, los, alle Mann! Nächster Halt Ebbets Field! Wo sind die Fähnchen? *Er läuft durch die markierte Mauer in die Küche und raus ins Wohnzimmer.*

Linda *zu Biff* Hast du frische Unterwäsche mit?

Biff *der Lockerungsübungen macht* Ich will los!

Bernard Biff, ich trag' deinen Helm, oder?

Happy Nein, den Helm trag' ich.

Bernard O, Biff, du hast mir versprochen –

Happy Ich trag' den Helm.

Bernard Wie soll ich dann in den Umkleideraum –?

Linda Laßt ihn die Knieschützer tragen. *Sie zieht in der Küche Mantel und Hut an.*

Bernard Darf ich, Biff? Weil, ich hab' allen gesagt, daß ich in den Umkleideraum komme.

Happy In Ebbets Field heißt es Clubhaus.

Ben Ich meine ins Clubhaus, Biff!

Happy Biff!

Biff *großzügig, nach kurzer Pause* Laß ihn die Schützer tragen.
Happy *reicht Bernard die Ausrüstung* Bleib in unserer Nähe!
Willy kommt mit den Fähnchen reingelaufen.
Willy *verteilt sie* Alle winken, wenn Biff auf den Platz kommt! *Happy und Bernard laufen los.* Alles klar, Jungs?
Die Musik blendet aus.
Biff Auf los geht's los, Dad. Alle Muskeln fit.
Willy *an der Rampe* Ist dir klar, worum es geht?
Biff Ganz klar, Daddy.
Willy *Biffs Muskeln prüfend* Heute nachmittag kommst du nach Hause und bist Mannschaftskapitän des Schulpokalsiegers von New York!
Biff Verstanden, Dad. Und du weißt ja, wenn ich meinen Helm abnehme, dann ist das nächste Tor für dich.
Willy Los geht's! *Er legt Biff einen Arm um die Schulter und will gehen, als Charley, wie früher, in Knickerbockern auftritt.*
Hab keinen Platz mehr für dich, Charley.
Charley Was denn für'n Platz?
Willy Im Auto.
Charley Macht ihr'n Ausflug? Ich wollte ein Spielchen machen.
Willy *wütend* Ein Spielchen. *Er kann's nicht fassen.* Ausgerechnet am heutigen Tag!
Linda Oh, er weiß es genau, Willy. Er nimmt dich auf'n Arm.
Willy Über so was macht man keine Witze.
Charley Nein, Linda, was ist'n los?
Linda Sein Spiel in Ebbets Field ist heute.
Charley Baseball, bei dem Wetter?
Willy Red' nicht mit dem, kommt, kommt. *Er schiebt sie raus.*
Charley Wart 'ne Minute, habt ihr die Nachrichten nicht gehört?
Willy Was?
Charley Ihr hört wohl kein Radio? ... Das Stadion ist soeben in die Luft geflogen.
Willy Scher dich zum Teufel! *Charley lacht. Willy schiebt sie raus.* Los, los, es ist spät!
Charley Gut Holz, Biff! Gut Holz!
Willy *ist der Letzte und dreht sich zu Charley um* Ich find' nicht, daß das komisch ist, Charley. Das ist der größte Tag in seinem Leben.
Charley Willy, wann wirst du endlich erwachsen?
Willy Waas? Waas? Wenn dieses Spiel abgepfiffen wird, wird dir das Lachen vergeh'n. Dann werden sie ihn den zweiten Red Grange nennen. Fünfundzwanzigtausend Dollar im Jahr.
Charley *witzelnd* Tatsächlich?

Willy Ja, tatsächlich.

Charley Also dann entschuldige, bitte. Eine Frage nur.

Willy Was?

Charley Wer ist Red Grange?

Willy Nimm die Fäuste hoch! Verflucht, nimm die Fäuste hoch! *Charley lacht, schüttelt den Kopf und geht um die linke Seite des Hauses weg. Willy ihm nach. Die Musik steigert sich zu einer höhnischen Kakophonie.*

Willy Wofür hältst du dich eigentlich, verflucht nochmal? Was Besseres als alle andern? Du Klugscheißer, du dicker, fetter Ignorant . . . Fäuste hoch zum Kampf!

Auf der rechten Seite der Vorderbühne wird ein kleiner Schreibtisch im Vorzimmer zu Charleys Büro beleuchtet. Verkehrslärm ist zu hören. Bernard, inzwischen erwachsen, sitzt da und pfeift vor sich hin. Ein Paar Tennisschläger und eine kleine Reisetasche stehen neben ihm auf dem Boden.

Willy *hinter der Bühne* Wovor läufst du weg! Lauf' nicht weg! Wenn du was zu sagen hast, sag's mir ins Gesicht! Ich weiß, daß du mich hinter meinem Rücken auslachst. Aber nach diesem Spiel wird dir das Lachen vergehen. Tor! Und noch'n Tor! Achtzigtausend Zuschauer! Tor! Mitten zwischen die Pfosten!

Bernard ist ein ruhiger, ernster, aber selbstsicherer junger Mann. Willys Stimme kommt jetzt von rechts aus der Gasse. Jenny, Charleys Sekretärin, tritt auf.

Jenny *in höchster Bedrängnis* Sagen Sie, Bernard, können Sie nicht mal in der Halle nachsehen.

Bernard Was soll der Lärm? Wer ist das?

Jenny Mister Loman. Er kommt gerade aus dem Fahrstuhl.

Bernard *steht auf* Mit wem hat er Streit?

Jenny Mit niemand. Er ist ganz allein. Ich werd' nicht mehr mit ihm fertig, und ihr Vater ist jedesmal verärgert, wenn er kommt. Ich muß 'ne Menge abtippen, und ihr Vater wartet zum Unterschreiben. Schauen Sie nach ihm?

Willy *kommt rein* Tor! Tor! *Er sieht Jenny.* Jenny, Jenny, halihalo! Wie geht's? Wie steht's? Bist du ein fleißiges Fräulein oder immer noch anständig?

Jenny Prima. Wie geht's bei Ihnen?

Willy Gestern abend ging's noch, Jenny, hahaha! *Er ist überrascht, die Tennisschläger zu sehen.*

Bernard Tag, Onkel Willy.

Willy *fast bestürzt* Bernard! Na sieh mal einer an! *Er kommt rasch und schuldbewußt zu Bernard und schüttelt ihm herzlich die Hand.*

Bernard Wie geht's? Schön dich wiederzusehen.

Willy Was treibt dich hierher?

Bernard Ach, nur Papi grüßen. Die Beine ausstrecken, bis ich zum Zug muß. Ich fahr' in ein paar Minuten nach Washington.

Willy Ist er da?

Bernard Ja, mit einem Buchhalter im Büro drin. Setz' dich.

Willy *setzt sich* Was hast du vor in Washington?

Bernard Ach, nur ein Fall, der da ansteht, Willy.

Willy Tatsächlich? *Er deutet auf die Schläger.* Spielst du da Tennis?

Bernard Ich wohn' bei einem Freund, der einen Platz hat.

Willy Sieh' mal an. Eigenen Tennisplatz. Wette, das sind vornehme Leute.

Bernard Sind sie, sehr nett. Biff ist in der Stadt, sagt Vater.

Willy *mit breitem Lächeln* Ja, Biff ist zurück. Schließt gerade ein großes Geschäft ab, Bernard.

Bernard Was macht Biff?

Willy Also, hat großartige Sachen im Westen gemacht. Beschloß aber, sich hier niederzulassen. In großem Stil. Wir geh'n heut' abend essen. Stimmt's, daß deine Frau einen Sohn bekommen hat?

Bernard Stimmt. Unsern zweiten.

Willy Zwei Jungs. Sieh mal einer an!

Bernard Was für ein Geschäft hat Biff vor?

Willy Also, Bill Oliver – ganz großer Spezialist für Sportartikel – er will Biff unbedingt haben. Holte ihn vom Westen hierher. Ferngespräch, carte blanche, Eilboten. Deine Freunde haben ihren eigenen privaten Tennisplatz?

Bernard Bist du noch bei der alten Firma, Willy?

Willy *nach einer Pause* Ich bin – ich bin hocherfreut zu sehen, wie du's geschafft hast, Bernard, hocherfreut. Ist ermutigend, einen jungen Mann zu sehen, der – wirklich – Sieht sehr gut aus für Biff – sehr – *Er bricht ab, dann.* Bernard – *Er ist so erschüttert, daß er sich wieder unterbricht.*

Bernard Was ist denn, Willy?

Willy *klein und einsam* Was – was ist das Geheimnis?

Bernard Was für ein Geheimnis?

Willy Wie – wie hast du's geschafft? Warum hat er nie den Anschluß geschafft?

Bernard Wie sollte ich das wissen, Willy.

Willy *vertraulich, verzweifelt* Du warst sein Freund von Kindheit an. Es gibt da etwas, was ich nicht begreife. Nach dem Spiel in Ebbets Field war sein Leben beendet. Seit seinem siebzehnten Lebensjahr hat sich nichts Positives mehr ereignet.

Bernard Er hat nie etwas Richtiges gelernt.

Willy Doch, hat er und wie. Nach der Schule hat er so und so viele Fernkurse belegt. Radiotechnik; Fernsehen; Gottweißwas, und nie hat's irgendwo geklappt.

Bernard *nimmt seine Brille ab* Willy, willst du offen und ehrlich reden?

Willy *springt auf, vor Bernard* In meinen Augen bist du ein sehr intelligenter Mann, Bernard. Ich schätze deinen Rat.

Bernard Ach, zum Teufel mit Ratschlägen, Willy. Ich kann dir nicht raten. Es gibt da nur etwas, was ich dich schon immer fragen wollte. Als er damals die Abschlußprüfung machen sollte und der Mathelehrer ihn durchfallen ließ –

Willy Dieser Scheißkerl hat ihm das Leben versaut.

Bernard Ja, aber Willy, er brauchte nur'n Nachhilfekurs im Sommer zu nehmen und die Prüfung in dem Fach nachzumachen.

Willy Stimmt, stimmt genau!

Bernard Hast du ihm gesagt, er soll den Sommerkurs machen?

Willy Ich? Ich hab' ihn angefleht. Befohlen hab ich's ihm!

Bernard Und warum wollte er nicht?

Willy Warum? Warum? Bernard, diese Frage verfolgt mich seit fünfzehn Jahren wie ein Gespenst. Er fiel in einem Fach durch, gab alles auf und fiel tot um wie vom Blitz getroffen.

Bernard Immer mit der Ruhe, Mann.

Willy Laß uns reden – ich hab' niemanden zum Reden, Bernard, Bernard, war's meine Schuld? Siehste? Es läßt mich nicht los, vielleicht hab' ich ihm was angetan. Ich kann ihm nichts geben.

Bernard Nimm's nicht so tragisch.

Willy Warum hat er aufgegeben? Was steckt dahinter? Ihr wart Freunde!

Bernard Willy, ich weiß noch, es war Juni, und die Zeugnisse kamen raus. Und er war in Mathe durchgefallen.

Willy Dieser Scheißkerl!

Bernard Nein, es war nicht gleich damals. Biff war nur sehr wütend – weiß ich noch – aber bereit, den Sommerkurs zu absolvieren.

Willy *überrascht* Wollte er das?

Bernard Er war gar nicht niedergeschlagen. Aber dann, Willy, verschwand er fast einen Monat aus der Nachbarschaft. Und ich dachte mir, er sei dir nach, nach Neu-England. Habt ihr euch da ausgesprochen?

Willy starrt stumm vor sich hin.

Bernard Willy?

Willy *in ziemlich vorwurfsvollem Ton* Ja, er kam nach Boston. Was tut das zur Sache?

Bernard Also, nur als er zurückkam – ich werd' es nie vergessen, es ist mir ein Rätsel geblieben. Weil ich immer nur gut von Biff dachte, obwohl er mich immer ausgenutzt hat. Ich hatte ihn lieb, Willy, verstehst du? Und nach diesem Monat kam er zurück, nahm seine Turnschuhe – erinnerst du dich an die Turnschuhe mit dem Aufdruck ›Virginia-Universität‹? Er war so stolz darauf, trug sie jeden Tag. Und er ging mit ihnen in den Keller und verbrannte sie in der Heizung. Wir haben uns geprügelt. Mindestens eine halbe Stunde lang. Nur wir zwei, schlugen aufeinander ein, unten im Keller und heulten dabei die ganze Zeit. Ich hab' oft gedacht, wie eigenartig, daß ich da wußte: Jetzt gibt er sein Leben auf. Was ist in Boston passiert, Willy?

Willy starrt ihn an wie einen Wildfremden.

Bernard Ich komme nur drauf, weil du gefragt hast.

Willy *verärgert* Nichts. Was meinst du mit ›Was ist passiert?‹ Was tut das zu irgendeiner Sache?

Bernard Also, sei nicht gleich sauer.

Willy Versuchst du etwa, mir die Schuld zu geben? Wenn ein Junge aufgibt, ist das mein Fehler?

Bernard Also, Willy, sei doch –

Willy Dann – dann red' du nicht in dem Ton mit mir! Was heißt hier ›was ist passiert?‹

Charley kommt dazu. Er trägt eine Weste, und hat eine Flasche Whisky bei sich.

Charley Heh, du verpaßt deinen Zug. *Er schwenkt die Flasche.*

Bernard Ja, ich geh' los. *Er nimmt die Flasche.* Dankeschön. *Er hebt die Tasche und die Schläger auf.* Auf Wiedersehen, Willy, und mach' dir keine Gedanken. Du weißt doch »ist noch kein Meister vom Himmel gefallen«.

Willy Jawohl, das sag' ich auch.

Bernard Aber manchmal, Willy, ist es besser, einfach wegzugehen.

Willy Wegzugehen?

Bernard So ist es.

Willy Und wenn du nicht weißt wohin?

Bernard *nach kurzer Pause* Ich nehm' an, dann wird's schwer. *Er hält ihm die Hand hin.* Wiedersehen, Willy.

Willy *schüttelt Bernards Hand* Wiedersehen, mein Junge.

Charley *einen Arm auf Bernards Schulter* Wie gefällt dir der Kerl? Vertritt einen Fall vor dem Obersten Gerichtshof.

Bernard *protestiert* Vater!

Willy *tief erschüttert, geschmerzt und glücklich* Nein! Vor dem Obersten Gerichtshof!

Bernard *zu seinem Vater* Ich muß los. Tschüß, Alter!

Charley Gib' ihnen Saures, Bernard! *Bernard geht.*

Willy *während Charley seine Brieftasche rausnimmt* Der Oberste Gerichtshof! Und er hat's nicht mal erwähnt!

Charley *zählt Geld auf den Tisch* Braucht er nicht – er macht's

Willy Und du hast ihm nie gesagt, wie man's macht, nicht wahr? Hast dich nie um ihn gekümmert.

Charley Meine Rettung ist: Ich hab' mich nie um irgendwas gekümmert. Hier ist Geld – fünfzig Dollar. Ich hab' einen Buchhalter drin.

Willy Charley, paß auf ... *Mit Überwindung* Ich hab' die Versicherung zu zahlen. Falls du kannst – ich brauche einhundertzehn Dollar.

Charley antwortet nicht gleich, unterbricht kaum seine Bewegung.

Willy Ich könnt's von der Bank abheben, aber Linda würd's erfahren, und ich ...

Charley Setz dich, Willy.

Willy *auf dem Weg zu dem Stuhl* Ich führe genau Buch, denk' dran. Ich werde jeden Pfennig zurückzahlen. *Setzt sich.*

Charley Jetzt hör' mal zu, Willy.

Willy Du sollst wissen, wie hoch ich's dir anrechne ...

Charley *setzt sich auf den Tisch* Willy, was machst du? Was zum Teufel geht in deinem Kopf vor?

Willy Wieso? Ich ...

Charley Ich hab' dir'n Job angeboten. Du kannst fünfzig Dollar die Woche verdienen. Und ich schick' dich nicht übers Land.

Willy Ich hab' 'nen Job.

Charley Ohne Lohn? Was für 'n Job ist 'n Job ohne Lohn? *Er steht auf.* Hör zu, Junge. Was zuviel ist, ist zuviel. Ich bin zwar kein Genie, aber ich merke, wenn man mich beleidigt.

Willy Beleidigt?

Charley Warum willst du nicht für mich arbeiten?

Willy Was'n los mit dir? Ich hab'n Job.

Charley Wozu kommst du dann jede Woche hier her?

Willy *steht auf* Also, wenn du mich hier nicht mehr sehen willst –

Charley Ich biete dir einen Job an.

Willy Ich will deinen verdammten Job nicht!

Charley Wann wirst du endlich erwachsen werden?

Willy *wütend* Du fetter Ignorant, sag' so was noch mal, und ich hau dir eine runter! Egal wie stark du bist! *Er ist bereit, sich zu prügeln. Pause.*

Charley *geht freundlich zu ihm* Wieviel brauchst du, Willy?

Willy Charley, ich bin am Ende, ich bin am Ende. Ich weiß nicht mehr weiter. Er hat mich gefeuert.

Charley Howard hat dich gefeuert?

Willy Diese Rotznase! Stell dir vor. Seinen Namen hat er von mir! Ich hab' ihn Howard genannt!

Charley Willy, wann wirst du begreifen, daß so was nichts bedeutet? Du hast ihm den Namen Howard gegeben, aber damit kannst du nicht hausieren gehen. Das einzige was zählt in der Welt ist, was du verkaufen kannst. Das Komische ist: Du bist Verkäufer und weißt nicht mal das.

Willy Ich hab' immer versucht, es anders zu sehen, verstehst du. Ich meinte immer, wenn ein Mensch Eindruck macht und richtig beliebt ist, daß nichts –

Charley Warum willst du unbedingt beliebt sein? War Morgan, der Bankier, beliebt? Machte der Eindruck? In einem türkischen Bad sah er aus wie ein Metzger. Aber wenn er seine Taschen anhatte, war er sehr beliebt. Nun paß auf, Willy, ich weiß, du magst mich nicht, und niemand kann behaupten, ich sei verliebt in dich, aber ich biete dir 'n Job – hol's der Teufel, einfach so. Was sagst du nun?

Willy Ich – ich kann nicht für dich arbeiten, Charley.

Charley Warum nicht? Bist du neidisch auf mich?

Willy Ich kann nicht für dich arbeiten, ist einfach so, frag' mich nicht, warum.

Charley *nimmt verärgert mehr Geldscheine raus*
Du warst dein Leben lang neidisch auf mich, verdammter Narr! Da, zahl' deine Versicherung. *Er drückt Willy das Geld in die Hand.*

Willy Ich führ' genau Buch.

Charley Ich hab' was zu tun. Paß auf dich auf. Und zahl' deine Versicherung.

Willy *auf dem Weg nach rechts* Komisch, weißte? Nach all den Landstraßen, und den Zügen, und den Terminen, und den Jahren bist du am Ende tot mehr wert als lebendig.

Charley Willy, niemand ist tot irgendwas wert. *Nach kurzer Pause.* Hast du gehört, was ich gesagt habe? *Willy steht still, träumt vor sich hin.* Willy!

Willy Entschuldige mich bei Bernard, wenn du ihn triffst. Ich wollte keinen Streit mit ihm anfangen. Ist ein prima Junge. Lauter feine Kerls, werden alle noch berühmt. Eines Tages werden sie alle zusammen Tennis spielen. Wünsch' mir Glück, Charley. Er war heute bei Bill Oliver.

Charley Viel Glück.

Willy *am Rande der Tränen* Charley, du bist der einzige Freund, den ich hab'. Ist das nicht 'ne bemerkenswerte Sache. *Er geht.*

Charley Jesus! *Charley starrt ihm einen Augenblick nach, dann folgt er ihm. Alle Lichter gehen aus. Plötzlich ist Jazzmusik zu hören, und ein roter Schein beleuchtet die rechte, durchsichtige Wand. Stanley, ein junger Kellner, erscheint und trägt einen Tisch herein; gefolgt von Happy, der zwei Stühle mitbringt.*

Stanley *setzt den Tisch ab* Schon gut, Mister Loman, ich mach' das selbst. *Er dreht sich um, nimmt Happy die Stühle ab und stellt sie an den Tisch.*

Happy *sieht sich um* Ja, ist besser hier.

Stanley Klar, vorne sind Sie mitten im Trubel. Wenn Sie mal 'ne Party machen, Mr. Loman, sagen Sie's mir nur und ich richte's Ihnen hier hinten ein. Wissen Sie, die meisten Leute wollen ja nicht unter sich sein, weil wenn sie schon ausgehen, wollen se was erleben und daß was los ist rundherum, weil sie's leid sind, sich allein zu Hause anzuöden. Aber ich weiß ja, Sie sind kein Provinzler aus Hackensack, verstehen Se mir, wa?

Happy *setzt sich* Wie läuft's, Stanley?

Stanley Ach, ist ein Hundeleben. Ich wollt' bloß, sie hätten mich im Krieg eingezogen. Könnt' ich jetzt schon tot sein.

Happy Mein Bruder ist zurück, Stanley.

Stanley Ach, ist zurück, wa? Aus'm Wilden Westen.

Happy Ja, großer Rinderzüchter, mein Bruder, also erstklassige Bedienung! Und mein Vater kommt auch.

Stanley Ach, ihr Vater auch!

Happy Haste'n paar schöne Hummer?

Stanley Hundertprozentig, dicke.

Happy Ich will sie mit den Scheren.

Stanley Keine Angst, ich setz' Ihnen keine Mäuse vor. *Happy lacht.* Wie wär's mit Wein? Zur Krönung der Mahlzeit.

Happy Nee. Weißte noch, Stanley, das Rezept, was ich aus Übersee mitgebracht hab'? Das mit dem Champagner drin?

Stanley Ach ja, klar. Hab's noch in der Küche hängen. Kostet aber einen Dollar mehr pro Kopf.

Happy Geht in Ordnung.

Stanley Was'n los, heute zehn Richtige getippt?

Happy Nee, nur 'ne kleine Feier. Mein Bruder – glaub', er hat heute 'n großes Geschäft abgeschlossen. Glaub', wir werden Partner in 'nem Laden.

Stanley Ist sowieso das Beste! Am besten für Sie! Weil'n Familienbetrieb – wissen Sie, was ich meine? – ist das Beste.

Happy Ganz meine Meinung.

Stanley Weil, was soll's? Wenn einer klaut, bleibt's in der Familie. Wissen Se, was ich meine? *(sotto voce)* Wie der Barmann hier. Der Chef dreht durch, was für'ne undichte Stelle in der Kasse ist. Er tut immer rein, und doch is nix drin.

Happy *legt den Kopf zurück* Psst!

Stanley Was?

Happy Ich hab' weder nach links noch rechts geschaut, stimmt's?

Stanley Stimmt.

Happy Und meine Augen sind zu.

Stanley Wat soll'n –?

Happy Da kommt schon der Nachtisch.

Stanley *kapiert und schaut sich um* Also nee, ich seh' nix – *Er bricht ab, als ein elegant gekleidetes Mädchen im Pelz reinkommt und sich an den Nebentisch setzt. Beide folgen ihr mit Blicken.* Sie, wie haben Se'n dat gespürt?

Happy Ich hab' Radar oder so was. *Betrachtet ihre Kurven.* Oooooo . . . Stanley.

Stanley Ihre Kragenweite, Mister Loman.

Happy Sieh dir den Mund an, o Gott. Und das Fahrgestell.

Stanley O Jeminee, Sie ham ein Leben, Mister Loman.

Happy Bedien' sie.

Stanley *geht an den Tisch des Fräuleins* Möchten Sie die Karte sehen, Gnädigste?

Fräulein Ich erwarte jemand, aber bringen Sie –

Happy Bring' ihr doch – entschuldigen Sie, Fräulein, darf ich? Ich vertrete Champagner, und ich möcht', daß Sie meine Marke probieren. Bring' ihr'n Champagner, Stanley.

Fräulein Wahnsinnig nett von Ihnen.

Happy Nicht der Rede wert. Geht alles auf Spesen, Werbekosten. *Er lacht.*

Fräulein 'n charmantes Produkt verkaufen Sie da, nicht wahr?

Happy Ach, auf die Dauer alles das gleiche. Verkaufen bleibt verkaufen, wissen Sie.

Fräulein Wahrscheinlich.

Happy Sie verkaufen nicht auch was, oder?

Fräulein Nein, ich verkaufe nichts.

Happy Hätten Sie was gegen ein Kompliment von einem Fremden? Sie gehören auf'ne Titelseite.

Fräulein *schaut ihn etwas verklemmt an* Bin ich drauf gewesen. *Stanley kommt mit einem Glas Champagner.*

Happy Hab' ich's nicht gesagt, Stanley? Siehst du? Sie ist Fotomodell.

Stanley Oho, hätt' ich mir denken können.

Happy *zu dem Fräulein* Welche Illustrierte?

Fräulein Och, verschiedene. *Sie trinkt einen Schluck.* Danke schön.

Happy Sie wissen, was die Franzosen sagen, nicht? ›Champagner ist gut für den Teint.‹ – Hallo, Biff!

Biff ist dazugekommen und setzt sich zu Happy.

Biff Hallo, alter Junge. 'tschuldige die Verspätung.

Happy Bin gerade angekommen. Hm, Miss –?

Fräulein Forsythe.

Happy Miss Forsythe, das ist mein Bruder.

Biff Vater schon da?

Happy Er heißt Biff. Vielleicht schon von ihm gehört? Großer Footballspieler.

Fräulein Wirklich? Welche Mannschaft?

Happy Kennen Sie sich aus mit Football?

Fräulein Nein, fürchte nicht so richtig.

Happy Biff ist Mittelstürmer bei den New York Giants.

Fräulein Also, ist ja toll, nicht? *Sie trinkt.*

Happy Zum Wohle!

Fräulein Bin ganz happy über die Begegnung.

Happy Ist mein Spitzname. Eigentlich Harold, aber in West Point auf der Akademie nannten sie mich Happy.

Fräulein *nun wirklich beeindruckt.* Ach, sieh an. Sehr erfreut. *Sie wendet sich zur Seite.*

Biff Kommt Daddy nicht?

Happy Willste sie?

Biff Ach, die schaff' ich nie.

Happy Ich erinnere mich an Zeiten, da wärst du nie auf so'n Gedanken gekommen. Wo ist bloß dein Selbstvertrauen, Biff?

Biff Hab' gerade Oliver gesehen –

Happy Moment mal! Erst will ich dein altes Selbstvertrauen wiedersehen. Willste sie haben? Die wartet nur drauf.

Biff Hör auf! *Er schaut sich das Mädchen an.*

Happy Wenn ich's dir sage. Paß auf. *Er dreht sich zu ihr.* Süße? *Sie wendet sich zu ihm.* Hast du was vor?

Fräulein Eigentlich schon ... aber ich könnte'n Anruf machen.

Happy Mach' das, einverstanden, Süße? Und kümmer' dich um 'ne Freundin. Wir sind 'ne Weile hier. Biff ist einer der größten Footballstars im Land.

Fräulein *steht auf* Also, ich bin richtig happy, euch getroffen zu haben.

Happy Komm' bald wieder.

Fräulein Werd's versuchen.

Happy Nicht nur versuchen, Süße, machen!

Sie geht raus. Stanley folgt ihr mit ungläubigem, bewundernden Kopfschütteln.

Happy Ist das nicht 'ne Schande? So ein nettes Mädchen. Deshalb kann ich nicht heiraten. Unter tausend Frauen gibt es nicht eine, die anständig ist. New York ist voll davon, alter Junge!

Biff Hap, hör' zu –

Happy Hab' ich nicht gesagt, daß sie nur drauf wartet!

Biff *merkwürdig reserviert* Schluß jetzt, hörst du? Ich will dir was sagen.

Happy Haste Oliver gesehen?

Biff Ja, gesehen hab' ich ihn. Paß auf, ich will Daddy einiges sagen, und du mußt mir dabei helfen.

Happy Was? Finanziert er dich?

Biff Spinnst du? Du bist vollkommen verrückt, weißte das?

Happy Wieso? Was'n los?

Biff *außer Atem* Ich hab' was Fürchterliches angestellt, Hap. Es war der merkwürdigste Tag, den ich je überstanden hab'! Ich bin ganz benommen, ehrlich.

Happy Heißt das, er wollte dich nicht sprechen?

Biff Also, ich hab' sechs Stunden auf ihn gewartet, siehste? Ganzen Tag. Ich hab' mich immer wieder anmelden lassen. Hab' sogar versucht, seine Sekretärin einzuladen, damit sie mich durchläßt, aber Fehlanzeige.

Happy Weil du kein Selbstvertrauen hast, Biff. Konnt' er sich nicht an dich erinnern, du?

Biff *unterbricht Happy mit einer Geste* Schließlich, ungefähr um fünf, kommt er raus. Konnte sich weder an mich, noch irgendwas erinnern. Ich kam mir wie'n Idiot vor, Happy.

Happy Haste ihm meine Florida-Idee erzählt?

Biff Er ging vorbei. Ich hab' ihn keine Minute gesprochen. Ich war so wütend, ich hätte die Wände einreißen können! Verflucht, wie konnt' ich mir je einbilden, daß ich da Verkäufer war? Ich hab' mir sogar eingebildet, ich wär' Vertreter für ihn! Ein Blick von ihm und – mir war klar, daß mein ganzes Leben eine Lüge war. Wir haben uns seit fünfzehn Jahren was vorgeträumt. Ich war Packer!

Happy Was haste angestellt?

Biff *unter großer Anspannung und Verwunderung* Also, er ging, siehste. Und die Sekretärin ging auch raus. Ich war allein im Vorzimmer. Ich weiß nicht, was über mich kam, Hap. Das Nächste, was ich weiß: Ich steh' in seinem Büro

– getäfelte Wände und alles. Ich kann's nicht erklären. Hap – ich hab' mir seinen Füllfederhalter genommen.

Happy O Gott, hat er dich erwischt?

Biff Bin rausgerannt. Treppe runter gerannt, alle elf Stockwerke. Und gerannt, gerannt, gerannt.

Happy Sowas verdammt Blödes – warum hasten das gemacht?

Biff *verzweifelt* Ich weiß nicht, ich wollte einfach – was mitgehen lassen, keine Ahnung. Du hilfst mir doch, Hap, ich muß es Daddy sagen.

Happy Biste wahnsinnig? Wozu?

Biff Hap, er muß endlich einsehen, daß ich nicht der Mann bin, dem man eine solche Menge Geld leiht. Er denkt, ich wär' seit Jahren immer nur gegen ihn, aus Trotz, und das verbittert ihn.

Happy Genau. Deshalb mußt du ihm was Positives erzählen.

Biff Kann ich nicht.

Happy Sag, du bist morgen mit Oliver zum Mittagessen verabredet.

Biff Und was mach' ich morgen?

Happy Du gehst früh weg und kommst abends spät wieder und sagst, Oliver überlegt es sich. Und er überlegt es sich ein paar Wochen, und allmählich wird's vergessen und alle sind's zufrieden.

Biff Und so geht's ewig weiter!

Happy Paps macht nichts lieber, als Pläne zu schmieden und in Erwartung zu leben! *Willy tritt ein.*

Happy Hallo, Chef!

Willy Du, hier drin bin ich seit Jahren nicht gewesen.
Stanley ist Willy gefolgt und bringt ihm einen Stuhl mit. Stanley will gehen, doch Happy hält ihn zurück.

Happy Stanley! *Stanley bleibt stehen, wartet auf die Bestellung.*

Biff *geht schuldbewußt zu Willy, spricht wie zu einem Kranken* Setz dich, Daddy. Willst du was trinken?

Willy Klar, nichts dagegen.

Biff Eine Runde also.

Willy Siehst besorgt aus.

Biff Nee. *Zu Stanley* Eine Runde Scotch. Doppelte.

Stanley Doppelte, richtig. *Er geht.*

Willy Habt schon ein paar intus, was?

Biff Nur'n paar, ja.

Willy Also, was gibt's Junge? *Er nickt ermutigend und lächelt ihm zu.* Alles in Ordnung gegangen?

Biff *holt tief Luft, dann greift er nach Willys Hand* Kumpel ... *Er lächelt tapfer, und Willy lächelt auch.* Ich hab' heute eine Erfahrung gemacht.

Happy Fabelhaft, Paps.

Willy Tatsache? Was, wann?

Biff *leicht alkoholisiert, wie in einem Schwebezustand* Ich werde dir alles von Anfang bis Ende erzählen. War'n merkwürdiger Tag. *Schweigen. Er sieht sich um, nimmt sich zusammen so gut er kann, aber das Atmen zerhackt den Rhythmus der Sätze.* Ich mußte 'ne ganze Weile auf ihn warten, und –

Willy Auf Oliver?

Biff Ja, auf Oliver. Den ganzen Tag, um bei den harten Tatsachen zu bleiben. Und da sind mir 'ne Menge Begebenheiten eingefallen, Fakten, Dad, Fakten aus meinem Leben. Wer war's, Dad? Wer hat behauptet, ich sei Vertreter bei Oliver gewesen?

Willy Warst du auch.

Biff Nein, Dad, ich war Packer.

Willy Aber du warst praktisch –

Biff *entschlossen* Dad, ich weiß nicht, wer's zuerst behauptet hat, aber ich bin nie Vertreter bei Bill Oliver gewesen.

Willy *verärgert* In Ordnung, jetzt paß mal auf –

Biff Warum läßt du mich nicht ausreden?

Willy An Geschichten über früher oder so'n Mist bin ich nicht interessiert. Der Wald brennt, Jungs, versteht ihr? Der Wald brennt. Riesige Feuerstürme überall! Ich bin entlassen.

Biff *erschrocken* Wie konnten sie?

Willy Ich bin entlassen, und ich suche nach 'ner guten Nachricht für eure Mutter, weil die Frau daheim sitzt und wartet und leidet. Pech ist nur, daß in meinem Kopf Leere herrscht, Biff. Mir fällt nichts mehr ein. Also halt mir keine Vorträge über Fakten und Begebenheiten, interessiert mich nicht. Und jetzt: Was hast du mir zu sagen? *Stanley kommt mit drei Drinks. Sie warten, bis er geht.*

Willy Warst du bei Oliver?

Biff Herrgott, Daddy!

Willy Bist du etwa nicht raufgegangen?

Happy Klar ist er rauf zu ihm.

Biff Bin ich. Hab' ihn – gesehen. Wie konnten sie dich feuern?

Willy *auf dem Stuhlrand* Wie hat er dich begrüßt?

Biff Nicht mal auf Provision darfst du arbeiten?

Willy Ich bin raus! *Drängend.* Sag schon, hat er dich herzlich begrüßt?

Happy Klar, Paps, klar!

Biff *unter Druck* Also, sozusagen –

Willy Und ich hab' mich gefragt, ob er sich an dich erinnert.

Zu Happy. Stell' dir vor, sieht ihn zehn, zwölf Jahre nicht und bereitet ihm dann so'n Empfang!

Happy Verdammt richtig!

Biff *versucht wieder einzugreifen* Daddy, schau –

Willy Weißt du, warum er sich an dich erinnert? Weil du ihn damals beeindruckt hast.

Biff Laß uns in Ruhe reden und bei den Tatsachen bleiben, ja?

Willy *als ob Biff ihn unterbrochen hätte* Also, was war los? Tolle Neuigkeit, Biff. Hat er dich in sein Büro geholt oder habt ihr im Vorzimmer gesprochen?

Biff Also, er kam rein, siehst du, und –

Willy *mit breitem Lächeln* Was hat er gesagt? Wette, er hat dich umarmt.

Biff Also, sozusagen –

Willy Ist ein toller Mann. *Zu Happy.* Schwer an ihn ranzukommen, weißte.

Happy *verständig* Oh, weiß ich.

Willy *zu Biff* Und dann hat er dir 'nen Drink angeboten, stimmt's?

Biff Ja, er hat mir was angeboten – nein, nein!

Happy *unterbricht* Er hat ihm meine Florida-Idee verkauft.

Willy Unterbrich nicht! *Zu Biff.* Wie hat er auf die Florida-Idee reagiert?

Biff Dad, läßt du mich jetzt 'n Moment erklären?

Willy Ich wart, seitdem ich hier sitze, daß du mir's erklärst. Was war? Er führte dich in sein Büro und dann?

Biff Also – ich redete. Und – er hörte zu, ja.

Willy Berühmt für seine Art zuzuhören, weißte. Was war seine Antwort?

Biff Seine Antwort war – *Er bricht ab, plötzlich verärgert.* Daddy, du läßt mich einfach nicht sagen, was ich dir sagen will!

Willy *anklagend, ärgerlich* Du hast ihn gar nicht gesehen, stimmt's?

Biff Ich hab' ihn gesehen!

Willy Haste ihn beleidigt oder was? Du hast ihn beleidigt, stimmt's?

Biff Ach komm, laß mich in Ruh, laß mich endlich in Ruh!

Happy Verflucht nochmal!

Willy Sag mir, was passiert ist?

Biff *zu Happy* Ich kann nicht mit ihm reden.

Ein hoher Trompetenton schrillt in die Ohren. Das Licht durch die grünen Blätter überflutet das Haus, es wirkt wie Nacht oder wie ein Traum. Der junge Bernard kommt auf die Bühne und klopft an die Haustür.

Bernard *aufgeregt* Frau Loman! Frau Loman!

Happy Sag' ihm, was passiert ist!

Biff *zu Happy* Halt's Maul und laß mich in Ruhe!

Willy Aber nein! Du mußtest ja in Mathe durchfallen!

Biff Was für Mathe? Wovon redest du denn?

Bernard Frau Loman! Frau Loman!

Linda – wie früher – erscheint im Haus.

Willy *außer sich* Mathe! Mathe! Mathe!

Biff Ruhig, Dad, ruhig!

Bernard Frau Loman!

Willy *wütend* Hättest du Mathe gepaukt, wärst du längst ein gemachter Mann!

Biff Paß auf, jetzt, ich sag dir, was passiert ist, und du hörst mir zu.

Bernard Frau Loman!

Biff Ich hab' sechs Stunden gewartet.

Happy Verdammt, was erzählst du'n da?

Biff Ich hab' mich immer wieder anmelden lassen, aber er wollte mich nicht sprechen. Schließlich ist er ... *Er spricht tonlos weiter, während das Licht in dem Restaurant abblendet.*

Bernard Biff ist in Mathe durchgefallen!

Linda Nein!

Bernard Birnbaum hat ihn durchfallen lassen! Er schafft die Prüfung nicht!

Linda Aber er muß! Er muß auf die Universität. Wo ist er? Biff! Biff!

Bernard Nein, er ist weg. Zum Grand Central Bahnhof!

Linda Was? – Heißt das, er ist nach Boston?

Bernard Ist Onkel Willy in Boston?

Linda Ach, vielleicht kann Willy mit dem Lehrer reden. Ach, der arme, arme Junge!

Licht auf dem Haus verlöscht.

Biff *am Tisch wieder hörbar, hält den goldenen Federhalter in der Hand* ... so daß ich bei Oliver verspielt hab', verstehst du? Hörst du, was ich sage?

Willy *verloren* Ja, sicher. Wärst du nicht durchgefallen –

Biff Wo durchgefallen? Wovon redest du?

Willy Gib mir nicht immer die Schuld! Ich hab' Mathe nicht verpatzt – das warst du! Welchen Füller?

Happy So was Saublödes, Biff, einen Federhalter, der wer weiß wieviel wert ist –

Willy *entdeckt den Federhalter erst jetzt* Du hast Olivers Federhalter genommen?

Biff *wird schwach* Papi, gerade hab' ich's dir erklärt.

Willy Du hast Bill Olivers Füllfederhalter gestohlen!

Biff Nicht gerade gestohlen! Das hab' ich dir doch gerade erklärt!

Happy Er hielt ihn gerade in der Hand, als Oliver reinkam, wurde nervös und steckte ihn ein!

Willy Mein Gott, Biff!

Biff Ich hatte niemals die Absicht, es zu tun, Daddy!

Telefonstimme Hotel Standish Arms, guten Abend!

Willy *laut* Ich bin nicht in meinem Zimmer!

Biff *verängstigt* Dad, was ist los? *Er und Happy stehen auf.*

Telefonstimme Ich verbinde Sie mit Mr. Loman.

Willy Ich bin nicht da, legen Sie auf!

Biff *entsetzt, kniet er sich vor Willy hin* Daddy, ich mach's wieder gut, ich mach's gut! *Willy versucht aufzustehen. Biff hält ihn nieder.* Bleib' jetzt sitzen!

Willy Nein, du taugst nichts, du taugst zu gar nichts.

Biff Doch, Dad, ich werd' was anderes finden, hörst du? Mach dir gar keine Sorgen. *Er hebt Willys Gesicht hoch.* Sprich mit mir, Daddy.

Telefonstimme Mr. Loman antwortet nicht. Soll ich ihn ausrufen lassen?

Willy *versucht aufzustehen, um zu der Telefonistin zu eilen und sie zum Schweigen zu bringen* Nein, nein nein!

Happy Er wird was anderes schaffen, Paps.

Willy Nein, nein ...

Biff *steht verzweifelt über Willy gebeugt* Daddy, hör zu! Hör mir zu! Ich hab 'ne gute Nachricht für dich. Oliver hat die Florida-Idee mit seinem Partner diskutiert. Hörst du? Er – er hat's mit seinem Partner diskutiert, und er kam zu mir ... ich werd's schaffen, hörst du? Dad, hör mir zu! Er sagte, es sei nur eine Frage der Summe!

Willy Also hast du's – geschafft?

Happy Er ist fein raus, Paps!

Willy *versucht zu stehen* Also hast du das Geld, stimmt's? Du hast es! Er hat es!

Biff *verzweifelt, beruhigt Willy* Nein, nein. Schau, Daddy. Ich sollte morgen mit ihnen Mittagessen. Ich sag' dir das alles nur, um dir zu beweisen, daß ich noch Eindruck schinden kann, Daddy. Und ich werd's anders wiedergutmachen, aber morgen kann ich nicht hin, verstehst du?

Willy Warum nicht? Du hast einfach –

Biff Aber der Federhalter, Daddy!

Willy Den gibst du ihm zurück und sagst, es war ein Versehen!

Happy Klar, geh' zu dem Mittagessen!

Biff Das kann ich doch nicht sagen –

Willy Du hast gerade ein Kreuzworträtsel gelöst und in Gedanken seinen Füller genommen!

Biff Hör mal, vor Jahren hab' ich die Bälle geklaut, und jetzt laß ich den Federhalter mitgehen? Paßt genau zusammen, merkst du das nicht? Ich kann ihm nicht mehr gegenübertreten! Ich werd's woanders versuchen.

Lautsprecherstimme Mr. Loman, bitte! Telefon, für Mr. Loman.

Willy Willst du denn nie was werden?

Biff Daddy, wie soll ich da wieder hin?

Willy Du willst gar nichts werden, steckt das dahinter?

Biff *jetzt wütend auf Willy, weil er seine Bemühungen nicht anerkennt* Reagier' bloß nicht so! Meinst du, 's war leicht nach alledem, überhaupt zu ihm zu gehen? Keine zehn Pferde hätten mich zurück zu Bill Oliver gekriegt!

Willy Warum biste dann hin?

Biff Warum ich hin bin? Warum ich hin bin? Sieh dich mal an! Sieh bloß mal, was aus dir geworden ist! *Von links lacht die Frau.*

Willy Biff, du gehst morgen zu diesem Mittagessen oder –

Biff Ich kann nicht. Ich hab' gar keine Verabredung!

Happy Biff, um Gottes ...!

Willy Wieder der alte Trotz?

Biff Fang nicht damit an, verflucht nochmal!

Willy *haut Biff eine und wankt vom Tisch weg* Du mieser kleiner Wurm! Mit deinem kindischen Trotz!

Die Frau Jemand ist an der Tür, Willy!

Biff Ich tauge nichts, siehst du nicht, daß ich nichts –

Happy *trennt sie* Heh, ihr seid in 'em Restaurant! Jetzt macht Schluß und zwar alle beide! *Die Mädchen kommen rein.* Hallo, ihr Süßen, setzt euch! *Die Frau lacht, von links aus der Kulisse.*

Miss Forsythe Warum nicht. Das ist Letta.

Die Frau Willy, wirst du wohl aufwachen.

Biff *ignoriert Willy* Wie geht's mein Fräulein, nehmen Sie Platz. Was trinken Sie?

Miss Forsythe Letta kann wahrscheinlich nicht lange bleiben.

Letta Ich muß morgen früh raus. Ich bin Geschworene. Ich bin ganz aufgeregt! Wart ihr schon mal als Geschworene bei Gericht?

Biff Nein, ich hab vor einem gestanden! *Die Mädchen lachen.* Das ist mein Vater.

Letta Isser nicht süß? Setz dich zu uns, Alterchen.

Happy Hol ihn rüber, Biff!

Biff *geht zu ihm* Komm, Schlawiner, trink uns unter'n Tisch.

Hol's der Teufel! Komm, setz dich, Kumpel. *Auf Biffs Drängen setzt Willy sich beinahe.*

Die Frau *jetzt dringend* Willy, geh' mach' die Tür auf! *Die Frau zieht Willy mit ihrer Stimme an. Er geht nach rechts, ganz benommen.*

Biff Heh, wo gehst du hin?

Willy Tür aufmachen.

Biff Die Tür?

Willy Die Toilette ... die Tür ... wo ist die Tür?

Biff *führt Willy nach links* Geradeaus dahinten. *Willy geht nach links ab.*

Letta Ich find's echt süß, euer Väterchen mitzubringen.

Miss Forsythe Ach, das ist doch nicht euer richtiger Vater!

Biff *von links, dreht sich nachtragend um* Miss Forsythe, was Sie hier gerade erlebt haben, war ein Prinz. Ein lieber, verwirrter Prinz. Ein schwer arbeitender, unterschätzter Prinz. Ein Kumpel, verstehen Sie? Ein guter Freund, der nur für seine Jungs da ist.

Letta Süß ausgedrückt!

Happy Also, Mädchen, was steht auf'm Programm? Wir verlieren nur Zeit. Komm, Biff. Schließ dich an. Wo wollt ihr hin?

Biff Warum tust du nichts für ihn?

Happy Ich?

Biff Interessiert er dich wirklich einen Dreck, Hap?

Happy Wovon redest du überhaupt? Ich bin doch derjenige –

Biff Ich spür's genau, er interessiert dich einen verdammten Dreck! *Er nimmt den zusammengerollten Gummischlauch aus der Tasche und legt ihn auf den Tisch von Happy.* Guck, was ich im Keller gefunden hab', verdammt nochmal. Wie kannst du so was zulassen?

Happy Ich? Wer läuft immer weg? Wer verschwindet und –

Biff Ja, aber dir bedeutet er nichts. Du könntest ihm helfen – ich nicht. Verstehst du nicht, wovon ich rede? Er wird sich umbringen, weißt du das nicht?

Happy Woher soll ich das wissen! Ausgerechnet ich!

Biff Hap, hilf ihm! Herrgott ... hilf ihm ... Hilf mir, hilf mir, ich kann seinen Anblick nicht mehr ertragen. *Kurz bevor er weint, eilt er kerzengerade raus.*

Happy *läuft ihm nach* Wo gehst du hin?

Miss Forsythe Was regt er sich so wahnsinnig auf?

Happy Kommt, Mädels, wir holen ihn ein.

Miss Forsythe *als Happy sie rausschiebt* He ... Sie, der ist mir zu launisch!

Happy Er ist nur'n bißchen überreizt, das gibt sich bald!

Willy *links in der Kulisse, als die Frau lacht* Mach nicht auf! Mach nicht auf!

Letta Willst du deinem Vater nicht sagen, daß –

Happy Nein, ist gar nicht mein Vater. Nur so'n Typ. Kommt, wir müssen Biff einholen, und dann, Süße, stellen wir die Stadt auf'n Kopf! Stanley, zahlen! Heh, Stanley! *Sie gehen ab. Stanley schaut nach links.*

Stanley *ruft Happy empört nach* Mr. Loman! Mr. Loman! *Stanley nimmt einen Stuhl und geht ihnen nach.*

Klopfen ist von links zu hören. Die Frau tritt auf, lachend. Willy folgt ihr. Sie trägt einen schwarzen Unterrock; er knöpft sein Hemd zu. Grelle, sinnliche Musik begleitet ihren Dialog.

Willy Hörst du auf zu lachen? Hörst du auf!

Frau Willst du die Tür nicht aufmachen? Er trommelt das ganze Hotel wach.

Willy Ich erwarte niemand.

Frau Trink noch einen, Süßer, und hör auf, dich zu bemitleiden!

Willy Ich fühl' mich so einsam.

Frau Weißt du, daß du mich ruiniert hast, Willy. Von jetzt an, egal wann du ins Geschäft kommst, laß ich dich gleich durch zu den Einkäufern. Kein Warten an meinem Tisch mehr, Willy. Du hast mich in der Hand.

Willy Lieb, mir das zu sagen.

Frau O Gott, nimmst du dich ernst! Warum so trübsinnig? Du bist das Trübsinnigste, Sich-selbst-Bemitleidendste, was mir je untergekommen ist. *Sie lacht. Er küßt sie.* Komm rein, mein kleiner Trommler. Ist doch doof, sich mitten in der Nacht anzuziehen. *Das Klopfen wird lauter.* Willste nicht mal nachsehen, an der Tür?

Willy Die klopfen an die falsche Tür.

Frau Aber es ist so laut. Und er kann uns flüstern hören, hier drin. Vielleicht brennt das Hotel!

Willy *mit zunehmendem Schrecken* Muß ein Irrtum sein!

Frau Dann schick' ihn weg!

Willy Ist ja niemand da.

Frau Es geht mir auf die Nerven, Willy. Da draußen steht einer, und das geht mir auf die Nerven!

Willy *stößt sie von sich weg* Also gut, bleib' im Badezimmer und komm nicht raus. Ich glaub', es gibt in Massachusetts ein Gesetz dagegen, also komm nicht raus. Vielleicht ist es der neue Etagenkellner. Er sieht so heimtückisch aus. Also zeig' dich nicht. Ist sicher ein Irrtum, bestimmt kein Feuer.

Das Klopfen wird heftiger. Er entfernt sich ein paar

Schritte von ihr, und sie verschwindet seitwärts. Das Licht geht mit ihnen, und plötzlich steht er Biff gegenüber, der einen Koffer trägt. Biff geht auf ihn zu. Die Musik hört auf.

Biff Warum hast du nicht aufgemacht?

Willy Biff! Was machst du in Boston?

Biff Warum hast du nicht geantwortet? Ich klopfe seit fünf Minuten, ich hab' dich anrufen lassen –

Willy Ich hab' dich eben erst gehört. Ich war im Bad, und die Tür war zu. Ist zu Hause was passiert?

Biff Dad – ich muß dich enttäuschen!

Willy Was soll das heißen?

Biff Dad . . .

Willy Biffo, worum geht's denn? *Er legt einen Arm um Biff.* Komm, wir gehen runter und bestellen dir 'ne Limonade.

Biff Dad, ich bin in Mathe durchgefallen.

Willy Doch nicht in der Abschlußprüfung?

Biff Doch. Die Noten reichen nicht für den Abschluß.

Willy Heißt das, Bernard hat dich nicht abschreiben lassen?

Biff Doch, er hat's versucht, aber ich hab's trotzdem nicht geschafft. Mir fehlen nur'n paar Punkte.

Willy Und die haben sie dir nicht geschenkt?

Biff Birnbaum hat sich strikt geweigert. Ich hab' ihn angefleht, Dad, aber er wollte mir die vier Punkte nicht geben. Du mußt mit ihm sprechen, bevor das Schuljahr zu Ende ist. Weil, wenn er sieht, was für'n Kerl du bist, und du auf deine Art mit ihm sprichst, setzt er sich vielleicht doch für mich ein. Mathe war immer gerade vor Sport, weißt du, und da hab' ich oft geschwänzt. Würdest du mit ihm reden? Du würdest ihm gefallen, Daddy. Du weißt schon, wie du auf deine Art reden könntest.

Willy Wird gemacht. Wir fahren gleich los.

Biff Oh, Daddy, prima! Ich bin sicher, du kriegst ihn rum!

Willy Geh runter und sag dem Portier, daß wir fahren. Ich komm gleich nach.

Biff Jawohl, Chef! Weißt du, warum er mich haßt, Daddy – einmal kam er zu spät zur Stunde, und ich bin an die Tafel und hab' ihn nachgemacht. Mit Schielaugen und Lispeln.

Willy *lacht* Nicht wahr! Und die Klasse?

Biff Die haben sich halb totgelacht.

Willy Ja? Wie hast du's gemacht?

Biff Die Dwurzel auss Dswei und dsechsich iss . . . *Willy lacht laut los, Biff auch.* Und mittendrin kommt er zur Tür rein! *Willy lacht, und die Frau fällt aus der Kulisse ein.*

Willy *blitzschnell* Geh schnell runter und –

Biff Ist da jemand?

Willy Nein, das war im Nebenzimmer. *Die Frau lacht in der Kulisse.*

Biff Jemand ist bei dir im Bad!

Willy Nein, das ist nebenan, die feiern da –

Die Frau *kommt rein, lachend. Sie lispelt Folgendes* Darf ich reinkommen? Da ist was in der Badewanne, Willy, und es bewegt sich! *Willy schaut zu Biff, der die Frau mit offenem Mund und entsetzt anstarrt.*

Willy Ähm – gehen Sie zurück in ihr Zimmer. Die Maler müssen jetzt fertig sein. Ihr Zimmer wird nämlich frisch gestrichen, da hab' ich sie hier solang duschen lassen. Gehen Sie weg, gehen Sie weg. *Er stößt sie.*

Frau *wehrt sich* Ich muß mich doch erst anziehen, Willy, ich kann doch –

Willy Weg mit Ihnen! Geh'n Sie weg, weg ... *Plötzlich tut er das Naheliegendste.* Das ist Miss Francis, Biff, eine Kundin. Ihr Zimmer wird gestrichen. Gehen Sie, Miss Francis, geh' weg ...

Frau Aber meine Kleider, ich kann doch nicht nackt durch die Halle raus!

Willy *schiebt sie seitwärts raus* Hau jetzt ab! Geh weg, geh weg! *Biff setzt sich langsam auf seinen Koffer, während der Streit daußen weitergeht.*

Frau Und was ist mit meinen Strümpfen? Du hast mir Strümpfe versprochen, Willy!

Willy Ich hab' hier keine Strümpfe!

Frau Du hast zwei Schachteln Nahtlose Größe Neun für mich gehabt, und ich will sie haben!

Willy Hier, in Gottes Namen, und mach, daß du wegkommst! *kommt mit einer Schachtel Strümpfe zurück* Ich hoff' bloß, daß keiner unten in der Halle ist. Kann ich nur hoffen. *Sie deutet auf Biffs Sportpullover und fragt ihn.* Ist das Football oder Baseball?

Biff Football.

Frau *verärgert, gedemütigt* Genau wie ich. Gut' Nacht.
Sie schnappt sich ihre Kleider von Willy und marschiert raus.

Willy *nach einer Pause* Also, los geht's. Ich will morgen früh als erstes zu deiner Schule. Hol' meine Anzüge aus'm Schrank. Ich hol' meinen Koffer. *Biff rührt sich nicht.* Was ist los? *Biff bleibt reglos sitzen, Tränen strömen.* Sie ist 'ne Einkäuferin. Kauft für J. H. Simmons ein. Sie wohnt drüben – ihr Zimmer wird gestrichen. Du stellst dir doch etwa nicht vor, daß – *Er bricht ab. Nach einer Pause.* Jetzt paß mal auf, Kumpel, sie ist nur 'ne Einkäuferin. Sie läßt sich Ware auf ihrem Zimmer vorführen, und deshalb muß es besonders gut … *Pause. Er übernimmt das Kommando.* Also gut, nimm' meine Anzüge. *Biff rührt sich nicht.* Jetzt hör auf zu heulen und tu, was ich dir sage. Ich hab' dir was befohlen! Biff, ich hab' dir was befohlen! Ist das eine Art, auf einen Befehl zu reagieren? Was fällt dir ein, zu heulen? *Indem er einen Arm um Biff legt.* Paß auf, Biff, wenn du erwachsen bist, wirst du solche Sachen verstehen. Du darfst – du darfst so 'ne Sache nicht überbewerten. Ich werde Birnbaum gleich morgen früh aufsuchen.

Biff Nicht nötig.

Willy *läßt sich neben Biff nieder* Nicht nötig! Er muß dir die Punkte geben. Dafür werd' ich schon sorgen.

Biff Er wird' nicht auf dich hören.

Willy Bestimmt wird er auf mich hören. Du brauchst diese Punkte für die Uni in Virginia.

Biff Ich geh' nicht auf die Uni.

Willy Heh! Wenn ich's nicht schaffe, die Note hinzubiegen, nimmst du halt im Sommer den Nachhilfekurs. Du hast bis zum Herbst Zeit, um –

Biff *von Schluchzen geschüttelt* Daddy …

Willy *es überträgt sich auf ihn* Ach, mein Junge …

Biff Daddy …

Willy Sie bedeutet mir nichts, Biff. Ich war einsam, ich war schrecklich einsam.

Biff Du – du hast ihr Mamis Strümpfe gegeben! *Tränen laufen ihm runter, und er steht auf, um zu gehen.*

Willy *greift nach Biff* Ich hab' dir was befohlen!

Biff Faß mich nicht an, du – Lügner!

Willy Dafür wirst du dich entschuldigen!

Biff Du Heuchler! Du mieser, verlogener Betrüger! Du Heuchler! *Überwältigt wendet er sich schnell ab und geht laut heulend mit seinem Koffer ab. Willy bleibt am Boden kniend zurück.*

Willy Ich hab' dir was befohlen! Biff, komm sofort zurück oder ich hau' dich! Komm sofort zurück! Ich werd' dich auspeitschen! *Stanley kommt von rechts und bleibt vor Willy stehen.*

Willy *brüllt Stanley an* Ich hab' dir was befohlen …

Stanley Heh, nun mal sachte, immer sachte, Mr. Loman. *Er hilft Willy auf die Beine.* Ihre Jungs sind mit den Bienen weg. Sagten, sie würden Sie zu Hause treffen.

Ein zweiter Kellner schaut aus einigem Abstand zu.

Willy Wir sollten doch eigentlich zusammen Abendessen. *Musik ist zu hören, Willys Thema.*

Stanley Schaffen Sie's allein?

Willy Klar, klar doch, schaff ich's. *Plötzlich ist er um seinen Aufzug besorgt.* Seh' ich – seh' ich ordentlich aus?

Stanley Klar sehen Sie ordentlich aus. *Er bürstet ein Stäubchen von Willys Kragen.*

Willy Hier – hier haben Sie'n Dollar.

Stanley Oh, ihr Sohn hat bezahlt. Ist alles in Ordnung.

Willy *legt das Geld in Stanleys Hand* Nein, nehmen Sie's. Sind ein guter Junge.

Stanley Nein, das ist wirklich nicht nötig ...

Willy Hier – hier is noch mehr. Ich brauch's nicht mehr. *Nach kurzer Pause.* Sag mal – ist hier in der Nähe irgendwo eine Samenhandlung?

Stanley Samen? Sie meinen zum Säen und Pflanzen?

Als Willy sich abwendet, steckt Stanley ihm das Geld in die Rocktasche.

Willy Genau, Karotten, Erbsen ...

Stanley Also, auf der Sechsten Avenue ist'n Haushaltswarenladen, aber es ist wahrscheinlich zu spät.

Willy *ängstlich* Au, da muß ich mich aber beeilen. Ich muß'n paar Samen besorgen. *Er geht nach rechts.* Muß schnell noch'n paar Samen besorgen. Nichts ist gepflanzt. Ich hab' noch nichts im Boden. *Willy geht eilig ab, während das Licht abblendet. Stanley folgt ihm nach rechts und schaut ihm nach. Der andere Kellner hat Willy die ganze Zeit angestarrt.*

Stanley *zu ihm* Wat denn, wat gibt's 'n da zu glotzen?

Der Kellner nimmt die Stühle und geht rechts ab. Stanley folgt ihm mit dem Tisch. Das Licht in diesem Bereich verlöscht. Lange Pause. Der Klang einer Flöte ist zu hören. Das Licht erhellt langsam die Küche, welche leer ist. Happy erscheint in der Haustür, Biff folgt ihm in einigem Abstand. Happy trägt einen Strauß langstieliger Rosen. Er betritt die Küche, sieht sich nach Linda um. Als er sie nicht entdeckt, dreht er sich zu Biff, der vor der Haustür wartet und bedeutet ihm durch Zeichen, daß anscheinend niemand da ist. Dann schaut er ins Wohnzimmer und erstarrt. Drin sitzt – nicht zu sehen – Linda, Willys Mantel auf dem Schoß. Unheimlich und langsam erhebt sie sich und geht auf Happy zu, der Angst hat und rückwärts in die Küche ausweicht.

Happy Heh, wieso bist du noch auf? *Linda sagt nichts, aber geht unerbittlich weiter auf ihn zu.* Wo 's'n Paps? *Er weicht weiter nach rechts aus, und Linda ist jetzt deutlich im Durchgang zum Wohnzimmer zu sehen.* Schläft er?

Linda Wo kommt ihr her?

Happy *versucht es mit einem Scherz zu übergehen* Wir haben zwei Mädels getroffen, Mom, richtig nette Sorte. Da, wir haben dir 'n paar Blumen mitgebracht. *Er hält sie ihr hin.* Stell' sie in dein Zimmer, Mom.

Sie schlägt ihm die Blumen aus der Hand und zu Biffs Füßen. Er ist jetzt erst reingekommen und hat die Haustür hinter sich zugemacht. Sie schaut ihn stumm an.

Happy Warum machst 'n so was? Mom, ich wollt' dir nun 'n paar Blumen –

Linda *fällt Happy ins Wort, heftig zu Biff* Ist es dir egal, ob er lebt oder stirbt?

Happy *geht zur Treppe* Komm nach oben, Biff.

Biff *mit einer Spur Ekel, zu Happy* Geh du mir bloß aus'm Weg! *Zu Linda.* Was heißt hier: Lebt oder stirbt? Niemand ist hier am Sterben, Kumpel.

Linda Geh mir aus den Augen! Geh mir aus den Augen!

Biff Ich will den Chef sprechen.

Linda Du kommst mir nicht in seine Nähe!

Biff Wo isser? *Er geht zum Wohnzimmer, Linda ihm nach.*

Linda *Biff nachrufend* Erst lädst du ihn zum Abendessen ein. Er freut sich den ganzen Tag drauf – *Biff erscheint im Schlafzimmer der Eltern, sieht sich um und geht weiter* – und dann laßt ihr ihn allein da sitzen. So würde man nicht einmal einen Wildfremden behandeln!

Happy Wieso? Er hat sich prima mit uns amüsiert. Also, den Tag – *Linda kommt in die Küche zurück* – an dem ich ihn allein sitzen lasse, möchte ich nicht überleben!

Linda Verschwinde hier!

Happy Paß mal auf, Ma ...

Linda Mußtet ihr ausgerechnet heut' abend Weibern nachlaufen? Du und deine billigen, dreckigen Huren!

Biff kommt wieder in die Küche.

Happy Mam', wir sind nur Biff nach, um ihn ein bißchen aufzuheitern! *Zu Biff.* Junge, das war vielleicht 'ne Nacht, die du mir da –

Linda Raus hier, alle beide und kommt mir nicht mehr zurück! Ich werd's nicht mehr dulden, daß ihr ihn so quält! Los jetzt, packt eure Sachen! *Zu Biff.* Du kannst in seinem Apartment übernachten. *Sie fängt an, die Blumen aufzuheben, hält aber inne.* Hebt das Zeug da auf, ich bin nicht mehr euer Dienstmädchen. Heb's auf, du Rumtreiber, du!

Happy weigert sich und kehrt ihr den Rücken. Biff kommt langsam rüber, kniet sich hin und hebt die Blumen auf.

Linda Ein paar Tiere seid ihr! Keiner, keine lebende Seele, außer euch, könnte so grausam sein und den alten Mann da allein im Restaurant sitzenlassen!

Biff *ohne zu ihr aufzuschauen* Hat er das gesagt?

Linda Er brauchte nichts zu sagen. Er war so gedemütigt, daß er ganz gebeugt ging, als er hier reinkam.

Happy Aber, Mom, er hat sich gut amüsiert mit uns –

Biff *unterbricht ihn heftig* Halt's Maul! *Ohne ein weiteres Wort geht Happy nach oben.*

Linda Du! Du hast nicht mal nachgeschaut, wie's ihm ging!

Biff *noch am Boden vor Linda, die Blumen in der Hand, mit Selbstzerknirschung* Stimmt. Nichts hab' ich gemacht, verdammt gar nichts. Wie findest du'n das, hm? Hab' ihn im Klo brabbeln lassen und bin abgehauen.

Linda Du Wurm. Du ...

Biff Jetzt triffst du ins Schwarze! *Er steht auf und schmeißt die Blumen in den Abfalleimer.* Der Abschaum der Menschheit, hier vor deinen Augen!

Linda Mach, daß du rauskommst!

Biff Ich hab' mit dem Chef zu reden, Mom. Wo ist er?

Linda Du kommst mir nicht in seine Nähe. Verlasse jetzt dieses Haus!

Biff *völlig selbstsicher und entschlossen* Nein. Erst werden wir ein allerletztes Mal miteinander reden! Er und ich.

Linda Du sprichst nicht mit ihm! *Von außerhalb des Hauses ist Hämmern zu hören, von rechts. Biff dreht sich in Richtung des Lärms.*

Linda *plötzlich bittend* Wirst du ihn bitte in Ruhe lassen?

Biff Was macht er 'n da draußen?

Linda Er bestellt den Garten!

Biff *ruhig* Um diese Zeit? Ach, du lieber Gott! *Biff geht nach draußen, Linda folgt ihm.*

Das Licht verlöscht mit ihrem Abgang, statt dessen wird die Vorderbühne beleuchtet, wo Willy erscheint. Er trägt eine Taschenlampe, eine Hacke und eine Handvoll Samentütchen. Er schlägt die Hacke kräftig auf, damit sie auf dem Stiel festsitzt, schreitet dann die Entfernung abmessend nach links. Er hält die Taschenlampe hoch, um die Gebrauchsanweisung auf den Samentüten zu lesen. Die Bläue der Nacht umgibt ihn.

Willy Karotten ... zwei Zentimeter auseinander. In Reihen ... Reihen ein Fuß breit auseinander. *Er mißt ab.* Ein Fuß. *Er legt ein Päckchen hin und mißt weiter.* Rote Beete.

Er legt ein anderes Päckchen hin und mißt weiter. Kopfsalat. *Er liest es und legt ein Päckchen hin.* Ein Fußbreit – *Er unterbricht sich, als Ben rechts auftaucht und langsam zu ihm kommt.* So ein Angebot, tja, tja. Fabelhaft, fabelhaft. Weil, sie hat gelitten, Ben, die Frau hat gelitten. Verstehst du mich? Der Mensch kann nicht so abtreten, wie er kam, Ben, zu irgendwas muß der Mensch gut gewesen sein. Du kannst nicht – kannst nicht ... *Ben geht auf ihn zu, als wolle er ihn unterbrechen.* Erst mußt du's in Betracht ziehen. Nicht gleich antworten. Denk dran, es ist ein Angebot von garantiert zwanzigtausend Dollar. Paß mal auf, Ben, ich will es noch mal mit allem Für und Wider mit dir durchgehen. Ich hab' niemand, mit dem ich reden kann, Ben, und die Frau hat gelitten, hörst du?

Ben *steht und überlegt.* Was für ein Angebot?

Willy Zwanzigtausend Dollar auf die flache Hand. Garantiert, bombensicher, verstehst du?

Ben Paß auf, daß sie dich nicht für dumm verkaufen. Vielleicht erkennen sie den Unfall nicht an.

Willy Wie könnten sie's wagen, es zu verweigern? Hab' ich nicht wie'n Kuli geschuftet, um jede Prämie termingerecht einzuzahlen? Und dann zahlen die nicht? Ausgeschlossen!

Ben Ist ein feiger Abgang, William.

Willy Wieso? Beweist es vielleicht mehr Mut, bis an mein Lebensende wie 'ne Null dazustehen?

Ben *beigebend* Da hast du recht, William. *Er geht herum, denkt, dreht sich um.* Und zwanzigtausend – das ist was, wo man die Hand drauflegen kann, greifbar und zum Anfassen.

Willy *jetzt beruhigt, mit zunehmender Kraft* Ach, Ben, das ist ja die ganze Pracht! Ich seh's strahlen wie ein Diamant im Dunkeln, hart und kantig, den ich aufheben und anfassen kann mit der Hand. Nicht wie – wie ein Termin! Das wär' nicht wieder so ein gottverdammt blöder Termin, Ben, und es verändert die Lage schlagartig. Weil er denkt, ich bin ein Nichts, siehst du, deshalb sein Widerstand und Trotz. Aber das Begräbnis – *Er richtet sich auf.* Ben, das Begräbnis wird gewaltig! Die kommen aus Maine, Massachusetts, Vermont, New Hampshire! Die ganze alte Garde mit den auswärtigen Nummernschildern – der Junge wird völlig erschlagen sein, Ben, weil er nie kapiert hat – wie bekannt ich bin! Rhode Island, New York, New Jersey – ich bin bekannt, Ben, und er wird es ein für allemal mit eigenen Augen sehen. Wird sehen, wer ich bin, Ben! Wird 'ne schöne Überraschung werden für den Jungen!

Ben *kommt an den Rand des ›Gartens‹* Er wird dich einen Feigling nennen!

Willy *plötzlich voller Angst* Nein, das wäre schrecklich.

Ben Doch. Und einen armen Irren.

Willy Nein, nein, das darf er nicht, das laß' ich nicht zu! *Er ist gebrochen und verzweifelt.*

Ben Er wird dich hassen, William. *Die lustige Musik der Jungen ist zu hören.*

Willy Ach, Ben, wie können wir zu den guten Zeiten zurück? Mit ihrem Glanz, der Kameradschaft und dem Schlittenfahren im Winter, und wie rot seine Backen waren. Und immer kam irgendeine gute Nachricht, immer gab's irgendeine Hoffnung. Und nie, niemals ließ er mich die Koffer ins Haus tragen, und wie er das kleine rote Auto polierte und polierte! Warum, warum kann ich ihm nichts geben, ohne daß er mich haßt.

Ben Laß mich überlegen. *Er schaut auf seine Uhr.* Ich hab' noch etwas Zeit. Bemerkenswertes Angebot, aber du mußt sicher sein, daß du dich nicht lächerlich machst. *Ben entfernt sich nach hinten und verschwindet. Biff kommt von links nach vorn.*

Willy *wird sich plötzlich Biffs bewußt, dreht sich um und schaut ihn an, dann beginnt er verwirrt die Samen einzusammeln* Wo zum Teufel ist dieser Samen? *Empört.* Nichts zu sehen hier draußen! Eingemauert haben die uns in diesem verdammten Viertel!

Biff Rundrum sind Leute. Ist dir das klar?

Willy Hab' zu tun. Laß mich in Ruh'!

Biff *nimmt Willy die Hacke ab* Ich wollt' mich von dir verabschieden, Daddy. *Willy sieht ihn stumm an, unfähig, sich zu bewegen.* Ich komm' nicht mehr wieder.

Willy Und dein Termin mit Bill Oliver morgen?

Biff Ich hab' keinen Termin, Dad.

Willy Er hat den Arm um deine Schultern gelegt, und du sagst, du hast keinen Termin?

Biff Dad, begreif' doch endlich, ja? Jedesmal wenn ich weg bin von hier, war's wegen einem Streit. Heute bin ich zu einer Erkenntnis gekommen über mich, und ich hab' versucht, es dir zu erklären und ich – ich glaub', ich bin einfach nicht schlau genug, um's dir sinnvoll auszudrücken. Egal, verdammt noch mal, wessen Schuld es ist und so'n Kram. *Er nimmt Willys Arm.* Machen wir'n Punkt, einverstanden? Komm rein, wir sagen's Mom. *Er versucht Willy vorsichtig nach links zu ziehen.*

Willy *erstarrt, reglos, mit Schuldgefühl* Nein, ich will sie nicht sehen.

Biff Komm! *Er zieht ihn wieder, Willy zieht ihn in die andere Richtung.*

Willy *hochgradig nervös* Nein, nein, ich will sie nicht sehen.

Biff *versucht, Willy ins Gesicht zu sehen, um dort die Antwort zu finden* Warum willst du sie nicht sehen?

Willy *abweisender jetzt* Laß mich in Ruhe, ja?

Biff Was soll das heißen, du willst sie nicht sehen? Du willst doch nicht, daß du als Versager dastehst. Es ist nicht dein Fehler; ist meiner, ich bin ein Trottel. Jetzt komm rein! *Willy versucht wegzukommen.* Hast du gehört, was ich sage? *Willy reißt sich los und geht rasch aus eigenen Stükken ins Haus. Biff folgt ihm.*

Linda *zu Willy* Hast du den Garten fertig, Lieber?

Biff *in der Tür, zu Linda* So, wir haben uns ausgesprochen. Ich gehe und werde auch nicht mehr schreiben.

Linda *geht zu Willy in die Küche* Ich glaube, es ist am besten so, Lieber. Weil es hat keinen Zweck, es hinzuziehen: Ihr zwei versteht euch nie. *Willy antwortet nicht.*

Biff Wenn einer fragt, wo ich bin, was ich mache, wißt ihr's nicht und gebt nichts drauf. Auf die Art seid ihr's los und könnt wieder aufatmen. In Ordnung? Damit wär' alles klar, oder? *Willy ist stumm, Biff geht zu ihm.* Wünsch' mir was, Chef. *Er hält ihm seine Hand hin.* Was sagst du?

Linda Gib' ihm die Hand, Willy.

Willy *dreht sich zu ihr, seufzend vor Schmerz* Es besteht keine Notwendigkeit, den Federhalter zu erwähnen, hörst du?

Biff *freundlich* Ich hab' keinen Termin, Dad.

Willy *gewaltig aufbegehrend* Er hat seinen Arm um ...?

Biff Dad, du wirst mich nie so sehen wie ich bin, also was soll der Streit? Wenn ich auf Öl stoße, schick' ich euch einen Scheck. Bis dahin vergeßt, daß es mich gibt.

Willy *zu Linda* Hörst du den Trotz?

Biff Gib' mir die Hand, Dad.

Willy Meine nicht.

Biff Ich hatte mir'n andern Abschied erhofft.

Willy Du hast den Abschied, den du verdienst. Wiedersehen. *Biff sieht ihn einen Augenblick an, dreht sich dann abrupt um und geht zur Treppe.*

Willy *hält ihn auf mit* Du sollst in der Hölle verrotten, wenn du dieses Haus verläßt!

Biff *sich umdrehend* Was genau willst du eigentlich von mir?

Willy Ich will, daß du nie vergißt, in den Zügen, auf den Bergen, in den Tälern, wo immer du bist, daß du dein Leben nur aus einem Grund weggeschmissen hast: Aus Trotz!

Biff Nein, nein.

Willy Trotz, Trotz ist der Grund deiner Untaten! Und wenn du ganz unten bist und am Ende, erinner' dich daran. Wenn du verreckst irgendwo neben einem Bahndamm, erinner' dich daran, und gib ja nicht mir die Schuld!

Biff Ich geb' dir keine Schuld.

Willy Das laß ich mir nicht anhängen, verstehst du?

Happy kommt die Treppe runter und sieht von der untersten Stufe aus zu.

Biff Genau das sag' ich doch!

Willy *sinkt auf einen Stuhl am Tisch, voller Anklage* Du versuchst, mir ein Messer in den Rücken zu stoßen – glaub' nur nicht, daß ich nicht weiß, was du tust!

Biff Also gut, du falscher Kerl, du. Dann laß es uns bei Licht betrachten. *Er reißt den Gummischlauch aus der Tasche und knallt ihn auf den Tisch.*

Happy Bist du wahnsinnig?

Linda Biff! *Sie will den Schlauch wegnehmen, aber Biff drückt ihn mit der Hand auf die Tischplatte.*

Biff Laß es hier! Nimm's nicht weg!

Willy *ohne hinzusehen* Was ist'n das?

Biff Du weißt verdammt gut, was das ist.

Willy *gefangen, versucht zu entkommen* Nie gesehen.

Biff Du hast's gesehen. Die Mäuse haben's jedenfalls nicht in den Keller gebracht! Was soll'n das aus dir machen, soll das'n Helden aus dir machen? Sollst du mir deswegen leid tun?

Willy Nie von gehört.

Biff Für dich wird's kein Mitleid geben, hörst du? Kein Mitleid!

Willy *zu Linda.* Hörst du den Trotz!

Biff Nein, du wirst die Wahrheit erfahren – was du bist und was ich bin!

Linda Hör auf!

Willy Trotz!

Happy *kommt runter zu Biff* Jetzt macht aber Schluß!

Biff *zu Happy* Der Mann weiß nicht, wer wir sind! Das soll er erfahren! *Zu Willy.* In diesem Haus haben wir nie auch nur zehn Minuten die Wahrheit gesagt.

Happy Wir haben immer die Wahrheit gesagt!

Biff *dreht sich zu ihm* Du fetter Kloß, bist du der Hilfseinkäufer? Nein, du bist einer der beiden Assistenten des Assistenten, stimmt's?

Happy Also, ich bin praktisch –

Biff Du bist praktisch voll davon! Sind wir alle! Und mir reicht's! *Zu Willy.* Jetzt paß auf, Willy, wer ich bin.

Willy Ich kenn' dich!

Biff Weißt du, warum ich drei Monate lang keine Adresse hatte? Ich hab' in Kansas City einen Anzug gestohlen und war im Knast. *Zu Linda, die schluchzt.* Hör auf zu heulen. Mir reicht's! *Linda wendet sich von ihnen ab und bedeckt ihr Gesicht mit den Händen.*

Willy Daran war ich wohl schuld!

Biff Seit ich von der Schule bin, hab' ich mich durch Klauen um jeden guten Job gebracht.

Willy Und wer ist daran schuld?

Biff Und ich hab's nie zu was gebracht, weil du mir einen solchen Größenwahn eingeredet hast, daß ich von niemandem mehr Anweisungen entgegennehmen wollte! Das ist, wer schuld ist!

Willy Hört! Hört!

Linda Nicht doch, Biff!

Biff Es wird Zeit, daß du's hörst, verdammt nochmal! Ich mußte immer überall Wunderkind und über Nacht Generaldirektor sein, aber mir reicht's!

Willy Dann häng' dich auf in deinem Trotz! Häng' dich auf!

Biff Nein! Niemand hängt sich hier auf, Willy! Ich bin heute elf Etagen runtergerannt, mit einem Füller in der Hand. Und plötzlich blieb ich stehen, hörst du? Und zwar mitten in diesem Geschäftshaus, hörst du? Ich stand mitten in diesem Geschäftshaus und sah – den Himmel. Ich sah alles, was ich wirklich liebe auf der Welt. Die Arbeit und das Essen und die Zeit, sich hinzusetzen und eine zu rauchen. Und ich schaute auf den Füller und fragte mich, warum verdammt klau' ich so'n Ding? Was hab' ich in einem Büro zu suchen, wo ich mich zu einem jämmerlichen, bettelnden Trottel mache, wo alles, was ich will, draußen nur drauf wartet, daß ich sage: Ich weiß, wer ich bin. Warum kann ich das nicht sagen, Willy? *Er bemüht sich, Willy zu bewegen, ihn anzusehen, aber Willy reißt sich los und geht nach links.*

Willy *voller Haß und drohend* Das Tor zu deinem Leben steht weit offen!

Biff Daddy! Ich bin eine Drei-Groschen-Existenz und du auch.

Willy *fährt in einem unkontrollierten Ausbruch herum* Ich bin keine Drei-Groschen-Existenz! Ich bin Willy Loman, und du bist Biff Loman! *Biff geht auf Willy los, wird aber von Happy aufgehalten. In seiner Wut scheint Biff drauf und dran, seinen Vater anzugreifen.*

Biff Ich werd' nie eine Führungskraft, Willy und du auch nicht. Du warst auch nur ein Klinkenputzer wie all die anderen, die schwer arbeiten und dann auf'm Müll landen wie du. Ich bin 'n Dollar die Stunde wert, Willy! Ich hab's in sieben Staaten versucht, ohne es zu mehr zu bringen. 'n Dollar die Stunde! Dämmert's dir, was ich meine? Ich bringe keine Trophäen mehr heim, und du wirst aufhören darauf zu warten, daß ich sie heimbringe!

Willy *direkt zu Biff* Du kennst nur Rache und Trotz!

Biff reißt sich von Happy los. Willy flieht erschrocken auf die Treppe. Biff packt ihn.

Biff *in größter Raserei* Daddy, ich bin ein Nichts! Ein Nichts bin ich, Dad. Verstehst du das nicht? Das hat nichts mehr mit Trotz zu tun. Ich bin nun mal, was ich bin, sonst nichts.

Biffs Wut erschöpft sich, er bricht schluchzend zusammen, umklammert Willy, der sprachlos nach Biffs Gesicht tastet.

Willy *erstaunt* Was hast du? Was hast du denn? *Zu Linda.* Warum weint er?

Biff *gebrochen, unter Tränen* Herrgott, läßt du mich jetzt geh'n. Und nimm deinen falschen Traum und begrab' ihn, bevor's zu spät ist. *Er reißt sich zusammen, steht auf und geht zur Treppe.* Ich geh' morgen früh. Bringt ihn – bringt ihn ins Bett. *Erschöpft geht Biff die Treppe rauf in sein Zimmer.*

Willy *nach langer Pause, erstaunt und hocherfreut* Ist das nicht – ist das nicht bemerkenswert? Biff – mag mich.

Linda Er liebt dich, Willy.

Happy *tief bewegt* Hat er schon immer, Paps.

Willy Oh, Biff! *Er starrt verzückt.* Er weint! Er hat geweint, sich bei mir ausgeweint. *Es schüttelt ihn vor Liebe, und er schreit sein Versprechen laut heraus.* Dieser Junge – dieser Junge wird was Großartiges werden! *Ben erscheint in dem Licht außerhalb der Küche.*

Ben Jawohl, überragend, mit zwanzigtausend im Kreuz.

Linda *spürt, wie es in ihm arbeitet, besorgt und vorsichtig* Komm jetzt ins Bett, Willy. Nun ist ja alles beigelegt.

Willy *dem es schwerfällt, nicht auf und davonzulaufen* Ja, wir geh'n schlafen. Komm schon. Geh' schlafen, Hap.

Ben Es verlangt ganze Kerle, um sich im Dschungel durchzuschlagen. *Mit einem furchterregenden Auftakt beginnt Bens idyllische Musik.*

Happy *umarmt Linda* Ich werd' heiraten, Paps, vergiß das nicht. Ich werd' mich völlig ändern. Bevor das Jahr rum ist, bin ich Abteilungsleiter. Wirste schon sehen. Mom. *Er küßt sie.*

Ben Der Dschungel ist dunkel, aber voller Diamanten, Willy. *Willy hört Bens Stimme, wendet sich ab und in seine Richtung.*

Linda Sei brav. Ihr seid beide brave Jungs, benehmt euch entsprechend, sonst nichts.

Happy Nacht, Paps. *Er geht nach oben.*

Linda *zu Willy* Komm, Liebster.

Ben *lauter* Man muß sich reinwagen, um einen Diamanten zu finden.

Willy *zu Linda, während er sich langsam an den Rand der Küche bewegt, Richtung Tür* Ich muß mich erst beruhigen, Linda. Laß mich'n Moment hier sitzen.

Linda *kann ihre Angst kaum verbergen* Komm lieber mit mir.

Willy *umarmt sie* In ein paar Minuten, Linda. Ich kann jetzt nicht gleich einschlafen. Geh schon, du siehst furchtbar müde aus. *Er küßt sie.*

Ben Nicht wie irgendein Termin. Ein Diamant ist kantig und hart beim Anfassen.

Willy Geh schon. Ich komm gleich nach.

Linda Ich glaub', es ist der einzige Weg, Willy.

Willy Klar, ist am besten so.

Ben Am besten!

Willy Der einzige Weg. Alles wird ganz – geh' schon, Kind, geh' zu Bett. Du siehst so müde aus.

Linda Komm mit rauf.

Willy Zwei Minuten. *Linda geht in das Wohnzimmer, erscheint dann in ihrem Schlafzimmer. Willy geht zur Küchentür raus.* Er liebt mich. *Nachdenklich.* Hat mich immer geliebt. Ist er nicht bemerkenswert? Ben, dafür wird er mich bewundern!

Ben *mit einem Versprechen* Da ist es dunkel, aber voller Diamanten.

Willy Kannst du dir vorstellen, wie großartig der mit zwanzigtausend Dollar in der Tasche dastehen wird?

Linda *ruft aus ihrem Zimmer* Willy! Komm rauf!

Willy *ruft zurück* Ja! Komme gleich! Ist ein schlauer Plan, Liebling, das mußt du zugeben, oder? Sogar Ben sieht's ein. Muß jetzt gehen, Liebes. Tschüß. Tschüß. *Fast im Tanzschritt geht er rüber zu Ben.* Stell dir vor! Wenn der Scheck kommt, ist er Bernard wieder um Längen voraus!

Ben Eine rundrum perfekte Sache.

Willy Hast du gesehen, wie er vor mir geweint hat? O, ich könnt' ihn küssen, Ben!

Ben Die Zeit, William, 's ist Zeit!

Willy O Ben, ich hab' immer gewußt: Eines Tages schaffen wir's, Biff und ich!

Ben *schaut auf seine Uhr* Das Boot! Wir verspäten uns. *Er geht langsam in die Dunkelheit hinein.*

Willy *elegisch, zu dem Haus gewandt* Und beim Anstoß, Junge, will ich eine Sechzig-Meter-Bombe und stürm' dem Ball nach quer übers Feld, und wenn du schießt, schieß' flach und hart, weil's wichtig ist, Junge. *Er dreht sich um, frontal zum Publikum.* Da sitzen lauter wichtige Leute auf der Tribüne und als erstes, weißt du ... *Bemerkt plötzlich, daß er allein ist.* Ben! Ben, wo soll ich ...? *Er sucht ihn hektisch.* Ben, wo soll ich ...?

Linda *ruft* Willy, kommst du rauf?

Willy *ängstlich, mit einem Stoßseufzer, fährt er herum und bedeutet ihr, still zu sein.* Pssst! *Er dreht sich hin und her, unschlüssig, in welche Richtung er gehen soll; Töne, Gesichter, Stimmen scheinen auf ihn einzudringen, und er verscheucht sie unter Tränen.* Psst! Pssst! *Plötzlich unterbrechen ihn entfernte, hohe Musiknoten. Sie steigern sich immer intensiver, bis zu einem unerträglichen Schrei. Er rennt auf Zehenspitzen hin und her und schließlich weg hinter das Haus.* Pssst! Pssst!

Linda Willy? *Keine Antwort. Linda wartet. Biff steigt aus seinem Bett. Er ist noch angezogen. Happy richtet sich auf. Biff steht und lauscht.*

Linda *mit wirklicher Furcht* Willy, antworte! Willy!

Geräusch des Autos, das angelassen wird und sich mit voller Geschwindigkeit entfernt.

Linda Nein!

Biff *rennt die Treppe runter* Dad!

Während das Auto wegrast, erreicht die Musik mit einem Crescendo aller Instrumente ihren Höhepunkt und bricht ab, nur das ruhige Pulsieren einer Cello-Saite bleibt. Biff geht langsam ins Schlafzimmer zurück. Er und Happy ziehen feierlich ihre Jacken an. Linda tritt langsam aus ihrem Zimmer. Die Musik geht in einen Trauermarsch über. Tageslicht durch Laubwerk beleuchtet die ganze Szene. Charley und Bernard, in dunklen Anzügen, erscheinen und klopfen an die Küchentür. Biff und Happy kommen langsam die Treppe runter in die Küche, die Charley und Bernard gleichzeitig betreten. Alle bleiben stehen, als Linda, in Trauerkleidung, einen kleinen Rosenstrauß in der Hand, aus dem Durchgang zum Wohnzimmer in die Küche kommt. Sie geht zu Charley und nimmt seinen Arm.

Sie kommen dann alle nach vorn, auf das Publikum zu, durch die ›Wand‹ der Küche. Ganz vorn am Bühnenrand legt Linda die Blumen nieder, kniet und setzt sich auf die Hacken. Alle blicken nach unten in das Grab.

Requiem

Charley Es wird dunkel, Linda.
Sie reagiert nicht, blickt ins Grab.

Biff Wie wär's, Mom? Solltest dich 'n bißchen ausruhen, hm? Die werden bald das Tor zumachen. *Linda rührt sich nicht. Pause.*

Happy *tief empört* Er hatte kein Recht dazu. Dafür gab's keine Notwendigkeit. Wir hätten ihm schon geholfen.

Charley *grunzt* Hmmm.

Biff Komm jetzt, Mom.

Linda Warum ist niemand gekommen?

Charley Es war eine sehr schöne Beerdigung.

Linda Aber wo sind all die Leute, die er kannte? Vielleicht werfen sie es ihm vor.

Charley Nee. Das Leben ist hart, Linda. Niemand macht ihm Vorwürfe.

Linda Ich versteh's einfach nicht. Vor allem gerade jetzt. Zum ersten Mal seit fünfunddreißig Jahren waren wir so gut wie schuldenfrei. Er brauchte nur ein kleines Gehalt. Sogar die letzte Rate vom Zahnarzt hat er bezahlt.

Charley Kein Mann braucht nur ein kleines Gehalt.

Linda Ich kann's nicht verstehen.

Biff Es war oft so schön. Wenn er von einer Reise zurückkam oder sonntags, beim Arbeiten an der Treppe zum Haus, beim Ausbauen des Kellers, beim Zimmern der Veranda; und als er das neue Badezimmer einbaute und die Garage im Hof. Weißt du was, Charley, es steckt mehr von ihm in der Holztreppe vorm Haus, als in allen Verkäufen, die er je tätigte.

Charley Ja. Mit einem Eimer Zement war er ein glücklicher Mann.

Linda Mit den Händen war er sehr geschickt.

Biff Er hatte nur den falschen Traum. Völlig falsch.

Happy *bereit mit Biff zu kämpfen* Sag' das nicht!

Biff Er hat nie gewußt, wer er war.

Charley *hält Happy auf und antwortet Biff* Niemand erhebe einen Vorwurf gegen diesen Mann. Versteht ihr nicht, daß Willy ein Handlungsreisender war. Und ein Handlungsreisender hat nie festen Boden unter den Füßen. Er fügt kein Brett in Nut und Feder, er spricht kein Recht und verschreibt keine Arznei. Er ist allein da draußen im Nichts, und sein Lächeln und seine blank geputzten Schuhe sind seine einzigen Waffen. Und wenn sein Lächeln nicht mehr erwidert wird – geht die Welt unter. Und wenn du dann noch ein paar Flecken am Hut hast – bist du erledigt. Niemand mache diesem Mann einen Vorwurf! Ein Reisender braucht Träume, Junge. Er hat ja sonst nichts als seinen Bezirk.

Biff Charley, der Mann wußte nicht, wer er war.

Happy *wütend* Sag' das nicht!

Biff Warum kommst du nicht mit mir, Happy?

Happy So leicht laß ich mich nicht kleinkriegen. Ich bleib' hier in der Stadt und werd' sie bei ihrem eigenen Spiel reinlegen! *Er sieht Biff mit vorgeschobenem Kinn an.* Die Loman-Brüder!

Biff Ich weiß, wer ich bin, Kleiner.

Happy In Ordnung, Junge. Ich werd's dir und allen anderen zeigen, daß Willy Loman nicht umsonst gestorben ist. Er hatte den richtigen Traum. Den einzigen Traum, der sich lohnt, nämlich: Nummer Eins zu werden! Er hat hier darum gekämpft, und hier werd' ich's für ihn gewinnen.

Biff *Happy ist für ihn ein hoffnungsloser Fall, er beugt sich zu seiner Mutter* Gehen wir, Mom!

Linda Ich komme gleich nach. Geht schon, Charley. *Er zögert.* Ich möchte nur einen Augenblick. Ich hab' mich ja nie von ihm verabschieden können. *Charley geht zur Seite. Happy folgt ihm, Biff bleibt etwas weiter hinten links von Linda stehen. Sie hockt da und faßt sich. Die Flöte beginnt während ihrer Rede in ziemlicher Nähe zu spielen.*

Linda Vergib mir, Lieber. Ich kann nicht weinen. Ich weiß nicht, was los ist, aber ich kann nicht weinen. Ich begreif' es nicht. Warum hast du das nur getan? Hilf mir, Willy, ich kann nicht weinen. Ich hab' das Gefühl, du bist nur wieder unterwegs auf 'ner Reise, und ich warte noch auf dich. Willy, Lieber, ich kann nicht weinen. Warum hast du das getan? Ich suche und suche und suche und kann es nicht verstehen, Willy. Ich hab' heute die letzte Zahlung für das Haus gemacht. Heute, Liebster. Und niemand wird zu Hause sein. *Ein Schluchzer schnürt ihr die Kehle zu.* Wir sind frei und ohne Schulden. *Heftiger schluchzend, erlöst.* Wir sind frei. *Biff kommt langsam zu ihr.* Wir sind frei ... wir sind frei ... *Biff hilft ihr auf die Beine und führt sie untergehakt nach rechts. Linda weint still vor sich hin. Bernard und Charley nähern sich und folgen ihnen, gefolgt von Happy. Von der Musik bleibt nur die Flöte, während es dunkel wird auf der Bühne und die hohen Töne der Wohnhäuser in scharfem Kontrast hinter dem Häuschen erscheinen.*

Vorhang

Anmerkungen von Volker Schlöndorff

Viel und nichts hat sich geändert in der amerikanischen Wirklichkeit, seit der ›Handlungsreisende‹ zum ersten Mal seine Musterkoffer auf die Bühne schleppte. Entlassen würde er heute wohl früher als mit dreiundsechzig, Biff wäre auch mit zweiunddreißig noch arbeitslos, wenn er den Wettkampf mit seinen Nächsten ablehnt, ein Haus abzuzahlen dauert länger als fünfundzwanzig Jahre, und mit vierzig Dollar die Woche käme keiner mehr über die Runde. Und doch gibt es den amerikanischen Traum noch, den Traum, daß jeder es zur Nummer Eins bringen kann. Obwohl wir ihn durchschauen, verhalten wir uns danach. Soviel Wirklichkeit hinter dem Stück heißt aber nicht, daß es mit Spülsteinrealismus gelesen, gespielt oder inszeniert werden muß. Die Tragödie des Vatermordes oder der Mutter, die ihre Kinder frißt, kann man ebenso herauslesen wie die Farce.

»Ich habe nie so viel gelacht wie beim Schreiben des ›Handlungsreisenden‹«, erzählte Arthur Miller mir irgendwann während des Jahres, das ich mit ihm beim Filmen des Stückes verbrachte.

Es gab viele Vorbilder für Willy Loman im Brooklyn seiner Jugend, doch an einen erinnert er sich besonders. (»I'll never forget« ist ein Ausdruck, den Miller so oft verwendet, wie andere ›nicht wahr‹ sagen.) Ein Kauz aus der Nachbarschaft, der tagelang an seinem Haus herumbastelte, wenn er nicht mit anderen Arbeitslosen in der offenen Garage Karten spielte und, wie üblich während der Depression, Pläne schmiedete. Wollte man sich die Schaufel, die hinter ihm an der Wand hing, ausleihen, sagte er, er habe leider keine Schaufel und glaubte es selbst. Lügen war ihm fremd. Er riß gern Witze und sprang noch als Fünfzigjähriger, wenn auch mickrig kleiner Mann, seiner mächtigen Frau auf den Schoß und griff, zum Ergötzen der Nachbarschaftskinder, wie ein Säugling nach ihrer Brust.

Jahre später, etwa 1948, als Miller zu öffentlichen Proben seines ersten Stückes ›All My Sons‹ in Boston war, begegnete er am Ausgang des Theaters, ohne ihn gleich zu erkennen, diesem Mann. Er trug den obligaten Regenmantel des Handlungsreisenden über dem Arm. Er blickte zu Arthur Miller auf, der ja wirklich sehr groß ist und zeigte sich beeindruckt von dem Stück und was aus dem jungen Arthur geworden sei ... Er selbst sei gerade auf Vertretertour in Boston, im Hotel. Pause. Ein flackernder Blick. Seinem Sohn, Arthurs Schulfreund, ginge es sehr gut, er bereite gerade ein großes Geschäft vor ... Schlagartig offenbarte der kleine Mann, mit einer Lüge, die Tragödie seines Lebens. Arthur Miller stand vor ihm und hatte das Gefühl, Zeuge einer Katastrophe zu sein. Er ging zurück in sein Hotelzimmer und begann, den ›Handlungsreisenden‹ zu skizzieren.

So kommt es, daß Willy Loman in der ersten Fassung klein ist und ›shrimp‹ genannt wird, was bei der New Yorker Premiere nur wegen Lee J. Cobbs imposanter Erscheinung in ›walros‹ geändert wurde.

Doch ist Willy Loman, dessen Name Miller übrigens aus Fritz Langs ›Mabuse‹ übernommen hat, (›Lohmann! ... Lohmann! ... Lohmann! ..., an diese Rufe des Irren nach dem Kommissar erinnerte er sich noch fünfzehn Jahre später), ebensowenig das Porträt dieses einen Vorbildes, wie Arthur Miller weder ganz Bernard ist, der bleichgesichtige, später so erfolgreiche Junge aus der Nachbarschaft, noch Biff, dem das kleinbürgerliche Brooklyn zu eng wird, den es in die Weite des Kontinents zieht und der doch immer wieder zurückkommt. Denn Amerika ist zu groß für den einzelnen, sagt Miller, und Biff ist nicht als einziger verloren im größten Land der Welt.

Nur die Familie bietet dem einzelnen etwas Halt; sie ist seine Zuflucht und sein Gefängnis. Aus dem mörderischen Wettbewerb und der Einsamkeit draußen flieht jeder zu seinen Angehörigen, obwohl diese ihn bald wieder entmündigen und am nächsten Ausbruch hindern wollen. Um diesen Wahnsinn der Familie geht es im ›Handlungsreisenden‹, nicht um einen Wahnsinnigen in einer ansonsten ›normalen‹ Familie.

Willy Loman mit seinem Traum ist vielleicht der Menschlichste von allen. Daß er tragisch endet, liegt nicht an seinem Traum, sondern daran, daß er ihn mit der Wirklichkeit verwechselt.

Das Streben nach Erfolg betrachtet auch Arthur Miller

als den einzig wahren Motor gesellschaftlicher Entwicklung. Er kann sich nicht sarkastisch genug über den realen Sozialismus der UdSSR etwa, die er aus eigener Anschauung ganz gut kennt, auslassen. Privatinitiative und Ehrgeiz sind völlig in Ordnung, meint er, nur ist es falsch zu glauben, jeder könne es zum Millionär oder Präsidenten bringen. Ebenso falsch ist es, daß all diejenigen, die scheitern wie Willy Loman, die Schuld bei sich allein suchen und es ihren Söhnen auferlegen, nun ihrerseits erfolgreich zu sein. Biff bricht diesen Zwang, als er sagt: ›Ich weiß, wer ich bin.‹ Er will nicht den Erfolg des Vaters nachholen, sondern den, der seiner Natur entspricht – er als Zimmermann, Miller als Schriftsteller.

Die Große Depression, neben dem Bürgerkrieg die einzig wahre Katastrophe im amerikanischen Bewußtsein, verschonte die Familie Miller nicht. Sein Vater, ein Mantelfabrikant, machte Pleite und kam nie wieder auf die Beine, weil er die Schuld nur bei sich suchte und sich fortan als Versager sah. Diese Erfahrung nährt die tiefe Skepsis des Autors, deshalb reizt ihn das Komische an Willys sich widersprechenden Behauptungen, denn wer Traum und Wirklichkeit miteinander verwechselt, ist weniger tragisch als vielmehr grotesk. Unsere Sympathien gewinnt er dadurch, daß wir lachen, wenn er seinen eigenen Lügen und Illusionen auf den Leim geht.

Der Welt, in der er lebt, die ihn auspreßt und dann auf den Abfall wirft, wird dadurch nichts von ihrer Härte genommen, noch dem amerikanischen Traum seine Kraft, uns immer wieder zu verführen, ganz gleich wie aufgeklärt und skeptisch wir sein mögen.

Hexenjagd

Ein Drama in zwei Akten

Die Personen

in der Reihenfolge ihres Auftretens

Pastor Parris
Betty Parris
Tituba
Abigail Williams
Susanna Walcott
Ann Putnam
Thomas Putnam
Mercy Lewis
Mary Warren
John Proctor
Rebecca Nurse
Giles Corey
Pastor John Hale
Elizabeth Proctor
Francis Nurse
Ezekiel Cheever
Herrick
Richter Hathorne
Unterstatthalter Danforth
Sarah Good
Hopkins

Anmerkung

zur historischen Genauigkeit dieses Stückes

Dieses Stück ist nicht Geschichte in dem vom akademischen Historiker angewandten Sinn des Wortes. Um des Dramatischen willen wurden in einigen Fällen verschiedene Gestalten zu einer verschmolzen; die Zahl der am »Ausschreien« beteiligten Mädchen wurde vermindert; Abigails Alter wurde hinaufgesetzt; mehrere Richter von fast gleichem Rang wurden in Hathorne und Danforth symbolisiert. Indessen glaube ich, daß der Leser hier das Wesentliche eines der seltsamsten und furchtbarsten Kapitel der Menschheitsgeschichte finden wird. Das Schicksal jeder einzelnen Gestalt entspricht genau dem ihres historischen Vorbilds, und es gibt in dem Drama nicht eine, die nicht historisch eine ähnliche – und in einigen Fällen genau die gleiche – Rolle gespielt hat.

Was die Charaktere der Personen betrifft, so ist über die meisten wenig bekannt, bis auf das, was aus einigen Briefen, dem Gerichtsprotokoll, gewissen zeitgenössischen Flugschriften und Hinweisen aus unterschiedlich verläßlichen Quellen zu schließen ist. Sie mögen daher – soweit es nicht in den beigefügten Kommentaren verzeichnet ist – als meine eigenen Schöpfungen angesehen werden, die ich in Übereinstimmung mit dem, was von ihnen bekannt ist, nach bestem Vermögen dargestellt habe.

Erster Akt

Erste Szene

Ein Schlafzimmer im Oberstock von Pastor Samuel Parris' Haus in Salem, Massachusetts, im Frühjahr 1692.
Links ein schmales Fenster. Durch die bleigefaßten Scheiben strömt die Morgensonne. An dem Bett, rechts, brennt noch eine Kerze. Eine Truhe, ein Stuhl und ein kleiner Tisch bilden die übrige Einrichtung. Rückwärts führt eine Türe auf den Vorplatz und die Treppe ins Erdgeschoß. Das Zimmer erweckt den Eindruck reinlicher Kargheit. Die bloßliegenden Deckenbalken sind roh und ungeglättet.
Wenn der Vorhang aufgeht, kniet Pastor Parris, offenbar betend, an dem Bett, auf dem bewegungslos seine Tochter, Betty Parris, liegt.
Zum Zeitpunkt dieser Geschichte war Parris Mitte Vierzig. Der Geschichte nach führte er ein schlimmes Dasein, und sehr wenig Gutes ist über ihn zu berichten. Er glaubte sich auf Schritt und Tritt verfolgt, trotz aller seiner Bemühungen, den Menschen und Gott zu gefallen. Er fühlte sich beleidigt, wenn in der Betstunde einer aufstand, um die Türe zu schließen, ohne vorher seine Erlaubnis einzuholen. Er war Witwer und hatte weder Interesse noch Verständnis für Kinder. Er betrachtete sie als junge Erwachsene, und es kam ihm bis zu dieser seltsamen Krise nie in den Sinn – so wenig wie den übrigen Einwohnern Salems –, daß die Kinder nicht einzig dankbar dafür waren, wenn man ihnen erlaubte, aufrecht, mit gesenktem Blick und gestrafften Armen einherzugehen und zu schweigen, bis sie gefragt wurden.
Sein Haus lag in der »Stadt« – die wir allerdings heute kaum als Dorf bezeichnen würden. Das Bethaus war nahebei, und daran schlossen sich – zur Küste wie zum Inland hin – ein paar schmalfenstrige dunkle Häuser, die sich zum Schutz gegen den strengen Massachusetts-Winter aneinanderdrängten. Salem war vor kaum vierzig Jahren entstanden. Für die europäische Welt bedeutete die ge-

samte Provinz ein von fanatischen Sektierern bevölkertes Grenzgebiet, das immerhin Erzeugnisse von allmählich steigender Menge und Güte ausführte.

Über ihre Lebensweise ist nichts Tatsächliches bekannt. Sie hatten keine Schriftsteller – und hätten niemand die Lektüre eines Romans erlaubt, wäre so etwas vorhanden gewesen. Ihr Glaube verbot alles, was dem Theater oder »eitlem Vergnügen« gleichkam. Sie feierten keine Weihnachten, und ein Feiertag von der Arbeit bedeutete einzig verstärkte Sammlung aufs Gebet.

Aber das soll nicht heißen, daß diese strenge und düstere Lebensweise nie unterbrochen wurde. War ein neues Bauernhaus erstanden, so versammelten sich die Freunde, um das Richtfest zu begehen, wozu man besondere Speisen bereitete und vermutlich einen starken Most reichte. Es gab eine ganze Reihe Nichtsnutze in Salem, die in Bridget Bishops Schenke beim Beilkerspiel[1] *herumlungerten. Eher als der Glaube bewahrte wohl die harte Arbeit die allgemeine Moral vor dem Verderb, denn die Menschen mußten um jedes Getreidekorn heldengleich mit der Erde ringen und hatten nicht viel Zeit für Possen.*

Daß es trotzdem ein paar Unverbesserliche gab, geht aus dem Brauch hervor, eine Streifwache von zwei Mann mit der Aufgabe zu betrauen, »zur Stunde des Gottesdienstes umherzugehen und solche zu vermerken, die sich entweder beim Bethaus aufhalten, ohne der Predigt und der Handlung beizuwohnen, oder sich ohne zwingenden Grund zu Hause oder auf dem Felde aufhalten; und die Namen solcher aufzuzeichnen und der Obrigkeit zu übergeben, auf daß ordnungsgemäß gegen sie verfahren werde«. Diese Vorliebe, sich um anderer Angelegenheiten zu kümmern, war althergebracht in Salem und war zweifellos Ursache für viele der Verdächtigungen, die den kommenden Wahnsinn nähren sollten. Ebenso gehörte sie meines Erachtens zu den Dingen, gegen die ein John Proctor sich auflehnte; denn die Zeit des bewaffneten Lagers war nahezu vorüber, und da das Land einigermaßen – wenn auch nicht durchaus – sicher war, begannen die alten Verordnungen zur Plage zu werden. Doch wie in allen solchen Fällen war der Abschluß nicht klar, denn Gefahr lag immer noch im Bereich der Möglichkeit, und Einigkeit war immer noch die beste Sicherheitsgarantie.

Ganz in der Nähe hob die Wildnis an. Geheimniserfüllt

[1] Alte Form von Billard

erstreckte der amerikanische Kontinent sich endlos westwärts. Dunkel und drohend ragte er Tag und Nacht in ihrem Rücken, denn von Zeit zu Zeit brachen plündernde Indianerstämme daraus hervor, und mehrere Mitglieder in Pastor Parris' Gemeinde hatten Angehörige an diese Heiden verloren.

Der Glaubensdünkel dieser Leute war teilweise verantwortlich für ihr Versagen in der Bekehrung der Indianer. Vermutlich zogen sie es auch vor, Heiden statt Christenbrüdern Land wegzunehmen. Jedenfalls wurden sehr wenige Indianer bekehrt, und die Salemer hielten den Urwald für das letzte Schutzgebiet des Teufels, seine Heimstatt und die Feste seines schließlichen Widerstandes. Ihrer ehrlichen Überzeugung nach war der amerikanische Wald der letzte Ort auf Erden, der Gott nicht huldigte.

Darum, unter anderem, bezeigten sie eine Haltung des angeborenen Widerstandes, ja der Verfolgung. Freilich waren ihre Väter in England verfolgt worden. Also erschien es nun ihnen und ihrer Kirche notwendig, jeder anderen Glaubensrichtung die Freiheit abzusprechen, damit ihr neues Jerusalem nicht durch Abwege oder Irrlehren entstellt und verdorben würde.

Kurz, sie glaubten, in ihren festen Händen die Kerze zu halten, die der Welt das Licht brächte. Wir haben diesen Glauben geerbt, und er hat uns geholfen und geschadet. Ihnen half er durch die Zucht, die er ihnen verlieh. Sie waren im großen und ganzen ein frommes Volk und mußten es sein, um das Leben zu bestehen, das sie erwählt hatten oder in das sie hineingeboren waren.

Der Beweis für den Wert dieses Glaubens läßt sich im gegensätzlichen Charakter der ersten Jamestown-Niederlassung weiter südlich, in Virginia, finden. Die dort landenden Engländer waren hauptsächlich von Gewinnsucht getrieben. Sie wollten die Schätze der neuen Welt einsammeln und dann reich nach England zurückkehren. Als eine Gesellschaft von Individualisten waren sie eine viel verträglichere Gruppe als die Massachusetts-Einwanderer. Jedoch Virginia vernichtete sie. Massachusetts versuchte die Puritaner zu vertilgen, sie aber schlossen sich zusammen; sie gründeten eine Kommunal-Gesellschaft, die anfangs kaum mehr als ein bewaffnetes Lager mit einer autokratischen und sehr aufopferungsvollen Führerschaft war. Jedoch war es eine gebilligte Autokratie, denn vom Obersten bis zum Untersten ver-

band sie eine gemeinsame Ideologie, die den Grund und die Rechtfertigung aller ihrer Leiden ausmachte. So waren ihre Selbstverleugnung, ihr Zielbewußtsein, ihr Mißtrauen gegen jedes eitle Streben, ihre strenge Gerechtigkeit insgesamt vollendete Werkzeuge zur Eroberung dieses dem Menschen so gegnerischen Landes.

Aber die Salemer von 1692 waren nicht ganz das fromme Volk, das mit der Mayflower ankam. Eine breite Differenzierung hatte stattgefunden, und noch zu ihren Lebzeiten hatte eine Revolution das Königtum abgeschafft und durch eine Ratsversammlung ersetzt, die augenblicklich regierte. Von ihnen aus gesehen mußte die Zeit aus den Fugen sein, und ihre Probleme mußten dem einfachen Volk so unlösbar und verworren erscheinen wie uns die heutigen. Es ist durchaus verständlich, daß sich leicht der Glaube breitmachen konnte, die Zeit der Wirrnis sei von dunklen und verborgenen Mächten über sie gebracht worden. Im Gerichtsprotokoll weist nichts auf eine solche Überlegung hin, aber soziale Unordnung erzeugt in jedem Zeitalter derlei mystischen Argwohn, und wenn, wie in Salem, übernatürliche Geschehnisse aus der Tiefe an den Tag treten, ist von den Menschen kaum zu erwarten, daß sie lange zögern, sich mit der ganzen Wut ihrer Enttäuschung auf die Opfer zu stürzen.

Die auf den folgenden Seiten anhebende Tragödie von Salem entstand aus einem Paradox. Es ist ein Paradox, das uns noch heute in der Gewalt hat, und noch besteht keine Aussicht, daß wir es lösen werden. Es war einfach dies: zu guten, ja hohen Zwecken bildeten die Salemer eine Theokratie, eine Verbindung, von staatlicher und kirchlicher Macht, deren Aufgabe es war, die Gemeinde zusammenzuhalten und jeglichen Zerfall zu verhüten, der sie der Zerstörung durch materielle oder ideologische feindliche Kräfte zugänglich machen konnte. Sie war zu einem notwendigen Zweck geschaffen und erfüllte diesen Zweck. Aber jede Organisation gründet sich, und zwar zwangsläufig, auf den Gedanken der Ausschließung und des Verbots, wie eben zwei Dinge nicht den gleichen Platz einnehmen können. Offenbar kam in Neu-England die Zeit, da der Druck der Ordnung härter war, als es die Gefahren, die diese Ordnung abhalten sollte, anscheinend erforderten. Die Hexenverfolgung war eine perverse Kundgebung der Angst, die in allen Klassen auftrat, als sich das Gewicht zu größerer individueller Freiheit hin zu verlagern begann.

Wenn man über die aufgezeigte Schlechtigkeit der Einzelnen hinwegblickt, kann man sie alle nur bedauern, so wie man uns eines Tages bedauern wird. Auch heute noch ist es dem Menschen unmöglich, sein soziales Leben ohne Druck zu ordnen, und das Gleichgewicht zwischen Ordnung und Freiheit ist auch heute erst herzustellen.
Aber die Hexenverfolgung war nicht nur ein Druckmittel. Sie war auch, und zwar ebenso maßgeblich, eine längst fällige Gelegenheit für jedermann, mit dieser Neigung, unter dem Deckmantel der gegen die Opfer erhobenen Anklage, öffentlich seine Schuld und seine Sünden zu bekennen. Es war plötzlich möglich – und patriotisch und fromm –, daß einer sagte, Martha Corey sei nachts in sein Schlafzimmer gekommen und habe sich, während seine Frau an seiner Seite schlief, auf seine Brust gelegt und »ihn fast erstickt«. Freilich war es nur ihr Geist, aber seine Befriedigung beim Geständnis war nicht geringer, als wäre es Martha selbst gewesen. Für gewöhnlich konnte man Derartiges nicht öffentlich sagen.
Lang unterhaltenen Nachbarhaß konnte man jetzt offen bekunden und entgegen den biblischen Lehren der Nächstenliebe Rache nehmen. Gewinnsucht, bislang in ständigem Gezänk um Grenzen und Urkunden geäußert, konnte man jetzt auf den Kampfplatz der Moral erheben; man konnte seinen Nächsten als Hexe ausschreien und sich dabei völlig im Recht fühlen. Alte Rechnungen konnten auf der Ebene eines himmlischen Kampfes zwischen Luzifer und dem Herrgott beglichen werden; Argwohn und Neid des Armen wider den Reichen konnten in der allgemeinen Ahndung hervorbrechen – und das geschah.

Jetzt betet Pastor Parris, und obwohl seine Worte nicht vernehmlich sind, spürt man seine Verwirrung. Er murmelt, dann scheint er dem Weinen nahe; dann weint er, dann betet er wieder; doch seine Tochter auf dem Bett regt sich nicht.
Die Tür geht auf, und seine Negersklavin Tituba kommt herein. Sie ist in den Vierzigern. Parris hatte sie aus Barbados mitgebracht, wo er, bevor er die geistliche Laufbahn einschlug, einige Jahre als Kaufmann verbracht hatte. Sie kommt herein, als hielte sie es ohne den Anblick ihres Lieblings nicht länger aus; aber gleichzeitig hat sie große Angst, weil ihr Sklaveninstinkt ihr sagt, daß Verdruß, wie stets in diesem Haus, möglicherweise an ihr ausgelassen wird.

Tituba *schon einen Schritt zurückweichend* Meine Betty bald wieder gesund?

Parris Hinaus hier!

Tituba *jetzt an der Türe* Meine Betty nicht sterben ...

Parris *arbeitet sich voller Wut hoch* Aus meinen Augen! *Sie ist draußen.* Aus meinen – *Schluchzen schüttelt ihn. Er geht mit zusammengebissenen Zähnen dagegen an, schließt die Türe und lehnt sich erschöpft dagegen.* O mein Gott! Hilf mir, Gott! *Er geht angstschlotternd, während er, von Schluchzen unterbrochen, vor sich hinmurmelt, zum Bett zurück und ergreift zärtlich Bettys Hand.* Betty. Kind. Liebes Kind. Willst du aufwachen, willst du deine Augen öffnen! Betty, kleine ... *Er ist im Begriff, wieder niederzuknien, als seine Nichte, Abigail Williams, hereinkommt. Sie ist siebzehn Jahre, Waise, von auffallender Schönheit und unbegrenzter Fähigkeit zur Verstellung. Jetzt ist sie ganz Besorgnis und Angst und Wohlerzogenheit.*

Abigail Oheim? *Er blickt nach ihr.* Susanna Walcott von Doktor Griggs ist da.

Parris Oh! Herein mit ihr, herein mit ihr.

Abigail *beugt sich zur Türe hinaus, um Susanna zu rufen, die einige Stufen weiter unten auf der Treppe wartet* Komm herein, Susanna.

Susanna Walcott, etwas jünger als Abigail, nervös, überhastet, kommt herein.

Parris *begierig* Was sagt der Doktor, Kind?

Susanna *den Hals reckend, um an Parris vorbei nach Betty zu blicken* Er hieß mich herkommen und Euch sagen, Herr Pastor, daß er in seinen Büchern keine Medizin dafür findet.

Parris So muß er weitersuchen.

Susanna Ja, Herr, er hat in seinen Büchern gesucht, seit er Euch verließ, Herr. Doch er hieß mich Euch sagen, Ihr möchtet als Ursach nach unnatürlichen Dingen ausschauen.

Parris *mit aufgerissenen Augen* Nein – nein. Hier gibt's keine unnatürliche Ursache. Sag ihm, ich hätte nach Pastor Hale von Beverly geschickt, und Herr Hale würde das sicherlich bestätigen. Er möge nach einer Medizin suchen und jeden Gedanken an unnatürliche Ursachen abtun. Es gibt hier keine.

Susanna Ja, Herr. Er hieß mich's Euch sagen. *Sie wendet sich zum Gehen.*

Abigail Red in der Stadt nicht drüber, Susanna.

Parris Geh gradewegs heim und rede in der Stadt nicht von unnatürlichen Ursachen.

Susanna Ja, Herr. Ich bete für sie. *Sie geht.*

Abigail Oheim, überall ist das Gerücht von Hexerei herum; ich glaub, Ihr geht am besten hinunter und sprecht selber dawider. Das Empfangszimmer ist voll von Leuten, Herr. Ich sitz derweil bei ihr.

Parris *gedrückt; ungehalten zu ihr* Und was soll ich ihnen sagen? Daß ich meine Tochter und meine Nichte gleich Heiden tanzend im Wald ertappte?

Abigail Ja, Oheim, wir tanzten; sagt ihnen, ich hätt's gestanden – und man soll mich peitschen, wenn's sein muß. Doch sie reden von Hexerei. Betty ist nicht verhext.

Parris Abigail, ich kann nicht vor die Gemeinde treten, wenn ich weiß, daß du mir nicht die Wahrheit gesagt hast. Was triebst du mit ihr im Wald?

Abigail Wir tanzten, Oheim, und als Ihr so plötzlich aus dem Gebüsch sprangt, erschrak Betty, und dann ward sie ohnmächtig. Und das ist alles.

Parris Kind, setze dich.

Abigail *gehorcht zitternd* Ich tät Betty nie was zuleide. Ich lieb sie von Herzen.

Parris Jetzt höre, Kind, du erhältst deine Strafe zu gegebener Zeit. Doch wenn ihr im Wald mit Geistern umgingt, muß ich's jetzt erfahren, denn sicherlich erfahren es meine Feinde, und sie werden mich damit verderben.

Abigail Aber wir beschworen keine Geister.

Parris Warum also kann sie sich seit Mitternacht nicht rühren? Dies Kind ist in höchster Gefahr! *Abigail schlägt die Augen nieder.* Es muß an den Tag kommen – meine Feinde bringen es an den Tag. Also sage mir, was ihr dort triebt. Abigail, weißt du, daß ich viele Feinde habe?

Abigail Ich hab davon gehört, Oheim.

Parris Eine Partei hier hat sich verschworen, mich von der Kanzel zu vertreiben. Weißt du das?

Abigail Ja, ich glaub, Herr.

Parris Und nun, während solchen Zerfalls, wird mein eigen Haus als der wahre Mittelpunkt anstößigen Treibens entdeckt. Greuel werden im Wald getrieben –

Abigail Es war Spaß, Oheim!

Parris *auf Betty weisend* Das nennst du Spaß? *Sie schlägt die Augen nieder. Er dringt in sie.* Abigail, wenn du etwas weißt, das dem Doktor helfen mag, so um Gottes willen sage es mir! *Sie schweigt.* Als ich hinzukam, sah ich Tituba die Arme über dem Feuer schwenken. Warum tat sie das? Und ein Gekreisch und Geschnatter kam aus ihrem Mund. Wie ein unvernünftig Tier schwang sie über diesem Feuer!

Abigail Sie singt immer ihre Barbados-Lieder, und wir tanzen.

Parris Ich kann mich nicht vor dem verschließen, was ich sah, Abigail, weil meine Feinde es nicht tun werden. Ich sah ein Kleid im Gras liegen.

Abigail *unschuldig* Ein Kleid?

Parris *– es ist sehr schwer, es auszusprechen* Ja ein Kleid. Und mir schien, als sähe ich – jemand nackt durch den Wald laufen.

Abigail *entsetzt* Niemand war nackt! Ihr irrt Euch, Oheim!

Parris *unwillig* Ich sah es! *Er entfernt sich von ihr. Dann, entschlossen.* Jetzt sage die Wahrheit, Abigail. Und ich bitte dich, ihr ganzes Gewicht auf dir zu fühlen; denn nun geht es um mein Amt, mein Amt und vielleicht das Leben deiner Base. Was für Greuel ihr auch triebt, entdecke mir jetzt alles, denn es darf mich nicht unversehens treffen, wenn ich unten vor sie hintrete.

Abigail Mehr ist nicht. Ich schwör's Euch, Oheim.

Parris *sieht sie prüfend an und nickt dann, halb überzeugt* Abigail, drei lange Jahre habe ich hier gekämpft, um mir diese steifnackigen Menschen zu beugen, und jetzt, eben jetzt, da in der Gemeinde einige Achtung für mich heranwächst, machst du meinen Ruf zuschanden. Ich gab dir ein Heim, Kind, ich kleidete dich, jetzt antworte mir ehrlich. In der Stadt ist dein Name – ganz rein, nicht wahr?

Abigail *mit einer Spur von Verdruß* Ei gewiß, Herr. Ich brauch mich meines Namens nicht zu schämen.

Parris *deutlicher* Abigail, besteht noch ein anderer Grund als der, den du mir nanntest, für deine Entlassung aus Gevatterin Proctors Dienst? Ich habe sagen hören, und ich wiederhole es so, wie ich's hörte, daß sie dies Jahr so selten zur Kirche kommt, weil sie nicht so nah bei Beschmutzten sitzen will. Was bedeutet diese Bemerkung?

Abigail Sie haßt mich, Oheim, sie muß, weil ich nicht ihre Sklavin sein wollte. Sie ist eine harte Frau, eine kalte, lügnerische, greinende Frau, und für so eine will ich nicht arbeiten!

Parris Vielleicht ist sie das. Trotzdem hat's mich beunruhigt, daß du sieben Monde aus ihrem Haus bist und in all der Zeit keine andere Familie je nach deinem Dienst verlangt hat.

Abigail Sie wollen Sklaven, nicht eine wie mich. Laß sie nach Barbados darum schicken. Ich mach mir für keinen mein Gesicht schwarz! *Mit schlechtverhehltem Verdruß.* Mißgönnt Ihr mir mein Bett, Oheim?

Parris Nein – nein.

Abigail *aufgebracht* Mein Name ist gut im Ort! Ich duld nicht, daß wer sagt, mein Name sei beschmutzt! Gevatterin Proctor ist eine geschwätzige Lügnerin!

Frau Ann Putnam kommt herein. Sie ist ein verschrobenes Wesen von fünfundvierzig, vom Tod besessen und von Träumen verfolgt.

Parris *sobald die Türe sich bewegt* Nein – nein, ich kann hier niemand haben. *Er erblickt sie, und bei aller Besorgnis fährt eine gewisse Ehrerbietung in ihn.* Oh, Gevatterin Putnam, tretet ein.

Frau Putnam *mit geblähtem Atem und glänzenden Augen* Es ist ein Wunder. Wahrhaftig, ein Schlag der Hölle wider Euch.

Parris Nein, Gevatterin Putnam, es ist –

Frau Putnam *mit einem Blick auf Betty* Wie hoch flog sie, wie hoch?

Parris Nein, nein, sie flog nicht –

Frau Putnam *sehr erfreut* Ei, gewiß. Herr Collins sah sie über Ingersolls Scheune hingehn und vogelleicht herunterkommen, sagt er!

Parris Nun hört, Gevatterin Putnam, sie – *Thomas Putnam kommt herein, ein wohlhabender, rücksichtsloser Gutsbesitzer, nahe fünfzig.* Oh, guten Morgen, Herr Putnam.

Putnam Es ist eine Vorsehung, daß die Sach nun heraus ist! Eine Vorsehung. *Er geht geradewegs zum Bett.*

Parris Was ist heraus, Herr, was ist –?

Frau Putnam geht zum Bett.

Putnam *auf Betty niederblickend* Ei, *ihre* Augen sind zu! Schau, Ann.

Frau Putnam Ei, das ist sonderbar. *Zu Parris.* Unsrer sind offen.

Parris *betroffen* Eure Ruth ist krank?

Frau Putnam *mit boshafter Gewißheit* Krank würd ich's nicht nennen; des Teufels Berührung ist ärger als krank. 's ist Tod, wißt Ihr, Tod, der gehörnt und gehuft in sie hineinfährt.

Parris Oh, bitte nicht! Wie denn, was fehlt Ruth?

Frau Putnam Was ihr fehlen muß – sie wachte heut morgen nicht auf, doch ihre Augen sind offen, und sie geht umher und hört nichts, sieht nichts und kann nicht essen. Ihre Seel ist dahin, wahrhaftig.

Parris ist bestürzt.

Putnam *wie auf weitere Einzelheiten aus* Es heißt, Ihr habt nach Pastor Hale in Beverly geschickt?

Parris *jetzt mit nachlassender Überzeugung* Nur eine Vorsicht. Er hat viel Erfahrung in allen dämonischen Künsten, und ich –

Frau Putnam Fürwahr, die hat er; und fand vergangnes Jahr in Beverly eine Hexe, und daran denkt.

Parris Nun, Gevatterin Ann, man glaubte nur, es sei eine Hexe, und ich bin gewiß, daß hier kein Allergeringstes von Hexerei ist.

Putnam Keine Hexerei! Nun hört, Herr Parris –

Parris Thomas, Thomas, ich bitte Euch, seid nicht vorschnell mit Hexerei. Ich weiß, Ihr wolltet nicht – Ihr am allerwenigsten, Thomas –, daß so Unseliges mir zu Last gelegt wird. Wir können nicht vorschnell mit Hexerei sein. Man wird mich aus Salem hinauszetern ob solcher Verderbnis in meinem Haus.

Ein Wort über Thomas Putnam. Er hatte eine Menge Beschwerden, worunter zumindest eine berechtigt erscheint. Der Schwager seiner Frau, James Bayley, war vor einiger Zeit als Pastor von Salem abgelehnt worden. Er besaß alle erforderlichen Eigenschaften und verfügte über zwei Drittel der Stimmen, aber aus nicht ersichtlichen Gründen verhinderte eine Partei seine Annahme.

Thomas Putnam war der älteste Sohn des reichsten Mannes am Ort. Er hatte bei Narragansett gegen die Indianer gekämpft und befaßte sich eifrig mit Gemeinde-Angelegenheiten. Ohne Zweifel empfand er es als schlechten Lohn, daß man seinen Kandidaten für eines der wichtigsten Ämter der Stadt so offen mißachtete, zumal er sich einem Großteil seiner Mitmenschen geistig überlegen dünkte.

Seine rachsüchtige Natur erwies sich lange vor Beginn der Hexengeschichte. Ein anderer ehemaliger Pastor von Salem, George Burroughs, hatte für die Beerdigung seiner Frau Geld borgen müssen, und da die Gemeinde mit seinem Gehalt im Rückstand war, bald Bankrott gemacht. Thomas und sein Bruder John ließen Burroughs wegen unverschuldeter Schulden einsperren. Dieser Vorfall ist nur insofern von Bedeutung, als Burroughs die Pastorstelle erlangte, während Bayley, Thomas Putnams Schwager, abgelehnt wurde; hier ist das Motiv des Grolles klar. Thomas Putnam empfand seinen eigenen Namen und die Ehre seiner Familie von der Stadt verunglimpft und gedachte, wo er nur konnte, die Dinge zu berichtigen.

Für die Vermutung, daß er ein äußerst erbitterter Mensch war, spricht weiterhin sein Versuch, das Testament seines Vaters anzufechten, das einem Stiefbruder einen unverhältnismäßig hohen Anteil zusprach. Es mißlang, wie in jedem anderen öffentlichen Rechtshandel, in dem er mit Gewalt seinen Willen durchzusetzen suchte.

Mithin ist es nicht verwunderlich, daß so viele Anschul-

digungen Thomas Putnams Handschrift aufweisen, oder daß sein Name so häufig als Zeuge für die Erhärtung des übernatürlichen Zeugnisses genannt ist; noch daß seine Tochter an den gelegensten Stellen der Gerichtsverhandlung das Ausschreien anführte, insbesondere wenn ... Doch davon wollen wir sprechen, wenn es soweit ist.

Putnam *im Augenblick darauf bedacht, Parris, für den er nur Verachtung hat, dem Abgrund zuzutreiben* Herr Parris, ich hab in jedem Streit hier Eure Partei ergriffen und tät es weiterhin; doch ich kann's nicht, wenn Ihr jetzt hintanhaltet. Es sind schädliche, rachsüchtige Geister, die diese Kinder angreifen.

Parris Aber Thomas. Ihr könnt nicht –

Putnam Ann! Sag Herrn Parris, was du tatst.

Frau Putnam Pastor Parris, ich legte sieben Kinderchen ungetauft in die Erde. Glaubt mir, Herr, nie saht Ihr gesünder geborene Kinderchen. Und doch verging noch in der Nacht seiner Geburt ein jedes in meinen Armen. Ich sagte nichts, doch mein Herz erhob laute Anklage. Und jetzt, dies Jahr, meine Ruth, meine einzige – ich sah sie sonderbar werden. Sie ward ein stilles Kind dies Jahr und verfällt, als zehrte ein saugender Mund an ihrem Leben. Und so dacht ich sie zu Tituba zu schicken –

Parris Tituba! Was kann Tituba –?

Frau Putnam Tituba weiß mit den Toten zu sprechen, Herr Parris.

Parris Gevatterin Ann, die Toten zu beschwören ist eine furchtbare Sünde!

Frau Putnam Ich nehm's auf meine Seel, doch wer sonst kann mir sagen, wer meine Kinderchen mordete?

Parris *entsetzt* Frau!

Frau Putnam Sie wurden gemordet, Herr Parris! Und merkt auf diesen Beweis! Merkt darauf! Vergangene Nacht war meine Ruth ihren Geisterchen so nah; ich weiß es, Herr. Warum sonst ist sie jetzt mit Stummheit geschlagen, wenn nicht eine Macht der Dunkelheit ihr den Mund verschließt? Es ist ein wundersam Zeichen, Herr Parris!

Putnam Seht Ihr's nicht, Herr? Eine mörderische Hexe ist unter uns, gehalten, im Dunkel zu bleiben. *Parris wendet sich von wildem Schrecken ergriffen zu Betty.* Mögen Eure Feinde daraus machen, was sie wollen, Ihr könnt Euch nicht länger davor verschließen.

Parris *zu Abigail* So beschwort ihr doch Geister vergangene Nacht?

Abigail *hauchend* Ich nicht, Herr – Tituba und Ruth.

Parris *wendet sich mit erneuter Angst zu Betty, geht hin und blickt auf sie nieder; dann, aufschauend* O Abigail, welch schicklicher Lohn für meine Wohltat! Das ist mein Ende!

Putnam Nicht Euer Ende! Haltet stand. Wartet nicht, bis Euch einer beschuldigt – erklärt es selber. Ihr habt Hexerei aufgedeckt –

Parris In meinem Haus? Thomas, in meinem Haus? Damit werden sie mich stürzen! Daraus werden sie –

Mercy Lewis, die Magd von Putnams, kommt herein; sie ist achtzehn Jahre, dick, verschlagen und gefühllos.

Mercy Ich bitt um Verzeihung. Ich wollt bloß nach Betty sehn.

Putnam Warum bist du nicht zu Haus? Wer ist bei Ruth?

Mercy Ihre Großmama kam. Es geht ihr ein wenig besser, glaub ich – sie hat grad eben gewaltig geniest.

Frau Putnam Oh, das ist ein Lebenszeichen!

Mercy Ich tät mich nicht mehr ängstigen, Gevatterin Putnam. Es war'n gehöriger Nieser; noch so einer, und ich bin sicher, er schüttelt ihr den Verstand wieder zusammen. *Sie geht neugierig zum Bett.*

Parris Wollt Ihr mich jetzt verlassen, Thomas? Ich möchte allein eine Weile beten.

Abigail Ihr habt seit Mitternacht gebetet, Oheim. Warum geht Ihr nicht hinunter und –

Parris Nein – nein. *Zu Putnam.* Ich habe keine Antwort für diese Leute. Ich will warten, bis Pastor Hale kommt. *Um Frau Putnam zum Gehen zu bringen.* Wenn Ihr so gut wärt, Gevatterin, Ann –

Putnam Jetzt hört, Herr. Schlagt aus wider den Teufel, und die Stadt wird Euch dafür segnen! Kommt herunter, sprecht zu ihnen – betet mit ihnen. Sie dürsten nach Eurem Wort, Mann! Mit ihnen beten werdet Ihr doch.

Parris *gedrängt* Ich werde sie in einen Psalm leiten, doch sagt Ihr noch nichts von Hexerei. Ich will keine Erörterung darüber. Die Ursache ist noch unbekannt. Ich hatte Streit genug, seit ich herkam. Ich will keinen mehr.

Frau Putnam Mercy, du gehst nach Haus zu Ruth, hörst du?

Mercy Ja, Frau. *Frau Putnam geht.*

Parris *zu Abigail* Wenn sie aufs Fenster zu will, rufst du mich sogleich.

Abigail Gut, Oheim.

Parris *zu Putnam* Sie hat heute schreckliche Kraft in den Armen. *Er geht mit Putnam.*

Abigail *mit unterdrückter Erregung* Was ist mit Ruth?

Mercy Sie ist wunderlich, ich weiß nicht – als ging sie seit heut nacht wie eine Tote rum.

Abigail *dreht sich plötzlich um und tritt zu Betty – angstvoll* Betty? *Betty rührt sich nicht. Sie schüttelt sie.* Nun laß das! Betty! Nun setz dich auf! *Betty regt sich nicht. Mercy kommt herüber.*

Mercy Hast du's schon mit Schlagen versucht? Ich gab's Ruth gehörig, und es weckte sie für eine Minute. Komm, laß mich machen.

Abigail *hält Mercy zurück* Nein, er wird heraufkommen. Hör zu jetzt; wenn sie uns fragen, sag, daß wir tanzten – so viel hab ich ihm schon gesagt.

Mercy Ja. Und was noch?

Abigail Er weiß, daß Tituba Ruths Schwestern aus dem Grab beschwor.

Mercy Und was noch?

Abigail Er sah dich nackt.

Mercy *schlägt mit erschrockenem Lachen die Hände zusammen* O Jesus!

Atemlos kommt Mary Warren herein. Sie ist siebzehn; ein unterwürfiges, naives und einsames Mädchen.

Mary Was tun wir? Die Stadt ist auf den Beinen! Ich komm grad vom Hof; alles redet von Hexerei! Man wird uns als Hexen verschrein, Abby!

Mercy *sieht Mary an und weist nach ihr* Sie will's sagen, ich weiß es.

Mary Abby, wir müssen's sagen. Auf Hexerei steht Henken, Henken, wie's vor zwei Jahren in Boston war! Wir müssen die Wahrheit sagen, Abby! Du wirst nur gepeitscht wegen Tanzen und dem andern!

Abigail Oh, *wir* werden gepeitscht!

Mary Ich hab nichts getan, Abby. Ich sah bloß zu!

Mercy *geht drohend auf Mary zu* Oh, du verstehst dich aufs Zusehn, wie, Mary Warren? Was für mutige Augen hast du! *Auf dem Bett wimmert Betty. Abigail dreht sich sofort nach ihr um.*

Abigail Betty? *Sie tritt zum Bett.* Betty, Liebe, nun wach auf. Hier ist Abigail. *Sie richtet Betty auf und schüttelt sie wütend.* Ich schlag dich, Betty! *Betty wimmert.* Je, es geht dir besser, scheint's. Ich hab mit deinem Papa geredet und ihm alles gesagt. So ist nichts zu –

Betty *springt aus Angst vor Abigail aus dem Bett und drückt sich an die Wand* Ich will meine Mama!

Abigail *erschrocken, während sie sich Betty vorsichtig nähert* Was ist dir, Betty? Deine Mama ist tot und begraben.

Betty Ich will zu Mama fliegen. Laß mich fliegen! *Sie hebt die*

Arme wie zum Fliegen und entwischt zum Fenster und ist mit einem Bein draußen.

Abigail *zerrt sie vom Fenster weg* Ich hab ihm alles gesagt; er weiß es nun, alles, was wir –

Betty Du trankst Blut, Abby! Das hast du ihm nicht gesagt!

Abigail Betty, das hör ich nicht noch einmal! Nicht noch einmal –

Betty Es ist so, es ist so! Einen Zaubertrank, John Proctors Weib zu töten! Du trankst Blut, um Gevatterin Proctor zu töten!

Abigail *schlägt sie ins Gesicht* Sei still! Jetzt sei still!

Betty *bricht auf dem Bett zusammen* Mama, Mama! *Sie schluchzt hilflos.*

Abigail Jetzt hört. Ihr alle. Wir tanzten. Und Tituba beschwor Ruth Putnams tote Schwestern. Und sonst war nichts. Und merkt euch dies. Wenn eine von euch ein Wort oder den Hauch von einem Wort über das andre sagt, komm ich mitten in einer schaurigen Nacht und bring euch eine pünktliche Rechnung, daß euch grausen soll. Und ihr wißt, ich kann das. Ich sah die Indianer die Köpfe meiner lieben Eltern auf dem Kissen neben meinem zerschmettern, und ich sah manches Treiben der Rothäute bei Nacht; ich kann machen, daß ihr wünscht, ihr hättet die Sonne nie untergehn sehn! *Sie tritt zu Betty und zerrt sie roh hoch.* Jetzt hör, du – setz dich auf und laß das! *Doch Betty bricht in ihren Händen zusammen und liegt bewegungslos auf dem Bett.*

Mary *mit hysterischer Angst* Was hat sie? *Abigail starrt Betty angstvoll an.* Abby, sie stirbt! Beschwören ist Sünde, und wir –

Abigail *geht auf Mary los* Ich sag dir, sei still! Mary Warren! *John Proctor kommt herein. Bei seinem Anblick fährt Mary erschrocken zusammen.*

John Proctor war ein Bauer in der Mitte der Dreißiger. Er braucht nicht Parteigänger irgendeiner Gruppe in der Stadt gewesen zu sein, aber vieles läßt darauf schließen, daß er kein Federlesens mit Heuchlern machte. Er gehörte – von kräftigem Körper, gelassenem Wesen und nicht leicht zu gängeln – zu jener Art Menschen, die Parteigängern ihren Beistand nicht versagen können, ohne sich deren tiefsten Groll zuzuziehen. In Proctors Gegenwart empfand ein Dummkopf sogleich seine Dummheit – weswegen ein Proctor stets ein gegebenes Objekt der Verleumdung ist.

Doch wie sich zeigen wird, entspringt sein zur Schau getragener Gleichmut keiner ungetrübten Seele. Er ist ein Sünder nicht nur wider den Moralbegriff seiner Zeit, sondern auch wider seine eigene Vorstellung von Anstand. In der Religion dieser Menschen gab es keine Sündenreinigung. Dies ist ein weiterer Zug, den sie uns vererbt haben, und er hat sowohl zu unserer Erziehung wie zur Züchtung von Heuchelei unter uns beigetragen. Proctor, in Salem geachtet, ja gefürchtet, betrachtete sich nachgerade als eine Art Betrüger. Aber einstweilen ist ihm äußerlich nichts davon anzumerken, und als er von unten aus dem überfüllten Empfangszimmer heraufkommt, erscheint er als ein Mann in der Blüte der Jahre mit einem ruhigen Selbstvertrauen und einer unausgesprochenen, geheimen Kraft. Mary Warren, seine Dienstmagd, kann vor Verwirrung und Angst kaum sprechen.

Mary Oh, Herr Proctor, ich wollte grade heimgehen.

Proctor Bist du blöde, Mary Warren? Bist du taub? Ich verbot dir, das Haus zu verlassen, nicht wahr? Zu was bezahl ich dich? Ich such dich öfter als meine Kühe!

Mary Ich kam bloß sehn, was sich Großes in der Welt tut.

Proctor Ich geb dir nächster Tage was Großes auf deinen Arsch. Jetzt mach dich nach Haus; die Frau wartet mit der Arbeit auf dich!

Sie geht, um einen Rest von Würde bemüht, langsam hinaus.

Mercy *halb ängstlich, halb sonderbar gekitzelt* Ich geh besser auch. Ich hab meine Ruth zu hüten. Guten Morgen, Herr Proctor. *Mercy schlängelt sich seitlich hinaus.*

Seit Proctors Eintritt steht Abigail wie auf Zehenspitzen da, mit großen Augen seine Gegenwart in sich aufnehmend. Er wirft ihr einen Blick zu und tritt dann zu Betty ans Bett.

Abigail Je! Ich hatte beinah vergessen, wie stark Ihr seid, John Proctor!

Proctor *sieht Abigail jetzt mit dem Schatten eines verstehenden Lächelns an* Was für Unheil ist das hier?

Abigail *mit einem nervösen Lachen* Ach, sie ward bloß irgendwie dumm.

Proctor Den ganzen Morgen ist der Weg längs meinem Haus eine Pilgerfahrt nach Salem. Die Stadt munkelt von Hexerei.

Abigail Ach Unsinn! *Sie kommt mit frech-vertraulicher Miene schmeichelnd etwas näher.* Wir tanzten gestern abend im

Wald, und mein Oheim überraschte uns. Sie erschrak, sonst nichts.

Proctor – *sein Lächeln wird breiter* Aha, du bist immer noch schlimm, wie! *Ein erwartungsvolles trillendes Lachen entfährt ihr; sie traut sich näher heran und blickt ihm heiß in die Augen.* Du kommst in den Block, eh du zwanzig bist. *Er wendet sich zum Gehen; sie springt ihm in den Weg.*

Abigail Sag mir ein Wort. John – ein liebes Wort. *Ihre Leidenschaft vertreibt sein Lächeln.*

Proctor Nein, nein, Abby. Damit ist's aus.

Abigail *spöttisch* Du kommst fünf Meilen weit her, um ein töricht Ding fliegen zu sehn? Ich kenn dich besser.

Proctor *schiebt sie energisch beiseite* Ich kam zu sehn, was für Unheil dein Oheim jetzt wieder braut. *Mit abschließendem Nachdruck.* Schlag's dir aus dem Sinn, Abby.

Abigail *ergreift seine Hand, bevor er es verhindern kann* John – ich wart jede Nacht auf dich.

Proctor Abby, ich gab dir nie Hoffnung, auf mich zu warten.

Abigail *mit aufsteigendem Unwillen – sie kann es nicht glauben* Ich hab Beßres als Hoffnung, glaub ich!

Proctor Du wirst dir's aus dem Sinn schlagen, Abby. Ich werd nicht mehr zu dir kommen.

Abigail Du treibst sicherlich Scherz mit mir.

Proctor Das weißt du besser.

Abigail Ich weiß, wie du mich hinterm Haus packtest und wie ein Hengst schwitztest, wenn ich nur nah kam! Oder hab ich das geträumt? *Sie* schickte mich weg, du kannst nicht vorgeben, daß du's warst. Ich sah dein Gesicht, als sie mich wegschickte, und da liebtest du mich und ebenso jetzt!

Proctor Abby, es ist ein wild Ding, zu sagen –

Abigail Ein wild Ding mag wilde Dinge sagen. Aber so wild nicht, glaub ich. Ich sah dich, seit sie mich wegschickte; ich sah dich nachts.

Proctor Ich tat kaum einen Schritt vom Hof diese sieben Monde.

Abigail Ich spür Hitze, John, und deine zog mich an mein Fenster, und ich sah dich, in deiner Einsamkeit brennend, hinaufschauen. Sagst du mir, du hättest nie zu meinem Fenster aufgeschaut?

Proctor Ich mag hinaufgeschaut haben.

Abigail *jetzt weicher* Und du mußtest. Du bist kein kalter Mann. Ich kenn dich, John. Ich *kenn* dich. *Sie weint.* Ich kann vor Träumen nicht schlafen; ich kann nicht träumen, sondern wach auf und geh im Haus umher, als fänd ich dich zu irgendeiner Tür hereinkommen. *Sie umschlingt ihn verzweifelt.*

Proctor *schiebt sie sanft von sich, mit großer Teilnahme, aber fest* Kind –

Abigail *heftig* Wie kannst du mich Kind heißen!

Proctor Abby, ich mag hin und wieder zärtlich deiner denken. Aber eher will ich mir die Hand abhacken, als daß ich je wieder nach dir greif. Vergiß es. Wir haben uns nie berührt, Abby.

Abigail Doch haben wir's.

Proctor Nein, Abby.

Abigail *mit bitterem Unwillen* Oh, mich wundert, wie so ein starker Mann sich von so einem kränklichen Weib –

Proctor *erzürnt – auch auf sich selbst* Du sprichst nicht von Elizabeth!

Abigail Sie schwärzt mich in der Stadt an! Sie verbreitet Lügen über mich! Sie ist eine kalte, greinende Frau, und du beugst dich ihr! Läßt dich von ihr gängeln wie ein –

Proctor *schüttelt sie* Willst du die Peitsche?

Der Gesang eines Psalms klingt von unten herauf.

Abigail *unter Tränen* Ich will John Proctor, der mich aus dem Schlaf nahm und mein Herz wissend machte! Ich wußte nicht, was für Falschheit Salem war; ich wußte nicht, was für Lügenlektionen diese Christenfrauen und ihre angelobten Männer mich lehrten! Und jetzt heißt du mich das Licht aus meinen Augen reißen? Ich will nicht, ich kann nicht! Du liebtest mich, John Proctor, und wie sündig es auch ist, du liebst mich noch! *Er wendet sich mit einem Ruck zum Gehen. Sie stürzt ihm nach.* John, hab Erbarmen mit mir!

Die Psalmworte »Auf zu Jesus« klingen herauf, und plötzlich hält Betty sich laut aufweinend die Ohren zu.

Abigail Betty? *Sie eilt zu Betty, die sich jetzt aufrichtet und zu schreien anhebt. Proctor kommt gleichfalls heran, während Abigail mit dem Ruf »Betty!« versucht, ihre Hände herunterzuziehen.*

Proctor *verliert die Nerven* Was treibt sie? Mädchen, was fehlt dir? Hör auf mit diesem Gejammer!

Unterdessen ist der Gesang verstummt, und jetzt stürzt Parris herein.

Parris Was ist geschehen? Was tut ihr mit ihr? Betty!

Er stürzt mit dem Ruf »Betty, Betty!« zum Bett. Mit fieberhafter Neugier kommt Frau Putnam herein, gefolgt von Thomas Putnam und Mercy Lewis. Parris fährt fort,

Betty leicht das Gesicht zu klopfen, während sie stöhnend aufzustehen versucht.

Abigail Sie hörte euch singen, und mit eins war sie hoch und schrie.

Frau Putnam Der Psalm! Der Psalm! Sie erträgt's nicht, den Namen des Herrn zu hören!

Parris Nein, das verhüte Gott. Mercy, lauf zum Doktor! Sag ihm, was hier vorfiel!

Mercy eilt hinaus.

Frau Putnam Merkt auf dies Zeichen, merkt darauf!

Rebecca Nurse kommt herein. Sie ist zweiundsiebzig, weißhaarig, auf einen Stock gestützt.

Putnam *auf die wimmernde Betty weisend* Ein offenkundig Zeichen, daß Hexerei im Gange ist, Gevatterin Nurse, ein ungeheuer Zeichen!

Frau Putnam So sagte meine Mutter! Wenn einer nicht erträgt den Namen des –

Parris *bebend* Rebecca, Rebecca, geht her zu ihr, wir sind verloren. Mit eins erträgt sie nicht, den Namen des Herrn –

Giles Corey kommt herein. Er ist dreiundachtzig, voller Gichtknoten, schlau, neugierig und immer noch kräftig.

Rebecca Hier ist schwere Krankheit, Giles Corey, so bitte haltet Euch still.

Giles Ich hab kein Wort gesagt. Hier kann keiner behaupten, ich hätt ein Wort gesagt. Wird sie wieder fliegen? Ich hör, sie fliegt.

Putnam Still jetzt, Mann!

Alles schweigt. Rebecca geht durchs Zimmer zum Bett. Sanftmut strahlt von ihr aus. Betty wimmert leise mit geschlossenen Augen. Rebecca steht nun über das Kind gebeugt, das nach und nach ruhig wird.

Und während sie so in Anspruch genommen sind, können wir ein Wort über Rebecca einfügen. Sie war die Frau von Francis Nurse, der allen Berichten zufolge zu jenen Männern gehörte, die beide Parteien der Auseinandersetzung achten mußten. Man zog ihn zur Schlichtung von Streitigkeiten heran, als wäre er ein nichtamtlicher Richter, und Rebecca hatte teil an der hohen Meinung, die man allgemein von ihm hegte. Zur Zeit des Wahns besaßen sie dreihundert Morgen Land, wo in eigenen Hausständen auch ihre Kinder angesiedelt waren. Jedoch hatte Francis ursprünglich das Land gepachtet, und eine Theorie besagt, daß, als er es nach und nach abzahlte und seine wirtschaftliche Lage verbesserte, gewisse Leute ihm seinen Aufstieg neideten.

Eine weitere Erklärung für den planmäßigen Feldzug

gegen Rebecca, und somit gegen Francis, läßt sich in dem Landkrieg finden, den er mit seinen Nachbarn führte, von denen einer ein Putnam war. Dieser Hader ging so weit, daß es zwischen Parteigängern beider Seiten zu einer Waldschlacht kam, die zwei Tage gedauert haben soll. Rebecca selbst stand in so hohem allgemeinen Ansehen, daß man die damaligen Besitz- und Grenzverhältnisse betrachten muß, um zu begreifen, wie einer es wagen konnte, sie als Hexe auszuschreien – und mehr noch, wie Erwachsene sich dazu hergeben konnten, Hand an sie zu legen.

Wie wir sahen, war Bayley Putnams Kandidat für die Pastorstelle in Salem. Die Nurse-Sippe hatte zu der Gruppe gehört, die Bayleys Anstellung verhinderte. Hinzu kam, daß einige den Nurses durch Blut oder Freundschaft verbundene Familien, deren Höfe dem ihren benachbart oder nahebei waren, sich zusammentaten, um sich aus der Stadt-Oberhoheit Salems zu lösen und Topsfield zu gründen, eine neue und unabhängige Gemeinde, deren Existenz die alten Salemer übelnahmen. Daß Putnam hinter dem Ausschreien stand, geht aus der Tatsache hervor, daß gleich, als es begann, die Topsfield-Nurse-Gruppe in Protest und Unglauben der Kirche fernblieb. Edward und Thomas Putnam unterzeichneten die erste Anklage gegen Rebecca, und Thomas Putnams junge Tochter verfiel beim Verhör in Krämpfe und wies auf Rebecca als die Urheberin. Um das Maß vollzumachen, erhob bald Frau Putnam – die jetzt auf das verhexte Kind im Bett starrt – die Klage, daß Rebeccas Geist sie »zu Missetat verführe«, eine Beschuldigung, die mehr Wahrheit enthielt, als Frau Putnam begreifen konnte.

Frau Putnam *staunend* Was tatet Ihr?

Rebecca entfernt sich jetzt nachdenklich vom Bett und setzt sich.

Parris *verwundert und erleichtert* Was haltet Ihr davon, Rebecca?

Putnam *eifrig* Gevatterin Nurse, wollt Ihr zu meiner Ruth kommen und sehn, ob Ihr sie aufwecken könnt?

Rebecca *sitzt* Sie wird schon zur rechten Zeit aufwachen. Bitte, beruhigt Euch. Ich hab elf Kinder und bin sechsundzwanzigfach Großmutter, und allesamt hab ich ihre törichten Zeiten durchmachen sehn, und wenn's über sie kommt, laufen sie den Teufel lahm und halten an ihrer Torheit fest. Sie wacht schon auf, wenn sie's erst müd ist. Eines Kindes Geist ist wie ein Kind, ihr faßt ihn nicht, indem ihr hinterdrein lauft; ihr müßt stillstehn, und aus Liebe wird es bald von selber zurückkommen.

Proctor Ja, das ist die Wahrheit, Rebecca.

Frau Putnam Dies ist keine törichte Zeit, Rebecca. Meine Ruth ist wirr, Rebecca; sie kann nicht essen.

Rebecca Vielleicht ist sie noch nicht hungrig. *Zu Parris.* Ich hoff, Herr Parris, Ihr habt nicht im Sinn, auf die Suche nach bösen Geistern zu gehn. Ich hörte draußen davon reden.

Parris In der Gemeinde greift die Meinung um sich, der Teufel könnte unter uns sein, und ich möchte sie überzeugen, daß sie sich irren.

Proctor Dann tretet auf und sagt es ihnen. Habt Ihr die Vorsteher befragt, eh Ihr diesen Pastor rieft, nach Teufeln auszublicken?

Parris Er kommt nicht, nach Teufeln auszublicken!

Proctor Wozu also kommt er?

Putnam Kinder sterben in der Stadt, Mann!

Proctor Ich sah keins sterben. Diese Gemeinde ist nicht da, daß Ihr nach Belieben mit ihr umspringt, Herr Putnam. *Zu Parris.* Berieft Ihr die Versammlung ein, eh Ihr –?

Putnam Ich bin der Versammlungen müde; kann der Mensch nicht den Kopf umdrehen, ohne eine Versammlung abzuhalten?

Proctor Er kann den Kopf umdrehen, doch nicht zur Hölle!

Rebecca Bitte, John, ruhig. *Pause. Er fügt sich ihr.* Herr Parris, ich mein, Ihr schickt diesen Pastor Hale am besten zurück, sowie er kommt. Es wird in der Gemeinde nur neuen Streit geben, und wir hofften, dies Jahr Frieden zu haben. Ich mein, wir vertrauen jetzt auf den Doktor und gutes Gebet.

Frau Putnam Rebecca, der Doktor weiß sich keinen Rat!

Rebecca Ist dem so, wenden wir uns um die Ursach an Gott. Es ist ungeheure Gefahr, nach bösen Geistern zu blicken. Ich fürcht es, fürcht es. Suchen wir lieber die Schuld bei uns selber und –

Putnam Wie können wir die Schuld bei uns selber suchen? Ich bin einer von neun Söhnen; der Putnams Samen hat die Provinz bevölkert. Und doch blieb mir von acht Kindern nur ein einziges – und jetzt siecht es dahin!

Rebecca Das kann ich nicht begreifen.

Frau Putnam *mit zunehmender Bitterkeit* Aber ich muß es! Ihr seht's als Gottes Werk an, daß Ihr nie ein Kind, noch ein Enkelkind verlort, während ich alle bis auf eins begrub? Hier in der Stadt treibt's um, und es brennt!

Putnam *zu Parris* Sowie Hale kommt, geht Ihr daran, Euch nach Anzeichen von Hexerei umzutun.

Proctor *zu Putnam* Ihr könnt Herrn Parris nicht gebieten. In dieser Gemeinde wird nach Namen abgestimmt und nicht nach Äckern.

Putnam Eure Besorgnis um diese Gemeinde ist mir neu, Herr Proctor. Seit dem letzten Schnee, glaub ich, sah ich Euch nicht beim Sabbat-Gottesdienst.

Proctor Ich hab Müh genug, ohne daß ich fünf Meilen weit herkomm, um ihn von nichts als Höllenfeuer und Verdammnis predigen zu hören. Nehmt's Euch zu Herzen, Herr Parris. Noch viele andre bleiben derzeit der Kirche fern, weil Ihr kaum je mehr von Gott sprecht.

Parris *jetzt aufgebracht* Nun, das ist eine starke Beschuldigung!

Rebecca Es ist Wahres daran; viele zögern, ihre Kinder mitzubringen –

Parris Ich predige nicht für Kinder, Rebecca. Nicht die Kinder sind's, die ihre Pflicht gegen dies Pastoramt vergessen.

Rebecca Gibt's das wirklich, solche Pflichtvergessene?

Parris Ich möchte sagen, die größere Hälfte von Salem –

Putnam Und mehr!

Parris Wo ist mein Holz? Mein Vertrag sieht vor, daß ich mein gesamtes Brennholz erhalte. Seit November warte ich auf nur einen Scheit, und schon im November mußte ich meine erfrorenen Hände herzeigen, wie ein Londoner Bettler!

Giles Ihr bekommt sechs Pfund im Jahr für Holz, Herr Parris.

Parris Diese sechs Pfund erachte ich als Teil meines Gehalts. Ich werde gering genug bezahlt, ohne sechs Pfund für Brennholz auszugeben.

Proctor Sechzig und sechs dazu für Brennholz –

Parris Das Gehalt ist sechsundsechzig Pfund, Herr Proctor! Ich bin nicht irgendein predigender Bauer mit einem Buch unterm Arm; ich habe in Havard promoviert.

Giles Ja, und seid sehr in der Rechenkunst bewandert!

Parris Herr Corey, Ihr könnt lange suchen, eh Ihr jemand meiner Art für sechzig Pfund im Jahr findet! Ich bin diese Armut nicht gewohnt; ich gab, um dem Herrn zu dienen, ein gedeihlich Geschäft in Barbados auf! Ich fasse es nicht, wieso verfolgt man mich hier? Ich kann nicht einen Antrag einbringen, gleich bricht ein zeternder Streit los. Ich habe mich oft gefragt, ob da nicht irgendwo der Teufel dahintersteckt; andernfalls kann ich Euch nicht verstehen.

Proctor Herr Parris, Ihr seid der erste Pastor, der die Urkund für dies Haus einforderte –

Parris Mann! Hat ein Pastor nicht das Recht auf ein Haus zum Wohnen?

Proctor Zum Wohnen, ja. Doch es als Eigentum fordern ist als solltet Ihr das Gotteshaus selber zu eigen haben; als ich das letztemal im Gottesdienst war, spracht Ihr so lang von Urkunden und Pfandbriefen, daß mir deuchte, ich war bei einer Versteigerung.

Parris Ich wünsche ein Zeichen des Vertrauens, sonst nichts! Ich bin in sieben Jahren euer dritter Pastor. Ich will nicht wie eine Katze hinausgesetzt werden, wenn irgendeine Mehrheit die Laune ankommt. Ihr scheint nicht zu begreifen, daß ein Pastor der Vertreter Gottes in der Gemeinde ist; einen Pastor darf man nicht so einfach übergehen oder ihm widersprechen –

Putnam Jawohl!

Parris Entweder herrscht Gehorsam, oder die Kirche wird brennen wie die Hölle!

Proctor Könnt Ihr nicht eine Minute reden, ohne daß wir wieder in der Hölle landen? Ich bin der Hölle müde!

Parris Es ist nicht an Euch, zu entscheiden, was zu hören Euch frommt!

Proctor Ich darf meine Meinung sagen, denk ich!

Parris *wütend* Was, sind wir Quäker? Noch sind wir hier keine Quäker, Herr Proctor! Und das mögt Ihr Eurem Anhang sagen!

Proctor Meinem Anhang?

Parris *– jetzt ist er damit heraus* In dieser Gemeinde gibt's eine Partei. Ich bin nicht blind; es gibt eine Spaltung und eine Partei.

Proctor Wider Euch?

Putnam Wider ihn und jede Obrigkeit!

Proctor Ho, so muß ich sie suchen und mich ihr anschließen.
Die anderen äußern Empörung.

Rebecca Das ist ihm nicht ernst.

Putnam Jetzt hat er's gestanden!

Proctor Es ist mir tief ernst, Rebecca; ich schätz den Geruch dieser »Obrigkeit« nicht.

Rebecca Nein, du kannst deinem Pastor nicht die Liebe aufkündigen. Das ist nicht deine Art, John. Reich ihm die Hand, mach Frieden.

Proctor Ich hab einen Acker zu säen und Holz heimzuschaffen. *Er geht aufgebracht zur Tür und wendet sich mit einem Lächeln zu Corey.* Was meinst du, Giles, suchen wir die Partei. Es gibt eine Partei, sagt er.

Giles Ich hab meine Meinung über ihn geändert, John. Herr

Parris, vergebt mir. So viel Festigkeit hätt ich Euch nie zugetraut.

Parris *überrascht* Oh, ich danke Euch, Giles.

Giles Es bringt einen drauf, wo's all diese Jahre bei uns hapern mag. *Zu allen.* Denkt drüber nach. Weswegen klagt jeder gegen jeden? Denkt mal drüber nach, es ist ein tief Ding und dunkel wie eine Grube. Ich war sechsmal in diesem Jahr vor Gericht –

Proctor *vertraulich, mit Wärme, obwohl er weiß, daß er hiermit bis zur Grenze von Giles' Duldsamkeit geht* Ist der Teufel schuld, wenn dir einer nicht Guten Morgen sagen kann, ohne daß du ihn wegen Verleumdung belangst? Du bist alt, Giles, und hörst nicht mehr so gut wie ehedem.

Giles – *er verträgt keinen Widerspruch* John Proctor, erst im vergangenen Mond hab ich vier Pfund Schadensgeld eingesäckelt, weil du öffentlich gesagt hast, ich hätt das Dach deines Hauses angezündet, und ich –

Proctor *lachend* Ich hab nie dergleichen gesagt, doch ich hab's bezahlt, so hoff ich, kann ich dich ohne Belangung taub nennen. Jetzt komm mit, Giles, und hilf mir mein Holz heimschaffen.

Putnam Einen Augenblick, Herr Proctor. Was für Holz schafft Ihr heim, wenn ich fragen darf?

Proctor Mein Holz. Aus meinem Wald am Flußufer.

Putnam Ho, wir sind wahrhaftig heuer ins Kraut geschossen. Was für Anarchie ist dies? Jenes Stück gehört in mein Gebiet, es gehört in mein Gebiet, Herr Proctor.

Proctor In Euer Gebiet! *Er weist auf Rebecca.* Dies Stück hab ich vor fünf Monden von Gevatterin Nurses Mann gekauft.

Putnam Er hatte kein Recht, es zu verkaufen. Es steht klar in meines Großvaters Testament, daß alles Land zwischen dem Fluß und –

Proctor Euer Großvater hatte die Angewohnheit, Land zu vermachen, das ihm nicht gehörte, wenn ich's grad heraus sagen darf.

Giles Das weiß Gott; er testierte beinah meine Nordweide weg, bloß wußte er, daß ich ihm die Finger zerbräche, eh er seinen Namen druntersetzte. Gehn wir dein Holz heimschaffen, John. Mich kommt jählings die Lust zu arbeiten an.

Putnam Ihr ladet eine von meinen Eichen auf, und Ihr werdet kämpfen, sie heimzuschaffen!

Giles Jawohl, und wir werden sogar siegen, Putnam – der Narr da und ich. Komm! *Er wendet sich zum Proctor und geht der Türe zu.*

Putnam Ich schick Euch meine Leute auf den Hals, Corey! Ich erwirk einen Gerichtsbefehl gegen Euch!

Pastor John Hale von Beverly kommt herein.

Herr Hale ist nahe Vierzig, ein hagerer, lebhaft blickender Intellektueller. Dieser Auftrag erfreut ihn; daß man ihn herholte, um Hexerei festzustellen, erfüllt ihn mit dem Stolz des Spezialisten, dessen einzigartige Kenntnis endlich öffentlich herangezogen wird. Gleich fast allen Gelehrten verbrachte er einen großen Teil seiner Zeit mit der Erforschung der unsichtbaren Welt, insbesondere seit er es kürzlich in seiner eigenen Gemeinde mit einer Hexe zu tun gehabt hatte. Allerdings erwies sich diese Frau bei seiner eingehenden Untersuchung als bloße schlechte Person, und das angeblich von ihr verhexte Kind erlangte nach Hales freundlicher Behandlung und einigen Ruhetagen in seinem Hause sein normales Verhalten wieder. Aber trotz dieser Erfahrung kam ihm nie der geringste Zweifel an der Wirklichkeit der Unterwelt oder der Existenz der vielgestaltigen Sendboten Luzifers. Und sein Glaube gereicht ihm nicht zur Schande. Größere Geister als er waren – und sind – überzeugt, daß es eine Geisterwelt jenseits unserer Sphäre gibt. Jedenfalls muß man feststellen, daß einer seiner Sätze noch bei keiner Vorstellung Lachen hervorrief, nämlich seine Versicherung: »Wir können uns hier nicht an Aberglauben halten. Der Teufel ist genau.« Offenbar sind wir selbst heute nicht ganz sicher, ob Teufelskult etwa heilig und seiner nicht zu spotten ist.

Gleich Pastor Hale und den anderen Personen dieses Stückes erachten wir den Teufel als notwendigen Bestandteil einer soliden Weltanschauung. Unser Reich ist geteilt; die einen Gedanken, Gefühle und Handlungen sind von Gott und die entgegengesetzten von Luzifer. Es ist den meisten Menschen ebenso unmöglich, sich eine Sittenlehre ohne Sünde wie eine Erde ohne »Himmel« zu denken. Seit 1692 hat ein großer, aber oberflächlicher Wandel den Bart des lieben Gottes und die Hörner des Teufels abgeschafft, die Welt jedoch ist nach wie vor zwischen zwei entgegengesetzten Absoluten festgehalten. Der Begriff der Einheit, worin positiv und negativ Attribute der gleichen Kraft sind, gut und böse relativ, ewig wechselnd und stets in der gleichen Erscheinungsform vereint sind – ein solcher Begriff ist immer noch den physikalischen Wissenschaften vorbehalten und jenen wenigen, die sich die Geistesgeschichte zu eigen gemacht haben. Wenn man daran erinnert, daß bis zum christlichen Zeitalter die Unterwelt niemals als feindlicher Bereich galt, daß alle Götter, bei gelegentlichen Versehen, dem Menschen nützlich und im Grunde freundlich waren; wenn man an die der Menschheit ständig und methodisch eingeschärfte Lehre vom Unwert des Menschen – bis zu seiner Erlösung – denkt, so mag die Notwendigkeit des Teufels sich als eine Waffe erweisen, eine Waffe, die dazu dient und in jedem Zeitalter wieder und wieder dazu benützt worden ist, die Menschen zur Auslieferung an eine Kirche oder einen Kirchenstaat zu treiben.

Die Schwierigkeit, an die – in Ermangelung eines besseren Wortes – politische Inspiration des Teufels zu glauben, beruht zu einem großen Teil auf der Tatsache, daß er nicht nur von unseren sozialen Gegnern aufgeboten und verdammt wird, sondern auch von unserer eigenen Seite, welche immer sie sein mag. Die katholische Kirche ist durch ihre Inquisition dafür bekannt, daß sie Luzifer als den Erzfeind pflegte; jedoch die Feinde der Kirche bauten nicht weniger auf Beelzebub, um den Menschengeist in Bann zu halten. Luther war selber des Bündnisses mit der Hölle beschuldigt und beschuldigte seinerseits seine Gegner. Um die Dinge noch mehr zu komplizieren, glaubte er Verbindung mit dem Teufel gehabt und mit ihm über Theologie diskutiert zu haben. Mich wundert das nicht, denn an meiner eigenen Universität pflegte ein Geschichtsprofessor – übrigens ein Lutheraner – seine fortgeschrittenen Studenten im Hörsaal zu versammeln und sich bei herabgelassenen Jalousien mit Erasmus zu unterhalten.

Amtlicherseits wurde er meines Wissens nie deswegen verspottet, weil eben die Universitätsbeamten, gleich den meisten von uns, Kinder einer Geschichte sind, die immer noch an den Brüsten des Teufels saugt. Zur Zeit dieser Niederschrift hat einzig England sich vor den Versuchungen eines zeitgenössischen Teufelskultes bewahrt. In den Ländern der kommunistischen Ideologie wird jeglicher Widerstand von Bedeutung dem durchaus bösen kapitalistischen Teufelsgeist zugeschrieben, und in Amerika ist jedermann, der nicht reaktionär denkt, der Anklage eines Bündnisses mit der Roten Hölle gewärtig. So erhält poli-

tische Opposition einen Anstrich des Unmenschlichen, was dann die Aufhebung aller normal üblichen Formen zivilisierten Verkehrs rechtfertigt. Eine politische Polizei wird mit moralischem Recht, und Widerstand gegen sie mit teuflischer Bosheit gleichgesetzt. Ist solch eine Gleichsetzung einmal verwirklicht, so wird die Gesellschaft zu einem Gemisch von Anschlägen und Gegenanschlägen, und die Hauptrolle der Regierung wandelt sich von der eines Schiedsrichters in die einer Gottesgeißel.

Die Ergebnisse dieses Vorgangs unterscheiden sich heute nicht von den damaligen, außer bisweilen im Grad der angewandten Grausamkeit, und nicht einmal immer darin. Normalerweise waren es einzig die Handlungen und das Tun eines Menschen, was zu richten die Gesellschaft sich für befugt hielt. Sich mit der geheimen Absicht einer Handlung zu befassen, blieb den Pastoren, Geistlichen und Rabbis überlassen. Wenn jedoch der Teufelskult grassiert, sind Handlungen die am wenigsten wichtigen Kundgebungen der wahren Natur eines Menschen. Der Teufel – sagt Pastor Hale – ist listenreich, und bis zu einer Stunde vor seinem Fall hielt Gott selbst ihn für eine Zier des Himmels.

Die Analogie jedoch scheint ins Stocken zu geraten, wenn man bedenkt, daß es damals keine Hexen gab, während es heute Kommunisten und Kapitalisten gibt, und in beiden Lagern Beweis dafür vorhanden ist, daß Spitzel beider Seiten am Werk sind, die andere zu unterwühlen. Aber das ist ein snobistischer Einwand und keineswegs durch Tatsachen verbürgt. Ich zweifle nicht daran, daß die Salemer tatsächlich mit dem Teufel umgingen, ja ihn verehrten, und daß man, wenn in diesem Falle, wie in anderen, die volle Wahrheit zu erkennen wäre, auf eine regelrechte und Brauch gewordene Versöhnung mit den dunklen Mächten treffen würde. Ein Beweis dafür ist die Beichte Titubas, der Sklavin des Pastors Parris, und ein weiterer das Verhalten der Mädchen, von denen bekannt ist, daß sie mit ihr Zauberei betrieben hatten.

Es gibt ähnliche Klatschgeschichten in Europa, wo die Stadtmädchen nachts zusammenkamen und sich mit Fetischen oder einem auserwählten jungen Mann der Liebe hingaben, was den einen oder anderen Bastard zur Folge hatte. Die Kirche, scharfäugig, wie sie sein muß, wenn langverblichene Götter wieder zum Leben erweckt werden, verdammte diese Orgien als Hexerei und erklärte sie, mit Recht, als eine Wiederauferstehung dionysischer

Mächte, die sie lange zuvor niedergeschlagen hatte. Geschlecht, Sünde und der Teufel waren früh verkoppelt und blieben es in Salem und sind es heute noch. Allen Berichten zufolge gibt es in der ganzen Welt keine puritanischeren Sitten als die von den Kommunisten in Rußland diktierten, wo zum Beispiel die Frauenmode so einfach und züchtig ist, wie es ein amerikanischer Baptist nur wünschen könnte. Die Scheidungsgesetze belasten den Vater mit einer ungeheueren Verantwortung für die Versorgung seiner Kinder. Die lockeren Scheidungsbestimmungen in den frühen Jahren der Revolution waren zweifellos nur ein Rückschlag auf die viktorianische Starre der Ehe des neunzehnten Jahrhunderts mit ihrer folgerichtig daraus entwickelten Heuchelei. Von anderen Gründen abgesehen, kann ein so mächtiger, so eifrig auf die Einförmigkeit seiner Untertanen bedachter Staat die Zerstörung der Familie nicht lange dulden. Und dennoch erhält sich, zumindest in Amerika, die Ansicht aufrecht, daß die russische Haltung der Frau gegenüber unzüchtig sei. Da wirkt wieder der Teufel, ebenso wie er in dem Slawen wirkt, den der bloße Gedanke entsetzt, daß eine Frau sich in einer Revue entkleidet. Unsere Gegner sind stets in geschlechtliche Sünde gehüllt, und aus dieser unbewußten Überzeugung bezieht der Dämonenglaube sowohl seine anreizende Sinnlichkeit als auch seine Fähigkeit, Wut und Schrecken zu erregen.

Pastor Hale fühlt sich, da er jetzt nach Salem kommt, ganz ähnlich wie ein junger Arzt bei seinem ersten Krankenbesuch. Sein mühsam erworbenes Rüstzeug von Symptomen, Formeln und diagnostischen Verfahren soll nun endlich Anwendung finden. Die Straße von Beverly ist an diesem Morgen ungewöhnlich belebt, und er hat hundert Gerüchte vernommen, die ihn die Unwissenheit der Landbevölkerung in dieser höchst exakten Wissenschaft belächeln lassen. Er fühlt sich eins mit den größten Geistern Europas – Königen, Philosophen, Wissenschaftlern und Kirchenmännern jeden Glaubens. Sein Ziel ist klar, Frömmigkeit und ihre Bewahrung, und er erfährt das Hochgefühl des Begnadeten, dessen durch genauestes Studium riesiger Abhandlungen geschärfter Verstand aufgerufen ist, sich zu stellen – und vielleicht gar einen furchtbaren Kampf mit dem Bösen Feinde selber.

Hale *kommt, gebeugt unter der Last von einem halben Dutzend schwerer Bücher* Bitte, nehme mir das einer ab.

Parris *beglückt* Herr Hale! Oh! Welche Freude, Euch wiederzusehen. *Er nimmt einige Bücher.* Je, sie sind schwer!

Hale *legt die übrigen Bücher hin* Das müssen sie sein; sie enthalten das Gewicht der Autorität.

Parris *ein wenig besorgt* Fürwahr, Ihr habt Euch vorbereitet!

Hale Wir werden hart zu forschen haben, wenn's dahin kommt, den Herrn der Finsternis zu stellen. *Er bemerkt Rebecca.* Ihr seid doch nicht Rebecca Nurse?

Rebecca Die bin ich, Herr. Ihr kennt mich?

Hale Es ist sonderbar, daß ich Euch erkannte, doch Ihr seht wohl aus, wie's solch eine gute Seele sollte. Wir alle in Beverly hörten von Eurer Mildtätigkeit.

Parris Kennt Ihr diesen Herrn? Herr Thomas Putnam. Und seine brave Frau, Ann.

Hale Putnam! So vorzügliche Gesellschaft hatte ich nicht erwartet, Herr.

Putnam *geschmeichelt* Heut scheint's uns nicht zu helfen, Herr Hale. Wir bauen auf Euch, daß Ihr kommt und unser Kind heilt.

Hale Euer Kind krankt auch?

Frau Putnam Ihre Seel, ihre Seel scheint davongeflogen. Sie schläft, doch sie geht umher.

Putnam Sie kann nicht essen.

Hale Kann nicht essen! *Er sinnt darüber nach. Dann, zu Proctor und Giles Corey.* Ihr Männer habt auch geplagte Kinder?

Parris Nein, nein, dies sind Bauern. John Proctor –

Giles Er glaubt nicht an Hexen.

Proctor *zu Hale* Ich hab nie über Hexen geredet, weder auf die eine noch die andre Art. Kommst du, Giles.

Giles Nein – nein, John, ich glaub nicht. Ich hab ein paar eigne verzwickte Fragen an diesen Herrn.

Proctor Ich hörte, daß Ihr ein verständiger Mann seid, Herr Hale. Ich hoff, Ihr laßt was davon in Salem. *Proctor geht. Hale steht einen Augenblick verlegen.*

Parris *rasch* Wollt Ihr nach meiner Tochter sehen, Herr? *Er geleitet Hale zum Bett.* Sie versuchte aus dem Fenster zu springen; heute morgen fanden wir sie auf der Landstraße, wie sie die Arme schwang, als wollte sie fliegen.

Hale *die Augen zusammenkneifend* Versucht zu fliegen.

Putnam Sie erträgt's nicht, den Namen des Herrn zu hören, Herr Hale; ein sicher Anzeichen von Hexerei.

Hale *mit erhobenen Händen* Nein, nein. Jetzt laßt mich Euch belehren. Wir können uns hier nicht an Aberglauben halten. Der Teufel ist genau; die Spuren seiner Gegenwart sind verläßlich wie Stein, und ich muß Euch allen sagen, daß ich nicht ans Werk gehe, falls Ihr mir nicht zu glauben bereit seid, wenn ich kein Merkmal der Hölle an ihr finde.

Parris Zugestanden, Herr – zugestanden – wir werden uns Eurem Spruch fügen.

Hale Gut denn. *Er tritt ans Bett und blickt auf Betty nieder. Zu Parris.* Nun, Herr, was zeigte Euch zuerst die Seltsamkeit an?

Parris Ja, Herr – ich überraschte sie und – *Auf Abigail weisend* – meine Nichte sowie zehn oder zwölf weitere Mädchen gestern abend im Wald beim Tanzen.

Hale *erstaunt* Ihr gestattet das Tanzen?

Parris Nein, nein, es geschah heimlich –

Frau Putnam *unfähig abzuwarten* Herrn Parris' Sklavin versteht sich aufs Beschwören, Herr.

Parris *zu Frau Putnam* Das können wir nicht mit Gewißheit sagen, Gevatterin Ann –

Frau Putnam *ängstlich, sehr leise* Ich weiß es, Herr. Ich schickte mein Kind – daß sie von Tituba erführe, wer ihre Schwestern mordete.

Rebecca *entsetzt* Gevatterin Ann! Ihr schicktet ein Kind, die Toten zu beschwören?

Frau Putnam Gott mög mich tadeln, Ihr nicht, Ihr nicht, Rebecca! Ich duld's nicht mehr, daß Ihr mich richtet! *Zu Hale.* Geht's mit rechten Dingen zu, wenn man sieben Kinder verliert, eh sie einen Tag leben?

Parris Schscht!

Rebecca wendet sich tief bekümmert ab. Pause.

Hale Sieben Tote im Kindbett.

Frau Putnam *leise* Ja. *Ihre Stimme bricht; sie blickt zu ihm auf. Hale ist beeindruckt. Parris sieht ihn an. Er tritt zu seinen Büchern, schlägt eines auf, blättert darin und liest dann. Alle warten gespannt.*

Parris *flüsternd* Was für ein Buch ist das?

Frau Putnam Was steht da, Herr?

Hale *mit der genießerischen Liebe des Forschers* Hier ist die gesamte unsichtbare Welt erfaßt, bestimmt und ausgelegt. In diesen Büchern steht der Teufel, all seiner groben Verkleidungen entblößt. Hier sind alle eure Hausgeister – eure Incubi und Succubi; eure Hexen zu Lande, zu Luft und zu Wasser; eure Zauberer der Nacht und des Tages. Nun fürchtet euch nicht – wir werden ihn finden, wenn er unter uns gekommen ist, und wenn er sein Gesicht gezeigt hat, will ich ihn gänzlich vernichten! *Er wendet sich zum Bett.*

Rebecca Wird's dem Kind wehtun, Herr?

Hale Das kann ich nicht sagen. Wenn sie in Wahrheit in den Klauen des Teufels ist, mögen wir reißen und zerren müssen, sie zu befreien.

Rebecca Ich glaub, dann geh ich. Ich bin zu alt hiezu. *Sie steht auf.*

Parris *um Überzeugung ringend* Hört, Rebecca, vielleicht öffnen wir heute die Schwäre all unserer Plagen!

Rebecca Hoffen wir darauf. Ich geh für Euch zu Gott, Herr.

Parris *mit Angst – und Groll* Ich hoffe, Ihr meint nicht, daß wir hier zum Satan gehen! *Kurze Pause.*

Rebecca Ich wollt, ich wüßt es. *Sie geht; ihr Ton moralischer Überlegenheit erfüllt die anderen mit Groll.*

Putnam *abrupt* Kommt, Herr Hale, gehn wir ans Werk. Setzt Euch her.

Giles Herr Hale, ich wollt schon immer einen gelehrten Mann fragen – was bedeutet's, sonderbare Bücher zu lesen?

Hale Was für Bücher?

Giles Ich weiß es nicht. Sie versteckt sie.

Hale Wer?

Giles Martha, mein Weib. Oftmals ward ich bei Nacht wach und fand sie in einer Ecke sitzen und in einem Buch lesen. Bitte, was haltet Ihr davon?

Hale Nun, das ist nicht notwendig. –

Giles Es stört mich! Vergangne Nacht – hört nur – versucht und versucht ich und konnt mein Gebet nicht sprechen. Und dann schließt sie ihr Buch und geht aus dem Haus, und mit eins – hört nur – konnt ich wieder beten!

Der alte Giles muß ein gutes Wort mitbekommen, schon weil sein Schicksal so merkwürdig und so verschieden von dem aller anderen sein sollte. Er war zu diesem Zeitpunkt Anfang Achtzig und war der drolligste Held in der Geschichte. Keinem hat man je mehr in die Schuhe geschoben. Wenn eine Kuh abging, war der erste Gedanke, um Coreys Haus herum nachzusuchen; ein nachts ausbrechendes Feuer lenkte den Verdacht der Brandstiftung auf ihn. Er scherte sich keinen Deut um die öffentliche Meinung, und erst in seinen letzten Jahren – nach seiner Verheiratung mit Martha – gab er sich besonders mit der Kirche ab. Daß Martha ihn im Gebet stocken ließ, ist sehr wohl möglich, nur vergaß er zu sagen, daß er überhaupt erst kürzlich Gebete gelernt hatte und nicht viel dazu gehörte, ihn zum Straucheln zu bringen. Er war ein Kauz und ein Querulant, aber bei alldem ein herzlich harmloser und wackerer Mann. Vor Gericht wurde er ein-

mal gefragt, ob es wahr sei, daß er, erschrocken über das sonderbare Verhalten eines Schweines, gesagt habe, er wisse, daß es der Teufel in Tiergestalt sei. »Was erschreckte Euch?« fragte man ihn. Er hörte nichts als das Wort »erschreckte« und erwiderte prompt: »Ich erinnere mich nicht, daß ich dies Wort je im Leben gesagt hab.«

Hale Ah! Stocken im Gebet – das ist sonderbar. Wir reden später darüber.

Giles Nicht, daß ich sag, sie hätt mit dem Teufel zu schaffen, nur wüßt ich wunders wie gern, was für Bücher sie liest und warum sie sie versteckt. Sie will's mir nicht sagen, versteht Ihr.

Hale Ja, wir werden es erörtern. *Zu allen.* Hört nun, wenn der Teufel in ihr ist, werdet ihr hier Zeuge erschrecklicher Wunder sein, so bitte, haltet euren Verstand beisammen. Herr Putnam, steht in der Nähe, falls sie fliegt. Nun, Betty, liebes Kind, willst du dich aufsetzen? *Putnam kommt näher heran, zugriffbereit. Hale richtet Betty auf, doch sie hängt schlaff in seinen Händen.* Hmmm. *Er betrachtet sie aufmerksam. Die anderen sehen mit angehaltenem Atem zu.* Hörst du mich? Ich bin John Hale, der Pastor von Beverly. Ich bin gekommen, dir zu helfen, Kind. Erinnerst du dich meiner zwei kleinen Töchter in Beverly? *Sie regt sich nicht in seinen Händen.*

Parris *von Schrecken befallen* Wie kann es der Teufel sein? Warum wählte er mein Haus, um zuzuschlagen? Wir haben liederlich Volk aller Art in der Stadt!

Hale Was für ein Sieg wäre für den Teufel der Gewinn einer Seele, die bereits schlecht ist? Das Beste ist es, was der Teufel begehrt, und wer ist besser als der Pastor?

Giles Das ist tief, Herr Parris, tief, tief!

Parris *jetzt entschieden* Betty! Antworte Herrn Hale! Betty!

Hale Plagt dich wer, Kind? Es muß nicht eine Frau sein, hörst du, oder ein Mann. Vielleicht ein den andern unsichtbarer Vogel – vielleicht ein Schwein, eine Maus oder sonst ein Tier. Heißt irgendeine Gestalt dich fliegen? *Das Kind verharrt schlaff in seinen Händen. Er legt sie schweigend aufs Kissen zurück. Dann streckt er die Hände gegen sie aus und stimmt an.* In nomine Domini Sabaoth sui filiique ite ad infernos. *Sie regt sich nicht. Er wendet sich mit zusammengekniffenen Augen zu Abigail.* Abigail, welcher Art war euer Tanzen im Wald?

Abigail Ei – gewöhnliches Tanzen, sonst nichts.

Parris Ich glaube, ich muß es sagen; ich – ich sah einen Kessel im Gras, wo sie tanzten.

Abigail Das war bloß Suppe.

Hale Was für Suppe war in diesem Kessel, Abigail?

Abigail Ei, Bohnen – und Linsen, glaub ich, und –

Hale Herr Parris, Ihr bemerktet in dem Kessel nichts Lebendes, oder doch? Eine Maus etwa, eine Spinne, einen Frosch –?

Parris *angstvoll* Ich – glaube ja, es bewegte sich etwas – in der Suppe.

Abigail Es sprang hinein! Wir taten's nicht hinein!

Hale Was sprang hinein?

Abigail Ei, ein winzig kleiner Frosch sprang –

Parris Ein Frosch, Abby!

Hale *packt Abigail* Abigail, mag sein, deine Base stirbt. Rieft ihr gestern abend den Teufel?

Abigail Ich nicht! Tituba, Tituba –

Parris *erbleicht* Sie rief den Teufel?

Hale Ich möchte mit Tituba sprechen.

Parris Gevatterin Ann, wollt Ihr sie heraufholen?

Frau Putnam geht.

Hale Wie rief sie ihn?

Abigail Ich weiß nicht – sie sprach Barbados.

Hale Bemerktest du Auffälliges, als sie ihn rief? Einen jähen kalten Wind etwa? Ein Beben unter der Erde?

Abigail Ich sah keinen Teufel! *Sie schüttelt Betty.* Betty, wach auf, Betty! Betty!

Hale Du kannst mir nicht ausweichen, Abigail. Trank deine Base von dem Sud in jenem Kessel?

Abigail Nichts trank sie!

Hale Trankst du ihn?

Abigail Nein, Herr!

Hale Verlangte Tituba, daß du ihn trankst?

Abigail Sie wollte, doch ich weigerte mich.

Hale Warum verhehlst du's? Hast du dich Luzifer verkauft?

Abigail Nie hab ich mich verkauft! Ich bin ein brav Mädchen! Ich bin ein anständig Mädchen!

Frau Putnam kommt mit Tituba zurück, und sogleich weist Abigail auf Tituba.

Abigail Sie machte, daß ich's tat! Sie machte, daß Betty es tat!

Tituba *erschrocken und unwillig* Abby!

Abigail Sie macht, daß ich Blut trink!

Parris Blut!

Frau Putnam Das Blut meiner Kinderchen?

Tituba Nein, nein, Kükenblut. Ich geb sie Kükenblut!

Hale Frau, gewannst du diese Kinder für den Teufel?

Tituba Nein, nein, Herr, ich handel mit kein Teufel!

Hale Warum wacht sie nicht auf? Versenkst du dies Kind in Schweigen?

Tituba Ich lieb meine Betty!

Hale Du sandtest deinen Geist über dies Kind aus, nicht wahr? Du wirbst Seelen für den Teufel?

Abigail Sie sendet ihren Geist in der Kirche über mich; sie macht, daß ich beim Gebet lach!

Parris Sie hat oft beim Gebet gelacht!

Abigail Sie kommt jede Nacht zu mir, daß ich Blut trinken geh!

Tituba Du mich bitts beschwören! Sie mich bitt Zaubertrank machen –

Abigail Lüg nicht! *Zu Hale.* Sie kommt immer, dieweil ich schlaf; sie macht immer, daß ich schlimme Dinge träum!

Tituba Warum sags du das, Abby?

Abigail Manches Mal wach ich auf und find mich in der offenen Tür, ohne einen Fetzen am Leib! Immer hör ich sie im Schlaf lachen. Ich hör sie ihre Barbados-Lieder singen und mich locken –

Tituba Herr Pastor, ich nie –

Hale *jetzt entschieden* Tituba, ich wünsche, daß du dies Kind weckst.

Tituba Ich nich Macht über diese Kind, Herr.

Hale Ganz gewiß hast du die, und du wirst sie jetzt davon befreien! Wann gingst du den Bund mit dem Teufel ein?

Tituba Ich kein Bund mit kein Teufel!

Parris Tituba, du gestehst, oder ich bringe dich hinaus und peitsche dich zu Tode!

Putnam Diese Frau gehört gehenkt! Sie gehört genommen und gehenkt!

Tituba *bricht entsetzt in die Knie* Nein, nein, Tituba nich gehenkt! Ich sag ihm, ich will nich arbeiten für ihn, Herr.

Parris Für den Teufel?

Hale So sahst du ihn? *Tituba bricht in Tränen aus.* Nun, Tituba, ich weiß, daß es schwer ist, wenn wir einmal den Bund mit der Hölle eingingen, damit zu brechen. Wir werden dir helfen, dich loszureißen –

Tituba *voller Angst vor dem drohenden Prozeß* Herr Pastor, ich glaub, ander Leut diese Kinder verhexen.

Hale Wer?

Tituba Ich weiß nich, Herr, aber Teufel gewinnt sich viele Hexen.

Hale Wirklich. *Es ist ein Anhaltspunkt.* Tituba, sieh mir in die Augen. Komm, sieh mich an. *Sie erhebt furchtsam die Augen zu den seinen.* Du möchtest eine gute Christin sein, nicht wahr, Tituba?

Tituba Ja, Herr, gute Christin.

Hale Und du liebst diese Kinder?

Tituba O ja, Herr, ich will Kinder nich wehtun.

Hale Und du liebst Gott, Tituba?

Tituba Ich lieb Gott von ganze Seel.

Hale Nun denn, in Gottes heiligem Namen –

Tituba Er sei gelobt. Er sei gelobt. *Sie wiegt sich, verzweifelt schluchzend, auf den Knien.*

Hale Und zu Seinem Ruhme –

Tituba Ewig Ruhm. Er sei gelobt – Gott sei gelobt –

Hale Öffne dein Herz, Tituba – öffne dein Herz, und Gottes heiliges Licht erleuchte dich.

Tituba Oh, der Herr sei gelobt.

Hale Kommt der Teufel, wenn er zu dir kommt – mit jemand anderem? *Sie starrt zu ihm auf.* Vielleicht jemand aus der Stadt? Jemand, den du kennst?

Parris Wer kam mit ihm?

Putnam Sarah Good? Sahst du Sarah Good bei ihm? Oder Osburn?

Parris War es Mann oder Frau, die mit ihm kamen?

Tituba Mann oder Frau. War – war Frau.

Parris Welche Frau? Eine Frau, sagst du. Welche Frau?

Tituba War dunkle Nacht, und ich –

Parris Du konntest ihn sehen, warum nicht auch sie?

Tituba Oh, sie immer sprechen; sie immer laufen und machen –

Parris Du meinst solche aus Salem? Hexen aus Salem?

Tituba Ich glaub, Herr, ja.

Zu ihrer Überraschung ergreift Hale jetzt ihre Hand.

Hale Tituba. Du hast nichts zu fürchten, wenn du uns sagst, wer es war, verstehst du? Wir werden dich schützen. Der Teufel kann einen Gottesdiener nicht überwältigen. Das weißt du, nicht wahr?

Tituba *küßt Hales Hand* Ja, Herr, o ja!

Hale Du hast dich der Hexerei schuldig bekannt, und das verrät den Wunsch, dich auf die Seite des Himmels zu stellen. Und wir werden dich segnen, Tituba.

Tituba *sehr erleichtert* Oh, Gott Euch segne, Herr Hale!

Hale *mit zunehmender Begeisterung* Du bist Gottes Werkzeug, in unsere Hand gegeben, auf daß wir des Teufels Sendboten unter uns erkennen. Du bist auserkoren, Tituba, du bist erwählt, uns zu helfen, unsere Stadt zu reinigen. So sprich die volle Wahrheit, Tituba, kehre ihm den Rükken und wende dich Gott zu – wende dich Gott zu, Tituba, und Gott wird dich schützen.

Tituba *einfallend* O Gott, schütz Tituba!

Hale *freundlich* Wer kam mit dem Teufel zu dir? Zwei? Drei? Vier? Wie viele?

Tituba atmet schwer und beginnt geradeaus starrend wieder, sich vor und zurück zu wiegen.

Tituba Waren vier. Waren vier.

Parris *in sie dringend* Wer? Wer? Ihre Namen, ihre Namen!

Tituba *plötzlich ausbrechend* Oh, wie oft er mir befehlt, Euch töten, Herr Parris!

Parris Mich töten?

Tituba *in Raserei* Er sagt, Herr Parris muß getötet sein! Herr Parris kein guter Mann, Herr Parris geringer und kein vornehmer Mann, und er befehlt mir, aufstehn aus mein Bett und Euch Kehle durchschneiden! *Sie stoßen einen Schreckenslaut aus.* Aber ich sag: »Ich haß dieser Mann nich. Ich will dieser Mann nich töten.« Aber er sagt: »Du für mich arbeits, Tituba, und ich dich frei mach! Ich dich schönes Kleid geb zum Anziehn und dich hoch in die Luft heb, und du weg fliegs, heim nach Barbados!« Und ich sag: »Du lügs, Teufel, du lügs!« Und dann er kommt zu mir, eine wilde Nacht, und er sagt: »Sie! Ich habe weiße Leute mir gehören.« Und ich seh – und da war Gevatterin Good.

Parris Sarah Good.

Tituba *sich wiegend und schluchzend* Ja, Herr, und Gevatterin Osburn.

Frau Putnam Ich wußte es! Gevatterin Osburn war dreimal bei mir Wehmutter. Ich bat dich, Thomas, nicht wahr? Ich bat ihn, nicht die Osburn zu holen, weil ich Angst vor ihr hatte. Meine Kinderchen verfielen in ihren Händen!

Hale Fasse Mut, du mußt uns ihrer aller Namen sagen. Wie kannst du's ertragen, dies Kind leiden zu sehen? Sieh sie an, Tituba. *Er weist auf Betty.* Sieh ihre von Gott verliehene Unschuld an; ihre Seele ist so zart; wir müssen sie schützen, Tituba; der Teufel ist am Werk und zehrt an ihr wie ein Raubtier am Fleisch des lauteren Lammes. Gott wird dich für deine Hilfe segnen.

Abigail erhebt sich mit starrem Blick, wie entflammt.

Abigail *herausschreiend* Ich will sprechen! *Alle wenden sich erschrocken zu ihr. Sie steht entrückt, wie in einem dämmernden Licht.* Ich will das Licht Gottes, ich will die süße Liebe Jesu! Ich tanzte für den Teufel; ich sah ihn; ich schrieb in sein Buch; ich kehr zu Jesus zurück; ich küß Seine Hand. Ich sah Sarah Good mit dem Teufel! Ich sah Gevatterin Osburn mit dem Teufel! Ich sah Bridget Bishop mit dem Teufel!

Indessen hat Betty sich mit fiebrigem Blick im Bett erhoben und stimmt in ihre Weise ein.

Betty *mit dem gleichen starren Blick* Ich sah George Jacobs mit dem Teufel! Ich sah Gevatterin Howe mit dem Teufel!

Parris Sie spricht! *Er stürzt zu Betty und umarmt sie.* Sie spricht!

Hale Der Herr sei gepriesen! Der Bann ist gebrochen, sie sind frei!

Betty *hysterisch und mit großer Erleichterung* Ich sah Martha Bellows mit dem Teufel!

Abigail Ich sah Gevatterin Sibber mit dem Teufel! *Es ist jetzt ein Freudengesang.*

Putnam Der Büttel, ich hol den Büttel! *Er wendet sich zum Gehen.*

Parris bricht in ein lautes Dankgebet aus.

Betty Ich sah Alice Barrow mit dem Teufel!

Der Vorhang beginnt zu fallen.

Hale *ruft Putnam nach* Der Büttel bringe Handschellen mit!

Abigail Ich sah Gevatterin Hawkins mit dem Teufel!

Betty Ich sah Gevatterin Bibber mit dem Teufel!

Abigail Ich sah Gevatterin Booth mit dem Teufel!

Über ihren ekstatischen Schreien fällt der Vorhang.

Zweite Szene

Die Wohnstube in Proctors Haus; acht Tage später.
Rechts eine Türe, die auf die Felder hinausführt. Links ein Kamin und dahinter eine Treppe zum oberen Stockwerk. Es ist der niedrige, dunkle und etwas langgestreckte Wohnraum der damaligen Zeit. Bei Aufgehen des Vorhangs ist das Zimmer leer. Man hört Elizabeth oben leise ihre Kinder in Schlaf singen. Nun öffnet sich die Türe, und John Proctor, seine Flinte in der Hand, kommt herein. Auf seinem Weg zum Kamin blickt er sich um und bleibt, wie er ihr Singen vernimmt, einen Augenblick stehen. Dann geht er weiter zum Kamin, stellt seine Flinte an die Wand, zieht einen über der Glut hängenden Topf vor und hält die Nase darüber. Er nimmt die Kelle heraus und kostet. Er ist nicht ganz befriedigt, langt nach einem Bord, nimmt eine Prise Salz und streut sie in den Topf. Wie er wieder kostet, hört man auf der Treppe ihre Schritte. Er schwingt den Topf zurück und geht zu einem Wasserbehälter, um sich Gesicht und Hände zu waschen. Elizabeth tritt ein.

Elizabeth Was kommst du so spät? Es ist beinah dunkel.

Proctor Ich hab weit draußen am Waldrand gepflanzt.

Elizabeth Oh, so bist du fertig?

Proctor Ja, es ist alles gesät. Schlafen die Buben?

Elizabeth Bald. *Damit geht sie zum Kamin und macht sich daran, das Geschmorte in einen Napf zu schöpfen.*

Proctor Jetzt bet um einen guten Sommer.

Elizabeth Ja.

Proctor Bist du heut wohl?

Elizabeth Ja. *Sie bringt den Napf zum Tisch, und darauf weisend.* Es ist ein Kaninchen.

Proctor *an den Tisch tretend* Oh, sieh an! In Jonathans Falle?

Elizabeth Nein, es lief heut nachmittag ins Haus. Ich fand es in der Ecke sitzen, als käm es zu Besuch.

Proctor Oh, ein gutes Zeichen, wenn's hereinlief.

Elizabeth Gott geb's. Es tat mir von Herzen weh, es abzuziehn, das arme Kaninchen. *Sie setzt sich und sieht ihm zu, wie er kostet.*

Proctor Es ist gut gewürzt.

Elizabeth *vor Freude errötend* Ich gab sehr acht. Ist es zart?

Proctor Ja. *Er ißt. Sie sieht ihm zu.* Ich glaub, wir sehn bald grüne Felder. Unter den Schollen ist es warm wie Blut.

Elizabeth Das ist schön.

Proctor ißt, blickt dann auf.

Proctor Wenn die Ernte gerät, will ich Georg Jacobs Jungkuh kaufen. Wie gefiele dir das?

Elizabeth Ja, schon.

Proctor *mit breitem Lächeln* Ich möchte dir Freude machen, Elizabeth.

Elizabeth *– es ist schwer, es zu sagen* Ich weiß, John.

Er steht auf, geht zu ihr, küßt sie. Sie nimmt es hin. Er kehrt ein wenig enttäuscht an seinen Platz zurück.

Proctor *so sanftmütig er kann* Most?

Elizabeth *im Ton eines Selbstverweises, daß sie es vergaß* Ja! *Sie steht auf und schenkt ihm einen Becher ein. Er zieht jetzt den Rücken krumm.*

Proctor Diese Farm ist ein Erdteil, wenn man Schritt für Schritt darübergeht und Samen hineinsenkt.

Elizabeth *mit dem Most kommend* Das glaub ich.

Proctor *tut einen langen Zug, dann, den Becher absetzend* Du solltest ein paar Blumen ins Haus bringen.

Elizabeth Oh! Ich vergaß! Ich tue es morgen.

Proctor Hier drinnen ist noch Winter. Am Sonntag komm mit, dann gehen wir miteinander über das Land; ich hab so ein Blühen auf der Erde noch nicht gesehen. *Er geht vol-*

ler Wohlbehagen zu der offenen Türe und blickt in den Himmel. Die Fliederblüten haben einen Purpurduft. Ich glaub, es ist der Duft des Dunkelns. Im Frühling ist Massachusetts eine Pracht!

Elizabeth Ja, das ist es.

Eine Pause entsteht. Sie betrachtet ihn vom Tisch her, wie er dasteht und die Nacht in sich aufnimmt. Es ist, als wollte sie sprechen, aber sie kann nicht. Statt dessen nimmt sie seinen Napf, Becher und Gabel und geht damit zu dem Wasserbehälter. Ihr Rücken ist ihm zugekehrt. Er dreht sich um und sieht sie an. Ein Gefühl von ihrem Getrenntsein steigt auf.

Proctor Ich glaub, du bist wieder traurig. Nicht?

Elizabeth – *sie möchte keinen Streit, und doch muß sie* Du kamst so spät; ich dachte, du wärst nach Salem gegangen.

Proctor Warum? Ich hab in Salem nichts zu schaffen.

Elizabeth Anfangs der Woche sagtest du, du wolltest hingehn.

Proctor – *er weiß, was sie meint* Seither hab ich's mir anders überlegt.

Elizabeth Mary Warren ist heut dort.

Proctor Warum ließest du sie weg? Du hast gehört, wie ich ihr verbot, wieder nach Salem zu gehn!

Elizabeth Ich konnte sie nicht aufhalten.

Proctor *seine Mißbilligung im Zaum haltend* Es ist gefehlt, es ist gefehlt, Elizabeth – du bist die Herrin hier, nicht Mary Warren.

Elizabeth Sie schreckte all meine Festigkeit hinweg.

Proctor Wie kann diese Maus dich schrecken, Elisabeth? Du –

Elizabeth Sie ist keine Maus mehr. Ich verbot ihr zu gehn, und sie wirft wie eine Prinzessin den Kopf zurück und sagt: »Ich muß nach Salem, Gevatterin Proctor; ich bin eine Amtliche vom Gericht!«

Proctor Gericht! Was für ein Gericht?

Elizabeth Ja, sie haben da jetzt ein eigen Gericht. Man hat vier Richter aus Boston geschickt, sagt sie, gewichtige Herren vom Obersten Gerichtshof, und obenan sitzt der Unterstatthalter der Provinz.

Proctor *verwundert* Was, sie ist toll.

Elizabeth Ich wünschte es zu Gott. Vierzehn Frauen sind jetzt im Kerker, sagt sie. *Proctor sieht sie nur fassungslos an.* Sie kommen vor Gericht, und das hat Gewalt, sagt sie, sie auch zu henken.

Proctor *spöttisch, doch ohne Überzeugung:* Pah, henken, das würden sie nie –

Elizabeth Wenn sie nicht bekennen, John, droht der Unterstatthalter mit dem Strang. Ich glaub, die Stadt ist wild geworden. Sie spricht von Abigail, und als ich sie hörte, dacht ich, sie spräch von einer Heiligen. Abigail führt die anderen Mädchen zum Gericht, und wo sie geht, teilt sich die Menge wie das Meer vor Israel. Und die Menschen werden vor sie gebracht, und wenn die Mädchen schreien und toben und zu Boden fallen, werden die Betreffenden in den Kerker geworfen – wegen Hexerei.

Proctor *starr* Oh, das ist ein finsterer Unfug.

Elizabeth Ich glaub, John, du mußt nach Salem gehn. *Er wendet sich zu ihr.* Ich glaub's wirklich. Du mußt ihnen sagen, daß es ein Trug ist.

Proctor *weiter vorausdenkend* Ja, das ist es, das ist es gewiß.

Elizabeth Geh zu Ezekiel Cheever – er kennt dich. Und erzähl ihm, was sie vorige Woche im Haus ihres Oheims zu dir gesagt hat. Nicht wahr, sie hat gesagt, es habe nichts mit Hexerei zu schaffen?

Proctor *in Gedanken* Ja, das hat sie, das hat sie. *Eine Pause.*

Elizabeth *leise, besorgt, ihn zu erzürnen, da sie ihm zusetzt* Gott verhüte, John, daß du dies dem Gericht verschweigst. Ich glaub, sie müssen es wissen.

Proctor *leise, im Kampf mit seinen Gedanken* Ja, das müssen sie, das müssen sie. Ein Wunder, daß sie auf sie hören.

Elizabeth Ich ginge jetzt nach Salem, John – geh noch diesen Abend.

Proctor Ich will's überdenken.

Elizabeth *jetzt mit Aufbietung allen Mutes* Du kannst es nicht verschweigen, John.

Proctor *unwillig* Ich weiß, daß ich's nicht verschweigen kann. Ich sag, ich will's überdenken!

Elizabeth *verletzt und sehr kühl* Gut denn, überdenke es. *Sie steht im Begriff aus dem Zimmer zu gehen.*

Proctor Ich frag mich nur, Elizabeth, wie ich beweisen kann, was sie mir gesagt hat. Wenn sie jetzt eine Heilige ist, denk ich's mir nicht leicht, sie als Betrügerin zu entlarven, und bei der Torheit in der Stadt. Wir waren in einem Zimmer allein, als sie's mir sagte – ich hab keinen Beweis dafür.

Elizabeth Du warst mit ihr allein?

Proctor *störrisch* Auf einen Augenblick allein, ja.

Elizabeth Nun, du hattest es mir anders erzählt.

Proctor *mit aufsteigendem Zorn* Auf einen Augenblick, sag ich. Gleich darauf kamen die andern herein.

Elizabeth *leise – sie hat plötzlich alles Vertrauen in ihn verloren* So tu, was du willst. *Sie wendet sich zum Gehen.*

Proctor Frau. *Sie dreht sich um.* Ich will deinen Argwohn nicht mehr.

Elizabeth *ein wenig hochmütig* Ich hab keinen –

Proctor Ich will ihn nicht!

Elizabeth So verdien ihn dir nicht.

Proctor *mit durchklingender Heftigkeit* Du mißtraust mir noch immer?

Elizabeth *mit einem Lächeln, um ihre Würde zu bewahren* John, würdst du jetzt schwanken, wenn's nicht Abigail wär, gegen die du auftreten mußt? Ich glaub nicht.

Proctor Jetzt schau du –

Elizabeth Ich seh, was ich seh, John.

Proctor *mit ernster Warnung* Laß ab, mich zu richten, Elizabeth. Ich hab allen Grund nachzudenken, ob ich Abigail des Trugs bezichtige, und ich will darüber nachdenken. Schau du auf deine eigne Besserung, statt immer und immer deinen Mann zu richten. Ich hab Abigail vergessen, und –

Elizabeth ich auch –

Proctor Gott bewahr! Du vergißt nichts und vergibst nichts. Lern Milde, Frau. Ich bin hier im Haus auf Zehenspitzen gegangen, die ganzen sieben Monde, seit sie weg ist. Ich hab nicht einen Schritt getan, ohne den Gedanken, dir gefällig zu sein, und dennoch kreist ein ewiger Trauerzug um dein Herz. Ich kann nicht sprechen, ohne daß du an mir zweifelst, mich jeden Augenblick der Lüge zeihst, als käm ich in ein Gericht statt in mein eigen Haus.

Elizabeth John, du bist nicht offen zu mir. Du hast gesagt, daß du sie zusammen mit andern trafst, und jetzt –

Proctor Ich geb's auf, meine Ehrlichkeit zu verteidigen, Elizabeth.

Elizabeth *– jetzt möchte sie sich rechtfertigen* John, ich bin nur –

Proctor Ich geb's auf! Ich hätt dich niederbrüllen sollen, gleich, als du mir zum ersten Male mit deinem Argwohn kamst. Doch ich verlor den Kopf und beichtete nach Christenart. Beichtete! In einem Wahn muß ich dich an jenem Tag mit Gott verwechselt haben. Doch das bist du nicht, das bist du nicht, und besinn dich darauf! Such auch einmal das Gute in mir, statt mich zu richten.

Elizabeth Ich richte dich nicht. Dein Richter sitzt in deinem Herzen. Ich hab dich stets für einen guten Mann befunden, John – *Mit einem Lächeln* – nur ein wenig verirrt.

Proctor *bitter lachend* O Elizabeth, deine Gerechtigkeit brächte Bier zum Gefrieren! *Er wendet sich plötzlich nach einem Geräusch von draußen um. Er will zur Türe gehen, als Mary Warren hereinkommt. Sowie er ihrer ansichtig wird, ist er mit wenigen Schritten bei ihr und greift sie wutentbrannt bei ihrem Umhang.* Was gehst du nach Salem, wenn ich's verbiete? *Er schüttelt sie.* Machst du dich lustig über mich? Ich peitsch dich aus, wenn du noch einmal wagst, das Haus zu verlassen!

Seltsamerweise wehrt sie sich nicht, sondern hängt schlaff in seiner Hand.

Mary Warren Ich bin krank, ich bin krank, Herr. Bitte, bitte tut mir nichts. *Ihre Seltsamkeit wie ihre sichtliche Blässe und Schwäche beeindrucken ihn. Er gibt sie frei.* Mein Inwendiges ist ganz zitterig. Ich bin den ganzen Tag in den Gerichtsverfahren, Herr.

Proctor *mit nachlassender Wut – seine Neugier verdrängt sie* Und was ist's mit dem Verfahren hier? Wann gehst du daran, das Haus zu versorgen, wofür du neun Pfund im Jahr erhältst – dazu die Frau nicht ganz wohl?

Wie um es auszugleichen, geht Mary Warren mit einer kleinen Stoffpuppe zu Elizabeth.

Mary Warren Ich hab heut ein Geschenk für Euch gemacht, Gevatterin Proctor. Ich mußte lange Stunden dasitzen und hab mir die Zeit mit Nähen vertrieben.

Elizabeth *verblüfft, auf die Puppe blickend* Oh, danke, es ist eine hübsche Puppe.

Mary Warren *mit bebender, tonloser Stimme* Wir müssen jetzt alle einander lieben, Gevatterin Proctor.

Elizabeth *erstaunt über ihre Seltsamkeit* Ja, freilich.

Mary Warren *mit einem Blick auf das Zimmer* Ich steh am Morgen früh auf und säubre das Haus. Jetzt muß ich schlafen. *Sie wendet sich zum Gehen.*

Proctor Mary. *Sie bleibt stehen.* Ist es wahr? Vierzehn Frauen wären in Verhaft genommen?

Mary Warren Nein, Herr. Es sind jetzt neununddreißig – *Sie bricht aufschluchzend ab und setzt sich erschöpft.*

Elizabeth Ach, sie weint! Was fehlt dir, Kind?

Mary Warren Gevatterin Osburn – wird gehenkt! *Eine erschrockene Pause folgt, währenddessen sie schluchzt.*

Proctor Gehenkt! *Ihr ins Gesicht, laut* Gehenkt, sagst du?

Mary Warren *schluchzend* Ja.

Proctor Der Unterstatthalter läßt das zu?

Mary Warren Er hat sie selber verurteilt. Er mußte. *Um es abzuschwä-*

chen. Aber Sarah Good nicht. Weil – seht Ihr, Sarah Good hat gestanden.

Proctor Gestanden! Was?

Mary Warren Daß sie – *In der Erinnerung von Schrecken übermannt* – sie einstens einen Pakt mit Luzifer schloß und ihren Namen in sein schwarzes Buch schrieb – mit ihrem Blut – und angelobte, Christenmenschen zu quälen, bis Gott niedergeworfen ist – und wir alle fürderhin die Hölle anbeten müssen. *Pause.*

Proctor Aber – sicherlich weißt du, was für eine Schwätzerin sie ist. Hast du ihnen das nicht gesagt?

Mary Warren Herr, sie würgte uns beinah zu Tod vor dem ganzen Gericht.

Proctor Wie, würgte euch?

Mary Warren Sie sandte ihren Geist aus.

Elizabeth Ach, Mary, Mary, sicherlich, du –

Mary Warren *mit verletzter Schärfe* Sie wollte mich schon oftmals töten, Gevatterin Proctor.

Elizabeth Was, das hast du bisher nie gesagt.

Mary Warren Ich hab's bisher nicht gewußt. Ich hab bisher überhaupt nichts gewußt. Wie sie in den Gerichtssaal kommt, sag ich zu mir, die Frau darf ich nicht anschuldigen, wo sie im Straßengraben schläft und so alt und arm ist. Aber dann – dann sitzt sie da und leugnet und leugnet, und ich fühl, wie es sonderbar kalt meinen Rücken raufsteigt und meine Kopfhaut sich zusammenzieht, und ich fühl um meinen Hals eine Klammer und kann nicht mehr atmen; und dann – *ekstatisch* – hör ich eine Stimme, die schreit, und es war meine Stimme – und mit eins fiel mir alles ein, was sie mir angetan hat.

Proctor Wie? Was hat sie dir angetan?

Mary Warren *wie zu einer wundersamen, geheimen Einsicht gelangt* So manches Mal, Herr, kam sie bettelnd da an die Tür, um ein Stück Brot und einen Becher Most – und merkt es wohl: Sooft ich sie mit leeren Händen wegschickte, murmelte sie.

Elizabeth Murmelte! Sie mag murmeln, wenn sie hungrig ist.

Mary Warren Aber was murmelt sie? Ihr müßt Euch erinnern, Gevatterin Proctor. Im vorigen Mond – ich glaub, es war ein Montag – ging sie weg, und zwei Tage später meinte ich, mein Leib müßte bersten. Erinnert Ihr Euch?

Elizabeth Ja, ja, ich glaub, aber –

Mary Warren Also, das sagte ich Richter Hathorne, und er fragt sie darauf: »Gevatterin Osburn«, sagt er, »was für einen Fluch murmelt Ihr, daß dies Mädchen krank wird, nachdem sie Euch wegschickte?« Und da antwortete sie – *Ein altes Weib nachahmend* – »Ei, gar keinen Fluch, Eure Exzellenz. Ich sag nur meine Gebote her; meine Gebote, hoff ich, darf ich wohl hersagen«, sagt sie!

Elizabeth Und das ist eine aufrechte Antwort.

Mary Warren Ja, doch Richter Hathorne sagt darauf: »Laßt uns Eure Gebote hören!« – *Eifrig zu ihnen vorgebeugt* – und von allen zehn konnte sie nicht eines sagen. Sie kannte die Gebote gar nicht, und sie faßten sie bei einer offenen Lüge!

Proctor Und verurteilten sie darauf?

Mary Warren *jetzt, angesichts seines hartnäckigen Zweifels, ein wenig verbissen* Nun, sie mußten, wo sie sich selber verurteilt hatte.

Proctor Doch der Beweis, der Beweis!

Mary Warren *mit wachsender Ungeduld* Ich hab Euch den Beweis gesagt. Es ist ein sicherer Beweis. Felsensicher, sagt der Richter.

Proctor *nach einer kurzen Pause* Du gehst nicht mehr zum Gericht, Mary Warren.

Mary Warren Ich muß Euch's sagen, Herr, ich geh jetzt jeden Tag. Ich begreif nicht, daß Ihr nicht seht, was für ein wichtig Werk wir tun.

Proctor Was für ein Werk! Ein sonderbar Werk für ein Christenmädchen, alte Frauen zu henken!

Mary Warren Aber Herr, sie werden nicht gehenkt, wenn sie gestehn. Sarah Good bleibt nur einige Zeit im Kerker – *Sich erinnernd* – und da habt Ihr ein Wunder; denkt darüber nach. Gevatterin Good ist schwanger!

Elizabeth Schwanger! Sind sie toll? Die Frau ist an die Sechzig!

Mary Warren Doktor Griggs hat sie untersucht, und sie ist voll bis zum Rand – und all diese Jahre immer die Pfeife im Mund und dazu ohne Mann! Aber sie ist gerettet, gottlob, denn dem unschuldigen Kind tun sie nichts an. Nun, ist das nicht ein Wunder? Ihr müßt es sehn, Herr, was wir tun, ist Gottes Werk. Und so geh ich jetzt jeden Tag hin. Ich bin – ich bin eine Amtliche vom Gericht, heißt es, und ich – *Sie hat sich seitlich hinauszu bewegt.*

Proctor Ich werd dich amtlichen! *Er geht mit langen Schritten zum Kaminsims und greift nach der dort hängenden Peitsche.*

Mary Warren *kommt erschrocken, aber aufrecht vor, um ihre Selbstbehauptung kämpfend* Ich leid kein Peitschen mehr!

Elizabeth *eilig, während Proctor sich nähert* Mary, versprich jetzt, daheim zu bleiben –

Mary Warren *vor ihm zurückweichend, aber ihre aufrechte Haltung wahrend, während sie kämpft und kämpft, sich zu behaupten* Der Teufel geht in Salem um, Herr; wir müssen finden, wo er sich verbirgt!

Proctor Ich treib dir den Teufel mit der Peitsche aus! *Er greift, die Peitsche schwingend, nach ihr, und sie entwischt mit einem gellenden Schrei.*

Mary Warren *auf Elizabeth weisend* Ich hab ihr heut das Leben gerettet! *Stille. Er läßt die Peitsche sinken.*

Elizabeth *leise* Ich bin angeschuldigt?

Mary Warren *zitternd und bebend* Nebenhin genannt. Aber ich sagte, ich wüßt von keinem Zeichen, daß Ihr Euren Geist aussendet, um einem Böses zu tun, und wo sie sahen, wie nah ich doch bei Euch leb, ließen sie's fallen.

Elizabeth Wer schuldigte mich an?

Mary Warren Ich gab mein Wort, ich darf nichts sagen. *Zu Proctor.* Ich hoff nur, Ihr laßt jetzt Euer Höhnen. Es ist noch keine Stunde, daß vier Richter und des Königs Statthalter mit uns zu Tische saßen. Ich – ich will, daß Ihr mir hinfort höflich begegnet.

Proctor *zwischen Grauen und Abscheu murmelnd* Geh zu Bett.

Mary Warren *mit dem Fuß aufstampfend* Ich laß mich nicht mehr zu Bett schicken, Herr! Ich bin achtzehn und eine Frau, ob auch allein!

Proctor Willst du aufbleiben? So bleib auf.

Mary Warren Ich will zu Bett gehn!

Proctor Gute Nacht, dann!

Mary Warren Gute Nacht. *Sie geht, unbefriedigt, ihrer selbst nicht sicher. Mit starren Augen stehen Proctor und Elizabeth und sehen sich an.*

Elizabeth *leise* O die Schlinge, die Schlinge ist bereit!

Proctor Keine Schlinge wird sein.

Elizabeth Sie will meinen Tod. Ich wußte die ganze Woche, daß es dahin käme!

Proctor *ohne Überzeugung* Sie haben's fallen lassen. Du hast es selber gehört –

Elizabeth Und was wird morgen sein? Sie wird mich ausschreien, bis sie mich holen!

Proctor Setz dich.

Elizabeth Sie will meinen Tod, John, du weißt es!

Proctor Setz dich, sag ich! *Sie setzt sich zitternd. Er spricht ruhig, bemüht, einen klaren Kopf zu bewahren.* Wir müssen jetzt verständig sein, Elizabeth.

Elizabeth *spöttisch, im Gefühl des Verlorenseins* O freilich, freilich!

Proctor Fürchte nichts. Ich such Ezekiel Cheever auf. Ich sag ihm, daß sie mir erzählt hat, das Ganze wär ein Spaß.

Elizabeth John, ich glaub, wo so viele im Kerker sind, bedarf's jetzt mehr als Cheevers Hilfe. Willst du mir dies zuliebe tun? Geh zu Abigail.

Proctor *dessen Herz sich verhärtet, während sein Verstand spricht* Was hab ich Abigail zu sagen?

Elizabeth *zart* John – tu's mir zuliebe. Du verstehst dich nicht auf junge Dinger. In jedem Bett wird ein Versprechen gegeben –

Proctor *gegen seinen Zorn ankämpfend* Was für ein Versprechen!

Elizabeth Mit Worten oder ohne, ein Versprechen wird gegeben. Und damit mag sie jetzt liebäugeln – ich bin dessen gewiß – im Gedanken, mich zu töten, um sodann an meine Stelle zu treten.

Proctors Zorn ist im Steigen begriffen; er vermag nicht zu sprechen.

Es ist ihre liebste Hoffnung, John ich weiß es. Sie könnte tausend Namen nennen; warum greift sie meinen heraus? Es bedeutet eine gewisse Gefahr, solch einen Namen zu nennen – ich bin keine Gevatterin Good, die im Straßengraben schläft, noch eine betrunkene, schwachsinnige Osburn. Sie wagte es nicht, eines solchen Bauern Weib zu nennen, es sei denn um ungeheuren Gewinn. John, sie denkt an meine Stelle zu treten.

Proctor Das kann sie nicht denken! *Er weiß, das es so ist.*

Elizabeth *vernünftig* John, hast du ihr je eine Spur von Verachtung bezeigt? Sie kann in der Kirche nicht vorübergehn, ohne daß du errötest –

Proctor Vielleicht erröt ich über meine Sünde.

Elizabeth Ich glaub, sie sieht dies Erröten anders.

Proctor Und du? Was siehst du, Elizabeth?

Elizabeth *zugestehend* Daß du dich ein wenig schämst, weil ich da bin, und sie so nah.

Proctor Wann endlich wirst du mich kennen, Frau? Und wär ich ein Stein, ich wär in diesen sieben Monden vor Scham geborsten!

Elizabeth So geh und sag ihr, daß sie eine Dirne ist. Auf welches Versprechen sie sich berufen mag – brich es, John, brich es.

Proctor *zwischen den Zähnen* Gut denn. Ich geh. *Er geht, seine Flinte zu holen.*

Elizabeth *zitternd, voller Furcht* Oh, wie widerwillig!

Proctor *die Flinte in der Hand, zu ihr gewandt* Ich will sie glühender verfluchen als die älteste Glut der Hölle. Doch bitte, schmäh du meinen Zorn nicht!

Elizabeth Deinen Zorn! Ich bitt dich nur –

Proctor Frau, bin ich so gemein? Hältst du mich wahrhaftig für so gemein?

Elizabeth Ich hab dich nie gemein genannt.

Proctor Was beschuldigt du mich dann eines solchen Versprechens? Das Versprechen, das ein Hengst einer Stute gibt, gab ich diesem Mädchen!

Elizabeth Und so zürnst du mir, wenn ich dich heiße, es zu brechen?

Proctor Weil es Täuschung voraussetzt, und ich bin ehrlich! Doch ich verteidige mich nicht länger! Ich seh's nun, dein Geist webt um die einzige Irrung meines Lebens, und ich kann sie nimmer daraus lösen!

Elizabeth *aufschreiend* Du kannst sie lösen – wenn du erkennst, daß ich dein einzig Weib oder gar ein Weib sein will! Ein Pfeil von ihr ist noch in dir, John Proctor, und du weißt es!

Ganz unvermittelt, wie aus der Luft, erscheint eine Gestalt in der Türe. Sie fahren leicht zusammen. Es ist Pastor Hale. Er ist verändert – ein wenig gehemmt, und seine Haltung verrät jetzt etwas von Nachgiebigkeit, ja Schuldbewußtsein.

Hale Guten Abend.

Proctor *noch unter dem Eindruck des Vorangegangenen* Ah, Pastor Hale! Einen guten Abend Euch, Herr. Tretet ein, tretet ein.

Hale *zu Elisabeth* Ich hoffe, ich erschrecke Euch nicht.

Elizabeth Nein, nein, ich hörte nur kein Pferd –

Hale Ihr seid Gevatterin Proctor.

Proctor Ja; Elizabeth.

Hale *neigt den Kopf; dann* Ich hoffe, Ihr begebt Euch noch nicht zur Ruhe.

Proctor *seine Flinte abstellend* Nein, nein. *Hale kommt weiter herein. Und Proctor, um seine Verstörtheit zu erklären* – Wir sind nach Dunkelwerden Besuch nicht gewohnt, aber Ihr seid willkommen. Wollt Ihr niedersitzen, Herr?

Hale Ja. *Er setzt sich.* Setzt Euch, Gevatterin Proctor.

Sie tut es, ohne die Augen von ihm zu wenden. Eine Pause entsteht. Hale blickt sich im Zimmer um.

Proctor *um das Schweigen zu brechen* Mögt Ihr Most trinken, Herr?

Hale Nein, er bringt meinen Magen in Aufruhr; ich muß heute abend noch einiges weiter. Sitzt nieder, Herr. *Proctor setzt sich.* Ich will Euch nicht lange aufhalten, doch ich komme in einem Auftrag zu Euch.

Proctor Im Auftrag des Gerichts?

Hale Nein – nein, in meinem eigenen, ohne Befugnis des Gerichts. Hört mich an. *Er befeuchtet sich die Lippen.* Ich weiß nicht, ob Euch bekannt ist, daß der Name Eurer Frau – vor Gericht genannt wird.

Proctor Ja, Herr. Unsere Mary Warren hat es uns berichtet. Wir sind aufs höchste erstaunt.

Hale Ich bin hier fremd, wie Ihr wißt. Und in meiner Unkenntnis hält es schwer, mir von den vor Gericht Beschuldigten eine klare Meinung zu bilden. Und so gehe ich am Nachmittag und jetzt am Abend von Haus zu Haus – ich komme soeben von Rebecca Nurse und –

Elizabeth *erschrocken* Rebecca ist beschuldigt?

Hale Gott verhüte, daß solch eine beschuldigt werde. Indes, sie ist – genannt.

Elizabeth *mit dem Versuch zu lachen* Ihr werdet nimmer glauben, hoff ich, daß Rebecca mit dem Teufel paktiert hat.

Hale Frau, es ist möglich.

Proctor *betroffen* Das könnt Ihr nicht im Ernst meinen.

Hale Herr, wir leben in einer seltsamen Zeit. Keiner kann mehr bezweifeln, daß die Mächte der Dunkelheit zu einem ungeheuerlichen Angriff gegen diese Stadt angetreten sind. Der Beweise sind zu viele, um es noch zu leugnen. Das gebt Ihr zu, Herr?

Proctor *ausweichend* Ich – ich weiß von derlei Dingen nichts. Aber es hält schwer zu glauben, daß eine so gottesfürchtige Frau nach siebenzig Jahren solcher Frömmigkeit insgeheim eine Teufelsmetze sei.

Hale Ja. Doch der Teufel ist reich an Listen, das könnt Ihr nicht leugnen. Indes, sie ist nicht im entferntesten beschuldigt, und ich weiß, es wird nicht dahin kommen. *Pause.* Ich gedachte, Herr, wenn Ihr erlaubt, Euch einige Fragen vorzulegen, die den christlichen Charakter dieses Hauses angehen.

Proctor *kühl, ungehalten* Nun – wir – fürchten keine Fragen, Herr.

Hale Gut denn. *Er setzt sich bequemer zurecht.* In dem Aufzeichnungsbuch, das Pastor Parris führt, bemerke ich, daß Ihr am Sabbat selten in der Kirche seid.

Proctor Nein, Herr, Ihr irrt Euch.

Hale Sechsundzwanzigmal in siebenzehn Monden, Herr. Ich muß das selten nennen. Wollt Ihr Eure Abwesenheit erklären?

Proctor Es ist mir neu, Herr Hale, daß ich diesem Mann Rechenschaft schuldig bin, ob ich zur Kirche geh oder daheim bleib. Mein Weib war diesen Winter krank.

Hale So sagte man mir. Doch Ihr, warum konntet Ihr nicht allein kommen?

Proctor Ich kam gewiß, wenn ich konnte, und wenn ich nicht konnte, betete ich hier zu Haus.

Hale Euer Haus ist keine Kirche, Herr Proctor; das muß Euch Eure Religionslehre sagen.

Proctor Tut sie, Herr, tut sie; sie sagt mir auch, daß ein Pastor ohne goldne Kerzenhalter auf dem Altar zu Gott beten kann.

Hale Was für goldne Kerzenhalter?

Proctor Seit wir diese Kirche bauten, waren zinnerne Leuchter auf dem Altar; Francis Nurse hatte sie gemacht, müßt Ihr wissen, und keine sanftre Hand hat je Metall angerührt. Doch Parris kam und predigte während zwanzig Wochen nichts als goldene Kerzenhalter, bis er sie hatte. Ich bestell das Feld vom grauenden Morgen bis zur sinkenden Nacht, und ich sag's Euch frei, wenn ich zum Himmel aufschau und an seinen Ellenbogen mein Geld schimmern seh – so tut das meinem Gebet Abbruch, Herr, es tut ihm Abbruch. Ich denk bisweilen, der Mann träumt Kathedralen an Stelle von hölzernen Bethäusern.

Hale *denkt nach; dann* Und dennoch, Herr, ein Christ muß am Sabbat in der Kirche sein. *Pause.* Sagt mir – Ihr habt drei Kinder?

Proctor Ja. Buben.

Hale Wie geht es zu, daß nur zwei getauft sind?

Proctor *setzt zum Sprechen an, stockt, dann, als könnte er es nicht zurückhalten* Ich mag nicht, daß Herr Parris seine Hand auf mein Kind legt. Ich seh in dem Mann nicht Gottes Licht. Ich verberg es nicht.

Hale Ich muß sagen, Herr Proctor, das zu entscheiden, steht nicht bei Euch. Er ist bestellt, somit ist Gottes Licht in ihm.

Proctor *vor Ärger errötend, aber mit dem Versuch, zu lächeln* Was ist Euer Argwohn, Herr?

Hale Nein, nein, ich habe keinen –

Proctor Ich hab das Dach auf die Kirche genagelt, ich hab die Türe eingehängt –

Hale O wirklich! Das ist also ein gutes Zeichen.

Proctor Vielleicht war ich zu rasch mit meinem Urteil über den Mann, doch Ihr könnt nicht meinen, wir hätten je die Vernichtung der Religion gewollt. Ich glaub, das habt Ihr im Sinn, nicht wahr?

Hale *nicht gänzlich nachgebend* Ich – habe – es ist eine Lauheit in dem Bericht über Euch, Herr, eine Lauheit.

Elizabeth Ich glaub, daß wir vielleicht mit Herrn Parris zu hart waren. Ich glaub es. Doch gewiß hat hier nie einer dem Teufel angehangen.

Hale *nickt, dies erwägend. Dann, in einem Ton, als stelle er eine geheime Probe an* Wißt Ihr Eure Gebote, Elizabeth?

Elizabeth *ohne Zögern, ja eifrig* Freilich weiß ich sie. Mein Leben ist ohne Tadel, Herr Hale. Ich bin eine glaubenstreue protestantische Christin.

Hale Und Ihr, Herr?

Proctor *ein wenig unsicher* Ich – will's meinen, Herr.

Hale *betrachtet ihr offenes Antlitz, dann John; dann* Seid so freundlich und sagt sie her.

Proctor Die Gebote?

Hale Ja.

Proctor *beiseite blickend, mit ausbrechendem Schweiß* Du sollst nicht töten.

Hale Ja.

Proctor *an den Finger aufzählend* Du sollst nicht stehlen. Du sollst nicht deines Nächsten Gut begehren, noch dir ein Götzenbild machen. Du sollst den Namen des Herrn nicht vergeblich führen; du sollst keine fremden Götter neben mir haben. *Zögernd.* Du sollst den Sabbat heiligen. *Pause. Dann* – Du sollst Vater und Mutter ehren. Du sollst kein falsches Zeugnis ablegen. *Er steckt fest. Er zählt an den Fingern rückwärts, wissend, daß eines fehlt.* Du sollst dir kein Götzenbild machen.

Hale Das habt Ihr zweimal gesagt, Herr.

Proctor *hilflos* Ja. *Er sucht verzweifelt.*

Elizabeth *zart* Ehebruch, John.

Proctor *wie von einem unsichtbaren Pfeil ins Herz getroffen* Ja. Ja. *Mit dem Versuch, darüber wegzuscherzen – zu Hale.* Ihr seht, Herr, zu zweit miteinander wissen wir sie alle. *Hale sieht Proctor nur an, mit dem ernstlichen Bemühen, ihn zu erkennen. Proctors Unbehagen wächst.* Es ist ein geringer Fehler, mein ich.

Hale Die Religionslehre, Herr, ist eine Festung; kein Spalt in einer Festung kann als gering erachtet werden. *Er steht auf, jetzt anscheinend bedrückt. Er macht, tief in Gedanken, einige Schritte.*

Proctor Unter diesem Dach hat der Teufel keinen Anhang, Herr.

Hale Ich bete darum, ich bete von Herzen darum. *Er sieht beide mit einem Versuch zu lächeln an, ohne seine Be-*

fürchtungen verbergen zu können. Nun – dann wünsche ich Euch eine gute Nacht.

Elizabeth *nicht imstande, es zurückzuhalten* Herr Hale. *Er wendet sich um.* Ich glaub wirklich, Ihr zweifelt an mir. Nicht wahr?

Hale *augenscheinlich verstört – und ausweichend* Gevatterin Proctor, ich richte Euch nicht. Meine Aufgabe ist, nach meinen Kräften zu der gottgegebenen Einsicht des Gerichts beizutragen. Ich wünsche euch beiden Gesundheit und Wohlergehen. *Zu Proctor.* Gute Nacht, Herr. *Er geht.*

Elizabeth *mit einem Unterton von Verzweiflung* Ich glaub, du mußt es ihm sagen, John.

Hale Was meint Ihr?

Elizabeth *eine Forderung unterdrückend* Willst du's ihm sagen? *Kurze Pause. Hale sieht Proctor fragend an.*

Proctor *mühsam* Ich – ich hab keinen Zeugen und kann's nicht beweisen, außer man glaubt meinem Wort. Doch ich weiß, daß die Erkrankung der Kinder mit Hexerei nichts zu schaffen hat.

Hale *auf den Fleck gebannt, betroffen* Nichts zu schaffen –?

Proctor Herr Parris überraschte sie beim Herumtollen im Wald. Sie erschraken darob und wurden krank. *Pause.*

Hale Wer hat Euch das gesagt?

Proctor *zögert; dann* Abigail Williams.

Hale Abigail.

Proctor Ja.

Hale *starr vor Staunen* Abigail Williams hat Euch gesagt, es habe mit Hexerei nichts zu schaffen!

Proctor Ja. Am gleichen Tag, als Ihr eintraft, Herr.

Hale *mißtrauisch* Warum – warum verschwiegt Ihr das?

Proctor Ich wußte bis heute abend nicht, daß dieser Unfug alle Welt in Narretei versetzt hat.

Hale Unfug! Herr, ich selber habe Tituba, Sarah Good und viele andere ins Verhör genommen, die gestanden haben, im Bund mit dem Teufel zu sein. Sie haben *gestanden.*

Proctor Was Wunder, wenn sie aufs Leugnen hin gehenkt werden? Es gibt solche, die alles beschwören, ehe sie sich henken lassen; habt Ihr daran nie gedacht?

Hale Doch. Das – das habe ich, in der Tat. *Es ist sein eigener Verdacht, aber er wehrt ihn ab. Er blickt von Elizabeth zu Proctor.* Und ihr – würdet Ihr das vor Gericht bezeugen?

Proctor Ich – hatte nicht damit gerechnet, vor Gericht zu gehen. Doch wenn's sein muß, tu ich's.

Hale Schwankt Ihr hier?

Proctor Nichts von Schwanken, doch ich mag mich fragen, ob meine Geschichte vor solch einem Gericht Glauben findet. Und das frag ich mich, wenn ein so besonnener Gottesdiener wie Ihr Zweifel an einer Frau hegt, die nie log und nicht lügen kann, und von der jedermann weiß, daß sie's nicht kann! Ich mag ein wenig schwanken, Herr; ich bin kein Narr.

Hale *ruhig – hiervon beeindruckt* Proctor, reden wir offen miteinander. Mich besorgt ein Gerücht. Man sagt, Ihr glaubt nicht, daß es Hexen überhaupt in der Welt geben könne. Ist das wahr?

Proctor *– er weiß, daß dies kritisch ist, und kämpft mit seinem Widerwillen gegen Hale, wie sich selbst, daß er auch nur antwortet* Ich weiß nicht, was ich gesagt hab; mag sein, ich hab's gesagt. Ich hab darüber nachgedacht, ob's wohl Hexen in der Welt gäbe – wobei ich nicht glauben kann, daß sie jetzt hier unter uns wären.

Hale Also glaubt Ihr nicht–

Proctor Ich versteh nichts davon; die Bibel spricht von Hexen, und ich will sie nicht ableugnen.

Hale Und Ihr, Frau?

Elizabeth Ich – ich kann nicht daran glauben.

Hale *entsetzt* Ihr könnt nicht!

Proctor Elizabeth, du machst ihn irre!

Elizabeth *zu Hale* Ich kann nicht glauben, Herr Hale, daß der Teufel die Seele einer Frau inne hat, wenn sie aufrecht wandelt, wie ich's getan hab. Ich bin eine brave Frau, das weiß ich; und wenn Ihr glaubt, ich könnte nur Gutes in der Welt verrichten und dennoch insgeheim mit dem Satan im Bunde sein, so muß ich Euch sagen, Herr, ich glaub es nicht.

Hale Aber Frau, daran glaubt Ihr doch, daß es Hexen in –

Elizabeth Wenn Ihr glaubt, daß ich eine bin, so sag ich, es gibt keine.

Hale Ihr erhebt Euch gewiß nicht gegen das Evangelium, das Evangelium –

Proctor Sie glaubt ans Evangelium, Wort für Wort!

Elizabeth Befragt Abigail Williams übers Evangelium, nicht mich! *Hale starrt sie an.*

Proctor Sie denkt nicht daran, am Evangelium zu zweifeln, Herr, das könnt Ihr nicht meinen. Dies ist ein christlich Haus, Herr, ein christlich Haus.

Hale Gott erhalte euch beide; laßt in Eile das dritte Kind taufen und geht ohne Fehl allsonntäglich zum Sabbatgebet; und wandelt ernst und still miteinander. Ich denke –

Giles Corey erscheint in der Türe.

Giles John!

Proctor Giles! Was gibt's?

Giles Sie haben mein Weib geholt.

Francis Nurse kommt herein.

Giles Und seine Rebecca!

Proctor *zu Francis* Rebecca ist im Kerker!

Francis Ja, Cheever kam und brachte sie auf seinem Karren weg. Wir kommen grad vom Kerker; man läßt uns nicht einmal zu ihnen hinein.

Elizabeth Jetzt sind sie wahrhaftig toll geworden, Herr Hale!

Francis *tritt zu Hale* Pastor Hale! Könnt Ihr nicht mit dem Unterstatthalter sprechen? Ich bin sicher, er irrt sich –

Hale Bitte beruhigt Euch, Herr Nurse.

Francis Mein Weib ist Stein und Mörtel der Kirche, Herr Hale – *Auf Giles weisend* – und Martha Corey, niemand kann Gott näher sein als Martha.

Hale Wessen ist Rebecca beschuldigt, Herr Nurse?

Francis *mit einem halbüberzeugten spöttischen Lachen* Des Mordes ist sie beschuldigt! *Er zitiert spöttisch den Haftbefehl.* »Des wundersamen und übernatürlichen Mordes an Gevatterin Putnams Neugeborenen.« Was soll ich tun, Herr Hale?

Hale *wendet sich tief betroffen von Francis ab; dann* Glaubt mir, Herr, wäre Rebecca Nurse ergriffen, so bliebe nichts, die ganze lebendige Welt vorm Brennen zu bewahren. Vertraut auf die Gerechtigkeit des Gerichts; das Gericht wird sie heimsenden, ich weiß es.

Francis Ihr könnt nicht meinen, daß sie vor Gericht gestellt wird!

Hale *eindringlich* Nur, ob auch unsere Herzen brechen, wir können dem nicht ausweichen; dies sind neue Zeiten, Herr. Ein dunkler Anschlag ist im Gange, so fein gesponnen, daß es sündhaft von uns wäre, alten Rücksichten und überkommener Freundschaft anzuhangen. Ich sah so viele furchtbare Beweise im Gericht – der Teufel geht in Salem um, und wohin der anklagende Finger auch weist, wir dürfen nicht zaudern, ihm zu folgen!

Proctor *aufgebracht* Wie kann eine solche Frau Kinder morden?

Hale *gequält* Mann, denkt daran, bis eine Stunde, eh der Teufel fiel, hielt Gott ihn für eine Zier des Himmels.

Giles Herr Hale, ich hab nie gesagt, mein Weib wäre eine Hexe; ich hab nur gesagt, sie läse Bücher!

Hale Herr Corey, wie lautet genau die Klage gegen Euer Weib?

Giles Dieser verdammte Bastard Walcott klagt sie an. Seht Ihr, vor vier, fünf Jahr kauft er von meinem Weib ein Schwein, und bald danach starb das Schwein. Kommt er also angetanzt und verlangt sein Geld zurück. Sagt also meine Martha zu ihm: »Walcott, wenn Ihr nicht genug Verstand habt, ein Schwein zu füttern, wie sich's gehört, werdet Ihr nie viel haben«, sagt sie. Jetzt geht er zum Gericht und klagt, er könnt seit jenem Tag bis heut kein Schwein länger als vier Wochen am Leben halten, weil meine Martha sie mit ihren Büchern verhext!

Ezekiel Cheever kommt herein. Erschrockenes Schweigen.

Cheever Ich wünsch einen guten Abend, Proctor.

Proctor Nanu, Herr Cheever. Guten Abend.

Cheever Guten Abend miteinander. Guten Abend, Herr Hale.

Proctor Ich hoff, Ihr kommt nicht in Sachen des Gerichts.

Cheever Doch, Proctor, ja. Ich bin jetzt Gerichtsschreiber, wie Ihr wißt.

Der Büttel, Herrick, kommt herein; er ist Anfang Dreißig und im Augenblick einigermaßen verlegen.

Giles Ein Jammer, Ezekiel, daß ein ehrlicher Schneider, der in den Himmel hätt kommen können, in der Hölle schmoren muß. Dafür wirst du schmoren, weißt du das?

Cheever Du selber weißt, daß ich tun muß, was mir gesagt wird. Sicherlich weißt du das, Giles. Und mir wär's lieber, du schicktest mich nicht zur Hölle. Ich hör's nicht gern, sag ich dir, ich hör's nicht gern. *Trotz seiner Angst vor Proctor greift er in seinen Rock.* Jetzt glaubt's mir, Proctor, wie schwer das Gesetz auch sein mag, ich trag sein ganzes Gewicht heut abend auf meinem Rücken. *Er holt einen Haftbefehl heraus.* Ich hab einen Verhaftsbefehl für Euer Weib.

Proctor *zu Hale* Ihr sagtet, sie wäre nicht angeschuldigt!

Hale Ich weiß nichts davon! *Zu Cheever.* Wann ward sie angeschuldigt?

Cheever Man gab mir heut abend sechzehn Verhaftsbefehle, Herr, und einer ist für sie.

Proctor Wer schuldigte sie an?

Cheever Nun, Abigail Williams.

Proctor Auf was für Beweis hin? Was für Beweis?

Cheever *in der Stube umherblickend* Herr Proctor, ich hab wenig Zeit. Das Gericht hieß mich Euer Haus durchsuchen, doch ich durchsuch nicht gern ein Haus. Wollt Ihr mir also die Puppen übergeben, die Euer Weib hier etwa hat?

Proctor Puppen?

Elizabeth Ich hab keine Puppen, seit meiner Kinderzeit nicht.

Cheever *verlegen, nach dem Kaminsims blickend, wo Mary Warrens Puppe sitzt* Ich seh eine Puppe, Gevatterin Proctor.

Elizabeth Oh! *Sie geht hin.* Nun, die gehört Mary.

Cheever *mißtrauisch* Würdet Ihr sie mir bitte geben?

Elizabeth *tut es; zu Hale* Hat das Gericht jetzt einen Bibeltext über Puppen entdeckt?

Cheever *hält die Puppe vorsichtig in der Hand* Habt Ihr noch weitere im Haus?

Proctor Nein, und diese auch erst seit heut abend. Was bedeutet eine Puppe?

Cheever Nun, eine Puppe – *Er dreht die Puppe behutsam um* – eine Puppe kann bedeuten – Also, Frau, würdet Ihr jetzt bitte mitkommen?

Proctor Das wird sie nicht! *Zu Elisabeth.* Hol Mary her.

Cheever *mit dem vergeblichen Versuch, Elizabeth aufzuhalten* Nein, nein, ich darf sie nicht aus den Augen lassen.

Proctor *stößt seinen Arm weg* Ihr laßt sie aus den Augen und aus dem Sinn, Mann. Hol Mary, Elizabeth.

Elizabeth geht nach oben.

Hale Was bedeutet eine Puppe, Herr Cheever?

Cheever *wendet die Puppe hin und her* Nun, sie sagen, sie könnt bedeuten, daß – *Er hat den Rock der Puppe gehoben, und seine Augen weiten sich vor Staunen und Furcht.* Oh, dies, dies –

Proctor *greift nach der Puppe* Was ist's?

Cheever Nun – *Er zieht eine lange Nadel aus der Puppe* – 's ist eine Nadel! Herrick, Herrick, 's ist eine Nadel!

Proctor *aufgebracht, verwirrt* Und was bedeutet eine Nadel?

Cheever *seine Hände beben* Nun dies ist bös für sie, Proctor, dies – Ich hatt meine Zweifel, Proctor, ich hatt meine Zweifel, doch hier ist Unheil. *Zu Hale, indem er ihm die Nadel zeigt.* Ihr seht's, Herr, es ist eine Nadel!

Hale Wie denn? Was soll's damit?

Cheever *zitternd, mit aufgerissenen Augen* Das Mädchen, das Williams-Mädchen, Abigail Williams, Herr. Sie saß heut abend in Pastor Parris' Haus bei Tische und fällt mit eins ohne ein Wort oder Zeichen zu Boden. Wie ein erschlagen Tier, sagt er, und stieß einen Schrei aus, der einem Bullen das Herz erweicht hätt. Und er eilt, ihr zu helfen, und zieht eine Nadel heraus, die zwei Zoll tief in ihrem Leib steckt. Und gefragt, wie's dazu gekommen wär, gibt sie an – *Jetzt zu Proctor* – der Geist Eures Weibes wär's, der sie hineinstieß.

Proctor Ho, sie selber war's! *Zu Hale.* Ich hoff, Ihr nehmt dies nicht als Beweis, Herr!

Hale schweigt, betroffen über den Beweis.

Cheever Ein starker Beweis ist's. *Zu Hale.* Ich find hier bei Gevatterin Proctor eine Puppe. Ich fand sie, Herr. Und in den Leib der Puppe ist eine Nadel gesteckt. Frei heraus gesagt, Proctor, nie glaubt ich, solch einen Beweis der Hölle zu sehn, und ich bitt Euch, widersetzt Euch nicht, denn ich – *Elizabeth kommt mit Mary Warren zurück. Sowie Proctor sie erblickt, zerrt er sie beim Arm zu Hale.*

Proctor So, Mary, wie kam diese Puppe in mein Haus?

Mary *voller Angst für sich selbst, sehr zaghaft* Was für eine Puppe, Herr?

Proctor *weist ungeduldig auf die Puppe in Cheevers Hand* Diese Puppe, diese Puppe.

Mary *blickt hin; ausweichend* Ei, ich – ich denk, es ist meine.

Proctor Es ist deine Puppe, nicht wahr?

Mary *ohne zu wissen, worauf es hinausgeht* J-ja, Herr.

Proctor Und wie kam sie hier ins Haus?

Mary *mit einem Blick über die gespannten Mienen* Ei – ich machte sie im Gericht, Herr und – schenkte sie heut abend Gevatterin Proctor.

Proctor *zu Hale* Was sagt Ihr jetzt?

Hale Mary Warren, in dieser Puppe ward eine Nadel gefunden.

Mary *verlegen* Ei, ich dacht mir nichts Böses dabei, Herr.

Proctor *rasch* Du stecktest diese Nadel selber hinein?

Mary Ich – ich glaub ja, Herr, ich –

Proctor *zu Halle* Was sagt Ihr jetzt?

Hale *beobachtet Mary aufmerksam* Kind, bist du sicher, daß dies dein natürlich Gedächtnis ist? Kann's nicht etwa sein, daß dich ein Zauber selbst jetzt so sprechen heißt?

Mary Ein Zauber? Ei nein, Herr, ich bin gänzlich bei mir, denk ich. Fragt nur Susanna Walcott – sie sah, wie ich sie im Gericht nähte. Oder noch besser, Abby fragt, Abby saß neben mir, dieweil ich sie machte.

Proctor *zu Hale, auf Cheever bezogen* Heißt ihn gehn. Sicherlich ist Euer Geist jetzt beruhigt. Weist ihn hinaus, Herr Hale.

Elizabeth Was soll's mit der Nadel?

Hale Mary – du lädst einen kalten und grausamen Mord auf Abigail.

Mary Mord! Ich lad keinen –

Hale Abigail ward heut abend durchbohrt; eine Nadel ward in ihrem Leib gefunden.

Elizabeth Und sie beschuldigt mich?

Hale Ja.

Elizabeth – *ihr stockt der Atem* Oh, das Mädchen ist Mord! Sie muß vom Erdboden vertilgt werden!

Cheever *auf Elizabeth weisend* Ihr habt's gehört, Herr! Vom Erdboden vertilgt! Herrick, du hörtest's!

Proctor *schnappt plötzlich den Haftbefehl aus Cheevers Hand* Hinaus mit Euch!

Cheever Proctor, Ihr wagt's nicht, den Befehl anzurühren.

Proctor *zerreißt das Schriftstück* Hinaus mit Euch!

Cheever Ihr habt den Verhaftsbefehl des Unterstatthalters zerrissen, Mann!

Proctor Verdammt der Unterstatthalter! Hinaus aus meinem Haus!

Hale Aber Proctor, Proctor!

Proctor Ihr geht mit ihnen, bankrotter Gottesdiener, der Ihr seid!

Hale Proctor, wenn sie unschuldig ist, wird das Gericht –

Proctor Wenn *sie* unschuldig ist! Warum fragt Ihr nie, ob Parris unschuldig ist, oder Abigail? Ist jetzt der Ankläger immer heilig? Sind sie heut morgen rein wie Gottes Finger geboren? Ich sag Euch, was in Salem umgeht – Rache geht in Salem um. Wir sind, wie wir immer waren in Salem, doch überspannte Mädchen bestimmen jetzt kreischend die Tonart, und gemeine Rache schreibt das Gesetz! Dieser Verhaftsbefehl ist Rache! Ich geb mein Weib nicht der Rache preis!

Elizabeth Ich werd gehn, John.

Proctor Du wirst nicht gehn!

Herrick Ich hab neun Männer draußen, du kannst sie nicht halten. Das Gesetz bindet mich, John, ich kann nichts machen.

Proctor *zu Hale, bereit, sich auf ihn zu stürzen* Ihr seht mit an, daß man sie wegbringt?

Hale Proctor, das Gericht ist gerecht –

Proctor Pontius Pilatus! Gott läßt Euch davon Eure Hände nicht reinwaschen!

Elizabeth John – ich glaub, ich muß gehn. *Er erträgt es nicht, sie anzusehen.* Mary, für den Morgen ist genügend Brot da; am Nachmittag wirst du backen. Hilf Herrn Proctor, als wärst du seine Tochter – das schuldst du mir, und mehr als das. *Sie kämpft gegen die aufsteigenden Tränen an. Zu Proctor.* Wenn die Kinder aufwachen, sag nichts von Hexerei – es wird sie ängstigen. *Sie kann nicht fortfahren.*

Proctor Ich werd dich heimholen. Ich werd dich bald holen.

Elizabeth Ja, John, hol mich bald!

Proctor Wie ein Ozean werd ich über dies Gericht hereinfallen! Fürcht dich nicht, Elizabeth!

Elizabeth *mit tiefer Angst* Ich werd mich nicht fürchten. *Sie blickt in der Stube umher, wie um sie ihrem Geist einzuprägen.* Den Kindern sag, ich wär zu einem Krankenbesuch gegangen. *Sie geht hinaus, gefolgt von Herrick und Cheever. Einen Augenblick sieht Proctor ihnen von der Türe aus nach. Man hört Ketten rasseln.*

Proctor Herrick! Herrick, fessel sie nicht! *Er stürzt hinaus. Von draußen.* Verdammt, Mann, du wirst sie nicht fesseln! Weg damit! Ich duld's nicht! Ich duld nicht, daß man sie fesselt!

Andere Männer sprechen wider ihn an. Hale wendet sich in einem Fieber von Schuld und Unsicherheit von der Türe ab, um den Anblick zu vermeiden. Mary Warren bricht in Tränen aus und sitzt weinend da.

Giles *ruft Hale zu* Und ihr schweigt immer noch, Pastor? Es ist Betrug, Ihr wißt, daß es Betrug ist! Was wartet Ihr, Mann?

Von Herrick und zwei Männern wird Proctor, halb gezogen, halb gestoßen, hereingebracht.

Proctor Ich zahl's dir heim, Herrick, verlaß dich drauf, ich zahl's dir heim!

Herrick *keuchend* Im Namen Gottes, John, ich kann's nicht ändern. Ich muß sie alle fesseln. Jetzt bleib hier drinnen, bis ich weg bin! *Er geht mit den Männern.*

Hale *in großer Unsicherheit* Herr Proctor –

Proctor Aus meinen Augen!

Hale Milde, Proctor, Milde. Was ich zu ihren Gunsten gehört habe, will ich nicht zögern, vor Gericht zu bezeugen. Gott helfe mir, ich kann sie nicht schuldig oder unschuldig sprechen – ich weiß es nicht. Nur dies bedenkt: die Welt rast, und es fruchtet nichts, daß Ihr die Ursache der Rache eines Mädchens zuschreibt.

Proctor Ihr seid ein Feigling! Und wärt Ihr mit Gottes eignen Tränen geweiht, jetzt seid Ihr ein Feigling!

Hale Proctor, ich kann nicht glauben, Gott sei durch eine so kleine Ursache so ungeheuer herausgefordert. Die Kerker sind überfüllt – unsere größten Richter sind in Salem versammelt – und der Strang droht. Mann, wir müssen nach angemessener Ursache ausschauen. Ward etwa ein

Mord begangen und nie ans Licht gebracht? Ein Greuel? Eine geheime Lästerung, die zum Himmel schreit? Sinnt auf die Ursache, Mann, und laßt mich sie Euch entdecken helfen. Denn das ist Euer Weg, glaubt es, das ist Euer einziger Weg, wenn solche Wirrnis über die Welt hereinbricht. *Er tritt zu Giles und Francis.* Haltet Rat unter euch; sinnt über eure Stadt und darüber, was vom Himmel so donnernden Zorn auf euch alle herniedergezogen hat. Ich werde beten, daß Gott unsere Augen auftue. *Hale geht.*

Francis *über Hales Stimmung betroffen* Ich hab nie von einem Mord in Salem gehört.

Proctor – *Hales Worte sind zu ihm gedrungen* Laß mich allein, Francis, laß mich allein.

Giles *zitternd* John – sag mir, sind wir verloren?

Proctor Geh jetzt nach Haus, Giles. Wir reden morgen darüber.

Giles Denk du drüber nach. Wir kommen früh, hä?

Francis Ja. Jetzt geh, Giles.

Giles Gut Nacht, dann. *Giles Corey und Francis Nurse gehen. Kurze Pause.*

Mary *mit einem furchtbaren Quieken* Herr Proctor, sie lassen sie ganz sicherlich heimgehn, wenn man's ihnen erst richtig beweist.

Proctor Du kommst mit mir zum Gericht, Mary. Du wirst es vor Gericht sagen.

Mary Ich kann nicht Mord auf Abigail laden.

Proctor *geht drohend auf sie zu* Du wirst dem Gericht sagen, wie diese Puppe herkam und wer die Nadel hineinstach.

Mary Sie wird mich töten, wenn ich das sag! *Proctor kommt näher.* Sie wird Euch des Ehebruchs anklagen, Herr!

Proctor *innehaltend* Sie hat dir erzählt!

Mary Ich wußt es, Herr. Sie wird Euch damit verderben, ich weiß es.

Proctor *langsam und mit tiefem Abscheu vor sich selbst* Nun gut. Dann ist's mit ihrer Heiligkeit aus. *Mary weicht vor ihm zurück.* Wir stürzen gemeinsam in unsern Abgrund; du wirst dem Gericht sagen, was du weißt.

Mary *voller Schrecken* Ich kann nicht, sie werden sich gegen mich kehren –

Proctor geht vor und ergreift sie, während sie wiederholt: »Ich kann nicht, ich kann nicht!«

Proctor Mein Weib wird nicht um meinetwillen sterben! Ich werd dir die Zunge lösen, doch diese Gute wird nicht um meinetwillen sterben!

Mary *mit dem Versuch, sich ihm zu entwinden* Ich kann's nicht tun, ich kann nicht!

Proctor *packt sie bei der Kehle, als wollte er sie erwürgen* Mach deinen Frieden damit! Himmel und Hölle balgen sich jetzt auf unserm Buckel, und all unsre frühre Gleißnerei ist weggerissen – mach deinen Frieden! *Er schleudert sie zu Boden, und während sie schluchzt »Ich kann nicht, ich kann nicht ...« wendet er sich mit starrem Blick zu der offenen Türe; dann halb zu sich selbst.* Frieden. Es ist eine Vorsehung und kein großer Wechsel; wir sind, wie wir von jeher waren, nur nackt. *Er geht wie einem großen Grauen entgegen, das Gesicht dem Himmel zugewandt.* Ja, nackt! Und der Wind, Gottes eisiger Wind, wird wehen! *Und sie schluchzt wieder und wieder: »Ich kann nicht, ich kann nicht, ich kann nicht« während der Vorhang fällt.*

Zweiter Akt

Erste Szene

Ein Wald. Nacht. Vorn links fällt Licht auf einen Baumstamm. Proctor erscheint vorn links mit einer Laterne. Er blickt im Gehen zurück und bleibt dann, die Laterne hochhaltend, stehen. Hinter ihm erscheint Abigail, ein Tuch über dem Nachthemd, mit offenem Haar. Ein Augenblick fragenden Schweigens.

Proctor *leuchtet umher und geht nach vorn, rechts vom Baumstamm* Ich muß mit dir sprechen, Abigail. *Sie blickt ihn an, ohne sich zu rühren.* Willst du dich setzen?

Abigail Wie kommst du?

Proctor Als Freund.

Abigail *um sich blickend* Ich mag bei Nacht den Wald nicht. Bitte komm näher. *Er tritt näher zu ihr, hält sich aber im Geist fern.* Ich wußte, daß du's warst. Als ich den Kies am Fenster hörte, wußt' ich, noch eh ich die Augen auftat. *Sie setzt sich auf das linke Ende des Baumstamms.* Ich dachte, du würdst viel früher kommen.

Proctor Ich hatte oft die Absicht zu kommen.

Abigail Warum tatst du's nicht? Ich bin jetzt so allein in der Welt.

Proctor *als Tatsache, nicht bitter* So? Ich hörte, daß die Leute jetzt hundert Meilen weit herkommen, um dein Gesicht zu sehn.

Abigail Ja, mein Gesicht. Siehst du mein Gesicht?

Proctor *hält die Laterne vor ihr Gesicht* So bist du bekümmert?

Abigail Kamst du, mich zu höhnen?

Proctor *stellt die Laterne rechts ab und setzt sich rechts von ihr* Nein, nein, ich hör nur, daß du jeden Abend in die Schenke gehst und mit dem Unterstatthalter Beilke spielst, und daß sie dir Most geben.

Abigail *als zählte das nicht* Ich hab ein- oder zweimal Beilke gespielt. Doch es macht mir keinen Spaß.

Proctor *forscht sie aus* Das ist zum Verwundern, Abby. Ich dacht dich froher anzutreffen. Man sagt mir, ein Trupp junger

Burschen begleite dich jetzt auf Schritt und Tritt, wohin du auch gehst.

Abigail Ja, das tun sie. Aber ich bekomm nur geile Blicke von ihnen.

Proctor Und das magst du nicht?

Abigail Ich ertrag keine geilen Blicke mehr, John – mein Geist ist ganz und gar verwandelt. Fromme Blicke gebührten mir, da ich so für sie leide.

Proctor Oh! Wieso leidest du, Abby?

Abigail *zieht das Nachthemd hoch* Ei, sieh mein Bein an. Ich bin voller Löcher von ihren verwünschten Nadeln und Nägeln. *Sie faßt sich an den Leib.* Der Stich, den dein Weib mir beibrachte, ist immer noch nicht geheilt, weißt du.

Proctor *jetzt ihre Tollheit erkennend* Oh.

Abigail Manchmal denk ich, sie pickt ihn wieder auf, während ich schlaf.

Proctor Ach?

Abigail Und George Jacobs – *Sie streift ihren Ärmel zurück* – er kommt wieder und wieder und schlägt mich mit seinem Stock – jede Nacht, diese ganze Woche, immer auf die gleiche Stelle. Sieh nur, was für eine Beule ich hab.

Proctor Abby – George Jacobs ist seit einem Monat im Kerker.

Abigail Gott sei's gedankt, und gesegnet der Tag, da er gehenkt wird und mich wieder ruhig schlafen läßt! O John, die Welt ist so voller Heuchler. *Verwundert, aufgebracht.* Sie beten im Kerker! Man sagt mir, sie alle beten im Kerker!

Proctor Können sie nicht beten?

Abigail Und mich in meinem Bett martern, dieweil fromme Worte von ihren Lippen kommen? Oh, Gottes selber wird's bedürfen, um diese Stadt gehörig zu reinigen!

Proctor Abby – du willst noch weitere ausschreien?

Abigail *nach vorn* Wenn ich leb, wenn sie mich nicht morden, will ich's ganz gewiß, bis der letzte Heuchler tot ist.

Proctor So gibt's keinen einzigen Guten?

Abigail *weich* Doch einen. *Du* bist gut.

Proctor Ich? Wieso bin ich gut?

Abigail Ei, du lehrtest mich Gutheit, darum bist du gut. Du führtest mich durch ein Feuer, und all meine Unwissenheit ward weggebrannt. Es war ein Feuer, John, wir lagen im Feuer. Und seit jener Nacht darf keine Frau mich mehr schlecht heißen, oder ich wüßt ihr Antwort. Früher weint ich immer über meine Sünden, wenn der Wind mir die Röcke hob; und ward rot vor Scham, wenn eine alte Rebecca mich liederlich schalt. Und dann branntest du meine Unwissenheit hinweg. So kahl wie einen Dezemberbaum sah ich alle – wenn sie gleich Heiligen zur Kirche gingen, die Kranken zu speisen eilten, und in ihren Herzen Heuchler! Und Gott gab mir Kraft, sie Lügner zu heißen, und Gott ließ die Menschen auf mich hören, und bei Gott, ich will die Welt von ihnen säubern, aus Liebe zu Ihm! O John, was für ein Weib will ich dir sein, wenn die Welt wieder rein ist! *Sie küßt in großer Bewegung seine Hand.* Du wirst staunen, wenn du mich Tag um Tag als ein Himmelslicht in deinem Haus siehst, ein – *Er steht auf und weicht erschrocken, bestürzt zurück.* Warum bist du kalt?

Proctor *sachlich, aber mit einem Unbehagen, wie vor etwas Unwirklichem* Mein Weib kommt morgen vor Gericht, Abigail.

Abigail *abwesend* Dein Weib?

Proctor Du wußtest sicherlich davon?

Abigail *zu sich kommend* Ja, ich erinnere mich. *Um der Pflicht zu genügen.* Wie – wie – geht's ihr gut?

Proctor So gut's ihr gehen mag, nach sechsunddreißig Tagen an solch einem Ort.

Abigail Du sagtest, du kämst als Freund.

Proctor Sie wird nicht verurteilt werden, Abby.

Abigail *in ihren heiligsten Gefühlen getroffen. Aber sie fragt* Du holtest mich aus meinem Bett, um von ihr zu sprechen?

Proctor Um dir zu sagen, Abby, was ich morgen vor Gericht tun will. Ich möcht dich nicht überrumpeln, sondern dir rechte Zeit zum Nachdenken geben, wie du dich retten magst.

Abigail *ungläubig und mit aufsteigender Angst* Mich retten?

Proctor Wenn du morgen mein Weib nicht befreist, Abby, will und muß ich dich verderben.

Abigail *mit versagender Stimme – staunend* Wie – mich verderben?

Proctor Ich hab felsenharten urkundlichen Beweis, daß du wußtest, wie jene Puppe an mein Weib kam; und daß du selber Mary Warren jene Nadel hineinstecken hießest.

Abigail *will aufbegehren – ein Kind, das unaussprechlich enttäuscht ist, da sein Wunsch abgeschlagen wird; aber sie faßt sich* Ich hieß Mary Warren –?

Proctor Du weißt, was du tust, so toll bist du nicht!

Abigail *zum Himmel aufrufend* O ihr Heuchler! So gewannt ihr auch ihn? *Zu ihm.* John, warum läßt du sie dich schicken?

Proctor Ich warn dich, Abby.

Abigail Sie schicken dich! Sie stehlen deine Ehrlichkeit und –

Proctor Ich hab meine Ehrlichkeit gefunden.

Abigail Nein, dies ist dein Weib, die aus dir spricht, dein greinend, neidisch Weib! Dies ist Rebeccas Stimme, Martha Coreys Stimme. Du warst kein Heuchler!

Proctor *packt sie beim Arm und hält sie* Ich erweis dich als die Betrügerin, die du bist!

Abigail Und was sagst du ihnen, wenn sie dich fragen, warum denn Abigail so Mörderisches tun sollte?

Proctor – *es ist schwer, es nur auszusprechen* Ich sag ihnen, warum.

Abigail Was sagst du ihnen? Du bekennst dich zu Unzucht? Vor Gericht?

Proctor Wenn du's so willst, so werd ich's sagen! *Sie stößt ein ungläubiges Lachen aus.* Ich werd es sagen! *Sie lacht lauter, jetzt noch sicherer, daß er es niemals tun wird. Er schüttelt sie roh.* Wenn du noch hören kannst, hör dies! Kannst du hören? *Sie zittert, zu ihm aufblickend, als wäre er von Sinnen.* Du sagst dem Gericht, daß du keine Gesichte hast; daß du keine Geister mehr siehst; und nie wieder schreist du Hexerei aus, oder ich mach dich als die Hur bekannt, die du bist!

Abigail *faßt ihn* Nimmer im Leben! Ich kenn dich, John – in diesem Augenblick singst du insgeheim ein Halleluja, daß dein Weib gehenkt wird!

Proctor *wirft sie nieder* Du tolle, du mörderische Dirne! *Er geht nach rechts.*

Abigail *steht auf* Oh, wie schwer ist's, wenn die Maske fällt! Doch sie fällt, sie fällt! *Sie hüllt sich ein, bereit, wegzugehn.* Du hast deine Pflicht in ihrem Namen getan. Es ist deine letzte Heuchelei, hoff ich. Ich bet, daß du wiederkommst, und dann mit liebrer Botschaft für mich. Ich weiß, das wirst du – da nun deine Pflicht getan ist. Gut Nacht, John. *Sie entfernt sich zurückgewandt nach links und winkt ihm zum Abschied.* Fürchte nichts. Ich werd dich morgen retten. *Indem sie sich umdreht und vorn links weggeht.* Vor dir selber werd ich dich retten.

Proctor bleibt bestürzt, voller Entsetzen zurück. Er nimmt seine Laterne auf und geht langsam nach hinten links, während es dunkel wird und der Vorhang fällt.

Zweite Szene

Die Sakristei des Bethauses von Salem, die jetzt als Vorraum des Gerichts dient.
Wenn der Vorhang aufgeht, ist der Raum leer, bis auf das Sonnenlicht, das durch zwei hohe Fenster an der Rückwand hereinströmt. Es ist ein ernster, ja unheimlicher Raum, mit seinem schweren vorspringenden Gebälk und seinen Wänden aus Brettern von verschiedener Breite. Rechts führen zwei Türen in das eigentliche Bethaus, wo das Gericht tagt; links eine weitere Türe nach draußen.
Rechts und links je eine einfache Bank. In der Mitte ein langer Versammlungstisch mit darumgestellten Stühlen und einem schweren Lehnstuhl.
Durch die Wand rechts hört man die Stimme des Staatsanwalts Richter Hathorne, der eine Frage stellt; darauf eine Frauenstimme – Martha Coreys –, die antwortet.

Hathornes Stimme Nun, Martha Corey, wir haben genugsam Beweis in Händen, daß Ihr Euch dem Lesen von Wahrsagebüchern hingabt. Leugnet Ihr das?

Marthas Stimme Ich bin unschuldig als Hexe. Ich weiß nicht, was eine Hexe ist.

Hathornes Stimme Wie wißt Ihr dann, daß Ihr keine Hexe seid?

Marthas Stimme Wenn ich eine wär, wüßt ich's.

Hathornes Stimme Warum plagt Ihr diese Kinder?

Marthas Stimme Ich plag sie nicht. Ich verschmäh das!

Giles Stimme *brüllend* Ich hab Beweis für das Gericht!

Aufgeregte Zwischenrufe aus der Stadtbevölkerung.

Danforths Stimme Ihr bleibt an Eurem Platz.

Giles Stimme Thomas Putnam giert nach Land!

Danforths Stimme Büttel, schaff diesen Mann hinaus!

Giles Stimme Ihr hört Lügen, Lügen!

Die Zwischenrufe steigern sich zum Gebrüll.

Hathornes Stimme Nehmt ihn fest, Exzellenz!

Giles Stimme Ich hab Beweis. Warum wollt Ihr meinen Beweis nicht hören?

Die Tür geht auf, und halb getragen wird Giles von Herrick in die Sakristei gebracht.

Giles Hände weg, verdamm dich, laß mich los!

Herrick Giles, Giles!

Giles Geh mir aus dem Weg, Herrick! Ich bring Beweis –

Herrick Du kannst nicht dahineingehen, Giles; es ist ein Gericht!

Hale kommt vom Gerichtssaal herein.

Hale Bitte, seid einen Augenblick ruhig.

Giles Geht Ihr hinein, Herr Hale, und verlangt, daß ich sprech.

Hale Einen Augenblick, Herr, einen Augenblick.

Giles Mein Weib wird gehenkt!

Richter Hathorne kommt herein. Er ist in den Sechzigern, ein erbitterter hartherziger Salemer Richter.

Hathorne Wie könnt Ihr's wagen, in diesem Gericht Lärm zu schlagen! Seid Ihr närrisch geworden, Corey?

Giles Ihr seid noch nicht Richter in Boston, Hathorne. Ihr heißt mich nicht närrisch!

Der Unterstatthalter kommt herein, gefolgt von Ezekiel Cheever und Parris. Schweigen entsteht bei seinem Eintritt. Danforth ist ein würdevoller Sechziger, mit einem gewissen Maß von Humor und Spitzfindigkeit, was jedoch eine strikte Ergebenheit seinem Amt und seiner Sache gegenüber nicht beeinträchtigt. Er kommt vor zu Giles, der einen Zornausbruch erwartet.

Danforth *faßt Giles direkt ins Auge* Wer ist dieser Mann?

Parris Giles Corey, Herr, und einen streitsüchtigeren –

Giles *zu Parris* Ich bin gefragt, und ich bin alt genug zu antworten! *Zu Danforth, der ihn beeindruckt, mit einem mühsamen Lächeln.* Mein Name ist Corey, Herr, Giles Corey. Ich hab sechshundert Morgen Land und Wald dazu. Es ist mein Weib, die Ihr eben verurteilt. *Er weist nach dem Gerichtssaal.*

Danforth Und wie meint Ihr mit so ungebührlichem Lärm ihrer Sache zu dienen? Jetzt geht. Nur Euer hohes Alter bewahrt Euch vor dem Kerker.

Giles *schreitet zur Verteidigung* Sie berichten Euch Lügen über mein Weib, Herr, ich –

Danforth Maßt Ihr Euch an zu entscheiden, was dies Gericht glauben und was es verwerfen soll?

Giles Euer Exzellenz, keiner denkt an Mißachtung gegen –

Danforth Mißachtung, wahrlich! Es ist Auflehnung, Mann. Dies ist das höchste Gericht der obersten Regierung dieser Provinz, wißt Ihr das?

Giles *beginnt zu weinen* Euer Exzellenz, ich hab nur gesagt, sie läse Bücher. Herr, und sie kommen und holen sie mir weg wegen –

Danforth Bücher! Was für Bücher?

Giles *von hilflosem Schluchzen unterbrochen* Sie ist meine dritte, Herr; keine der andern war so auf Bücher versessen, und ich wollt den Grund dafür wissen, versteht Ihr, aber von Hexe hab ich nie was gesagt. *Er weint offen heraus.* Ich hab mich bei der Frau gegen die Liebe versündigt, ich hab mich bei ihr gegen die Liebe versündigt. *Er verdeckt beschämt sein Gesicht. Danforth schweigt rücksichtsvoll.*

Hale Exzellenz, er beruft sich auf starken Beweis zur Verteidigung seines Weibes. Ich glaube, von Rechts wegen solltet Ihr –

Danforth So lege er seinen Beweis in der gehörigen Form einer eidlichen Aussage vor. Unser Verfahren hier ist Euch gewiß bekannt, Herr Hale. *Zu Herrick.* Räum dieses Zimmer.

Herrick Jetzt kommt, Giles. *Er schiebt Corey sanft hinaus.*

Francis *der inzwischen aus dem Gerichtssaal hereingekommen ist* Wir sind verzweifelt, Herr; seit drei Tagen kommen wir jetzt her und können kein Gehör finden.

Danforth Wer ist dieser Mann?

Francis Francis Nurse, Euer Exzellenz.

Hale Sein Weib ist Rebecca, die heute morgen verurteilt ward.

Danforth Wahrlich! Ich bin erstaunt, Euch bei solchem Aufruhr zu treffen. Ich habe nur Gutes von Euch gehört, Herr Nurse.

Hathorne Ich glaube, Herr, man sollte sie beide wegen Mißachtung festnehmen.

Danforth *zu Francis* Schreibt Euer Gesuch nieder, und zu gegebener Zeit will ich –

Francis Exzellenz, wir haben Beweis für Eure Augen; Gott verhüte, daß Ihr sie davor verschließt. Die Mädchen, Herr, die Mädchen sind Lug und Trug.

Danforth Was sagt Ihr?

Francis Wir haben Beweis dafür, Herr. Sie täuschen Euch allesamt.

Danforth ist empört, doch er befaßt sich mit Francis.

Hathorne Dies ist Mißachtung, Herr, Mißachtung!

Danforth Ruhe, Richter Hathorne. Wißt Ihr, wer ich bin, Herr Nurse?

Francis Sicherlich, Herr, und ich mein, um das zu sein, müßt Ihr ein weiser Richter sein.

Danforth Und wißt Ihr, daß von Marblehead bis Lynn an die vierhundert im Kerker sind, auf Grund meiner Unterschrift?

Francis Ich –

Danforth Und zweiundsiebzig zum Strang verurteilt, kraft dieser Unterschrift?

Francis Exzellenz, nie hätt ich gedacht, es zu so einem mächtigen Richter zu sagen, aber Ihr werdet getäuscht.

Giles Corey kommt von links herein. Aller Blicke wenden sich ihm zu, als er Mary Warren mit Proctor winkt, ihm zu folgen. Mary hält die Augen gesenkt, und Proctor hat sie am Ellbogen gefaßt, als wäre sie nahe am Zusammenbrechen.

Parris *bei Marys Anblick betroffen* Mary Warren! *Er geht hin und beugt sich zu ihrem Gesicht hinunter.* Was tust du hier?

Proctor *indem er Parris sanft aber fest, mit einer schützenden Gebärde beiseite schiebt* Sie möcht mit dem Unterstatthalter sprechen.

Danforth *entrüstet, zu Herrick* Sagtest du mir nicht, Mary Warren läge krank zu Bette?

Herrick So war's, Euer Ehren. Als ich sie vorige Woche zu Gericht holen ging, sagte sie, daß sie krank wär.

Giles Sie rang diese ganze Woche mit ihrer Seel, Euer Ehren; jetzt kommt sie, Euch die Wahrheit zu sagen.

Danforth Wer ist dies?

Proctor John Proctor, Herr. Elizabeth Proctor ist mein Weib.

Parris Habt acht vor diesem Mann, Exzellenz, dieser Mann ist Unheil.

Hale *erregt* Ich glaube, Ihr müßt das Mädchen hören, Herr, sie –

Danforth *der großes Interesse für Mary Warren gefaßt hat und nur die Hand gegen Hale hebt* Ruhe. Was möchtest du uns sagen, Mary Warren?

Proctor sieht sie an, doch sie bringt kein Wort heraus.

Proctor Sie sah nie irgendwelche Geister, Herr.

Danforth *sehr erschrocken und erstaunt, zu Mary* Sah nie irgendwelche Geister!

Giles *eifrig* Nie.

Proctor *in seinen Rock greifend* Sie unterschrieb eine eidliche Aussage, Herr –

Danforth *sogleich* Nein, nein, ich nehme keine schriftlichen Aussagen an. *Er überlegt rasch und wendet sich von ihr zu Proctor.* Hört, Herr Proctor, gabt Ihr und Eure Freunde dies in der Stadt bekannt?

Proctor Nein.

Parris Sie kommen, das Gericht zu stürzen, Herr! Dieser Mann ist –

Danforth Bitte, Herr Parris. Wißt Ihr, Herr Proctor, daß die gesamte Beweisführung des Staates in diesen Verhandlungen auf dem Glauben beruht, die Stimme des Himmels spreche aus diesen Kindern?

Proctor Ja, Herr, das weiß ich.

Danforth *überlegt, mit dem Blick auf Proctor, und wendet sich dann zu Mary* Und du, Mary Warren, wie kamst du dazu, Menschen auszuschreien, sie sendeten ihren Geist über dich?

Mary Es war Vortäuschung, Herr.

Danforth Ich höre dich nicht.

Proctor Es war Vortäuschung, sagt sie.

Danforth Ah? Und die anderen Mädchen? Susanna Walcott und – die übrigen? Die täuschen auch vor?

Mary Ja, Herr.

Danforth *mit großen Augen* Wahrlich. *Dies verwirrt ihn. Er wendet sich an Proctor, um in dessen Gesicht zu forschen.*

Parris *schwitzend* Exzellenz, sicherlich gedenkt Ihr nicht, eine so niederträchtige Lüge vor allem Gericht verlauten zu lassen!

Danforth Wahrlich nicht, doch es befremdet mich sehr, daß sie wagt, mit solch einer Mär herzukommen. Nun, Herr Proctor, eh ich entscheide, ob ich Euch hören soll oder nicht, bin ich verpflichtet, Euch dies zu sagen. Wir brennen hier ein heißes Feuer, das alle Verhehlung zum Schmelzen bringt.

Proctor Das weiß ich, Herr.

Danforth Laßt mich fortfahren. Ich verstehe gut, daß die Liebe einen Mann zur Verteidigung seines Weibes zu Außerordentlichem treiben kann. Seid Ihr in Eurem Gewissen überzeugt, Herr, daß Euer Beweis die Wahrheit ist?

Proctor Ja. Und Ihr werdet's sicherlich erkennen.

Danforth Und Ihr gedachtet dies vor dem ganzen Gericht und in aller Öffentlichkeit zu enthüllen?

Proctor Das dacht ich, ja – mit Eurer Erlaubnis.

Danforth *die Augen zusammenkneifend* Nun, Herr, was ist Eure Absicht dabei?

Proctor Ei, ich – ich möcht mein Weib befreien, Herr.

Danforth Nirgends in Eurem Herzen, noch verborgen in Eurem Geist lauert der Wunsch, dies Gericht zu untergraben?

Proctor *mit kaum merklichem Stocken* Ei, nein, Herr.

Cheever *räuspert sich, aufmerkend* Ich – Eure Exzellenz.

Danforth Herr Cheever.

Cheever Ich halt's für meine Pflicht, Herr – *Freundlich, zu Proctor.* Ihr könnt's nicht leugnen, Proctor. *Zu Danforth.* Als wir sein Weib holten, verwünschte er das Gericht und zerriß Euren Verhaftsbefehl.

Parris Da hört Ihr's!

Danforth Tat er das, Herr Hale?

Hale *holt Atem* Ja, das tat er.

Proctor Es war eine Aufwallung, Herr. Ich wußte nicht, was ich tat.

Danforth *sieht ihn forschend an* Herr Proctor.

Proctor Ja, Herr.

Danforth *blickt ihm fest in die Augen* Saht Ihr je den Teufel?

Proctor Nein, Herr.

Danforth Ihr seid in jeder Hinsicht ein glaubenstreuer Christ?

Proctor Das bin ich, Herr.

Parris Ein Christ, der nicht mehr als einmal im Mond zur Kirche kommt!

Danforth *hält an sich – er ist neugierig* Nicht zur Kirche kommt?

Proctor Ich – ich heg keine Liebe für Herrn Parris. Ich mach kein Geheimnis draus. Doch Gott lieb ich sicherlich.

Cheever Er pflügt am Sonntag, Herr.

Danforth Pflügt am Sonntag!

Cheever *entschuldigend* Ich halt's für ein Zeugnis, Proctor. Ich bin ein Amtlicher des Gerichts, ich kann's nicht verschweigen.

Proctor Ich – ich hab ein- oder zweimal am Sonntag gepflügt. Ich hab drei Kinder, Herr, und mein Land trug wenig bis vergangnes Jahr.

Giles Ihr fändet mehr Christen, die am Sonntag pflügen, wenn's der Wahrheit nach ging.

Hale Euer Ehren, ich kann nicht glauben, daß Ihr den Mann auf Grund solchen Zeugnisses richtet.

Danforth Ich richte nichts. *Pause. Er läßt Proctor nicht aus den Augen, der seinem Blick zu begegnen bemüht ist.* Ich sag's Euch offen, Herr – ich sah Wunderdinge in diesem Gericht. Ich sah Menschen vor meinen Augen von Geistern gewürgt; ich sah sie von Nadeln gestochen und von Messern zerschlitzt. Ich habe bis hieher nicht den kleinsten Grund zu dem Verdacht, daß die Mädchen mich täuschen. Versteht Ihr, was ich meine?

Proctor Exzellenz, befremdet's Euch nicht, daß so viele dieser Frauen so lang mit so rechtschaffnem Ruf gelebt haben und –

Parris Lest Ihr die Bibel, Herr Proctor?

Proctor Ja, ich les sie.

Parris Ich glaub's nicht, sonst wüßtet Ihr wohl, daß Kain ein rechtschaffener Mann war und dennoch Abel tötete.

Proctor Ja, das sagt Gott uns. *Zu Danforth.* Doch wer sagt uns, daß Rebecca Nurse sieben Neugeborene tötete, indem sie ihren Geist über sie aussandte? Nur die Mädchen sind's, und diese hier wird schwören, daß sie Euch belog. *Danforth überlegt und winkt Hathorne heran. Hathorne beugt sich hinüber, und er flüstert ihm ins Ohr. Hathorne nickt.*

Hathorne Ja, sie ist's.

Danforth Herr Proctor, heute morgen sandte Euer Weib mir ein Gesuch, worin sie angibt, nunmehr schwanger zu sein.

Proctor Mein Weib schwanger!

Danforth Kein Anzeichen bestätigt es – wir haben sie untersucht.

Proctor Aber wenn sie sagt, sie sei schwanger, muß es so sein! Diese Frau lügt nicht, Herr Danforth.

Danforth Lügt nicht?

Proctor Nie, Herr, nie.

Danforth Es schien uns zu gelegen, um glaubhaft zu sein. Indes, wenn ich Euch jetzt sagte, daß ich ihr einen weiteren Mond geben will; und wenn die natürlichen Anzeichen sichtbar werden, sie noch ein weiteres Jahr leben soll, bis sie entbunden hat – was meint Ihr dazu? *Proctor schweigt betroffen.* Sprecht. Ihr sagt, Eure einzige Absicht sei, Euer Weib zu retten. Nun gut, sie ist gerettet, zumindest für dies Jahr, und ein Jahr ist lang. Was sagt Ihr, Herr? Es ist gleich getan. *Im Kampf mit sich blickt Proctor nach Francis und Giles.* Wollt Ihr diese Beschuldigung fallenlassen?

Proctor Ich – ich glaub, ich kann nicht.

Danforth *jetzt mit fast unmerklicher Härte im Ton* So reicht Eure Absicht um einiges weiter.

Parris Er kam, dies Gericht zu stürzen, Euer Ehren!

Proctor Dies sind meine Freunde. Ihre Frauen sind auch angeklagt –

Danforth *mit unvermittelter Lebhaftigkeit* Ich richte Euch nicht, Herr. Ich bin bereit, Euer Zeugnis zu hören.

Proctor Ich komm nicht, dem Gericht zu schaden; ich will nur –

Danforth *fällt ihm ins Wort* Herrick, geh hinein und heiße Richter Stoughton und Richter Sewall die Verhandlung auf eine Stunde unterbrechen. Und sie mögen in die Schenke gehen, wenn sie wollen. Alle Zeugen und Gefangenen sind im Hause zu behalten.

Herrick Ja, Herr. *Sehr ehrerbietig.* Wenn's verstattet ist, Herr, ich kenn diesen Mann mein Leben lang. Er ist ein guter Mann, Herr.

Danforth *– der indirekte Vorwurf gegen ihn verstimmt ihn* Sicherlich, Büttel. *Herrick grüßt und geht.* Nun, Herr Proctor, was für Zeugnis habt Ihr für uns? Und ich bitte Euch, seid klar, offen wie das Himmelszelt und ehrlich.

Proctor *während er einige Schriftstücke hervorholt* Ich bin kein Rechtsgelehrter, und so –

Danforth Wer reinen Herzens ist, bedarf keines Rechtsgelehrten. Verfahrt nach Eurem Gutdünken.

Proctor *übergibt Danforth ein Schriftstück* Wollt Ihr zunächst dies lesen, Herr? Es ist eine Art Bescheinigung. Die Unterzeichneten bekunden ihre gute Meinung von Rebecca und meinem Weib und Martha Corey.

Danforth blickt auf das Schriftstück hinunter.

Parris *um Danforths Spott zu wecken* Ihre gute Meinung! *Doch Danforth liest weiter, und Proctor ist ermutigt.*

Proctor Sie alle sind Bauern mit eigenem Boden, Mitglieder der Kirche. *Behutsam auf einen Punkt hinweisend.* Wenn Ihr's beachten wollt, Herr – sie kennen die Frauen seit vielen Jahren und bemerkten nie das geringste davon, daß sie mit dem Teufel zu schaffen hätten.

Parris kommt nervös herüber und liest über Danforths Schulter.

Danforth *blickt eine lange Liste hinunter* Wie viele Namen sind dies?

Francis Einundneunzig, Eure Exzellenz.

Parris *schwitzend* Diese Leute sollten vorgeladen werden. *Danforth blickt fragend zu ihm auf.* Zum Verhör.

Francis *zornbebend* Herr Danforth, ich gab allen mein Wort, daß sie keinen Schaden leiden, wenn sie dies unterschreiben.

Parris Es ist ein klarer Angriff auf das Gericht!

Hale *bemüht, sich zu beherrschen* Ist jede Verteidigung ein Angriff auf das Gericht? Kann niemand –?

Parris Alle unschuldigen und gläubigen Menschen sind der Gerichte in Salem froh! Diese hier murren. *Zu Danforth.* Und ich denke, Ihr werdet von jedem einzelnen wissen wollen, was seine Unzufriedenheit mit Euch veranlaßt.

Hathorne Ich glaube, Sie sollten verhört werden, Herr.

Danforth Es ist nicht notwendig ein Angriff auf das Gericht, meine ich. Indes –

Francis Diese alle sind glaubenstreue Christen, Herr.

Danforth Dann haben sie sicherlich nichts zu fürchten. *Übergibt das Schriftstück Cheever.* Herr Cheever, fertigt für alle diese Verhaftsbefehle aus – Festnahme zum Zweck des Verhörs. *Zu Proctor.* Nun, Herr, was für weitere Belehrung habt Ihr für uns? *Zu Francis, der von Schrecken erstarrt dasteht.* Ihr könnt Euch setzen, Herr Nurse.

Francis Ich hab Unheil über diese Menschen gebracht; ich hab –

Danforth Nein, Alter, das habt Ihr keineswegs, wenn sie ein reines Gewissen haben. Doch Ihr müßt einsehen, Herr, daß einer entweder für dies Gericht ist, oder als dagegen gelten muß; es gibt keinen Mittelweg. Diese unsrige ist eine harte Zeit, eine genaue Zeit – wir leben nicht mehr in der Dämmerstunde, da das Böse sich mit dem Guten mischte und die Welt vernebelte. Kraft Gottes Gnade ist jetzt hell die Sonne aufgegangen, und wer das Licht nicht scheut, wird es sicherlich preisen. Ich hoffe, Ihr zählt zu diesen. *Mary Warren schluchzt unvermittelt.* Ich sehe, sie ist nicht munter.

Proctor Nein, das ist sie nicht, Herr. *Er beugt sich zu Mary hinunter und nimmt sie bei der Hand; ruhig* Jetzt erinner dich, was der Engel Raphael zu dem Knaben Tobias sprach. Erinner dich.

Mary *kaum vernehmlich* Ja.

Proctor »Tue, was recht ist, und kein Haar soll dir gekrümmt werden.«

Mary Ja.

Danforth Vorwärts, Mann, wir warten auf Euch.

Herrick kommt zurück und nimmt seinen Posten an der Tür ein.

Giles John, mein Zeugnis, gib ihm meins.

Proctor Ja. *Er überreicht Danforth ein weiteres Schriftstück.* Dies ist Herrn Coreys Zeugnis.

Danforth Ah? *Er blickt darauf hinunter. Jetzt tritt Hathorne hinter ihn und liest mit.*

Hathorne *mißtrauisch* Welcher Rechtsgelehrte fertigte das aus, Corey?

Giles Ihr wißt, mein Lebtag dang ich keinen Rechtsgelehrten, Hathorne.

Danforth *hat zu Ende gelesen* Es ist sehr gut abgefaßt. Mein Kompliment. Herr Parris, wollt Ihr Herrn Putnam herholen, wenn er anwesend ist? *Hathorne nimmt das Schriftstück und tritt damit ans Fenster. Parris entfernt sich in den Gerichtssaal.* Ihr habt in der Rechtspflege keine Übung, Herr Corey?

Corey *sehr geschmeichelt* Doch, Herr, die allerbeste – ich war dreiunddreißigmal in meinem Leben vor Gericht, und stets als Kläger dazu.

Danforth Oh, dann seid Ihr sehr aufsässig.

Giles Ich bin nicht aufsässig; ich kenn nur meine Rechte, Herr, und will sie haben. Euer Vater, wißt Ihr, verhandelte einen von meinen Fällen – so vor fünfunddreißig Jahr, glaub ich.

Danforth So?

Giles Er hat Euch nie davon gesprochen?

Danforth Nein, ich wüßte nicht.

Giles Das wundert mich, er gab mir neun Pfund Schadensgeld. War ein gerechter Richter, Euer Vater. Seht Ihr, zu jener

Zeit hatt ich eine weiße Stute, und jener Bursche kommt und borgt sich diese Stute – *Parris kommt mit Thomas Putnam herein. Bei seinem Anblick schwindet Giles' Behaglichkeit; er wird hart.* Aha, da ist er.

Danforth Herr Putnam, ich habe hier eine Anklage von Corey wider Euch. Er erklärt, daß Ihr kalt Eure Tochter anhieltet, Hexerei über George Jacobs zu schreien, der sich jetzt im Kerker befindet.

Putnam Es ist eine Lüge.

Danforth *wendet sich zu Giles* Herr Putnam erklärt, Eure Beschuldigung sei eine Lüge. Was sagt Ihr dazu?

Giles *wütend, mit geballten Fäusten* Einen Furz auf Thomas Putnam, das sag ich dazu!

Danforth Welchen Beweis habt Ihr für Eure Beschuldigung, Herr?

Giles Das ist mein Beweis! *Er deutet auf das Schriftstück* Wenn Jacobs wegen Hexerei gehenkt wird, verwirkt er sein Eigentum – das ist Gesetz! Und keiner außer Putnam hat das Geld, einen so großen Besitz zu kaufen. Dieser Mann tötet seine Nachbarn für ihr Land!

Danforth Doch der Beweis, Herr, der Beweis.

Giles *auf seine Aussage weisend* Da ist der Beweis! Ich hab's von einem ehrlichen Mann, der's Putnam selber sagen hörte! An dem Tag, sagte er, da seine Tochter Jakobs ausschrie, hätt' sie ihm ein schön Stück Land geschenkt.

Hathorne Und der Name dieses Mannes?

Giles *betroffen* Was für ein Name?

Hathorne Des Mannes, der Euch diese Auskunft gab.

Giles *zögert; dann* Nun, ich – ich kann Euch seinen Namen nicht nennen.

Hathorne Und warum nicht?

Giles *zögert; dann bricht er los* Ihr wißt sehr gut, warum nicht! Ihr werft ihn in den Kerker, wenn ich ihn nenn!

Hathorne Das ist eine Mißachtung des Gerichts, Herr Danforth!

Danforth *um das zu umgehen* Ihr werdet uns sicherlich den Namen sagen.

Giles Das werd ich nicht. Ich hab einmal meines Weibes Namen gesagt und werd dafür lang genug in der Hölle schmoren. Ich sag nichts.

Danforth Dann bleibt mir keine andere Wahl, als Euch wegen Mißachtung des Gerichts festzunehmen; ist Euch das klar?

Giles Dies ist ein Verhör; Ihr könnt mich wegen Mißachtung eines Verhörs nicht einsperren.

Danforth Oh, ein wahrer Rechtsgelehrter! Wünscht Ihr, daß ich das Gericht hier in voller Sitzung erkläre? Oder wollt Ihr gutwillig antworten?

Giles *stammelnd* Ich kann Euch keinen Namen nennen, Herr, ich kann nicht.

Danforth Ihr seid ein alter Narr. Herr Cheever, beginnt mit dem Protokoll. Das Gericht ist nunmehr in Sitzung. Ich frage Euch, Herr Corey –

Proctor *hineinplatzend* Euer Ehren – er bekam's vertraulich mitgeteilt, Herr, und er –

Parris Der Teufel lebt von solchen Vertraulichkeiten! *Zu Danforth.* Ohne Vertraulichkeiten gäbe es keine Verschwörung, Euer Ehren!

Hathorne Ich glaube, sie muß zerschlagen werden, Herr –

Danforth *zu Giles* Alter, wenn Euer Gewährsmann die Wahrheit sagt, soll er als aufrechter Mensch offen herkommen. Doch wenn er sich in Ungenanntheit verbirgt, muß ich wissen, warum. Nun wohl, Herr, Regierung und Kirche fordern von Euch den Namen desjenigen, der Herrn Thomas Putnam für einen gemeinen Mörder ausgab.

Hale Exzellenz –

Danforth Herr Hale.

Hale Wir können nicht mehr darüber wegsehen. Es ist ungeheure Furcht vor diesem Gericht im Lande –

Danforth So ist ungeheure Schuld im Lande. Fürchtet *Ihr*, hier verhört zu werden?

Hale Ich mag nur Gott fürchten, Herr, aber nichtsdestoweniger ist Furcht im Lande.

Danforth *jetzt aufgebracht* Macht die Furcht im Lande nicht mir zum Vorwurf; es besteht Furcht im Lande, weil eine Verschwörung im Gange ist, Christus im Lande niederzustürzen!

Hale Doch daraus folgt nicht, daß jeder Angeklagte teil daran hat.

Danforth Kein Unschuldiger kann dies Gericht fürchten, Herr Hale! Keiner! *Zu Giles.* Ihr seid in Verhaft wegen Mißachtung dieses Gerichts. Jetzt setzt Euch und geht mit Euch zu Rate, oder Ihr werdet in den Kerker gesetzt, bis Ihr bereit seid, alle Fragen zu beantworten.

Giles Corey stürzt auf Putnam los. Proctor springt vor und hält ihn auf.

Proctor Nicht, Giles!

Giles *über Proctors Schulter zu Putnam* Ich schneid Euch die Kehl durch, Putnam; ich töt Euch doch noch!

Proctor *drängt ihn auf einen Stuhl* Ruhe, Giles, Ruhe. *Er läßt ihn los.* Wir werden den Beweis führen. Jetzt tun wir's. *Er wendet sich zu Danforth.*

Giles Sag mir nichts mehr, John. *Auf Danforth weisend.* Er spielt nur mit dir! Er will uns allesamt henken!
Mary Warren bricht in Schluchzen aus.

Danforth Dies ist ein Gericht des Rechtes, Mann. Ich dulde keinen Schimpf hier!

Proctor Vergebt ihm, Herr, um seines hohen Alters willen. Ruhe, Giles, wir werden jetzt alles beweisen. *Er hebt Marys Kinn.* Du darfst nicht weinen, Mary. Denk an den Engel, was er zu dem Knaben sprach. Daran halt dich jetzt; da ist dein Fels. *Mary wird still. Er holt ein Schriftstück hervor und wendet sich zu Danforth.* Dies ist Mary Warrens Zeugnis. Ich – ich möcht Euch bitten, Herr, Euch, wenn Ihr dies lest, zu erinnern, daß sie bis vor zwei Wochen nicht anders war, als heut die übrigen Mädchen sind! *Er spricht vernünftig, all seine Furcht, seinen Zorn, seine Besorgnis zurückdrängend.* Ihr saht sie schreien, sie heulte, sie schwor, daß Geister sie würgten; ja, sie bezeugte, daß der Satan in Gestalt von Frauen, die jetzt im Kerker sind, ihre Seel zu gewinnen suchte und dann, als sie's abschlug –

Danforth Dies alles wissen wir.

Proctor Ja, Herr. Jetzt schwört sie, daß sie niemals den Satan sah; noch, undeutlich oder klar, einen Geist, der vom Satan gesandt sein mochte, sie zu plagen. Und sie erklärt, daß ihre Freundinnen jetzt lügen. *Proctor ist im Begriff, Danforth das Schriftstück zu übergeben, als Hale in zitternder Erregung zu Danforth tritt.*

Hale Exzellenz, einen Augenblick. Ich glaube, dies rührt ans Innerste der Frage.

Danforth *mit tiefer Befürchtung* Ja, wahrhaftig.

Hale Ich kann nicht sagen, er ist ehrlich; ich kenne ihn zu wenig. Jedoch von Rechts wegen, Herr, kann eine so schwerwiegende Behauptung nicht von einem Bauern verteidigt werden. Im Namen Gottes, Herr, haltet hier ein; schickt ihn nach Hause und laßt ihn mit einem Rechtsgelehrten wiederkommen –

Danforth *geduldig* Nun hört, Herr Hale –

Hale Exzellenz, ich habe zweiundsiebzig Todesurteile unterschrieben. Ich bin ein Diener des Herrn, und ich darf kein Leben opfern ohne so makellosen Beweis, daß kein leisester Gewissensskrupel daran zweifeln könnte.

Danforth Herr Hale, sicherlich zweifelt Ihr nicht an meiner Gerechtigkeit.

Hale Ich habe heute morgen mit meiner Unterschrift Rebecca Nurses Seele geopfert, Euer Ehren. Ich verhehle es nicht, noch jetzt zittert meine Hand wie von einer Wunde! Ich bitte Euch, Herr, *diesen* Beweis laßt von einem Rechtsgelehrten führen.

Danforth Glaubt mir, Herr Hale, für einen Mann von so gewaltigem Wissen seid Ihr höchst verwirrt – ich hoffe, Ihr vergebt mir. Ich bekleide das Richteramt seit zweiunddreißig Jahren, Herr, aber ich wäre in Verlegenheit, würde ich aufgerufen, diese Leute zu verteidigen. Erwägt doch einmal – *Zu Proctor und den anderen* – und bitte tut ihr alle das gleiche. Wie verteidigt man den Angeklagten bei einem gewöhnlichen Verbrechen? Man ruft Zeugen auf, seine Unschuld zu beweisen. Aber Hexerei ist ipso facto, in ihrer äußeren Form wie ihrem Wesen nach, ein unsichtbares Verbrechen, nicht wahr? Wer also kann möglicherweise Zeuge sein? Die Hexe und das Opfer. Niemand sonst. Nun können wir nicht erwarten, daß die Hexe sich selber anklagt; zugegeben? Also müssen wir uns auf ihre Opfer verlassen – und sie legen Zeugnis ab, die Kinder legen allerdings Zeugnis ab. Was die Hexen betrifft, so wird niemand leugnen, daß wir auf ihrer aller Geständnis höchst begierig sind. Was also bleibt einem Rechtsgelehrten zu tun? Ich denke, ich habe mich verständlich gemacht. Nicht wahr?

Hale Aber dies Mädchen sagt aus, die anderen seien unwahr, und wenn dem so ist –

Danforth Das eben bin ich im Begriff zu erwägen, Herr. Was könnt Ihr mehr von mir verlangen? Es sei denn, Ihr zweifelt an meiner Rechtlichkeit.

Hale *geschlagen* Nein, Herr, wahrhaftig nicht. Erwägt's denn.

Danforth Und bringt Ihr Euer Herz in Ruhe. Des Mädchens Zeugnis, Herr Proctor.

Proctor übergibt es ihm. Hathorne erhebt sich, tritt an Danforths Seite und beginnt zu lesen. Parris kommt an seine andere Seite. Danforth sieht Proctor an und wendet sich dann dem Schriftstück zu. Hale steht auf, gesellt sich zu der Gruppe und liest gleichfalls. Proctor blickt zu Giles hinüber. Francis betet still mit verschlungenen Händen. Cheever wartet geruhsam, der erhabene, pflichtgetreue Beamte. Mary schluchzt einmal auf. Proctor streicht ihr ermutigend über den Kopf. Dann hebt Danforth den Blick, steht auf, zieht sein Taschentuch heraus und schneuzt sich. Die anderen treten beiseite, als er gedankenvoll zum Fenster hinübergeht.

Parris *kaum imstande, seine Wut und Angst zu bändigen* Ich möchte fragen –

Danforth – *sein erster wirklicher Ausbruch, der seine Verachtung für Parris verrät* Herr Parris, ich bitte Euch, schweigt! *Er steht und blickt stumm aus dem Fenster. Dann, da er zu verstehen gegeben hat, daß er bestimmt* Herr Cheever, wollt Ihr in den Gerichtssaal gehen und die Mädchen herholen? *Cheever steht auf und geht zur hinteren Türe hinaus. Danforth wendet sich zu Mary.* Mary Warren, wie kamst du zu dieser Wandlung? Bedrohte Herr Proctor dich zwecks dieser Aussage?

Mary Nein, Herr.

Danforth Bedrohte er dich je?

Mary *schwächer* Nein, Herr.

Danforth *spürt ein Schwachwerden* Bedrohte er dich?

Mary Nein, Herr.

Danforth Also sagst du mir, daß du in meinem Gericht auftratest und frech logst, wissend, daß diese Menschen auf dein Zeugnis hin gehenkt würden? *Sie antwortet nicht.* Antworte mir!

Mary *fast unhörbar* Ja, Herr.

Danforth Was hat man dich gelehrt? Weißt du nicht, daß Gott alle Lügner verdammt? *Sie kann nicht sprechen.* Oder lügst du jetzt?

Mary Nein, Herr – jetzt bin ich mit Gott.

Danforth Du bist jetzt mit Gott.

Mary Ja, Herr.

Danforth *sich beherrschend* Ich werde dir eines sagen – entweder lügst du jetzt, oder du logst vor Gericht; in jedem Fall begingst du Meineid und wirst es mit dem Kerker büßen. Du kannst nicht leichtfertig behaupten, daß du logst, Mary. Weißt du das?

Mary Ich kann nicht mehr lügen. Ich bin mit Gott, ich bin mit Gott.

Doch beim Gedanken daran bricht sie in Tränen aus. Die Tür rechts geht auf, und Susanna Walcott, Mercy Lewis, Betty Parris und zuletzt Abigail kommen herein. Cheever tritt zu Danforth.

Cheever Ruth Putnam und die anderen Mädchen sind nicht anwesend, Herr.

Danforth Diese werden genügen. Setzt euch, Kinder. *Sie setzen sich schweigend.* Eure Freundin Mary Warren hat uns eine Aussage übergeben. Sie schwört darin, daß sie nie Geister, Erscheinungen oder sonst eine Offenbarung des Teufels sah. Ebensowohl behauptet sie, keine von euch habe diese Dinge gesehen. *Kurze Pause.* Nun, Kinder, dies ist ein Gericht des Rechtes. Das Recht, auf die Bibel gegründet, und die Bibel, von Gott dem Allmächtigen geschrieben, verbieten die Ausübung der Hexerei und belegen sie mit der Todesstrafe. Doch gleichermaßen, Kinder, verdammen das Recht und die Bibel all jene, die falsches Zeugnis ablegen. *Kurze Pause.* Nun denn. Es entgeht mir nicht, daß diese Aussage bestimmt sein mag, uns zu blenden; es mag wohl sein, daß Mary Warren vom Satan gewonnen und von ihm hergesandt ward, unsere geheiligte Absicht zu stören. Ist dem so, wird es sie den Hals kosten. Doch spricht sie die Wahrheit, so bitte ich euch nunmehr eure Falschheit abzutun und eure Heuchelei einzugestehen, denn ein rasches Geständnis wird euer Los erleichtern. *Pause.* Abigail Williams, stehe auf. *Abigail Williams erhebt sich langsam* . Ist irgend Wahres hieran?

Abigail Nein, Herr.

Danforth *überlegt, blickt zu Mary und zurück zu Abigail* Kinder, ein wahres Bohreisen wird jetzt in eure Herzen gegraben, bis eure Ehrlichkeit erwiesen ist. Will eine von euch jetzt ihre Haltung ändern, oder zwingt ihr mich zu strengem Verhör?

Abigail Ich hab nichts zu ändern, Herr. Sie lügt.

Danforth *zu Mary* Du willst dies dennoch weiterführen?

Mary *matt* Ja, Herr.

Danforth *wendet sich zu Abigail* In Herrn Proctors Haus ward eine Puppe gefunden, die von einer Nadel durchstochen war. Mary Warren behauptet, daß du, als sie sie machte, neben ihr saßest und ihr zusahst und Zeuge warst, als sie selber ihre Nadel zur Aufbewahrung hineinsteckte. Was sagst du dazu?

Abigail *mit einem Anklang von Entrüstung* Es ist eine Lüge, Herr.

Danforth *nach einer kurzen Pause* Sahst du, dieweil du bei Herrn Proctor dientest, Puppen dort im Hause?

Abigail Gevatterin Proctor hatte alleweil Puppen.

Proctor Euer Ehren, mein Weib hatte nie Puppen. Mary Warren gibt zu, daß es ihre Puppe war.

Cheever Euer Exzellenz.

Danforth Herr Cheever.

Cheever Als ich dort im Haus mit Gevatterin Proctor sprach, sagte sie, sie hätte keine Puppen. Aber als Mädchen, sagte sie, hätt sie welche gehabt.

Proctor Seit fünfzehn Jahren ist sie kein Mädchen mehr, Euer Ehren.

Hathorne Aber eine Puppe hält sich fünfzehn Jahre, nicht wahr?

Proctor Sie hält sich, wenn sie gehalten wird. Aber Mary Warren schwört, daß sie nie Puppen in meinem Hause sah, so wenig wie sonstwer.

Parris Warum konnten nicht Puppen verborgen sein, wo sie nie jemand sah?

Proctor *wütend* Es könnt auch ein Drache mit fünf Beinen in meinem Hause sein, aber nie sah ihn jemand.

Parris Eben dazu sind wir hier, Euer Ehren, zu entdecken, was nie jemand sah.

Proctor Herr Danforth, was fruchtet's diesem Mädchen, sich abzukehren? Was kann Mary Warren gewinnen als ein strenges Verhör und Schlimmeres?

Danforth Ihr beschuldigt Abigail Williams eines unerhört kalten Mordanschlags; ist Euch das klar?

Proctor Ja, Herr. Ich glaub, sie sinnt auf Mord.

Danforth *auf Abigail weisend, ungläubig* Dies Kind wollte Euer Weib morden?

Proctor Sie ist kein Kind. Hört's nur, Herr. Vor der ganzen Gemeinde ward sie zweimal dies Jahr aus diesem Bethaus geschickt, weil sie während des Gebetes lachte.

Danforth *empört, zu Abigail gewandt* Wie? Sie lachte während –

Parris Exzellenz, sie war dazumal unter Titubas Einfluß, aber jetzt ist sie ernst.

Giles Ja, jetzt ist sie ernst und bringt die Menschen an den Strang!

Danforth Still, Mann.

Hathorne Dies gehört wirklich nicht zur Sache, Herr. Seine Beschuldigung lautet auf vorbedachten Mord.

Danforth Ja. *Er sieht Abigail einen Augenblick forschend an; dann* – Weiter, Herr Proctor.

Proctor Mary, jetzt sag dem Statthalter von eurem Tanzen im Wald.

Parris *hastig* Exzellenz, seit ich nach Salem kam, verunglimpft dieser Mann meinen Namen. Er –

Danforth Einen Augenblick, Herr. *Zu Marry, streng und verwundert.* Was ist's mit diesem Tanzen?

Mary Ich – *Sie blickt nach Abigail, die gnadenlos auf sie niedersieht; dann, flehend zu Proctor.* Herr Proctor –

Proctor *einspringend* Abigail führte die Mädchen in den Wald, Euer Ehren, und da tanzten sie nackt –

Parris Euer Ehren, das –

Proctor *sogleich* Herr Parris selber überraschte sie mitten in der Nacht! So ein »Kind« ist sie!

Danforth *– es wird zu einem Albdruck, und er wendet sich erstaunt zu Parris* Herr Parris –

Parris Ich kann nur sagen, Herr, daß ich keine nackt sah, und daß dieser Mann –

Danforth Aber Ihr überraschtet sie im Wald beim Tanzen? *Den Blick auf Parris, weist er auf Abigail.* Abigail?

Hale Exzellenz, das berichtete mir Herr Parris gleich nach meiner Ankunft aus Beverley.

Danforth Leugnet Ihr das, Herr Parris?

Parris Nein, Herr, doch ich sah keine nackt.

Danforth Aber sie *tanzten*?

Parris *widerstrebend* Ja, Herr.

Danforth sieht Abigail wie mit neuen Augen an.

Hathorne Exzellenz, gestattet Ihr? *Er weist auf Mary Warren.*

Danforth *sehr bedrängt* Bitte.

Hathorne Mary, du sagst, daß du nie Geister sahst, nie von einer Offenbarung des Teufels oder des Teufels Sendboten bedroht oder geplagt wardst.

Mary *sehr matt* Nein, Herr.

Hathorne *mit einem Schimmer von Triumph* Und dennoch wardst du ohnmächtig, wenn der Hexerei Angeklagte im Gericht vor dich gebracht wurden, und sagtest, ihre Geister kämen aus ihren Leibern und würgten dich?

Mary Das war Vortäuschung, Herr!

Danforth Ich verstehe nicht!

Mary Vortäuschung, Herr.

Parris Doch du wardst kalt, nicht wahr? Ich selber hob dich oftmals auf, und deine Haut war eisig. Herr Danforth, Ihr –

Danforth Ich sah das oft.

Proctor Sie täuschte die Ohnmacht nur vor, Exzellenz. Sie verstehn sich allesamt erstaunlich aufs Täuschen.

Hathorne So kann sie jetzt eine Ohnmacht vortäuschen?

Proctor Jetzt?

Parris Warum nicht? Jetzt greifen keine Geister sie an, denn niemand hier im Raum ist der Hexerei beschuldigt. Also werde sie jetzt kalt, täusche sie vor, jetzt angegriffen zu sein, werde sie ohnmächtig. *Er wendet sich zu Mary.* Werde ohnmächtig!

Mary Ohnmächtig?

Parris Ja, ohnmächtig. Beweise uns, wie du's im Gericht so oftmals vortäuschtest.

Mary *sieht Proctor an* Ich kann jetzt nicht ohnmächtig werden, Herr.

Proctor *erschrocken, leise* Du kannst es nicht vortäuschen?

Mary Ich – *Sie blickt um sich, als suchte sie nach der erforderlichen Erregung.* Ich – spür's jetzt nicht, ich –

Danforth Warum nicht? Was fehlt jetzt?

Mary Ich – kann's nicht sagen, Herr, ich –

Danforth Könnte es sein, daß hier keine freigelassenen bösen Geister sind, doch im Gericht solche waren?

Mary Ich sah nie Geister.

Parris So sieh jetzt keine und beweise uns, daß du aus eigener Kraft ohnmächtig werden kannst, wie du angibst.

Mary *starrt, aufs neue suchend, und schüttelt dann den Kopf* Ich – kann's nicht.

Parris So gestehst du's, nicht wahr? Es waren böse Geister, die dich ohnmächtig werden ließen!

Mary Nein, Herr, ich –

Parris Exzellenz, dies ist eitle List, das Gericht zu blenden!

Mary Es ist keine List! *Sie springt auf.* Ich – ich ward ohnmächtig, weil ich – ich glaubte, ich säh Geister.

Danforth *Glaubtest*, du sähst sie!

Mary Aber ich sah sie nicht, Euer Ehren.

Hathorne Wie konntest du glauben, du sähst sie, wenn du sie nicht sahst?

Mary Ich – ich kann nicht sagen, wie, aber es war so. Ich – ich hörte die anderen Mädchen schreien, und Ihr, Euer Ehren, schient ihnen zu glauben, und ich – Im Anfang war's nur Spaß, Herr, aber dann rief alle Welt Geister, Geister, und ich – Wahr und wahrhaftig, Herr Danforth, ich glaubte nur, ich säh sie, aber ich sah sie nicht. *Danforth blickt sie aufmerksam an.*

Parris *lächelnd, aber nervös, da Danforth über Marys Worte betroffen scheint* Euer Exzellenz läßt sich sicherlich von dieser simplen Lüge nicht fangen.

Danforth *wendet sich bedrängt zu Abigail* Abigail. Ich bitte dich, jetzt prüfe dein Herz und sage mir dies – und hüte dich, Kind, für Gott ist jede Seele kostbar, und Seine Rache kommt fürchterlich über jene, die ohne Grund Leben vernichten. Ist es möglich, Kind, daß die Geister, die du sahst, nur ein Trugbild sind, eine Täuschung, die etwa deinen Geist kreuzt, wenn –

Abigail Oh, das – das ist eine verächtliche Frage, Herr.

Danforth Kind, ich möchte, daß du sie bedenkst –

Abigail Ich ward verletzt, Herr Danforth; ich sah mein Blut strömen! Ich ward jeden Tag beinah gemordet, weil ich meine Pflicht tat und auf des Teufels Gesellen hinwies –

und das ist mein Lohn? Daß ich verdächtigt, Lügen gestraft, verhört werd wie ein –

Danforth *schwach werdend* Kind, ich verdächtige dich nicht –

Abigail *mit einer unverhüllten Drohung* Hütet *Ihr* Euch, Herr Danforth. Glaubt Ihr Euch so stark, daß die Macht der Hölle nicht Euren Sinn verwirren könnte? Hütet Euch! Es gibt –

Aus der anklagenden Haltung wendet sie plötzlich das Gesicht und blickt – wirklich erschrocken – in die Luft hinauf.

Danforth *besorgt* Was ist's, Kind?

Abigail *blickt in der Luft umher und preßt die Arme an sich, als fröre sie* Ich – ich weiß nicht. Ein Wind, ein kalter Wind kam auf. *Ihr Blick senkt sich auf Mary.*

Mary *von Schrecken ergriffen, bittend* Abby!

Mercy *erschauernd* Euer Ehren, ich frier!

Proctor Es ist Vortäuschung!

Hathorne *berührt Abigails Hand* Sie ist kalt, Euer Ehren, fühlt sie an!

Mercy *mit klappernden Zähnen* Mary, schickst du diesen Schatten über mich?

Mary Gott, schütze mich!

Susanna Ich frier, ich frier!

Abigail *sichtbar erschauernd* Es geht ein Wind, ein Wind!

Mary Abby, tu das nicht!

Danforth *selbst im Zweifel und von Abigail bestärkt* Mary Warren, behexest du sie? Ich frage dich, sendest du deinen Geist aus? *Mit einem hysterischen Schrei stürzt Mary davon. Proctor hält sie auf.*

Mary *dem Zusammenbrechen nahe* Laßt mich, Herr, ich kann nicht, ich kann nicht –

Abigail *zum Himmel aufrufend* O himmlischer Vater, nimm diesen Schatten hinweg!

Ohne Vorbereitung oder Zögern stürzt Proctor zu Abigail, packt sie bei den Haaren und zerrt sie hoch. Sie schreit vor Schmerz. Danforth ruft erstaunt: »Was tut Ihr?« und Hathorne und Parris gleichzeitig: »Laßt die Hände von ihr!«

Proctor *brüllend, alle übertönend* Wie kannst du den Himmel anrufen! Du Hur! Du Hur!

Herrick wirft sich zwischen ihn und Abigail.

Herrick John!

Danforth Mann, Mann, was –

Proctor *keuchend und in tiefster Qual* Sie ist eine Hur!

Danforth *starr* Ihr beschuldigt –?

Abigail Herr Danforth, er lügt!

Proctor Hört nur! Jetzt wird sie einen Schrei tun, mich damit aufzuspießen, aber –

Danforth Ihr werdet dies beweisen! Dies geht nicht durch.

Proctor *zitternd, da sein Leben rings um ihn zusammenbricht* Ich hab sie erkannt, Herr, ich hab sie erkannt.

Danforth Ihr – Ihr seid ein Ehebrecher?

Francis *entsetzt* John, du kannst nicht ein so –

Proctor O Francis, ich wollt, du hättst irgend Böses in dir, daß du mich sehn könntest, wie ich bin! *Zu Danforth.* Ein Mann wirft seinen guten Namen nicht weg. Das wißt Ihr wohl.

Danforth *starr* Zu – zu welcher Zeit? An welchem Ort?

Proctor *mit versagender Stimme und tiefer Scham* Am tauglichen Ort – wo meine Tiere liegen. In der letzten Nacht meines Glücks, vor etwa acht Monden. Sie diente in meinem Haus, Herr. *Er muß die Zähne zusammenbeißen, um nicht herauszuweinen.* Der Mensch mag denken, Gott schläft, aber Gott sieht alles, jetzt weiß ich's. Ich bitt Euch, Herr, ich bitt Euch, seht sie, wie sie ist. Mein Weib, mein lieb, gut Weib, ging kurz drauf hin und schickte dies Mädchen auf die Straße. Und wie sie ist, ein Haufen Eitelkeit, Herr – *Es überwältigt ihn.* Vergebt mir, Exzellenz, vergebt mir. *Voller Wut auf sich selbst wendet er sich einen Augenblick ab. Dann, als bliebe ihm keine andere Möglichkeit, als es herauszuschreien.* Sie denkt auf meines Weibes Grab mit mir zu tanzen! Und mit gutem Grund, denn ich war vernarrt in sie. Gott helf mir, ich begehrte sie, und es *ist* ein Versprechen in solcher Brunst. Doch dies ist die Rache einer Hur, und das müßt Ihr sehn. Ich hab mich ganz in Eure Hand gegeben; Ihr müßt es jetzt sehn, ich weiß es –

Danforth *wendet sich in blassem Entsetzen zu Abigail* Du leugnest das in jedem einzelnen Punkt?

Abigail Wenn ich hierauf antworten muß, geh ich, und ich komm nicht wieder!

Danforth scheint zu schwanken.

Proctor Ich hab meine Ehr zur Glocke gemacht! Ich hab meinen guten Namen zu Grab geläutet – Ihr werdet mir glauben, Herr Danforth! Mein Weib ist unschuldig, nur daß sie eine Hur mit einem einzigen Blick erkannte!

Abigail *vor Danforth hintretend* Wie seht Ihr mich an? *Danforth kann nicht sprechen.* Ich leid's nicht, daß man mich so ansieht! *Sie dreht sich um und geht zur Türe.*

Danforth Du bleibst, wo du bist! *Herrick tritt ihr in den Weg. Sie steht mit flammenden Augen still.* Herr Parris, geht in den Gerichtssaal und bringt Gevatterin Proctor her.

Parris *einwendend* Euer Ehren, das Ganze ist eine –

Danforth *scharf* Bringt sie her! Und kein Wort von dem, was hier gesprochen ward. Und klopft an, eh Ihr hereinkommt. *Parris geht.* Jetzt werden wir auf den Grund dieses Sumpfes gelangen. *Zu Proctor.* Ihr sagt, Euer Weib ist eine ehrliche Frau?

Proctor Ihr Leben lang, Herr, hat sie nie gelogen. Es gibt solche, die nicht singen können, und solche, die nicht weinen können – mein Weib kann nicht lügen. Ich hab diese Erfahrung teuer erkauft, Herr.

Danforth Und sie schickte dies Mädchen als Dirne aus dem Haus?

Proctor Ja, Herr.

Danforth Und wußte, daß sie eine Dirne war?

Proctor Ja, Herr, sie wußte es.

Danforth Nun gut. *Zu Abigail.* Und wenn sie mir dies bestätigt, Kind, erbarme Gott sich deiner Seele! *Es klopft an die Türe. Er ruft hinüber:* Einen Augenblick! *Zu Abigail.* Drehe dich um. Drehe dich um. *Zu Proctor.* Ihr desgleichen. *Beide kehren sich mit dem Rücken zu ihm – Abigail mit empörter Langsamkeit.* Keiner von euch wende sich jetzt zu Gevatterin Proctor um. Niemand in diesem Raum hat ein Wort zu sprechen, noch ein Zeichen ja oder nein zu geben. *Er wendet sich zur Türe und ruft:* Tretet ein! *Die Türe geht auf. Elizabeth kommt mit Parris herein. Parris entfernt sich von ihr. Sie steht allein; ihre Augen suchen Proctor.* Herr Cheever, schreibt dies Zeugnis in aller Genauigkeit nach. Seid Ihr bereit?

Cheever Ja, Herr.

Danforth Tretet her, Frau. *Elizabeth kommt zu ihm, während ihr Blick an Proctors Rücken hängt.* Nur nach mir blickt, nicht nach Eurem Mann. Nur in meine Augen.

Elizabeth *leise* Gut, Herr.

Danforth Wir vernehmen, daß Ihr vor einiger Zeit Eure Magd, Abigail Williams, entließet.

Elizabeth Das ist richtig, Herr.

Danforth Aus welchem Grund entließt Ihr sie? *Kurze Pause. Dann gleiten Elizabeths Augen zu ihrem Mann.* Ihr blickt nur in meine Augen und nicht nach Eurem Mann. Ihr wißt die Antwort und bedürft keiner Hilfe dazu. Warum entließet Ihr Abigail Williams?

Elizabeth *die im Gefühl einer kritischen Lage nicht weiß, was sie sagen soll, befeuchtet sich die Lippen, um Zeit zu gewinnen* Sie – mißfiel mir. *Pause.* Und meinem Mann auch.

Danforth In welcher Weise mißfiel sie Euch?

Elizabeth Sie war – *Sie sieht aufschluchzend nach Proctor.*

Danforth Blickt mich an, Frau! *Elizabeth gehorcht.* War sie schlampig? Träge? Was für Störung verursachte sie?

Elizabeth Euer Ehren, ich – Zu jener Zeit war ich krank. Und ich – Mein Mann ist ein guter und rechtschaffener Mann. Er ist nie betrunken wie manch andere und vertut seine Zeit nicht beim Beilkespiel, sondern kennt nur seine Arbeit. Doch während meiner Krankheit – seht Ihr, Herr, nach meinem letzten Kind war ich eine ganze Weile krank und glaubte zu bemerken, daß mein Mann sich ein wenig von mir abkehrte. Und dies Mädchen – *Sie wendet sich zu Abigail.*

Danforth Blickt mich an.

Elizabeth Ja, Herr. Abigail Williams – *Sie bricht ab.*

Danforth Was war's mit Abigail Williams?

Elizabeth Es kam so weit, daß ich glaubte, er hätt Gefallen an ihr. Und da verlor ich wohl eines Abends den Kopf und schickte sie aus dem Haus.

Danforth Euer Mann – kehrte sich tatsächlich von Euch ab?

Elizabeth *in großer Pein* Mein Mann – ist ein guter Mann, Herr.

Danforth So kehrte er sich nicht von Euch ab.

Elizabeth *mit dem Versuch, zu Proctor hinüberzublicken* Er –

Danforth *greift aus und hält ihr Gesicht fest* Blickt mich an! Beging John Proctor Eures Wissens das Verbrechen des Ehebruchs? *Eine Krisis der Unentschiedenheit verschließt ihr den Mund.* Gebt mir Antwort! Ist Euer Mann ein Ehebrecher?

Elizabeth *leise* Nein, Herr.

Danforth Bring sie weg, Büttel.

Proctor Sag die Wahrheit, Elizabeth!

Danforth Sie hat gesprochen. Bring sie weg!

Proctor *mit einem Aufschrei* Ich hab's gestanden, Elizabeth!

Elizabeth O mein Gott! *Die Türe schließt sich hinter ihr.*

Proctor Sie wollte nur meinen Namen schonen!

Hale Exzellenz, diese Lüge ist verständlich; ich bitte Euch, jetzt haltet ein, eh noch ein Mensch verurteilt wird! Ich kann es vor meinem Bewußtsein nicht mehr verschließen – aus diesem Zeugnis spricht persönliche Rache. Von Anfang an erschien dieser Mann mir als wahrhaftig. Bei meinem heiligen Eid glaube ich jetzt, daß er es ist, und ich bitte Euch, ruft sein Weib zurück, eh wir –

Danforth Sie sagte nichts von Ehebruch; dieser Mann hat gelogen!

Hale Ich glaube ihm! *Auf Abigail weisend.* Dies Mädchen erschien mir immer als falsch! Sie –
Abigail sendet einen unheimlichen, wilden, durchdringenden Schrei zur Decke auf.

Abigail Nicht doch! Geh weg! Geh weg, sag ich!

Danforth Was ist's, Kind? *Doch Abigail hält, furchtsam hinaufweisend, ihr angsterfülltes Gesicht mit verschrecktem Blick der Decke zugewandt – und Hathorne, Hale, Putnam, Cheever, Herrick und Danforth tun das gleiche.* Was ist dort? *Er wendet den Blick von der Decke ab, und jetzt ist er von Angst erfaßt; seine Stimme klingt wahrhaft gepreßt.* Kind! *Sie ist erstarrt – mit den anderen Mädchen wimmernd, den Mund offen, den Blick an die Decke gebannt.* Kinder! Warum –?

Mercy *hinaufweisend* Da auf dem Balken! Hinter der Sparre!

Proctor *nach oben blickend* Wo?

Abigail Was –? *Sie schluckt.* Was willst du, gelber Vogel?

Proctor Wo ist ein Vogel? Ich seh keinen Vogel.

Abigail *zur Decke* Mein Gesicht? Mein Gesicht?

Proctor Herr Hale –

Danforth Still!

Proctor *zu Hale* Seht Ihr einen Vogel?

Danforth Still!

Abigail *zur Decke, in wirklichem Gespräch mit dem »Vogel«, wie um ihn vom Angriff auf sie abzuhalten* Aber Gott machte mein Gesicht; du willst mir doch mein Gesicht nicht zerhacken. Neid ist eine Todsünde, Mary.

Mary *springt auf, entsetzt flehend* Abby!

Abigail *unbeirrt weiter zu dem »Vogel«* O Mary, es ist Schwarzkunst, andre Gestalt anzunehmen. Nein, ich kann nicht, ich kann nicht schweigen; es ist Gottes Werk, das ich tu.

Mary Abby, ich bin hier!

Proctor *rasend* Es ist Vortäuschung, Herr Danforth!

Abigail *einen Schritt zurückweichend, wie aus Furcht, daß der Vogel gleich niederstieße* Oh, bitte, Mary! Komm nicht herunter.

Susanna Ihre Klauen, sie streckt ihre Klauen aus!

Proctor Lügen, Lügen!

Abigail *weiter zurückweichend, den Blick immer noch nach oben gerichtet* Mary, bitte tu mir nichts!

Mary *zu Danforth* Ich tu ihr ja nichts!

Danforth *zu Mary* Warum sieht sie diese Erscheinung?

Mary Nichts sieht sie!

Abigail *jetzt wie hypnotisiert, starr nach vorne, genau in Marys Ton* Nichts sieht sie!

Mary *flehend* Abby, das darfst du nicht!

Abigail und die anderen Mädchen *starr* Abby, das darfst du nicht!

Mary *zu den Mädchen* Ich bin hier, ich bin hier!

Die Mädchen Ich bin hier, ich bin hier!

Danforth *entsetzt* Mary Warren! Nimm deinen Geist aus ihnen zurück.

Mary Herr Danforth!

Die Mädchen *einfallend* Herr Danforth!

Danforth Verbandest du dich dem Teufel, sag?

Mary Nie, nie!

Die Mädchen Nie, nie!

Danforth *die Nerven verlierend* Warum können sie dich nur wiederholen?

Proctor Eine Peitsche her – ich mach dem ein Ende!

Mary Sie spaßen! Sie –!

Die Mädchen Sie spaßen!

Mary *hysterisch zu den Mädchen und mit den Füßen stampfend* Abby, hör auf!

Die Mädchen *mit den Füßen stampfend* Abby, hör auf!

Mary Hört auf!

Die Mädchen Hört auf!

Mary *aus voller Lunge schreiend, mit erhobenen Fäusten* Hört auf!

Die Mädchen *mit erhobenen Fäusten* Hört auf!

Mary Warren ist völlig verwirrt, und der überzeugenden Wirkung Abigails – wie der anderen Mädchen – erliegend, beginnt sie, die Hände halb erhoben, hilflos zu wimmern; die Mädchen wimmern genauso.

Danforth Vor nicht langer Zeit wardst du befallen. Jetzt, scheint's, befällst du andere; woher kam dir diese Macht?

Mary *starrt Abigail an* Ich – ich hab keine Macht.

Die Mädchen Ich habe keine Macht.

Proctor Sie halten Euch zum Narren, Herr!

Danforth Was bewirkte vor zwei Wochen deine Abkehr? Du sahst den Teufel, nicht wahr?

Hale *weist auf Abigail und die Mädchen* Unmöglich, daß Ihr ihnen glaubt!

Mary Ich –

Proctor *spürt, daß sie schwach wird* Gott verdammt alle Lügner, Mary!

Danforth *hämmert es in sie hinein* Du sahst den Teufel, du schlossest einen Bund mit Luzifer, nicht wahr?

Proctor Mary, Gott verdammt alle Lügner!

Mary murmelt etwas Unverständliches, während sie nach Abigail starrt, die weiterhin zu dem »Vogel« aufblickt.

Danforth Ich höre dich nicht. Was sagst du? *Mary murmelt wieder unverständlich.* Du gestehst, oder du wirst gehenkt! *Er dreht sie gewaltsam zu sich um.* Weißt du, wer ich bin? Ich sage, du wirst gehenkt, wenn du jetzt nicht die Wahrheit sprichst!

Proctor Mary, denk an den Engel Raphael – tue, was recht ist, und –

Abigail *hinaufweisend* Die Flügel! Sie breitet die Flügel aus! Mary, bitte, nicht, nicht –!

Hale Ich sehe nichts, Euer Ehren!

Danforth Gestehst du diese Macht! *Direkt vor ihrem Gesicht* Sprich.

Abigail Sie kommt herunter! Sie geht den Balken entlang!

Danforth Wirst du jetzt sprechen!

Mary *mit entsetzensstarrem Blick* Ich kann nicht!

Die Mädchen Ich kann nicht!

Parris Sende den Teufel von hinnen! Blicke ihm ins Antlitz! Tritt ihn nieder! Wir retten dich, Mary, nur halte stand wider ihn, und –

Abigail *hinaufblickend* Habt acht! Sie kommt!

Sie und die Mädchen stürzen mit zugehaltenen Augen zur Wand. Dann brechen sie, wie in die Enge getrieben, in einen furchtbaren Schrei aus, und wie davon angesteckt, öffnet Mary den Mund und schreit mit ihnen. Abigail und die Mädchen entfernen sich eine nach der anderen, bis auf Mary, die irr schreiend dasteht und zu dem »Vogel« aufstarrt. Entsetzt über diesen offensichtlichen Anfall, blicken alle sie an. Proctor eilt zu ihr.

Proctor Mary, sag dem Statthalter, was sie –

Sowie Mary ihn, kaum daß er ein Wort gesprochen hat, auf sich zukommen sieht, stürzt sie mit einem wilden Schrei aus seiner Reichweite.

Mary Rührt mich nicht an – rührt mich nicht an! *Worauf die Mädchen bei der Türe stillstehen.*

Proctor *bestürzt* Mary!

Mary *auf Proctor weisend* Ihr seid ein Mann des Teufels! *Er bleibt wie angenagelt stehen.*

Parris Gelobt sei Gott!

Die Mädchen Gelobt sei Gott!

Proctor *starr* Mary, was –?

Mary Ich will nicht mit Euch gehenkt werden! Ich lieb Gott, ich lieb Gott.

Danforth *zu Mary* Er hieß dich des Teufels Werk tun?

Mary *hysterisch auf Proctor weisend* Er kam bei der Nacht und Tag um Tag, ich soll unterschreiben, unterschreiben, unter –

Danforth Was unterschreiben?

Parris Des Teufels Buch? Er kam mit einem Buch?

Mary *hysterisch, auf Proctor weisend, voller Angst vor ihm* Meinen Namen wollt er, meinen Namen. »Ich werd dich töten«, sagt er, »wenn mein Weib gehenkt wird!« Und sagt: »Wir müssen hingehn und dies Gericht stürzen!«

Mit einem Ausdruck der Empörung und des Schreckens wirft Danforth den Kopf zu Proctor herum.

Proctor *wendet sich beschwörend zu Hale* Herr Hale!

Mary *aufschluchzend* Er weckte mich jede Nacht, die Augen wie Kohlen, die Finger wie Krallen um meinen Hals, und ich unterschreib, ich unterschreib –

Hale Exzellenz, dies Mädchen ist nicht bei Sinnen!

Proctor *unter Danforths starrem Blick* Mary! Mary!

Mary *schreit ihn an* Nein, ich lieb Gott; ich geh nimmer mit Euch. Ich lieb Gott, ich lieb Gott. *Sie stürzt schluchzend zu Abigail.* Abby, Abby, ich will dir nimmermehr Leid antun! *Alle sehen zu, wie Abigail in ihrer unendlichen Barmherzigkeit die Hand ausstreckt und die schluchzende Mary an sich zieht und dann zu Danforth aufblickt.*

Danforth Was seid Ihr? *Proctor ist sprachlos vor Wut* Ihr seid im Bund mit Antichrist, nicht wahr? Ich habe Eure Macht gesehen; Ihr könnt es nicht leugnen! Was habt Ihr zu sagen, Mann?

Hale Exzellenz –

Danforth Ich will von Euch nichts hören, Herr Hale! *Zu Proctor.* Bekennt Ihr Euch von der Hölle besudelt, oder haltet Ihr auch jetzt an diesem abscheulichen Bündnis fest? Was sagt Ihr?

Proctor *außer sich, keuchend* Ich sag – ich sag – Gott ist tot!

Parris Hört es, hört es!

Proctor *lacht irre; dann* Das Feuer, das Feuer brennt! Ich hör Luzifers Stelzfuß, ich seh sein unflätig Gesicht! Und es ist mein Gesicht, und Eures, Danforth! Denn jene, die zaudern, die Menschen der Unwissenheit zu entreißen, wie ich zauderte, und wie ihr jetzt zaudert, da ihr alle in euren finsteren Herzen wißt, daß dies Betrug ist –

unsereinen straft Gott insbesondere, und wir werden brennen, gemeinsam werden wir brennen!

Danforth Büttel! Schaff ihn, und Corey mit ihm, in den Kerker!

Hale *sich dem Ausgang zuwendend* Ich zeige dies Verfahren an!

Proctor Ihr reißt den Himmel nieder und erhebt eine Hur!

Hale Ich zeige dies Verfahren an, ich sage mich los von diesem Gericht! *Er schlägt die Ausgangstüre hinter sich zu.*

Danforth *ruft ihm aufgebracht nach* Herr Hale! Herr Hale! *Der Vorhang fällt.*

Dritte Szene

Eine Zelle im Kerker von Salem; im Herbst darauf. Rückwärts ein hohes vergittertes Fenster; nahebei eine breite, schwere Türe; an den Wänden zwei Bänke.

Es ist dunkel, bis auf den Mondschein, der durch die Gitterstäbe hereinfällt. Der Raum wirkt leer. Dann hört man auf einem Korridor hinter der Wand Schritte sich nähern, Schlüssel rasseln, und die Türe geht auf. Der Büttel Herrick kommt mit einer Laterne herein.

Er ist stark angetrunken, und seine Beine sind schwer. Er geht zu einer der Bänke und stößt behutsam an ein daraufliegendes Lumpenbündel.

Herrick Sarah, wach auf! Sarah Good! *Dann geht er zu der anderen Bank hinüber.*

Sarah *richtet sich in ihren Lumpen auf* O Majestät! Ich komm, ich komm! Tituba, er ist da, Seine Majestät ist da!

Herrick Geht in die Nordzelle; die hier wird gebraucht. *Er hängt seine Laterne an die Wand. Tituba setzt sich auf.*

Tituba Der nicht ausseht wie Seine Majestät, ausseht wie der Büttel.

Herrick *holt eine Flasche hervor* Vorwärts jetzt, räumt diese Zelle. *Er trinkt; Sarah Good kommt heran und blickt ihm von unten herauf ins Gesicht.*

Sarah Ach, du bist's, Herrick! Wahrhaftig, ich dacht, du wärst der Teufel, der uns holen käm. Könnt ich'n Schluck Most haben, dieweil's auf die Reise geht?

Herrick *reicht ihr die Flasche* Und wohin geht's, Sarah?

Tituba *während Sarah trinkt* Wir nach Barbados gehn, gleich wann der Teufel kommt mit die Federn und die Flügeln.

Herrick Oh? Glückliche Reise.

Sarah 'n Paar Vögel, so werden wir gen Süden ziehn, wir beide! Oh, 'ne prächtige Verwandlung wird's, Herrick! *Sie setzt die Flasche zu einem weiteren Schluck an.*

Herrick *nimmt ihr die Flasche vom Mund* Gib lieber her, sonst erhebst du dich nie vom Erdboden. Kommt jetzt.

Tituba Ich mit ihm red für dich, wenn du mags mitkommen, Büttel.

Herrick Ich hätt nichts dawider, Tituba; 's ist der rechte Morgen, in die Hölle zu fliegen.

Tituba Oh, Barbados keine Hölle. Teufel ein Heißamann in Barbados, er singt und tanzt in Barbados. Seid ihr Leute hier, das ihn wild machen. Is zu kalt hier für ihm; er verfriert seine Seel in Massachusetts, aber in Barbados er so lieb und – *Draußen brüllt eine Kuh; Tituba springt auf und ruft zum Fenster hinüber* Ja, Herr! Da er is, Sarah!

Sarah Bin schon da, Majestät.

Beide raffen eilig ihre Lumpen zusammen, als Hopkins, ein Wärter, hereinkommt.

Hopkins Der Unterstatthalter ist eingetroffen.

Herrick *packt Tituba* Kommt jetzt. Kommt.

Tituba *widersetzt sich ihm* Nein, er is da, mich holen. Ich heimgeh!

Herrick *zerrt sie zur Türe.* Das ist nicht der Satan; bloß eine arme alte Kuh, zum Bersten voll Milch. Vorwärts jetzt, hinaus hier mit euch!

Tituba *zum Fenster hinüberrufend* Mich heimhol, Teufel! Mich heimhol!

Sarah *folgt der schreienden Tituba hinaus* Sag ihm, ich komm mit, Tituba! Sag ihm, Sarah Good kommt mit!

Aus dem Korridor ertönen weiter Titubas Rufe »Mich heimhol, Teufel. Teufel, mich heimhol!«, unterbrochen von Hopkins' Befehlen weiterzugehen. Herrick kommt zurück und macht sich daran, Lumpen und Stroh in eine Ecke zu schieben. Als er Schritte vernimmt, dreht er sich um; Danforth und Richter Hathorne kommen herein. Sie tragen Überröcke und Hüte gegen die bittere Kälte. Hinter ihnen kommt Cheever, mit einer Dokumentenkapsel und einem flachen Holzetui, das sein Schreibzeug enthält.

Herrick Guten Morgen, Exzellenz.

Danforth Wo ist Herr Parris?

Herrick Ich geh ihn holen. *Er wendet sich zur Türe.*

Danforth Büttel. *Herrick bleibt stehen.* Wann kam Pastor Hale an?

Herrick Es ging auf Mitternacht, glaub ich.

Danforth *mißtrauisch* Was tut er hier?

Herrick Er geht bei denen herum, die heut gehenkt werden, Herr. Und er betet mit ihnen. Jetzt ist er bei Gevatterin Nurse. Und Herr Parris mit ihm.

Danforth Wahrlich. Dieser Mann hat keine Befugnis, hier einzutreten. Warum ließest du ihn ein?

Herrick Ei, Herr Parris gebot mir's. Ich kann ihn nicht abweisen.

Danforth Bist du betrunken, Büttel?

Herrick Nein, Herr; es ist kalt heut nacht, und ich hab hier kein Feuer.

Danforth *seinen Unwillen unterdrückend* Hole Herrn Parris.

Herrick Ja, Herr.

Danforth In diesem Raum herrscht ein fürchterlicher Gestank.

Herrick Ich hab eben erst die Leute Euretwegen hinausgeschafft.

Danforth Hüte dich vor starkem Trinken, Büttel.

Herrick Ja, Herr. *Er wartet einen Augenblick auf weitere Befehle. Doch Danforth kehrt ihm mißbilligend den Rükken, und Herrick geht. Pause. Danforth verharrt in Gedanken.*

Hathorne Befragt Hale, Exzellenz; es sollte mich nicht wundern, wenn er kürzlich in Andover gepredigt hätte.

Danforth Wir werden darauf kommen, sprecht nicht von Andover. Parris betet mit ihm – merkwürdig. *Er haucht in seine Hände, geht zum Fenster und blickt hinaus.*

Hathorne Exzellenz, ich frage mich, ob es ratsam ist, Herrn Parris so ununterbrochen bei den Gefangenen zu lassen. *Danforth wendet sich fragend zu ihm.* Ich finde bisweilen, der Mann hat etwas Irres in der letzten Zeit.

Danforth Irres?

Hathorne Ich traf ihn gestern, als er aus seinem Hause kam, und wünschte ihm Guten Morgen – und er weinte und ging seines Weges. Ich glaube, es ist nicht gut, daß die Stadt ihn so schwächlich sieht.

Danforth Vielleicht bedrückt ihn etwas.

Cheever *um sich zu erwärmen, mit den Füßen stampfend* Ich glaub, es sind die Kühe, Herr.

Danforth Kühe?

Cheever So viele Kühe laufen jetzt, da ihre Herren im Kerker sind, auf den Straßen herum, und viel Unstimmigkeit herrscht, wem sie gehören sollen. Ich weiß, daß Herr Parris gestern den ganzen Tag mit den Bauern verhandelt hat – es ist großer Streit, Herr, um die Kühe. Über den Streit weint er, Herr; er war schon immer so einer, der über Streit weint. *Da er auf dem Korridor Schritte hört, wendet er sich um, ebenso wie Danforth und Hathorne. Danforth hebt den Kopf, als Parris hereinkommt. Er blickt hohl und ängstlich und schwitzt in seinem Überrock.*

Parris *eilt auf Danforth zu* Oh, guten Morgen, Herr, habt Dank für Euer Kommen und vergebt mir, daß ich Euch so zeitig weckte. Guten Morgen, Richter Hathorne.

Danforth Pastor Hale ist nicht befugt, hier –

Parris Einen Augenblick, Exzellenz. *Er eilt zur Türe und schließt sie.*

Hathorne Ihr laßt ihn mit den Gefangenen allein?

Danforth Was hat er hier zu schaffen?

Parris *mit bittend erhobenen Händen* Exzellenz, hört mich an. Es ist eine Vorsehung. Pastor Hale ist gekommen, Rebecca Nurse zu Gott zurückzuführen.

Danforth *überrascht* Er heißt sie gestehen?

Parris *setzt sich* Hört nur. Diese drei Monde, seit sie herkam, gab mir Rebecca nicht ein Wort. Jetzt sitzt er bei ihr und ihrer Schwester und Martha Corey und zwei, drei anderen und dringt in sie, ihr Verbrechen zu gestehen und ihr Leben zu retten.

Danforth Nun – das ist wahrlich eine Vorsehung. Und sie sind bereit, sie sind bereit?

Parris Noch nicht, noch nicht. Doch ich dachte Euch herzurufen, Herr, daß wir erwägen, ob es nicht ratsam wäre – *Er traut sich nicht mit der Sprache heraus.* Ich dachte eine Frage aufzuwerfen, Herr, und ich hoffe, daß Ihr nicht –

Danforth Herr Parris, ohne Umschweife, was besorgt Euch?

Parris Es ist etwas geschehen, Herr, das – dem das Gericht Rechnung tragen muß. Meine Nichte, Herr, meine Nichte, es scheint, sie ist verschwunden.

Danforth Verschwunden!

Parris Ich wollte es Euch bereits früher melden, doch –

Danforth Wieso? Wie lange ist sie weg?

Parris Dies ist die dritte Nacht, Herr. Seht Ihr, sie sagte mir, sie bliebe eine Nacht bei Mercy Lewis. Und als sie am nächsten Tag nicht zurückkam, schickte ich um Nachfrage zu Herrn Lewis. Mercy hatte ihm gesagt, sie bliebe eine Nacht in *meinem* Haus!

Danforth Sie sind beide weg?

Parris *ängstlich* Ja, Herr.

Danforth *betroffen* Ich werde eine Streifwache nach ihnen aussenden. Wo mögen sie sein?

Parris Exzellenz – ich fürchte, an Bord eines Schiffes. *Danforth sieht ihn sprachlos an.* Meine Tochter sagt mir, daß sie sie vergangene Woche von Schiffen sprechen hörte, und heute nacht entdeckte ich, daß meine – meine Geldkassette erbrochen ist. *Er preßt seine Finger gegen die Augen, um die Tränen zurückzuhalten.*

Danforth *bestürzt* Sie hat Euch beraubt?

Parris Einunddreißig Pfund sind weg. Ich stehe ohne einen Heller da. *Er bedeckt schluchzend sein Gesicht.*

Danforth Ihr seid ein kopfloser Mensch, Herr Parris! *Er geht überlegend, tief beunruhigt, auf und ab.*

Parris Exzellenz, Vorwürfe fruchten nichts. Ich wüßte nicht, warum sie davonlaufen sollten, wenn nicht aus Angst, länger in Salem zu verweilen. *Er verteidigt sich.* Bedenkt's, Herr, Abigail wußte um die Vorgänge in der Stadt, und seit die Kunde von Andover hergelangte –

Danforth Andover ist befriedet. Das Gericht kehrt am Freitag dorthin zurück und nimmt die Untersuchungen wieder auf.

Parris Sicherlich, Herr. Doch hier geht das Gerücht von Aufruhr in Andover, und –

Danforth Es ist kein Aufruhr in Andover!

Parris Ich berichte Euch, was man hier sagt, Herr. Andover habe das Gericht verjagt, sagt man, und wolle nichts mit Hexerei zu schaffen haben. Eine Gruppe hier macht sich diese Nachricht zunutze, und ich sag's Euch ehrlich, Herr, ich fürchte einen Aufstand.

Hathorne Aufstand! Bei jeder Hinrichtung habe ich einzig große Genugtuung in der Stadt bemerkt.

Parris Richter Hathorne – die bisher gehenkt wurden, waren von anderer Art. Rebecca Nurse ist keine Bridget, die drei Jahre mit Bishop lebte, ehe sie ihn ehelichte. John Proctor ist kein Isaac Ward, der seine Familie zugrunde trank. *Zu Danforth.* Ich wünschte zu Gott, es wäre anders, Exzellenz, aber diese Leute genießen hohes Ansehen in der Stadt. Laßt Rebecca auf dem Schafott stehen und ein rechtschaffen Gebet zum Himmel senden, und ich fürchte, sie wird Rache auf Euch herabrufen.

Hathorne Exzellenz, sie ist als Hexe verurteilt. Das Gericht hat –

Danforth *hebt die Hand gegen Hathorne; in tiefer Besorgnis* Bitte. *Zu Parris* Was also schlagt Ihr vor?

Parris Exzellenz, ich würde diese Hinrichtungen eine Weile aufschieben.

Danforth Aufschub gibt es nicht.

Parris Die Rückkehr Pastor Hales gibt uns Hoffnung, glaube ich – denn wenn er auch nur einen von diesen zu Gott zurückführt, so wird dieses Geständnis die übrigen in den Augen der Allgemeinheit verdammen, und niemand wird mehr daran zweifeln, daß sie alle mit der Hölle im Bunde sind. Doch wenn sie ohne Geständnis und mit der Beteuerung ihrer Unschuld sterben, so wird der Zweifel vervielfacht, viele brave Leute werden um sie weinen, und unser guter Zweck ertrinkt in ihren Tränen.

Danforth *tritt nach einer kurzen Überlegung zu Cheever* Gebt mir die Liste.

Cheever öffnet seine Dokumentenkapsel und sucht sie heraus.

Parris Vergessen wir's nicht, Herr, als ich die Gemeinde zu John Proctors Ausstoßung zusammenrief, fanden kaum dreißig Leute sich ein. Das verrät Mißbilligung, glaube ich, und –

Danforth *die Liste prüfend* Aufschub gibt es nicht.

Parris Exzellenz –

Danforth Also – wer von diesen könnte nach Eurer Meinung zu Gott zurückgeführt werden? Ich selber werde bis Tagesanbruch mit ihm ringen. *Er reicht Parris die Liste; dieser blickt nur darauf.*

Parris Die Zeit bis Tagesanbruch reicht nicht aus.

Danforth Ich werde mein Äußerstes tun. Für wen von diesen hegt Ihr Hoffnung?

Parris *läßt jetzt die Liste ganz gehen; mit bebender Stimme, leise* Exzellenz – ein Dolch – *Er bricht erstickt ab.*

Danforth Was sagt Ihr?

Parris Heute nacht beim Weggehen, als ich meine Haustüre öffne – da klirrte ein Dolch zu Boden. *Pause. Danforth sinnt darüber nach. Dann bricht Parris aus.* Diese Art Leute könnt Ihr nicht henken! Es bringt mich in Gefahr. Ich traue mich bei Nacht keinen Schritt mehr hinaus!

Pastor Hale kommt herein. Schweigend sehen alle ihn einen Augenblick an. Er ist aufgelöst von Schmerz, erschöpft und bestimmter denn je.

Danforth Meinen Glückwunsch, Pastor Hale; es freut uns, Euch wieder an Eurem guten Werk zu sehen.

Hale *tritt jetzt zu Danforth* Ihr müßt sie begnadigen. Sie wollen nicht wanken.

Herrick kommt herein und bleibt wartend stehen.

Danforth *versöhnlich* Ihr irrt, Herr. Wie kann ich diese begnadigen, wenn zwölfe ob des gleichen Verbrechens bereits gehenkt wurden? Es wäre nicht gerecht.

Parris *mit stockendem Herzen* Rebecca will nicht gestehen?

Hale In wenigen Minuten geht die Sonne auf. Ich brauche mehr Zeit, Exzellenz.

Danforth Jetzt hört her und gebt Euch nicht länger falschen Hoffnungen hin. Ich nehme kein einziges Gesuch um Begnadigung oder Aufschub an. Wer nicht gesteht, wird gehenkt. Zwölfe sind bereits hingerichtet; die Namen dieser sieben sind bekanntgegeben, und die Stadt erwartet, sie heute in der Frühe sterben zu sehen. Ein Aufschub jetzt würde Schwanken von meiner Seite bedeuten; Frist oder Begnadigung müßte die Schuld derer in Zweifel stellen, die bis dahin starben. Da ich Gottes Recht spreche, lasse ich seine Stimme nicht durch Gewinsel zum Schweigen bringen. Wenn Ihr Rache fürchtet, so wisset dies – ich henkte zehntausend, die wider das Gesetz zu verstoßen wagten, und nicht ein Ozean salziger Tränen vermöchte die Festigkeit der Satzungen aufzulösen. Jetzt faßt Euch, gleich Männern, und helft mir gemäß Eurem himmlischen Auftrag. Spracht Ihr mit ihnen allen, Herr Hale?

Hale Mit allen, außer Proctor. Er ist im Verlies.

Danforth *zu Herrick* Wie steht's jetzt mit Proctor?

Herrick Er hockt da wie ein großer Vogel. Man wüßte nicht, daß er lebt, nähm er nicht bisweilen Nahrung zu sich.

Danforth *nach einer kurzen Überlegung* Sein Weib – sein Weib muß jetzt mit ihrer Schwangerschaft recht voran sein.

Herrick Das ist sie, Herr.

Danforth Was meint Ihr, Herr Parris? Ihr kennt diesen Mann besser; könnte ihre Gegenwart ihn erweichen?

Parris Es ist möglich, Herr. Er hat sie drei Monde nicht gesehen. Ich riefe sie her.

Danforth *zu Herrick* Ist er immer noch verhärtet? Schlug er noch wieder nach dir?

Herrick Das kann er nicht, Herr; er ist jetzt an die Mauer gekettet.

Danforth *überlegt; dann* Hole Gevatterin Proctor her. Und dann bring ihn herauf.

Herrick Ja, Herr. *Er geht. Pause.*

Hale Exzellenz, wenn Ihr eine Woche Aufschub gewährt und der Stadt bekanntgebt, daß Ihr um ihr Geständnis ringt, so bedeutet das Gnade von Eurer Seite, nicht Schwanken.

Danforth Herr Hale, da Gott mir nicht, gleich Josua, die Macht verlieh, der Sonne Stillstand zu gebieten, kann ich die Vollstreckung ihrer Strafe nicht aufhalten.

Hale *jetzt härter* Wenn Ihr glaubt, Gott wolle, daß Ihr Aufstand anstiftet, so irrt Ihr, Herr Danforth!

Danforth *rasch* Ihr hörtet in der Stadt von Aufstand reden?

Hale Exzellenz, Waisen wandern von Haus zu Haus; verlassenes Vieh brüllt auf den Straßen; faulendes Getreide verpestet die Luft; und niemand ist sicher, wann der Dirnen Schrei sein Leben endet – und Ihr wundert Euch noch, wenn von Aufstand geredet wird? Wundert Euch lieber, daß sie Eure Provinz nicht niederbrennen!

Danforth Herr Hale, habt Ihr kürzlich in Andover gepredigt?

Hale Gott sei's gedankt, in Andover bedürfen sie meiner nicht.

Danforth Ich verstehe Euch nicht, Herr. Wozu kamt Ihr hierher zurück?

Hale Wozu? Sehr einfach – des Teufels Werk zu tun; Christen zu raten, sich selber zu verleumden. *Sein Hohn bricht zusammen.* Auf meinem Haupt ist Blut! Seht Ihr nicht, daß Blut auf meinem Haupt ist!!

Parris Still! *Denn er hat Schritte gehört. Alle wenden sich der Türe zu.*

Herrick kommt mit Elizabeth herein. Ihre Handgelenke sind von einer schweren Kette gefesselt. Ihr Kleid ist verschmutzt; ihr Gesicht ist blaß und hohl. Herrick geht wieder.

Danforth *sehr höflich* Gevatterin Proctor. *Sie schweigt.* Ich hoffe, Ihr seid wohl.

Elizabeth *als Mahnung* Ich bin noch sechs Monde vor meiner Zeit.

Danforth Bitte, beruhigt Euch, wir kommen nicht um Euer Leben. Wir – *Er weiß nicht zu werben, da er es nicht gewohnt ist.* Herr Hale, wollt Ihr mit der Frau sprechen?

Hale Gevatterin Proctor, Euer Mann ist heute in der Frühe zur Hinrichtung bestimmt. *Pause.*

Elizabeth *leise* Ich hab's gehört.

Hale Ihr wißt, nicht wahr, daß ich nicht dem Gericht zugehöre? *Sie scheint es zu bezweifeln.* Ich komme aus eigenem Antrieb, Gevatterin Proctor. Ich möchte das Leben Eures Mannes retten, denn wenn er stirbt, erachte ich mich als seinen Mörder. Versteht Ihr das?

Elizabeth Was begehrt Ihr von mir?

Hale Gevatterin Proctor, ich bin, gleich unserem Herrn, diese drei Monde in die Wüste gegangen. Ich habe nach einem christlichen Weg gesucht, denn doppelte Verdammnis trifft einen Gottesdiener, der die Menschen zur Lüge anhält.

Hathorne Es ist nicht Lüge, Ihr könnt nicht von Lüge sprechen.

Hale Es ist Lüge! Sie sind unschuldig!

Danforth Ich will hiervon nichts mehr hören!

Hale *weiter zu Elizabeth* Verkennt nicht Eure Pflicht, wie ich die meine verkannte. Ich kam in diese Stadt, gleich einem Bräutigam zu seiner Geliebten, beladen mit den hohen Gütern der Religion; die wahre Krönung heiligen Rechtes brachte ich, und was meine helle Zuversicht anrührte, das starb; und wo ich das Auge meines festen Glaubens hinwandte, da floß Blut. Hütet Euch, Gevatterin Proctor, haftet an keinem Glauben, wenn der Glaube Blut mit sich bringt. Es ist verkanntes Recht, das Euch zum Opfer treibt. Das Leben, Frau, das Leben ist Gottes köstlichste Gabe; kein noch so rühmlicher Grundsatz kann sein Opfer rechtfertigen. Ich bitte Euch, Frau, wirkt auf Euren Mann ein, daß er gesteht. Laßt ihn seine Lüge sagen. Bangt hierin nicht vor Gottes Richterspruch, denn es mag wohl sein, daß Gott einen Lügner weniger verdammt als jenen, der aus Stolz sein Leben wegwirft. Wollt Ihr mit ihm sprechen? Ich fürchte, er hört auf keinen anderen.

Elizabeth *leise* Ich glaub, dies ist des Teufels Stimme.

Hale *in höchster Verzweiflung* Frau, vor Gottes Recht sind wir wie das Vieh. Wir vermögen Seinen Willen nicht zu lesen!

Elizabeth Ich kann nicht mit Euch streiten, Herr; mir fehlt die Gelehrsamkeit dazu.

Danforth *tritt zu ihr* Gevatterin Proctor, wir riefen Euch nicht her, gelehrt zu streiten. Ist keine Weibesliebe in Euch? Er wird bei Sonnenaufgang sterben. Euer Mann. Begreift Ihr das? *Sie blickt ihn nur an.* Was sagt Ihr? Wollt Ihr mit ihm kämpfen? *Sie schweigt.* Seid Ihr aus Stein? Ehrlich, Frau, hätte ich kein ander Zeugnis Eures unnatürlichen Lebens, so genügten diese Eure trockenen Augen zum Beweis, daß Ihr Eure Seele der Hölle hingabt! Selbst ein Unmensch weinte ob solchen Jammers! Hat der Teufel jede Mitleidsträne in Euch vertrocknet? *Sie schweigt.* Schafft sie weg. Es ist fruchtlos, daß sie mit ihm redet!

Elizabeth *leise* Laßt mich mit ihm reden, Herr.

Parris *hoffnungsvoll* Ihr wollt mit ihm kämpfen? *Sie zögert.*

Elizabeth Ich kann nichts versprechen. Laßt mich mit ihm reden.

Von draußen kommt das Geräusch über Stein schlürfender Schritte. Alle wenden sich um. Pause. Dann kommt Herrick mit John Proctor herein. Seine Hände sind gefesselt. Er ist ein anderer Mensch, bärtig, verdreckt, mit trüben, wie von Spinnweben überzogenen Augen. Innerhalb der Türe, da sein Blick auf Elizabeth fällt, bleibt er stehen. Die von einem zum anderen flutende Bewegung hindert einen Augenblick alle, zu sprechen. Dann tritt Hale, sichtlich ergriffen, zu Danforth.

Hale *leise* Bitte, laßt sie allein, Exzellenz.

Danforth *drängt Hale ungeduldig beiseite* Herr Proctor, Ihr seid in Kenntnis gesetzt, nicht wahr? *Proctor schweigt, den Blick auf Elizabeth.* Ich sehe einen hellen Schein am Himmel; jetzt haltet Rat mit Eurem Weib, und Gott möge Euch helfen, der Hölle den Rücken zu kehren. *Proctor schweigt, den Blick auf Elizabeth.*

Hale *leise* Exzellenz, laßt –

Danforth eilt, Hale streifend, hinaus. Hale folgt ihm. Cheever zögert und folgt dann auch; hinter ihm Hathorne; Herrick geht.

Parris *aus sicherer Entfernung* Wenn Ihr einen Becher Most wünscht, Herr Proctor, kann ich sicherlich – *Proctor wendet ihm einen eisigen Blick zu; er bricht ab und hebt seine Handflächen gegen Proctor.* So leite Euch Gott! *Er geht. Allein. Proctor geht auf sie zu; bleibt stehen. Es ist, als kreiste die Welt um sie. Es ist jenseits von Schmerz, darüber. Er streckt die Hand aus wie nach einer nicht ganz wirklichen Erscheinung, und als er sie berührt, kommt ein seltsamer, weicher Laut aus seiner Kehle, halb Lachen, halb Staunen. Er streichelt ihre Hand. Sie legt ihre Hand auf die seine. Dann setzt er sich, ermattet. Sie setzt sich ihm gegenüber.*

Proctor Das Kind?

Elizabeth Es wächst.

Proctor Ist keine Kunde von den Buben?

Elizabeth Sie sind wohl. Rebeccas Samuel hütet sie.

Proctor Du sahst sie nicht?

Elizabeth Nein. *Sie spürt eine Anwandlung von Schwäche und bezwingt sie.*

Proctor Du bist ein – Wunder, Elizabeth.

Elizabeth Du – wardst gefoltert?

Proctor Ja. *Pause.*

Sie kämpft gegen das Meer, in dem sie zu ertrinken droht.

Proctor Jetzt kommen sie um mein Leben.

Elizabeth Ja. Ich weiß es. *Pause.*

Proctor Keiner – gestand noch?

Elizabeth Viele sollen gestanden haben.

Proctor Wer?

Elizabeth Hundert oder mehr, heißt's. Eine ist Gevatterin Ballard; und dann Isaiah Goodkind. Viele.

Proctor Rebecca?

Elizabeth Nein, Rebecca nicht. Sie ist schon mit einem Fuß im Himmel; ihr kann nichts mehr was anhaben.

Proctor Und Giles?

Elizabeth Du hörtest's nicht?

Proctor Ich hör nichts, wo ich bewahrt werd.

Elizabeth Giles ist tot!

Proctor *sieht sie ungläubig an* Wann ward er gehenkt?

Elizabeth *leise, sachlich* Er ward nicht gehenkt. Er wollte auf seine Anklage nicht ja noch nein sagen; denn leugnete er, ward er sicherlich gehenkt und sein Besitz öffentlich ausgeboten! So schwieg er und starb als ein rechtmäßiger Christ. Und so kommt sein Hof auf seine Söhne. Das ist rechtens so; sie konnten ihn nicht wegen Hexerei verurteilen, wenn er auf seine Anklage nicht ja oder nein sagte.

Proctor Wie starb er dann?

Elizabeth *weich* Sie erdrückten ihn, John.

Proctor Erdrückten ihn?

Elizabeth Sie legten ihm schwere Steine auf die Brust, bis er ja oder nein sagte. *Mit einem zärtlichen Lächeln für den Alten.* Es heißt, daß er nur zwei Worte sagte. »Mehr Gewicht«, sagte er. Und starb.

Proctor *starr – ein Faden mehr im Gewebe seiner Seelenangst* »Mehr Gewicht«.

Elizabeth Ja. Er war ein gottesfürchtiger Mann, der Giles Corey. *Pause.*

Proctor *mit Aufbietung großer Willenskraft, aber ohne sie direkt anzusehen* Ich hab dran gedacht zu gestehen, Elizabeth. *Sie äußert nichts.* Was meinst du? Wenn ich ihnen das einräum.

Elizabeth Ich kann dich nicht richten, John.

Proctor *einfach – eine bloße Frage* Was willst du, daß ich tu?

Elizabeth Wie du's willst, wollt ich's. *Kurze Pause.* Ich wünsch, daß du lebst, John. Das ist sicher.

Proctor *nach einer Pause, mit aufflackernder Hoffnung* Giles' Weib? Gestand sie?

Elizabeth Nein.

Proctor Es ist Vortäuschung, Elizabeth.

Elizabeth Was?

Proctor Ich kann nicht wie ein Heiliger aufs Schafott steigen. Es ist Betrug. Ich bin nicht der Mensch. *Sie schweigt.* Meine Ehrlichkeit ist dahin, Elizabeth; ich bin kein guter Mensch. Nichts wird durch diese Lüge verdorben, das nicht lang zuvor verdorben war.

Elizabeth Und doch hast du bisher nicht gestanden. Das zeugt von Gutheit in dir.

Proctor Ich schweig nur aus Trotz. Es ist schwer, Hunden eine Lüge einzuräumen. *Pause. Jetzt wendet er sich direkt zu ihr.* Ich möcht deine Vergebung, Elizabeth.

Elizabeth Ich hab dir nichts zu vergeben, John, ich bin –

Proctor Ich wollt, daß du ein wenig Ehrlichkeit darin siehst. Die nie logen, mögen jetzt sterben, um ihre Seelen rein zu halten. Bei mir ist's Vortäuschung, Elizabeth, Eitelkeit, die Gott nicht blenden, noch meine Kinder vor Unbill bewahren wird. *Pause.* Was sagst du?

Elizabeth *über das ständig drohende, gewaltsam aufsteigende Schluchzen hinweg* John, es nutzt nichts, daß ich dir vergeb, wenn du selber dir nicht vergibst. *Jetzt wendet er sich in tiefer Qual ein wenig ab.* Es geht nicht um meine Seel, John, um deine geht's. *Er steht langsam auf, wie in physischem Schmerz, mit einem übermenschlichen Verlangen, seine Antwort zu finden. Es ist schwer für sie, es zu sagen, und sie ist den Tränen nahe.* Nur dessen sei gewiß, denn ich weiß es jetzt: was du auch tust, ein guter Mensch tut es. *Er wendet ihr seinen zweifelnden, forschenden Blick zu.* Ich hab in diesen drei Monden mein Herz geprüft, John. *Pause.* Ich hab mir eigene Sünden zuzuzählen. Es braucht ein kalt Weib, Untreu herbeizuführen.

Proctor *gepeinigt* Nicht, nicht –

Elizabeth *schüttet jetzt ihr Herz aus* Es wär besser, du kenntest mich!

Proctor Ich will's nicht hören! Ich kenn dich!

Elizabeth Du nimmst meine Sünden auf dich, John –

Proctor *in höchster Not* Nein, meine eigenen sind's, meine eigenen!

Elizabeth John, ich dünkte mich so einfach, so dürftig von Gestalt, daß keine ehrliche Liebe mir gelten konnte! Mißtrauen küßte dich, wenn ich dich küßte; nie verstand ich, meiner Liebe Worte zu geben. Ein kalt Heim war's, das ich dir bot.

Sie weicht angstvoll zurück, da Hathorne hereinkommt.

Hathorne Nun, Proctor? Gleich wird die Sonne aufgehen. *Proctors*

Brust schwillt, er starrt ihn an und wendet sich dann zu Elizabeth. Sie tritt zu ihm, wie zur Verteidigung; ihre Stimme bebt.

Elizabeth Tu, wie du willst. Doch laß niemand Richter über dich sein. Kein höherer Richter ist unter dem Himmel als Proctor selber! Vergib mir, John, vergib mir – ich hab noch keine solche Gutheit in der Welt gekannt! *Sie bedeckt weinend ihr Gesicht.*

Proctor wendet sich von ihr zu Hathorne; er ist nicht mehr auf Erden; seine Stimme klingt hohl.

Proctor Ich wünsch mein Leben.

Hathorne *auffahrend, überrascht* Ihr wollt gestehen?

Proctor Ich will mein Leben haben.

Hathorne *vieldeutig* Gott sei gelobt! Es ist eine Vorsehung! *Er eilt hinaus, und man hört ihn durch den Korridor rufen: »Er will gestehen! Proctor will gestehen!«*

Proctor *ist aufschreiend mit einem Satz an der Türe* Warum brüllt Ihr's? *Er wendet sich gepeinigt zu Elizabeth zurück.* Es ist schlecht, nicht wahr? Es ist schlecht.

Elizabeth *angsterfüllt, weinend* Ich kann dich nicht richten, John, ich kann nicht!

Proctor Wer also richtet mich? *Plötzlich die Hände zusammenschlagend.* Herrgott im Himmel, was ist John Proctor, was ist John Proctor? *Er läuft wie ein Tier hin und her, und eine Wut tobt in ihm, ein verzweifeltes Suchen.* Ich glaub, daß es ehrlich ist, ich glaub's; ich bin kein Heiliger. *Als hätte sie ihm widersprochen, unwillig zu ihr.* Rebecca mag als Heilige gehn; bei mir ist's Betrug!

Man hört im Korridor unterdrückt erregte Stimmen.

Elizabeth Ich bin nicht dein Richter, ich kann's nicht sein. *Als spräche sie ihn los.* Tu, wie du willst, tu, wie du willst!

Proctor Gäbst du dich zu so einer Lüge her? Sprich. Gäbst du dich je dazu her? *Sie kann nicht antworten.* Du tätst es nicht; wenn Feuerzungen auf dich einredeten, du tätst es nicht! Es ist schlecht. Nun wohl – es ist schlecht, und ich tu's!

Hathorne kommt mit Danforth herein, gefolgt von Cheever, Parris und Hale. Sie kommen rasch und geschäftig, als wäre das Eis gebrochen.

Danforth *im Gefühl großer Erleichterung und Dankbarkeit* Dank sei dem Herrn, Mann, Dank sei dem Herrn; der Himmel wird Euch hierfür segnen. *Cheever ist mit Feder, Tinte und Papier zu einer der Bänke geeilt. Proctor beobachtet ihn.* Ans Werk denn. Seid Ihr bereit, Herr Cheever?

Proctor *mit kaltem, kaltem Grauen über ihre Betriebsamkeit* Warum müßt ihr's schreiben?

Danforth Nun, zur rechten Unterweisung der Stadt, Mann; es wird an der Kirchentüre angeschlagen! *Zu Parris drängend.* Wo bleibt der Büttel?

Parris *eilt zur Türe und ruft in den Korridor hinaus* Herrick, eilt Euch!

Danforth Nun denn, Mann, um Herrn Cheevers willen sprecht langsam und ohne Umschweife. *Er ist jetzt bei der Protokollaufnahme und diktiert Cheever, der schreibt.* Herr Proctor, saht Ihr in Eurem Leben den Teufel? *Proctor preßt die Zähne aufeinander.* Vorwärts, Mann, der Himmel wird hell; die Stadt wartet am Schafott; ich möchte diese Botschaft hinausgeben. Saht Ihr den Teufel?

Proctor Ja.

Parris Gelobt sei Gott.

Danforth Und was war seine Forderung, wenn er zu Euch kam? *Proctor schweigt. Danforth hilft ihm.* Hieß er Euch sein Werk auf Erden tun?

Proctor Ja.

Danforth Und Ihr verdingtet Euch zu seinem Dienst? *Danforth wendet sich um, als Rebecca Nurse, gestützt von Herrick, erscheint; sie vermag kaum zu gehen.* Kommt herein, kommt herein, Frau!

Rebecca *aufleuchtend, als sie Proctor erblickt* O John! So bist du wohl, wie?

Proctor kehrt sein Gesicht der Wand zu.

Danforth Mut, Mann, Mut – laßt sie Zeuge Eures guten Beispiels sein, auf daß auch sie zu Gott finde. Jetzt hört's, Gevatterin Nurse! Fahrt fort, Herr Proctor. Verdingtet Ihr Euch zu des Teufels Dienst?

Rebecca *bestürzt* Wie, John!

Proctor *zwischen den Zähnen, das Gesicht von Rebecca abgewandt* Ja.

Danforth Nun, Frau, Ihr seht wohl, daß es nichts fruchtet, bei dieser Verschwörung zu beharren. Wollt Ihr mit ihm gestehen?

Rebecca O John – Gott gieße Seine Gnade über dich aus!

Danforth Ich frage, wollt Ihr gestehen, Gevatterin Nurse?

Rebecca Wie, es ist Lüge; es ist Lüge; wie kann ich mich selber verdammen? Das kann ich nicht, das kann ich nicht.

Danforth Herr Proctor. Saht Ihr, wenn der Teufel zu Euch kam, Rebecca Nurse in seiner Gesellschaft? *Proctor schweigt.*

Vorwärts, Mann, faßt ein Herz – saht Ihr sie mit dem Teufel?

Proctor *fast unhörbar* Nein. *Danforth, der jetzt Gefahr wittert, tritt mit einem Blick auf Proctor zum Tisch und nimmt ein Schriftstück zur Hand – die Liste der Verurteilten.*

Danforth Saht Ihr ihre Schwester, Mary Easty, mit dem Teufel?

Proctor Nein.

Danforth *sieht Proctor durchdringend an* Saht Ihr Martha Corey mit dem Teufel?

Proctor Nein.

Danforth *begreift – legt das Schriftstück langsam hin* Saht Ihr irgendwen mit dem Teufel?

Proctor Nein.

Danforth Proctor, Ihr mißversteht mich. Ich bin nicht ermächtigt, Euer Leben gegen eine Lüge zu verhandeln. Ganz gewiß saht Ihr jemand mit dem Teufel. *Proctor schweigt.* Herr Proctor, zwanzig Personen haben bereits bezeugt, daß sie diese Frau mit dem Teufel sahen.

Proctor So ist's bewiesen. Warum muß ich's noch sagen?

Danforth »Muß«? Nun, Ihr solltet es mit Freuden sagen, wenn Eure Seele in Wahrheit von aller Liebe zur Hölle gereinigt ist!

Proctor Sie denken als Heilige zu sterben. Ich mag ihren guten Namen nicht schänden.

Danforth *forschend, ungläubig* Herr Proctor, Ihr denkt, daß sie als Heilige sterben?

Proctor *ausweichend* Diese Frau hat nie gedacht, des Teufels Werk zu tun.

Danforth Hört, Herr. Mir scheint, Ihr verkennt Eure Pflicht hier. Es kommt nicht darauf an, was sie dachte – sie ist des unnatürlichen Kindsmordes überführt, wie Ihr überführt seid, daß Ihr Euren Geist über Mary Warren aussandtet. Allein um Eure Seele geht es hier, und Ihr beweist ihre Reinheit, oder Ihr könnt in einem christlichen Land nicht leben. Wollt Ihr mir jetzt sagen, welche Personen in des Teufels Gesellschaft sich mit Euch verschworen? *Proctor schweigt.* War Eures Wissens Rebecca Nurse je –

Proctor Ich gesteh meine eignen Sünden; ich kann keinen andern richten. *Aufschreiend, voller Abscheu.* Ich hab keine Zunge dafür.

Hale *rasch, zu Danforth* Exzellenz, mit seinem Geständnis ist's genug. Laßt ihn unterschreiben, laßt ihn unterschreiben.

Parris *fieberhaft* Er tut uns großen Dienst, Herr. Es ist ein gewichtiger Name. Es wird in der Stadt wirken, daß

Proctor gesteht. Ich bitte Euch, laßt ihn unterschreiben. Die Sonne ist herauf, Exzellenz!

Danforth *überlegt; dann unzufrieden* Also, vorwärts, unterschreibt Eure Aussage. *Zu Cheever.* Gebt sie ihm. *Cheever tritt mit dem Geständnis und einer Feder zu Proctor.* Vorwärts, Mann, unterschreibt.

Proctor *nach einem Blick auf das Schriftstück* Ihr wart alle Zeuge – genug damit.

Danforth Ihr wollt nicht unterschreiben?

Proctor Ihr wart alle Zeuge; was braucht's mehr?

Danforth Treibt Ihr Scherz mit mir? Ihr unterschreibt, oder es ist kein Geständnis, Mann!

Keuchend, in tiefster Not, legt Proctor jetzt das Schriftstück hin und unterschreibt.

Parris Der Herr sei gepriesen!

Kaum setzt Proctor die Feder ab, greift Danforth nach dem Geständnis. Doch Proctor reißt es an sich, und nun steigt wilder Schrecken und grenzenlose Wut in ihm auf.

Danforth *verblüfft, aber höflich die Hand ausstreckend:* Bitte, Herr.

Proctor Nein.

Danforth *als begriffe Proctor nicht* Herr Proctor, ich muß das –

Proctor Nein, nein. Ich hab's unterschrieben. Ihr habt's gesehn. Damit Schluß! Ihr braucht dies nicht.

Parris Proctor, die Stadt muß Beweis dafür haben, daß –

Proctor Der Teufel hol die Stadt! Ich gesteh Gott, und Gott hat meinen Namen hierauf gesehn! Es ist genug!

Danforth Nein, Herr, es ist –

Proctor Ihr wolltet meine Seele retten, nicht wahr? Da! Ich hab gestanden; es ist genug!

Danforth Ihr habt nicht ge –

Proctor Ich hab gestanden! Gibt's keine gültige Buße, sie sei denn öffentlich? Gott braucht meinen Namen nicht an die Kirche genagelt! Gott sieht meinen Namen; Gott weiß, wie schwarz meine Sünden sind! Es ist genug!

Danforth Herr Proctor –

Proctor Ihr benützt mich nicht! Ich bin nicht Sarah Good oder Tituba, ich bin John Proctor! Ihr benützt mich nicht! Es gehört nicht zur Seelenrettung, daß Ihr mich benützt!

Danforth Ich habe nicht die Absicht, Euch –

Proctor Ich hab drei Kinder – wie soll ich sie lehren, aufrecht auf Erden zu wandeln, wenn ich meine Freunde verriet?

Danforth Ihr habt Eure Freunde nicht verraten –

Proctor Täuscht mich nicht! Ich verleumde sie allesamt, wenn dies an die Kirche genagelt wird, am gleichen Tag, da sie gehenkt werden, weil sie schweigen!

Danforth Herr Proctor, ich brauche einen guten und rechtsgültigen Beweis, daß Ihr –

Proctor Ihr seid das höchste Gericht, Euer Wort ist gut genug! Sagt ihnen, daß ich gestand; sagt, John Proctor brach in die Knie und weinte wie ein Weib; sagt, was Ihr wollt, aber mein Name kann nicht –

Danforth *argwöhnisch* Es ist das gleiche, nicht wahr? Ob ich es berichte oder Ihr es unterschreibt?

Proctor *– er weiß, daß es unsinnig ist* Nein, es ist nicht das gleiche! Was andere sagen und was ich unterschreib, das ist nicht das gleiche!

Danforth Wie? Wollt Ihr etwa dies Geständnis ableugnen, wenn Ihr frei seid?

Proctor Nichts will ich ableugnen!

Danforth So gebt mir eine Erklärung, Herr Proctor, warum Ihr nicht –

Proctor *mit einem Aufschrei aus tiefster Brust* Weil es mein Name ist! Weil ich ihn mein Leben lang tragen muß! Weil ich lüg und mich selber der Lüge zeih! Weil ich nicht den Staub an den Füßen derer wert bin, die in den Tod gehn! Wie soll ich ohne meinen Namen leben? Ich gab Euch meine Seele; laßt mir meinen Namen!

Danforth *weist auf das Geständnis in Proctors Hand* Ist diese Aussage eine Lüge? Wenn sie eine Lüge ist, nehme ich sie nicht an! Nun? Ich treibe keinen Handel mit Lügen, Mann! *Proctor rührt sich nicht.* Ihr legt Euer ehrliches Geständnis in meine Hand, oder ich kann Euch nicht vorm Strang bewahren. *Proctor antwortet nicht.* Welchen Weg wählt Ihr, Mann? *Mit keuchender Brust und starrem Blick zerreißt Proctor das Schriftstück und zerknüllt es; er weint vor rasender Wut, aber aufrecht.*

Danforth Büttel!

Parris *hysterisch, als wäre das zerrissene Schriftstück sein Leben* Proctor! Proctor!

Hale Mann, Ihr werdet sterben! Das könnt Ihr nicht!

Proctor *die Augen voller Tränen* Ich kann. Und das ist Euer erstes Wunder, daß ich kann. Jetzt habt Ihr Euer Zauberkunststück vollbracht, denn jetzt mein ich wirklich einen Fetzen Gutheit in John Proctor zu sehn. Nicht genug, ein Banner draus zu machen, doch weiß genug, ihn vor solchen Hunden zu bewahren. *Elizabeth stürzt, von Angst überwältigt, zu ihm und weint in seine Hand.* Schenk ihnen keine Träne! Tränen ergötzen sie! Jetzt zeig Würde, zeig ein steinern Herz und vertilg sie damit! *Er hat sie zu sich hochgezogen und küßt sie jetzt mit großer Inbrunst.*

Rebecca Fürchte nichts! Ein ander Gericht erwartet uns alle!

Danforth Hängt sie hoch über die Stadt! Wer um diese weint, weint um Verderbnis! *Er fegt an ihnen vorbei hinaus. Herrick tritt zu Rebecca, um sie abzuführen. Sie bricht fast zusammen, doch Proctor hält sie, und sie blickt entschuldigend zu ihm auf.*

Rebecca Ich hab kein Frühstück gehabt.

Herrick Kommt, Mann. *Herrick führt sie ab; Hathorne und Cheever folgen ihnen. Elizabeth steht und starrt auf den leeren Türrahmen.*

Parris *in Todesangst, zu Elizabeth* Geht ihm nach, Gevatterin Proctor! Noch ist es Zeit!

Draußen zerreißt ein Trommelwirbel die Luft. Parris fährt auf. Elizabeth wankt dem Fenster zu.

Parris Geht ihm nach! *Er stürzt zur Türe hinaus, wie um sein Schicksal aufzuhalten.* Proctor! Proctor!

Wieder ein kurzes Trommeln.

Hale Frau, sprecht zu ihm! *Er will zur Türe eilen und kehrt dann zu ihr zurück.* Frau! Es ist Stolz, es ist Eitelkeit. *Sie vermeidet seinen Blick und strebt weiter dem Fenster zu. Er fällt auf die Knie.* Helft ihm! Was fruchtet's ihm zu bluten? Soll der Staub ihn preisen? Sollen die Würmer seine Wahrheit kundtun? Geht ihm nach und nehmt ihm seine Scham!

Elizabeth *hat das Fenster erreicht und greift haltsuchend nach den Gitterstäben; mit einem Aufschrei.* Er hat jetzt seine Gutheit. Verhüte Gott, daß ich sie ihm nehm!

Der letzte Trommelwirbel erdröhnt und steigert sich zu voller Wucht. Hale weint in verzweifeltem Gebet; die aufgehende Sonne ergießt sich über ihr Antlitz; und die Trommeln rasseln wie Knochen in der Morgenluft.

Der Vorhang fällt
Stimmen im Korridor

Nicht lange nach dem Erlöschen des Fiebers wurde Parris durch Abstimmung seines Amtes enthoben, wanderte zur Landstraße hinaus und verscholl.

Der Legende nach tauchte Abigail später in Boston als Prostituierte auf.

Zwanzig Jahre nach der letzten Hinrichtung sprach die Regierung den noch lebenden Opfern und den Familien der Toten Entschädigung zu. Indessen weist alles darauf hin, daß einige Personen auch jetzt noch nicht gewillt waren, ihre gesamte Schuld zuzugeben, und daß auch jetzt noch der Parteigeist lebendig war, denn einige der Nutznießer waren in Wahrheit durchaus keine Opfer, sondern vielmehr Angeber.

Elizabeth Proctor heiratete noch einmal, vier Jahre nach Proctors Tod.

In einer feierlichen Versammlung erklärte die Gemeinde die Ausstoßung für ungültig – dies im März des Jahres 1712. Doch es geschah auf Anordnung der Regierung. Immerhin legte das Richterkollegium eine schriftliche Aussage nieder, mit der Bitte um Vergebung an all jene, die gelitten hatten.

Einige der den Opfern zugehörigen Höfe wurden dem Verfall überlassen, und länger als ein Jahrhundert wollte niemand sie kaufen oder bewohnen.

Praktisch war die Macht der Theokratie in Massuchusetts gebrochen.

Blick von der Brücke

Personen

Eddie
Beatrice, *seine Frau*
Catherine, *seine Nichte*
Marco
Rodolfo, *sein Bruder*
Mr. Alfieri
Tony
Louis
Mike
Zwei Beamte der Einwanderungsbehörde
Nachbarn

Ein Mietshaus und die Straße davor. Die Außenwand des Hauses ist nur skelettartig angedeutet. Die Handlung spielt sich vorwiegend im Wohn- und Eßzimmer der Arbeiterwohnung der Familie Carbone ab. Es ist sauber, dürftig möbliert, einfach. Ein Schaukelstuhl im Vordergrund; ein runder Eßtisch in der Mitte, mit Stühlen. Ein Petroleumofen. Im Hintergrund eine Tür zum Schlafzimmer und ein offener Durchgang zur Küche; vom Inneren dieser Räume ist nichts zu erkennen. Auf der Vorbühne rechts ein Schreibtisch, vielleicht auch ein Kleiderständer: das Büro von Mr. Alfieri. Eine Treppe führt zur Wohnung der Carbones und weiter zur Etage darüber, von der aber nichts zu sehen ist. Im Vordergrund links, an der Proszeniumswand, ein Telefon. Es wird erst in den letzten Szenen gebraucht, kann daher entweder verdeckt oder sichtbar sein. Zwei Rampen, die Straße darstellend, laufen am Haus vorbei nach hinten und ab nach rechts und links.

Wenn sich der Vorhang hebt, sieht man Louis und Mike, zwei Schauerleute, beim Münzenwerfen gegen die Hauswand links. In der Ferne heult ein Nebelhorn.

Alfieri, ein Rechtsanwalt in den Fünfzigern mit graumeliertem Haar, stattlich, gutmütig und bedächtig, tritt auf. Die beiden Spieler nicken ihm zu, während er vorübergeht; er geht über die ganze Bühne zu seinem Schreibtisch, nimmt seinen Hut ab, zieht den Mantel aus und hängt beides auf. Dann wendet er sich an die Zuschauer.

Die beiden Hafenarbeiter verschwinden in den Kulissen, während das Licht schwächer wird.

Alfieri Ich mußte eben lächeln. Die beiden da grüßten so scheu. Das kommt daher, daß ich Rechtsanwalt bin, denn hier in der Gegend geht es dem Anwalt so wie dem Pfarrer: Man besinnt sich auf uns erst im letzten Moment. Sonst geht man uns aus dem Wege.

Mein Name ist Alfieri. Ich bin zwar Rechtsanwalt, aber ich will doch gleich zur Sache kommen. Ich werde alt. Und ich habe den gleichen Fehler wie so viele meiner Kollegen – ich bin überzeugt, ich habe in meiner Praxis einige Fälle erlebt, die etwas ganz Besonderes waren. Solang man noch jung ist, ärgern einen die unwahrscheinlichen Launen des Lebens. Man sucht nach Logik.
Doch wenn man älter wird, werden die Fakten kostbar; im Faktum finde ich die ganze Poesie, die ganze wunderbare Unbegreiflichkeit des Frühlings. Und jenseits der Fünfundfünfzig ist der Frühling besonders schön. Ich liebe das, was geschehen ist – nicht mehr das, was geschehen könnte oder hätte geschehen sollen.
Meine Frau hat mir von dieser Gegend abgeraten, ebenso meine Freunde; sie meinen, den Menschen hier fehlt es an Lebensart, Eleganz. Freilich, mit was für Leuten habe ich hier schon zu tun gehabt? Mit Hafenarbeitern und ihren Frauen, ihren Vätern und Großvätern – Schadenersatz- und Räumungsklagen, viel Familiengezänk – kleinlicher Armeleuteverdruß – und trotzdem ... *Er setzt sich an seinen Schreibtisch.*

Wenn die Flut kommt,
Und der Wind bläst die Salzluft gegen die Häuser,
Sitze ich hier in meinem Büro,
Und mir ist, als stünde die Zeit hier still,
Ich denke an Sizilien, wo diese Menschen herkamen,
An Kalabriens römische Felsen,
An Syrakus auf der steilen Höhe, wo Karthager und Griechen
Kämpften so blutigen Kampf. Ich denke an Hannibal,
Der dieser Menschen Ahnen erschlug, an Cäsar
Der sie anspornte auf latein.

Natürlich ist das alles absurd, ich weiß.
Al Capone ging hier in die Lehre, auf diesem Pflaster,
Und Frankie Yale wurde niedergemacht,
Ecke Union Street und President,
Wo so viele ein gerechtes Ende fanden
Unter den Händen der Ungerechten.

Jetzt ist das freilich ganz anders geworden.
Ich habe keine Pistole mehr in meinem Aktenschrank,
Heute sind wir amerikanisch, durchaus zivilisiert –
Heute schließen wir Kompromisse. Und ich bin ganz dafür.

Er erhebt sich, bleibt auf der Stelle stehen.

Und trotzdem, wenn die Flut kommt,
Und der grüne Geruch der See
Mir in die Fenster treibt,
Blicke ich auf zu den kreisenden Tauben der Armen,
Und mir ist, als sähe ich da Falken,

Auf der linken Seite der Bühne wird es heller; die beiden Schauerleute treten wieder aus den Kulissen. Eddie kommt die Rampe herunter, beteiligt sich an ihrem Spiel.

Die jagenden Adler der alten Zeit,
Wild über den Wäldern Italiens ...

Wir sind in Red Hook, einem Slum an der Bay,
Unterhalb von Brooklyn Bridge

Alle paar Jahre erlebe ich es,
Da erzählt ein Klient seinen Fall, und plötzlich
Sehe ich Spinnweben reißen, adriatische Burgen bauen sich auf, Kalabrien –
Die Augen des Klägers scheinen plötzlich aus Stein gemeißelt,
Und seine Stimme dröhnt an mein Ohr über viele gestürzte Quader ...

Eddie bückt sich nach seinen Münzen.

Dieser da hieß Eddie Carbone;
Ein Schauermann, bekannt auf allen Docks
Von Brooklyn Bridge bis zum Wellenbrecher ...

Er setzt sich an seinen Schreibtisch.

Eddie *geht die Stufen vor dem Haus hinauf* Also bis nächstes Mal, Jungs.
Catherine kommt aus der Küche, geht ans Fenster, winkt Louis zu.

Louis Hast wieder Arbeit für morgen?

Eddie Ja, das dauert noch'n Tag, bis der Pott leer ist. Ciao, Louis. *Er geht ins Haus, steigt die Treppe hinauf. Gleichzeitig wird es in der Wohnung hell. Eddie ist vierzig Jahre alt, ein stämmiger, etwas dicklicher Hafenarbeiter.*

Catherine, seine siebzehnjährige Nichte, steht am Fenster der Wohnung und winkt zu Louis hinunter. Er wird aufmerksam und winkt zurück.

Eddie tritt ein, geht zur Schlafzimmertür, hängt seinen Hut auf.

Alfieris Büro und die Straße sind dunkel.

Catherine *ist freudig erregt, will sich aber nichts anmerken lassen* Hallo, Eddie.

Eddie *mit einer Spur von Mißmut* Wozu hast'n die Schuh an, hm?

Catherine Ich trag sie nur hier im Haus.

Eddie Tu mir einen Gefallen, ja?

Catherine Aber ich trag sie doch bloß hier drin. Warum –

Eddie *setzt sich mit seiner Zeitung in den Schaukelstuhl* Also zieh sie schon aus. Du bist schön genug, auch ohne die Schuh.

Catherine Bloß zum Anprobieren –

Eddie Wenn ich zu Haus bin, bin ich nicht im Kino. Ich seh das nicht gern, wenn Mädchen in deinem Alter mit hohen Absätzen rumlaufen.

Catherine Oh, Schande.

Beatrice *die etwa so alt ist wie ihr Mann, tritt ein* Hast du was erfahren?

Eddie Das Schiff ist da. Sie werden bald an Land gehn.

Beatrice *schlägt leise die Hände zusammen – halb Gebet, halb Freudenruf* Mein Gott! Hast du Tony gesehen? *Sie setzt sich auf den Schemel in der Mitte des Zimmers.*

Eddie Ja. Habe mit ihm gesprochen. Heut abend hat die ganze Besatzung Ausgang, sagt er. Sie können jeden Augenblick da sein.

Catherine Gott, was müssen die eine Angst haben.

Eddie Nö, die kommen schon durch. Sie gehen mit der Besatzung. Haben richtige Seemannspapiere. *Zu Beatrice, sarkastisch.* Hauptsache, sie wissen, wo sie unterkommen ...

Beatrice Ich hab ihnen aber geschrieben, wir haben keinen Platz ...

Catherine Aber du hast sie noch nicht gesehen? Oder? Hast du mit ihnen gesprochen?

Eddie Konnt ich doch nicht, sie sind noch an Bord. Mit Tony hab ich gesprochen, auf dem Pier, das war alles. Warum seid ihr denn so fipprig?

Catherine Ich bin überhaupt nicht fipprig.

Beatrice *beschwichtigend* Ist halt was Neues für sie, da ist sie 'n bißchen aufgeregt.

Eddie *zu Catherine* Sie kommen ja nicht zum Tanzen her, sondern zum Arbeiten.

Catherine *errötend* Wer red't denn vom Tanzen?

Eddie Komm, zieh die andern Schuh an. Die hübschen. *Er deutet auf ihre Schuhe.* Die sehn ja aus wie von 'nem Filmstar. – Na?

Catherine Wart mit Erzählen, bis ich wieder da bin! *Sie geht eilig ab, tritt im Laufen ihre Schuhe ab.*

Eddie *während Beatrice aufsteht und auf ihn zugeht* Laß sie doch nicht mit so was rumlaufen. Das paßt doch gar nicht zu ihr ... *Beatrice beugt sich zu ihm herunter und küßt ihn.* Wofür denn?

Beatrice Dank dir für alles.

Eddie *steht auf, wirft die Zeitung in den Schaukelstuhl, geht durchs Zimmer* Hauptsache, sie wissen, daß wir selber nichts haben. Das ist meine einzige Sorge.

Beatrice *ihm nach* Sie müssen alles selber bezahlen; das hab ich ihnen geschrieben.

Eddie Kommt nicht in Frage, daß du dich wieder so kaputt machst wie damals, wo deine Mutter hier gewohnt hat –

Beatrice Eddie –

Eddie Ich weiß, ich weiß, sie konnte nichts dafür, daß ihr Haus abgebrannt war, aber ...

Beatrice Eddie, ich hab's ihnen doch geschrieben, daß wir hier keinen Platz haben ...

Catherine kommt zurück. Sie trägt Schuhe mit flachen Absätzen.

Eddie Es ist noch jedesmal so gewesen – sowie jemand von deiner Verwandtschaft ins Haus kommt und ich paß nicht auf, schuftest du dich hier tot ...

Beatrice *halb amüsiert, halb ernst* Jetzt mach schon einen Punkt. Willst du ein Bier? – Die Soße muß noch 'n Augenblick kochen.

Eddie *zu Beatrice, verneinend* Hmhm. Ist zu kalt. *Zu Catherine.* Bist du fertig mit deinen Aufgaben?

Catherine Ja – ich bin sowieso schon viel weiter als die anderen. Von jetzt an brauch ich bloß noch zu üben.

Beatrice Sie schreibt schon fast so schnell, wie ich rede. Lies ihr nachher mal was vor. Du wirst staunen.

Eddie *greift nach der Zeitung* Das ist recht, Katie. Du wirst deinen Weg schon machen, da hab ich keine Sorgen.

Catherine *stolz* Ich könnte heute schon eine Stellung kriegen. Ich hab auch gar keine Angst mehr.

Eddie Das hat noch Zeit. Wart ab, bis du achtzehn bist. Dann gucken wir in die Annoncen ... wir werden schon 'ne anständige Firma für dich finden – oder vielleicht was bei 'nem Rechtsanwalt oder so.

Catherine *schmollend* Och, Eddie –! Meine Lehrerin hat gesagt, ich könnte heute schon anfangen ...

Eddie Werd du erst mal achtzehn. Vorläufig ist das noch nichts für dich. Du bist mir noch viel zu grün. *Er gibt ihr mit der Zeitung einen Klaps auf den Po. Catherine setzt sich auf die Armlehne des Schaukelstuhls. Eddie wirft die Zeitung auf den Tisch, nimmt sich einen Apfel aus der Obstschale, zieht ein Messer aus der Tasche, schneidet den Apfel durch. Zu Beatrice.* Wo sind die Kinder? Noch draußen?

Beatrice Ich hab sie rüber gebracht zu Mama. Hier kämen sie heute doch nicht zum Schlafen. Was habt ihr heute gelöscht?

Eddie *beißt in den Apfel* Kaffeesäcke. Hat Spaß gemacht.

Beatrice Ich hab die ganze Zeit schon gedacht, hier riecht's doch so nach Kaffee!

Eddie Ja, Brasil. Da macht einem die Arbeit richtig Vergnügen. Das ganze Schiff hat nach Kaffee gerochen. Fast wie Blumen. Morgen geht uns ein Sack kaputt. Dann bring ich euch was mit. Können wir jetzt essen?

Beatrice Gleich, zwei Minuten. Die Soße muß noch ein bißchen kochen.

Catherine *zu Beatrice* Wieso ist er eigentlich nicht verheiratet, wo er doch schon so alt ist? – Der jüngere, meine ich?

Beatrice *zu Eddie* Fünfundzwanzig. Das nennt sie alt!

Eddie *zu Catherine* Sonst hast du wohl überhaupt nichts im Kopf?

Catherine *schießt prompt zurück, leicht verstimmt* Was soll ich denn sonst im Kopf haben?

Eddie Da gibt's genug.

Catherine Zum Beispiel?

Eddie Was fragst du mich? Der Blitz hätte mich treffen sollen, damals, wie ich deiner Mutter versproche hab, ich würde auf dich aufpassen!

Catherine Ja, und mich auch!

Eddie *lachend* Weiß Gott, Mädel, du hast eine Schandschnauze wie dem Teufel seine Frau. Dich sollten sie zum Fernsehen holen.

Catherine Das wär noch was!

Eddie Von wegen! Du würdest vor Angst nicht den Mund aufkriegen!

Catherine Denkste! Wetten, daß nicht?

Eddie Übrigens, du Garbo – was hab ich dir gesagt von wegen aus dem Fenster winken und so?

Catherine Das war doch bloß Louis ...

Eddie *wischt das Messer an der Hose ab, steckt es ein* Louis! Von dem könnt ich dir Sachen erzählen, da würdste nicht mehr winken.

Catherine *zu Beatrice, die amüsiert zugehört hat* Den Jungen möcht ich kennenlernen, von dem der mir nichts erzählen könnte!

Beatrice Ach, das kommt schon noch, laß dir nur Zeit. *Mit einem Seitenblick auf Eddie.* Wart man ab, bis du hundert bist.

Eddie *zu Beatrice* Fängst du jetzt auch noch an?

Beatrice Überall, wo du hinguckst, alle gehen sie mit hohen Absätzen, warum machst *du* so'n Theater?

Eddie Hast du hohe Absätze gehabt, wie du siebzehn warst?

Beatrice Nee, dazu war *ich* noch zu dumm, wie ich siebzehn war. *Sie zieht ihn scheinbar nur auf, aber es ist ihr doch ernst.*

Eddie Als ob da Gescheitheit zu gehörte, mit hohen Absätzen rumzulaufen! Hättst du damals hohe Absätze gehabt und 'n gemalten Mund, ich hätt dich überhaupt nicht angesehn, hätt ich dich.

Beatrice Und heute siehst du mich auch mit flachen Absätzen nicht mehr an, also. *Sie geht ab in die Küche.*

Eddie Hätt ich bloß nischt gesagt. *Catherine lacht.*
Ich mein es ernst Kleines,
Ich bin für dich verantwortlich,
Ich hab's deiner Mutter versprochen, auf ihrem Totenbett,
Also bitte lach nicht, es ist mein Ernst.
Ich will nicht, daß dich die Leute so ansehn.

Catherine Die Jungs sehn jedem Mädel nach, das weißt du doch. *Beatrice kommt mit einer Terrine aus der Küche.*

Eddie Du mußt nicht so wacklig gehn.

Catherine Ich? Ich geh doch nicht wacklig!

Eddie Komm, mach mich nicht ärgerlich, Katie, du *gehst* wacklig, jawohl.

Catherine Herrgottnochmal! *Sie geht ab in die Küche.*

Eddie He, nimm dich zusammen, ja?

Beatrice *allein mit ihm, teilt weiter aus. Sie möchte einer etwas peinlichen Angelegenheit die Spitze nehmen, indem sie einen leichten Ton anschlägt* Was mußt du denn immer an ihr rumerziehn?

Eddie – Herrgott, ist das Mädel gewachsen! Wenn das deine Schwester noch erlebt hätte! Es ist nicht zu fassen – man denkt, sie ist noch ein Baby, und auf einmal ... *Catherine kommt mit Eßbestecken.* Guck mal, wenn sie so den Tisch deckt, sieht sie aus wie eine Madonna. *Beatrice streicht Catherine eine Haarsträhne aus der Stirn. Eddie, zu Catherine.* Wie eine Madonna. Das ist dein Typ, nicht so aufgedonnert wie die anderen. Das paßt nicht zu dir. Das steht dir einfach nicht. Du bist der Madonnentyp. Und in einem Büro schon gar nicht. Da haben sie für so was nichts übrig. *Er setzt sich an den Tisch.*

Beatrice *setzt sich zum Essen* Komm, Katiekind, setz dich. *Catherine setzt sich. Sie essen.*

Eddie Wie still das hier ist, wenn die Kinder nicht da sind.

Catherine Und dann? Was machen sie dann? Wie kommen sie hierher?

Eddie Tony holt sie ab. Zeigt ihnen den Weg.

Beatrice Der wird da sicher ganz hübsch dran verdienen.

Eddie Nee – den Rahm abschöpfen tut der Ring.

Catherine Und was ist, wenn das Schiff abfährt, und sie sind noch nicht drauf?

Eddie Keine Bange. Käpten ist dran beteiligt.

Catherine Sogar der Kapitän?

Eddie Klar ... der muß schließlich auch leben, Käpten kriegt seinen Teil, vielleicht noch einer von der Besatzung – dann der Mann in Italien, der die Papiere besorgt hat ... *Zu Beatrice.* Das dauert ein halbes Jahr, bis sie das alles abgearbeitet haben. Bis dahin kassiert der Ring jeden Nickel, den sie verdienen; hoffentlich wissen sie das.

Beatrice Ja, aber Tony verschafft ihnen doch Arbeit, oder –?

Eddie Schon – solang wie sie ihm noch was schulden, kriegen sie Arbeit. Aber dann. Dann hilft ihnen keiner mehr. Dann müssen sie sich genauso placken wie unsereiner. Wenn sie das man bloß wissen.

Beatrice Das wissen sie doch ... sicher. Gott, muß es denen schlecht gehn da drüben. Daß sie sich auf so was einlassen, bloß wegen der paar Dollor ... Nee, weißt du ... heulen könnt man, wenn man sich das überlegt.

Eddie Sag mal – hast du schon mal dran gedacht, was du den Leuten im Hause sagst? Wenn sie dich fragen, was die hier machen?

Beatrice Da sag ich einfach ... äh ... Gott, wer soll da schon fragen? Die wissen doch sowieso, was los ist.

Eddie Was –? Du, das geht keinen Menschen was an. Beatrice – ich sage dir, die Einwanderungsbehörde hat überall ihre Spitzel. Gerade hier in der Gegend.

Beatrice Ja, aber doch nicht hier im Haus ...?

Eddie Woher willst du das wissen? Also – wenn euch einer fragt: es sind Verwandte von euch, aus Philadelphia.

Catherine Aus Philadelphia? Aber das kennen sie doch gar nicht! Ich meine – wenn sie gefragt werden –

Eddie Sie dürfen eben mit niemand reden, ganz einfach. Und

ihr auch nicht. Auch nicht im Vertrauen, verstanden? Es gibt genug Leute, die sind für'n paar Dollar zu allem fähig, und die Einwanderung zahlt gut für solche Tips.

Catherine Ich könnt' ihnen zum Beispiel erzählen, wie's in Philadelphia aussieht –

Eddie Tu mir einen Gefallen, Baby – erzähl ihnen nichts, und kümmer dich nicht um sie. Gerade du, mit deiner Plappergusche. Wer nichts weiß, der kann sich nicht verquatschen. Die beiden haben ihre Arbeit, und abends kommen sie her zum Schlafen, und damit Schluß. Steck du da nicht deine Nase rein. Du weißt, das Ganze ist gegen's Gesetz, und da kennt die Regierung keinen Spaß. Also, du weißt von nichts, und du hältst deinen Mund, verstanden? Auch gegen deine beste Freundin. Die Sache geht keinen was an, ist das klar? *Kleine Pause.* Wo ist das Salz? *Pause.*

Catherine Es wird schon dunkel draußen.

Eddie Ja. Morgen kriegen wir sicher Regen. *Pause.*

Beatrice *erschrocken* Mein Gott – weißt du noch, damals die Sache mit Vinny Bolzano?

Eddie Ist das nicht komisch? Gerade vorhin noch dran gedacht.

Catherine Wer is'n das?

Beatrice Damals warst du noch ganz klein. Vinny war ein Junge, so sechzehn, siebzehn Jahre vielleicht. Wohnte drüben in Sackett Street. Er hatte fünf Brüder, und dann war da noch sein Vater. Er hatte irgend jemand an die Einwanderungsbehörde verpfiffen. Und sie faßten ihn, wie er grade in der Küche war, und schleifen ihn die drei Treppen runter, ich seh seinen Kopf noch über die Stufen springen, wie eine Kokosnuß – wir wohnten damals im Haus nebenan. Und wie sie auf der Straße waren, haben sie ihm ins Gesicht gespuckt, sein eigener Vater und seine Brüder. Es war grauenhaft.

Catherine Und? Was ist aus ihm geworden?

Beatrice Er ist fortgezogen – glaub ich. *Zu Eddie.* Oder? Bist du ihm noch mal irgendwo begegnet?

Eddie Nee. Den sehn wir nie wieder. Ein Kerl, der so was gemacht hat, der kann sich hier nicht mehr blicken lassen. Total versalzen, die Suppe.

Beatrice Ja, du hast doch eben noch was reingetan!

Eddie *legt den Löffel hin, stemmt die Hände auf den Tisch* Ich weiß nicht, was mit mir los ist. Ich bin schon ganz durcheinander. *Er steht auf, geht durchs Zimmer.*

Beatrice *dreht sich im Sitzen nach ihm um* Aber was ist denn schon groß dabei? Sie kommen doch nur zum Schlafen her, du wirst sie kaum zu Gesicht kriegen. Komm, iß noch was. Ich kann's doch nicht ändern, Eddie. Es sind doch Vettern von mir ...

Er geht auf Beatrice zu, nimmt ihr Gesicht in seine Hände.

Die Wohnung wird dunkel.

Licht auf Alfieri an seinem Schreibtisch.

Während Alfieri spricht, geht Eddie ans Fenster und blickt hinaus.

Catherine und Beatrice räumen den Tisch ab.

Alfieri Ich weiß nur, sie hatten zwei Kinder;
Er war ein Mann, so gut, wie sich's gehört
In einem solchen Leben, das hart ist und brav.
Er tat seine Arbeit im Hafen, wenn's Arbeit gab,
Er brachte den Lohn nach Haus, und er lebte.
Und gegen zehn Uhr damals an dem Abend,
Als der Tisch abgeräumt war, kamen die Vettern.

Licht weg von Alfieri; die Straße wird hell. Es treten auf Tony und hinter ihm Marco und Rodolfo, jeder mit einem altmodischen Koffer. Tony bleibt stehen, deutet auf das Haus. Sie stehen einen Augenblick schweigend, den Blick auf das Haus gerichtet.

Marco *breitschultriger bäurischer Typ, zweiunddreißig Jahre, mißtrauisch, ruhige Stimme* Danke.

Tony Ich laß euch jetzt allein. Nehmt euch in acht, dann kann nichts passieren. Erdgeschoß.

Marco Danke.

Tony *mit einer Handbewegung nach dem Haus* Also bis morgen früh, auf dem Pier. Ich hab Arbeit für euch.

Marco nickt. Tony geht in der gleichen Richtung weiter die Straße entlang und ab.

Rodolfo Zum erstenmal in einem Haus in Amerika!

Marco Schsch! Komm. *Sie gehen die Vortreppe hinauf.*

Rodolfo Und uns hat sie geschrieben, sie wären arm!

Marco Schsch! *Sie treten ins Haus. Marco klopft an. Eddie geht öffnen. Marco und Rodolfo treten ein, nehmen die Mützen ab. Beatrice und Catherine kommen aus der Küche. Die Straße wird dunkel.*

Eddie Du Marco?

Marco *nickt, blickt flüchtig auf Catherine, dann zu Beatrice* Du sein meine Cousine? *Sie nickt. Er küßt ihr die Hand.*

Beatrice *legt die Hand auf die Brust* Beatrice. Das ist mein Mann, Eddie. *Alle nicken.* Catherine, die Tochter von Nancy, meiner Schwester.

Die Brüder nicken.

Marco *Handbewegung zu Rodolfo* Mein Bruder, Rodolfo. *Ro-*

dolfo nickt. Marco tritt mit einer gewissen zeremoniellen Steifheit auf Eddie zu. Ich wollen gleich sagen dir, Eddie, wenn du sagen, wir gehen sofort.

Eddie Nein, nein ... *Er greift nach Marcos Koffer.*

Marco Ich sehen, Haus sein klein. Aber vielleicht bald wir können haben eigene Haus.

Eddie *nimmt Rodolfos Koffer* Bei uns ist Platz genug. Ihr seid herzlich willkommen. Komm schon, Katie, bring was zu essen. *Er geht mit den Koffern ins Schlafzimmer.*

Catherine Kommt, setzt euch. Ich bringe gleich die Suppe.

Marco *während sie auf den Tisch zugehen* Danke. Wir haben gegessen auf Schiff. *Zu Eddie, ruft ihm ins Schlafzimmer nach.* Danke dir.

Beatrice Bring den Kaffee. Wir trinken auch mit. Setzt euch doch.

Catherine Wieso hat er schwarzes Haar und du helles, wie kommt das, Rodolfo?

Rodolfo *lustig* Was wissen ich? Vor tausend Jahr, sagt man, Wikinger machen Invasione Sicilia, versteh?

Beatrice küßt Rodolfo, er lacht.

Catherine *zu Beatrice* Er ist doch fast blond!

Eddie *kommt zurück* Was macht'n der Kaffee?

Catherine *unwirsch* Ich hol ihn schon. *Sie geht eilig ab.*

Eddie *setzt sich in den Schaukelstuhl* Wie war die Überfahrt?

Beatrice setzt sich auf den Schemel rechts.

Marco Das Meer immer sehr wild. Aber wir gute Matrosen.

Eddie Habt ihr das Haus gleich gefunden?

Marco Der Mann hat uns gezeigt. Sehr freundlicher Mann.

Rodolfo Er sagt, wir fangen morgen an mit Arbeit? Er ist ehrlich?

Eddie Nein. Aber solang ihr noch Schulden bei den Leuten habt, kriegt ihr auch Arbeit. Mehr als genug. *Zu Marco.* Habt ihr drüben schon mal im Hafen gearbeitet?

Marco In Hafen? *Er schnalzt verneinend mit der Zunge.* – Nein.

Rodolfo *lächelt über die Ärmlichkeit seiner Heimatstadt* In unserer Stadt wir haben keinen Hafen, nur einen Strand, und kleine Fischerboote.

Beatrice Wo habt ihr denn gearbeitet?

Marco *zuckt die Achseln, schüchtern, fast verlegen* Jede Arbeit, alles was gab –

Rodolfo Manchmal baut jemand ein Haus,
Oder die Brücke wird repariert –
Dann arbeitet Marco als Maurer,
Und ich bringe ihm den Zement. *Er lacht.*
Wenn Ernte ist, arbeiten wir auf den Feldern ...
Wenn Arbeit da ist. Alles mögliche.

Eddie Habt's noch schwer da drüben.

Marco Ja, schwer.

Rodolfo Schrecklich ist es.
Den ganzen Tag lang stehen wir auf der Piazza
Und hören dem Brunnen zu, wie die Vögel. *Er lacht.*
Alle warten nur auf den Zug.

Beatrice Auf den Zug? Was bringt der?

Rodolfo Nichts. Aber wenn viele Leute aussteigen
Und man hat Glück, kann man ein paar Lire verdienen,
Wenn man den Fiaker schiebt, den Berg hinauf.
Catherine kommt herein, setzt sich hin, hört zu.

Beatrice Ihr müßt die Pferdewagen schieben?

Rodolfo *lacht* Aber ja! Dafür sind wir berühmt.
Die Pferde in unserer Stadt sind so dürr wie die Ziegen.
Wenn also zu viele Leute mitfahren,
Müssen wir schieben, bergauf, bis vors Hotel. *Er lacht.*
Die Pferde in unserer Stadt sind weiter nichts als Attrappen.

Catherine Warum habt ihr denn keine Taxis?

Rodolfo *Ein* Taxi haben wir – das schieben wir auch.
Alle lachen.
In unserer Stadt wir müssen alles schieben.

Beatrice *zu Eddie* Was sagst du dazu ...?

Eddie *zu Marco* Und was hast du vor – willst du hier drüben bleiben, oder willst du wieder zurück?

Marco *überrascht* Zurück?

Eddie Ich meine, du bist doch verheiratet, oder?

Marco O ja. Ich haben drei Kinder.

Beatrice Drei! Ich dachte, nur eins.

Marco O nein. Zwei noch gekommen.

Beatrice Ach ... und die weinen sicher jetzt schon nach dir, was?

Marco Was soll ich machen?
Das älteste so krank auf der Brust;
Meine Frau – sie sparen sich alles vom Mund für die Kinder.
Ich sagen euch die Wahrheit,
Wenn ich geblieben wär, sie würden niemals groß.
Sie leben nur von die Sonne.

Beatrice Mein Gott. Und wie lange willst du da wegbleiben?

Marco Wenn ihr erlauben, wir wollen bleiben vielleicht für ein ...

Eddie Sie meint nicht hier bei uns, sie meint in Amerika.

Marco Oh. Vielleicht vier, fünf, sechs Jahr vielleicht.

Rodolfo *lächelnd* Er hat Vertrauen auf seine Frau.

Beatrice Ja, aber vielleicht verdienst du genug,
Dann kannst du eher nach Hause fahren.

Marco Ich hoffen. Ich wissen nicht. *Zu Eddie.* Man sagen, hier ist auch nicht so leicht.

Eddie Och, da merkt ihr nichts von – solang ihr noch Schulden habt, heißt das ... Danach müßt ihr sehn, wie ihr hinkommt. Aber auf alle Fälle verdient ihr hier mehr als drüben.

Rodolfo Wieviel? Wir hören so viel verschiedene Zahlen.
Wieviel kann einer verdienen? Arbeiten können wir,
Wir wollen arbeiten Tag und Nacht ...

Marco hebt abwehrend die Hand, um ihn zum Schweigen zu bringen.

Eddie *wendet sich mehr und mehr nur an Marco* Durchschnittlich im Jahr? Ungefähr – tja, das ist schwer zu sagen. Manchmal ist überhaupt nichts zu tun, drei, vier Wochen kein einziges Schiff.

Marco Drei, vier Wochen! – Ts!

Eddie Aber ich denke, ihr könnt vielleicht so ... mit dreißig, vierzig die Woche rechnen ... Manchmal weniger, manchmal mehr, auf zwölf Monate umgerechnet ...

Marco *erhebt sich, auf Eddie zu* Dollars?

Eddie 'türlich Dollars.

Marco wendet sich zu Rodolfo, faßt ihn um die Schultern, beide lachen.

Marco *sieht Rodolfo glücklich an* Beatrice ... wenn wir könnten hier bleiben, ein paar Monate ...

Beatrice Ja doch, Marco, wir würden uns freuen ...

Marco Weil dann ich könnte schicken etwas mehr ...

Beatrice Solang ihr wollt, wir haben Platz genug ...

Marco *mit Tränen in den Augen, zu Beatrice* Meine Frau ... *Zu Eddie.* Meine Frau ... Wenn ich könnten schicken vielleicht zwanzig Dollar ...

Eddie Ja ... das wird schon gehen ... nächste Woche vielleicht.

Marco *bewegt* Eduardo ... *auf Eddie zu, will ihm die Hand reichen.*

Eddie *erhebt sich* Keine Ursache. Wirklich, nicht der Rede wert, davon werd ich nicht arm ... *Zu Catherine.* Wo bleibt denn der Kaffee?

Catherine Das Wasser ist aufgesetzt. *Zu Rodolfo.* Du auch verheiratet? – Nein.

Rodolfo O nein!

Beatrice Ich hab dir doch gesagt, er ...

Catherine *zu ihr* Ich weiß, ich dachte nur, vielleicht hätte er vor kurzem ...

Rodolfo Zum Heiraten fehlt mir das Geld.
Ich hab ein hübsches Gesicht, aber Geld hab ich keins.
Er lacht.

Catherine *zu Beatrice* Er ist wahrhaftig blond!

Beatrice *legt den Arm um Catherine. Zu Rodolfo* Du willst hierbleiben, was? Für immer?

Rodolfo Ich? Ja, für immer! – Ich ja.
Ich will ein Amerikaner werden.
Und dann fahre ich zurück nach Italien,
Wenn ich reich bin. Und kaufe mir ein Motorrad. *Er lächelt.*

Catherine Ein Motorrad!

Rodolfo Mit einem Motorrad, da kann man in Italien nie verhungern.

Beatrice Ich hol euch den Kaffee. *Sie geht ab in die Küche.*

Eddie Wozu brauchst du ein Motorrad?

Marco Ach, er träumen, träumen ...

Rodolfo Wieso? Als Eilbote. Die reichen Leute im Hotel
Brauchen immer einen, den sie schicken können,
Mit Briefen, Telegrammen, aber schnell, und mit viel, viel Lärm.
Wenn ich ein blaues Motorrad hätte,
Ich würde mich im Hof des Hotels aufstellen,
Und in kurzer Zeit hätte ich große Kundschaft.

Marco Wenn einer hat keine Frau, er hat Träume.

Eddie Aber du kannst doch genauso zu Fuß gehen, oder nimmst den Bus oder sonstwas.
Beatrice kommt mit dem Kaffee.

Rodolfo Nein, nein, die Maschine, die Maschine ist wichtig.
Da kommt ein Mann in ein großes Hotel und sagt:
»Ich bin ein Eilbote.« Wer ist dieser Mann?
Er verschwindet zu Fuß, macht keinen Lärm und nichts –
Vielleicht sieht man ihn niemals wieder,
Vielleicht bestellt er die Botschaft gar nicht.
Aber einer, der vorfährt auf einer schweren Maschine,
Der Mann ist zuverlässig, der Mann existiert.
Ihm kann man Aufträge geben.
Außerdem bin ich ein Sänger.

Eddie Du meinst, ein richtiger ...?

Rodolfo O ja. Eines Abends, im vorigen Jahr,
War Andreola krank geworden. Der Bariton.
Da habe ich für ihn gesungen. Auf der Hotelterrasse
Drei Arien, und ohne einen Fehler;
Von den Tischen warfen sie Tausend-Lire-Noten,
Das Geld flog nur so durch die Luft,

Es war großartig.
Sechs Monate konnten wir davon leben, was Marco?

Marco *nickt etwas skeptisch* Zwei Monate. *Eddie lacht.*

Beatrice Da hätten sie dich doch anstellen können, da in dem Hotel.

Rodolfo Am Tag danach war Andreola wieder gesund.
Er ist Bariton, sehr stark; sonst hätte ich – *Beatrice lacht.*

Marco *zu Beatrice* Er singen viel zu laut.

Rodolfo Wieso zu laut?

Marco Viel zu laut. Die Gäste in dem Hotel sind alle Engländer. Sie haben nicht gern zu laut.

Rodolfo *zu Catherine* Ach was, zu laut! Das hat mir noch niemand gesagt.

Marco Ich sage. Du warst zu laut. *Zu Beatrice.* Ich haben gleich gewußt, wie er anfing. Viel zu laut.

Rodolfo Warum haben sie dann soviel Geld gegeben?

Marco Sie wollten belohnen Coraggio. Die Engländer lieben Coraggio. Aber einmal genug.

Rodolfo *zu allen außer Marco* Das hör ich heute zum erstenmal, daß ich zu laut gewesen sein soll ...

Catherine Hast du schon mal was von Jazz gehört?

Rodolfo Aber ja! Ich singe oft Jazz.

Catherine *steht auf* Du singst auch Jazz?!

Rodolfo Oh, ich singe Napolidan, Jazz, Belcanto ...
Ich kann auch Paper Doll, hast du das gern?

Catherine Au ja, Paper Doll, wunderbar. Sing doch mal!

Rodolfo *stellt sich in Positur und singt mit einer hohen Tenorstimme.*
I'll tell you boys it's tough to be alone,
And it's tough to love a doll that's not your own.
I'm through with all of them, I'll never fall again.
Hey, boy, what you gonna do – –
I'm gonna buy a paper doll that I can call my own,
A doll that other fellows cannot steal,
Eddie erhebt sich.
And then those flirty, flirty guys
With their flirty, flirty eyes
Will have to flirt with dollies that are real ...

Eddie He, Jung ... He, stopp mal, stopp ...

Catherine *hingerissen* Laß ihn doch, Eddie, das ist doch schön! *Zu Beatrice.* Ist er nicht doll? Weiter, Rodolfo!

Eddie Hör mal, mein Junge – du willst doch nicht geschnappt werden, oder?

Marco *steht auf* Nein, nein!

Eddie *mit einer Handbewegung, die das ganze Haus umfaßt*

Wir haben hier nie einen Sänger im Haus gehabt, und auf einmal wird bei uns in der Wohnung gesungen – ich meine . . .

Marco Ja, ja. Nicht singen, Rodolfo.

Eddie *in Verlegenheit* Sie haben überall ihre Leute. Versteh mich richtig, Marco –

Marco Ja. Er soll nicht mehr singen. *Zu Rodolfo.* Du mußt leise sein. *Rodolfo nickt.*

Eddie *ist aufgestanden, tritt auf Catherine zu. Mit eiserner Selbstbeherrschung, sogar einem Lächeln* Haste wieder die Schuhe an, Garbo?

Catherine Ich dachte, für heute abend . . .

Eddie Tu mir einen Gefallen, ja? *Mit einer Kopfbewegung nach dem Schlafzimmer.* Wirds bald?

Verlegen und wütend geht Catherine ins Schlafzimmer ab. Beatrice sieht ihr nach und steht auf. Im Vorbeigehen wirft sie Eddie einen kalten Blick zu. Offenbar nimmt sie sich nur mit Rücksicht auf die Gäste zusammen. Sie tritt an den Tisch und schenkt den Kaffee ein.

Eddie *zu Marco, aber ebenso an Beatrice gerichtet.* Die wollen alle zum Film, heutzutage.

Catherine kommt zurück, sie trägt Schuhe mit flachen Absätzen. Rodolfo greift nach seiner Tasse.

Rodolfo *erfreut* In Italien auch! Alle Mädchen.

Eddie *mustert Rodolfo mit verstecktem Argwohn* Soso, hm?

Rodolfo Ja! *Er lacht, mit einer Kopfbewegung zu Catherine.* Vor allem, wenn sie so schön sind!

Catherine Nimmst du keinen Zucker?

Rodolfo Zucker? – – Aber ja! Sehr gern! Viel Zucker!

Eddie steht im Vordergrund und sieht ihr zu, wie sie einen Löffel Zucker in Rodolfos Tasse tut. Sein Gesicht ist besorgt. Das Zimmer wird dunkel. Licht auf Alfieri.

Alfieri Wer von uns weiß denn, was die Zeit ihm bringt?
Eddie Carbone dachte nie daran, eines Tages ein Schicksal zu haben.
Ein Mann hat seine Arbeit, seine Familie, geht kegeln,
Ißt, wird alt, und dann stirbt er.
Nun aber, während die Wochen vergingen, war da eine Zukunft,
War da eine Sorge, die wollte nicht schwinden.

Eddie Es ist schon nach vier.

Beatrice Na ja, der Film im Paramount dauert eben so lange.

Eddie Sie müßten allmählich jeden Film in Brooklyn gesehen haben. Er soll gefälligst im Haus bleiben, wenn er nicht arbeiten geht.

Er soll nicht soviel draußen rumlaufen, daß möglichst alle ihn sehen.

Beatrice Laß das nur seine Sorge sein. Wenn er geschnappt wird, wird er geschnappt, hat er eben Pech gehabt. Komm ins Haus.

Eddie Und was ist mit ihrer Stenographie? Üben tut sie auch nicht mehr, oder?

Beatrice Das kommt schon wieder; jetzt hat sie da keine Ruhe zu.

Eddie Hat sie dir irgendwas erzählt?

Beatrice *näher zu ihm, entschlossen, die Sache anzupacken* Wieso, was soll das heißen? Er ist doch ein netter Junge, was hast du denn gegen ihn?

Eddie Das, ein netter Junge? Mir geht er auf die Nerven, er ist mir richtig widerwärtig.

Beatrice *lächelnd* Ach was, du bist einfach eifersüchtig. Das ist alles.

Eddie Auf *den*? – Da kennst du mich aber schlecht.

Beatrice Ich versteh dich nicht; du tust ja gerade, als ob er ein Unmensch wäre.

Eddie Ja, wär dir das etwa recht? Würdst du sie so etwas heiraten lassen?

Beatrice Warum nicht? Ich finde ihn nett. Er kann arbeiten, sieht gut aus ...

Eddie Er singt bei der Arbeit, wußtest du das?

Beatrice Wie meinst du das – er singt?

Eddie Wie ich sage, er singt. Mitten auf dem Schiff, aus heiterem Himmel, richtige Lieder, ganze Arien. Weißt du, wie sie ihn jetzt schon nennen? Paper Doll nennen sie ihn. Kanari. Kaum ist er auf dem Pier, geht das Theater schon los.

Beatrice Na ja, er ist halt noch ein Kind, er kann sich noch nicht benehmen.

Eddie Und diese verrückten Haare; er sieht ja aus wie eine Modepuppe, was weiß ich.

Beatrice Er ist nun mal blond, also –

Eddie *ohne sie anzusehen* Ich will ja nichts weiter sagen, aber hoffentlich sind sie wenigstens echt.

Beatrice *erschrocken* Bist du verrückt – oder was? *Sie bemüht sich, ihn zu sich herumzudrehen.*

Eddie *mit abgewandtem Gesicht* Was ist dabei verrückt? Seine ganze Art paßt mir nicht.

Beatrice Hast du noch nie einen Mann mit blonden Haaren gesehen? Whitey Balso ist doch auch blond.

Eddie *wendet sich triumphierend nach ihr um* Ja, aber der singt nicht, der benimmt sich jedenfalls vernünftig ...

Beatrice Vielleicht ist das so in Italien.

Eddie Warum singt dann Marco nicht auch? Das ist ein richtiger Mann. Über den macht sich keiner lustig. *Er entfernt sich von ihr, bleibt stehen. Sie merkt, daß er einen Entschluß gefaßt hat.* Ich muß schon sagen, ich bin überrascht, das hätt ich von dir nicht erwartet. Ich bin wirklich überrascht.

Beatrice *auf ihn zu, energisch* Willst du vielleicht Streit anfangen?

Eddie Ich denke nicht daran, aber ich kann das nicht mehr mit ansehen. Für diesen Kerl hab ich das Mädchen nicht großgezogen, für den nicht. Nein, wirklich, Bi, ich begreife dich nicht. Ich warte und warte, daß dir endlich die Augen aufgehn, aber du findest alles großartig.

Beatrice Nein, ich finde durchaus nicht alles großartig.

Eddie Ach?

Beatrice Nein. Aber ich hab andere Sorgen.

Eddie So.

Beatrice Ja. Willst du sie hören?

Eddie *auf dem Rückzug* Wieso – was hast du für Sorgen?

Beatrice Eddie – wann werd ich wieder deine Frau?

Eddie Ich fühl mich nicht richtig. Seit die beiden da sind, das stört mich.

Beatrice Das geht jetzt schon drei Monate so, daß du dich nicht richtig fühlst. Die beiden sind erst ein paar Wochen da. Drei Monate, Eddie.

Eddie Ich weiß nicht, Bi. – Ich möcht nicht drüber reden.

Beatrice Was ist denn, Eddie? Ich gefall dir wohl nicht mehr?

Eddie Ach, red doch keinen Unsinn. Ich hab dir gesagt, mir ist nicht gut.

Beatrice Oder – mach ich irgendwas falsch? – Red doch.

Eddie *Pause. Er versucht zu sprechen, dann* Ich kann nicht. Ich kann nicht drüber reden.

Beatrice Aber sag mir doch wenigstens, was ...

Eddie Ich hab aber nichts weiter zu sagen! *Sie wartet noch einen Augenblick. Er wendet das Gesicht ab. Sie dreht sich um, um ins Haus zu gehen.* Das wird schon wieder, Bi. Aber laß mich in Ruhe, ja? Ich mach mir Sorgen um sie.

Beatrice Das Mädchen ist bald achtzehn Jahre alt, wird sowieso Zeit für sie.

Eddie Bi ... der Kerl denkt doch nur an sich!

Beatrice Wenn schon, das ist *ihre* Sache. Soll das so weitergehen, bis sie vierzig ist? Ich mach das nicht mehr lange mit, Eddie, hast du gehört? Ich will das nicht! – Komm jetzt ins Haus, komm, du hast weiß Gott andere Sorgen.

Eddie Ich komm gleich nach, ich geh noch 'n Stückchen spazieren.

Beatrice Davon kommen sie auch nicht eher, wenn du hier auf der Straße rumstehst; wie sieht das denn aus!

Eddie Ich komm gleich. Geh schon voran. *Er läßt sie stehen. Sie geht ins Haus. Er blickt die Straße auf und ab, sieht Mike und Louis kommen, geht rasch ein paar Schritte nach rechts und setzt sich auf das Eisengitter. Louis und Mike kommen rechts die Rampe herauf.*

Louis Kommst heut abend mit kegeln?

Eddie Bin zu müde. Werd ins Bett gehn.

Louis und Mike nehmen Eddie in die Mitte.

Louis Was machen eure zwei Illegalen?

Eddie Denen gehts gut.

Louis Arbeit haben die wohl jede Menge, was?

Eddie Ja, die kommen schon ganz gut hin.

Mike Das ist die richtige Masche. Wir müßten auch mal ins Ausland fahren und dann wieder schwarz über die Grenze. Dann kriegten wir endlich Arbeit.

Eddie Wär keine schlechte Idee.

Louis Ach, ist ja egal, ich gönn's ihnen.

Eddie Klar.

Louis *setzt sich auf das Gitter rechts neben Eddie* Laß man, Eddie, du wirst schon sehen – das rentiert sich noch mal für dich.

Eddie Ach was, mich stören sie nicht. Kost mich ja nichts weiter.

Mike Der Schwarze, Junge, Junge, das ist'n richtiger Bulle. Vor'n paar Tagen hab ich'n Kaffeesäcke schleppen sehn, drüben bei der Matson-Linie. Den, wennste allein lassen würdest, der hätt den ganzen Kahn allein geladen.

Eddie Ja, der hat was auf'm Kasten. Mein Ältester wird auch so einer, das liegt wohl in der Familie. Denen ihr Vater soll'n richtiger Riese gewesen sein.

Louis Ja, das glaub ich. Der Bursche kann arbeiten.

Mike Aber was der andre ist, der Blonde – *Eddie sieht ihn an.* Der ist vielleicht komisch!

Eddie *sucht nach dem rechten Wort* Tja. Komisch.

Mike Ich meine, der ist eigentlich gar nicht komisch, mehr so wie so'n Komiker, verstehst du? Der braucht bloß anzukommen, schon lacht alles.

Eddie *mühsam* Tja ... tja, komisch, nicht?

Mike Eben, ich meine, 'n richtiger Komiker, nicht wahr?

Eddie Ja ja. Ist ja man noch ein Kind, nicht wahr? – Er ... ist eben einfach ein Kind.

Mike Eben. Wenn sie den bloß sehen, sind sie schon in Stimmung. *Louis lacht.* Letzte Woche war ich einen Tag mit ihm zusammen, bei dem Pott von Moore-MacCormack, ich sage dir, der ganze Haufen war außer Rand und Band. *Louis lacht.*

Eddie Wieso? Was hat er gemacht?

Mike Ich weiß auch nicht ... er war eben so komisch. Hinterher kann man sich nicht mehr erinnern, was er gesagt hat – es ist eben die Art, *wie* er's sagt. Manchmal guckt er einen bloß an, und schon muß man lachen.

Eddie Ja. – *Unglücklich.* Er ist ein komischer Kerl.

Mike Ja.

Louis *steht auf, im Abgehen nach links* Na denn, bis bald, Eddie.

Eddie Machts gut.

Louis Okay. Ciao.

Mike Wenn du kegeln kommen willst – wir gehn nach Flatbush Avenue.

Sie gehen lachend nach links ab und begegnen dabei Rodolfo und Catherine, die die Rampe heraufkommen. Beim Anblick Rodolfos wird ihr Lachen lauter; Rodolfo stimmt ein, ohne zu wissen, warum. Eddie will ins Haus gehen. Catherine spricht ihn an, und er bleibt stehen.

Catherine Hallo, Eddie! – Den Film mußt du dir ansehn! Wir haben vielleicht gelacht!

Eddie *muß wider Willen lächeln* In welchem Kino wart ihr denn?

Catherine Im Paramount ...

Eddie Hier in Brooklyn?

Catherine *wird ärgerlich, da sie sich vor Rodolfo bloßgestellt fühlt* Natürlich in Brooklyn – du willst ja nicht, daß wir nach New York fahren.

Eddie *einlenkend* Schon gut, ich hab ja nur gefragt. *Zu Rodolfo.* Da drüben, Times Square, das ist nichts für sie. Da läuft soviel dunkles Gesindel rum.

Rodolfo Ich möchte gern mal den Broadway sehn, Eddie!
Nur einmal.
Ich möchte gern einmal mit ihr durch die Straßen gehen,
Wo die Theater sind und die Oper;
Ich hab schon soviel Bilder davon gesehen, von diesen
Lichtern ...

Eddie *verliert allmählich die Geduld* Geh schon vor. Ja? Ich hab ein Wort mit Catherine zu reden.

Rodolfo Eddie, wir gehen doch nur spazieren.
Sie gibt mir Unterricht ...

Catherine *auf Eddie zu* Weißt du, was ihn am meisten wundert? Daß wir in Brooklyn keine Brunnen haben!

Eddie *muß lächeln* Keine Brunnen?
Rodolfo lächelt über seine eigene Naivität.

Catherine In Italien, sagt er, hat jede Stadt ihre Brunnen,
Und da trifft man sich. Und stell dir vor!
Es gibt Apfelsinenbäume, da, wo er herkommt,
Und Zitronen. Stell dir das vor! Richtig am Baum!
Ist das nicht interessant? Aber er schwärmt für New York!

Rodolfo *halb familiär* Laß uns doch einmal zum Broadway, Eddie, das eine Mal ...

Eddie Bitte – ich hab mit Catherine zu reden ...

Rodolfo Vielleicht kannst du mitkommen.
Ich möchte doch die vielen Lichter sehen ...
Da Eddie nicht reagiert, wirft er Catherine einen Blick zu, geht ins Haus und durch die Tür zum Schlafzimmer ab.

Catherine Warum bist du so streng, Eddie? Er hat dir doch nichts getan, und du bist so fremd zu ihm.

Eddie *sieht sie verzehrend an* Ich hab dir auch nichts getan, und du bist auch fremd zu mir. *Er versucht zu lächeln.*

Catherine Ich? *Sie gibt ihm einen freundschaftlichen Puff.* Wie kommst du denn darauf?

Eddie Man sieht dich ja fast nicht mehr. Jedesmal, wenn ich nach Hause komme, bist du irgendwo unterwegs.

Catherine Das ist doch hier alles ganz neu für ihn, da möchte er eben alles sehen, nicht? – Bist du böse auf mich?

Eddie Nein. *Er lächelt wehmütig, fast schwärmerisch.* Bloß, wenn ich früher nach Hause kam, da warst du immer da. Und jetzt bist du auf einmal ein großes Mädchen. Ich weiß schon gar nicht mehr, wie ich mir dir reden soll.

Catherine Wieso?

Eddie Ich weiß nicht, Katie, ich hab immer das Gefühl, du bist mit deinen Gedanken ganz woanders. Du hörst, glaub ich, gar nicht mehr zu, wenn ich mit dir rede.

Catherine *näher zu ihm* Aber ja doch, Eddie. Was ist denn? Gefällt er dir nicht? *Kurze Pause.*

Eddie *wendet sich nach ihr um* Gefällt er *dir* denn, Katie?

Catherine *errötend, aber mit fester Stimme* ... Ja. Ich hab ihn gern.

Eddie *sein Lächeln erlischt* Du hast ihn gern.

Catherine *schägt die Augen nieder* Ja. *Sie sieht ihn an, lächelt unsicher, wartet auf seine Reaktion. Er sieht sie unglücklich an.* Was hast du nur gegen ihn? Ich versteh das nicht. Er verehrt dich so ...

Eddie *wendet sich ab* Das kann nicht sein, Katie.

Catherine Doch! Wie einen Vater!

Eddie *wendet sich wieder um* Katie –

Catherine Ja, Eddie?

Eddie Willst du ihn heiraten?

Catherine ... Ich weiß nicht. Wir haben nur ... wir sind nur zusammen spazierengegangen, weiter nichts. *Direkt* Was hast du gegen ihn, Eddie? Bitte sag doch. Was?

Eddie Er hat keinen Respekt vor dir.

Catherine Wieso?

Eddie Katie ... *Auf sie zu.* Wenn deine Eltern noch am Leben wären, würde er dann nicht erst deinen Vater um Erlaubnis fragen, statt einfach so mit dir auszugehen?

Catherine Ach, deswegen ... er hat sicher gedacht, du hättest nichts dagegen ...

Eddie Er weiß genau, daß ich was dagegen habe, aber das ist ihm ganz egal, hast du das nicht gemerkt?

Catherine Nein, Eddie, da irrst du dich bestimmt. Er hat allen Respekt vor mir. Und vor dir auch! Jedesmal, wenn wir über die Straße gehen, nimmt er meinen Arm ... er ist immer höflich zu mir. Du kennst ihn bloß nicht, Eddie; wirklich ich meine ...

Eddie *auf den Stufen zur Haustür* Katie – höflich ist er nur zu seinem Paß.

Catherine Zu seinem Paß?

Eddie *wendet sich nach ihr um* Jawohl. Wenn er dich heiratet, kann er amerikanischer Bürger werden. Nur darum geht's ihm. *Sie ist überrascht und erschrocken.* Verstehst du jetzt, was ich meine? Der Kerl denkt nur an sich selbst, deswegen spekuliert er auf dich.

Catherine *gequält* O nein, Eddie, das glaube ich nicht.

Eddie *kommt die Stufen herunter* Mir kannst du schon glauben. Katie, du bringst mich hier noch zum Heulen. Ist das ein Mann, der anständig arbeiten kann? Was hat er denn gemacht mit seinem Geld? Ein piekfeines neues Jackett hat er sich gekauft, Schallplatten, Sonntagsschuhe – und die Kinder von seinem Bruder haben nichts zu essen und krepieren an Tuberkulose! *Er tritt auf die Straße.* Der nimmt auf niemanden Rücksicht, außer auf sich selber; der hat nichts weiter im Kopf als

Lichter, Lichter, Broadway –! Wenn du den heiratest, dann bist du bald geschieden!

Catherine *auf ihn zu* Eddie, er hat nie ein Wort davon gesagt, von Papieren oder ...

Eddie Meinst du, das wird er dir auf die Nase binden?!

Catherine Ich glaube, daran hat er überhaupt noch nicht gedacht.

Eddie Woran denn sonst? Der weiß doch ganz genau, wenn er jetzt geschnappt wird, schiebt er nächste Woche wieder Taxis!

Catherine Nein, ich kann das nicht glauben.

Eddie Katie, mach mich nicht unglücklich, hör auf mich ...

Catherine Ich will nichts mehr davon hören.

Eddie Katie, glaub mir ...

Catherine Er liebt mich doch!

Eddie *erschrocken* Herrgott, fall doch darauf nicht rein! Das kann doch jeder Hochstapler sagen ...

Catherine *verzweifelt* Das glaub ich nicht!

Rodolfo kommt aus dem Schlafzimmer und geht ans Grammophon.

Eddie ... auf die Tour reisen die Brüder, seit das Gesetz existiert! Sie brauchen sich doch nur ein dummes Ding zu schnappen, das keine Ahnung hat, und dann ...

Catherine Ich glaub es nicht, und ich will nichts mehr davon hören! *Sie läuft schluchzend ins Haus.*

Eddie Katie! *Er geht ihr nach.*

Im Wohnzimmer ist es hell geworden. Catherine ist ins Zimmer getreten, und Beatrice kommt aus dem Schlafzimmer. Eddie kommt herein. Beatrice sieht von der schluchzenden Catherine zu Eddie. Er macht eine unbeholfene, gequälte Geste und deutet mit dem Kopf auf Catherine.

Kümmer du dich doch 'n bißchen um sie!

Beatrice *ist, ohne es zu zeigen, zornig über seine Erschütterung* So laß sie doch endlich in Frieden!

Eddie Bi, sie ist mir zu gut für den Kerl!

Beatrice *unvermittelt, ein Ausbruch ohnmächtiger Wut* Laß sie in Frieden! Oder es passiert was! *Er wendet sich ab, sucht seine Fassung wiederzugewinnen, verläßt dann aber doch wie schuldbewußt die Wohnung, tritt auf die Straße und geht ab. Catherine will ins Schlafzimmer abgehen.* Catherine ... *Catherine hält inne, wendet sich mit ausdruckslosem Gesicht nach ihr um.* Sag mal – wie hast du dir das vorgestellt?

Catherine Ich weiß nicht.

Beatrice Das kannst du mir nicht erzählen. Du bist doch kein Kind mehr, also: wie hast du dir das vorgestellt?

Catherine Ich hab ja versucht, mit ihm zu reden ...

Beatrice Ich versteh das nicht, Catherine. Er ist ja schließlich nicht dein Vater. Das ist mir alles unbegreiflich ...

Catherine *wie ein Mensch, der sich bemüht, Klarheit in seine Gedanken zu bringen* Ja, aber ... aber er ... was soll ich denn machen, ich will ihm doch auch nicht weh tun.

Beatrice Also willst du jetzt heiraten, Katie, oder willst du nicht heiraten? Was quälst du dich denn so, Kind?

Catherine *halblaut, zitternd* Ich weiß nicht, Bi. Wenn er doch so dagegen ist, ich meine, das ist doch nicht richtig ...

Beatrice Jetzt komm mal her, jetzt will ich dir mal was sagen. Da setz dich her. Hast du das schon mal erlebt, daß er auch nur von *einem* Jungen was Gutes gesagt hat, und wenn er noch so nett war? Weißt du einen? Ich nicht.

Catherine Aber er sagt doch, es geht Rodolfo nur darum, daß er Amerikaner wird ...

Beatrice Wie kannst du denn so was ernst nehmen, das ist ihm doch ganz egal, was er sagt. Da könnte ein Prinz kommen, es wäre genau dasselbe. Hab ich nicht recht?

Catherine ... Ja, sicher.

Beatrice Also.

Catherine *wendet das Gesicht langsam Beatrice zu* Was meinst du?

Beatrice Tu, was du für richtig hältst. Hab ein bißchen mehr Selbstvertrauen. Du denkst immer, du bist noch ein kleines Mädchen. Aber das bist du nicht mehr, das ist vorbei. Jetzt mußt du dich selber entscheiden, verstehst du? Du mußt ihm zeigen, daß jetzt nicht mehr alles so geht, wie er sich das denkt.

Catherine Ja, aber wie soll ich das denn machen? Er meint, ich bin noch ein Kind ...

Beatrice Weil du so tust, als ob du noch eins wärst. Wie oft hab ich dir schon gesagt, das geht einfach nicht. Du kannst nicht mehr so im Unterrock rumlaufen, wenn er im Zimmer ist ...

Catherine Da hab ich gar nicht dran gedacht ...

Beatrice Das mußt du aber. Oder zum Beispiel, wenn er beim Rasieren ist und steht da in seinem Unterzeug und du setzt dich daneben auf die Badewanne und unterhältst dich mit ihm.

Catherine Ich? Wann denn?

Beatrice Heute früh, ich hab dich doch da sitzen sehn.

Catherine Ach ... ach ja, ich wollte ihm was sagen, und da ...

Beatrice Ich weiß, Katie, ich weiß. Aber solang du so tust, als ob du ein Kind wärst, behandelt er dich eben auch wie ein Kind. Zum Beispiel manchmal, wenn er nach Haus kommt, da hängst du dich ihm an den Hals, wie wenn du noch zwölf wärst ...

Catherine Ja, ich freu mich doch jedesmal, wenn er kommt und ... ich freu mich eben ...

Beatrice Schau, ich will dir ja keine Vorschriften machen, aber ...

Catherine Nein, sag mir doch, was ich machen soll! ... Ich bin schon ganz durcheinander. Versteh doch, ich ... er hat jetzt immer so ein trauriges Gesicht, das geht einem richtig ans Herz ...

Beatrice Ich will dir was sagen, Katie ... wenn dir das so ans Herz geht, dann dauert das nicht mehr lange, und du bist eine alte Jungfer.

Catherine Nein!

Beatrice Glaub mir, ich weiß, was ich sage, ich mein das ganz ernst. Ihr hängt zu sehr aneinander. Bestimmt. Ich glaube, das hab ich dir schon mal gesagt, letztes Jahr, ein paarmal. Deswegen hab ich mich auch so gefreut, wie du gesagt hast, du wolltest dich nach einer Stellung umsehn. Das wär nämlich das richtigste, dann wärst du nicht mehr so viel im Haus, du würdest ein bißchen selbständiger werden. Im Ernst. Es ist was sehr Schönes, wenn sich eine Familie untereinander so lieb hat – aber du bist jetzt eine erwachsene Frau und wohnst zusammen mit einem erwachsenen Mann. Also denk dran, in Zukunft. Und richte dich danach.

Catherine Ja. Das will ich tun.

Beatrice Denn weißt du, Katie, das liegt nicht nur bei ihm, verstehst du? Ich hab's ihm auch schon gesagt ...

Catherine *rasch* Was?

Beatrice Daß du deinen eigenen Weg gehen mußt. Und daß er dich gehen lassen soll. Aber weißt du, wenn ich ihm so was sage, dann denkt er vielleicht, laß sie doch reden, die ist ja doch bloß eifersüchtig oder so, verstehst du?

Catherine Er hat gesagt, du wärst eifersüchtig?

Beatrice Nein, ich sage nur, das denkt er vielleicht. *Sie greift nach Catherines Hand, mit einem gequälten Lächeln.* Und du? Glaubst du, daß ich eifersüchtig bin auf dich?

Catherine Nein! Auf den Gedanken bin ich noch nie gekommen.

Beatrice *mit einem leisen, traurigen Lachen* Ja, das hätte aber gar nichts schaden können ... aber ich bin's nicht. Es wird schon alles gut werden. Du mußt's ihm nur so zeigen, daß er's merkt; du brauchst keine Angst zu haben, du mußt nur ... er muß wissen, daß du erwachsen bist, das ist alles, du bist eine erwachsene Frau, und du hast einen gefunden, der zu dir paßt, und nun ist es Zeit zum zum Abschiednehmen. Ja?

Catherine *von dieser Aussicht auf die Zukunft seltsam bewegt* Ja ... wenn ich kann.

Beatrice Liebes ... du mußt.

Catherine *spürt die drängende Forderung hinter den Worten; die Erkenntnis überwältigt sie, sie wendet sich wie in Furcht zu Beatrice. Sie ist dem Weinen nahe, als sei ihr eine vertraute Welt zusammengebrochen* Ja ... gut.

Das Licht im Wohnzimmer erlischt. Licht auf Alfieri, der an seinem Schreibtisch sitzt.

Alfieri Damals kam er zum erstenmal zu mir.
Ein paar Jahre zuvor hatte ich seinen Vater vertreten in einer Unfallsache.
Daher war ich mit der Familie flüchtig bekannt.
Ich sehe ihn noch vor mir, wie er ins Zimmer trat –
Eddie tritt rechts vorn auf der Rampe auf.
Seine Augen waren wie zwei schwarze Schächte.
Mein erster Gedanke war: der hat ein Verbrechen begangen.
Eddie tritt näher, setzt sich auf einen Stuhl neben dem Schreibtisch, die Mütze in der Hand, sieht vor sich hin.
Aber bald merkte ich, daß es nur eine Leidenschaft war,
Die sich in seinem Körper eingenistet hatte wie ein Fremder.
Alfieri hält inne, senkt den Blick, hebt dann den Kopf und sieht Eddie an – als setze er eine unterbrochene Unterhaltung fort.
Ich verstehe noch nicht ganz, wie ich Ihnen helfen soll.
Handelt es sich um eine juristische Frage?

Eddie Das will ich gerade von Ihnen wissen.

Alfieri Denn daß ein Mädchen sich in einen Einwanderer verliebt, das ist ja nicht gesetzwidrig.

Eddie Wenn er aber damit nur zu einem amerikanischen Paß kommen will?

Alfieri Erstens wissen Sie das gar nicht ...

Eddie Ich seh's ihm doch an; er macht sich lustig über sie und über mich auch.

Alfieri Eddie, ich bin Jurist; ich kann mich nur mit dem befassen, was beweisbar ist. Das verstehen Sie doch, nicht? Können Sie beweisen, was Sie sagen?

Eddie Ich kenne seine Absichten, Mr. Alfieri!

Alfieri Eddie – selbst wenn Sie das beweisen könnten ...

Eddie Moment ... Hören Sie doch erst mal zu. Mein Vater hat immer gesagt, Sie wären ein kluger Kopf. Hören Sie bitte zu.

Alfieri Ich bin nur ein Rechtsanwalt, Eddie ...

Eddie Hören Sie mich an, bitte. Es dreht sich ja um eine rechtliche Frage. Lassen Sie mich bitte ausreden. Wenn einer ins Land kommt wie der, illegal, wär's dann nicht das Vernünftigste, wenn er jeden Penny in den Strumpf stecken würde? Warum, weil er von der Hand in den Mund lebt und weil er nie weiß, was der nächste Tag bringen kann. Hab ich recht?

Alfieri Schon.

Eddie Er schmeißt sein Geld zum Fenster raus. Schallplatten kauft er sich neuerdings. Schuhe. Feine Anzüge. Verstehen Sie jetzt? Der macht sich keine Sorgen. Der macht sich's einfach gemütlich. Mit anderen Worten: für ihn steht es jetzt schon fest, daß er bleibt. Ist das nicht logisch?

Alfieri Und? Was weiter?

Eddie Also. *Er sieht Alfieri kurz an, blickt dann zu Boden.* ... Ich möchte Ihnen was sagen, aber ganz im Vertrauen.

Alfieri Bitte.

Eddie Aber es bleibt doch unter uns, nicht wahr? Ich möchte schließlich keinem was anhängen. Nicht mal meiner Frau hab ich's direkt so gesagt ...

Alfieri Was?

Eddie *holt tief Atem* Mr. Alfieri, der Junge ist nicht normal.

Alfieri Wie meinen Sie das?

Eddie Ich meine ... er ist nicht normal.

Alfieri Ich verstehe Sie nicht.

Eddie *rückt auf seinem Stuhl hin und her* Haben Sie ihn schon mal gesehen?

Alfieri Nicht daß ich wüßte, nein.

Eddie Er ist ... so 'n Blonder. So ... Platin. Verstehen Sie mich jetzt?

Alfieri Nein.

Eddie Ich meine ... so einer, den können Sie umpusten –

Alfieri Nun, das will doch nichts sagen ...

Eddie Moment mal, ich bin noch nicht fertig. Er singt, wissen Sie, und da ist ... ich meine, da ist nichts dagegen zu sagen ... aber manchmal kommt da so 'n hoher Ton, wissen Sie ... da muß ich mich einfach umdrehen. Ich meine, so 'n ganz komischer hoher Ton ... verstehen Sie?

Alfieri Nun, das ist ein Tenor.

Eddie Ich kenne einen Tenor, Mr. Alfiri. *Das* ist kein Tenor.

Ich meine, wenn Sie ins Haus kämen und Sie wüßten nicht, wer da singt, Sie würden sich nicht nach *ihm* umgucken, sondern nach *ihr.*

Alfieri Ja, aber das hat doch nichts ...

Eddie Ich muß Ihnen noch was sagen. Moment bitte, Mr. Alfieri. Sagen Sie noch nichts. Lassen Sie mich ausreden. 'n paar Tage ist's her, da holt meine Nichte abends ein Kleid aus dem Schrank, es ist ihr zu klein geworden. Das letzte Jahr ist sie nämlich mächtig in die Höhe geschossen. Er nimmt das Kleid, legt's auf den Tisch, zerschneidet es, ruck zuck, schon hat er ein neues Kleid draus gemacht. Ich meine, er sah aus dabei – wie ein Engel – richtig zum Küssen, so hübsch wie ein Mädchen.

Alfieri Hören Sie zu, Eddie ...

Eddie Mr. Alfieri, im Hafen lachen sie schon über ihn. Ich schäme mich jedesmal. Paper Doll nennen sie ihn. Blondie neuerdings. Was sein Bruder ist, der glaubt, das ist, weil er so viel Ulk macht ... das stimmt, das macht er ... aber das ist nicht der Grund, warum sie lachen. Und den Grund werden sie auch nicht sagen, weil sie wissen, daß er ein Verwandter von mir ist, und daß sie's mit mir zu tun kriegen, wenn sie mir damit kommen, verstehen Sie? Aber ich weiß, warum sie lachen, und wenn ich dran denke, daß dieser Kerl sie anfaßt, dann könnte ich ... Ich sage Ihnen, Mr. Alfieri, es frißt mir das Herz ab; ich hab mich so geschunden für das Mädchen. Und nun kommt der in mein Haus und ...

Alfieri Eddie – hören Sie zu –, ich habe selbst Kinder, ich kann Sie verstehen. Aber juristisch läßt sich da nichts machen. Es gibt kein Gesetz, nach dem ...

Eddie *läßt seiner Entrüstung freien Lauf* Soll das heißen, daß man da nichts dagegen machen kann, wenn so einer, der nicht richtig ist, ein Mädel verrückt macht und sie heiratet und ...

Alfieri Es gibt keine gesetzliche Handhabe, Eddie.

Eddie Ja, aber wenn er doch nicht richtig ist, Mr. Alfieri, ich meine, das geht doch nicht ...

Alfieri Sie können nichts dagegen unternehmen, Eddie, glauben Sie mir.

Eddie Nichts.

Alfieri Gar nichts. Juristisch anfechtbar ist hier nur eins.

Eddie Was?

Alfieri Die Art, wie sie ins Land gekommen sind. Aber ich nehme nicht an, daß Sie davon Gebrauch machen wollen, oder?

Eddie Sie meinen –?

Alfieri Nun, sie sind illegal eingewandert ...

Eddie O Himmel, nein, das kommt ja nicht in Frage, ich meine ...

Alfieri Also gut. Dann will *ich* Ihnen jetzt mal was sagen ...

Eddie Mr. Alfieri – ich kann das nicht glauben, was Sie mir da sagen. Ich meine ... es *muß* doch irgendein Gesetz geben, daß so einer ...

Alfieri Eddie, jetzt hören Sie mal zu. *Pause.*
Wissen Sie, manchmal verwirrt der Herrgott die Menschen.
Wir haben alle jemanden, den wir lieben, unsere Frau, die Kinder ...
Jeder Mensch hat jemanden, den er liebt, nicht wahr?
Aber manchmal ... manchmal lieben wir zuviel.
Verstehen Sie?
Wir lieben zuviel, und nicht am rechten Ort.
Ein Mann arbeitet schwer, er zieht ein Kind groß,
Manchmal ist es die Nichte, manchmal sogar seine Tochter,
Und er selbst merkt es gar nicht, aber im Lauf der [Jahre ...
Liebt er die Tochter zu sehr,
Liebt er die Nichte zu sehr.
Haben Sie verstanden, was ich gesagt habe?

Eddie *mit einem bitteren Lachen* Soll es mir denn egal sein, was aus ihr wird?

Alfieri Das nicht, aber alles hat mal ein Ende, Eddie, das ist nun mal so. Das Kind muß einmal groß werden und seinen eigenen Weg gehen. Und der Mann muß lernen, sich damit abzufinden.
Denn schließlich, Eddie –
Wie soll das sonst weitergehen? *Pause.*
Lassen Sie sie. Das ist mein Rat. Sie taten Ihre Pflicht,
Jetzt muß sie allein fertig werden; wünschen Sie ihr Glück,
Und lassen Sie sie gehen. *Pause.*
Wollen Sie das, Eddie? Es gibt hier kein Gesetz.
Finden Sie sich ab damit.
Das Gericht ist dafür nicht zuständig.

Eddie Auch wenn er eine Memme ist? Ein ganz gemeiner ...

Alfieri Sie können nichts machen.

Eddie *ist aufgestanden* Na denn. Also vielen Dank. Danke Ihnen sehr.

Alfieri Was wollen Sie machen?

Eddie *mit einer hilflosen ironischen Geste* Was kann ich machen? Ich bin ein Dummkopf gewesen, was kann ein Dummkopf machen? Zwanzig Jahre habe ich geschuftet wie ein Pferd, damit eine Memme kommen konnte und sie mir wegnehmen, jawohl. Das muß man sich überlegen – in den schlimmsten Zeiten, in den allerschlimmsten, wenn bei uns nichts zu tun war, da hab ich nicht rumgestanden, ich bin nicht stempeln gegangen – ich hab mich gekümmert; wenn hier in Brooklyn die Piers leer waren, bin ich rüber nach Hoboken, Staten Island, auf die Westseite, Jersey überallrum. – Weil ich mein Versprechen halten wollte. Ich hab meinen eigenen Kindern weniger gegeben, damit das Mädel genug hatte. Ich hab mir selber das Essen vom Munde abgespart. Wie oft bin ich ohne was im Magen rumgelaufen! *Gesteigert.* Und jetzt muß ich mir das mitansehen! Dieser verdammte Waschlappen, diese Memme, dieser hergelaufene Habenichts –! Ich laß ihn in meinem Hause schlafen! Ich geb ihm meine eigene Bettdecke, und er geht hin und nimmt mir das Mädel weg mit seinen schmutzigen Dreckpfoten, wie ein elender Dieb!

Alfieri *erhebt sich* Aber Eddie, sie ist nun mal kein Kind mehr . . .

Eddie Er will sie mir stehlen!

Alfieri Sie kann doch nicht ewig unverheiratet bleiben, Eddie – und Sie können sie doch nicht heiraten . . .

Eddie *wütend* Was soll das heißen – ich sie heiraten?! Was reden Sie da?

Alfieri *Pause* Sie haben mich um Rat gefragt, Eddie. Bitte.

Eddie *sammelt sich. Pause* Ja. Danke. Danke sehr. Es ist bloß . . . es geht mir nah. Ich . . .

Alfieri Ich versteh das. Denken Sie nicht mehr daran. Versuchen Sie's. Wollen Sie's versuchen?

Eddie Ich . . . ich bin . . . *Er fühlt, daß ein Schluchzen ihn zu übermannen droht, und bricht ab, mit einer hilflosen Geste.* Wiedersehen. *Er geht nach rechts ab.*

Alfieri *setzt sich auf den Schreibtisch*

Es gibt Augenblicke, da hat man das Gefühl, man
müßte Alarm schlagen,
Dabei ist gar nichts passiert. Ich wußte, was ihm
bevorstand –
Ich hätte Ihnen schon damals sagen können, wie's
weitergehen würde.
Es war da kein Geheimnis zu ergründen,
Ich habe alles kommen sehen, Schritt für Schritt,

Wie eine dunkle Gestalt in einem Korridor auf
eine bestimmte Tür zu.
Ich wußte, was ihm bestimmt war,
Was für ein Ende er nehmen würde.
Und ich saß hier, viele Nachmittage,
Und fragte mich, wieso ich, ein vernünftiger Mensch,
So machtlos war, es zu verhindern.
Ich ging sogar zu einer alten Frau hier in der Nähe,
Einer sehr weisen Alten, und sie hörte mir zu,
Und sie nickte nur vor sich hin und sagte:
»Beten Sie für ihn . . .«
Und ich . . . *Er setzt sich.* Ich wartete weiter.

Während das Licht auf Alfieri erlischt, wird es in Eddies Wohnung hell, wo das gemeinsame Abendessen eben beendet ist. Beatrice und Catherine räumen den Tisch ab. Eddie sitzt hinter dem Tisch, Marco rechts, Rodolfo links.

Catherine Wißt ihr, wo sie schon mal gewesen sind?

Beatrice Na?

Catherine In Afrika. Mit einem Fischerboot. *Eddie blickt sie an.* Bestimmt. Es ist wahr, Eddie.

Beatrice geht mit Geschirr ab in die Küche.

Eddie Ich hab ja nichts gesagt. *Er greift nach seiner Zeitung, geht zum Schaukelstuhl.*

Catherine Und ich bin noch nicht mal bis Staten Island gewesen.

Eddie *setzt sich mit der Zeitung in den Schaukelstuhl* Da hast du auch nichts verpaßt. *Pause. Catherine bringt einen Teil des Geschirrs in die Küche. Zu Marco.* Wie lange habt ihr da gebraucht? Bis nach Afrika?

Marco *steht auf* Oh – zwei Tage. Wir kommen überall hin.

Rodolfo *steht auf* Einmal waren wir auch in Jugoslawien.

Eddie *zu Marco* Zahlen die anständig da auf den Booten?

Beatrice kommt zurück, sie und Rodolfo stellen den Rest des Geschirrs zusammen.

Marco Wenn sie fangen Fische, sie zahlen gut. *Setzt sich auf einen Schemel rechts.*

Rodolfo Aber das sind alles Familienboote. Und bei uns in der Familie hat keiner eins. Wir haben nur dann gearbeitet, wenn irgendwo jemand krank war.

Beatrice Weißt du, Marco, was ich nicht verstehe? Das ganze Meer ist voll Fische, und ihr habt nichts zu essen.

Eddie Du brauchst ein Boot, du brauchst Netze, das kostet doch alles Geld.

Catherine kommt zurück.

Beatrice Ja, aber könnten sie nicht vom Strand aus fischen? So wie die Angler in Coney Island?

Marco Sardinen ...

Eddie *lacht* Eben. Willst du Sardinen mit der Angel fangen?

Beatrice Oh. Das hab ich nicht gewußt, daß es Sardinen sind. *Zu Catherine.* Da fischen sie Sardinen!

Catherine Ja, sie fahren ihnen nach über das ganze Meer. Afrika, Jugoslawien –

Catherine setzt sich an die rechte Seite des Tisches, Rodolfo an die Rückseite.

Beatrice *zu Eddie* Ist das nicht komisch? Sardinen! Das denkt man doch gar nicht, daß so was Kleines im Meer schwimmt! *Sie geht mit Geschirr ab in die Küche.*

Catherine Ja, nicht wahr? Das ist wie mit den Apfelsinen und Zitronen am Baum. *Zu Eddie.* Ich meine, da kann man sich auch nicht vorstellen, daß sie auf Bäumen wachsen.

Eddie Ja, das stimmt. Das ist komisch. *Beatrice kommt zurück. Zu Marco.* Ich habe gehört, sie färben die Apfelsinen, damit sie orange aussehen.

Marco Färben?

Eddie Ja – ich hab gehört, die wachsen eigentlich grün ...

Marco Nein, in Italien wachsen sie orange.

Rodolfo Zitronen sind zuerst grün.

Eddie *ärgerlich über die Belehrung* Das weiß ich selber, daß Zitronen grün sind. Das weiß ich aus dem Laden, da sind sie manchmal noch grün. Ich spreche von Apfelsinen, die sie färben, nicht von Zitronen.

Beatrice *setzt sich links an den Tisch. Um vom Thema abzulenken* Was schreibt deine Frau, Marco? Ist das Geld richtig angekommen?

Marco O ja. Sie hat Medizin gekauft für den Jungen.

Beatrice Das ist aber schön. Freust du dich nicht?

Marco O ja. Aber allein hier ...

Beatrice Hoffentlich geht's dir nicht so wie manchen hier in der Gegend. Da gibt's Männer, die sind fünfundzwanzig Jahre bei uns und haben sich nicht genug sparen können – manchmal sind sie in der ganzen Zeit nur einmal zu Hause gewesen.

Marco Ja, ich weiß. Viele Familien in unserer Stadt, wo die Kinder niemals haben ihren Vater gesehen. Aber ich fahre bestimmt nach Hause. Noch drei, vier Jahre vielleicht ...

Beatrice Vielleicht solltest du nicht alles Geld rüberschicken. Vielleicht denkt sie, das verdient sich so leicht – und dann habt ihr gar nichts für später –

Marco O nein, sie ist sparsam. Ich schicke alles. Meine Frau sehr allein. *Er lächelt scheu.*

Beatrice Sie ist sicher sehr nett. Und hübsch, nicht wahr?

Marco *errötet* Das nicht, aber sie versteht alles.

Rodolfo O ja, er hat eine tüchtige Frau!

Eddie Da gibt's sicher oft manche Überraschung, wenn die Männer wieder nach Hause kommen, was?

Marco Überraschung?

Eddie *lachend* Ich meine ... du weißt schon ... sie kommen nach Hause und zählen ihre Kinder, und auf einmal sind da 'n paar mehr als vorher ...

Marco Nein – nein ... Unsere Frauen warten, Eddie. Die meisten. Die allermeisten. Sehr wenige Überraschungen. Du können fortgehen für zehn Jahre. Es gibt Frauen, da muß sich der Mann nicht sorgen um diese Frauen.

Rodolfo Und in unserer Stadt ist man streng. *Eddie sieht ihn an.* Da ist es nicht so frei.

Eddie *steht auf, geht auf und ab* Bei uns ist es auch nicht so frei, wie du denkst, Rodolfo. Ich kenne Fälle, wo so ein grüner Junge sich auf die Art unbeliebt gemacht hat. Bloß weil ein Mädchen nicht mit einem Tuch um den Kopf rumläuft, brauchst du nicht denken, sie nimmt es nicht so genau. Bei uns muß eine nicht unbedingt ein schwarzes Kleid tragen, sie kann trotzdem anständig sein. Ist das klar?

Rodolfo Ich weiß immer, was sich gehört ...

Eddie Mag sein, aber ich glaube, zu Hause würdest du wahrscheinlich kaum mit einem Mädchen ausgehen, ohne vorher um Erlaubnis zu fragen. *Er wendet sich um.* Du verstehst mich doch, Marco? Es ist hier auch nicht viel anders als drüben.

Marco *zurückhaltend* Ja.

Beatrice Na ja, er hat sie schließlich nicht direkt mit Gewalt aus dem Haus fortgeschleppt, Eddie.

Eddie Schon, aber ich hab's erlebt, daß manche sich da nicht ganz ausgekannt haben. *Zu Rodolfo.* Ich meine, es kann ja sein, daß die Mädchen bei uns ein bißchen mehr Freiheit haben, aber ein guter Ruf ist hier genauso schnell weg wie drüben.

Rodolfo Ich habe mir nichts vorzuwerfen, Eddie. Hab ich etwas Unrechtes getan?

Eddie Ja, mein Junge, ich bin ja nicht ihr Vater, ich bin nur ihr Onkel ...

Beatrice Also, dann *sei* ein Onkel. *Eddie sieht sie an; er hat die Kritik in ihren Worten nicht überhört.* Schon gut.

Marco Nein, Beatrice, wenn er nicht gut getan hat, ihr müßt ihm sagen. *Zu Eddie.* Was hat er getan?

Eddie Nun – solange, wie er noch nicht hier war, ist sie nie bis Mitternacht auf der Straße gewesen.

Marco *zu Rodolfo* In Zukunft du kommst nicht so spät nach Haus.

Beatrice *zu Catherine* Du hast mir doch gesagt, der Film hätte so lange gedauert, nicht wahr?

Catherine Ja.

Beatrice Dann sag's ihm doch, Katie. *Zu Eddie.* Der Film hat so lange gedauert.

Eddie Ich sage ja auch nur, er glaubt vielleicht, sie wär das so gewöhnt, das Spätnachhausekommen.

Marco In Zukunft, Rodolfo, du kommst früher.

Rodolfo *verlegen* Ja, klar. Aber ich kann doch nicht die ganze Zeit hier im Haus sitzen, Eddie ...

Eddie Hör zu, mein Junge, ich mein das nicht nur ihretwegen. Je mehr du da draußen rumläufst, um so gefährlicher wird das für dich. *Zu Beatrice.* Nimm bloß mal an, er wird von einem Auto angefahren oder so was, was weiß ich. *Zu Marco.* Wo sind seine Papiere, wer ist er? Hab ich nicht recht?

Beatrice Als ob das tagsüber nicht genau dasselbe wäre. Da hat er auch keine Papiere, da ist es auch gefährlich.

Eddie *beherrscht sich mühsam, zornig, aber mit unterdrückter Stimme* Schon, aber er braucht's ja nicht gerade herauszufordern. Ich meine, Beatrice, wenn einer zum Arbeiten herkommt, soll er arbeiten; wenn er herkommt, um sich zu amüsieren, dann kann er meinetwegen tun und lassen, was ihm paßt! *Zu Marco.* Aber ich hatte mir eingebildet, ihr wolltet mit dem, was ihr verdient, eure Familie unterstützen. Oder nicht? Du verstehst mich doch, Marco?

Marco *reserviert* Was willst du sagen, Eddie?

Eddie Ich meine, so hatte ich mir das jedenfalls gedacht, verstehst du?

Marco Ja. Deswegen sind wir hier.

Eddie Das wollte ich nur wissen. *Setzt sich in den Schaukelstuhl.*

Marco setzt sich auf den Schemel. Eddie liest seine Zeitung. Es entsteht eine verlegene Pause. Dann erhebt sich Catherine und legt eine Platte auf: ›Paper Doll‹.

Catherine *rot vor Empörung* Wollen wir tanzen, Rodolfo? *Eddie erstarrt.*

Rodolfo *mit Rücksicht auf Eddie* Nein, ich ... ich bin müde.

Catherine Ach was, komm. So 'ne schöne Platte. Komm! *Sie hat ihn bei der Hand genommen, und er erhebt sich steif, da er Eddies Augen auf sich gerichtet fühlt, und sie tanzen.*

Eddie *zu Catherine* Was is'n das? Schon wieder 'ne neue Platte?

Catherine Immer noch dieselbe. Die wir uns neulich gekauft haben.

Beatrice *zu Eddie* Sie haben ja nur drei gekauft. *Sie sieht den beiden beim Tanzen zu; Eddie hat sich abgewendet. Marco sitzt abwartend da. Dann wendet sie sich an Eddie.* Das muß Spaß machen, so mit einem Fischerboot überall rumzufahren. Da würde ich auch gern mitfahren. Lauter fremde Länder sehen –

Eddie Ja.

Beatrice Aber da nehmt ihr die Frauen sicher nicht mit, oder?

Marco Nein, zum Fischen nicht. Schwere Arbeit.

Beatrice Habt ihr da 'ne richtige Küche auf dem Boot und so?

Marco O ja, wir essen sehr gut auf dem Wasser ... Besonders wenn Rodolfo mitkommt; dann werden wir alle dick.

Beatrice Ach, er kocht für euch?

Marco O ja, sehr guter Koch. Reis, Spaghetti, Fisch, alles.

Eddie *läßt seine Zeitung sinken* Kochen kann er auch! *Mit einem Blick auf Rodolfo.* Er singt, er kocht ... *Rodolfo lächelt dankbar.*

Beatrice Das ist gut, da kann er nie verhungern.

Eddie Großartig ... Er singt, er kocht, er kann Kleider machen ...

Catherine Wer so was kann, wird gut bezahlt. In all den großen Hotels ist der Chefkoch ein Mann. Da gibt's welche, die sind berühmt!

Eddie Das sag ich ja.

Catherine *während sie weitertanzen* Na ja, ich dachte bloß ...

Eddie *zu Beatrice* Der hat's gut, weiß Gott. *Kleine Pause; Eddie blickt weg, sieht dann wieder Beatrice an.* Deswegen meine ich ja, die Arbeit im Hafen, das ist nichts für ihn. *Rodolfo und Catherine hören auf zu tanzen, Rodolfo stellt das Grammophon ab.* Ich meine, bei mir ist das was anderes, ich kann nicht kochen, ich kann nicht singen, ich kann nicht schneidern, deswegen gehöre ich in den Hafen. Ich, wenn ich kochen könnte und singen und Kleider machen, wär ich keinen Tag länger im Hafen. *Er hat geistesabwesend die Zeitung eng zusammengerollt. Alle sehen ihn an; er spürt, daß er nicht mehr zurück kann.* Ich würde mir woanders was suchen. Vielleicht in einem Kleiderladen oder so. *Er hat die Zeitungsrolle geknickt, und plötzlich reißt er sie entzwei. Er erhebt sich unvermittelt und zieht sich die Hosen hoch.* Wie wär's, Marco, wollen wir am Sonnabend zum Boxkampf gehen? Hast du so was schon mal gesehen?

Marco *scheu* Nur im Film ...

Eddie Ich lad dich ein. Und was ist mit dir, Wikinger? Kommst du auch mit? Auf meine Rechnung.

Rodolfo Ja, klar. Gern.

Catherine *nervös, aber glücklich* Ich mach uns Kaffee, ja?

Eddie Ja, mach man. Aber gut und stark! *Sie lächelt verwirrt und geht ab. Eddie ist unheimlich übermütig. Er schlägt mit der rechten Faust in die linke Hand.* Wart man ab, Marco – du wirst sehen, da ist was los. Immer gute Boxer hier. Hast du schon mal geboxt?

Marco Nein, noch nie.

Eddie *zu Rodolfo* Aber du kannst doch sicher, was?

Rodolfo Nein.

Eddie Also komm her, ich zeig dir, wie's gemacht wird. *Er hebt den Schemel auf, stellt ihn auf den Tisch.* Ist immer gut, wenn man's kann.

Beatrice Wozu soll das gut sein?

Eddie Man kann nie wissen, wie leicht tritt dir mal einer auf'n Fuß oder will dir sonstwie an den Kragen. Na, komm schon, Rodolfo, ich bring's dir bei.

Beatrice Los, Rodolfo! Boxen, das kann er. Da kannste wirklich was von ihm lernen.

Rodolfo *verlegen* Hm, ich weiß nicht, wie soll ich ...

Eddie Einfach die Hände hochheben. So, siehst du? Jawohl. Ja, so, sehr gut, immer die Linke hoch, weil du mit der Linken führst, paß auf, so ... *Er schlägt Rodolfo seine Linke sacht ins Gesicht.* Siehst du? Jetzt mußt du versuchen, mich abzublocken, wenn ich also so komme, mußt du ... *Rodolfo pariert seine Linke.* He, du kannst ja boxen! *Rodolfo lacht.* Und jetzt schlag du mal. Los, komm.

Rodolfo Ich möcht dir nicht weh tun, Eddie.

Eddie Kein Mitleid, komm. Schlag zu. Ich zeig dir die Deckung. *Rodolfo wischt einen Schlag an seinem Gesicht vorbei, lacht.* Jawohl. Komm; gleich noch mal. Hierher, zum Kinn. *Rodolfo schlägt noch einmal, etwas kräftiger.* Sehr gut!

Beatrice *zu Marco* Gut, gut, gut!

Eddie Ja, das wird schon. Komm, Kleiner, bißchen mehr Saft dahinter, du tust mir schon nicht weh. *Rodolfo führt einen schärferen Schlag gegen Eddies Kinn, berührt es leicht.* So ist recht. *Catherine kommt aus der Küche, sieht ihnen zu.* Und jetzt schlag ich, also nimm deine Deckung hoch, ja –?

Catherine *ängstlich werdend* Was machen die denn da?
Inzwischen hat sich ein harmloser Kampf entwickelt.

Beatrice *ehrlich überzeugt, daß es sich nur um einen freundschaftlichen Scheinkampf handelt* Eddie bringt ihm's Boxen bei! Er kann schon sehr gut!

Eddie Er ist prima, der Junge! Seht euch das an! *Rodolfo kommt mit einem Schlag zum Körper durch.* Jawohl! Jetzt paß auf, Wikinger, jetzt komm ich! *Er täuscht mit der Linken einen Angriff vor und schlägt mit der Rechten zu. Rodolfo taumelt. Marco erhebt sich.*

Catherine *rasch auf ihn zu, um zu helfen, empört* Eddie!

Eddie Was ist? Ich hab ihm nicht weh getan. *Er geht zu dem angeschlagenen Rodolfo.* Hab ich dir etwa weh getan, Kleiner?

Rodolfo Nein, nein, hat gar nicht weh getan. *Zu Eddie, lächelnd, aber mit einem eigenartigen Unterton.* Ich war nur nicht drauf gefaßt.

Beatrice *drängt Eddie in den Schaukelstuhl* Jetzt ist aber genug, Eddie. Hat er sich nicht gut gehalten?

Eddie *die Faust in die Hand schlagend* Ja. Aus dem kann noch was werden, Marco. Ich werd's ihm schon beibringen.
Marco nickt zögernd.

Rodolfo Komm, Catherine, wir tanzen.
Er faßt sie an der Hand, geht mit ihr zum Grammophon, stellt ›Paper Doll‹ an, legt die Arme um sie, und sie tanzen. Eddie sitzt in Gedanken in seinem Schaukelstuhl. Marco nimmt den Schemel vom Tisch, stellt ihn vor Eddie hin. Beatrice und Eddie sehen ihm zu.

Marco Kannst du heben diesen Stuhl?

Eddie Wie meinst du das?

Marco Von hier. *Er läßt sich auf ein Knie nieder, legt eine Hand auf den Rücken und faßt eines der Stuhlbeine am unteren Ende, ohne jedoch den Schemel zu heben.*

Eddie Klar, warum nicht? *Er kniet nieder, faßt das Stuhlbein, hebt den Schemel ein paar Zentimeter vom Boden, kann ihn aber nicht gerade halten.* Oha, das ist aber schwer, das hab ich gar nicht gewußt. *Er versucht es noch einmal, abermals ohne Erfolg.* So an einem Bein geht das wohl überhaupt nicht, was?

Marco Doch So. *Er kniet nieder, faßt das Stuhlbein und hebt mit großer Anstrengung den Stuhl höher und höher, steht dabei auf – und während Rodolfo und Catherine aufhören zu tanzen, hebt er mit gestrecktem Arm den Stuhl bis über seinen Kopf, Auge in Auge mit Eddie. Sein Blick ist hart, Kinnbacken und Halsmuskeln angespannt, der Schemel wie eine Waffe erhoben. Das Lächeln auf Eddies Gesicht erlischt, und Marcos drohend gespanntes Gesicht verzerrt sich zu einer triumphierenden Grimasse, während die Bühne dunkel wird. Licht auf Alfieri an seinem Schreibtisch.*

Alfieri Am dreiundzwanzigsten Dezember jenes Jahres
Fiel eine Kiste mit schottischem Whisky aus dem Netz,
Beim Entladen, und ging kaputt – wie das eine Kiste mit schottischem Whisky
So an sich hat am dreiundzwanzigsten Dezember
Am Pier einundvierzig. Schnee lag noch nicht, aber kalt war's.
Seine Frau war unterwegs, einkaufen.
Marco war noch bei der Arbeit.
Der Junge hatte an dem Tag keine Arbeit bekommen,
Catherine sagte mir später, dies sei das erste Mal gewesen,
Daß sie beide zusammen allein im Hause waren.

In der Wohnung wird es hell. Catherine ist beim Bügeln. Rodolfo steht hinter dem Schaukelstuhl, sieht ihr zu.

Catherine Hast du Hunger?

Rodolfo Nicht auf was zu essen. *Näher zu ihr.* Ich habe schon fast dreihundert Dollar. Catherine?

Catherine Ja. Ich hab's gehört.

Rodolfo Soll ich nicht mehr davon sprechen?

Catherine Doch, doch. Ich hör schon zu.

Rodolfo Was fehlt dir, Chatherine, hast du Sorgen?

Catherine Ich wollte dich schon immer mal was fragen. Darf ich?

Rodolfo *setzt sich auf den Stuhl links vom Tisch* Alle Antworten sind in meinen Augen. Aber du siehst mir nicht mehr in die Augen. Du bist voller Geheimnisse. *Sie sieht ihn an, ohne zu lächeln.* Was wolltest du mich fragen?

Catherine Was würdest du sagen, wenn ich in Italien leben wollte?

Rodolfo *lächelt über die absurde Vorstellung* Hast du einen reichen Mann in Aussicht?

Catherine Nein, ich meine uns beide – könnten wir nicht nach Italien ziehen?

Rodolfo *das Lächeln ist von seinem Gesicht geschwunden* Wann?

Catherine Ja – wenn wir verheiratet sind.

Rodolfo *erstaunt, erhebt sich* Du willst Italienerin werden?

Catherine Das nicht, ich könnte Amerikanerin bleiben und trotzdem in Italien leben.

Rodolfo Für immer?

Catherine Ja.

Rodolfo Das ist doch nicht dein Ernst.

Catherine Doch, doch. Ich meine es ernst.

Rodolfo Wie kommst du bloß auf die Idee?

Catherine Ja, du hast doch immer gesagt, wie schön es da ist ... die Berge und das Meer, und die vielen ...

Rodolfo Das kann doch nicht dein Ernst sein.

Catherine Ja, warum nicht?

Rodolfo Catherine, wenn ich mit dir nach Italien käme,
Ohne Geld, ohne Arbeit, ohne alles,
Sie würden den Pfarrer holen und den Doktor,
Und sie würden sagen, Rodolfo ist verrückt geworden.

Catherine *nah* Ich weiß. Aber ich glaube, wir würden da glücklicher sein.

Rodolfo Glücklicher! Wovon willst du da leben? Die schöne Aussicht kannst du nicht essen.

Catherine Du könntest doch vielleicht als Sänger gehen, vielleicht in Rom oder so ...

Rodolfo In Rom! Da gibt's Sänger wie Sand am Meer!

Catherine Oder ich könnte irgendwo arbeiten.

Rodolfo Wo?

Catherine Gott, irgendwo wird sich schon was finden ...

Rodolfo Aussichtslos! Nichts, nichts, nichts,
Gar nichts. Also, wie hast du dir das vorgestellt?
Wie soll ich dich wegholen aus einem Land, das reich ist,
In ein armes Land, wo es dir schlecht geht?
Wie kommst du nur auf so was?
Sie sucht nach Worten.
Ich käme mir vor wie ein Verbrecher, der dir das Gesicht stiehlt.
Zwei Jahre, und dein Gesicht wäre alt und verbraucht.
Wenn im Haus meiner Brüder die Kleinen schreien,
Gibt man ihnen Wasser, das einen Knochen gekocht hat,
Du kannst mir glauben, das ist so.

Catherine *hört auf zu bügeln, still* Hier hab ich Angst vor Eddie.
Kleine Pause.

Rodolfo *nah zu ihr* Wir würden doch nicht hier wohnen bleiben.
Wenn ich erst amerikanischer Bürger bin, kann ich überall arbeiten,
Und ich könnte eine bessere Stellung finden,
Und wir würden ein eigenes Haus haben, Catherine.
Wenn ich nicht Angst haben müßte, daß sie mich verhaften,
Ich würde bald ein großer reicher Mann sein.

Catherine *entschlossen* Ich muß dich noch was fragen. Sag mir, Rodolfo – würdest du auch bleiben, wenn uns nichts anderes übrigbliebe, als nach Italien zu ziehen? Ich meine, wenn es wirklich nicht anders ginge ...

Rodolfo Ist das deine Frage oder seine Frage?

Catherine Ich möchte das wissen. Ich muß das wissen.
Rodolfo Mit nichts in der Tasche nach drüben?
Catherine Ja.
Rodolfo Nein. *Sie sieht ihn ungläubig und entsetzt an.* Nein!
Catherine Nein?
Rodolfo Nein; nur um mit dir in Italien zu leben, würde ich dich [nicht heiraten.
Ich will, daß du meine Frau wirst,
Und ich will Amerikaner werden.
Sag ihm das; oder ich sag's ihm. Jawohl.
Er geht zornig auf und ab.
Und sag ihm – und laß dir das bitte auch gesagt sein –,
Daß ich kein Bettler bin
Und du kein Maulesel, kein Gnadengeschenk,
Kein Almosen für einen armen Emigranten.
Catherine Aber reg dich doch nicht so auf!
Rodolfo Ich bin wütend!
Glaubst du, ich wäre zu so etwas fähig?
Mein Bruder ist zu allem fähig, ich nicht.
Glaubst du, ich würde den Rest meines Lebens
Mich abschleppen mit einer Frau, die ich nicht liebe,
Bloß um Amerikaner zu werden? Als ob das so was Großartiges wäre!
Glaubst du, wir haben keine hohen Häuser in Italien?
Kein elektrisches Licht? Keine breiten Straßen? Keine [Fahnen?
Keine Autos? Nur Arbeit haben wir nicht.
Ich will Amerikaner werden, damit ich arbeiten kann,
Das ist das einzige Wunder hier – Arbeit!
Wie kannst du mich so beleidigen, Catherine?
Catherine Ich hab es nicht so gemeint ...
Rodolfo Mir stockt das Herz, wenn ich dich anseh.
Warum hast du solche Angst vor ihm?
Catherine *den Träumen nahe* Ich weiß nicht.
Rodolfo Hast du Vertrauen zu mir, du?
Catherine Ich wollte nur nicht ...
Ich meine, er war immer sehr gut zu mir.
Du kennst ihn nicht, Rodolfo; er ist der beste Mensch [auf der Welt.
Er ist gut. Er neckt mich immerzu.
Aber er meint es nicht so. Bestimmt nicht.
Ich möchte ... ich möchte ihm keinen Kummer machen.
Immer hab ich mir vorgestellt, wenn ich mal heirate,
Wird er bei der Hochzeit dabeisein, fröhlich sein und lachen,
Und nun ... nun ist er die ganze Zeit böse und schlechter [Laune ...
Sie weint

Sag ihm, du würdest nach Italien gehen – sag es wenigstens;
Vielleicht, daß er dann mehr Vertrauen zu dir hat ...
Ich will ihn doch nicht unglücklich machen – versteh doch,
Ich habe ihn doch so gern, Rodolfo ... und ich halt das nicht aus!

Sie weint, und er nimmt sie in seine Arme.

Rodolfo Catherine – du – liebes kleines Mädchen –

Catherine Ich liebe dich, Rodolfo, ich liebe dich –

Rodolfo Wovor hast du dann Angst? Daß er dich übers Knie legt?

Catherine Nein, nicht, bitte lach nicht! Ich hab immer nur hier gelebt, so lang wie ich zurückdenken kann ... Jeden Tag hab ich ihn gesehen, früh beim Weggehen und abends beim Nachhausekommen. Das ist nicht so einfach, wie du glaubst, einen Menschen zu sagen, daß er dir nichts mehr bedeutet ... Da kann man sich doch nicht einfach so umdrehen und aus dem Haus gehen ...

Rodolfo Ich weiß, aber ...

Catherine Nein, das kannst du nicht wissen, keiner weiß das! Ich bin kein kleines Kind mehr, ich weiß viel, viel mehr, als ihr alle glaubt. Siehst du, Beatrice sagt mir, man muß nur eine Frau sein ... aber ...

Rodolfo Ja?

Catherine Warum tut sie's dann nicht, warum ist *sie* keine Frau? Wenn ich verheiratet wär, ich würde mir Mühe geben, meinen Mann fröhlich zu machen und glücklich, ich würde nicht immerzu an ihm rumerziehen und ihm Vorwürfe machen. Ich kann's ihm ansehn, ob er Sorgen hat, ob er jemand braucht, der ihm bloß zuhört, dem er sein Herz ausschütten kann ... Ich seh's ihm an, ob er Hunger hat oder ob er ein Bier will, da braucht er gar nichts zu sagen. Ich weiß, wann ihm die Füße weh tun ... und überhaupt, ich kenne ihn eben ... und da soll ich jetzt einfach so weggehen, als ob er ein fremder Mensch wär? Muß das denn wirklich sein, ich meine, darf man das überhaupt ...?

Rodolfo Catherine, wenn ich einen kleinen Zeisig finde, der aus dem Nest gefallen ist – und ich füttere ihn groß, und er möchte fliegen, aber ich lasse ihn nicht fort, weil er mir so ans Herz gewachsen ist – ist das richtig, darf ich denn das? Ich sage nicht, daß du ihn jetzt hassen sollst; aber du mußt von ihm fort ... nicht wahr? Catherine?

Catherine *leise* Halt mich fest.

Rodolfo *zieht sie fest an sich* O du, mein kleines Mädchen.

Catherine Hilf mir doch. *Sie weint.* Ich weiß doch nicht. Was muß ich tun, sag doch, Rodolfo, halt mich fest, ganz fest.

Rodolfo Catherine ... Wir sind allein. Komm. Komm mit. *Er hilft ihr auf, führt sie nach hinten.* Nicht weinen.

Sie legt ihren Kopf an seine Schulter, und so gehen sie umschlungen ab. Die Schlafzimmertür schließt sich hinter ihnen.

Eddie *erscheint auf der Straße links. Er hat getrunken, geht schwankend. Er geht die Treppe hinauf, betritt die Wohnung, sieht sich um, zieht eine Flasche aus der einen Tasche, stellt sie auf den Tisch. Dann eine zweite Flasche aus der anderen und ein dritte aus der Innentasche. Er sieht das Bügeleisen, geht an den Tisch, faßt es an, zieht seine Hand schnell zurück und ruft nach hinten* Beatrice? *Er geht an die offene Küchentür und sieht hinein. Gegen die Schlafzimmertür.* Beatrice? Beatrice? *Er geht auf die Tür zu, die sich in diesem Augenblick öffnet.*

Catherine *steht auf der Schwelle, unter Eddies Blick streicht sie ihr Kleid glatt.* Du bist schon zurück?

Eddie *ahnt, daß etwas nicht in Ordnung ist, ist sich aber noch nicht im klaren* Haben heut früher Schluß gemacht. Wegen Weihnachten. *Er deutet auf das Bügeleisen.* Auf die Art sind schon mehr Brände entstanden.

Catherine Ich war nur'n kleinen Augenblick weg.

Rodolfo erscheint in der Schlafzimmertür. Eddie sieht ihn und zuckt leicht zusammen.

Rodolfo *nickt Eddie zu, um zu sehen, wie er reagiert* Beatrice ist noch beim Einkaufen. Wollte Schuhe für die Kinder besorgen.

Pause.

Eddie Pack deine Sachen. Los. Hol dein Zeug und mach, daß du rauskommst. *Catherine stellt das Eisen hin und geht auf die Schlafzimmertür zu. Eddie packt sie am Arm.* Wo willst du hin?

Catherine *zittert vor Angst* Eddie ... ich glaube, ich muß auch gehen.

Eddie Du bleibst hier.

Catherine Ich glaube, ich kann nicht hierbleiben. *Sie befreit sich von ihm, macht einen Schritt in Richtung auf das Schlafzimmer.* Entschuldige bitte, Eddie. *Sie sieht die Tränen in seinen Augen.* Wein doch nicht. Ich bleib ja in der Nähe. Ich komm dich besuchen. Aber ich kann nicht hierbleiben. Das geht nicht. Das weißt du doch. *Sie schluchzt. Ihr Mitleid und ihre Liebe zu ihm reißen sie fort.* Weißt du das nicht, Eddie? Du weißt doch, warum! *Sie geht auf ihn zu.* Wünsch mir Glück. *Mit gefalteten Händen, wie im Gebet.* O Eddie, bitte, sei doch nicht so!

Eddie Du bleibst hier, hörst du?

Catherine Eddie, ich bin kein kleines Kind mehr! Du ... *Plötzlich greift er nach ihr, zieht sie an sich und küßt sie, während sie versucht, sich von ihm zu befreien, auf den Mund.*

Rodolfo Nicht! *Er hängt sich an Eddies Arm.* Laß das! Laß sie los!

Eddie *dreht sich unter Rodolfos Griff nach ihm um, Catherine löst sich von ihm* Willst du was von mir?

Rodolfo Sie wird meine Frau!

Eddie Und du? Was wirst du?

Catherine Laß ihn, Rodolfo, geh, hör nicht auf ihn!

Eddie Willst du vielleicht ihr Mann sein, he? Du, ihr Mann?

Rodolfo *mit Tränen der Wut* Das laß ich mir nicht sagen! *Er will sich auf Eddie stürzen, der ihn lachend fest an den Armen packt und plötzlich küßt.*

Catherine Eddie, laß los! Hörst du! Laß ihn los, oder ich bring dich um! *Sie fährt Eddie ins Gesicht; Eddie läßt Rodolfo los und steht ihm höhnisch lachend gegenüber, während ihm die Tränen über die Wangen laufen. Catherine keucht, sie starrt ihn entsetzt an. Rodolfo steht bewegungslos da – die beiden Männer sind wie zwei Tiere, die ihren Kampf unentschieden abgebrochen haben und darauf warten, wie sich der Gegner weiter verhalten wird.*

Eddie Ich geb dir Zeit bis morgen, Kleiner. Dann verschwindest du aus dem Haus. Und zwar allein. Hast du verstanden? Allein.

Catherine Ich geh mit ihm, Eddie.

Eddie *mit einer Kopfbewegung auf Rodolfo* Mit dem da nicht. *Er setzt sich hin, noch schwer atmend, und Rodolfo und Catherine sehen unschlüssig auf ihn, während er den Kopf auf die Lehne sinken läßt und mit geschlossenen Augen nach Luft ringt.* Catherine, treib es nicht zu weit. *Das Licht im Wohnzimmer erlischt. Gleichzeitig Licht auf Alfieri.*

Alfieri Am siebenundzwanzigsten Dezember sah ich ihn wieder.
Im allgemeinen gehe ich spätestens um sechs nach Haus.
Aber an jenem Tage saß ich untätig hier
Und sah aus meinem Fenster auf den Hafen,
Und als er zur Tür hereinkam,
Wußte ich, warum ich gewartet hatte.
Und wenn das jetzt so klingt, als erzählte ich einen Traum:
So war es auch. Es gab da Augenblicke
Im Laufe der zwei Unterredungen, die wir hatten,

Da kam es mir vor, als sei ich ... ja, festgebannt,
Wie an die Wand gespießt. Alle Kraft war von mir gewichen.
Eddie tritt auf, nimmt seine Mütze ab, setzt sich in den Stuhl, sieht gedankenverloren vor sich hin.
Ich sah mehr in seine Augen, als daß ich zuhörte.
Ja, ich kann mich kaum noch an das Gespräch erinnern.
Aber ich werde nie vergessen, wie dunkel es wurde im Raum,
Wenn er mich ansah; seine Augen waren wie zwei schwarze Schächte.
Ich hatte immerfort das Gefühl, ich müßte die Polizei [rufen,
Aber es war ja gar nichts passiert.
Nichts war passiert, überhaupt nichts ...
Er bricht ab und sieht vor sich hin auf die Tischplatte, dann wendet er sich Eddie zu.
Also mit anderen Worten, er will nicht gehen?

Eddie Meine Frau will, glaub ich, im Haus ein Zimmer für sie mieten.
Eine alte Dame oben im Dachgeschoß hat ein Zimmer [frei.

Alfieri Und was sagt Marco dazu?

Eddie Marco? Der sitzt nur da. Der redet nicht viel.

Alfieri Vielleicht hat er's noch nicht erfahren?

Eddie Ich weiß nicht; Marco redet nicht viel.

Alfieri Und was sagt Ihre Frau?

Eddie *möchte dem Gespräch eine andere Wendung geben* Bei uns im Haus wird überhaupt nicht viel geredet ...
Also, wie finden Sie das?

Alfieri Was Sie mir erzählt haben, beweist doch nichts.
Ich entnehme dem nur, daß er einfach nicht stark genug [war,
Sich aus Ihrem Griff zu befreien ...

Eddie Aber ich sage Ihnen – ich weiß es, er ist nicht richtig.
Wenn einer will, kommt er auch frei.
Sogar eine Maus, eine winzige Maus, wenn Sie sie gefangen haben,
Und Sie halten sie in der Hand, sogar so eine Maus
Kann sich richtig wehren, mit allen Kräften.
Und er hat sich nicht richtig gewehrt.
Ich weiß es, Mr. Alfieri, der Kerl ist nicht in Ordnung.

Alfieri Warum haben Sie das getan, Eddie?

Eddie Um ihr's zu zeigen, was er für einer ist! Sie sollte 's merken, ein für allemal! Ihre Mutter würde sich im Grabe umdrehen ... *Er strafft sich, fast befehlend.* Also, was soll ich jetzt machen? Sagen Sie mir das.

Alfieri Hat sie tatsächlich gesagt, sie würde ihn heiraten?

Eddie Ja, das hat sie gesagt. Also was mache ich da? *Kleine Pause.*

Alfieri Eddie, ich kann Ihnen nur eins sagen –
Ob Sie drauf hören oder nicht, das ist Ihre Sache:
Menschlich und juristisch haben Sie keine Handhabe,
Sie können nichts dagegen machen; die Entscheidung liegt bei ihr.

Eddie *wird zornig* Haben Sie nicht gehört, was ich sagte?

Alfieri *mit Entschiedenheit* Ich habe es gehört,
Und ich habe Ihnen gesagt, was zu sagen war.
Und ich möchte Ihnen noch etwas sagen: Ich warne Sie –
Gesetz und Natur sind eins.
Gesetz, das ist nur ein Wort für das, was geschehen darf.
Wenn das Gesetz einmal unrecht hat so nur, weil es unnatürlich ist,
Aber in diesem Fall ist das Gesetz das Natürliche.
Und ein Strom wird Sie fortreißen,
Wenn Sie sich ihm entgegenstellen.
Sagen Sie ja. Und geben Sie Ihren Segen.
Während er spricht, beginnt auf der linken Seite der Bühne ein Telefon aufzuleuchten – ein schwaches, verlorenes Blau. Eddie steht auf, mit entschlossenem Gesicht.
Einer mußte doch einmal kommen – früher oder später.
Eddie wendet sich langsam zum Gehen, und Alfieri erhebt sich besorgt. Kein Mensch auf der Welt wird Ihnen beistehen, Eddie! Selbst, wer Sie versteht, wird sich gegen Sie wenden, selbst, wer mit Ihnen fühlt, wird Sie verachten! *Eddie geht rasch ab.* Finden Sie sich ab damit, Eddie! Eddie!
Eddie ist verschwunden. Das Telefon ist jetzt hell erleuchtet. Das Licht auf Alfieri erlischt. Gleichzeitig ist Eddie neben dem Telefon erschienen.

Eddie Ich möchte eine Anzeige machen. Illegale Einwanderer. Zwei. Jawohl. In Brooklyn, jawohl. Saxon Street 441. Erdgeschoß. Wie? *Mühsamer.* Ich wohne bloß hier in der Gegend ... Wie?
Offenbar stellt man ihm weitere Fragen, und er hängt langsam den Hörer ein. Er verläßt das Telefon, während gerade Louis und Mike von links die Straße entlangkommen.

Louis Kommst du mit zum Kegeln, Eddie?

Eddie Nö, ich muß nach Hause.

Louis Also denn, mach's gut.

Eddie Bis bald.
Sie gehen nach rechts ab. Eddie sieht ihnen nach. Dann

sieht er sich nach allen Seiten um und geht ins Haus. Während er eintritt, wird es in der Wohnung hell. Beatrice sitzt am Tisch, sie bessert ein Paar Kinderhosen aus.

Eddie Wo sind denn die anderen? *Beatrice antwortet weder, noch sieht sie von ihrer Arbeit auf.* Hörst du nicht? Ich hab dich gefragt, wo die anderen sind.

Beatrice *sieht mißmutig zu ihm auf, verbirgt ihre Angst vor ihm* Ich hab ihnen gesagt, sie sollen sich oben das Zimmer nehmen, bei Mrs. Dondero.

Eddie Ach. Sind sie schon umgezogen?

Beatrice Ja doch.

Eddie Und wo ist Catherine? Auch oben?

Beatrice Bringt ihnen bloß die Bettwäsche.

Eddie Kommt nicht in Frage, daß sie auch da raufzieht.

Beatrice Jetzt hör schon auf damit, hör schon auf. Ich hab es satt!

Eddie Schon gut, schon gut, reg dich nicht auf . . .

Beatrice Ich hab das bis hierher, ich will nichts mehr davon hören, hast du verstanden? Kein Wort mehr!

Eddie Mach du mir noch Vorwürfe, was?! Als ob *ich* sie ins Haus gebracht hätte!

Beatrice Ja, schon gut, entschuldige; hätt ich ihnen bloß abgeschrieben, damals! Herrgott, ich wollt, ich wär tot.

Eddie Red keinen Unsinn; Hauptsache, du denkst immer dran, *wer* sie hierhergeholt hat! *Er geht ruhelos auf und ab.* Ich meine, schließlich hab ich ja auch noch Rechte. *Auf sie zu, um ihre Auflehnung gegen ihn zu überfahren.* Das hier ist mein Haus, nicht denen ihrs!

Beatrice Was willst du denn von mir? Sie sind doch ausgezogen; was willst du denn noch?

Eddie Meinen Respekt will ich!

Beatrice Jetzt sind sie doch draußen, was willst du denn noch? Jetzt hast du dein Haus für dich allein, jetzt hast du deinen Respekt.

Eddie *geht auf und ab, beißt sich auf die Lippen* Sprich gefälligst in einem andern Ton! Ich verbitte mir diesen Ton!

Beatrice Ich weiß gar nicht, was du hast! Ich tu doch schon alles, was du willst!

Eddie Aber du hast nicht in dem Ton mit mir zu reden, du hast mich nicht so anzusehen! Das hier ist mein Haus. Und sie ist meine Nichte, und ich bin für sie verantwortlich.

Beatrice Und deswegen hast du ihm das angetan?

Eddie Was angetan?

Beatrice Hier, vor ihren Augen; du weißt genau, was ich meine!

Sie zittert immer noch am ganzen Körper, die ganze Nacht liegt sie wach und kann nicht einschlafen! Das nennst du verantwortlich?!

Eddie *setzt sich, halblaut* Mit dem Jungen ist was nicht in Ordnung, Beatrice. *Sie schweigt.* Hast du gehört, was ich gesagt habe?

Beatrice Ich hab dir gesagt, für mich ist der Fall erledigt. *Sie greift wieder nach ihrer Arbeit, näht weiter.*

Eddie *nach einer Pause* Ich laß mir das nicht länger gefallen, Beatrice. So geht das mit uns nicht weiter.

Beatrice Ich weiß nicht, was du willst; die Sache ist erledigt. Wir sind wieder unter uns, alles ist wieder so, wie's war, und damit fertig.

Eddie Ich laß mir das von dir nicht sagen ... du weißt ganz genau, was ich meine.

Beatrice Was?

Eddie *Pause. Endlich entschließt er sich* Was ich im Bett zu tun habe und was ich nicht zu tun habe. Das mußt du schon mir ...

Beatrice Ich soll so was gesagt haben?

Eddie Du hast gesagt, du hast gesagt, ich bin ja schließlich nicht taub. Ich habe keine Lust, mich mit dir über das Thema zu unterhalten. Ich weiß selber, was ich zu tun habe, und ich tu das, was mir paßt.

Beatrice Bitte.

Eddie *Pause* Du bist so anders geworden, Beatrice. Du warst früher ein ganz anderer Mensch.

Beatrice *Ich* bin nicht anders geworden.

Eddie Früher, da hast du nicht wegen jeder Kleinigkeit auf mir rumgehackt. Seit ein, zwei Jahren ist das ja nicht mehr auszuhalten mit dir. Ich trau mich fast nicht mehr, nach Hause zu kommen.

Beatrice Soso.

Eddie Sag nicht soso, ich sag nur, wie's ist. Von meiner Frau verlang ich, daß sie mir glaubt. Wenn ich dir sage, der Junge ist nicht in Ordnung, hast du mir nicht zu sagen, er *ist* in Ordnung.

Beatrice Aber woher willst du das denn wissen?

Eddie Ich weiß es genau. Denkst du denn, ich würde so was behaupten, wenn ich's nicht sicher wüßte? Vom ersten Augenblick an ist er mir widerwärtig gewesen. Und sag du nicht noch mal, ich wollte sie überhaupt keinen heiraten lassen. Ich hab mich abgeschuftet, daß ich ihren Stenographiekursus bezahlen konnte, damit sie mal 'ne gute Stellung kriegt und Leute kennenlernt, bessere

Leute. Glaubst du, das hätt' ich getan, wenn ich überhaupt dagegen wäre, daß sie heiratet? Du tust ja manchmal gerade so, als ob ich ein Idiot wäre, was weiß ich.

Beatrice Sie hat ihn aber gern.

Eddie Beatrice, sie ist doch noch ein Kind, sie kann ja noch nicht wissen, was sie will!

Beatrice An wem liegt's denn, wenn sie noch ein Kind ist!? Hundertmal hab ich dir gesagt, sie muß auch mal unter Menschen kommen, aber du . . .

Eddie Also gut . . . sie kann ja ab und zu mal ausgehen.

Beatrice Da liegt ihr jetzt nichts mehr dran. Das hat jetzt keinen Zweck mehr, Eddie. *Pause.*

Eddie Und wenn ich ihr jetzt sage . . .

Beatrice Eddie, sie liebt ihn. Damit mußt du dich abfinden. Sie liebt ihn. *Pause.*

Eddie Das kann doch nicht sein.

Beatrice Sie wollen nächste Woche heiraten.

Eddie *sein Kopf fährt herum* Hat *sie* das gesagt?

Beatrice Eddie, ich würde dir raten, geh zu ihr und wünsch ihr Glück.

Eddie Nächste Woche, warum diese Eile?

Beatrice Sie hat Angst, er könnte geschnappt werden. Wenn sie erst verheiratet sind, dann kann er sich ja einbürgern lassen. Sie liebt ihn eben, Eddie. *Er steht auf, geht unruhig auf und ab.* Komm ihr doch ein bißchen entgegen. Mach's ihr nicht so schwer. *Er ist stehengeblieben, sieht zu Boden.* Ich meine . . . sag ihr doch einfach, du kommst zu ihrer Hochzeit.

Eddie Hat sie dir das aufgetragen?

Beatrice Ich weiß, daß sie sich drüber freuen würde. Ich möchte gern ein paar Leute einladen . . . eine Hochzeit soll doch fröhlich sein. Sie wird's noch schwer genug haben in ihrem Leben, ich meine, da soll sie doch wenigstens an den Tag gern zurückdenken . . . Was meinst du? Sie liebt dich doch, Eddie. Nach wie vor. Ich weiß es. *Er drückt die Finger vor die Augen.* Was ist denn? Weinst du? *Sie steht auf und geht zu ihm hin, nimmt sein Gesicht in ihre Hände.* Du . . . sag ihr doch, daß es dir leid tut, hm? *Catherine erscheint oben auf dem Treppenabsatz, kommt die Treppe herunter.* Da – da ist sie. Jetzt gibst du ihr die Hand, und dann vertragt ihr euch wieder.

Eddie *entfernt sich von ihr, mit unterdrückter Hast* Nein, ich kann nicht, ich kann jetzt nicht.

Beatrice Eddie, sei doch nicht so! Komm, sie wartet doch drauf!

Eddie Laß mich, ich geh ... ich geh ein Stück spazieren. *Er geht nach hinten, um seine Jacke zu holen.*

Catherine tritt auf, will an ihm vorbei ins Schlafzimmer.

Beatrice Katie – bleib da, Eddie, Moment. *Sie nimmt ihn liebevoll beim Arm.* Frag ihn, Katie. Hab keine Angst.

Eddie Jaja, schon gut, ich ... *Er will fort, sie hält ihn fest.*

Beatrice Nein, sie soll's dir selber sagen. Na komm, Katie, frag ihn schon! Macht nicht solche bösen Gesichter, was sollen denn unsere Gäste denken! Kommt, vertragt euch.

Catherine Eddie, wir wollen heiraten. Wenn du kommen möchtest ... die Hochzeit ist am Donnerstag. *Pause.*

Eddie Also gut ... Ich hab nur dein Bestes gewollt, Katie. Das weißt du hoffentlich.

Catherine Ich glaub's. *Sie will weitergehen.*

Eddie Catherine ... *Sie wendet sich um.* Ich hab eben schon zu Beatrice gesagt ... wenn du vielleicht ab und zu ausgehen willst, oder ... ich meine, du kennst ja sonst überhaupt niemand ... oder wenn du vielleicht eine gute Stellung finden könntest ... ich meine, du müßtest erst noch ein paar andere Jungens kennenlernen, bevor du dich entscheidest, das will doch alles überlegt sein, nicht wahr? Er läuft dir ja nicht fort, ihr habt doch beide noch Zeit, ihr seid ja noch viel zu jung, wozu wollt ihr euch so beeilen ... Sieh dich erst mal ein bißchen um draußen, werd noch ein bißchen älter, in ein paar Monaten denkst du vielleicht schon ganz anders. Du wirst sehen, es gibt so viele nette Jungens, es muß nicht gerade der sein ...

Catherine Nein, es ist alles schon fest ...

Eddie *mit wachsender Besorgnis* Moment, Katie, Moment ...

Catherine Nein, ich hab's mir überlegt ...

Eddie Aber du hast doch noch nie einen andern Jungen kennengelernt, Katie! Du kannst ihn doch überhaupt nicht beurteilen!

Catherine Ich weiß schon, was ich tu. Ich will keinen andern.

Eddie Aber Katie, wenn er geschnappt wird ...

Catherine Eben, deswegen wollen wir heiraten, so schnell wie möglich. Gleich nach der Hochzeit geht er aufs Amt und stellt seinen Antrag. Dann kann er Amerikaner werden. Das ist nun mal so, Eddie. Es tut mir leid. *Zu Beatrice.* Mrs. Dondero fragt, ob sie noch zwei Kopfkissenbezüge haben kann, für die beiden anderen.

Beatrice Gern; sie soll bloß nicht vergessen, wo sie sie her hat. Du weißt ja, wo sie liegen.

Catherine geht ins Schlafzimmer.

Eddie Hat sie noch andere Untermieter da oben?

Beatrice Ja, noch zwei, grade frisch von drüben.

Eddie Was soll das heißen – frisch von drüben?

Beatrice Aus Italien. Sind Verwandte von Mr. Lipari, du weißt schon, von der Fleischerei, seine Neffen, glaub ich. Sie kommen aus Bari, sind gestern erst angekommen. Ich hab's auch vorhin erst erfahren, wie Marco und Rodolfo umgezogen sind. *Catherine kommt mit zwei Kopfkissenbezügen über dem Arm zurück, will zum Ausgang.* Das ist doch nett, da können sie sich unterhalten.

Eddie Catherine! *Catherine bleibt an der Wohnungstür stehen. Zu ihr und zu Beatrice.* Sagt mal, ihr seid wohl von allen guten Geistern verlassen!? Ihr seid wohl verrückt geworden! Ihr könnt die doch nicht mit zwei andern Illegalen zusammenlegen!

Catherine Warum denn nicht?

Eddie *heftig, mit wachsender Angst und Wut* So eine dumme Frage! Was passiert, wenn jetzt die Einwanderung hinter den beiden her ist!? Wenn hier die Polizei ins Haus kommt, schnappen sie doch Marco und Rodolfo auch! Bring sie bloß aus dem Haus!

Beatrice Aber sie sind jetzt schon so lange hier, und kein Mensch hat . . .

Eddie Lipari braucht bloß Feinde zu haben, die ihm eins auswischen wollen . . .!

Catherine Ja, aber wo sollen sie denn hin?

Eddie Hier ringsum gibts Zimmer genug, oder ist dir das schon zu weit, wenn er bloß um die Ecke wohnt? Los, bring sie fort aus dem Haus!

Catherine Na ja, ich kann ja morgen sehen, daß ich . . .

Eddie Nicht erst morgen, sofort! Catherine, ich sage dir, mit fremden Leuten kannst du nie vorsichtig genug sein! Dieser Lipari – laß dem seine Neffen geschnappt werden, dann gibt der uns womöglich noch die Schuld, und wir haben denen ihre ganze Verwandtschaft auf dem Hals. Das kann verdammt unangenehm werden, das sag ich dir!

Zwei Männer in Mantel und Hut erscheinen auf der Straße, treten ins Haus.

Catherine Wie soll ich denn heute abend noch 'n Zimmer finden?

Eddie Mußt du denn immerzu widersprechen? Schaff sie schon endlich fort! Glaubst du, ich mache Spaß? Was denkst du dir eigentlich? Kannst du dir gar nicht vorstellen, daß ich's gut mit dir meine? Traust du mir das nicht zu? Glaubst du denn, ich hab kein Herz? Ich hab mein ganzes Leben lang immer nur dein Bestes gewollt. Immer! Und da redest du so mit mir? Als ob ich dein Feind wäre! Als ob ich ...

Klopfen an der Tür. Sein Kopf fährt herum. Sie stehen alle starr. Es klopft abermals.

Eddie *flüsternd, mit einer Handbewegung nach hinten* Geh da zum Fenster raus über die Feuerleiter, hol sie runter, steigt über die Hofmauer!

Catherine läuft zur Schlafzimmertür, hält inne, als der Erste Beamte von draußen ruft.

Erster Beamter Aufmachen! Polizei!

Eddie Los, los, beeil dich! *Sie steht einen Augenblick da, ohne sich zu rühren, sieht ihn entsetzt an, hat begriffen.* Was guckst du mich denn so an?!

Erster Beamter Aufmachen!

Eddie Wer ist denn da?

Erster Beamter Einwanderungspolizei. Machen Sie die Tür auf.

Mit einem wütenden und entsetzten Schluchzen huscht Catherine ins Schlafzimmer. Es klopft abermals.

Eddie Komme schon, komme schon. Immer mit der Ruhe. *Er geht an die Tür und öffnet. Die Beamten treten ein.* Was wollen Sie denn?

Erster Beamter Wo sind die beiden?

Der Zweite Beamte verschwindet in der Küche.

Eddie Welche beiden?

Erster Beamter Los, los, wo haben Sie sie versteckt? *Öffnet die Tür zum Schlafzimmer, geht ab.*

Eddie Wen meinen Sie? Hier ist niemand. *Er sieht Beatrice an. Sie wendet sich ab. Er tritt auf sie zu; kampflustig, wütend.* Was hast du denn?

Erster Beamter *kommt ins Zimmer zurück, ruft in die Küche* Dominick?

Zweiter Beamter *kommt zurück* Vielleicht in einer von den anderen Wohnungen.

Erster Beamter Hier sind bloß noch zwei Etagen drüber. Ich nehm die Treppe. Geh du über die Feuerleiter. Ich hol dich durchs Fenster 'rein. Sei vorsichtig.

Zweiter Beamter Okay, Charlie. Geht in Ordnung. *Der Erste Beamte verläßt die Wohnung durch die Tür und läuft die Treppe hinauf.* Das ist hier doch Nummer 441?

Eddie Ja.

Der Zweite Beamte geht durch die Küche ab. Eddie dreht sich zu Beatrice um.

Beatrice *erwidert Eddies Blick, sieht das Entsetzen in seinem Gesicht und läßt den Kopf auf den Tisch sinken* Herrgott, Eddie.

Eddie Was hast du denn? *Er geht auf sie zu, aber sie steht rasch auf, hebt die Hände vors Gesicht und entfernt sich von ihm.*

Beatrice O mein Gott. Mein Gott.

Eddie Was soll das heißen? Meinst du, ich bin schuld –?

Beatrice *versetzt ihm den letzten Stoß, indem sie sich zu ihm umwendet, statt ihm wieder auszuweichen* Mein Gott, was hast du getan!

Schritte im Treppenhaus. Eddie wendet sich um, horcht. Wir sehen Catherine rückwärts die Treppe herunterkommen. Sie versucht, dem Ersten Beamten den Weg zu versperren. Neben diesem geht Marco, dahinter Rodolfo und zwei fremde Männer, gefolgt von dem Zweiten Beamten. Beatrice eilt zur Tür, öffnet sie.

Catherine *während die Gruppe im Blickfeld erscheint* Was wollen Sie denn von denen? Sie haben doch nichts Schlimmes getan. Das sind Untermieter hier aus dem Haus, sie arbeiten im Hafen.

Beatrice *tritt aus der Wohnungstür, zum Ersten Beamten* Hören Sie, was wollen Sie denn von den Leuten? Die tun doch niemandem was!

Catherine Das sind keine Illegalen. *Sie deutet auf Rodolfo.* Er ist in Philadelphia geboren!

Erster Beamter Kommen Sie, Fräulein, halten Sie uns nicht auf . . .

Catherine Hören Sie mal, Sie können doch nicht einfach hier ins Haus kommen und . . .

Erster Beamter Schon gut, schon gut. Beruhigen Sie sich. *Zu Rodolfo.* Welche Straße in Philadelphia sind Sie geboren?

Catherine Was ist das für eine Frage, welche Straße in Philadelphia! Können Sie mir vielleicht sagen, in welcher Straße Sie geboren sind?

Erster Beamter Klar, kann ich. Da, zwei Ecken weiter, Union Street 111. *Zu den Männern.* Los, weitergehn.

Catherine *drängt sich zwischen ihn und Rodolfo* Nein, dazu haben Sie kein Recht! Lassen Sie ihn los!

Erster Beamter *drängt sie in die Wohnung* Komm, Mädchen, sei vernünftig. Wenn die Jungs in Ordnung sind, habt ihr sie morgen früh wieder. Wenn nicht, schicken wir sie dahin zurück, wo sie hergekommen sind. Bitte, Sie können sich ja 'n Rechtsanwalt nehmen, aber ich kann Ihnen gleich sagen, das ist rausgeworfenes Geld. *Er geht zurück ins Treppenhaus.* Mach schon, Dominick, daß wir in den Wagen kommen. Auf gehts. Andiamo, andiamo. *Die Gruppe setzt sich wieder in Bewegung. Nur Marco bleibt etwas zurück, läßt die anderen an sich vorbei.*

Beatrice Herrgott, die haben doch keinem was getan, was wollen

Sie denn, das können Sie doch nicht machen! Da drüben verhungern sie doch, haben Sie doch ein Einsehen! Marco!

Marco hat sich plötzlich umgedreht, ist mit ein, zwei Sprüngen in der Wohnung und steht Eddie gegenüber. Beatrice und der Erste Beamte stürzen ihm nach. Marco spuckt Eddie ins Gesicht, Catherine wirft sich in Rodolfos Arme.

Eddie *will sich mit einem Wutschrei auf Marco stürzen* O du Hund –!

Der Erste Beamte tritt schnell zwischen beide und stößt Eddie zurück. Marco steht anklagend da.

Erster Beamter *während er sie trennt* Schluß! Aus!

Eddie *über die Schulter des Ersten Beamten zu Marco* Ich bring dich um, du –!

Erster Beamter He! *Schüttelt Eddie.* Bleiben Sie, wo Sie sind. Lassen Sie den Mann in Ruhe. Haben Sie gehört? Sie bleiben hier!

Einen Augenblick Stille. Dann wendet sich der Erste Beamte ab, faßt Marco am Arm, wirft Eddie einen letzten bedeutsamen Blick zu. Während er und Marco die Wohnung verlassen, bricht es aus Eddie heraus.

Eddie Daß vergeß ich dir nicht, Marco! Hast du gehört – nie!

Auf der Straße haben sich inzwischen Louis, Mike und mehrere Nachbarn am Fuß der Vortreppe versammelt, darunter der Fleischer Lipari, ein gedrungener, temperamentvoller Mann mittleren Alters. Lipari tritt auf die zwei fremden Männer zu und küßt sie. Seine Frau küßt ihnen laut jammernd die Hände. Eddie brüllt hinter Marco her. Beatrice versucht, ihn zu beruhigen.

Eddie Das ist der Dank! Dafür, daß ich euch aufgenommen habe! – Meine eigene Bettdecke hab ich euch gegeben! Du wirst dich bei mir entschuldigen, Marco! Marco!

Erster Beamter Schon gut, schon gut, junge Frau. Zurücktreten bitte. Vorwärts, meine Herren. Da drüben steht der Wagen.

Er drängt Rodolfo zum Gehen. Catherine hängt sich schluchzend an Rodolfo, läuft neben ihm her.

Catherine Er ist in Philadelphia geboren! Was wollen Sie von ihm!

Erster Beamter Mach keine Sachen, Mädchen, komm – geh aus dem Weg ...

Der Zweite Beamte entfernt sich mit den zwei fremden Männern und Rodolfo.

Marco *reißt sich plötzlich von den Beamten los, der von Catherine in Anspruch genommen ist, und deutet auf Eddie* Der da! Ich klage ihn an!

Eddie schiebt Beatrice zur Seite und stürzt aus der Wohnung, bleibt unter der Haustür stehen.

Erster Beamter *packt Marco und führt ihn rasch ab* Kommen Sie, kommen Sie!

Marco *im Abgehen, mit dem Finger auf Eddie deutend* Der da! Er tötet meine Kinder! Er hat das Brot genommen von meinen Kindern! *Er geht ab.*

Die Menge wendet sich Eddie zu.

Eddie *kommt die Stufen herunter zu Lipari und dessen Frau* Er ist verrückt. Meine eigene Bettdecke hab ich ihm gegeben. Sechs Monate lang hab ich sie gehalten wie meine leiblichen Brüder! *Lipari wendet sich ab und will gehen; seine Frau folgt ihm.* Lipari! *Er läuft Lipari nach.* Herrgottnochmal, ich hab sie doch aufgenommen, ich hab ihnen doch meine eigene Bettdecke gegeben! *Lipari und Frau gehen ab. Eddie wendet sich um und geht nach der anderen Seite auf Louis und Mike zu.* Louis! Louis!! *Louis wendet sich halb um, geht dann mit Mike nach rechts ab. Nur Beatrice steht noch unter der Haustür. Catherine kommt zurück, mit leerem Blick. Eddie wendet sich an Catherine.* Das muß er zurücknehmen. Das muß er zurücknehmen, oder ich bring ihn um! Hörst du? Ich bring ihn um! *Geht nach links ab.*

Dunkel. Es bleibt einen Augenblick dunkel. Wenn es wieder hell wird, stehen auf der Vorbühne links drei Holzblöcke. Auf dem vorderen sitzt Marco, Alfieri steht hinter ihm, Rodolfo und Catherine neben ihm.

Alfieri Ich warte, Marco. – Was haben Sie zu sagen?

Rodolfo Marco hat noch keinem was getan.

Alfieri Ich kann Sie gegen Kaution freibekommen, bis Ihr Fall vor Gericht kommt.
Aber ich denke nicht daran, das zu tun, verstehen Sie?
Solang Sie mir nicht Ihr Wort geben. Sie sind ein Ehrenmann,
Ich werde mich auf Ihr Wort verlassen. Also äußern sie [sich.

Marco In meinem Lande wär er jetzt tot.
Er wäre schon nicht mehr am Leben.

Alfieri Also gut. – Rodolfo, kommen Sie mit. *Er erhebt sich.*

Rodolfo Nein! Bitte, Herr Rechtsanwalt! Marco ...
Versprich es ihm doch. Bitte. Ich will dich bei der Trauung dabei haben.
Das geht doch nicht, daß ich heirate und du sitzt hier.
Bitte, du wirst ihm nichts tun, nicht wahr?

Catherine *kniet vor Marco* Marco, verstehst du denn nicht? Er kann doch nicht für dich bürgen, wenn du was Böses vorhast.

Pfeif doch auf Eddie. Kein Mensch wird mehr mit ihm sprechen, und wenn er hundert Jahre alt wird. Jeder weiß, du hast ihn angespuckt, ist das nicht schlimm genug? Mach mir die Freude, Marco – ich möchte, daß du dabei bist. Denk doch an deine Frau und die Kinder – bis zur Verhandlung könntest du arbeiten, statt hier rumzusitzen. Da hat doch niemand was davon – da freut er sich doch bloß!

Marco *zu Alfieri* Ich habe keine Hoffnung?

Alfieri Nein, Marco. Sie werden zurückgeschickt. Die Verhandlung ist nur eine Formsache, weiter nichts.

Marco Und er? – Da ist eine Hoffnung, nicht wahr?

Alfieri Wenn sie ihn heiratet, kann er in ein paar Jahren Amerikaner werden. Das ist erlaubt, wenn die Frau hier geboren ist.

Marco *sieht Rodolfo an* Na ja . . . immerhin etwas. *Er legt seine Hand auf Rodolfos Wange; Rodolfo legt seine Hand darüber.*

Rodolfo Marco, sag ja.

Marco *zieht seine Hand weg* Wozu? Er weiß, so ein Versprechen ist gegen die Ehre.

Alfieri Das Versprechen, nicht zu töten, ist nicht gegen die Ehre.

Marco *sieht Alfieri an* Nein?

Alfieri Nein.

Marco *deutet mit einer Kopfbewegung an, daß ihm das neu ist* Dann was geschieht mit einem solchen Mann?

Alfieri Nichts. Wenn er sich nicht gegen das Gesetz vergangen hat, bleibt er am Leben.

Marco *erhebt sich, wendet sich zu Alfieri um* Das Gesetz? Alles Gesetz ist nicht in einem Buch.

Alfieri Doch. In einem Buch. Es gibt kein anderes Gesetz.

Marco *mit wachsendem Zorn* Er hat meinem Bruder die Ehre genommen! Meinem Blut! Er hat von meinen Kindern gestohlen! Er achtet nicht meine Arbeit. Ich habe gearbeitet, um hier zu sein, Herr –!

Alfieri Ich weiß, Marco . . .

Marco Dafür ist kein Gesetz? Wo ist das Gesetz dafür?

Alfieri Es gibt keines.

Marco *setzt sich hin, schüttelt den Kopf* Ich verstehe nicht dieses Land.

Alfieri Nun? Was ist Ihre Antwort? Wenn Sie wollen, können Sie noch fünf bis sechs Wochen arbeiten. Wenn nicht, müssen Sie hierbleiben. Entscheiden Sie sich.

Marco *schlägt die Augen nieder, es sieht fast so aus, als schämte er sich* Also gut.

Alfieri Sie werden ihn nicht anrühren. Ich habe Ihr Wort.

Marco *kurze Pause* Vielleicht will er sich entschuldigen ... *Er vermeidet Alfieris Blick.*

Alfieri *greift nach Marcos Hand* Diese Hand ist nicht Gott, Marco. Hören Sie? Nur Gott kann Gerechtigkeit üben.

Marco *entzieht ihm seine Hand, bedeckt sie mit der anderen* Also gut.

Alfieri *nickt ohne Überzeugung* Also gut ... Dann können wir gehen.

Catherine *küßt Rodolfo und Marco und küßt Alfieris Hand* Ich hole Beatrice ab, und wir treffen uns vor der Kirche. *Sie geht rasch ab.*

Marco steht auf. Rodolfo umarmt ihn unvermittelt. Marco klopft ihm auf den Rücken. Rodolfo folgt Catherine. Marco steht Alfieri gegenüber.

Alfieri Gott allein, Marco.

Marco wendet sich um und geht hinaus. Alfieri folgt ihm gemessen, fast als schritte er in einer Prozession. Das Licht erlischt langsam.

In der Wohnung wird es hell. Eddie ist allein im Zimmer. Er sitzt in seinem Schaukelstuhl, stößt ihn mit kurzen Stößen hin und her. Nach einer Weile kommt Beatrice aus dem Schlafzimmer. Sie trägt ihr bestes Kleid und einen Hut.

Beatrice *furchtsam* In einer guten Stunde bin ich wieder da. Einverstanden?

Eddie Ich habe mich wohl nicht klar genug ausgedrückt, was?

Beatrice Eddie, ich bitte dich, es ist doch ihre Hochzeit.

Eddie Hast du nicht gehört, was ich gesagt habe? Wenn du zu dieser Hochzeit gehst, kommst du mir nicht wieder ins Haus.

Beatrice Eddie, das kannst du doch nicht verlangen!

Eddie Ich verlange Respekt, weiter gar nichts. Hast du davon noch nie was gehört? Den Respekt, den meine Frau mir schuldig ist.

Catherine *kommt aus dem Schlafzimmer, bleibt hinter Beatrice stehen* Beatrice, es ist schon nach drei, wir müssen uns beeilen. Wir können den Pfarrer nicht warten lassen.

Beatrice Eddie. Es ist doch ihre Hochzeit. Kein Mensch ist da von ihrer Familie. Laß mich für meine Schwester gehen. Meiner Schwester zuliebe, Eddie.

Eddie *erhebt sich* Hör mal, Beatrice, jetzt streiten wir uns schon den ganzen Tag über diese Geschichte, und du weißt, wie ich darüber denke. Er soll hierherkommen und sich bei mir entschuldigen, oder die Trauung findet ohne uns statt. Wenn du auf mich keinen Wert legst, dann geh. Aber komm mir nicht wieder. Entweder du bist auf meiner Seite oder auf denen ihrer, ist das klar?

Catherine *plötzlich* Was bildest du dir eigentlich ein!

Beatrice Schsch!

Catherine *näher zu Eddie. Beatrice folgt ihr* Du hast überhaupt kein Recht mehr, uns Vorschriften zu machen! Du nicht! Heute nicht und morgen nicht, nie!

Beatrice Katie, sei still.

Catherine *packt Beatrice am Arm* Du kommst mit mir.

Beatrice Ich kann nicht, Katie, ich kann nicht ...

Catherine Laß dir doch von dem nichts befehlen – von diesem Schuft – dieser Ratte!

Beatrice *sieht Eddies Gesichtsausdruck, von Entsetzen gepackt* Geh, geh ... Ich komme nicht mit ...

Catherine Wovor hast du denn Angst? Laß doch den Feigling gehn, wo er hingehört! In den Kanal! Auf den Misthaufen! *Direkt zu Eddie.* Diese Ratte von unter dem Hafen! Schleicht sich an, wenn keiner was merkt, und beißt die Leute im Schlaf!

Eddie stürzt auf sie los, die Hand zum Schlag erhoben, aber Beatrice hängt sich an ihn. Rodolfo erscheint auf der Straße, außer Atem, läuft eilig die Stufen hinauf.

Beatrice *schreiend* Geh, Katie, geh! *Zu Eddie.* Nicht, Eddie, bitte nicht!

Eddie *versucht, Beatrice abzuschütteln* Laß mich los! *Rodolfo tritt ein. Pause.* Raus!

Rodolfo Eddie ... Marco kommt. *Pause.* Er ist in der Kirche ... er betet ... verstehst du? *Pause.*

Beatrice *legt Eddie die Hände auf die Schultern, in höchster Angst* Eddie! Eddie, du darfst nicht hierbleiben!

Eddie *schüttelt sie ab* Was? Was sagst du?

Beatrice Eddie, denk an die Kinder, geh, geh! Du mußt fort, du mußt aus dem Haus!

Eddie Ich soll fortgehen? *Ich* soll aus meinem Haus?
Was hab ich denn getan, daß du mich aus dem Haus willst?
Weil ich nicht haben wollte, daß das Kind verlottert?
Weil ich's versprochen hab und hab mein Wort gehalten,
Daß aus ihr mal was Rechtes werden sollte?

Catherine *auf ihn zu, zitternd* Eddie ...

Eddie Was willst du denn?

Catherine Eddie, bitte geh. Er will dir was antun.

Eddie Das kann dir doch ganz egal sein – ganz egal, ob er mir was antut!

Catherine Ich hab's doch immer gut gemeint!

Eddie *mit Tränen in den Augen* Woher kommt denn das Schlechte? Wer hat's denn dann schlecht gemacht?

Catherine Ich weiß auch nicht, ich weiß nicht –

Eddie *zeigt auf Rodolfo* Die da! Der und sein Bruder, die haben's schlecht gemacht, eingebrochen sind sie wie Diebe, wie Diebe! *Er packt sie am Arm und zerrt sie hinter sich, so daß er zwischen ihr und Rodolfo an der Tür steht. Zu Rodolfo.*
Geh, sag ihm, er soll herkommen, schleunigst,
Sag ihm, ich warte drauf, daß er sich entschuldigt
Für das, was er gesagt hat vor allen Leuten!
Na geh schon!

Rodolfo *will zu Catherine* Komm, Catherine, wir ...

Eddie *wirft ihn fast aus der Tür* Laß sie sie in Ruh!

Rodolfo *kommt wieder herein* Catherine!

Eddie *drohend zu Catherine, indem er sich zwischen sie und Rodolfo stellt* Schick ihn fort! *Sie steht wie gelähmt vor ihm.* Katie! Wenn er nicht gleich geht, passiert was!

Beatrice *läuft auf ihn zu, die aneinandergelegten flachen Hände wie im Gebet zu ihm erhoben* Eddie, er ist ihr Mann, er ist ihr Mann! Laß sie doch gehn, er ist doch ihr Mann! *Catherine ist mit einem Satz an der Tür und will mit Rodolfo hinaus. Eddie fährt herum und fängt sie ab. Er hält sie fest, sie bricht in Tränen aus, sieht zu ihm auf. Und er küßt sie auf den Mund.*

Eddie *wie ein Liebender, seiner Sinne nicht mächtig* Der bin ich, nicht wahr? Ich, ich!

Beatrice *schlägt mit den Fäusten auf ihn ein* Eddie! O Gott, Eddie!

Eddie Ich bin's, Katie, nicht wahr? Sag ja, sag, daß ich's bin!

Catherine Eddie, bitte, bitte, laß mich los. Du! Bitte!
Sie macht sich los. Rodolfo zieht sie zur Tür. Marco erscheint auf der Straße links.

Eddie *zu Rodolfo* Weib! Sag ihr, was du für einer bist! Du weißt doch genau, was du bist, du Weib!

Catherine *zieht Rodolfo aus der Tür* Komm, komm!

Eddie *ihnen nach zur Tür* Frag ihn doch, was für einer er ist! Sag es ihr, Weib! *Steht in der Haustür, ruft ihnen nach.* Sag's doch! Gib's zu, Weib, gib's doch zu!

Beatrice Eddie, komm zurück.
Mike und Louis erscheinen auf der Straße rechts.

Rodolfo *tritt auf Marco zu und beschwört ihn halblaut* Nicht, Marco. Bitte, Marco, geh!

Aber Marco geht weiter bis zum Fuß der Vortreppe, sieht dem ankommenden Eddie entgegen.

Eddie *aus der Haustür tretend* Weib! Was willst du mit einem Mädel? Hast du gehört, Weib? Ich will eine Antwort, Weib, ich will eine ... Antwort!

Er hat Marco gesehen. Zwei Nachbarn, die Liparis, erscheinen auf der Straße, bleiben stehen und sehen zu.

Beatrice *stellt sich vor Eddie* Eddie, geh ins Haus!

Eddie *schiebt sie beiseite* Red doch nicht. Wie komm ich dazu? *Er tritt herausfordernd einen Schritt vor, funkelt Marco an.* Vielleicht will er sich endlich entschuldigen!
Zu den Nachbarn
Meine eigene Bettdecke hab ich ihnen gegeben!
Ich hab das Mädel großgezogen wie meine eigene Tochter.
An meinen Kindern hab ich gespart für sie –
Und sie haben sie mir gestohlen wie zwei Diebe aus einem Stall.
Sie sind eingebrochen wie Räuber bei ihren eignen Verwandten! –
Und kein Wort der Entschuldigung!
Und jetzt noch Anklagen obendrein?
Du hast mir meinen Namen in den Dreck gezogen!
Er kommt die Stufen herunter.
Nimmst du das zurück?

Beatrice Eddie! Eddie!

Eddie *auf Marco zu* Ich will meinen ehrlichen Namen wieder!
Du hast mir meinen Namen gestohlen!

Beatrice *stürzt an ihm vorbei und versucht, Marco fortzudrängen* Geh, geh!

Marco *schiebt sie beiseite, Rodolfo in die Arme. Rodolfo hält sie fest.* Canaglia! Auf die Knie! Auf die Knie vor mir!

Eddie holt aus, aber Marco kommt ihm zuvor. Trifft ihn mit einem wuchtigen Schlag hinter dem Ohr. Eddie fällt zu Boden, zieht sein Messer. Sie stürzen sich aufeinander. Mike, Louis und die Nachbarn drängen herzu und versuchen vergeblich, sie zu trennen. Die Kämpfenden stehen jetzt auf den Stufen der Vortreppe. Eddie hat die Hand mit dem Messer erhoben, Marco umklammert sein Handgelenk. Plötzlich fährt das Messer herunter. Beatrice stößt einen wilden Schrei aus, und die Umstehenden stieben auseinander. Eddie ist im Hauseingang zusammengebrochen, seine Hand hält noch das blutige Messer. Marco steht über ihm. Eddie blickt zu Catherine auf. Sie steht regungslos. Er sieht sie fragend, verständnislos, enttäuscht an.

Eddie Katie . . . warum . . .?

Er fällt zurück und stirbt. Catherine bedeckt ihr Gesicht und weint. Das Licht geht in ein mattes Blau über; der Himmel ist rot. Die Gestalten erstarren. Ein runder Lichtkegel fällt auf Alfieri, der auf der Straße rechts steht.

Alfieri Heute schließen wir meistens Kompromisse,
Und ich bin ganz dafür
Und trotzdem, manchmal, wenn die Flut kommt,
Und der grüne Geruch der See
Mir in die Fenster treibt,
Sind die Wellen da draußen
Wellen gegen Syrakus,
Und ich sehe ein Gesicht, das plötzlich ist wie aus Stein gemeißelt,
Die Augen sind wie zwei schwarze Schächte
Hinab an einen verlassenen Strand,
Wo wir alle einst wohnten.

Und in solchen Augenblicken frage ich mich,
Wieviel von uns, von uns allen,
Immer noch dort zu Haus ist,
Und wie lange noch unseres Bleibens dort sein wird,
An jenem dunklen Ort,
Jener Welt, die zerfallen ist?

Damit sind wir am Ende unserer Geschichte. Gute Nacht.

Das Licht auf Alfieri erlischt.

Vorhang.

Erinnerung an zwei Montage

Personen

Raymond
Bert
Agnes
Patricia
Gus
Jim
Kenneth
Larry
Frank
Jerry
Willy
Tom
Ein Monteur
Mr. Eagle

Der Versandraum eines großen Autoersatzteil-Lagers. Er befindet sich am einen Ende eines geräumigen Dachbodens. Die hintere Wand, leicht geschrägt, läuft von hinten rechts bis über die Mitte links. Dahinter verläuft eine weitere Wand, ganz aus lichtdurchlässigen kleinscheibigen Fabrikfenstern. Auf der rechten und linken Bühnenseite münden Gänge, die beiderseits mit stählernen Regalen eingefaßt sind, welche Ersatzteile enthalten. Diese Gänge führen vorn links, hinten rechts und vorn rechts in andere Abteilungen des Lagers. Der Gang hinten links führt zum vorderen Teil des Dachbodens, wo sich die Kontore befinden.
Von rechts und links Fenster, typische Fabrikfenster, die sich am unteren Ende ein kleines Stück öffnen. Sie sind durchscheinend – aber grau von Schmutz.
Ein Packtisch läuft unter den Fenstern vorn links entlang. Etwas links von der Mitte der Bühne steht ein ramponierter Schreibtisch und rechts von ihm ein Stuhl. Rechts vom Packtisch eine gußeiserne Bodenwaage mit freiliegenden Gewichten und Waagebalken. Eine Bank läuft unter den Fenstern vorn rechts entlang.
In der Rückwand hinten rechts die Tür zur Toilette. Daneben Kleiderhaken. In derselben Wand, in Höhe der Bühnenmitte, ein Haken, auf den die Auftragszettel gesteckt werden.
Kartons und eine große Rolle braunes Packpapier auf dem Packtisch. Unordnung und Schmutz. Ein Schemel hinter dem Tisch. Unter dem Tisch eine Rolle Draht.
Ein heißer Sommermontagmorgen, kurz vor neun Uhr.
Wenn der Vorhang sich öffnet, ist die Bühne einen Augenblick leer. Dann tritt Bert von hinten links auf. Er ist achtzehn Jahre alt. Seine Hosen sind an den Knien abgetragen, aber nicht schäbig; aufgerollte Hemdsärmel, keine Krawatte. Unter dem Arm und in den Händen trägt er ein dickes Buch, eine Sonntagsausgabe der New

York Times und ein umfangreiches Lunchpaket in einer braunen Tüte.
Er verstaut das Eßpaket hinter dem Packtisch vorn links, legt Buch und Zeitung auf den Tisch. Er tritt auf die Waage, verschiebt die Gewichte am Waagebalken, wiegt sich; dann macht er sich ein Plätzchen auf dem Tisch frei, setzt sich, schlägt die Zeitung auf und beginnt zu lesen.
Von hinten links tritt Raymond Ryan auf, der Abteilungsleiter. Er trägt Krawatte, weißes Hemd, Hosen mit Bügelfalten. In der einen Hand hat er ein sauberes Handtuch und einen Notizblock, in der anderen einen Stoß Aufträge. Raymond ist vierzig Jahre, überarbeitet. Er scheut davor zurück, Freundlichkeit zu zeigen, kann sehr hart sein. Er geht leicht gebeugt.
Er begibt sich unverzüglich an den Haken in der Rückwand, spießt die Auftragszettel daran auf. Bert sieht ihn, aber da er keinen Gruß bekommt, wendet er sich wieder seiner Zeitung zu. Raymond kommt nach vorn auf Bert zu.

Raymond Tommy Kelly schon da?

Bert Ich hab ihn noch nicht gesehn ... bin selbst eben erst gekommen. *Raymond nickt halb, sorgenvoll.* Wird aber sicher gleich da sein.

Raymond Was machen Sie hier so früh?

Bert Ich wollte endlich mal einen Sitzplatz haben, in der Untergrund. Das macht direkt Spaß, so früh am Morgen durch die Straßen zu bummeln, wenn noch kein Mensch draußen ist ... später ist alles schwarz von Menschen ...

Raymond *hat Bert bisher nie sonderlich beachtet, wird jetzt neugierig, hat Zeit dafür* Die New York Times, Sonntagsausgabe? Wo nehmen Sie die Zeit her, das alles zu lesen?

Bert Nun, ich fahr siebzig Minuten mit der Untergrund ... Aber ich lese nicht alles. Im Augenblick les' ich gerade, was über Hitler drinsteht.

Raymond Wer ist 'n das?

Bert Der will in Deutschland an die Regierung.

Raymond *nickt uninteressiert* Hören Sie mal, die Holzwolle da vor dem Lastenaufzug, das muß schleunigst weggekehrt werden.

Bert *erhebt sich, greift nach Buch und Zeitung, geht nach hinten an den Haken, nimmt sich einen Auftragszettel* Okay. Ich hatte am Sonnabend soviel Aufträge, da bin ich nicht dazu gekommen.

Raymond *gehemmt, daher fast spöttisch; tritt auf ihn zu, hält ihn hinter dem Schreibtisch auf* Übrigens, sagen Sie mal – ich höre, Sie wollen aufs College? Stimmt das?

Bert *verlegen* Och, ich weiß noch nicht, M. Ryan. Vielleicht werd ich gar nicht zugelassen, ich hatte so schlechte Zensuren auf der Schule.

Raymond Sie?!

Bert Jaja; nichts weiter getan als Fußball gespielt, Quatsch gemacht. Ich glaube, ich hab nie zugehört, was die Lehrer uns erzählt haben.

Raymond Und *was* wollen Sie studieren?

Bert Das weiß ich selbst noch nicht. Wenn man sich so das Vorlesungsverzeichnis ansieht – tja, dann möchte man eigentlich am liebsten alles auf einmal studieren. *Er will nach rechts abgehen.*

Raymond *folgt ihm* Ist das da immer noch dasselbe Buch, das Sie lesen?

Bert *gibt Raymond das Buch* Na ja, ist eben ziemlich lang, und abends nach dem Essen schlaf ich meistens gleich ein.

Raymond *wendet das Buch um* »Krieg und Frieden«?

Bert Ja ... er soll ein großer Dichter sein.

Raymond *wiegt das Buch in der Hand* Und wie lange lesen Sie an so 'nem Buch?

Bert Och, so ungefähr drei, vier Monate ... Das ist nicht einfach, so in der Untergrundbahn – und dann mit all diesen russischen Namen.

Raymond *gibt Bert das Buch zurück* Was haben Sie davon, wenn Sie so 'n Buch lesen?

Bert Nun ja, es ist eben ... es ist eben Literatur.

Raymond Hm, also kehren Sie mal vor dem Aufzug, ja? *Er geht auf die Toilettentür zu, während hinten links Agnes auftritt. Sie ist Ende Vierzig, unverheiratet, immer nahe am Lachen.*

Agnes Morgen, Ray!

Raymond Morgen, Agnes. *Er verschwindet in der Toilette.*

Agnes *zu Bert* Jetzt müßte man schwimmen gehn, was?

Bert Weiß Gott ja, ich wär nicht dagegen. Es fängt jetzt schon an zu kochen.

Agnes Du müßtest mal meinen Neffen kennenlernen, das ist ein großartiger Schwimmer. Der würde dir bestimmt gefallen, ist ein sehr kluger Junge.

Bert Wie alt ist er denn?

Agnes Er ist erst dreizehn, aber er liest auch schon die New York Times.

Bert So?

Agnes *bemerkt das Buch* Liest du immer noch an dem Buch?

Bert *verlegen* Ich komm doch sonst nicht zum Lesen, Agnes, außer in der Untergrundbahn ...

Agnes Hör nicht auf das, was die andern sagen, Bert. Mach du nur so weiter ... lies du ruhig deine New York Times und so. Was gibt's denn Neues?

Bert Hitler wird bald in Deutschland an die Regierung kommen.

Agnes O ja, von dem hat mein Neffe auch schon gesprochen. Politik ist sein Steckenpferd. Letzte Woche hat er uns abends im Wohnzimmer eine richtige Rede gehalten. Da ist mir erst klargeworden, daß alles, was Roosevelt getan hat, absolut ungesetzlich war.

Bert Ach, Aggie ... *Er will nach rechts abgehen.*

Agnes *ihm nach* Ja, das hat sogar mein Schwager zugeben müssen, und der ist sonst immer für die Demokraten.

Von hinten links tritt Patricia auf, geht auf die Toilettentür zu. Sie ist dreiundzwanzig, ausgesprochen hübsch, ihre Kleider sind ihr eine Spur zu eng. Sie ist noch nicht ganz »ausgekrochen«.

Patricia *an der Tür zum W. C.* Morgen!

Agnes *auf sie zu* Morgen, Patricia! – – Wo hast'n die Nadel her?

Patricia Geschenkt gekriegt. *Sie wirft einen Blick auf Bert, der errötet.*

Agnes Oh, Patricia! – – Wer ist es denn?

Patricia Och, irgend jemand. *Sie will in die Toilette abgehen.*

Bert Da ist Raymond drin.

Agnes *dauernd wie mit einem leisen Lachen* Bist du Sonnabend tanzen gewesen?

Patricia Ach nee, bei diesen Tanzereien, da gibts doch am Ende immer nur Mord und Totschlag. Nee, wir waren beim Kegeln.

Agnes Hat *er* dir die Nadel geschenkt?

Patricia Nee, danach hatte ich noch 'ne Verabredung.

Agnes *kichernd* Pat!

Patricia Nicht wie du denkst, ich hatte ihn reinweg vergessen. *Nach rechts vorn, näher zu Bert.* Und wie ich nach Hause komme, steht er mit seinem Auto immer noch da und wartet auf mich ... ich denke, er will mich umbringen! Aber ist sie nicht zauberhaft? *Zu Bert, der nach vorne rechts abgehen will.* Was läufst 'n du immer weg?

Bert *verlegen* Wird Zeit, daß ich anfang zu arbeiten.

Er geht nach vorn rechts ab. Gus tritt von hinten links auf. Er ist achtundsechzig Jahre alt, hat einen dicken

Bauch, eine Glatze und einen langen grauen Schnurrbart, der auf der rechten Seite etwas herabhängt und ihm ein barbarisches Aussehen verleiht. Er trägt eine Melone, seine Hosen sind etwas zu kurz. Fertiggebundener Ansteckschlips. Trägt auch im Sommer Winterunterkleidung, die er wöchentlich einmal wechselt. Er hat etwas Reinliches und gleichzeitig Muffiges an sich. Rollender Gang, O-Beine, ein Bauch, hart wie Fels und voll von Bier. Er spricht mit einem rauhen slawischen Akzent.

Patricia Ach Herrje, da kommt King Kong. *Sie überquert die Bühne und geht nach vorne links ab.*

Gus *ruft ihr nach, lustlos – er ist nicht ganz nüchtern, aber wach* Wenn ich dich kriege, ich werd dir geben King Kong!

Agnes *lachend* Aber Gus, wer wird denn!

Gus *auf sie zu, will sie haschen* Aggie, du machst mich verrückt nach dir!

Agnes *lachend, läuft vor ihm davon, um den Schreibtisch herum und auf die Tür zum W. C. zu* Gus!

Gus *ihr nach* Agnes, komm mit mir Atlantic City!

Agnes *will die Toilettentür öffnen, da wird sie von innen aufgemacht, und Raymond tritt heraus* Oh!

Raymond *tritt zwischen beide, ärgerlich, vorwurfsvoll* Gus! Lassen Sie das gefälligst, ja?

Gus *wendet sich ab nach vorne links* Ach, laßt mich doch in Frieden, ich hab die Schnauze voll.

Agnes verschwindet im W. C.

Raymond *folgt Gus* Sorgen Sie lieber dafür, daß die Aufträge bis heute abend ausgeführt sind, ausnahmsweise mal!

Gus *wischt sich mit einem großen blauen Taschentuch den Nacken* Was ist? Was ich habe getan?

Raymond Wo ist Jim?

Gus *zieht sich die Jacke aus, während er nach rechts geht, hängt sie an das Regal vorn rechts* Wie soll ich wissen? Bin ich Bruder von Jim?

Jim tritt auf. Er ist Mitte Siebzig, hat volles Haar, trägt gewölbte Augengläser. Er tappt vorsichtig einher.

Jim *undeutlich* Morgen, Raymond. *Er geht auf das Regal hinten rechts zu. Sein Schritt ist unsicher, als müßte er jeden Moment vornüberfallen. Die anderen sehen ihm zu, während er sich bemüht, seinen Rock an einen Haken zu hängen, bis er es schließlich mit einem plötzlichen Schwung schafft. Aber er schwankt eigentlich nicht.*

Gus Bravo, Jim!

Jim *wendet sich um, mit einem entschuldigenden Lächeln*

Morgen, Raymond. Heiß heute. *Er geht an den Haken und nimmt sich mehrere Aufträge.*

Raymond Hören Sie, Gus, es ist möglich, daß Mr. Eagle heute kommt, also sehen Sie zu, daß alles gut klappt, hm?

Gus *setzt sich an den Schreibtisch* Ihr Mr. Eagle kann mir gestohlen bleiben!

Agnes kommt aus der Toilette. Bert kommt von vorn rechts zurück. Gus streift seine Hosenträger ab, zieht sein Hemd aus der Hose und beginnt es aufzuknöpfen.

Raymond Was ist denn heute mit Ihnen los? Ich verbitte mir diese Ausdrücke! Haben Sie mich verstanden? So geht das hier nicht weiter, jeden Abend bleiben Aufträge liegen. Sorgen Sie gefälligst dafür, daß das aufhört, verstanden? Jeden Montag derselbe Zirkus! *Raymond geht hinten links ab.*

Agnes *geht nach hinten, bleibt hinter dem Schreibtisch stehen* Wie gehts deiner Frau? Besser?

Gus Krank, immer krank. Ich glaube, sie stirbt bald.

Agnes *links vom Schreibtisch* O Gus, so was darfst du nicht sagen. Wir wollen Gott bitten, daß es ihr bald besser geht.

Gus *gewohnheitsmäßig* Aggie, komm mit mir Atlantic City!

Agnes Uh, wie du riechst!

Gus *steht auf, reißt das Hemd auf, laut* Ich stinke!

Agnes *hält sich die Ohren zu, lachend* O Gus, du bist schrecklich! *Sie geht eilig nach hinten links ab.*

Gus *lacht laut, höhnisch, und wendet sich Bert zu, der ebenfalls lacht* Worauf wartst du noch? Neun Uhr! *Er zieht sich das Hemd aus.*

Bert Oh, bei mir ist's erst fünf vor. Ist deine Frau wirklich krank?

Gus Nimm dir Beispiel an Jim. Der wartet auch nicht, bis neun schlägt. *Er geht zu Jim, der die Aufträge durchsieht, legt ihm einen Arm um die Schulter. Beide kommen nach vorn links.*

Gus Dieser verdammte Raymond. Hast du gehört, was er hat gesagt zu mir?

Jim *während Bert an den Haken geht, sich einige Aufträge nimmt* Schsch, Gus. Mach dir nichts draus. Willst du nicht lieber zu Hause anrufen?

Gus *packt ihn am Arm* Willst 'n Bier?

Jim *versucht sich loszumachen* Nee, Gus, jetzt nicht. Komm, nimm dich zusammen, komm.

Gus *sieht sich um* Ach, Mensch. Ach, gottverdammich. Ach.

Jim *zu Bert* Hast du die Achsen schon ausgepackt?

Gus *nimmt Jim den Auftrag aus der Hand* Was willst du mit

den Achsen? In deinem Alter! *Er geht nach hinten, gibt den Auftragszettel an Bert.* Bert! Hier! Ihn schleppen lassen, dir werd ich geben! Ab!

Bert *im Abgehen nach vorn rechts* Die schweren Sachen nehm ich Jim immer ab. *Er geht mit seinen Aufträgen nach vorn rechts ab. Jim geht zum Haken, holt sich einen neuen Auftrag.*

Gus *folgt ihm* Nette Mädels, was, Jim?

Jim *wendet sich um, ihm entgegen* O ja, verdammt nett. Verdammt nette Mädels, Gus.

Gus Hab nicht zuviel versprochen, hä, Jim?

Jim Nee, wahrhaftig nicht, Gus. Hat mir Spaß gemacht. Aber vielleicht rufst du doch lieber deine Frau an. Sie macht sich vielleicht Sorgen um dich. Du bist seit Sonnabend nicht nach Haus gekommen, Gus.

Gus Und gestern –? Wo waren wir gestern?

Jim Waren wir nicht in Staten Island? Ja, auf der Fähre ... weißt du nicht mehr? Mit den Mädels? Wir sind doch mit 'ner Fähre gefahren, nicht wahr? Das muß Staten Island gewesen sein. Ich würd sie doch lieber anrufen.

Gus Ach ... Sie hört doch so schlecht.

Jim Aber wenn das Telefon klingelt, dann weiß sie wenigstens, daß alles in Ordnung ist.

Gus Also gut, ich lasse Telefon klingeln. *Er setzt sich an den Schreibtisch und wählt. Jim geht hinter dem Schreibtisch nach rechts und ab nach vorn rechts. Patricia kommt von hinten links, geht hinter dem Schreibtisch herum nach rechts.*

Patricia Morgen, King Kong! *Sie schiebt ihm im Vorbeigehen mit dem Finger den Hut in die Stirn.*

Gus Halt die Schnauze.

Sie geht in die Toilette, während Gus in den Hörer lauscht. Dann brüllt er Hallo! Hallo! Lilly! Gus! Gus! Wie geht's dir? Gus! Bei Arbeit! Ja! Ja! Gus! Ach, halt die Schnauze! *Er legt den Hörer auf, wütend, verwirrt. Er steht auf, geht um den Schreibtisch herum und auf die Toilettentür zu, schimpft dabei unterdrückt vor sich hin. Jim tritt auf, er trägt ein paar kleinere Kartons, die er auf der Bank vorn rechts aufstapelt.*

Jim Hast du angerufen?

Gus Ach, Jim, sie hört so schlecht. *Er öffnet die Tür zur Toilette, von drinnen hört man Patricia aufkreischen. Gus bleibt unter der geöffneten Tür stehen, kreischt mit, parodiert sie, läßt dann die Tür wieder zufallen. Er geht lachend zurück an den Schreibtisch, setzt sich hin. Jim ist im Begriff, nach vorn links abzugehen, einen Bleistift in der Hand, in seinen neuen Auftragszettel vertieft, da erscheint von hinten links Kenneth, mit seinem Frühstückspaket in der Hand.*

Kenneth ist sechsundzwanzig, kräftig gebaut, hellhäutig; sein Haar beginnt sich zu lichten. Er ist wohlerzogen, fast schüchtern, dabei sehr stark. Er ist erst vor kurzem eingewandert.

Jim *während er nach links geht* Morgen, Kenneth.

Kenneth Einen guten Morgen, James! Einen besonders guten, einen beispielhaften Morgen! Wie geht es Ihnen heute?

Jim Oh, es macht sich. Wird ein heißer Tag werden. *Jim geht nach vorne links ab. Kenneth geht nach rechts, hinter dem Schreibtisch vorbei. Gus sitzt in Gedanken, bohrt sich mit einem Bleistift im Ohr.*

Kenneth Guten Morgen, Gus – so früh am Morgen so tief in Gedanken?

Gus sieht ihn nur an, blicklos, widmet sich dann wieder seinen Gedanken und seiner Ausgrabung.

Kenneth geht nach vorn rechts an die Bank, nimmt die Kartons, die Jim dort abgestellt hat. Sagen Sie, Gus, könnte man nicht vielleicht endlich einmal etwas gegen den Staub tun, der hier ständig in der Luft hängt? Meinen Sie nicht, es ließe sich da etwas unternehmen?

Gus Staubt hier so. Deswegen.

Kenneth *geht nach links an den Packtisch* Eben, das sag ich ja gerade, es staubt. Tommy Kelly schon da? *Er stellt die Kartons auf den Tisch, legt sein Eßpaket in das Regal darunter.*

Gus Nee.

Kenneth Ach, der Ärmste. *Er zieht seinen Rock aus, hängt ihn an einen Nagel neben dem Tisch, singt* »Der Sängerknab' ist in Krieg gefahr'n ...« *Bert kommt von vorn rechts.* Guten Morgen, Bert. Bist du mit deinem Buch fertig geworden?

Bert *setzt zwei schwere Achsen auf der Bank ab* Nein, noch nicht.

Kenneth *zieht einen Streifen Klebpapier aus dem Behälter auf dem Packtisch, klebt die Kartons zu* Nur nicht den Mut verlieren. *Er deklamiert.*

»Kopf hoch! Laß dich nicht entmuten,
Bruder, ist die Welt auch schlecht:
Ist ein Stern, der lenkt die Guten;
Trau auf Gott, und tue recht«

Von Leonard McNally.

Bert *bewundernd, ehrfürchtig* Woher kennst du all die Gedichte?

Kenneth *geht nach hinten links, stellt die Kartons auf den Stapel ausgehender Aufträge* Na, aus Irland natürlich; aus Irland, dem Land der brotlosen Künste. »Im letzten Lenz, als der Fliederbaum blühte . . .«

Gus *vom Schreibtisch* Habt wohl nichts zu tun, hä?

Bert geht an den Auftragshaken.

Kenneth *an die Bank vorn rechts* Aber Gus, wir haben Dichterstunde, wissen Sie das nicht? Dichterstunde! In dieser Stunde erheben sich alle Menschen, um Gott zu danken für das Blau des Himmels, für das Rund der ewigen Erde. Und was haben wir hier? Ein paar Achsen. Ach, Bert, wer hätte das gedacht, daß ich den Rest meines Lebens damit hinbringen würde, fremde Achsen in braunes Papier zu packen. *Geht nach links an den Packtisch, um die Achsen zu packen.* Und was gibt's Neues in der New York Times?

Bert *beim Durchsehen der Aufträge am Haken* Hitler soll an die Regierung kommen.

Kenneth So, so. Seltsames Volk, diese Deutschen, nicht? Groß in Schnurrbärten. Nimm Bismarck, zum Beispiel, oder den alten Herrn Barbarossa, oder auch nur hier unsern lieben Gus . . .

Gus Ich bin keiner von den Heinis.

Kenneth *wendet sich nach ihm um* Ach, ich dachte immer, Sie wären einer. Was sind Sie denn?

Gus Amerikaner.

Kenneth *auf Gus zu* Das weiß ich, aber was sind Sie *eigentlich*?

Gus Ich bin in Marine gedient. U-Boot.

Kenneth Ach nein. In einem amerikanischen?

Gus Natürlich amerikanischen, was sonst? Ungarischen, was?

Er wendet sich wieder seiner Arbeit zu.

Kenneth hält eine der Achsen wie ein Periskop.

Kenneth Na, nichts für ungut, Gus. Sie wissen doch, untergetaucht sind sie überall.

Bert kommt nach vorn rechts, überfliegt seinen Auftragszettel. Kenneth geht zum Packtisch zurück.

Als was geht das hier, Bert? – Expreßgut?

Bert *bleibt rechts hinter Gus stehen* Ich glaube, als Paket. Das ist für Skaneateles . . .

Gus *an seinem Schreibtisch, fährt nach Bert herum, explodiert* Achsen als Paket? Bist du verrückt? Was glaubst du, was kostet Achsen als Paket!?

Bert Ach ja, das geht als Expreßgut.

Gus Und du willst studieren? Auf Hilfsschule gehörst du!

Bert Ich hatte bloß vergessen ... es sind ja Achsen ...

Gus *wendet sich wieder dem Schreibtisch zu, brummt vor sich hin* Dummkopf.

Kenneth Skaneateles. Wo liegt denn das?

Bert Ist eine kleine Landschaft nördlich von hier. Soll eine hübsche Gegend sein, da oben.

Kenneth Scheußlicher Gedanke, was? Diese schmierigen Achsen da hinaus ins Grüne zu schicken ... Ich bin gestern im Park spazierengegangen, den ganzen Tag. Was hast du gemacht, Bert? Wieder schwimmen gewesen?

Gus *erhebt sich* Wollt ihr beiden den ganzen Tag quasseln?

Bert Wir arbeiten. *Er geht ab. Kenneth packt weiter.*

Kenneth Sie müssen den Kleinen nicht so scharf anfassen, Gus; der hat andere Sachen im Kopf als Postpakete und ...

Gus Ist mir doch Wurscht, was er im Kopf hat! Achsen mit Post, so dumm! *Er geht wieder an seine Arbeit am Schreibtisch.*

Kenneth *packt weiter, nach einer Pause* Fühlen Sie, wie die Hitze hier drin steigt? Wenn man nur etwas davon speichern könnte, für den Winter. *Pause.* Der Feuerofen. Nebukadnezar war der Baumeister. *Pause.* Was glauben Sie, Gus, was würde passieren, wenn sich's ein Mensch in den Kopf setzte, diese Fenster zu putzen? – – Der würde glatt für verrückt erklärt, was? *Pause.* Ich möchte wissen, ob's ihm wirklich ernst damit ist, dem Jungen? Mit dem Studieren, mein ich.

Gus *ohne sich umzuwenden* Hilfsschule gehört er.

Kenneth *schnürt die Achsen mit Draht aneinander, versieht die Sendung mit Adressenfahnen* Nein, ich glaube doch, er hat sich da was vorgenommen, was Großes, und da bleibt er dabei. Darauf kommt's nämlich an, wissen Sie. Ich nehm mir auch oft was Großes vor, aber ich geb's zu leicht auf. Das Durchhaltenkönnen, das macht's. Man sieht's ihm beinah an, finden Sie nicht? Was der sich mal in den Kopf gesetzt hat, daran hält er auch fest ... *Er schüttelt bewundernd den Kopf, singt dann.*

»Soviel Hitze im Sommer,
und im Herbst soviel Wind,
da fallen die Hüllen
der Damen geschwind ...«

Nein, das ist ein schmutziges Lied ... Gus, was glauben

Sie, ob's unter Mr. Roosevelt irgendwie besser wird? *Er singt.* »Der Sängerknab' ist in Krieg gefahr'n . . .«

Patricia kommt aus der Toilette.

Patricia War das eben ein irisches Lied?

Kenneth Lauter Iren sind hier, und keiner von euch kennt ein irisches Lied!

Patricia Sie haben eine tolle Stimme, Kenneth . . .

Gus *zu Patricia* Willst es nicht mal mit ihm probieren?

Kenneth *stampft mit dem Fuß auf* Pfui, wie häßlich, Gus, so was vor einem Mädchen zu sagen!

Gus ist aufgestanden.

Patricia *zurückweichend* Jetzt fangen Sie nicht mit mir an, mein Lieber, sonst . . .

Gus stürzt sich auf sie; sie wendet sich um und will weglaufen, aber er hat sie am Gesäß gepackt und quetscht es unbarmherzig, während sie versucht, nach hinten links zu entkommen. Dabei stößt sie beinahe mit Larry zusammen, der hereinkommt. Er ist neununddreißig Jahre, ein versorgter, aber phlegmatischer Mann, gutaussehend. Er trägt einen Behälter mit Kaffee und eine brennende Zigarette. Beim Versuch, ihr auszuweichen, verschüttet er etwas von dem Kaffee.

Larry *leicht ungehalten* He! – Sachte, sachte! *Geht nach vorne rechts an die Bank.*

Patricia *auf einmal existiert für sie nur Larry. Sie geht ihm nach, zu Gus* Da sind Sie dran schuld, Sie Roß!

Larry setzt den Kaffee auf die Bank.

Larry Herrgottnochmal, Gus!

Gus Soll sie doch nicht alle Männer verrückt machen! *Er kehrt an den Schreibtisch zurück.*

Patricia Tut mir leid, Larry. *Sie sind beide damit beschäftigt, den Fleck von seinem Hemd zu wischen.* Hast ihn gekauft?

Larry *verlegen, aber tapfer* Ja, gestern.

Patricia Oh, den möcht ich sehen. Bringst ihn mal mit hierher?

Larry *jetzt sieht er sie an* Kann sein. Einen Sonnabend mal, vielleicht.

Patricia Ich find diese Auburns so schick . . .

Larry Ja, haben gute Ventile . . . Vielleicht fahr ich dich einen Abend mal nach Hause. Damit du mal siehst, wie er fährt.

Patricia *die Aussicht verschlägt ihr die Sprache* Oh, Mensch! Tja, also . . . bis später. *Sie geht hinter dem Schreibtisch ab nach hinten links.*

Gus Bist du verrückt? Wie kannst 'n Auburn kaufen?

Larry *setzt sich auf die Bank; mit Überzeugung – Resultat tiefgründiger Erwägungen* Ich find die Ventile so doll.

Gus *erhebt sich, auf ihn zu* Ja, aber wenn du wirst verkaufen, wer kauft Auburn?

Larry Ist dir's noch nie so gegangen, daß es dir darauf nicht mehr ankam? Ich habe diese Ventile immer schon bewundert, und jetzt hab ich mich entschlossen, punktum.

Gus Ja, aber wenn du wirst verkaufen ...

Larry *den Künstler empört banausisches Unverständnis* Das ist mir egal.

Gus Das ist dir egal?

Larry Ich hab es satt, immer nur von schönen Dingen zu träumen. Dieser Auburn hat die schönsten Ventile in Amerika, und ich will einen haben.

Kenneth wiegt ein Paket auf der Waage.

Gus Ja, aber wenn du wirst verkaufen ...

Larry Gus, das ist mir ganz egal. Kannst du das nicht verstehen?

Er sieht Gus nicht an, zieht an seiner Zigarette. Gus geht wieder an den Schreibtisch, setzt sich. Bert tritt von hinten rechts auf, geht an den Auftragshaken.

Kenneth *gebückt, verschiebt die Gewichte der Waage* Ich finde das höchst bemerkenswert, Larry – Raymond bekommt Zwillinge, und jetzt du mit den Drillingen ... und beide in derselben Firma! Das müßten wir eigentlich an die Presse geben. Ich glaube, die zahlen einen Dollar für so 'ne Meldung.

Bert *zum Packtisch* Mensch, hab ich einen Hunger. Willst du auch ein Brot, Kenneth? *Er greift unter den Tisch, holt sein Eßpaket hervor.*

Kenneth Nein danke, Bert, jetzt noch nicht, nachher vielleicht.

Gus Jetzt willst du Mittag machen, um neune?

Bert *bietet ihm seine Tüte an* Ich bin heute früh so zeitig aufgestanden; wollen Sie was haben?

Kenneth Er ist ja noch ein Junge, Gus, er wächst noch ... und übrigens, wenn Sie so freundlich sein wollen, sich einmal zu bücken ... *Er deutet unter die Plattform der Waage, Bert setzt sich auf den Tisch links und ißt sein Brot ...* die Mäuse hier drunter werden immer zahlreicher.

Gus *ohne hinzusehen* Pfeif auf die Mäuse.

Kenneth Ich meine nur, weil Sie sich immer beklagen, daß ich soviel Buntstifte verbrauche ... ich möchte Sie nur darauf aufmerksam machen, daß das nicht an mir liegt, sondern an den Mäusen. *Wendet sich zu Larry.* Hier drunter finden jede Nacht wahre Orgien in Buntstiften statt.

Vorn links tritt Jim auf, bringt Kopfdichtungen zur Bank.

Jim *während er langsam nach rechts geht* Wird heiß heute, Gus, sehr heiß.

Gus Immer mit Ruhe, was rennst du so?

Larry geht an die Regale hinten rechts. Jim legt seine Dichtungen auf die Bank rechts, geht an den Auftragshaken.

Kenneth *kniet vor der Waage, liest die Gewichte ab* 81 Pfund, Gus. Nach Skaneateles, im ländlich-grünen Norden des Staates New York.

Gus Was? Was willst du?

Kenneth *erhebt sich, tritt an den Schreibtisch* Einen Expreßschein bitte; einundachtzig Pfund nach Skaneateles, New York.

Gus Warum sagst du nicht gleich, verdammter Ire? Du redst so viel, mußt du immer reden? *Er beginnt, den Begleitschein auszuschreiben.*

Kenneth *nach rechts an die Bank* Ach, Gus, wenn ich erst reich bin, dann werd ich nicht mehr viel zu sagen haben.

Gus reagiert nicht; Kenneth wendet sich Larry zu, greift nach den Dichtungen.

Von Tommy Kelly ist immer noch nichts zu sehen.

Larry Was hast'n da gemacht? Löcher in die Schuh geschnitten?

Kenneth *stellt den Fuß auf die Bank* Bißchen frische Luft für meinen kleinen Zeh. Ich hab sie billig gekriegt, fünfundzwanzig Cent wollte der Mann nur haben, gestern in Bryant Park. Leicht gebraucht, aber gute Qualität, das sieht man doch gleich, was?

Larry Sieht aus, als ob sie dir ein bißchen zu eng wären.

Kenneth Sind sie auch, ziemlich. Aber für fünfundzwanzig Cent kann man nicht alles haben.

Gus Hier.

Larry setzt sich auf die Bank, trinkt seinen Kaffee. Gus gibt Kenneth den ausgefüllten Schein. Kenneth geht nach links, wo Jim inzwischen die Aufträge durchgeblättert hat und sich jetzt mit zweien in der Hand zum Gehen wendet.

Kenneth Wie machen Sie das nur, Jim – immer noch so in Form? Ich bin immerzu müde. Sie ruhen sich wohl überhaupt nicht aus? *Jim nickt, lacht meckernd.* Das kommt wohl davon, daß Sie nie verheiratet waren, was?

Jim Nee, alles hab ich getan in meinem Leben, alles, bloß das nicht.

Larry Wieso haben Sie eigentlich nie geheiratet, Jim?

Jim Na ja, ich war eben so lange draußen im Westen. Weit draußen im Westen. *Er wendet sich wieder zum Gehen.*

Kenneth Oh, wird da draußen nicht soviel geheiratet?

Jim Nee, wir von der Kavallerie, wir hatten da keine Zeit für. Immer mit den Indianers zu tun.

Bert Wie alt sind Sie jetzt, Jim? Ehrlich.

Kenneth Mindestens hundert.

Jim Ich? Nee. Hundert bin ich noch lange nicht. Noch lange nicht. Da muß man keine hundert zu sein, um gegen die Indianers gekämpft zu haben. In den Schulbüchern steht das lang nicht alles. Das ist bis zu McKinleys Zeiten hin so gegangen, und noch während er Präsident war, da auch noch. Nee, ich bin noch lange keine hundert. *Er will abgehen.*

Kenneth Ja, und wie alt sind Sie nun wirklich?

Jim Ach ... ich bin so vierundsiebzig, fünfundsiebzig, sechsundsiebzig, so in der Gegend. Aber hundert, nee, lange nicht. *Er geht vorn links ab. Kenneth niest.*

Bert *hat sein Eßpaket weggeräumt, geht zum Haken, holt sich einen Auftrag* Mensch, hab ich einen Hunger gehabt!

Kenneth *ärgerlich, während er mit den Achsen nach hinten links zu dem Ausgangsstapel geht* Larry, meinst du nicht auch, man müßte mal mit Mr. Eagle sprechen, wegen dem Staub hier? Es regnet ja Staub von der Decke!

Bert geht vorn ab.

Gus Was zum Teufel soll Mr. Eagle da machen? Kann er auch nichts machen!

Larry geht an die Regale hinten rechts, greift nach dem Ersatzteilkatalog, setzt sich auf die Bank, heftet Blätter ein, die er vom Schreibtisch genommen hat.

Kenneth *kommt vorn an den Packtisch* Na ja, er soll doch so tüchtig sein, hab ich gehört? College, Universität, Titel und so weiter? Ich bin jetzt noch keine sechs Monate in Amerika, und in meinem ganzen Leben hab ich nicht soviel zusammengeniest wie in der kurzen Zeit, die ich hier bin. Meine Nase ist schon ganz ...

Von hinten links tritt der Lastwagenfahrer Frank auf, ein stämmiger Mann in den Dreißigern, nicht aus der Ruhe zu bringen.

Frank *auf Kenneth zu* Habt ihr was für West-Bronx?

Kenneth Bis jetzt noch nicht; aber ich hab auch gerade erst angefangen.

Frank *zum Schreibtisch* Gus! Habt ihr nichts für West-Bronx? Ich hab den Wagen schon vorm Aufzug stehen.

Gus Warum diese Eile?

Jim kommt mit Kartons von vorn links.

Frank Verdammt nochmal, ich hab den Wagen vorm Aufzug!

Gus Fährst ihn eben wieder auf Seite! Ist noch nichts da für West-Bronx, kleine Kiste mit Kugellagern. Du kannst nicht wegen einer kleinen Kiste nach West-Bronx fahren!

Frank Ich muß aber.

Gus Ach, hast du kleines Mädchen in West-Bronx?

Frank Ja doch, ich muß noch vor Mittag dort sein.

Jim *auf Frank zu, blättert in seinen Aufträgen* Für Ost-Bronx hab ich was, glaub ich.

Frank Nee, West-Bronx.

Jim *zieht einen Auftrag aus seinem Bündel* Wie ist es mit Brooklyn?

Frank Welche Gegend da? *Er greift nach dem Auftrag, liest die Adresse, sieht nachdenklich in die Luft.*

Jim Hattest du nicht mal ein Mädchen in der Nähe von Williamsburg? *Er geht an den Haken, dann vorne rechts an die Bank, stellt die Kartons ab.*

Frank Ich muß mal eben telefonieren. Ich bin gleich zurück. *Er geht nach hinten links.*

Gus *steht auf, steht hinter dem Schreibtisch* Fährst du nur noch, wo du Weiber hast?

Frank *kommt zurück, auf Gus zu* Nee, Gus, ich fahr überallhin, wo du willst. Aber wenn ich schon mal in der Nähe bin, dann läßt sich das doch kombinieren. *Er geht zum Ausgang.*

Gus Schöner Kraftfahrer

Frank Eben, eben. *Er geht hinten links ab. Jim geht an den Haken, dann ab nach vorn rechts.*

Gus *kommt nach vorn, zu Kenneth* Willst nicht mal mit ihm mitfahren? Schnapp dir so kleine Puppe ...

Kenneth Ach, Gus, hören Sie auf; Sie wissen ganz genau, daß ich für Ihre Schweinereien nichts übrig habe.

Raymond kommt von hinten links, tritt an den Schreibtisch. Larry steht auf, bringt Katalog zurück ins Regal hinten rechts.

Raymond Tommy Kelly immer noch nicht da?

Gus *setzt sich wieder an den Schreibtisch* Keine Sorge um Tommy; der kommt schon noch.

Raymond geht zum Haken, hängt neue Aufträge auf.

Larry *kommt nach vorn rechts an die Bank* Kann ich Sie einen Augenblick sprechen?

Raymond *zum Schreibtisch* Sie wissen, Eagle kann jeden Augenblick kommen, und wenn er ihn wieder betrunken findet, dann weiß ich nicht, was passiert.

Larry Ray! *Raymond geht nach rechts zu Larry.* Ich möchte gern, daß Sie Eagle für mich um etwas bitten.

Raymond Um was?

Larry Ich brauche unbedingt mehr Geld.

Raymond Ich auch, mein Junge, ich auch.

Larry Nein, im Ernst, Ray, ich schaff's nicht mehr. Ich hab noch hundertdreißig Dollar für den Wagen zu zahlen. Wenn eins von den Kindern krank wird, weiß ich nicht, was ich machen soll.

Raymond Warum haben Sie sich dann das Auto gekauft?

Larry Ich bin bald vierzig, Ray. Wofür soll ich noch sparen?

Raymond Sehen Sie, das Problem ist, wenn *Sie* erhöht werden, ich kriege selbst nur achtunddreißig die Woche, und ich bin der Abteilungsleiter, also müßten wir beide mehr kriegen ...

Larry Ray, ich mache Ihnen nicht gerne Schwierigkeiten, das wissen Sie, aber meine Frau macht mich wahnsinnig. Ich bin allmählich ...

Von hinten links treten Jerry Maxwell und William Hogan auf, beide dreiundzwanzigjährig. Jerry hat ein blaugeschlagenes Auge. Beide sind kommis-elegant gekleidet.

Jerry und William Morgen. Morgen, Gus.

Raymond Bißchen spät, was?

Jerry *mit einem Blick auf seine goldene Armbanduhr* Ich habe eine Minute vor neun, Mr. Ryan.

Willy Nach der Bahnhofsuhr gestellt, Mr. Ryan.

Gus Ihr hättet Maurer werden sollen.

Raymond *zu Jerry* Sie haben ja ein blaues Auge?

Jerry Ja, das ist vom Tanzen. Gestern abend, in Jersey City.

Larry geht zur Toilettentür, öffnet sie, wirft seinen Papierbecher ins W. C.

Willy Da ist uns so 'n komischer Kerl in die Quere gekommen, Mr. Ryan.

Jerry *mit einem spöttischen Grinsen; er ist mit sich selbst sehr zufrieden* Versuchte, uns sein Mädchen auszuspannen.

Sie gehen an den Haken, holen sich Aufträge. Jerry will nach vorn links abgehen, Willy geht nach hinten rechts.

Raymond Also los, an die Arbeit. Mr. Eagle wird ...

Von hinten links tritt Tom Kelly auf. Gus erhebt sich, Bert kommt von vorn rechts, bleibt stehen. Raymond und Larry sehen auf Tom. Kenneth hört auf zu arbeiten. Tom ist besinnungslos betrunken; er geht wie im Traum auf den Stuhl zu, setzt sich mechanisch und steif hin. Gus geht zu ihm.

Gus *zu Raymond* Gehen Sie, gehen Sie weg.

Raymond *Tom sitzt reglos, starrt vor sich hin, die Hände im Schoß* Tommy!
Jerry und Willy kichern.

Gus *zu ihnen* Schnauze, Dreckskerle verdammte!

Jerry *Was* haben Sie da gesagt?

Gus *nach links, auf Jerry zu* Schnauze, verdammt nochmal, oder es knallt!
Er hat plötzlich ein Werkzeug in der Hand, und Kenneth und Larry hängen sich an seinen Arm. Jim tritt von vorn rechts auf. Von allen Seiten Rufe wie »Gus! Nicht! Leg das Ding hin!« Bert geht an den Auftragshaken.

Jerry Was haben wir denn getan? Ich hab doch gar nichts gesagt!

Gus Nehmt euch in acht! Nehmt euch bloß in acht! Wenn ihr noch einmal über ihn lacht, dann könnt ihr erleben!
Larry nimmt ihm das Werkzeug aus der Hand und geht an die Regale rechts. Pause. Gus geht zu Tom, der die ganze Zeit unbeweglich sitzen geblieben ist. Er schüttelt ihn sacht.
Tommy! Tommy, hörst du nicht? Ich bin's, Gus! Tommy! *Tom rührt sich nicht.*

Raymond Tommy, Mr. Eagle kommt.

Gus *zu allen* Los, an die Arbeit, an die Arbeit!
Jerry geht nach vorn links ab, Willy hinten rechts.

Raymond Tom, hören Sie? Mr. Eagle kommt heute auf Inspektion.

Jim Ein bißchen Whisky, dann kommt er vielleicht wieder zu sich. *Er geht vorn rechts ab.*

Gus Bert! *Er greift in seine Tasche* Hier, geh runter, hol einen Whisky. Sag, daß für Tommy ist. *Er sieht in seine Hand.* Ich hab nur zehn Cent ...

Raymond Hier ... *Er greift in seine Tasche.*

Bert *nimmt das Geld von Raymond* Okay, ich bin gleich wieder da. *Er geht eilig ab nach hinten links.*

Raymond Tja, Gus – jetzt ist es soweit. Ich hab ihn genug gewarnt.

Gus Schon gut, gehen Sie, gehen Sie weg.
Agnes kommt von hinten links.

Agnes Ist er schon wieder ...?

Raymond *zu Agnes* Sie waren dabei. Sie haben gehört, was ich ihm gesagt habe. Sonnabend noch hab ich's ihm gesagt.

Agnes Aber sehen Sie doch, Ray, wie ordentlich und sauber er heute angezogen ist. Die Haare gekämmt ... alles tipptopp.

Raymond Ich habe mir alle Mühe gegeben, Agnes. Jetzt ist bei mir Schluß. *Er geht nach hinten links ab.*

Gus *starrt in Toms ausdruckslose Augen* Ach, ach, ach. Er sieht überhaupt nichts, Agnes.

Agnes *sieht in Toms Gesicht* Und er wollte doch sparen, für das Konfirmationskleid für seine Tochter! Ach, Tommy, was machst du für Sachen. Ich hol Wasser. *Sie geht in die Toilette.*

Kenneth *zu Larry* Aber man kann's dem armen Kerl ja nicht übelnehmen; sechzehn Jahre lang in diesem Stall ...

Larry Weiß Gott ja.

Kenneth *nach vorne rechts an die Bank* Auf die Dauer ziemlich unbefriedigend, dieses Leben, was?

Larry Das kann man wohl sagen.

Kenneth Wenn man sich überlegt, wie viele Montagmorgen in sechzehn Jahren ... schrecklich. Und nichts dahinter, keine Philosophie, mit der man sich die Zeit vertreiben könnte ...

Gus *zu Kenneth* Mußt du immer reden?

Agnes kommt mit einem nassen Tuch in der Hand aus der Toilette. Sie geht zu Tom, wischt ihm das Gesicht ab.

Kenneth *holt sich neues Frachtgut von der Bank, geht nach links zum Packtisch* Was meinst du, Larry, sollte sich nicht mal jemand dieser Fenster da annehmen? Ich hab schon oft gedacht, wenn wir ab und zu ein Stück Himmel sehen könnten, dann würde vielleicht manches leichter.

Larry *mit anderen Ersatzteilen zu Kenneth* Seit ich hier bin, sind die noch nie geputzt worden.

Kenneth Ich würd's ja selber tun, aber dann lacht natürlich alles, und ich bin wieder das Greenhorn. *Er sieht durch das Fenster hinaus.* So viel Glas – da könnten wir die Wolken beobachten und die aufziehenden Gewitter. Und vielleicht könnten wir sogar ab und zu einen Vogel sehen ...

Agnes Seht euch das an, er kann sich nicht bewegen – und dabei gibt er sich Mühe! Ihr merkt das nicht, aber er gibt sich wirklich Mühe. *Zu Larry.* Hast du gesehen, wie sauber und ordentlich er heute angezogen ist?

Jim kommt von vorn rechts mit einem Auspuffrohr.

Jim Habt ihr ihm schon ins Ohr geblasen?

Gus Ins Ohr blasen?

Jim Ja, so wie das die Indianer machen. Moment, laßt mich mal versuchen. *Er holt tief Luft und bläst Tom ins Ohr. Tom lächelt.*

Kenneth Tja, das wirkt wohl nur bei Indianern.

Jim *nach vorn rechts, legt das Auspuffrohr unter die Bank* Wenn ich euch sage, so war das da draußen im Westen.

Immer, wenn so 'n Indianer betrunken war, haben sie ihm ins Ohr geblasen.

Bert kommt von hinten links. Er trägt vorsichtig ein kleines Glas Whisky.

Gus Komm, gib her. Tommy! *Er greift nach dem Glas.*

Bert *leckt seine Finger ab* Mensch, ist der stark.

Kenneth versieht Ersatzteile mit Adressenanhängern.

Gus *packt Tom am Haar* Tommy? *Er hält ihm das Glas unter die Nase.* Whisky! *Tom rührt sich nicht; er lächelt.* Mr. Eagle kommt heute, Tommy.

Jim Stell's doch vor ihm auf den Tisch, vielleicht wacht er davon auf.

Bert *holt einen neuen Auftrag vom Haken* Ich möchte nur wissen, wie er's bis hierher geschafft hat –?

Agnes Oh, wach ist er. Irgendwo innerlich, weißt du. Er kann's nur nicht zeigen. Er ist, glaub' ich, gar nicht mal richtig betrunken, das ist was anderes.

Kenneth Na, viel fehlt aber nicht.

Agnes wischt ihm wieder das Gesicht ab.

Larry *nach vorn rechts zu Jim* Ist das Tatsache, Jim, das mit dem Ins-Ohr-Blasen?

Jim Ja, bestimmt. Haben die Indianer gemacht. *Er will nach vorn rechts abgehen.*

Kenneth Was habt ihr eigentlich gegen die Indianer gehabt?

Jim *bleibt stehen* Wir? Gegen die Indianer? Och, eigentlich nichts. Mußten nur für Ruhe und Ordnung sorgen. Übrigens, von wegen Hitze. Da draußen im Westen, da war's heiß, ich kann euch sagen. *Er geht ab.*

Bert ab nach vorn links. Der Lastwagenfahrer Frank kommt von hinten links.

Frank *auf Gus zu* In Ordnung, ich fahr nach Brooklyn.

Gus Was hast's denn so eilig? Ist noch nichts gepackt.

Jerry tritt von vorn links auf, stellt Kartons auf den Packtisch. Geht nach hinten an den Haken.

Frank Na, eben hast du gemeckert, daß ich nach Bronx wollte, also fahr ich jetzt nach Brooklyn.

Gus Weiß die in Brooklyn schon, daß du kommst?

Frank Ja, hab gerade angerufen.

Agnes *lachend* Oh, was seid ihr alle schrecklich! *Sie geht ab.*

Jerry *am Haken* Wie ist 'n das mit dir, Kenny? Hast dir auch schon eine geangelt?

Kenneth Ist das alles, was ihr beiden im Kopf habt?

Jerry *im Abgehen nach hinten rechts* Klar. Was sollen wir denn sonst im Kopf haben?

Frank belädt sich mit Paketen.

Gus *zu Larry, in bezug auf Tom* Was soll ich machen mit ihm? Wenn jetzt der Alte kommt.

Larry *nach vorn rechts an die Bank* Offen gestanden, Gus, ich hab das allmählich satt, diese dauernden Scherereien mit ihm. Soll er doch selbst auf sich aufpassen.

Gus *geht Larry nach, besorgt; beide sprechen halblaut miteinander* Was hast du? Seit paar Tagen bist du so komisch.

Larry Seit zwei Jahren bitte ich jetzt um lausige fünf Dollar mehr pro Woche. Von meinem Bruder hab ich mich breitschlagen lassen, ihm fünfzig Dollar zu pumpen, für orthopädische Schuhe für seine Frau; meiner Schwester hab ich mit fünfundsechzig ausgeholfen, damit sie mit ihrer Kleinen zum Zahnarzt gehen konnte ... Und jetzt, wo ich mir endlich mal selber was leiste, hackt alles auf mir rum – wie ich dazu käme, mir ein Auto zu kaufen! Wem sein Geld ist es denn?! Da kannst du dir vielleicht vorstellen ...

Gus Ja, Larry, aber ein Auburn ...

Larry *wird wütend, geht nach hinten rechts, Gus folgt ihm* Wenn ich dir doch sage, ich find nun mal die Ventile so doll! Als ob das so was Besonderes wäre!

Willy und Jerry kommen von vorn rechts mit Ersatzteilen, die sie auf die Bank legen.

Willy *zu Jerry* Hier, frag doch Frank! *Zu Frank, während Gus nach links hinter den Schreibtisch geht.* Wer war 1924 Mannschaftskapitän von Pittsburgh?

Frank Von Pittsburgh? Honus Wagner, denk ich.

Willy *zu Jerry* Na siehste, was hab ich gesagt? *Er schiebt ihn vorn rechts hinaus, beide ab.*

Jerry *im Abgehen* Aber nein, ich sage dir, das ist unmöglich! Honus Wagner ...

Raymond tritt von hinten links auf, mit ihm ein Monteur. Frank geht mit seinen Paketen hinten links ab.

Raymond *tritt an den Schreibtisch* Larry, das ist was für Sie. Kommen Sie bitte mal her, sehn Sie sich das mal an.

Larry bleibt an den Regalen rechts stehen, dreht sich nur um, ohne etwas zu sagen, mit einem beleidigten bösen Gesicht. Der Monteur geht auf ihn zu, beide stehen jetzt hinter der Bank rechts. Der Monteur hält ihm ein defektes Motorteil hin, aber Larry greift nicht danach, betrachtet es nur. Der Gegenstand ist ölverschmiert und schmutzig wie der Monteur selbst.

Raymond Hat er sich immer noch nicht bewegt, Gus?

Gus Es geht ihm schon besser, ich sehe es. Gehen Sie nur, lassen Sie ihn.

Raymond steht unschlüssig und besorgt. Gus kommt nach vorn links, holt sich ein Stahllineal, geht wieder nach hinten, setzt sich an den Schreibtisch, beschäftigt sich mit seinen Papieren.

Larry *zu dem Monteur* Wer hat Sie geschickt?

Monteur Ich bin Monteur bei der Spedition gegenüber.

Larry Wovon ist das?

Monteur *Während Bert vorn rechts mit Spiralfedern auftritt, stehenbleibt und beide beobachtet und Kenneth mit Packen aufhört und ebenfalls zusieht. Der Monteur legt das Teil auf die Bank* Das ist es eben – ich weiß nicht, woher das eigentlich ist. Es saß in einem von unseren alten Lastwagen, wir fahren nur noch Kohlen mit dem Ding, und ich dachte erst, es wäre ein Mack, das steht nämlich auf dem Kühler – Maxwell. Aber bei denen war ich schon, und da haben sie mir gesagt, so 'n Teil hätte 's noch nie in einem Mack gegeben, solang wie die Firma existiert, und nun weiß ich nicht ...

Larry Steht denn kein Name auf dem Motor?

Monteur Ich wollte gerade sagen, auf dem Motor steht American-LaFrance, den müssen sie später eingebaut haben.

Larry Das ist nicht von 'nem LaFrance.

Monteur Ich weiß, ich weiß. Ich war auch schon bei American-LaFrance, aber die behaupten, das Ding hätten sie noch nie gesehen, so was gäb's überhaupt nicht.

Raymond sieht Kenneth an, Kenneth geht wieder an seine Arbeit. Raymond tritt zu dem Monteur, sieht zu Bert hin. Bert geht betont unauffällig ab nach vorn rechts.

Larry Wo hat das gesessen, am Auspuffkrümmer?

Monteur Nee, nicht direkt, das ist so, wissen Sie, das kommt da oben so raus, das heißt, es kommt eigentlich nicht raus, es geht da so rein ... ich meine, da ist da so 'n kleines Loch obendrauf, das heißt, es ist eigentlich auch kein Loch, eher so wie so 'ne Delle, und dann geht das so runter. Seit zwei Tagen lauf ich mit dem Ding in der Hand rum, mein Chef ist rasend, kann ich Ihnen sagen.

Larry *wendet sich ab, will nach hinten rechts gehen* Stellen Sie erst mal fest, was es ist; wenn wir's haben, verkaufen wir's Ihnen.

Raymond Wissen Sie nicht ungefähr, was es sein könnte?

Larry Ich bin ja hier nicht als Lexikon angestellt, Ray. Da oben liegen zehntausend alte Ersatzteile rum – das ist nicht meine Aufgabe, ist es nie gewesen, die alle im Kopf zu haben. Wenn der Chef da Wert drauf legt, soll er sich jemand dafür engagieren.

Raymond Ich bitte Sie, Larry – der Mann ist jetzt einmal da . . .

Larry Tut mir leid, Ray. Es ist immer wieder dasselbe. *Er kommt nach vorn an die Bank* Soll sich der Chef einen suchen, der ihm da oben ein Inventar aufnimmt, dann wird er ja sehen, was es ihn kostet.

Raymond *nimmt das Stück von der Bank, wendet sich nach links* Na, dann will ich mal sehen, ob ich da oben was finden kann.

Larry *folgt ihm* Lassen Sie, Ray. Das finden Sie doch nicht. Geben Sie her. *Er streckt die Hand aus, und Raymond gibt ihm das Teil. Larry wendet sich an den Monteur, immer noch mit einem beleidigten Gesicht.* Was ist der Wagen für 'n Baujahr – 1922 etwa?

Kenneth geht nach hinten links, stellt neue Pakete auf den Ausgangsstapel, kommt nach vorn rechts, an die Bank.

Monteur Der Wagen? *Er wechselt das Standbein, denkt nach.*

Larry Oder 1920?

Monteur *mit höherer Stimme, tritt zurück auf das andere Bein* Der Wagen?

Larry Ja, der ist doch mindestens von 1920, oder?

Raymond ab nach hinten links. Kenneth mit neuem Frachtgut nach links, arbeitet am Packtisch weiter.

Monteur O ja, mindestens. Ich hab ihn ein paar Freunden von mir gezeigt, einer davon ist schon ein alter Mann, und der hat gesagt, wie er noch ein Junge war, da war der Wagen schon alt, und das ist ein sehr alter Mann, dieser Mann. Ich hab gehört, ihr habt hier noch 'n ganzen Haufen von so alten Ersatzteilen in euerm Lager, wie?

Bert kommt von hinten links, bringt Ersatzteile zum Tisch.

Larry *nach rechts an die Bank* Kann sein, daß wir noch eins von den Dingern da haben, wenn's das ist, was ich glaube, aber das kost' 'ne Kleinigkeit . . .

Bert geht an den Auftragshaken.

Monteur *folgt Larry* Jaja, ich weiß; drum hat mir der Chef ja gesagt, ich soll's erst woanders versuchen, ihr seid ihm zu teuer, sagte er. Aber jetzt sind wir, glaub' ich, aufgeschmissen.

Bert geht nach vorn rechts, will abgehen.

Larry Bert! *Er blickt nachdenklich vor sich hin.* Laß dir von Miss Molley den Schlüssel für oben geben. Wenn du reinkommst, geradeaus, steht ein Stapel Auspufftöpfe von dem alten Ford, Modell T.

Bert Okay.

Larry Bist du schon mal da oben gewesen?

Bert Nee, aber ich wollt mir das schon immer mal ansehen.

Larry Also paß auf, du gehst an den Auspuffen vorbei, dann kommst du an lauter Regale, die bis unter die Decke gehen, mit Marmon-Ventilen und Zündungen.

Bert Ja?

Larry Da gehst du durch, dann kommst du auf einen schmalen Gang –

Bert Ja?

Larry Und am Ende von diesem Gang steht ein Haufen Kisten, da sind, glaub' ich, Maxwell-Differentiale drin.

Bert Ja?

Larry Da kletterst du drüber weg, aber dann nicht weiter. Oder besser, bleib oben auf den Kisten stehen und dreh dich nach rechts. Dann bückst du dich, und dahinter in dem Regal ... Nee, anders, paß auf: du steigst über die Kisten weg, und dann langst du in das Regal, aber rechts. Da liegt ein Haufen alte Locomobile-Zylinderkopfmuttern drin, aber ganz hinten – du mußt mit der Hand ganz weit hinterlangen, verstehst du – ganz hintendrin liegt so'n Ding hier. *Er schiebt Bert das Teil mit dem Fuß hin.*

Bert *im Abgehen nach vorn rechts* Mein Gott, Larry, wie kannst du das alles behalten?!

Agnes kommt hastig von hinten links herein, zur Mitte.

Agnes Eagle ist da! Eagle ist da! *Gus erhebt sich.*

Larry *zu dem Monteur, indem er ihn nach hinten links schiebt* Gehn Sie so lange raus und warten Sie im Kontor, ja? *Kenneth rückt den Schemel am Tisch zurecht.*

Larry *deutet auf das Glas mit Whisky auf dem Schreibtisch* Tu den Whisky da weg, Gus!

Gus *jetzt nervös – in bezug auf Tommy* Verdammt, was machen wir mit ihm? *Er sieht sich nach einem Versteck für den Whisky um, trinkt dann das Glas aus, steckt es in die Tasche.*

Larry *geht zu Tom, ärgerlich, dicht an seinem Ohr* Tommy! Tommy!

Agnes Bringt ihn doch nach oben! Sie haben ihn sowieso schon auf dem Kieker. Eagle wird wütend sein ...

Gus Vielleicht ist er krank? Ich hab ihn noch nicht so gesehn. *Jim kommt mit Ersatzteilen von vorn rechts.*

Jim Eagle ist da.

Larry Hilf mal mit, ihn hochheben.

Jim ab nach hinten rechts.

Gus Na komm, Tommy, komm, steh auf. *Sie ziehen ihn in die Höhe, lassen ihn dann los. Er sackt zusammen, sie fangen ihn auf.* Ich glaube, ihm ist noch nicht gut.

Larry Komm, wir führen ihn. *Zu Agnes.* Paß auf, ob Eagle kommt. *Sie stellt sich an den Ausgang hinten links, sieht nach draußen, betet stumm.* Na komm, Tommy. *Sie lassen ihn los, er sackt wieder zusammen.*

Agnes *sieht auf Tom, zitternd* Er ist eben zu gutmütig, das ist es. Das ist das ganze Unglück, er kann einfach nicht nein sagen.

Larry *wird wütend, beherrscht sich aber; schüttelt Tom* Herrgottnochmal, Tommy, jetzt komm schon! Eagle ist da! *Er schüttelt ihn kräftiger.* Na los doch! Was ist denn, zum Teufel, willst du, daß sie dich rausschmeißen? Verdammt nochmal, das ist ja, als ob du ein kleines Kind wärst!

Agnes Schsch!

Gus Setz hin, Larry! *Sie lassen Tom in den Stuhl vor dem Schreibtisch gleiten. Gus legt Toms Hand auf ein Formular, das auf dem Tisch liegt.* So, setz ihn so, als ob er schreibt. Wo ist mein Bleistift?! Wer hat Bleistift?

Larry und Kenneth suchen in ihren Taschen.

Kenneth *an den Schreibtisch* Hier ist ein Rotstift . . .

Gus Verdammt, wer hat meinen Bleistift genommen? Bert! Wo ist dieser Bert? – – Immer nimmt er meinen Bleistift!

Kenneth geht wieder an seinen Packtisch, von vorn rechts kommt Bert.

Bert He, Eagle ist da!

Gus *auf ihn zu* Verdammt nochmal, was machst du mit meinem Bleistift?

Bert *vorn rechts* Das ist meiner.

Gus packt den Bleistift, der hinter Berts Ohr steckt, und steckt ihn senkrecht in Toms Hand. Sie treten von Tom zurück. Er beginnt seitlich umzusinken, da flüstert Agnes laut von hinten links.

Agnes Er kommt! Er kommt!

Gus geht nach vorn rechts, wie um die Ersatzteile zu kontrollieren, die dort auf der Bank liegen. Agnes hastet, außer sich vor Aufregung, um den Schreibtisch herum an den Auftragshaken. Larry hat den umsinkenden Tom aufgefangen, geht jetzt nach links, um nach Eagle Ausschau zu halten. Tom sinkt abermals langsam zur Seite, und Bert eilt herzu, um ihn aufzufangen, bevor er auf die Tischplatte schlägt. Larry schnippt mit den Fingern, um Eagles Herannahen anzukündigen, geht dann nach vorn links. Bert beginnt auf Tom einzureden, während er ihm eine Hand auf die Schulter legt, um ihn zu stützen.

Bert *überlaut* Warum ich frage, Tommy, ist folgendes – ich habe am Freitag nämlich schon mal einen Auftrag über dieselbe Anzahl Zündspulen für Scranton bearbeitet, verstehst du, und ich kann mir nicht vorstellen, daß sie so kurz hintereinander zweimal genau dieselbe Menge bestellt haben sollen.

Agnes *in einen Auftragszettel vertieft, läuft Eagle vor die Füße* Oh – guten Morgen, Mr. Eagle.

Eagle *weicht ihr nach hinten aus* Guten Morgen.

Während Berts Monolog ist Eagle von hinten links aufgetreten; ein gutaussehender Mann Ende Vierzig in hellen Gabardinehosen, Hemd mit sauber aufgeschlagenen Ärmeln, Krawatte; über dem Arm hat er ein frisches Handtuch. Er geht quer über den Hintergrund der Bühne, ohne irgendwen direkt anzusehen, doch offensichtlich entgeht ihm nichts. Er geht bis zur Schwelle der Toilette, wendet sich um.

Eagle *nickt* Morgen. *Er geht ab in die Toilette. Bert geht zur Toilettentür, Kenneth folgt ihm.*

Kenneth *nach der Toilette deutend* Mach doch weiter, weiter so! *Er schiebt Bert zurück und postiert sich an der Tür.*

Bert *rechts von Tom, laut* Äh ... ja, und dann ist noch was, wo ich nicht klarkomme, Tommy ... diese Getriebe für Riverhead. Ich kann den Lieferschein nicht finden. Ich finde überhaupt keinen Lieferschein für Riverhead. Einfach nicht zu finden ... äh ... weißt du vielleicht ... äh ... *Er verheddert sich, sieht sich hilfesuchend nach den anderen um, die ihn aber nur durch Gesten beschwören, weiterzumachen.* Weißt du nicht, wo der Lieferschein hingekommen sein könnte? Kannst du dich nicht erinnern, Tom? Dieser Lieferschein ... er war blau, das weiß ich noch ... blau mit einem schmalen roten Band ringsrum ...

Kenneth *näher zu Tom, laut* Jawohl, das stimmt, ich erinnere mich auch, ein blauer Lieferschein ... und es standen Zahlen drauf ...

Tom *schüttelt den Kopf, steht plötzlich auf, leicht schwankend, blinzelt* Nein, nein, das stimmt nicht, das war nicht Honus

Wagner. Mannschaftskapitän von Pittsburgh war Glenn Wright.

Eagle kommt aus der Toilette und geht nach vorn rechts. Bert geht nach hinten rechts, Kenneth nach vorn links.

Larry Morgen, Mr. Eagle. *Er geht hinten links ab.*

Tom Wer war das? Wer hat da nach Pittsburgh gefragt? *Er lächelt, leicht verwirrt, tritt von einem Fuß auf den anderen. Er wendet sich um und sieht sich um und sieht sich Eagle gegenüber.* Morgen, Mr. Eagle.

Eagle *sieht im Vorbeigehen Tom prüfend ins Gesicht* Morgen, Kelly. *Er durchquert den Versandraum und geht hinaus.*

Agnes, Kenneth und Gus stehen einen Augenblick unbeweglich. Jim tritt auf, sieht Tom stehen.

Jim Bravo, Tommy, ich hab's ja gewußt, du schaffst es.

Tom Glenn Wright war Kapitän. Wer war das, wer hatte danach gefragt?

Bert wendet sich zum Abgehen nach vorn rechts.

Gus *nickt ihm anerkennend zu, mit strengem Gesicht* Sehr gut, Bert, hast du gemacht.

Bert *wischt sich über die Stirn* Menschenskinder! *Er geht nach vorn rechts ab.*

Tom Es hat doch einer nach Pittsburgh gefragt. *Agnes schluchzt.* Agnes? *Er wendet sich nach ihr um, beugt sich über den Schreibtisch.* Was ist denn, Aggie? Was hast du?

Agnes Ach, Tommy, warum machst du solche Sachen?

Patricia *ruft von links hinter der Bühne* Aggie? – Dein Telefon klingelt!

Agnes Ach Tommy! *Sie hastet schluchzend nach hinten links ab.*

Tom *wendet sich zu Gus* Was hat sie denn? Warum weint sie?

Gus *deutet auf den Schreibtisch* Geh jetzt lieber an deine Arbeit; du hast heute Menge Paketpost zu machen.

Tom *mit einem ständigen entschuldigenden Lächeln; tritt beim Sprechen von einem Fuß auf den anderen, als stünde er auf einem heißen Ofen. Er wendet sich zum Schreibtisch und erblickt Kenneth; möchte tun, als wäre nichts gewesen* Kenny! Dich hatte ich gar nicht gesehen! *Er geht auf Kenneth zu.*

Kenneth Morgen, Tommy. Freut mich, dich gesund und munter zu sehen.

Tom *mit einem imitierten – im Original irischen – Akzent* Dschesus näj, Jong, d'n Haar fallt ja wie d'r Räjen über Dublin!

Kenneth *streicht sich verlegen über das Haar* Ach Tommy, nun ...

Tom Kenny, Jong, was hast du for'n lange Jesicht zu waschen!

Kenneth *knufft ihn freundschaftlich* He, he, laß das, ja!

Tom *retiriert hinter den Schreibtisch* Ha, du irischer Langohr, du, dich hamse wohl rückwärts vom Schiff getrieben, was? *Er lacht.*

Kenneth *mit gespieltem Zorn* Dir werd ich gleich die Ohren langziehen! *Er lacht.*

Von hinten links tritt Raymond auf.

Raymond Tom? *Er tritt auf Tom zu. Er ist ernst, beinah todernst.*

Tom *sofort schuldbewußt* Oh – Morgen, Ray, wie geht's den Zwillingen? *Er lacht krampfhaft in kleinen Stößen vor sich hin, während er sich wieder an den Schreibtisch setzt, nach einem Bleistift tastet.*

Raymond *tritt dicht an den Tisch, beugt sich vor und spricht leise, während die anderen die Szene beobachten, ohne es sich anmerken zu lassen* Eagle möchte Sie sprechen.

Tom *nichts Gutes ahnend; sieht zu Raymond auf* Eagle? – Aber ich habe hier eine Menge Paketpost, Ray ... *Er streicht sich mechanisch das Haar glatt.*

Raymond Er erwartet Sie im Direktionsbüro, Tom.

Tom Ach so, ja. *Er erhebt sich, fühlt im Aufstehen nach seinem Schlips.* Es ist nur – ich hab am Montag immer so viel Paketpost, wissen Sie ... *Er geht nach hinten links ab.*

Gus *kommt an den Schreibtisch* Was will er von ihm?

Bert kommt mit einem Handkarren von vorn rechts. Er belädt ihn mit Gütern von der Bank.

Raymond Ich hab ihn gewarnt, Gus, ich hab ihn dutzendmal gewarnt.

Gus Er wird ihn doch nicht rausschmeißen?

Raymond Tja, es ist nun mal passiert, da ist nichts mehr ...

Gus Er will Tommy rausschmeißen?!

Raymond Nun schreien Sie mich doch nicht an.

Gus Sechzehn Jahre hat Tommy hier gearbeitet! Ostern soll seine Tochter haben Konfirmation!

Raymond Ich habe so lange die Hand über ihn gehalten ...

Gus *streift sich das Hemd über* Dann könnt ihr mich auch rausschmeißen! Wenn ihr Tommy rausschmeißt, geh ich auch!

Raymond Gus!

Gus *ist mit einem großen Schritt am Kleiderhaken rechts, nimmt seine Jacke herunter, wirft sich hinein* Schweinebande, verfluchte.

Raymond Gus, Sie sind ja verrückt ...

Gus Ich werd euch zeigen, wer hier verrückt ist! Tommy Kelly rausschmeißen? *Er reißt seine Melone vom Haken und will hinter dem Schreibtisch entlang zum Ausgang hinten links gehen. Von dort kommt aufgeregt Agnes herein.*

Agnes Gus, Telefon! Geh ans Telefon!

Gus *ohne sie zu bemerken, die Melone auf dem Kopf, zu Raymond* Soll er mich auch rausschmeißen, Schweinekerl, verfluchter! *Er will mit fliegenden Hemdzipfeln abgehen. Agnes hält ihn hinter dem Schreibtisch auf. Raymond geht ihm nach, steht rechts von Gus.*

Agnes *deutet auf den Telefonapparat* Gus, eure Nachbarn ...

Gus *will sich von ihr losmachen* Nein, jetzt geh ich auch; wenn Tommy Kelly gehen muß, geh ich mit!

Agnes 's ist wegen Lilly, Gus! – Die Nachbarn wollen dich sprechen. Geh ran, geh ans Telefon.

Gus *ist stehengeblieben, sieht Agnes an* Was, wegen Lilly?

Agnes Es ist etwas passiert. Geh doch ran ...

Gus Wegen Lilly? *Er geht befremdet ans Telefon.* Hallo. Ja, Gus. Hä?! *Er lauscht fassungslos in den Hörer. Seine Hand geht unwillkürlich an die Hutkrempe, als wolle er den Hut abnehmen; aber sie bleibt dort liegen. Jim kommt von vorn rechts, spürt die Spannung, die über dem Raum liegt, und bleibt stehen, beobachtet Gus.* Wann? Wann ist passiert? *Er lauscht, murmelt dann undeutlich.* Ja. Danke. Ich komme gleich. *Er legt den Hörer auf. Jim sieht ihn fragend an, und Gus wendet sich an ihn, fassungslos.* Meine Lilly. Tot.

Jim Oh. Hm.

Larry kommt von hinten links, geht mit Post an den Schreibtisch, geht weiter nach vorne links. Gus wendet sich an ihn, erstarrt.

Gus Tot. *Larry wendet sich nach ihm um.* Meine Lilly.

Larry Oh, das tut mir leid, Gus.

Raymond Gehen Sie nach Hause. *Pause.* Gehen Sie, Gus. Gehn Sie nach Hause.

Gus steht reglos, ratlos. Agnes rückt ihm den Kragen zurecht. Larry setzt sich auf den Tisch.

Gus *nach vorne rechts zu Jim* Wären wir lieber nicht nach Staten Island gefahren. Vielleicht war ihr gestern schon nicht gut. Tz, ich war in Staten Island, und sie war vielleicht krank ... *Er wendet sich um, da Tommy von hinten links zurückkommt. Tom geht direkt an den Schreib-*

tisch, setzt sich. Pause. Zu Tommy. Hat er dich rausgeschmissen?

Tom Nein. Alles in Ordnung.

Gus *tritt hinter ihn* Du darfst bleiben?

Tom *mit gesenktem Kopf* Ja. Ist schon in Ordnung, Gus. Soll nicht wieder vorkommen.

Gus Klar. Sei ein Mann, Tommy. Sei kein alter Schnapsbruder. Sei ein Mann. Hörst du? Nicht unterkriegen lassen. Sei ein Mann.

Tom Das passiert mir nicht nochmal, Gus.

Gus *nickt* Wenn du noch einmal kommst betrunken zur Arbeit, dann kannst du was erleben. *Agnes schluchzt, er wendet sich zu ihr.* Was hast du immer zu heulen? *Er geht an ihr vorbei und ab nach hinten links. Dann geht Agnes in die Toilette. Eine Pause.*

Raymond *bricht das Schweigen* Also, was ist, Herrschaften, los, an die Arbeit! *Er klatscht in die Hände und geht hinten links ab.*

Larry folgt ihm. Jim geht nach hinten rechts ab, Tom nach vorn rechts. Jerry kommt von vorn links, nimmt die Achsen aus dem Ausgangsstapel und geht nach hinten links ab. Kenneth packt weiter, und Bert nimmt einen Auftragszettel vom Haken. Dann sieht Kenneth plötzlich zu Bert hin, und während von vorn rechts Willy auftritt, nach dem Handkarren greift und mit ihm nach hinten links abgeht, tritt Kenneth auf Bert zu – beide stehen hinten Mitte.

Kenneth Bert? – Was meinst du, wollen wir nicht endlich mal anfangen, diese Fenster da zu putzen, wir beide zusammen? Daß hier ein bißchen Sonne reinkommt?

Bert *begeistert, glücklich* Würdest du mitmachen?

Kenneth Klar mach ich mit, wenn du mitmachst.

Beide kommen nach vorn links, stehen hinter dem Packtisch. Kenneth steht links von Bert. Er bückt sich und gibt Bert einen Lappen aus dem Regal unter dem Tisch. Einen zweiten behält er für sich selbst.

Bert Also ran! Jeden Tag ein Stückchen; dann haben wir in ein paar Monaten alles sauber! *Er springt auf den Packtisch.*

Beide wischen einmal über die Fenster, und das Sonnenlicht flutet durch die Fenster vorn und hinten herein. Beide sehen mit erstauntem Entzücken nach draußen.

Kenneth He, sieh mal, da unten!
Siehst du den alten Mann, der da sitzt?
Und der ganze Zaun voller Rosen!

Oh, das ist ein hübscher Hinterhof!
Mensch, da steht ja ein Baum!
Und so viele Katzen!
Agnes kommt aus der Toilette.

Bert *springt vom Tisch und läuft ihr entgegen* Aggie! Sieh mal! Sieh mal, was wir gemacht haben!

Agnes *steht auf der Stufe vor der Toilette, sieht sich erstaunt im Raum um, dann nach vorn durch die Fenster* Ja Menschenskinder! – Die Sonne!
Licht schnell ausblenden.
Licht. Es ist Winter. Durch die rückwärtigen Fenster schimmert ein kaltes Licht. Nach einem Augenblick tritt Bert auf, im Mantel, mit seinem Buch unter dem Arm. Er blickt sich flüchtig im Raum um, geht nach rechts, um seinen Mantel am Regal hinten rechts aufzuhängen, kommt dann nach vorn links, stellt sich auf die Waage, setzt sich hin und schlägt sein Buch auf. Von hinten links kommt Raymond mit Auftragszetteln. Er trägt Winterkleidung. Er hängt die Aufträge an den Haken, wendet sich nach Bert um.

Raymond Was machen Sie noch hier? *Er kommt nach vorn auf Bert zu.*

Bert Ja, mein Zug geht erst heute nachmittag, da dachte ich, ich könnte noch mal vorbeikommen und mich verabschieden. Am Sonnabend bin ich nicht mehr dazu gekommen, und zu Haus hab ich doch nichts zu tun.

Raymond Nun, das ist nett, daß Sie nochmal hereinschauen. Kenneth schon da?

Bert Ich glaube nicht, aber ich bin selbst eben erst gekommen. Haben Sie das neue Jahr gut angefangen?

Raymond Jaja, danke. Ist das immer noch dasselbe Buch?

Bert Ich bin jetzt fast durch. Ist ein großartiges Buch!

Raymond Wenn Sie noch 'n paar Stunden arbeiten wollen – ich zahl 's Ihnen?

Bert *erhebt sich und kommt nach vorn rechts, während Raymond sich nach hinten rechts zur Toilette wendet* Okay, von mir aus …

Raymond Sagen Sie mir Bescheid, wenn Kenneth kommt, ja?

Bert Keine Sorge, Mr. Ryan, er wird sicher gleich da sein.
Larry, im Arbeitskittel, tritt von hinten links auf, Papiere für den Schreibtisch in der Hand. In der anderen Hand hat er einen Behälter mit Kaffee und eine Zigarette. Er legt die Papiere auf den Schreibtisch.

Larry Morgen, Ray.

Raymond Morgen, Larry. *Er geht in die Toilette.*

Larry *zu Bert* Mensch, ist das hier eine Kälte. Ideal für Eisbären.

Bert *nach rechts vom Schreibtisch* Larry? Ich möchte mich bedanken ... am Sonnabend bin ich nicht mehr dazu gekommen.

Larry Wofür?

Bert Dafür, daß du mir alles gezeigt hast. Ohne dich wär ich hier in den ersten vier Wochen schon rausgeflogen.

Larry *fast ungläubig, respektvoll* Hast deine Kröten zusammen, was?

Bert Na ja, jedenfalls für die ersten zwei Semester. Ich wollte ...

Von hinten links tritt Kenneth auf. Bert bricht ab, als er ihn sieht, und Larry wendet sich um. Kenneth hat eine üble Nacht hinter sich. Sein Kragen ist aufgeschlagen, er hat die Hände in den Taschen. Er ist nicht betrunken, aber erschöpft und wird eigentlich erst jetzt richtig wach. Er geht ohne Gruß oder Kopfnicken an Bert und Larry vorbei nach hinten rechts, hängt dort seine Mütze an ein Regal. Raymond kommt aus der Toilette, bleibt stehen und sieht Kenneth nach, der inzwischen nach vorn rechts gegangen ist, dort auf der Bank liegende Kupplungsscheiben aufgenommen hat, mit denen er jetzt zum Packtisch geht. Raymond geht Kenneth bis hinter die Bank nach.

Raymond *leise und ruhig* Fehlt Ihnen irgendwas?

Kenneth *ohne auf die besorgte Frage einzugehen* Schönen guten Morgen, Raymond. Und ein gutes neues Jahr. Haben Sie schön gefeiert?

Raymond *näher zu ihm, vor dem Schreibtisch* Was ist mit Ihrem Mantel?

Kenneth Ich kann's Ihnen leider nicht sagen. Als ich ihn das letztemal sah, gehörte er noch mir. Bis ich ihn im Lokal an den Haken hängte und ihm den Rücken kehrte. Kehre nie zu Silvester einem warmen Mantel den Rükken – das steht in goldenen Lettern über diesem Neujahrstag.

Raymond *nach links zu Kenneth* Hören Sie zu, Kenneth, ich verlange, daß Sie sich in Zukunft mehr zusammennehmen. Eagle ist es auch schon aufgefallen, daß Sie ...

Kenneth *mit kaum verhohlener Heftigkeit* Ich bin ja nicht betrunken, oder? Bin ich etwa betrunken?

Raymond Ich habe nichts dergleichen gesagt ...

Kenneth Ich werde dafür bezahlt, daß ich hier bin – und das bin ich. Und wenn Mr. Eagle auch nur eine Ahnung hätte, welche Anstrengung es mich gekostet hat, mich hierherzuschleppen, er würde mir einen Blumenstrauß schicken. *Raymond geht nach hinten links ab.*

Larry Haben sie dir deinen Mantel gestohlen?

Kenneth Jawohl, das haben sie! Aus weihnachtlicher Nächstenliebe erst zu Neujahr. O Mutter, wie kalt ist diese Stadt! *Larry sieht Bert an, geht dann an die Regale hinten rechts, von dort mit dem Katalog ab nach vorn rechts. Kenneth geht wieder an die Arbeit. Bert geht nach links auf ihn zu.*

Bert Ich könnte dir was borgen, Kenneth, wenn du dir einen neuen kaufen willst. Du brauchst es nur zu sagen.

Kenneth Nein, danke dir schön, Bert. Das kann ich nicht annehmen.

Bert Du kannst mir's zurückschicken, wenn du's hast.

Kenneth Ach ja, richtig ... du gehst ja weg.

Bert Ja, heute nachmittag.

Kenneth *sieht ihn einen Augenblick an, wendet sich dann mit einem traurigen Kopfschütteln ab, geht nach hinten links und legt die Kupplungsscheiben zu den ausgehenden Frachten:* Na, deine Professoren werden staunen.

Bert *geht nach hinten links vom Schreibtisch, Kenneth geht hinter Bert herum an die Bank* Kenny! Ich wollte dir noch was sagen. Deswegen bin ich nochmal hergekommen. – Wenn du dir mal was Großes vornehmen wolltest – aus dir könnte alles werden.

Kenneth *geht mit einer Federung nach links* Nein, Bert, nie!

Bert *wendet sich um, sieht ihn an* Wieso denn?! Du bist so gescheit! Du bist doch viel klüger als ich!

Kenneth Ich könnte mich niemals auf abstrakte Dinge konzentrieren ...

Bert Du brauchtest nur zu wollen, Kenneth! Wenn du's nur mal versuchtest – mit aller Kraft!

Kenneth Mit aller Kraft! Was glaubst du, wieviel Kraft es mich kostet zu leben! Und da soll ich mir noch was Großes vornehmen, studieren, was weiß ich?!

Bert Aber Kenny, du hast doch einen Geist, du hast ...

Kenneth Ich hab ein Loch in meinem Schuh und Schneematsch in den Socken! Das hab ich, und keine Mutter, die mir Stullen schmiert.

Bert Ich weiß, Kenny, aber du darfst dich davon nicht kleinkriegen lassen! *Er geht auf Kenneth zu.* Warum trinkst du so viel? Ich weiß, es geht mich nichts an, gewiß, aber ich ...

Kenneth Das *geht* dich auch nichts an!

Bert geht nach rechts, nach vorn rechts vom Schreibtisch. Kenneth sieht, daß er ihn verletzt hat. Berts besorgte Anteilnahme hat es unmöglich gemacht, ihn so ohne weiteres stehenzulassen.

Wie soll einer denn leben,

Bert bleibt stehen, wendet sich um, steht rechts vom Schreibtisch.

frierend den ganzen Tag in diesem Staubpalast,
und die Nacht kommt mit *einem* Fenster und einem [Bett,
und die Straßen voll fremder Menschen,
und nicht einer von ihnen hat ein Buch ausgelesen
oder ein Gedicht begriffen von Anfang bis Ende,
oder kennt ein Lied, das wert ist, gesungen zu werden!

Bert Aber du doch, Kenny!

Kenneth geht nach hinten links, legt die Federung auf den Ausgangsstapel. Bert geht ihm nach.

Darauf kommt es doch an! Ich weiß gar nichts, das weiß ich. Aber ich glaube, man darf sich nicht andere Menschen zum Maßstab nehmen. Du bist nicht so, wie die anderen sind.

Kenneth ist hinter dem Schreibtisch herum an die Bank gegangen, Bert folgt ihm.

Kenneth Was ist verkehrt an dem, was die anderen sind? *Er nimmt eine neue Federung auf, geht nach links.* Du glaubst, weil du weggehst, aufs College ...

Bert Ich gehe ja nicht weg von hier, Kenneth.

Die Eindringlichkeit seiner Worte läßt Kenneth vor dem Schreibtisch innehalten.

Solange ich lebe, werd ich im Geiste hier sein.
Wenn es nach mir ginge, ich würde ihnen allen im Park Denkmäler setzen, all denen, die bleiben.
Larry und Gus und Jim und allen anderen,
aber ich denke daran, wie du warst, als du herkamst,
wie du so gerne Gedichte zitiertest,
und wie du immer gesungen hast. Und nun bist du so ...

Kenneth ist getroffen. Er geht nach links an den Packtisch, Bert bricht ab.

Entschuldige, Kenneth – *Er folgt ihm, bleibt rechts von ihm stehen.* Ich wollte es dir nur sagen, aber ich wollte dich nicht ... Hörst du, es tut mir leid! – –

Kenneth *wendet sich nach ihm um* Das Staatsschiff, von Walt Whitman!

»Kapitän, Kapitän, unsre mühsame Fahrt ist gemacht,
das Schiff hat allen Gefahren getrotzt,

die Prise ist eingebracht . . .« *Er bricht ab.*
Was kommt denn dann –?

Bert Oh, ich kenn das Gedicht gar nicht.

Kenneth *starrt bestürzt vor sich hin, mit geballten Fäusten* »Die Prise ist eingebracht . . .« *Er geht mit der Federung in der Hand nach hinten rechts bis vor die Toilette* »Die Prise . . .« Teufel, was war der nächste Vers von diesem Gedicht!? O Gott, ich hätte nie gedacht, daß ich das jemals vergessen könnte! Geh, Bert, geh fort! Und denk nicht mehr hierher zurück, oder all deine Gedanken werden vermodern.

Bert *geht nach rechts, bleibt links von Kenneth stehen* Kenny, wie wär's mit der Verwaltung? Hast du schon mal dadran gedacht? Hinter einem Schalter oder so, vielleicht ist es da besser.

Kenneth Ich hab schon oft dran gedacht. Aber mit hundertvierzig, hundertfünfzig Dollar im Monat . . . höher würde ich da wahrscheinlich doch nie kommen. Und außerdem – ich bin noch nicht soweit, daß ich mich endgültig auf irgendwas festlegen möchte. Ich bin überhaupt nicht fürs Endgültige, Bert. Schließlich, wenn ich vorläufig hierbleibe . . .

Tom Kelly kommt von hinten links, geht auf das Regal vorn rechts, um seinen Mantel aufzuhängen. Er macht einen frischen, ausgeschlafenen, gepflegten Eindruck, ist nüchtern.

Tom Morgen!

Kenneth *geht nach links an den Packtisch. Bert wendet sich ab, geht hinter den Schreibtisch. Kenneth, mit gemachter Jovialität* Ah, sieh an, Tommy Kelly!

Tom *während er seinen Mantel aufhängt* Ach, Kenny, was hast du for'n lange Jesicht zu waschen, m'n Jong!

Kenneth Ach, laß doch die alten Scherze mit meinem Gesicht, die hab ich genauso satt wie du selber.

Tom *kommt zur Mitte vor den Schreibtisch* Ach geh, du irischer Maulesel, dich hamse ja rückwärts an Land getrieben!

Kenneth *auf Tom zu* Mensch, Tom Kelly, ich reiß dich in Stücke! *Er packt Tom in einem »Schwitzkasten« und reißt ihn von den Füßen.*

Tom He!

Bert macht einen Schritt auf Kenneth zu, geht dann nach hinten links ab.

Kenneth *indem er Tom losläßt* Tommy, du bist der erste Mensch, den ich kenne, der das geschafft hat. Wie hast du das bloß gemacht?

Tom Willenskraft, Kenny. Ich hab mich einfach entschlossen, kein Glas mehr anzurühren, ganz einfach. *Er sieht Kenneth prüfend an.* Wird Zeit, daß du dir auch 'n bißchen Willenskraft zulegst, mein Junge; du hast dir's, glaub ich, auch ganz schön angewöhnt.

Kenneth *nach links hinter den Packtisch, beginnt zu arbeiten* Oh, nein, mein Lieber, Trinker werd ich im Leben keiner.

Tom *folgt ihm* Du bist jetzt schon einer.

Kenneth Ach, red doch nicht, ich bitte dich!

Tom Wart ab, du wirst es erleben. Ich seh's dir doch an.

Kenneth *wirft das Teil hin, an dem er gearbeitet hat, und wendet sich um. Er ist tief getroffen* Das kannst du nicht, wie kannst du so was behaupten!

Tom zuckt die Achseln, wendet sich ab, geht an den Schreibtisch. Von hinten links kommt Agnes. Sie trägt Winterkleidung, dazu braune Papiergamaschen.

Agnes Morgen, allerseits!

Tom *setzt sich* Agnes!

Kenneth *geht wieder an die Arbeit* Agnes trägt ihre Gamaschen! Dann ist es wirklich Winter.

Agnes *lachend* Sind sie nicht scheußlich? Aber unter dem Klappenschrank zieht es so, da kann man sich den Tod holen.

Larry *kommt von hinten rechts, geht hinter den Schreibtisch* Prima Klima für Eisbären.

Bert kommt von vorn rechts mit Ersatzteilen. Larry greift nach seinen Zigaretten und Zigarren und geht nach hinten rechts.

Agnes Sag mal, Bert, hast du keinen dickeren Pullover? Daß deine Mutter dich so rumlaufen läßt –?

Bert Oh, der ist warm genug; sie hat ihn selbst gestrickt.

Kenneth *trägt Ersatzteile auf den Ausgangsstapel* Bert hat's erfaßt; erst anständig was lernen, Examen machen, und dann ...

Tom Ach was, Examen! In jedem Warenhaus gibts haufenweise Studierte, die Schlipse verkaufen! Buchhaltung, Bert, Buchhaltung, das ist das Richtige. Dafür brauchst du nicht mal aufs College.

Bert Ich hab aber keine Lust, Buchhalter zu werden.

Tom *mit einem überlegenen Lächeln* Ach, du hast keine Lust? *Kenneth nach vorn an den Packtisch.*

Larry Was ist 'n da so doll dran – Buchhalter sein?

Tom Wenn du 'n Geschäft hättst, würdst du nicht so fragen.

Das wär das Richtige für dich gewesen, Larry. Hättst du man Buchhaltung gelernt, dann könntst du jetzt ...

Larry Nimm's mir nicht übel, Tommy – besoffen warst du mir lieber. *Tom lacht, fühlt sich nicht getroffen.* Nee, im Ernst. Früher brauchten wir dich nur mit durchzuschleppen; jetzt weiß du immer alles besser.

Kenneth setzt sich an den Tisch.

Tom Na und? Wenn ich's doch besser weiß, warum soll ich's nicht sagen?

Raymond kommt von hinten links, geht mit Papieren an den Auftragshaken.

Raymond Wie wär's denn, Herrschaften, wenn wir heute mal 'n bißchen hopphopp machten? Eagle kommt inspizieren. Bert, denken Sie an die Kisten mit den Vergasern –?

Bert Ich wollt sie gerade aufmachen ...

Bert und Raymond wollen abgehen, und Agnes wendet sich zum Gehen, da erscheinen von hinten links Gus und Jim. Beide sind angetrunken, taumeln fast. Gus hat einen nagelneuen Anzug und einen karierten Mantel an, neue Schuhe und auf dem Kopf eine neue Melone. Sie tragen senkrecht ein paar Ford-Stoßstangen, noch in braunes Packpapier verpackt. Jim hilft Gus, die Stoßstangen sorgsam gegen die Rückwand zu lehnen. Alle Anwesenden beobachten die Szene, ohne ein Wort zu sagen. Dann, nachdem die Stoßstangen sicher untergebracht sind, wendet Gus sich um und fragt undeutlich.

Gus Wer kann mir 'n Bügel geben? *Er kommt nach vorn rechts.*

Kenneth Einen Bügel? Meinst du einen Kleiderbügel, Gus?

Gus Kleiderbügel.

Bert Hier! Hier ist einer! *Er nimmt einen Kleiderbügel aus dem Regal vorn rechts und reicht ihn Gus. Gus zieht seinen Mantel aus und hängt ihn auf den Bügel, dann an einen Haken am Regal vorn rechts, bürstet ein paarmal darüber. Dann sieht er sich im Kreise um. Von hinten links tritt Patricia auf, geht auf die Toilettentür zu, bleibt stehen. Auch sie trägt Papiergamaschen.*

Gus Was guckt ihr denn alle? *Er setzt sich auf die Bank. Patricia geht in die Toilette. Larry geht Gus nach.*

Larry *zu Gus, halb scherzend, aber vorsichtig* Wieso haste dich denn so fein gemacht?

Gus sieht ihn nur böse und mürrisch von unten herauf an, brütet weiter vor sich hin. Raymond tritt auf Jim zu, der jetzt links hinter dem Schreibtisch steht.

Raymond Was hat er denn heute?

Jim *Raymond steht links von Jim. Larry geht zu Jim, steht rechts von ihm. Jim spricht leise, mit Seitenblicken auf Gus* Ach, hören Sie mir auf mit dem Kerl, Ray. Ich kann Ihnen sagen, ich hab vielleicht was mitgemacht. Den ganzen Sonntag ist er rumgelaufen, brauchte unbedingt 'n neuen Anzug, weil er auf den Friedhof gehen wollte; dann mußte er auf einmal noch bis rüber nach Long Island City wegen dieser verfluchten Stoßstangen für sein altes Wrack von einem Ford. Und dann ist er weder auf den Friedhof gekommen, noch hat er die Dinger da anmontiert – immer nur davon geredet, so sind wir den ganzen Sonnabend-Sonntag mit den Stoßstangen über der Schulter rumgelaufen, kreuz und quer durch die Stadt.

Raymond Eagle will heute kommen; versuchen Sie mal, ob Sie ihn nach oben bringen können. Ich möchte nicht, daß er ihn wieder in diesem Zustand sieht.

Jim Ich an Ihrer Stelle, ich würde ihn so sitzen lassen; *ich* faß ihn jedenfalls nicht an, das sag ich Ihnen. Wissen Sie, was er gestern abend gemacht hat? Auf einmal fing er an, sämtliche alten Bekannten anzurufen – alle, die mit ihm auf dem U-Boot gefahren sind. Ein Ferngespräch nach dem anderen: nach Texas und Kalifornien und Kentucky – er hat einen Bruder in Kentucky, haben Sie das gewußt?

Agnes Nein!

Jim Jawohl, und ich glaub, keiner von den Kerls, die er angerufen hat, hat auch nur ein Wort von dem verstanden, was er sagte – aber er steckte einen Quarter nach dem andern in den Schlitz, ich glaube, ich hab für hundertfünfzig Dollar Kleingeld wechseln müssen, und alles nur, um sich zu verabschieden.

Agnes Um sich zu verabschieden?

Jim Ja ... Good-bye, good-bye, good-bye, good-bye, Joe good-bye, Alex, so ging das die ganze Nacht. Ich kann euch sagen, ich hab's bis hierhin, das ist ja ...

Gus *erhebt sich und geht nach links auf Kenneth am Packtisch zu* He, Ire!
Kenneth erhebt sich, wendet sich nach ihm um. Gus zieht einen Packen Banknoten aus seiner Tasche, blättert eine ab Hier. Kauf dir neue Schuh.
Agnes geht nach hinten links ab.

Kenneth Oh, danke Ihnen, Gus, sehr freundlich, aber das kann ich nicht annehmen ...

Larry kommt nach vorn rechts an die Bank. Jim geht nach rechts bis vor die Toilette.

Raymond *nach rechts von Gus* Gus, Eagle kommt heute; wollen Sie nicht lieber ...

Gus *stopft Kenneth den Schein in die Tasche* Kauf dir Schuh.

Raymond Gus, hören Sie nicht, er kann jeden Augenblick hier sein – seien Sie doch vernünftig ...

Gus Euer Eagle ist mir Luft! Warum sorgt er nicht für neuen Lokus hier!? *Er wendet sich ab, geht nach rechts.*

Raymond Was? *Er kommt nach vorn, nach rechts von Kenneth. Bert kommt mit neuem Frachtgut.*

Gus *weiter nach rechts* Lokus! Jawohl! Das gut? Ein Lokus für so viel Menschen? Das ist ganz schlecht, Raymond, das ist nicht anständig. *Er bietet Bert einen Geldschein an. Larry nickt, und Bert nimmt ihn.* Da Junge, kauf dir was, kauf dir Buch, kauf Schokolade.

Larry *zu Gus, legt ihm einen Arm auf den Rücken* Komm, Gus, komm, wir gehen nach oben.

Bert geht nach hinten an den Haken, holt sich einen neuen Auftrag, geht nach vorn rechts.

Gus Mir ganz egal, ob Eagle mich sieht, ich hab jetzt Geld genug, verdammt. Oh, Larry, Larry, zweiundzwanzig Jahre habe ich hier gearbeitet ...

Larry Gib mir doch das Geld, Gus. Ich bring's für dich auf die Bank.

Gus *macht sich heftig los, geht an die Waage* Wozu brauch ich Geld auf Bank? Ich bin achtundsechzig Jahre, ich habe keine Kinder, nichts hab ich, wozu soll ich Geld auf Bank tun? *Unvermittelt, angesichts der Bodenwaage, deutet darauf hin.* Warum tut keiner nichts gegen diese verdammten Mäuse?

Raymond *links von Gus, erschreckt von Gus' Wutausbruch* Gus, bitte gehen Sie nach oben!

Patricia kommt aus der Toilette, kommt nach vorn, vor den Schreibtisch.

Gus *an der Waage* Zweiundzwanzig Jahre lang Mäuse verdammte! Schlecht ist das, Raymond, sehr schlecht, so viel Mäuse! *Er rüttelt an der Waage.* Sehen Sie das, alles Mäuse verdammte!

Patricia kreischt auf, da die Mäuse unter der Waage hervorgeschossen kommen. Allgemeines Durcheinandergeschrei, während alles vor den Mäusen Reißaus nimmt oder Besen und Kartons gegen sie schwingt. Raymond und Kenneth reißen Gus zurück, brüllen auf ihn ein, es sein zu lassen. Agnes stürzt von links hinten herein, kreischt auf, als sie die Mäuse sieht, läuft nach vorn rechts hinaus. Jerry und Willy kommen eilig herein und beteiligen sich lachend an der Maushatz. Larry hilft Patricia in ihren Gamaschen auf den Packtisch, und Gus schreit zu ihr hinauf.

Gus *nach rechts auf Patricia zu* Patricia, komm mit mir Atlantic City! *Er zieht das Bündel Scheine aus der Tasche.* Fünftausend Dollar hab ich gekriegt für meine Frau!

Patricia Sie Schmutzfink! Sie dreckiger gemeiner Schmutzfink, Sie!

Gus Ich mach dich glücklich, Patricia! Ich mach dich ... *Plötzlich fährt er sich mit der Hand nach dem Kopf, ihm wird schwindlig.*

Larry geht zu ihm, sieht ihn prüfend an.

Larry Komm, komm mit. *Er führt Gus in die Toilette.*

Patricia *in die plötzlich entstehende kurze Stille* Oh, dieses Schwein! Habt ihr das gesehen, habt ihr gesehen, was er gemacht hat, dieses Schwein? *Sie steigt vom Tisch herunter und geht mit einem wütenden Blick in Richtung Toilette ab nach hinten links.*

Raymond *kommt nach vorn Mitte, mit dem Rücken zum Zuschauerraum* Also los, Herrschaften, was ist denn? Los, los, an die Arbeit!

Jim geht nach hinten rechts ab, Jerry nach vorn rechts, Willy vorn links. Die Arbeit geht weiter, Kommen und Gehen. Als Raymond an Tom vorbeigeht, um nach hinten links abzugehen, tritt Tom auf ihn zu.

Tom Ich hab's schon ein paarmal versucht, mit ihm zu reden, aber er hat eben keine Willenskraft. Wenn einer keine Willenskraft hat, kann man nichts machen.

Raymond Weiß Gott! – Das ist ein Zirkus hier! Jeden Montagmorgen dasselbe! So was hab ich noch nicht ... *Er geht nach hinten links ab. Tom folgt ihm. Kenneth geht nach rechts, holt Rad und Kartons von der Bank.*

Kenneth Ein Gutes hat so 'ne Beamtenlaufbahn natürlich ... Besiegelt das Schicksal, und verriegelt die Tür ... *Er wendet sich wieder nach links, geht zurück an den Packtisch. Bert kommt mit Ersatzteilen von hinten links nach vorn bis links vom Packtisch.*

Dann braucht man sich nicht mehr den Kopf zu zerbrechen, was man mit seinem Leben anfangen soll.

Von vorn rechts kommt Jerry mit mehreren Keilriemen. Er geht nach links bis Mitte der Bank, legt sie ab, sieht aus dem Fenster.

Bert Mensch, das hätt ich nie gedacht, daß dieser Gus so an seiner Frau gehangen hat – du?

Jerry Ich werd verrückt!

Bert *ohne auf Jerrys Ausruf zu reagieren* Ich hab immer gedacht, er könnte sie nicht ausstehen ...

Jerry Himmelherrgott, ich werd verrückt!

Kenneth und Bert gehen jetzt eilig zu Jerry hin, bleiben links von ihm stehen. Willy kommt von vorn links.

Kenneth *im Gehen* Was hast du? Was ist denn?

Jerry Seht euch das an, die Weiber da! Eins, zwei, drei, vier Fenster – alles voll von Weibern, seht euch das an! – Die zwei da sind nackig!

Kenneth *nach hinten rechts* O mein Gott!

Willy *stürzt ans Fenster, links von Jerry* Wo? Wo!?

Kenneth *geht hinter dem Schreibtisch herum nach links* Müßt ihr da unbedingt hinsehen!?

Gus und Larry kommen aus der Toilette.

Jerry Da ist noch eine! Da, auf dem Bett! Mensch, was für ein Vieh!

Bert geht an den Haken.

Willy *außer sich vor Begeisterung; schwingt die Federn, die er in der Hand hat, über dem Kopf* Das ist 'n Puff! Gus! Da drüben ist 'n ganzer Puff eingezogen!

Willy und Jerry fallen sich um den Hals, führen einen wilden Freudentanz auf; Gus sieht aus dem Fenster, ebenso Bert.

Kenneth *nach vorn links* Daß ihr euch nicht schämt!

Tom kommt von hinten links.

Tom He, Jungs, Eagle ist da!

Jerry *zeigt nach draußen* Tommy! Ein neuer Puff!

Gus nach vorn rechts ans Ende der Bank, sieht weiter aus dem Fenster. Tom kommt nach vorn Mitte, sieht hinaus.

Kenneth Oh, das ist schändlich, da mußt du nicht hinsehen, Tommy!

Agnes kommt von hinten links, stellt sich links neben Tom. Kenneth geht sofort zu ihr, um sie aus dem Raum zu entfernen. Larry ab nach hinten rechts.

Oh, Agnes, kommen Sie lieber nicht mehr hier herein ...

Agnes Was? Was ist denn los? *Sie sieht aus dem Fenster.*

Kenneth Nicht, Agnes, sehen Sie da nicht hin! *Er geht wieder nach links an den Tisch.*

Agnes Ach du meine Güte! Was machen denn alle die Frauen da?

Bert kommt nach vorn links ans Ende des Packtisches.

Gus Das ist Hurenhaus, Aggie.

Kenneth Gus, wie können Sie! *Er wendet sich schockiert ab, entfernt sich.*

Agnes Warum sitzen die da so auf den Betten?

Tom Ist doch ganz hübsch warm in der Sonne; wollen vielleicht ein bißchen braun werden.

Agnes Ogottogott. *Sie geht rückwärts nach hinten, stößt mit Bert zusammen.* Ach, Bert, wie gut, daß du hier rauskommst. *Zu den anderen.* Ihr geht doch nicht etwa alle da hin, oder?

Tom lacht als erster, Jerry und Willy stimmen ein, und Agnes muß selber lachen, ist aber schockiert. Ogottogott. *Sie geht hinten links ab, unmittelbar darauf kommt Jim von hinten rechts mit Ersatzteilen, geht an die Bank. Bert geht vorn links ab. Tom setzt sich an seinen Schreibtisch.*

Gus Jim, guck mal. *Jim sieht aus dem Fenster.*

Jim Oh, hübsch. *Er geht an den Haken.*

Jerry He, Herrschaften, wie wär's? In der Mittagspause gehen wir alle zusammen! Kommst mit, Kenny? Ich lad dich ein!

Gus setzt sich auf die Bank.

Kenneth Eher roll ich mich im Pferdemist in der Gosse!

Jerry Wenn du nicht weißt, wie's gemacht wird, ich zeig's dir!

Kenneth *aufbrausend, mit geballten Fäusten* Ich werd dir's zeigen! Ich werd's dir gleich zeigen!

Jerry weicht hinter den Schreibtisch zurück.

Raymond *tritt auf, wütend zwischen beide* Was ist denn hier los, zum Teufel! Seid ihr verrückt geworden?

Gus Hurenhaus.

Raymond tritt zu Gus, blickt aus dem Fenster.

Kenneth *folgt Raymond* Ich rate Ihnen, Raymond, reden Sie mit Mr. Eagle, daß er was unternimmt, oder die ganze Firma geht vor die Hunde. Die arme Agnes ist schon völlig konsterniert. *Er geht nach links an den Tisch.*

Raymond Auch das noch! *Zu allen.* Also los jetzt, steht hier nicht rum, los, ran an die Arbeit. Eagle wird gleich reinkommen.

Alles zerstreut sich, geht mit Aufträgen ab. Tom kehrt an den Schreibtisch zurück. Jim geht nach hinten rechts, Jerry nach vorn links ab.

Und was ist mit Ihnen, Gus – wollen Sie da sitzen bleiben?

Gus antwortet nicht, sieht gedankenverloren aus dem Fenster. Von vorn rechts tritt Larry auf.

Was denken Sie sich eigentlich? Gus! – Eagle ist da!... Also schön, meinetwegen bleiben Sie sitzen, bis Sie schwarz werden. *Mit einem Blick aus dem Fenster.* Herrgott, das hat mir gerade noch gefehlt! *Er geht wütend ab nach hinten links.*

Larry *kommt nach vorn zu Gus* Komm, Gus, gib mir das Geld. Ich heb's dir auf.

Patricia tritt von hinten links auf, kommt nach vorn an die Waage, sieht aus dem Fenster.

Gus *eine tiefe Traurigkeit hat von ihm Besitz ergriffen* Geh weg.

Kenneth O nein, Patricia, da müssen Sie nicht hinsehen. Das ist schändlich.

Tommy Ist doch bloß ein Haufen nackter Weiber.

Kenneth Tommy, ich bitte dich! Vor einem Mädchen!

Patricia *sieht Gus sitzen* Guckt mal, King Kong! Wie er da sitzt! *Sie geht nach rechts, bis vor den Schreibtisch.* Da denkt einer zurück an die alten Zeiten, was King Kong?

Gus Ach, halt die Schnauze! *Er will sich erheben, sinkt wieder auf die Bank zurück.*

Larry will nach vorn rechts abgehen.

Patricia *folgt ihm, holt ihn am Rand der Bühne ein; leise* Larry! Raymond sagt, du willst den Auburn verkaufen – stimmt das?

Larry Ja, er macht mir keinen Spaß. Ist sowieso viel zu vornehm für mich.

Patricia Schade, ich fand ihn gerade so schön.

Larry *sehr zweifelnd* So?

Patricia Warum bist denn so wütend?

Larry Dumme Frage.

Patricia Du bist doch schließlich verheiratet, wie soll das...

Larry Laß das meine Sorge sein, ja?

Patricia Na, ich muß mir ja auch meine Gedanken darüber machen, nicht?

Larry Das ist ja ganz neu, daß du dir über irgendwas Gedanken machst, Pat.

Patricia Ja, wie hattest du dir das denn gedacht? – Ich konnte doch nicht wissen, daß du's ernst meintest.

Larry Wozu red ich denn die ganze Zeit? Ich hab's dir oft genug gesagt –

Patricia Ja schon, aber so was kann doch jeder sagen.

Larry Ich weiß, Pat. Aber ich nicht. *Mit einem kühlen, gekränkten Lächeln.* Wenn ich dir einen Rat geben darf, Kleines: in Zukunft mußt du den Leuten ein bißchen mehr glauben, wenn sie dir was sagen. Sonst kann's dir passieren, daß du in so was landest. *Er deutet aus dem Fenster.*

Patricia *leise, wütend* Nimmst du das zurück?! *Er wendet sich ab, geht nach vorn rechts.* Larry! Das wirst du zurücknehmen!

Eagle kommt von hinten links, geht nach hinten Mitte.

Eagle Morgen.

Patricia *schaltet unvermittelt auf sonnigen Charme* Guten Morgen, Mr. Eagle! *Sie geht nach links, vor dem Schreibtisch herum ab nach hinten links.*

Eagle geht auf die Toilettentür zu, wendet sich nach Gus um, der einen Taschenflakon Whisky aus der Tasche seines Anzuges gezogen hat und trinkt.

Eagle Morgen, Gus.

Gus *setzt die Flasche ab* Gu'n Morgen. *Er steckt die Flasche wieder ein.*

Eagle geht ab in die Toilette.

Tom *zu Gus* Bist du verrückt geworden?

Gus sitzt und sieht aus dem Fenster. Er ist stark betrunken, verkatert. Bert kommt mit Ersatzteilen von vorn rechts.

Kenneth *rechts von der Waage, halblaut* Eben ist Eagle da reingegangen, und sieh dir das an. Jetzt ist es aus. Jetzt fliegt er.

Tom *auf Gus zu* Gib mir die Flasche, Gus. *Er will nach der Flasche greifen.*

Gus schüttelt seine Hand von sich ab.

Gus Ich geh jetzt. Ich geh weg. Ich muß auf Friedhof. Ich bin noch nicht *einmal* auf Friedhof gewesen. Ich geh meine Lilly besuchen. Meine Lilly hat im Sterben gelegen, und ich war in Staten Island. Ganz allein war sie. Tz!

Jerry kommt mit Ersatzteilen von vorn links.

Bert Gus, geben Sie Tommy die Flasche!

Gus Zweiundzwanzig Jahre arbeit ich hier.

Tom zuckt die Achseln, geht an den Schreibtisch, setzt sich.

Kenneth *zu Jerry, der wieder aus dem Fenster starrt* Möchtest du bitte meinen Tisch frei machen?

Jerry Darf man nicht mal aus dem Fenster gucken?

Willy mit Ersatzteilen von hinten rechts, kommt nach vorn an die Bank.

Willy Na, wie geht's unsern kleinen Puppen?

Kenneth Jetzt hört schon endlich auf damit!

Sie lachen ihn aus. Willy geht an den Haken, dann ab nach links. Jerry geht zur Bank, legt den Schlauch ab, den er gebracht hat, geht an den Haken, bleibt links hinter dem Schreibtisch stehen.

Tom *halblaut* Eagle ist da drin!

Kenneth Gibts für euch gar nichts anderes? Nichts als Weiber und dreckige Witze?

Eagle kommt aus der Toilette, kommt nach vorn, sieht Kenneth an.

Und dabei trieft ihr von Blödheit! *Nach rechts auf Eagle zu.* Mr. Eagle, dagegen muß etwas unternommen werden. Was ist das für eine Zumutung für unsere Damen. *Er deutet aus dem Fenster, Eagle sieht hinaus.* Und außerdem, Sir, für unsereinen ist das auch nicht angenehm, acht Stunden am Tag dieser Anblick.

Eagle Tja, hätten Sie man lieber nicht die Fenster geputzt. *Gus trinkt wieder. Eagle ab nach hinten links.*

Kenneth Hätten Sie nicht die Fenster geputzt, sagt er!

Gus legt den Kopf zurück, leert die Flasche.

Jerry *auf Kenneth* Alter Esel, irischer!

Kenneth *will sich auf Jerry stürzen, läuft hinter dem Schreibtisch herum nach rechts hinter Jerry her, der rings um den Schreibtisch ausweicht* Ich werd dir geben, von wegen irischer Esel!

Ray tritt auf, stellt sich zwischen sie. Bert nach rechts vom Schreibtisch.

Raymond He! He!

Jerry Okay, alter Esel. *Im Abgehen nach hinten rechts.* Wir sehen uns noch.

Kenneth *will ihm nach, Ray hält ihn zurück* Wir sehen uns noch, jawohl, aber dann hast du ein blaues Auge!

Raymond Schluß jetzt!

Jim kommt von vorn rechts, geht an den Haken. Kenneth geht vor sich hinbrummend wieder an den Packtisch, arbeitet weiter. Bert geht mit einem Auftrag vorn links ab. Raymond hat einen Augenblick zu Gus hingesehen, der noch immer die Flasche in der Hand hält. Jetzt kommt er nach vorn, auf Gus zu.

Was ist jetzt mit Ihnen, Gus? Wollen Sie arbeiten? Oder wollen Sie so weitermachen?

Gus erhebt sich ächzend und drohend, Raymond tritt zurück. Gus geht zu seinem Mantel und nimmt ihn vom Bügel.

Wo wollen Sie hin?

Gus *während Jim nach rechts hinten an das Regal geht, sei-*

nen Mantel holt Komm Jim, wir gehen. Da, zieh deinen Mantel an. *Er geht hinter dem Schreibtisch nach links.*

Raymond Sie können doch jetzt nicht gehen; es ist gerade halb zehn. *Er geht hinter Gus her nach hinten rechts. Agnes tritt auf.*

Agnes *nach vorn, links von der Mitte* Was ist denn das für'n Krach hier ...? *Sie bricht ab, als sie Gus im Mantel sieht.*

Gus Halb zehn. Gerade gute Zeit zum Gehen.

Jim *nach rechts von Raymond, leise* Vielleicht ist es besser, wenn ich mitgehe, Ray, er hat das ganze Geld bei sich. *Bert kommt von vorn rechts mit Ersatzteilen. Gus links vom Schreibtisch nach vorn, dann nach rechts auf Bert zu.*

Raymond *ruhig, väterlich* Gus, seien Sie doch vernünftig. Wo wollen Sie denn um diese Zeit hin? Gehen Sie doch nach oben, legen sich hin.

Gus *zu Bert; er schwankt hin und her* Zweiundzwanzig Jahre.

Bert Ich weiß, Gus.

Larry kommt von hinten rechts, bleibt stehen, verfolgt die Szene.

Gus Ich war schon hier – wo's dich noch gar nicht gab, war ich schon hier.

Bert Ich weiß. *Er geht rückwärts weiter nach rechts.*

Gus Diese Männer waren auch schon hier, da gab's dich noch gar nicht.

Bert nickt befangen, traurig. Wendet sich nach hinten, zu Larry.

Wie Mr. Eagle noch zur Schule ging, war ich schon hier. *Zu Tom* Wie Winton Six noch neues Modell war, war ich hier. *Zu Jim.* Wie Minerva rauskam, war ich hier. *Zu Raymond.* Dann kam Stanley Steamer, war ich hier, und Stearns *zu Agnes* Knight, und Marmon *zu Kenneth* war auch guter Wagen, die ganze Zeit war ich hier. *Auf Bert zu.* Ich war schon lange hier, wie Raymond herkam, war noch ganz junger Kerl, hat schwer gearbeitet, bis er oben war. Ich war schon hier, *zu Agnes* wie Agnes noch gemeint hat, sie kriegt einen Mann. *Langsam zur Mitte.* Und dann Locomobile und Ford K und Ford M – die ganzen vielen Typen von Ford, und Franklin war guter Wagen, und Jordan, Reo, Pierce Arrow, Cleveland ... waren alles gute Wagen. Die ganze Zeit war ich hier.

Bert Ich weiß.

Gus *auf Bert zu* Nichts weißt du. *Geht nach hinten Mitte.* Komm, Jim. *Er legt seine Melone auf den Schreibtisch, holt sich eine der Stoßstangen, Jim greift nach der anderen. Gus geht zurück zu seinem Hut, nimmt ihn vom Schreibtisch.* Knöpf dir Mantel zu, draußen ist kalt. Tommy? Paß auf, daß hier alles klappt. *Er setzt sich den Hut auf, geht nach hinten links ab.*

Jim folgt ihm. Die anderen sehen den Abgehenden nach. Dann wendet sich Agnes um, sieht Raymond an. Er geht nach hinten links ab. Sie sieht zu Bert, er geht zu seinem Mantel, zieht ihn an. Sie sieht zu Larry, er geht durch die Regale hinten rechts ab. Sie sieht zu Tom, er geht an den Schreibtisch, beginnt zu arbeiten. Sie sieht zu Kenneth, er setzt sich auf den Schemel hinter dem Packtisch. Sie wendet sich zum Gehen nach hinten links, Bert tritt auf sie zu.

Bert Agnes –?

Agnes Ach ja, du gehst ja weg, Bert!

Bert Ja.

Agnes Da gehst du also weg.

Bert *erwartungsvoll* Ja.

Patricia *ruft von hinter der Bühne* Agnes! Telefon!

Agnes Komme! Ja, also alles Gute. Viel Glück für deine Examen ... *Sie läuft eilig nach hinten links ab.*

Bert Danke, Aggie, ich ...

Jerry kommt mit Ersatzteilen von vorn links, legt sie links auf dem Packtisch ab, geht wieder ab nach vorn links. Willy kommt von vorn rechts, geht nach rechts von der Bank, legt seine Sachen ab, geht wieder ab nach vorn rechts. Bert scheint sich von beiden verabschieden zu wollen, aber sie sind von ihrer Tätigkeit in Anspruch genommen, und er scheut sich offenbar, sie anzusprechen. Aber dann tritt Larry von hinten rechts auf, geht hinter dem Schreibtisch vorbei.

Tom Larry? *Larry geht nach links auf Tom zu.* Sind diese Getriebe schon da? *Er gibt Larry einen Auftragszettel.* Die sind schon seit einem Monat bestellt.

Larry *nach vorn rechts* Okay. Ich seh gleich mal nach.

Bert *nach rechts, bis er rechts vom Schreibtischstuhl steht* Ich geh jetzt, Larry, da wollte ich ... äh ...

Larry *im Abgehen vorn rechts* Ach ja. Also machs gut, Junge.

Bert *sieht Larry nach, geht dann zu Tommy* Wiedersehen, Tommy.

Tom *wendet sich um* Ach, du gehst ja, hm?

Bert Ja, es ist soweit.

Tom Also dann, denk dran: Willenskraft! Das macht es.

Bert Ja. Ich ... äh ... ich wollte ...

Raymond kommt von hinten links.

Raymond *gibt Tom einen Auftragszettel* Tommy, hier ist 'ne eilige Sache ... der Mann liegt mit seinem Wagen in Peekskill fest – das muß heute noch 'raus, dringend.

Tom In Ordnung.

Raymond wendet sich zum Abgehen, erblickt Bert, der irgend etwas von ihm zu erwarten scheint.

Raymond Ach ja – Wiedersehen, Bert.

Bert Auf Wiedersehen, Raymond, ich ...

Bert geht auf ihn zu, hinter den Schreibtisch. Aber Raymond ist schon im Abgehen und gleich darauf hinten links verschwunden. Willy kommt von vorn rechts mit Frachtgut, geht an den Haken, holt sich neuen Auftrag, geht ab nach hinten rechts. Jerry kommt von vorn links, geht nach rechts, ab nach hinten rechts – alles das ohne Unterbrechung. Bert tritt auf Kenneth zu.

Kenneth *wendet sich nach ihm um, verlegen* Tja – da werden wir uns so bald nicht wiedersehen, nehme ich an.

Bert Tja. – Ich begreif das nicht.

Kenneth Was?

Bert Wieso ausgerechnet ich derjenige bin, der hier rauskommt. Ich kenne doch nicht halb so viele Bücher wie du, ich weiß nicht ein Viertel von dem, was Larry weiß, über den Motor und so ...

Kenneth Du hast ein festes Ziel, Bert. Das ist der Schlüssel zur Tür, immer.

Bert Nein, es ist mir ein Rätsel. Ich hoffe, du versuchst es mit der Verwaltung, Kenny. Ja?

Kenneth Schon möglich ... mir ist letzte Nacht etwas Furchtbares passiert, Bert, ich hab mich benommen wie ein Schwein ... ich hab eine Theke umgekippt.

Bert Eine Theke ... umgekippt?

Kenneth Es ist schändlich, was ich getan habe. Ich stehe so da, unterhalte mich ganz friedlich, weiter nichts, und auf einmal, ich weiß selbst nicht, wie ich dazu komme, fang ich an, an dem Ding zu wackeln und zu schaukeln, und dann kippt es um, und alles geht in Scherben, und das Bier spritzt aus allen Röhren über den Boden. Sie haben mir mein ganzes Geld weggenommen, es wird noch sechs Wochen dauern, bis ich ihnen alles zurückgezahlt habe. Schon möglich, daß ich's als Beamter versuche, vielleicht fang ich mich da wieder.

Bert Ja, dann ... viel Glück, Kenny. Alles Gute. *Errötend.* Und die Gedichte ... die werden dir hoffentlich wieder einfallen.

Kenneth *als wäre das unwichtig* Nein, Bert, das ist vorbei. Dafür gibt's hier zu viel zu tun.

Willy kommt mit Ersatzteilen von hinten rechts. Er geht nach vorn an die Bank, legt seine Sachen geräuschvoll ab.

Tom He, Willy! Komm her. *Er schwenkt den Auftragszettel.* Hier. Das ist dringend, für Peekskill.

Willy Okay. *Er nimmt den Auftrag, geht hinter dem Schreibtisch nach links und ab nach vorn links.*

Bert wendet sich um, sieht zu Tom hin, aber der sitzt schon wieder über seiner Arbeit und stempelt, ohne aufzublicken, Auftragszettel. Kenneth hat angefangen zu singen. Bert wendet sich wieder nach Kenneth um, aber auch Kenneth ist schon wieder bei der Arbeit. Sein Gesang dauert fort bis zum Fallen des Vorhangs.

Bert wendet sich ab, blickt sich im Raum um, der bis auf Tom am Schreibtisch und Kenneth am Packtisch leer ist. Dann geht er langsam nach hinten links ab.

Kenneth *beim Arbeiten*

»Der Sängerknab' ist in Krieg gefahr'n,
um den Tod ans Herze zu drücken.
Sein's Vaters Schwert hat er umgetan,
und die Harfe sein auf dem Rücken . . .«

Kenneth reißt einen großen Bogen braunes Packpapier von der Rolle. Er singt noch, während der Vorhang fällt.

Vorhang.

Zwischenfall in Vichy

Ein Theaterstück

Personen

von Berg
Leduc
Lebeau
Bayard
Marchand
Kellner
Major
Professor
Zigeuner
Alter Jude
Monceau
Erster Geheimpolizist
Zweiter Geheimpolizist
Junge
Ferrand
Hauptmann
Wache
Gefangene

Vichy, Frankreich, 1942
Ein Haftlokal

Rechts führt ein Gang um die Ecke zu einem nicht sichtbaren Ausgang auf die Straße. Längs des Hintergrundes eine Mauer mit zwei düster aussehenden Fenstern – vielleicht ein Büro, auf jeden Fall ein abgeschlossener Raum, mit einer Tür links, die sich in den Zuschauerraum öffnet. (Links und rechts von der Bühne aus gesehen.)

Eine lange Bank steht vor der Mauer, davor dehnt sich ein leerer, großer Raum, von dem man nicht genau weiß, wozu er früher gedient hat – es kann ein Lagerschuppen, eine Kaserne oder der vom Publikum nicht benutzte Teil eines Bahnhofs sein. Neben der Bank zu beiden Seiten je eine kleine Kiste.

Wenn es heller wird, unterscheidet man sechs Männer und einen etwa fünfzehnjährigen Burschen, die in der für ihre Persönlichkeit und Funktion jeweils charakteristischen Haltung auf der Bank sitzen, in ihren Posen erstarrt wie ein kleines Orchester, kurz bevor es zu spielen beginnt.

Wenn die Bühne voll beleuchtet ist, lösen sie sich aus ihrer Erstarrung. Offensichtlich kennen sie einander nicht. Sie sitzen da wie Menschen, die auf einem öffentlichen Platz zufällig zusammenkamen, neugierig aufeinander und doch mit sich selbst beschäftigt. Sie machen einen unruhigen, besorgten Eindruck und versuchen, sich klein zu machen, um nicht aufzufallen. Nur einer, Marchand, ein ziemlich gut gekleideter Geschäftsmann, der dauernd auf seine Uhr sieht, allerlei Zettelchen und Visitenkarten aus seinen Taschen zieht und sie betrachtet, ist von einer nicht übertrieben wirkenden Ungeduld.

Jetzt stößt Lebeau, ein bärtiger, ungepflegt aussehender Mann von fünfundzwanzig Jahren, aus Hunger und innerer Angst einen dramatischen Seufzer aus, beugt sich nach vorn und stützt den Kopf in die Hände. Die andern werfen einen Blick auf ihn, sehen aber gleich wieder fort. Die in ihm aufgespeicherte Furcht drängt zur Entladung, und das läßt ihn aggressiv erscheinen.

Lebeau Eine Tasse Kaffee wär jetzt gar nicht schlecht. Sogar nur 'n Schlückchen.
Niemand antwortet. Er dreht sich zu Bayard, der neben ihm sitzt. Bayard ist so alt wie er, ärmlich, aber sauber angezogen, von einer gewissen muskulösen Strenge in seinem Auftreten. Lebeau spricht mit einem vertraulichen Unterton Sie wissen auch nicht, was los ist?

Bayard Ich kam gerade die Straße herunter.

Lebeau Ich auch. Etwas sagte mir – geh heute nicht aus. Ich ging doch aus. Wochenlang mache ich die Tür nicht auf. Heute gehe ich aus dem Haus. Und dabei hatte ich gar keinen Grund, ich wollte nirgendwo hingehen. *Sieht nach links und rechts, wo die andern sitzen. Zu Bayard* Sind die auch alle so festgenommen worden?

Bayard *achselzuckend* Bin selbst erst ein paar Minuten hier – kurz bevor man Sie eingeliefert hat.

Lebeau *sieht die andern an* Hat hier irgend jemand 'ne Ahnung?
Achselzucken und verneinende Kopfbewegungen. Lebeau betrachtet die Wände, den Raum. Zu Bayard 'n Polizeirevier ist das aber nicht, oder?

Bayard Sieht nicht danach aus. Schreibtische gibt's überall. Wahrscheinlich benutzen sie nur das Gebäude.

Lebeau *sieht sich unbehaglich, aber doch neugierig um* Ist aber wie ein Polizeirevier angestrichen. Es muß da so was wie 'ne internationale Polizeifarbe geben, immer die gleiche, überall. Wie tote Austernschalen, mit 'nem bißchen Gelb drin. *Pause. Er wirft einen Blick auf die andern, die stumm dasitzen, und würde selbst lieber schweigen. Aber es ist unmöglich, und er sagt, nervös lächelnd, zu Bayard* Beinahe möchte man *wirklich* ein Verbrechen begangen haben. Dann wüßte man wenigstens, woran man ist.

Bayard *findet das gar nicht komisch, bleibt aber freundlich* Regen Sie sich nicht auf. Das führt zu nichts. Wir werden ja bald Bescheid wissen.

Lebeau Ich hab seit gestern nachmittag um drei nichts gegessen. Wenn man Hunger hat, sieht alles viel gefährlicher aus. Geht's Ihnen auch so?

Bayard Ich hab vergessen, mir heute morgen mein Frühstück mitzunehmen, sonst würde ich Ihnen was geben. Gerade wollte ich noch mal zurück, um's mir zu holen, da hielten sie neben mir an. Jetzt denken Sie mal nicht dran und beruhigen Sie sich ein bißchen.

Lebeau Ich bin nervös... Von Hause aus, meine ich. *Lacht etwas ängstlich* Ich bin sogar schon vor dem Krieg nervös gewesen. *Er hört auf zu lächeln und rückt auf seinem Platz hin und her. Die andern warten in heimlicher Angst. Er bemerkt Marchand, dessen gute Kleidung und sichere Haltung seine Aufmerksamkeit erregen und der am Ende der Bank sitzt, die der Tür am nächsten ist. Er beugt sich vor und sagt zu ihm* Entschuldigen Sie bitte – *Marchand wendet sich ihm nicht zu. Lebeau pfeift leise, kurz, durchdringend. Marchand, der sich bereits belästigt fühlte, dreht sich langsam zu ihm* – hat man Sie so geschnappt – auf der Straße? *Marchand wendet sich wieder ab, ohne zu antworten.* Monsieur? *Marchand antwortet nicht.* Mein Gott, entschuldigen Sie, daß ich geboren bin.

Marchand Offensichtlich handelt es sich um eine Paßkontrolle – eine reine Routineangelegenheit.

Lebeau Oh.

Marchand Unter den vielen Fremden, die in diesem Jahr Vichy überschwemmen, gibt es wahrscheinlich eine Unmenge von Spionen und Gott-weiß-was für Leute. Sie wollen die Papiere sehen – das ist alles.

Lebeau *dreht sich zu Bayard. Hoffnungsvoll* Glauben Sie?

Bayard *zuckt die Achseln, anscheinend glaubt er, daß es doch um mehr geht* Ich weiß nicht.

Marchand *zu Bayard* Es gibt Tausende, die mit falschen Papieren herumlaufen, das weiß doch ein jeder. Das kann in Kriegszeiten nicht gestattet werden. *Die andern sehen Marchand unsicher an, der jetzt als einziger seiner Sache sicher zu sein scheint.* Und vor allem jetzt, wo die Deutschen hier die Sache in die Hand nehmen, muß man sich auf etwas strengere Maßnahmen gefaßt machen – das ist nun mal unvermeidlich. *Pause.*

Lebeau *wendet sich noch mal ihm zu* Spüren Sie nichts? Einen gewissen – Beigeschmack? Hm?

Marchand Was für einen Beigeschmack?

Lebeau Na, zum Beispiel . . . einen rassischen.

Marchand Wenn Ihre Papiere in Ordnung sind, haben Sie nichts zu befürchten. *Er wendet sich wieder ab und beendet damit die Unterhaltung. Schweigen.*

Lebeau *kann seine Angst jedoch nicht unterdrücken. Er studiert Bayards Profil, dreht sich dann zu dem Mann, der auf der andern Seite sitzt, und studiert seins. Dann wendet er sich wieder Bayard zu und sagt ruhig* Sie sind – Peruaner, nicht wahr?

Bayard Was fällt Ihnen ein, mich etwas Derartiges hier zu fragen? *Wendet sich nach vorn.*

Lebeau Soll ich vielleicht stumm dasitzen wie ein blödes Vieh?

Bayard *legt ihm beruhigend die Hand aufs Knie* Nicht hysterisch werden, mein Freund. Hat keinen Zweck.

Lebeau Ich glaube, wir sind erledigt. Ich glaube, alle Peruaner in Vichy sind erledigt. *Unterdrückt einen Ausruf* 1939 hatte ich ein amerikanisches Visum. Vor der Invasion. In der Hand hab ich's sogar schon gehabt –

Bayard Beruhigen Sie sich – vielleicht ist's wirklich nur eine Routineangelegenheit. *Kurze Pause.*

Lebeau Hören Sie ... *Er beugt sich zu ihm und flüstert Bayard etwas ins Ohr.*

Bayard *wirft einen Blick auf Marchand, sagt dann achselzukkend zu Lebeau* Ich weiß nicht, vielleicht. Vielleicht ist er's auch nicht.

Lebeau Und was ist mit Ihnen?

Bayard Hören Sie doch endlich mit diesen idiotischen Fragen auf! Sie machen sich ja lächerlich.

Lebeau Aber ich *bin* lächerlich, Sie etwa nicht? 1939 hatten wir bereits gepackt, um nach Amerika zu gehen. Plötzlich wollte meine Mutter sich nicht von ihren Möbeln trennen. Ein Messingbett und ein paar alte Tassen und Töpfe sind schuld daran, daß ich noch hier bin. Und eine eigensinnige, ahnungslose Frau.

Bayard Ja, aber so einfach ist es auch wieder nicht. Versuchen Sie, den Dingen auf den Grund zu gehen. Es hilft einem, wenn man weiß, *warum* man leidet.

Lebeau Warum man leidet? Weil meine Mutter ...

Bayard Es ist nicht Ihre Mutter. Die Monopole sind in Deutschland an die Macht gekommen. Die ganze Welt soll von der Großindustrie versklavt werden, darum sind Sie hier.

Lebeau Ich bin zwar kein Philosoph, aber ich kenne meine Mutter, und *darum* bin ich hier. Sie sind wie gewisse Leute, die sich meine Bilder ansehen ... »Was bedeutet dies, was bedeutet jenes?« *Sehen* Sie sich's an, fragen Sie nicht, was es bedeuten soll. Man ist nicht Gott, man kann nicht von allem gleich sagen, was es bedeutet. Vorhin gehe ich über die Straße, ein Wagen hält neben mir, ein Mann steigt aus, mißt meine Nase, meine Ohren, meinen Mund, und im Nu sitze ich auf einem Polizeirevier – oder was zum Teufel das hier sein mag – und dies mitten in Europa, im Herzen der westlichen Zivilisation! Und *Sie* wollen wissen, was das bedeutet? – nach den Römern und Griechen und der Renaissance – wollen Sie wissen, was das wirklich *bedeutet?*

Bayard Sie reden vollkommen verwirrt daher.

Lebeau *voller Schrecken* Aber ich bin es! Ich bin vollkommen verwirrt! *Er springt auf, schreit* Verflucht noch mal, ich will Kaffee haben!

Ein Polizist mit umgeschnalltem Revolver erscheint am Ende des Ganges, kommt langsam den Gang herunter und stößt auf Lebeau, der ihm halb entgegenkam. Lebeau bleibt stehen, kehrt zu seinem Platz auf der Bank zurück und setzt sich. Der Polizist will sich gerade wieder umdrehen und zurückgehen, als Marchand die Hand hebt.

Marchand Entschuldigen Sie, könnte ich vielleicht mal telephonieren? Ich habe um elf eine Verabredung, und es ist ziemlich . . .

Der Polizist geht den Gang hinauf und verschwindet um die Ecke. Lebeau blickt auf Marchand, schüttelt den Kopf und lacht lautlos.

Lebeau *zu Bayard, mit gedämpfter Stimme* Ist das nicht phantastisch? Der Mann ist wahrscheinlich bereits auf dem Weg zu einem deutschen Kohlenbergwerk und macht sich noch Gedanken darüber, ob er eine Verabredung einhalten kann oder nicht. Und da gibt's Leute, die realistische Bilder wollen, verstehen Sie, was ich meine? *Kurze Pause* Hat man Ihre Nase gemessen? – das können Sie mir doch wenigstens sagen.

Bayard Nein, sie haben mich nur angehalten und nach meinen Papieren gefragt. Ich hab sie gezeigt, und sie haben mich mitgenommen.

Monceau *beugt sich nach vorn, um Marchand etwas zu sagen* Ich bin ganz Ihrer Ansicht, Monsieur. *Marchand wendet sich ihm zu. Monceau ist ein Mann mit hellen, lustigen Augen, 28 Jahre alt. Er ist elegant gekleidet, nicht schäbig. Er hält einen grauen Filzhut auf den Knien, seine Haltung ist ausgesprochen elegant* Es muß in Vichy nur so wimmeln von falschen Papieren. Sobald sie hier anfangen, wird es nicht lange dauern. *Zu Lebeau* Können Sie sich nicht ein bißchen zusammennehmen?

Lebeau *zu Monceau* Hat man Ihre Nase gemessen?

Monceau *zurechtweisend* Ich finde, wir sollten jetzt alle mal den Mund halten.

Lebeau Stört Sie etwas an mir? Wie ich angezogen bin? Was wissen Sie – vielleicht bin ich der größte Maler Frankreichs.

Monceau Ich hoffe es in Ihrem Interesse.

Lebeau Pack! Nichts als Bösartigkeit!

Marchand *beugt sich vor, um Monceau zu sehen* Man sollte meinen, daß sie bei dem Männermangel nicht viele Leute einsetzen. In dem Wagen, der mich anhielt, waren ein Chauffeur, zwei französische Geheimpolizisten und ein hoher deutscher Beamter. Es wäre doch viel einfacher gewesen, es in die Zeitung zu setzen – daß alle sich hier melden und ihre Papiere vorzeigen müssen. So vertrödelt man den ganzen Vormittag. Außerdem ist es etwas peinlich.

Lebeau Peinlich ist wohl nicht der richtige Ausdruck. Ich ängstige mich zu Tode. *Zu Bayard* Finden Sie's peinlich?

Bayard Ach, lassen Sie mich doch in Ruhe mit Ihrem Gerede. *Pause.*

Lebeau *beugt sich vor, um den Mann zu sehen, der am äußersten Ende von Marchand sitzt. Auf ihn zeigend* Zigeuner?

Zigeuner *einen Kupferkessel zwischen seinen Füßen an sich ziehend* Zigeuner.

Lebeau *zu Monceau* Zigeuner haben nie Papiere, warum ist er hier?

Monceau Bei ihm hat es vielleicht andere Gründe. Wahrscheinlich hat er den Topf gestohlen.

Zigeuner Nein. Auf Bürgersteig. *Er hebt den Topf hoch, den er zwischen den Füßen hielt.* Ich reparieren, schön machen. Ich mich hinsetzen und will reparieren. Kommt Polizei. Pfft!

Marchand Die können einem viel erzählen. *Zum Zigeuner, väterlich lachend* Stimmt's?

Zigeuner *lacht und überläßt sich dann wieder seiner düsteren Stimmung.*

Lebeau Eine Gemeinheit, ihm so etwas zu sagen. Würden Sie das auch einem Mann mit gebügelten Hosen sagen?

Marchand Ach, die nehmen's nicht übel. Sind sogar noch stolz darauf, daß sie stehlen. *Zum Zigeuner* Stimmt's? *Zigeuner wirft ihm einen Blick zu, zuckt die Achseln.* Ich habe ein Landhaus, da kommen sie jeden Sommer hin. Ich persönlich hab sie ganz gern, besonders ihre Musik. Wir haben ihnen oft an ihren Lagerfeuern zugehört. Aber die stehlen einem ja die Augen aus dem Kopf. *Zum Zigeuner* Stimmt's?

Zigeuner *zuckt mit den Achseln und macht eine verächtliche Bewegung, als küßte er die Luft.*

Lebeau Warum soll er nicht stehlen? Wie kommen Sie denn zu Ihrem Geld?

Marchand Ich bin zufällig Geschäftsmann.

Lebeau Was haben Sie dann gegen Stehlen?

Bayard Wen wollen Sie hier provozieren? Sind Sie darauf aus?

Lebeau *Noch* ein Geschäftsmann.

Bayard Ich bin zufällig Elektrotechniker. Aber ein bißchen Solidarität in diesem Augenblick würde nichts schaden.

Lebeau Auch mit den Zigeunern? Oder gibt's da keine Solidarität? Nur weil sie nicht von neun bis fünf arbeiten?

Kellner *Ein kleiner Mann, in mittleren Jahren, noch immer mit seiner Schürze* Hundertmal hab ich ihm gesagt, er soll fortgehn. Dauernd stand er mit seiner Frau und dem Baby vor dem Café und hat gebettelt. Und dabei war's nicht mal ihr Baby.

Lebeau Na und? Die haben eben noch Phantasie.

Kellner Ja, aber warum mußten sie den Gästen dauernd durch die Hecke etwas vorweinen? Viele Leute mögen das nicht.

Lebeau Wißt ihr, an wen ihr mich alle erinnert? An meinen Vater. Der hat für die deutsche Tüchtigkeit geschwärmt. Und jetzt könnt ihr's überall in Frankreich hören – wir müssen lernen, so zu arbeiten wie die Deutschen. Gott im Himmel, habt ihr denn nichts von der Geschichte gelernt? – Jedesmal, wenn ein Volk anfängt, schwer zu arbeiten – seht euch vor, irgend jemand muß dran glauben.

Bayard Das hängt davon ab, wie man die Produktion organisiert. Wenn es nur für den privaten Profit ist, ja, aber ...

Lebeau Sehn Sie sich doch die Deutschen an – tausend Jahre lang ein friedliches, unorganisiertes Volk – dann fangen sie zu arbeiten an, und schon zittert die Welt vor ihnen. Lest die Bibel – Arbeit ist ein Fluch, man darf die Arbeit nicht anbeten.

Marchand Und was soll Ihrer Ansicht nach geschehn, damit überhaupt noch etwas produziert wird?

Lebeau Das eben ist das Problem. *Marchand und Bayard lachen.* Was gibt's da zu lachen? *Das ist das Problem!* Ja! Zu arbeiten, ohne aus der Arbeit einen Gott zu machen! Was seid ihr für ein Pack allesamt!

Die Tür zum Amtszimmer öffnet sich, und der Major kommt heraus. Er ist achtundzwanzig, ein blasser, aber gut gewachsener Mann, etwas Kränkliches ist um ihn. Er hinkt ein wenig, während er an den auf der Bank sitzenden Männern vorbei zum Korridor geht.

Kellner Guten Morgen, Herr Major.

Major *überrascht, nickt dem Kellner zu* Oh, Guten Morgen. *Er geht den Korridor entlang, wo er die hinter der Ecke verborgene Wache ruft – der Polizist wird sichtbar, sie reden unhörbar miteinander.*

Marchand *gedämpft* Sie kennen ihn?

Kellner *stolz* Und ob! Jeden Morgen bringe ich ihm sein Frühstück. Unter uns gesagt: kein schlechter Mensch. Wehrmachtsoffizier, nicht einer von diesen SS-Kerlen, verstehen Sie. An der Front verwundet worden, deshalb wurde er hierher versetzt. Er ist erst vor einem Monat angekommen, aber er und ich ...

Der Major kommt zurück, der Polizist verschwindet wieder um die Ecke des Ganges.

Marchand *aufspringend und auf den Major zugehend, als dieser an ihm vorbeigeht* Entschuldigen Sie, Monsieur. *Der Major dreht langsam sein Gesicht Marchand zu. Marchand mit übertriebener Ehrerbietung* Verzeihen Sie die Störung, aber ich wäre Ihnen sehr verbunden, wenn ich einen Augenblick das Telephon benutzen dürfte. Es handelt sich um eine Angelegenheit, die sogar mit der Lebensmittelversorgung zu tun hat. Ich bin nämlich geschäftsführender Direktor der ... *Er will eine Visitenkarte hervorziehen, aber der Major hat sich bereits umgedreht und ist auf die Tür zugegangen. Er bleibt jedoch dort stehen und dreht sich um.*

Major Ich bin hier nicht zuständig. Warten Sie auf den Polizeihauptmann. *Geht in das Büro.*

Marchand Ich bitte um Verzeihung. *Die Tür hat sich bei diesem Satz geschlossen. Er geht zu seinem Platz zurück und setzt sich, den Kellner ansehend.*

Kellner Im Grunde kein schlechter Mensch. *Alle sehen ihn an, begierig, etwas zu erfahren.* Manchmal kommt er sogar nachts, er spielt wunderbar Klavier. Lernt Französisch nach einem Buch, bringt es sich selbst bei. Sagt einem auch immer was Nettes.

Lebeau Weiß er, daß Sie – Peruaner sind?

Bayard *sofort* Hören Sie doch endlich damit auf, Herrgott noch mal! Verstehen Sie denn nicht?

Lebeau Darf ich nicht mal herausfinden, was hier vorgeht? Wenn sie nur die Papiere sehen wollen, gut, aber wenn ...

Vom Ende des Korridors treten auf: Erster Geheimpolizist mit dem alten Juden, einem bärtigen Siebziger, der einen großen Sack trägt, dann Zweiter Geheimpolizist, der Leduc am Arm festhält, dann der Polizeihaupt-

mann, in Uniform, mit von Berg, und schließlich Professor Hofmann, der Zivilkleidung trägt. Erster Geheimpolizist fordert den Juden auf, sich neben den Zigeuner zu setzen. Zweiter Geheimpolizist fordert von Berg auf, sich neben den alten Juden zu setzen. Erst dann läßt er Leduc los und setzt ihn neben von Berg.

Zweiter Geheimpolizist Keine Geschichten mehr – verstanden?

Die Tür öffnet sich, und der Major kommt heraus.

Leduc *springt sofort auf und geht auf den Major zu* Monsieur, ich verlange eine Erklärung. Ich bin Frontoffizier, Hauptmann der französischen Armee. Die französischen Gesetze in Südfrankreich sind durch die Besetzung nicht außer Kraft gesetzt.

Zweiter Geheimpolizist *stößt Leduc außer sich vor Wut auf seinen Platz zurück. Dann geht er zum Professor* Hält noch große Reden ...

Professor *zweifelnd* Werdet ihr beide es allein schaffen?

Zweiter Geheimpolizist Wir wissen ja ungefähr, worauf's ankommt. *Zum Major* Es gibt da gewisse Viertel, wo sie untertauchen, wenn sie aus Paris oder irgendwoher fortgelaufen sind. Ich kann Ihnen so viele auftreiben, daß Sie's kaum schaffen werden.

Erster Geheimpolizist Man muß nur wissen, wo – das ist das wichtigste. Meiner Meinung nach gibt's hier in Vichy mindestens an die zweitausend mit falschen Papieren.

Professor Also dann los.

Zweiter Geheimpolizist dreht sich um und will mit Erstem Geheimpolizisten fortgehen, als der Polizeihauptmann ihn ruft.

Polizeihauptmann Saint Père.

Zweiter Geheimpolizist Zu Befehl, Herr Hauptmann.

Hauptmann *kommt mit Geheimpolizist nach vorn* Nehmen Sie nach Möglichkeit keinen aus der Menge fest. Fahren Sie einfach herum, so wie wir's vorhin gemacht haben, und holen Sie sich die Leute einzeln. Es sind alle möglichen Gerüchte im Umlauf, und wir wollen keine unnötige Beunruhigung.

Zweiter Geheimpolizist Zu Befehl, Herr Hauptmann.

Der Hauptmann macht eine Geste, beide Geheimpolizisten gehen den Korridor entlang und verschwinden.

Hauptmann Möchten die Herren etwas Kaffee, ich wollte gerade bestellen?

Professor Bitte.

Kellner *schüchtern* Und ein Hörnchen für den Herrn Major.

Der Major wirft dem Kellner einen Blick zu und lächelt

kurz. Der Hauptmann, der den Kellner etwas verwundert angesehen hat, geht ins Büro.

Marchand *zum Professor* Ich glaube, ich bin zuerst dran.

Professor Ja, hier herein. *Er geht in das Büro, hinter ihm der beflissene Marchand.*

Marchand *hineingehend* Vielen Dank. Ich habe es furchtbar eilig ... Ich war nämlich gerade auf dem Weg zum Ernährungsminister, tatsächlich bin ich ... *Seine Stimme verliert sich. Als der Major die Tür erreicht hat, ruft ihm Leduc etwas zu, der bis dahin fieberhaft über etwas nachgedacht hat.*

Leduc Amiens.

Major *bleibt vor der Tür stehen, dreht sich nach Leduc um, der am äußersten Ende der Bank sitzt* Was ist mit Amiens?

Leduc *seine Nervosität verbergend* Neunter Juli vierzig. Ich lag Ihnen gegenüber, Sechzehnte Artillerie. Ich erkenne Ihre Abzeichen wieder, die ich natürlich nicht vergessen konnte.

Major Ja, das war kein guter Tag für Ihre Leute.

Leduc Für Sie anscheinend auch nicht.

Major *sieht an seinem Bein herunter* Kann mich nicht beklagen. *Er geht ins Büro, schließt die Tür. Pause.*

Leduc *zu den übrigen* Was ist hier eigentlich los?

Kellner *zu allen* Hab ich's euch nicht gesagt? Kein schlechter Kerl. Ihr werdet's noch sehen.

Monceau *zu Leduc* Anscheinend wollen sie die Ausweise prüfen.

Leduc *nimmt die Nachricht zur Kenntnis, die ihn augenscheinlich beunruhigt und zur Vorsicht mahnt. Er studiert ihre Gesichter* Wie geht das vor sich?

Monceau Sie haben gerade erst angefangen – der Geschäftsmann war der erste.

Lebeau *zu Leduc und von Berg* Haben sie Ihre Nasen gemessen?

Leduc *aufs höchste betroffen* Nasen gemessen?

Lebeau *hält Daumen und Zeigefinger an die Nasenspitze und Nasenwurzel* Tja, meine Nase haben sie gemessen, mitten auf der Straße. Ich werde Ihnen sagen, was ich glaube ... *Zu Bayard* Wenn Sie gestatten.

Bayard Sie können sagen, was Sie wollen, solange Sie uns nicht zum Narren halten.

Lebeau Ich hab's. Steine schleppen, darum geht's – letzten Montag kam eine Bekannte von mir aus Marseille – die Straße war aufgerissen, lauter Umleitungen. Wahrscheinlich brauchen sie Arbeiter. Sie hat gesagt, sie hat viele gesehen, die Steine schleppten. Eine Menge Juden darunter, ihrer Meinung nach Hunderte.

Leduc Von Zwangsarbeit habe ich in Vichy noch nichts gehört. Haben sie das jetzt hier eingeführt?

Bayard Woher kommen Sie? *Kurze Pause.*

Leduc *überlegt, ob er's sagen soll* Ich lebe auf dem Lande, in die Stadt komme ich nur selten. Haben sie eine Verordnung über Zwangsarbeit erlassen?

Bayard *zu den übrigen* Also jetzt hört mal alle zu. *Er sagt es so bestimmt, daß alle sich ihm zuwenden.* Wenn ich euch jetzt etwas sage, so möchte ich nicht, daß man mich zitiert. Ist das klar? *Sie nicken. Er wirft einen Blick auf die Tür. Dann zu Lebeau* Haben Sie gehört, was ich gesagt habe?

Lebeau Halten Sie mich für einen Idioten? Gott im Himmel, ich weiß doch, wie ernst es ist!

Bayard *zu den andern* Ich arbeite in den Eisenbahnwerkstätten. Gestern ist ein Güterzug mit dreißig Wagen eingefahren. Der Heizer war Pole, ich konnte darum nicht mit ihm sprechen, aber einer von den Weichenstellern hat gesagt, er hätte drinnen Stimmen gehört.

Leduc In den Wagen?

Bayard Ja. Der Zug kam aus Toulouse. In den letzten vierzehn Tagen sollen sie in Toulouse die Juden sang- und klanglos verhaftet haben. Und was hat ein polnischer Heizer auf einem Zug in Südfrankreich zu tun? Begreift ihr nicht?

Leduc Konzentrationslager?

Monceau Ach was! Viele haben sich freiwillig gemeldet, um in Deutschland zu arbeiten. Das ist doch kein Geheimnis. Sie bekommen ja doppelte Rationen.

Bayard *ruhig* Die Wagen sind von außen verriegelt. *Kurze Pause* Und sie stinken. Man kann den Gestank auf hundert Meter riechen. Drinnen schreien Babys. Man kann sie hören. Und Frauen. Freiwillige sperrt man nicht so ein. Das hab ich noch nicht gehört. *Lange Pause.*

Leduc Und ich habe noch nicht gehört, daß sie hier bei uns die Rassengesetze eingeführt hätten. Es ist immer noch französisches Hoheitsgebiet, trotz der Besetzung – darauf haben sie besonderen Wert gelegt. *Pause.*

Bayard Der Zigeuner beunruhigt mich.

Lebeau Wieso?

Bayard Weil er nach den Rassengesetzen zur selben Kategorie gehört. Minderwertig. *Leduc und Lebeau drehen sich langsam nach dem Zigeuner um.*

Lebeau *wendet sich schnell wieder Bayard zu* Falls er den Topf nicht doch gestohlen hat.

Bayard Ja, wenn er den Topf *gestohlen* hat, dann natürlich ...

Lebeau *schnell zum Zigeuner* He du, hör zu. *Pfeift einmal kurz. Der Zigeuner dreht sich zu ihm.* Hast du den Topf gestohlen? *Das Gesicht des Zigeuners ist undurchsichtig. Lebeau ist es peinlich, darauf zu bestehen, muß es aber* Du hast ihn gestohlen, nicht wahr?

Zigeuner Nicht stehlen, ich nicht.

Lebeau Hör mal, ich hab nichts gegen Stehlen. *Auf die andern zeigend* Ich bin nicht wie die hier. Ich habe in geparkten Autos geschlafen, unter Brücken – ich meine, für mich ist Eigentum sowieso Diebstahl, ich hab kein Vorurteil gegen dich.

Zigeuner Nicht stehlen.

Lebeau Hör doch zu ... du bist Zigeuner, wovon sollst du sonst leben? Hab ich recht?

Kellner Er stiehlt alles.

Lebeau *zu Bayard* Haben Sie gehört? Wahrscheinlich ist er hier, weil er gestohlen hat, das ist alles.

von Berg Verzeihen Sie ... *Sie wenden sich zu ihm um.* Sind Sie alle verhaftet worden, weil Sie Juden sind? *Sie schweigen, mißtrauisch und überrascht.* Entschuldigen Sie. Ich hatte keine Ahnung.

Bayard Ich habe nicht gesagt, daß ich Jude bin. Soviel ich weiß, ist niemand hier Jude.

von Berg Verzeihen Sie vielmals. *Langes Schweigen. Er lacht verlegen* Ich war nämlich gerade im Begriff ... mir ... äh ... eine Zeitung zu kaufen, als jener Herr aus seinem Wagen stieg und mir sagte, meine Papiere sollten geprüft werden. Ich ... ich hatte nicht die geringste Ahnung. *Schweigen. Sie schöpfen wieder Hoffnung.*

Lebeau *zu Bayard* Und warum haben sie den geschnappt?

Bayard *sieht von Berg einen Augenblick an, dann zu allen* Ich versteh's nicht, aber hört meinen Rat. Für den Fall, daß es euch erwischt und ihr in dem Zug seid – innen an den Türen befinden sich in halber Höhe vier Bolzen. Verschafft euch einen Nagel oder Schraubenzieher – auch ein spitzer Stein genügt allenfalls. Ihr müßt das Holz um die Bolzen herum herauslösen, dann gehen die Türen von selbst auf ... Seht euch vor, glaubt nichts, was sie euch vorerzählen ... In den polnischen Lagern lassen sie Juden arbeiten, bis sie umkommen.

Monceau Zufällig habe ich einen Vetter, den sie nach Auschwitz geschickt haben, das ist nämlich in Polen, verstehen Sie? Er hat mir ein paarmal geschrieben, daß es ihm gut geht. Sie haben ihn sogar als Maurer ausgebildet.

Bayard Lieber Freund, ich gebe nur wieder, was ich von Leuten gehört habe, die es wissen müssen. *Zögernd* Leuten, denen daran gelegen ist, wirklich Bescheid zu wissen. Verstehen Sie? Glaubt kein Wort über Umsiedlung oder daß man euch ein Handwerk beibringen will oder dergleichen. Wenn ihr in dem Zug seid, macht, daß ihr rauskommt, bevor er da ankommt, wo er ankommen soll. *Pause.*

Leduc Dasselbe habe ich auch gehört. *Sie wenden sich ihm zu, und er wendet sich zu Bayard* Aber wo soll man die Werkzeuge herkriegen, können Sie uns das vielleicht sagen?

Monceau Das ist mal wieder typisch. Wir sind hier in der französischen Zone, niemand hat uns bisher ein Wort gesagt, und schon befinden wir uns in einem Zug, der uns in ein Konzentrationslager bringen soll, wo wir in einem Jahr tot sein werden.

Leduc Aber wenn der Heizer Pole ist ...

Monceau Ja, wenn schon, soll er doch Pole sein, was beweist das?

Bayard Ich habe nur gesagt, daß, wenn man irgendein Werkzeug hat ...

Leduc Ich finde, was dieser Mann sagt, hat Hand und Fuß.

Monceau Und ich finde, Sie sind einfach hysterisch. In Deutschland haben sie die Juden schon vor dem Krieg eingesperrt, in Paris haben sie dasselbe gemacht, nachdem sie einmarschiert sind – wollen Sie mir etwa erzählen, daß all diese Leute umgebracht wurden? Können Sie das allen Ernstes behaupten? Krieg ist Krieg, aber man darf doch nicht den Sinn für Proportionen verlieren. Ich meine, die Deutschen sind doch auch *Menschen.*

Leduc Ich sage das ja nicht, weil es Deutsche sind.

Bayard Sondern weil es Faschisten sind.

Leduc Verzeihen Sie, nein. Eben weil es Menschen sind, gerade deshalb spreche ich so.

Bayard Ich kann Ihnen da nicht zustimmen.

Monceau *sieht Leduc einen Augenblick an* Sie müssen aber merkwürdige Erfahrungen in Ihrem Leben gemacht haben. Zufälligerweise habe ich in Deutschland gespielt, ich kenne das deutsche Volk.

Leduc Ich habe fünf Jahre in Deutschland studiert, und in Österreich, und ich ...

von Berg *freudig* In Österreich! – Wo?

Leduc *zögert von neuem, dann nach einigem Zögern* Am Psychoanalytischen Institut in Wien.

von Berg Was Sie nicht sagen ...!

Monceau Kein Wunder, daß Sie so pessimistisch sind – er ist Psychiater!

von Berg Wo haben Sie gewohnt? Ich bin Wiener ...

Leduc Entschuldigen Sie, aber es wäre vielleicht vernünftiger, nicht über ... Einzelheiten zu sprechen.

von Berg *sich umsehend, als hätte er einen Fehler gemacht* Verzeihen Sie vielmals ... ja, natürlich. *Kurze Pause* Ich wollte nur wissen, ob Sie Baron Keßler kannten. Er hat viel für die Universitätsklinik getan.

Leduc *merkwürdig kühl* Nein, ich habe nicht in seinen Kreisen verkehrt.

von Berg Oh, aber er ist sehr demokratisch. Er ... *scheu* ... ist nämlich mein Vetter.

Lebeau Sind Sie adlig?

von Berg Ja.

Leduc Wie heißen Sie?

von Berg Wilhelm Johann von Berg.

Monceau *überrascht, beeindruckt* Der Prinz?

von Berg Ja ... Verzeihung, kennen wir uns?

Monceau *aufs höchste geehrt* O nein. Aber ich kenne natürlich Ihren Namen. Eines der ältesten Häuser in Österreich.

von Berg Ach, das ist nicht mehr wichtig.

Lebeau *wendet sich Bayard zu – voll neuer Hoffnung* Da sehen Sie, was können die schon von einem österreichischen Prinzen wollen? *Bayard sieht von Berg verwundert an* Ich meine ... *wendet sich wieder von Berg zu* ... Sie sind doch katholisch, nicht wahr?

von Berg Ja.

Leduc Steht Ihr Titel in Ihren Papieren?

von Berg O ja, in meinem Paß.

Pause. Sie sitzen schweigend da, hoffnungsvoll, aber verwirrt.

Bayard Waren Sie ... politisch tätig oder irgend so etwas?

von Berg Nein, nein, für Politik habe ich mich nie interessiert. *Kurze Pause* Natürlich hatten sie eine Animosität gegen den Adel. Das erklärt es vielleicht.

Leduc Animosität? – bei den Nazis?

von Berg *überrascht* Aber natürlich.

Leduc *unbeteiligt, wenn auch begreiflicherweise daran interessiert, den Aristokraten zum Sprechen zu bringen* Wirklich. Ich habe das gar nicht gewußt.

von Berg O doch, Sie können ganz sicher sein.

Leduc Und aus welchem Grund?

von Berg *lacht, da es ihm peinlich ist, auch nur anzudeuten, daß er sich verletzt fühlt* Fragen Sie das im Ernst?

Leduc Ich wollte Sie nicht verletzen, wirklich, ich habe keine Ahnung davon. Wahrscheinlich habe ich es gesagt, weil ich annahm, daß die Aristokratie ... immer ein reaktionäres Regime stützt.

von Berg O ja, einige unter ihnen, gewiß. Aber in den meisten Fällen haben sie nie eine Verantwortung übernommen.

Leduc Das ist interessant. Sie stehen also noch immer zu ... Ihrem Titel und ...

von Berg Es ist nicht ein »Titel«, es ist mein Name, meine Familie. Genauso wie Sie einen Namen haben und eine Familie. Und Sie dürften wohl kaum über Ihre Familie schlecht sprechen, nehme ich an.

Leduc Ich verstehe. Und mit Verantwortung meinen Sie wahrscheinlich, daß ...

von Berg Ach, ich weiß nicht, was immer man darunter verstehen will. *Pause.*

Leduc Verzeihung, es lag mir fern, mich in Ihre Angelegenheiten zu mischen. *Pause.* Noch nie hab ich darüber nachgedacht, aber jetzt begreife ich – die andern wollen also auf jeden Fall die Macht vernichten, die Sie vielleicht noch haben könnten.

von Berg Aber ich habe keine Macht mehr. Und wenn ich sie hätte, könnten sie sie in einem Tag vernichten. Darum geht es nicht.

Leduc *fasziniert. Pause* Worum denn sonst? – Glauben Sie mir, ich stehe Ihnen nicht kritisch gegenüber. Ganz im Gegenteil.

von Berg Aber es liegt doch auf der Hand. *Er lacht* Ich genieße ein gewisses ... Ansehen. Mein Name ist tausend Jahre alt, und die andern wissen, wie gefährlich es für sie sein kann, wenn einer wie ich vielleicht ... nicht vulgär genug ist.

Leduc Und mit vulgär meinen Sie ...

von Berg Nun, glauben Sie nicht, daß der Nazismus ... unter anderm ... ein Triumph des Vulgären ist? Ein Ozean der Gewöhnlichkeit?

Bayard Ich fürchte, es ist leider viel mehr, mein Lieber.

von Berg *höflich, zu Bayard* O ja, ganz gewiß.

Bayard Das klingt beinah so, als ob Sie ihnen nur ihre schlechten Manieren vorwerfen.

von Berg Das auf jeden Fall. Nichts ärgert sie mehr als ein ...

verfeinerter Geschmack ... Das ist dekadent, verstehen Sie?

Bayard Was soll das heißen? Wollen Sie etwa damit sagen, daß Sie Österreich nur deshalb verließen, weil die Nazis schlechte Manieren haben?

von Berg Schlechte Manieren, ja. Und die schauderhafte Kunst, für die sie schwärmen, und die Ladenjünglinge in Uniform, die dem Orchester sagen, welche Musik sie nicht spielen dürfen; Vulgarität kann genügen, einen Mann dazu zu bringen, außer Landes zu gehen, glaube ich.

Bayard Mit andern Worten, wenn die Nazis für gute Kunst wären, bessere Manieren hätten und das Orchester spielen ließen, was es möchte, dann hätten Sie nichts gegen sie.

von Berg Aber das wär doch unmöglich. Könnten Menschen, welche die Kunst achten, eine Hetzjagd auf Juden veranstalten? Aus Europa ein Gefängnis machen und sich selbst als eine Herrenrasse von Polizisten und Unmenschen aufspielen? Könnten Menschen mit Kunstverstand so etwas tun?

Monceau Ich würde Ihnen gern zustimmen, Prinz, muß Ihnen aber sagen, daß das deutsche Publikum – ich habe dort gespielt – kein Publikum auf der Welt reagiert so feinfühlig auf die kleinste Nuance ... Sie sitzen so andächtig im Theater wie in einer Kirche. Und niemand hört der Musik so zu wie ein Deutscher. Finden Sie das nicht? Sie haben eine Leidenschaft dafür.

von Berg *von der Wahrheit entsetzt. Pause* Ja, das stimmt, leider. *Pause* Ich weiß nicht, was ich sagen soll. *Er ist deprimiert, niedergeschlagen.*

Leduc Vielleicht sind es nicht dieselben Leute, die das machen ...

von Berg Leider kenne ich viele kultivierte Menschen, die – Nazis geworden sind. Ja, das stimmt. Kunst ist vielleicht doch kein Schutz dagegen. Komisch, wie man gewisse Ideen für selbstverständlich halten kann. Ich hatte immer gedacht, Kunst wäre ein ... *Zu Bayard* Vielleicht haben Sie recht – ich verstehe nicht viel davon. Eigentlich bin ich ja Musiker – freilich nur ein Laie, und die Politik hat mich nie ...

Die Tür zum Büro öffnet sich, und Marchand erscheint, rückwärts gehend, während er zu jemandem drinnen spricht. Er steckt eine lederne Brieftasche in seine Brusttasche, während er in der andern Hand einen weißen Schein hält.

Marchand Vollkommen in Ordnung, ich verstehe vollkommen. Guten Tag, meine Herren. *Hält den Ausweis in die Höhe* Ich zeige den Passierschein an der Tür vor, ja? – danke vielmals. *Er schließt die Tür, dreht sich um und geht schnell an den Gefangenen vorbei auf den Korridor zu. Als er bei dem Jungen vorbeikommt ...*

Junge Was haben sie Sie gefragt, Monsieur?

Marchand geht auf den Korridor zu, ohne den Jungen anzusehen; als er sich dem Ende nähert, taucht der Polizist auf, der ihn kommen hörte. Er gibt ihm den Schein und geht hinaus. Der Polizist geht um die Ecke des Korridors und verschwindet.

Lebeau *halb verwundert, halb hoffnungsvoll* Ich hätte schwören können, er sei Jude! *Zu Bayard* Haben Sie das nicht auch gedacht?

Bayard *hat es offenbar auch gedacht. Kurze Pause* Sie haben doch Papiere, nicht wahr?

Lebeau Aber ja, ich habe sogar gute Papiere. *Er zieht ein paar zerknitterte Dokumente aus seiner Hosentasche.*

Bayard Bestehen Sie nur darauf, daß sie gültig sind. Vielleicht hat er's auch so gemacht.

Lebeau Könnten Sie sich die mal ansehen?

Bayard Ich bin kein Sachverständiger.

Lebeau Trotzdem wüßte ich gerne Ihre Meinung. Sie scheinen zu wissen, was hier los ist. Nun, was sagen Sie dazu? *Bayard versteckt schnell die Papiere, als die Tür sich öffnet. Der Professor erscheint und zeigt auf den Zigeuner.*

Professor Der nächste. Du, komm mit mir. *Der Zigeuner steht auf und geht auf ihn zu. Der Professor zeigt auf den Topf in der Hand des Zigeuners* Das kannst du dalassen. *Der Zigeuner zögert, sieht den Topf an.* Du sollst das dalassen, hab ich gesagt.

Zigeuner *stellt den Topf widerwillig auf die Bank* Repariert. Nicht stehlen.

Professor Geh rein!

Zigeuner *auf den Topf zeigend, die andern warnend* Gehört mir. *Der Zigeuner geht in das Büro. Der Professor folgt ihm und schließt die Tür hinter sich. Bayard nimmt den Topf, biegt den Handgriff ab, steckt ihn in die Tasche und stellt den Topf wieder dorthin, wo er war.*

Lebeau *wendet sich Bayard zu, auf seine Papiere zeigend* Was meinen Sie?

Bayard *hält das Papier gegen das Licht, dreht es um, gibt es Lebeau zurück* Nicht schlecht, wenn Sie *mich* fragen.

Monceau Der Mann hat aber wirklich jüdisch ausgesehen. Fanden Sie nicht auch, Doktor?

Leduc Ich hab keine Ahnung. Juden sind bekanntlich keine Rasse. Sie können wie alle andern aussehen.

Lebeau *froh, nun fast schon Bescheid zu wissen* Wahrscheinlich waren seine Papiere wirklich in Ordnung. Jeder Mensch hat natürlich Papiere, ich meine, man braucht sie nur anzusehen, und schon weiß man, daß sie gefälscht sind. Aber wenn man wirklich gute Papiere hat, ich meine ... *Monceau hat währenddessen seine Papiere hervorgeholt und betrachtet sie. Der Junge tut dasselbe. Lebeau wendet sich zu Leduc* Die Sache hat nur einen Haken. Mein Vater sieht aus wie ein Engländer. Leider sehe ich meiner Mutter ähnlich.

Der Junge *zu Bayard, ihm seinen Ausweis hinhaltend* Könnten Sie sich meinen mal ansehen?

Bayard Ich bin kein Sachverständiger, mein Junge. Auf jeden Fall würde ich mir die Papiere nicht gerade jetzt ansehen.

Monceau steckt sie ein. Der Junge tut dasselbe. Pause. Sie warten.

Monceau Alles hängt davon ab, wie man sich gibt – dieser Mann eben hat durch seine Haltung Vertrauen eingeflößt.

Der alte Jude ist im Begriff, vornüber auf den Boden zu fallen. Von Berg erwischt ihn und setzt ihn mit Hilfe des Jungen wieder auf die Bank zurück.

Lebeau *in großer Nervosität* Himmel, warum haben die sich nicht ihre Bärte abgeschnitten? Mit einem solchen Bart jetzt hier herumlaufen! *Monceau sieht auf seinen Bart, und Lebeau faßt ihn an* Na ja, ich vergeude meine Zeit nicht mit Rasieren, aber ...

von Berg *zu dem alten Juden* Ist Ihnen nicht gut, Monsieur?

Leduc *beugt sich über von Bergs Schoß und fühlt den Puls des alten Juden. Pause. Er zieht die Hand zurück und sieht Lebeau an* War das Ihr Ernst? Haben sie wirklich Ihre Nase gemessen?

Lebeau Mit den Fingern. Dieser Zivilist da. Sie haben ihn »Professor« genannt. *Pause. Dann zu Bayard* Wahrscheinlich haben Sie recht. Es kommt nur auf die Papiere an. Dieser Geschäftsmann hat zweifellos jüdisch ausgesehn ...

Monceau Ich bin nicht mehr so sicher.

Lebeau *zornig* Eben noch waren Sie davon überzeugt und jetzt plötzlich ...

Monceau Auch wenn er's nicht wäre – das hieße doch nur, daß

es eine generelle Maßnahme ist. Für die gesamte Bevölkerung.

Lebeau Sie, das stimmt! *Kurze Pause* Wissen Sie, daß ich selbst oft für einen Arier gehalten werde. Was mir natürlich scheißegal ist, aber ... *Zu von Berg* Und was ist mit Ihnen, hat man Ihre Nase gemessen?

von Berg Nein, sie haben mir nur gesagt, ich soll in den Wagen einsteigen.

Lebeau Weil nämlich eigentlich Ihre größer aussieht als meine.

Bayard Jetzt hören Sie schon endlich damit auf! Schluß damit!

Lebeau Darf ich nicht erfahren, was sie mit mir vorhaben?

Bayard Können Sie denn immer nur an sich denken! – nur weil Sie Künstler sind? Leute wie Sie demoralisieren alle.

Lebeau *mit unverhohlenem Zorn* An was zum Teufel soll ich denn sonst denken? An wen denken denn Sie?

Die Tür zum Büro öffnet sich. Der Polizeihauptmann erscheint, bedeutet mit einer Handbewegung Bayard, daß er hereinkommen soll.

Polizeihauptmann Der nächste. *Bayard, ängstlich bemüht, nicht zu zeigen, daß seine Knie zittern, steht auf. Herr Ferrand, der Besitzer des Cafés, kommt mit den Kaffeetassen, die von einer Serviette bedeckt sind, eilig den Korridor entlang. Er trägt eine Schürze.* Ach, endlich.

Ferrand Entschuldigen Sie, Herr Hauptmann, aber für Sie mußte ich frischen machen.

Polizeihauptmann *während er hinter Ferrand ins Büro geht* Stellen Sie's auf meinen Schreibtisch.

Die Tür schließt sich. Bayard setzt sich, wischt sein Gesicht ab. Pause.

Monceau *zu Bayard, ruhig* Darf ich Ihnen einen Rat geben? *Bayard wendet sich zu ihm, bereits in der Verteidigung.* Sie haben einen schrecklich unsicheren Eindruck gemacht, als Sie eben aufstanden.

Bayard *verletzt* Ich unsicher? Das können Sie von mir nicht sagen.

Monceau Bitte, ich will Sie nicht kritisieren.

Bayard Natürlich bin ich etwas nervös, wenn ich in ein Zimmer voller Nazis gehen soll.

Monceau Eben deshalb muß man besonders selbstbewußt auftreten. Deshalb ist auch der Geschäftsmann sofort entlassen worden. In der Eisenbahn hab ich ähnliches erlebt und sogar in Paris, wo ich mehrmals angehalten wurde. Das wichtigste ist, nicht wie ein Opfer auszusehen. Sich nicht einmal als ein solches zu fühlen. Sie können furchtbar dumm sein, aber sie riechen ihre Opfer, und sie merken sofort, wenn jemand nichts zu verbergen hat.

Leduc Aber wie kann man sich nicht als Opfer fühlen?

Monceau Man muß sich seine eigene Wirklichkeit in dieser Welt schaffen. Ich bin Schauspieler, wir tun das ja ständig. Das Publikum ist nämlich furchtbar sadistisch, es wartet nur auf das erste Anzeichen unserer Schwäche. Sie müssen also versuchen, an etwas zu denken, das Sie selbstsicher macht, irgend etwas. Zum Beispiel, wie Ihr Vater Ihnen als Kind etwas Nettes sagte oder ein Lehrer Sie vor der Klasse lobte ... irgend etwas – *zu Bayard* – das Ihnen ein Gefühl Ihres eignen Wertes gibt. Was wollen Sie denn? Eine Illusion erzeugen, nicht wahr, jene dort glauben machen, sie wären der, auf den die Papiere ausgestellt sind.

Leduc Das ist wahr, wir dürfen nicht die Rollen spielen, die sie für uns geschrieben haben. Das ist sehr gescheit. Sie müssen sehr viel Mut haben.

Monceau Leider nein. Dafür habe ich aber Talent. *Zu Bayard* Man muß ihnen das Gesicht eines Mannes zeigen, der im Recht ist, nicht eines Mannes, der verdächtig ist und unrecht hat. Sie riechen den Unterschied.

Bayard Da sind Sie auf dem Holzweg, mein Lieber. Man braucht nicht Theater zu spielen, um sich im Recht zu fühlen. Die Bourgeoisie hat Frankreich verkauft, sie hat die Nazis hereingelassen, um die französische Arbeiterklasse zu vernichten. Denken Sie nur daran, aus welchen Gründen dieser Krieg ausgebrochen ist, und Sie werden schon das richtige Selbstvertrauen haben.

Leduc Nur daß die Gründe für diesen Krieg so oft wechseln.

Bayard Nicht, wenn Sie die ökonomischen und politischen Kräfte richtig interpretieren.

Leduc Immerhin, als Deutschland uns angriff, haben die Kommunisten es abgelehnt, Frankreich zu verteidigen. Sie haben erklärt, es sei ein imperialistischer Krieg. Bis die Nazis sich gegen Rußland wandten. Da verwandelte sich eines Nachmittags plötzlich alles in einen heiligen Krieg gegen die Tyrannei. Welches Selbstvertrauen kann eine Interpretation einflößen, die sich im Laufe eines Nachmittags in ihr Gegenteil verwandeln kann?

Bayard Mein Lieber, wenn die Rote Armee nicht wäre, könnten Sie Frankreich für die nächsten tausend Jahre abschreiben!

Leduc Einverstanden. Aber dazu braucht man nicht erst die

politischen und ökonomischen Kräfte zu interpretieren – es ist einfach Vertrauen in die Rote Armee.

Bayard Es ist Vertrauen in die Zukunft, und die Zukunft ist der Sozialismus. Und das werde *ich* mit *mir* dort hineintragen. *Zu den andern* Glaubt mir – ich hab meine Erfahrungen mit diesen Burschen. Wenn ihr keine Überzeugung habt, wird man euch das Rückgrat zerbrechen.

Leduc Ich verstehe. Man soll wissen, daß man nicht allein ist – das meinen Sie doch wohl?

Bayard Keiner von uns ist allein. Wir sind Werkzeuge der Geschichte. Manche scheinen das noch nicht zu wissen, aber ihr solltet endlich mal lernen, einfach aus Selbsterhaltungstrieb.

Leduc Daß wir ... Symbole sind.

Bayard *unsicher, ob er zustimmen soll* Ja. Warum nicht? Symbole, ja.

Leduc Und Sie fühlen, daß es Ihnen hilft? – Glauben Sie mir, ich bin ehrlich daran interessiert.

Bayard Es hilft mir, weil es die reine Wahrheit ist. Was bedeute ich als Person denen da drin? Kennen sie mich? Wenn man persönlich darauf reagiert, machen sie einen zum Vieh. Es ist sinnlos, diese Dinge persönlich zu nehmen.

Leduc Sie haben recht. *Persönlicher* Die Schwierigkeit ist nur – man kann doch nicht aus seiner Haut heraus. Zum Beispiel, der Gedanke – gefoltert zu werden oder dergleichen –

Bayard Ja, es erschreckt mich – natürlich. Aber die Zukunft kann nicht gefoltert werden. Sie entzieht sich ihrem Zugriff. Der Mensch ist nicht geschaffen worden, um von der Großindustrie versklavt zu werden. Was sie auch tun, innerlich lache ich über sie. Weil sie nicht gewinnen können. Unmöglich. *Er ist seiner aufsteigenden Furcht Herr geworden.*

Leduc Gewissermaßen sind Sie also ... nicht hier. Nicht Sie persönlich.

Bayard Warum »gewissermaßen«? Was haben Sie dagegen einzuwenden?

Leduc Nichts. Vielleicht ist das der beste Weg, man selbst zu bleiben. Gewöhnlich versucht man, das Leben als Ganzes zu erfahren – im Geiste dort zu sein, wo der Körper ist. Nicht jedem fällt es leicht, von einem Gang plötzlich in den andern umzuschalten. Aber für Sie ist das anscheinend kein Problem.

Bayard *eindringlich* Glauben Sie wirklich, daß irgendein Mensch in dieser Gesellschaft noch er selber bleiben kann? Wenn Millionen hungern und einige wenige wie Könige leben und Rassen an der Börse wie Sklaven verkauft werden – wie können Sie in einer solchen Welt noch – Sie selber bleiben? Ich schufte zehn Stunden am Tag für ein paar lumpige Francs, und zugleich sehe ich Leute, die nie den Nacken beugen und denen dieser Planet gehört ... wie kann da mein Geist noch dort sein, wo mein Körper ist? Da müßte ich ja ein Affe sein.

von Berg Und wo ist also Ihr Geist?

Bayard In der Zukunft – wenn die Welt der Arbeiterklasse gehören wird ... Das gibt mir Selbstvertrauen – *zu Monceau* – nicht irgendeine angenommene Scheinpersönlichkeit.

von Berg *erstaunt, aufrichtig interessiert* Glauben Sie denn nicht ... Verzeihung. Gehören nicht die meisten Nazis ... der Arbeiterklasse an?

Bayard Natürlich, mit genug Propaganda kann man jeden verwirren.

von Berg Ich verstehe. *Kurze Pause* Aber wie kann man dann noch soviel Vertrauen zu ihr haben?

Bayard Zu wem haben *Sie* Vertrauen, zur Aristokratie?

von Berg Sehr wenig. Aber zu einigen Aristokraten, ja. Und zu einigen einfachen Menschen.

Bayard Wollen Sie mir erzählen, daß die Geschichte von »einigen Leuten« abhängt? Sitzen wir hier, weil wir »einige Leute« sind? Ist irgendeiner von uns für jene noch ein Individuum? Klasseninteressen machen Geschichte, nicht Individuen.

von Berg Ja. Das ist wohl das Schlimme.

Bayard Tatsachen sind nichts Schlimmes. Ein Mensch hat auf die Tatsachen stolz zu sein. *Zu den andern* Ich warne euch, ohne einen klaren Standpunkt werdet ihr ...

von Berg *zu Bayard* Aber die Tatsachen ... Mein Lieber, wenn die Tatsachen nun aber fürchterlich sind, was dann? Und immer fürchterlich sein werden?

Bayard Jede Geburt ist fürchterlich ...

von Berg Aber da kommt doch wenigstens ein Kind dabei heraus. Was geschieht, wenn aus den Tatsachen nichts weiter herauskommt als endloses, unaufhörliches Unheil? Glauben Sie mir, ich bin froh, einen Menschen getroffen zu haben, der nicht zynisch ist. Jeder Glauben ist kostbar in dieser Zeit. Aber an eine ... eine Klasse von Menschen zu glauben, ist unmöglich, einfach unmöglich – neunundneunzig Prozent der Nazis sind gewöhnliche Arbeiter!

Bayard Ich gebe zu, es ist möglich, durch Propaganda ...

von Berg *mit unnachgiebigem Eifer, als wäre ihm diese ganze Fragestellung allzu vertraut* Aber was kann denn *nicht* propagiert werden? Geht es nicht – einzig und allein darum? Um ein *paar* Individuen. Glauben Sie nicht?

Bayard Sie sind doch ein gescheiter Mann, Prinz – wollen Sie im Ernst behaupten, daß zwischen uns und dem Ende von allem nur fünf, zehn, tausend, zehntausend saubere, anständige Menschen zu stehen brauchen? Soll die Welt wirklich an einem solchen Seidenfaden hängen?

von Berg *betroffen* Ich fürchte, das ist unmöglich.

Bayard Wenn ich so dächte, hätte ich nicht die Kraft, durch diese Tür zu gehen, ich würde nicht wissen, wie ich einen Fuß vor den andern setzen sollte.

von Berg *kurze Pause* Ja. Das habe ich nicht in Betracht gezogen. Aber ... glauben Sie wirklich, die Arbeiterklasse wird ...

Bayard Sie wird den Faschismus vernichten, weil er gegen ihre Interessen ist.

von Berg *nickt* Aber wird das Ganze dann nicht noch rätselhafter?

Bayard Ich sehe nichts Rätselhaftes darin.

von Berg Jene vergöttern doch Hitler.

Bayard Wie können Sie das sagen? Hitler ist eine Ausgeburt des Kapitalismus.

von Berg *in furchtbarer Angst und Trauer* Aber sie vergöttern ihn! Meine Köchin, mein Gärtner, die Leute, die in meinen Wäldern arbeiten, der Chauffeur, der Wildhüter – sie sind ja alle Nazis! Ich habe gesehen, wie es über sie kam, die Liebe zu dieser Kreatur – meine Haushälterin träumt von ihm im Bett, sie brachte mir mein Frühstück, als ob ein Gott mit ihr geschlafen hätte, wie im Traum röstete sie mir den Toast. Ich hab diese Verehrung in meinem eigenen Haus mitangesehen – das, das ist die fürchterliche Tatsache. *Nimmt sich zusammen* Ich bitte um Verzeihung, aber davor habe ich Angst. Ich bewundere Ihren Glauben; jeder Glauben ist irgendwie bewundernswert, wenn ich aber weiß, daß der Ihre auf etwas so Unwahrem beruht – so habe ich schreckliche Angst. *Ruhig* Jedenfalls kann ich nicht auf Tatsachen stolz sein, darin liegt nichts Beruhigendes. Sie vergöttern ihn, das Salz der Erde – *starr* – vergöttern ihn. *Aus dem Büro kommt plötzlich lautes Gelächter. Er sieht dorthin, wie alle andern* Merkwürdig, wenn ich nicht wüßte, daß dort drinnen auch Franzosen sind, hätte ich gesagt, sie lachen wie Deutsche. Wahrscheinlich ist Vulgarität an keine Nation gebunden.

Die Tür öffnet sich, M. Ferrand kommt lachend heraus. Drinnen wird das Gelächter schwächer. Er winkt zurück, schließt die Tür. Sein Lächeln verschwindet. Und während er an dem Kellner vorbeigeht, sieht er schnell auf die Tür zurück, beugt sich dann schnell nach vorn, flüstert ihm hastig etwas ins Ohr. Alle beobachten ihn. Jetzt wendet sich Ferrand zum Gehen. Der Kellner streckt seine Hand aus und hält ihn an der Schürze fest.

Kellner Ferrand.

Ferrand *die Hand des Kellners wegstoßend* Was kann ich tun? Hab ich dir nicht hundertmal gesagt, daß du aus der Stadt verschwinden sollst? Ja oder nein? *Fängt zu weinen an* Ja oder nein? *Er läuft schnell den Korridor entlang, während er sich die Tränen mit der Schürze abwischt. Alle sehen auf den Kellner, der ihm nachstarrt.*

Bayard Was? So red doch. Los, ich bin der nächste, was hat er gesagt?

Kellner *flüsternd, entsetzt vor sich hinstarrend* Es ist nicht zum Arbeiten.

Leduc *beugt sich zu ihm, um besser zu hören* Was?

Kellner Sie haben Verbrennungsöfen.

Bayard Was für Verbrennungsöfen? ... Mensch, so rede doch! Was ist los?

Kellner Er hat's von der Polizei. Sie waren kurz vorher bei ihm, haben sich beim Kaffee drüber unterhalten. Menschen werden in Öfen verbrannt. Es ist nicht zum Arbeiten. Sie verbrennen dich in Polen. Alle Juden werden verbrannt. *Schweigen. Lange Pause.*

Monceau Das ist der phantastischste Blödsinn, den ich je in meinem Leben gehört hab.

Lebeau *zum Kellner* Aber solange man reguläre französische Papiere hat ... In meinen Papieren steht nichts von Jude.

Kellner *flüsternd, doch laut vernehmbar* Sie sehen sich den Penis an.

Der Junge springt auf, als hätte er einen elektrischen Schlag bekommen. Die Tür des Büros öffnet sich, der Polizeihauptmann erscheint und winkt Bayard. Der Junge setzt sich schnell.

Hauptmann *zu Bayard* Der nächste.

Bayard *steht auf, wobei er ein falsches, beinahe absurd wirkendes Selbstvertrauen zur Schau trägt. Während er auf den Hauptmann zugeht, wirkt er jedoch vollkommen glaubwürdig* Ich bin erster Elektrotechniker bei der Eisenbahn, Herr Hauptmann. Vielleicht haben Sie mich dort gesehen. Ich bin als kriegswichtig reklamiert.

Hauptmann Rein!

Bayard Sie können sich bei dem Transportminister Duquesne nach mir erkundigen.

Hauptmann Wollen Sie mir vorschreiben, was ich zu tun habe?

Bayard Nein, aber manchmal kann man einen Rat annehmen.

Hauptmann Los, rein!

Bayard Bitte schön.

Ohne zu zögern, geht Bayard hinein, der Hauptmann folgt ihm und macht die Tür hinter sich zu. Langes Schweigen. Monceau glättet eine Falte in seinem Filzhut. Lebeau sieht sich seine Papiere an, wobei er mit dem Handrücken sich seinen Bart reibt, sein Blick drückt Entsetzen aus. Der alte Jude zieht das Bündel zwischen seinen Füßen fester an sich. Leduc zieht ein fast leeres Paket Zigaretten hervor, will sich eine herausnehmen, steht dann schweigend auf und bietet sie der Reihe nach den Männern auf der Bank an. Lebeau nimmt eine. – Leichte Entspannung. Aus dem Nebenhaus hört man leise ein Akkordeon einen Schlager spielen.

Lebeau Nur ein Polizist bringt das fertig – jetzt noch zu spielen.

Kellner Nein, das ist der Sohn vom Chef, Maurice. Gleich wird das Mittagessen serviert.

Leduc *der zu seinem Platz als der letzte auf der Bank zurückgekehrt ist, streckt den Kopf vor, um einen Blick um die Ecke des Korridors zu werfen, setzt sich dann wieder zurück. Ruhig* An der Tür steht nur eine Wache. Drei Männer könnten mit ihm fertig werden.

Pause. Zunächst anwortet niemand, dann

von Berg *sich entschuldigend* Ich fürchte, ich würde Ihnen dabei nur hinderlich sein. Ich habe keine Kraft in meinen Händen.

Monceau *zu Leduc* Glauben Sie das wirklich, Herr Doktor? Das mit den Verbrennungsöfen?

Leduc *denkt nach* Möglich ist es. Los, wir müssen etwas unternehmen.

Monceau Aber von toten Juden haben sie doch nichts! Sie brauchen Gratisarbeiter. Es ist sinnlos. Sie können sagen, was Sie wollen, aber die Deutschen sind nicht unlogisch. Was für einen Vorteil sollten sie davon haben?

Leduc Wie können Sie hier sitzen und noch immer von Vorteilen sprechen? Gibt es etwa eine logische Erklärung dafür, daß Sie hier sitzen? Und doch sitzen Sie hier, oder etwa nicht?

Monceau Aber etwas derart Abscheuliches hat doch keinen Anspruch auf Glaubwürdigkeit.

von Berg Eben darum.

Monceau Was, *Sie* glauben es? Sie wollen mir doch nicht einreden, Prinz, daß *Sie* etwas derartiges glauben können?

von Berg Ich finde es die glaubwürdigste Abscheulichkeit, die ich je gehört habe.

Lebeau Aber warum?

von Berg Eben weil es so unvorstellbar gemein ist. Darin liegt ihre Stärke. Das Unvorstellbare zu tun, *das* lähmt die andern. Aber wenn dies auch ihre Absicht ist, so ist es doch nicht die Ursache. Wie oft habe ich meine Freunde gefragt: Wenn ihr euer Land liebt, warum müßt ihr die andern Länder hassen? Um ein guter Deutscher zu sein, dazu braucht ihr doch nicht alles, was nicht deutsch ist, zu hassen. Bis ich auf die Antwort kam. Sie tun diese Dinge, nicht weil sie Deutsche sind, sondern weil sie nichts sind. Es ist das Stigma unserer Epoche – je weniger man existiert, desto wichtiger ist es, Eindruck zu machen. Sie werden es sogar noch als ihre Form der ... Aufrichtigkeit hinstellen. Sich Zwang auferlegen – ist das nicht Heuchelei? Wenn man die Juden verabscheut, ist es dann nicht am ehrlichsten, sie zu verbrennen? Und die Tatsache, daß es sogar Geld kostet, daß dabei Eisenbahnzüge und Personal benötigt werden – dies allein verbürgt die Reinheit, die Unbestechlichkeit und Uneigennützigkeit ihrer Gefühle. Sie würden ihnen sogar erzählen, daß nur ein Jude an die Kosten denken kann. Sie halten sich für Dichter, sie streben einen neuen Adel an, den Adel des total Vulgären. Ich glaube ihnen dieses Feuer, es würde für alle Zeiten beweisen, daß sie existierten, ja, und daß sie aufrichtig waren. Man kann diesen Leuten nicht mit der Gewinn- und Verlustrechnung eines vergangenen Jahrhunderts beikommen. Ihre Motive sind musikalischer Art, Menschen sind für sie nichts als Töne, die sie spielen. Ob sie den Krieg gewinnen oder nicht – sie haben den Weg in die Zukunft gewiesen. Auf dieser Erde wird es keinen Platz mehr für unsere Vorstellung vom Menschen geben. Ich würde alles versuchen, rauszukommen. *Pause.*

Monceau Aber sie haben Sie verhaftet. Dieser deutsche Professor ist ein Spezialist auf seinem Gebiet. Sie haben nichts Jüdisches an sich.

von Berg Ich habe einen Akzent. Ich habe gesehen, wie er reagierte, als ich zu sprechen anfing. Eine gewisse österreichische Färbung. Vielleicht hält er mich auch für einen Flüchtling.

Die Tür öffnet sich, der Professor kommt heraus, zeigt auf den Kellner.

Professor Der nächste. Sie. *Der Kellner macht sich klein, drängt sich an Lebeau.* Keine Angst. Ich will nur Ihre Papiere sehen.

Der Kellner beugt sich plötzlich nach vorn und läuft fort, um die Ecke herum und den Gang hinauf. Der Polizist erscheint am Ende des Ganges, nimmt ihn am Kragen und bringt ihn zurück.

Kellner *zum Polizisten* Felix, du kennst mich doch. Felix, meine Frau wird verrückt werden. Felix ...

Professor Bringen Sie ihn herein.

Der Polizeihauptmann erscheint in der Tür.

Polizist Dann ist aber niemand an der Tür.

Hauptmann *packt den Kellner* Marsch, rein mit dir, du Judenschwein ...

Er schleudert den Kellner in das Büro, der Kellner stößt mit dem Major zusammen, der gerade herausgekommen ist, um zu sehen, was vorgeht. Der Major faßt sich vor Schmerz an den Oberschenkel und stößt den Kellner zurück. Der Kellner sinkt dem Major zu Füßen, weint flehentlich. Der Polizeihauptmann geht auf ihn zu, reißt den Kellner hoch, stößt ihn ins Büro und geht hinter ihm hinein. Von innen, ungesehen Willst du hier Stunk machen? Willst du hier Stunk machen?

Man hört den Kellner schreien, Geräusch von Schlägen. Ruhe. Der Professor geht auf die Tür zu. Der Major nimmt ihn am Arm und führt ihn vorn an die Rampe, wo die Gefangenen ihn nicht hören können.

Major Wäre es nicht einfacher, sie zu fragen, ob sie ...

Statt einer Antwort geht der Professor schnell auf die Bank mit den Gefangenen zu.

Professor Ist irgend jemand bereit, freiwillig zuzugeben, daß er falsche Papiere hat? *Schweigen.* So. Mit andern Worten, ihr seid alle Bona-fide-Franzosen. *Schweigen. Er geht zu dem alten Juden, beugt sich über sein Gesicht* Sind keine Juden unter euch? *Schweigen. Er geht zum Major zurück* Sehen Sie, darin liegt die Schwierigkeit, Herr Major. Entweder wir gehen von Haus zu Haus und stellen Nachforschungen über den Stammbaum jedes einzelnen an, oder wir machen diese Untersuchung.

Major Was dieser Mann eben, dieser Elektrotechniker, gesagt hat, das hatte was für sich. Stellen Sie sich vor, heute morgen im Krankenhaus, als ich auf meine Röntgenuntersuchung wartete, war noch ein anderer Offizier da, ein deutscher Offizier, ein Hauptmann sogar – sein Bademantel öffnete sich zufällig ...

Professor Das ist durchaus möglich.

Major Es war unverkennbar.

Professor Lassen Sie mich das mal klarstellen, Herr Major. Das Institut für Rassenforschung behauptet nicht, daß Beschneidung bereits hinreicht, um jüdisches Blut nachzuweisen. Das Institut erkennt durchaus an, daß ein kleiner Prozentsatz von Nichtjuden ...

Major Ich sehe keinen Grund, es zu verschweigen, Herr Professor – ich bin es nämlich auch.

Professor Na schön, aber ich würde Sie nie für einen Juden halten. Ebensowenig wie man ein Pferd für ein Schwein halten kann. Die Wissenschaft ist sich ihrer Verantwortung durchaus bewußt. Herr Major, ich habe in Rassenkunde promoviert. Und das eine versichere ich Ihnen: Bei dieser Untersuchung können wir genau feststellen, wer Jude ist und wer nicht. *Er hat den Arm des Majors genommen und ihn zum Büro zurückgeführt.*

Major Entschuldigen Sie. Ich bin gleich wieder zurück. *Will gehen* Machen Sie ohne mich weiter ...

Professor Herr Major, Sie haben Ihre Befehle, Sie sind für diese Aktion abkommandiert worden. Ich muß leider darauf bestehen, daß Sie neben mir sitzen.

Major Es muß ein Versehen vorliegen. Ich bin Frontoffizier, ich verstehe von diesen Dingen nicht das geringste. Ich war bei der Artillerie und den Pionieren. *Kurze Pause.*

Professor *spricht ruhiger, seine Augen funkeln* Reden wir jetzt mal deutsch miteinander, Herr Major. Weigern Sie sich, den Befehl auszuführen?

Major *bemerkt die Drohung* Herr Professor, ich habe heute wieder Schmerzen. Sie nehmen mir noch immer Splitter raus. Nach meiner Auffassung sollte ich auf diesem Posten nur ... so lange bleiben, bis ein SS-Offizier ihn übernimmt. Ich bin mehr oder weniger von der Wehrmacht ausgeborgt worden.

Professor *nimmt ihn beim Arm und zieht ihn wieder nach vorn an die Rampe* Die Armee ist von der Durchführung des Rassenprogramms nicht ausgenommen. Ich habe meine Befehle vom Führer. Und mein Bericht geht an den Führer. Verstanden?

Major *Sein Widerstand scheint nachzulassen* Ja, ich verstehe.

Professor Wenn Sie allerdings wünschen, Ihres Postens enthoben zu werden, dann telephoniere ich sofort mit SS-General von ...

Major Nein ... nein, auf keinen Fall. Ich bin ... gleich wieder zurück.

Professor Das ist einfach grotesk, Herr Major – wie lange soll ich hier noch auf Sie warten?

Major *mit Mühe an sich haltend* Ich muß etwas spazieren gehen. Ich bin nicht gewöhnt, in einem Büro zu sitzen. Was ist daran so grotesk? Als Frontsoldat muß ich mich erst allmählich an einen solchen Dienst gewöhnen. *Durch die Zähne* Was finden Sie daran so grotesk, Herr Professor? *Kurze Pause.*

Professor Also gut.

Major Ich bin in zehn Minuten wieder zurück. Machen Sie inzwischen weiter.

Professor Nicht ohne Sie, Herr Major. Die Wehrmacht ist genauso verantwortlich für das, was hier geschieht, wie ich!

Major Ich bin gleich wieder da. *Er dreht sich schnell um.*

Leduc *steht auf, während der Major vorbeigeht* Herr Major ...

Der Major geht, ohne sich umzudrehen, auf den Korridor zu und verschwindet um die Ecke. Der Professor geht in das Büro zurück und schließt die Tür. Schweigen.

Der Junge Monsieur? *Leduc wendet sich zu ihm* Ich komme mit.

Leduc *zu Monceau und Lebeau* Was ist mit euch beiden?

Lebeau Von mir aus ja, aber ich bin total verhungert, ich würde euch nicht viel nützen.

Leduc Sie brauchen nur auf ihn zugehen und Krach mit ihm anfangen. Ihn ablenken. Dann werden wir ...

Monceau Seid ihr beide wahnsinnig geworden? Abknallen wird man euch.

Leduc Ein paar von uns kommen vielleicht durch. An der Tür steht nur ein Mann. Dann in einer der vielen Seitengassen verschwinden ...

Monceau Wie lange wärt ihr frei? – eine Stunde? Und wenn sie euch fassen, dann reißen sie euch in Stücke.

Der Junge Bitte. Ich *muß* raus. Ich war auf dem Weg zum Pfandleiher ... *Nimmt einen Ring heraus* Der Trauring meiner Mutter, das ist alles, was uns noch geblieben ist. Sie wartet auf das Geld. Zu Hause haben sie nichts zu essen.

Monceau Geh nicht mit, mein Junge, sie werden dich ohnehin laufen lassen.

Leduc Wie den Elektrotechniker?

Monceau Aber das war doch ein Kommunist. Und der Kellner hat den Hauptmann provoziert.

Lebeau Abgemacht. Ich komme mit. Aber versprecht euch nicht zuviel von mir. Ich hab seit gestern nichts im Magen. Ich falle um vor Hunger.

Leduc *zu Monceau* Und wie ist es mit Ihnen? Wenn Sie und der Junge sich auf ihn stürzen, nehme ich ihm den Revolver weg.

von Berg *zu Leduc, seine Hände betrachtend* Verzeihen Sie mir.

Monceau *aufspringend, geht zu einer Kiste, setzt sich darauf* Ich setze mein Leben nicht unnötig aufs Spiel. Der Geschäftsmann hat jüdisch ausgesehen. *Zu Lebeau* Das haben Sie doch selbst gesagt.

Lebeau *zu Leduc, beruhigend* Ja. Es schien mir so. Aber wenn Ihre Papiere in Ordnung sind, dann ist ja alles gut.

Leduc *zu Lebeau und Monceau* Die Deutschen sind in die unbesetzte Zone eingerückt. Ihr seht, wie sie die Juden verhaften. Soeben hat euch jemand gesagt, daß ihr alle liquidiert werden sollt ...

Monceau *zeigt auf von Berg* Den haben sie doch aber auch verhaftet. Wie ist das zu erklären?

von Berg Mein Akzent ...

Monceau Lieber Prinz, nur ein Trottel könnte Sie nicht für einen österreichischen Aristokraten halten. Ich habe Ihnen den Adel sofort an der Nasenspitze angesehen.

Leduc Aber wenn es nur um die Papiere geht, warum sehen sie sich dann den Penis an?

Monceau Das ist noch gar nicht erwiesen!

Leduc Der Wirt von dem Restaurant ...

Monceau Er will nur gehört haben, wie sich zwei Geheimpolizisten unterhielten, die unmöglich wissen konnten, was in Polen geschieht. Und wenn es wahr ist, dann ist auch noch nicht alles aus. Mir haben sie in Paris das Wort »Jude« in den Paß gestempelt, und gleichzeitig habe ich den Cyrano gespielt.

von Berg Wirklich? – Den Cyrano?

Lebeau Warum sind Sie dann nicht in Paris geblieben?

Monceau Es war vollkommen idiotisch. Ein Zufall. Ich wohnte mit einem andern Schauspieler zusammen, einem Nichtjuden. Er bestand darauf, daß ich fortgehen sollte, aber man gibt natürlich eine solche Rolle nicht ohne weiteres auf. Eines Abends hat er auf mich eingeredet. Ich hätte doch so viele Bücher, die auf der schwarzen Liste standen – kommunistische Literatur – Sinclair Lewis, Thomas Mann oder sogar ein paar von Friedrich Engels, alles Sachen, die jeder mal gelesen hat. Na gut, ich beschloß also, sie loszuwerden. Wir machten mehrere Pakete, ich wohnte im fünften Stock, und trugen sie abwechselnd auf die Straße runter, wo wir sie irgendwo liegenließen, auf einer Bank oder in einem Hausflur. Es war schon nach Mitternacht, irgendwo in der Nähe der Oper, ich warf gerade ein Paket in den Rinnstein, da sah ich einen Mann, der in einem Hauseingang stand und mich beobachtete. In diesem Augenblick fiel mir ein, daß ich meinen Namen und meine Adresse in jedes Buch gestempelt hatte.

von Berg Ach! Und was haben Sie gemacht?

Monceau Ich fing an zu laufen und kam hier unten in der unbesetzten Zone an. *Fast bedauernd* Wenn ich nichts getan hätte, würde ich wahrscheinlich noch jetzt den Cyrano spielen.

Leduc *eindringlich, aber durchaus wohlwollend, zu Monceau* Hören Sie genau zu. Ich bitte Sie darum. Diese Tür wird nur von *einem* Mann bewacht. Vielleicht werden wir nie wieder eine solche Gelegenheit haben.

Lebeau Einen Augenblick! Wenn es wirklich so ernst wäre, würden sie uns dann nicht besser bewachen? Ist das kein Beweis?

Leduc Genau. Sie verlassen sich auf uns.

Monceau Verlassen sich auf uns?

Leduc Ja. Daß wir ihnen unsere eigene Logik unterschieben. Es ist logisch, anzunehmen, daß eine leichte Bewachung bedeutet, die Sache ist nicht so wichtig. Sie verlassen sich darauf, daß unsere eigene Vernunft uns handlungsunfähig macht. Haben Sie nicht eben erzählt, wie Sie ganz Paris wissen ließen, daß Sie im Besitz verbotener Bücher waren?

Monceau Aber doch nicht absichtlich.

Leduc Ich nehme an, daß Sie es nicht länger in Paris aushalten konnten. Daß Sie aber Ihre Rolle im Cyrano behalten wollten und deshalb irgendeinen zwingenden Grund finden mußten, um sich in Sicherheit zu bringen. Ihr Unterbewußtsein hat Sie gerettet. Verstehen Sie? Sie können Ihr Leben nicht von einer rein logischen Analyse dieser Situation abhängig machen. Hören Sie auf ihre Gefühle, Sie müssen doch ganz bestimmt die Gefahr hier spüren ...

Monceau *in höchster Angst* Ich habe in Deutschland gespielt. Dieses Publikum ist nicht fähig, Schauspieler in Öfen zu verbrennen. *Zu von Berg* Prinz, bitte sagen Sie mir nicht, daß Sie's auch glauben.

von Berg *nach einer Pause* Ich finanzierte ein kleines Orchester. Als die Deutschen in Österreich einmarschierten, wollten drei von den Musikern fliehen. Ich machte ihnen klar, daß ihnen nichts geschehen würde, und brachte sie auf mein Schloß, wo wir alle zusammen hausten. Der Oboist war zwanzig, einundzwanzig – es griff einem ans Herz, wenn er bestimmte Töne spielte. Sie kamen in den Garten, um ihn abzuholen. Sie holten ihn von seinem Stuhl weg. Das Instrument blieb auf dem Rasen liegen wie ein toter Knochen. Ich habe Nachforschungen angestellt – er lebt nicht mehr. Und was es noch schrecklicher macht, sie kamen, setzten sich hin und hörten zu, bis die Probe zu Ende war. Dann erst nahmen sie ihn fest. Als ob sie ihn in dem Augenblick festnehmen wollten, in dem er am schönsten war. Ich will Sie nicht unnötig aufregen, aber ich sage Ihnen, *nichts* ist mehr verboten. Nichts. *Tränen sind in seinen Augen, er wendet sich an Leduc* Ich bitte Sie um Verzeihung, Herr Doktor. *Pause.*

Der Junge Wird man Sie laufen lassen?

von Berg Ich nehme an. Wenn es nur darum geht, Juden zu fangen, werden sie mich laufen lassen.

Der Junge Wollen Sie den Ring an sich nehmen? Und ihn meiner Mutter zurückbringen? *Er will ihn von Berg geben, aber dieser nimmt ihn nicht.* Rue Charlot Nummer 9. Oberster Stock. Hirsch. Sarah Hirsch. Sie hat langes, braunes Haar ... vergewissern Sie sich, daß sie es ist. Sie hat einen kleinen Schönheitsfleck auf der einen Backe. Es sind noch zwei andere Familien in der Wohnung, überzeugen Sie sich, daß sie es ist.

von Berg *sieht in das Gesicht des Jungen. Schweigen. Dann wendet er sich an Leduc* Sagen Sie mir, was ich tun soll. Ich will versuchen, Ihnen zu helfen. *Zu Leduc* Herr Doktor?

Leduc Ich fürchte, es ist hoffnungslos.

von Berg Warum?

Leduc *starrt vor sich hin, sieht dann Lebeau an* Er ist schwach vor Hunger, und der Junge ist wie eine Feder. Ich möchte mich retten, ich möchte nicht einfach abgeschlachtet werden. *Pause. Mit bitterer Ironie* Ich lebe nämlich auf dem Lande. Habe seit Ewigkeiten mit keinem Menschen mehr gesprochen. Da macht man sich mitunter falsche Hoffnungen.

Monceau Damit können Sie mich nicht ködern.

Leduc Darf ich Sie etwas fragen: Sind Sie religiös?

Monceau Überhaupt nicht.

Leduc Warum dann dies Bedürfnis, sich zu opfern?

Monceau Ich lehne es ab, mit Ihnen zu sprechen.

Leduc Warum liefern Sie sich freiwillig aus? Außer mir sind Sie hier der einzige, der kräftig genug wäre, etwas zu tun, und trotzdem fehlt Ihnen jeder Impuls dazu. Sie tragen eine Zuversicht zur Schau, die mir unverständlich ist. *Pause.*

Monceau Ich lehne es ab, eine Rolle zu spielen, die mir nicht liegt. Alle spielen jetzt Opfer, hoffnungslos, hysterisch, sie nehmen immer gleich das Schlimmste an. Ich habe Papiere, ich werde sie drinnen vorzeigen und dabei nur an eins denken – daß sie anerkannt werden müssen. Nur *das* hat den Geschäftsmann gerettet. Wenn Sie uns vorwerfen, daß wir die Rollen spielen, die die Deutschen uns zugedacht haben, so tun Sie dasselbe – Sie spielen Verzweiflung.

Leduc Und wenn man Sie, mitsamt Ihrer Schauspielerei, in einen Viehwagen sperrt?

Monceau Ich glaube nicht, daß man das tun wird.

Leduc Und wenn sie's doch tun? Haben Sie nicht genug Phantasie, sich das vorzustellen?

Monceau Nun gut, dann hätte ich mein Bestes gegeben. Ich weiß, was Versagen bedeutet, es hat lange gedauert, bis ich das einsah, ich habe nicht die Persönlichkeit für tragende Rollen, alle haben mir gesagt, ich wäre verrückt, weiter Theater zu spielen. Aber ich habe weitergespielt und meine Absicht durchgesetzt.

Leduc Mit andern Worten, Sie wollen sich selbst darstellen.

Monceau Jeder Schauspieler stellt sich selbst dar.

Leduc Und wenn sie Ihnen sagen werden, daß Sie Ihre Hose aufmachen sollen?

Monceau *schweigt, außer sich vor Wut.*

Leduc Reden Sie. Ich will Ihre Antwort wissen. Wie stellen Sie sich diesen Augenblick vor? *Monceau schweigt.* Ich versuche ja nur, Sie zu verstehen. Es ist mir unmöglich, mich in eine solche Passivität einzufühlen. Ich frage Sie, was in Ihnen vorgehen wird, wenn man Ihnen befiehlt, die Hose aufzumachen. Ich bin so unpersönlich, so wissenschaftlich wie nur möglich – ich glaube, ich werde ermordet werden. Was werden *Sie* glauben, wenn man auf die Stelle zwischen Ihren Beinen zeigen wird? *Pause.*

Monceau Ich habe Ihnen nichts mehr zu sagen.

Lebeau Ich werde Ihnen sagen, was ich dabei empfinden würde. *Zeigt auf von Berg* Ich wünschte, ich wäre er.

Leduc Ein andrer.

Lebeau *erschöpft* Ja. Aus Versehen verhaftet worden zu sein. Gott! Zu sehen, wie sie sich beruhigen, wenn sich herausstellt, daß ich unschuldig bin.

Leduc Demnach fühlen Sie sich also schuldig.

Lebeau Ja, ein bißchen. Nicht weil ich irgendwas getan hätte ... Ich weiß nicht, warum.

Leduc Vielleicht weil Sie Jude sind?

Lebeau Ich schäme mich nicht, Jude zu sein.

Leduc Warum fühlen Sie sich dann schuldig?

Lebeau Ich weiß wirklich nicht. Vielleicht weil sie dauernd so entsetzliche Dinge über uns sagen und man nichts darauf antworten kann. Und wenn das Jahre so geht – ich sage nicht, daß man es allmählich selber glaubt – aber – doch, ein bißchen. Komisch – ich habe meinen Eltern genau dasselbe gesagt wie Sie. Ein Jahr vor der Invasion hätten wir nach Amerika gehen können. Aber sie wollten nicht aus Paris fort. Sie hatten ja das Messingbett und Teppiche und Vorhänge und all den andern Kram. Wie *er* seinen ‚Cyrano'. Und ich hab ihnen gesagt: »Ihr tut genau das, was sie von euch wollen.« Die Menschen wollen einfach nicht glauben, daß sie getötet werden könnten. Nicht die mit ihren Messingbetten und Teppichen und mit solchen Gesichtern ...

Leduc Und Sie selber? Sie scheinen es doch auch nicht zu glauben?

Lebeau O doch. Heute morgen bin ich nur erwischt worden, weil ich ... Früher ging ich morgens immer spazieren, bevor ich zu arbeiten anfing. Heute hatte ich mal wieder Lust darauf. Ich wußte, ich sollte eigentlich nicht aus dem Haus gehen. Aber man bekommt die Wahrheit allmählich satt. Man hat es satt, die Dinge klar zu sehen. *Pause* Der Morgen gehört immer meinen Illusionen. Ich kann nie malen, was ich sehe, nur was ich mir vorstelle. Und an diesem Morgen – Gefahr hin, Gefahr her – mußte ich einfach mal raus, herumlaufen, etwas Wirkliches sehen, das nicht nur in meinem Kopf existierte ... Kaum war ich um die Ecke gegangen, steigt dieses Schwein von Wissenschaftler aus dem Wagen und fingert mir an der Nase herum ... *Pause* Ich glaube, ich kann jetzt sterben. Man kann es so satt haben ...

Leduc Daß es gar nicht mehr so schlimm ist.

Lebeau Ja, beinahe.

Leduc *zu allen* Somit wären wir nun alle, mit oder ohne Illusionen, frisch oder erschöpft, zum Sterben trainiert worden – der Jude ebenso wie der Nichtjude.

Monceau Wenn Sie durchaus Selbstmord begehen wollen, Herr Doktor, dann bitte allein. Mich können Sie damit nicht ködern. Noch gibt es Gesetze, und jede Regierung hat das Recht, zu verlangen, daß sie befolgt werden. Ich möchte hier ein für allemal erklären, daß ich mit diesem Gerede nichts zu tun haben will.

Leduc *zornig werdend* Nicht jede Regierung hat Gesetze, die Menschen ihrer Rasse wegen zu entrechten ...

Monceau Verzeihung! Die Russen entrechten die Bourgeoisie, aber die Engländer haben die Inder, die Afrikaner und alles, was sie nur haben konnten, entrechtet, die Franzosen, die Italiener ... Jede Nation hat irgend jemanden auf Grund seiner Rasse entrechtet, nicht zu vergessen die Amerikaner und was sie mit den Negern machen. Weitaus die Mehrheit der Menschheit ist aus Rassegründen rechtlos. Was empfehlen Sie all diesen Leuten – Selbstmord?

Leduc Was empfehlen *Sie* ihnen?

Monceau Ich gehe davon aus, daß ich in Frieden leben kann, wenn ich die Gesetze mit Würde befolge. Mir mögen die Gesetze nicht gefallen, aber die Mehrheit ist andrer Meinung, sonst hätte sie sie nicht geduldet. Die französische Mehrheit in dieser Stadt ist den Deutschen fünfzig zu eins überlegen. Vergessen Sie nicht, das hier ist französische Polizei, keine deutsche. Und wenn Ihnen das Wunder gelingen sollte, den Mann an der Tür unschädlich zu machen, dann wird euch, ob Jude oder Nichtjude, in dieser Stadt unter Tausenden keiner helfen. So ist nun mal die Welt, und jetzt lassen Sie mich mit Ihren romantischen Erpressungen in Ruh.

Leduc Mit andern Worten, weil die Welt so ist, wie sie ist, so gleichgültig, möchten Sie ruhig und mit größter

Würde darauf warten – daß Sie die Hosen aufmachen dürfen.

Monceau *zornig und zugleich ängstlich, er steht auf* Soll ich Ihnen mal was sagen? Leute wie Sie haben uns das hier eingebrockt, Leute, die den Juden den Ruf eingebracht haben, sie seien Staatsfeinde, und dann dieses talmudistische Tüfteln und dieses ewige Herumnörgeln an allem und jedem.

Leduc Und ich sage Ihnen, daß ich mich vorhin geirrt habe. Sie haben Ihren Namen in Ihre verbotenen Bücher gestempelt, nicht weil Sie einen Grund suchten, Paris zu verlassen und sich in Sicherheit zu bringen. Sie haben es getan, weil Sie wollten, daß man Sie festnimmt und Ihrem Jammer ein Ende macht. Ihr Herz ist bereits vom Feind erobertes Gebiet, lieber Mann!

Monceau Das werde ich Ihnen heimzahlen, falls wir uns je wieder begegnen sollten!

Leduc Vom Feind erobertes Gebiet! *Er beugt sich vornüber, vergräbt den Kopf in den Händen.*

Der Junge *streckt seine Hand zu von Berg, um ihm den Ring zu geben* Werden Sie es für mich tun? Rue Charlot Nummer neun?

von Berg *sehr bewegt* Ich will's versuchen. *Er nimmt den Ring. Der Junge steht schnell auf.*

Leduc Wohin gehst du? *Der Junge, in tödlicher Entschlossenheit, geht vorsichtig zum Eingang des Korridors und blickt um die Ecke. Leduc steht auf, will ihn zurückziehen* Du kannst es nicht, drei Mann sind nötig, um … *Der Junge macht sich los und geht schnell den Korridor entlang.*

Leduc *zögert einen Augenblick, läuft ihm dann nach* Warte! Warte einen Augenblick! Ich komme mit!

Der Major taucht am andern Ende des Korridors auf. Der Junge bleibt stehen, Leduc ist nun neben ihm. Einen Augenblick stehen beide dem Major gegenüber. Dann drehen sie sich um, kommen den Korridor zurück und setzen sich. Der Major ist ihnen gefolgt. Er berührt Leduc am Arm. Leduc steht auf und geht mit ihm nach vorne.

Major *ist ‚betrunken', nicht vom Alkohol allein, sondern von seinen Emotionen* Es ist unmöglich. Versuchen Sie's erst gar nicht. An beiden Ecken stehen Posten. *Wirft einen Blick auf die Tür zum Büro* Herr Hauptmann, ich versichere Ihnen … dies alles ist mir ebenso unbegreiflich wie Ihnen. Wollen Sie mir das glauben?

Leduc Wenn Sie sich auf der Stelle erschießen würden – dann ja. Und gleich noch ein paar von denen da drinnen mitnähmen.

Major *wischt sich den Mund mit dem Handrücken* Morgen früh wären wir alle bereits durch andere ersetzt.

Leduc Wir könnten lebend herauskommen, wenn Sie dafür sorgen.

Major Man würde Sie bald finden.

Leduc Mich nicht.

Major *mit manischer Heiterkeit, und doch verzweifelt nach einer Antwort suchend* Warum verdienen Sie mehr zu leben als ich?

Leduc Weil ich unfähig bin, das zu tun, was Sie tun. Ich bin besser für die Welt als Sie.

Major Und es bedeutet Ihnen gar nichts, daß mir das hier nahegeht?

Leduc Nicht das geringste, solange Sie uns hier nicht herausholen.

Major Und was dann? Was dann?

Leduc Dann würde ich mich zumindest an einen anständigen Deutschen erinnern, einen Deutschen mit Ehrgefühl.

Major Was hätten Sie davon?

Leduc Ich würde Sie lieben, solange ich lebe. Würde das irgend jemand sonst jetzt tun?

Major Bedeutet Ihnen das so viel – daß jemand Sie liebt?

Leduc Daß ich die Liebe eines anderen verdiene? Ja. Und seinen Respekt.

Major Erstaunlich. Sie haben keine Ahnung. Nichts von alledem existiert mehr, haben Sie das noch nicht begriffen?

Leduc Für mich existiert es noch.

Major *lauter, während er sich in Zorn redet* Es gibt keine Privatpersonen mehr, haben Sie das nicht begriffen? Es wird nie mehr welche geben. Was geht mich das an, ob Sie mich lieben oder nicht? Bin ich ein Hund, daß man mich lieben muß? Ihr – *wendet sich an alle* – gottverdammten Juden! *Die Tür öffnet sich, der Professor und der Polizeihauptmann erscheinen.* Hunde. Judenhunde. Seht euch den an – *auf den alten Juden zeigend* – wie er die Pfoten faltet. Paßt mal auf, was er machen wird, wenn ich ihn anbrülle. Hund! Er rührt sich nicht. Oder rührt er sich vielleicht doch? Könnt ihr sehn, daß er sich rührt? *Er geht zum Professor und nimmt ihn am Arm* Aber wir rühren uns, nicht wahr? Wir messen eure Nasen, nicht wahr, Herr Professor, und wir sehen uns eure Schwänze an, wir rühren uns unausgesetzt.

Professor *will ihn mit einer Handbewegung hineinziehen* Herr Major ...

Major Hände weg, du verdammter Zivilist.

Professor Ich glaube ...

Major *zieht seinen Revolver* Halten Sie die Schnauze!

Professor Sie sind betrunken.

Major *schießt in die Decke. Der Professor ist erstarrt.* Schluß. Schluß mit allem! *Er geht nachdenklich, den Revolver schußbereit in der Hand, und setzt sich neben Lebeau* Jetzt ist mit allem Schluß. *Seine Hände zittern. Er zieht durch die Nase hoch, legt ein Bein über das andere, um sie in die Gewalt zu bekommen. Sieht Leduc an* Und nun erzähl mir mal, ja? Erzähl mir mal. Alles steht still. Erzähl! Los, pack aus!

Leduc Was soll ich Ihnen erzählen?

Major Du sollst mir erzählen ... wie es hier noch Privatpersonen geben kann. Ich hab dich hier vor der Mündung meiner Pistole *zeigt auf den Professor* – er hat mich – und jemand hat *ihn* – und dieser jemand hat irgendeinen andern. So, nun erzähl mal.

Leduc Ich habe es Ihnen bereits gesagt.

Major Ich erzähl's nicht weiter. Ich bin ja ein Ehrenmann. Was sagst du nun? Ich werde denen nicht wiedererzählen, was du mir vorgeschlagen hast. Wie findest du das? Verdammt anständig von mir, was? Nicht wiederzuerzählen, was du mir vorgeschlagen hast. *Leduc schweigt. Der Major steht auf* Sie sind doch ehemaliger Frontoffizier?

Leduc Ja.

Major Keine konspirative Tätigkeit gegen die deutschen Autoritäten nachweisbar?

Leduc Nein.

Major Wenn man Sie freiließe und die andern hier behielte, würden Sie sich weigern, zu gehen?
Leduc will sich abwenden, aber der Major stößt ihm die Pistole in die Rippen
Würden Sie sich weigern? *Kurze Pause.*

Leduc Nein.

Major Aha! Sie würden also leichten Herzens durch diese Tür gehen?

Leduc *sieht zu Boden* Ich weiß nicht. *Er will seine zitternden Hände in den Taschen verstecken.*

Major Verstecken Sie nicht Ihre Hände. Ich will wissen, warum

Sie besser für die Welt sein sollten als ich. Warum verstecken Sie Ihre Hände? Könnten Sie leichten Herzens durch diese Tür gehen, zu Ihrer Frau laufen und darauf anstoßen, daß Sie Ihre Haut gerettet haben? Warum halten Sie sich für besser als die andern?

Leduc Ich bin nicht verpflichtet, mich für Ihren Sadismus zu opfern.

Major Und ich? *Ich* soll es? Ja? Für den Sadismus der andern? Mich opfern? Ich soll dazu verpflichtet sein und Sie nicht? Mich freiwillig ans Messer liefern?

Leduc *sieht den Professor und den Polizeihauptmann an, dann wieder den Major* Ich habe nichts zu sagen.

Major Danke gehorsamst. *Er steckt seinen Revolver ein, dreht sich um, mit einer ausholenden Geste zum Professor* Der nächste! *Der Major geht schnell an dem Professor vorbei ins Büro. Lebeau hat sich nicht bewegt.*

Professor Hier herein.

Lebeau steht auf, geht müde auf den Korridor zu, dreht sich um und geht in das Büro, hinter ihm der Professor.

Polizeihauptmann *zu Leduc* Zurück auf Ihren Platz! *Leduc kehrt zu seinem Platz zurück. Der Polizeihauptmann geht ins Büro. Die Tür schließt sich.*

Monceau Zufrieden? Sie haben's erreicht, er tobt. Zufrieden? *Die Tür öffnet sich.*

Polizeihauptmann *erscheint, winkt Monceau heran* Der nächste.

Monceau *steht sofort auf, nimmt Papiere aus seiner Jacke, setzt ein künstliches Lächeln auf und geht, hochaufgerichtet, elegant auf den Hauptmann zu* Guten Morgen, Herr Hauptmann. *Er geht geradewegs in das Büro, der Hauptmann folgt ihm, wirft die Tür zu.*

Der Junge Rue Charlot Nummer 9. Bitte.

von Berg Ich werde es ihr geben.

Der Junge Ich bin minderjährig. Noch nicht fünfzehn. Fallen auch Minderjährige darunter?

Hauptmann *öffnet die Tür, winkt dem Jungen.*

Der Junge *aufstehend* Ich bin minderjährig. Ich werde erst im Februar fünfzehn . . .

Hauptmann Reinkommen.

Der Junge *bleibt vor dem Hauptmann stehen* Möchten Sie meinen Geburtsschein? Ich kann ihn besorgen.

Hauptmann *stößt ihn hinein* Los, rein mit dir.

Sie gehen hinein. Die Tür schließt sich. Man hört wieder das Akkordeon im Nebenhaus. Der alte Jude beginnt leise zu beten, indem er sich nach vorn und hinten wiegt. Von Berg bemerkt ihn, wendet sich dann zu Leduc auf der anderen Seite. Die drei sind jetzt allein.

von Berg Begreift er, was hier vorgeht?

Leduc *gereizt* Wahrscheinlich, soweit das überhaupt möglich ist.

von Berg Er beobachtet alles wie von einem andern Stern. *Kurze Pause.* Ich wünschte, wir hätten uns nicht unter diesen Umständen kennengelernt. Es gibt so viele Dinge, die ich Sie gern gefragt hätte.

Leduc *schnell, die heimliche Aufforderung spürend* Würden Sie mir einen Gefallen tun?

von Berg Gern.

Leduc Könnten Sie meine Frau aufsuchen?

von Berg Wo ist sie?

Leduc Nehmen Sie die Autostraße nach Norden. Nach zwei Kilometern sehen Sie links einen kleinen Wald und einen Weg, der dorthin führt. Gehen Sie ungefähr einen Kilometer, bis Sie den Fluß sehen; dann am Ufer entlang, bis Sie zu einer kleinen Mühle kommen; sie sind in dem Geräteschuppen hinter dem Mühlrad.

von Berg *unbehaglich* Und ... was soll ich sagen?

Leduc Daß ich verhaftet worden bin. Und daß vielleicht die Möglichkeit besteht, daß ich ... *Bricht ab* Nein, sagen Sie ihr die Wahrheit.

von Berg Was?

Leduc Die Verbrennungsöfen. Sagen Sie's ihr.

von Berg Aber ... das ist doch nur ein Gerücht?

Leduc *wendet sich zu ihm, scharf* Ich halte es nicht für ein Gerücht. Es muß bekannt sein. Ich hab es nie zuvor gehört. Man muß davon wissen. Nehmen Sie sie beiseite – die Kinder brauchen es nicht zu hören, aber erzählen Sie's ihr.

von Berg Es wird schwer für mich sein. So etwas einer Frau zu sagen.

Leduc Wenn es sein muß, werden Sie doch wohl noch eine Möglichkeit finden, es ihr zu sagen?

von Berg *zögert, spürt Leducs Ressentiment* Also gut. Ich werde es ihr sagen. Nur bin ich Frauen gegenüber ... etwas befangen. Aber ich werde tun, was Sie sagen. *Pause. Mit einem Blick auf die Tür* Warum dauert es so lange mit dem Jungen? Vielleicht ist er wirklich noch zu jung? *Leduc antwortet nicht.* Sie halten sich nämlich genau an die Bestimmungen. Übrigens, bei dem herrschenden Ärztemangel, hätten Sie da nicht eine Chance ... *Er bricht ab.* Verzeihen Sie, falls ich Sie verletzt haben sollte.

Leduc *Gegen seinen Zorn ankämpfend* Schon gut. *Kurze Pause. Seine Stimme bebt vor Zorn.* Es macht mir die Sache nicht leichter, daß Sie unentwegt kleine Hoffnungssplitterchen finden müssen.

von Berg Ja, ich verstehe. Verzeihen Sie bitte. Ich verstehe. *Pause. Leduc wirft einen Blick auf die Tür, er bewegt sich mit äußerster Nervosität hin und her* Möchten Sie vielleicht von etwas anderm sprechen? Interessieren Sie sich für ... Musik?

Leduc *versucht verzweifelt, sich zu beherrschen* Es ist so furchtbar simpel. Weil *Sie* nämlich überleben werden, verstehen Sie?

von Berg Aber dafür kann ich doch nichts.

Leduc Das macht es nur noch schlimmer! Verzeihen Sie, es gibt Situationen, wo man sich einfach nicht mehr beherrschen kann.

von Berg Herr Doktor, ich versichere Ihnen – es wird nicht leicht für mich sein, hier fortzugehen. Sie kennen mich nicht.

Leduc *versucht zunächst, nicht zu antworten* Es wird nur deshalb schwer sein, weil es so leicht ist.

von Berg Das ist nicht fair.

Leduc Es kommt schon nicht mehr drauf an.

von Berg O doch ... Ich kann Ihnen sagen, daß ich in Österreich nahe am Selbstmord war. Das war auch der Grund, warum ich fortging. Als sie meine Musiker ermordeten – nicht allein das, aber als ich die Geschichte meinen Freunden erzählte, haben die meisten kaum reagiert. Das war beinahe das Schlimmste. Verstehen Sie eine derartige Gleichgültigkeit?

Leduc *einem Ausbruch nahe* Sie haben eine merkwürdige Vorstellung von der menschlichen Natur. Es ist erstaunlich, wie Sie daran in einer Zeit wie dieser noch festhalten können.

von Berg Aber was bleibt denn, wenn man seine Ideale aufgibt? Was bleibt denn da noch übrig?

Leduc Von wem sprechen Sie? Von sich? Oder von mir?

von Berg Es tut mir furchtbar leid – ich verstehe.

Leduc So schweigen Sie doch endlich. Ich kann nichts mehr hören. *Kurze Pause* Vielleicht sehe ich zu klar – ich weiß zu genau, was in diesen Köpfen vorgeht, ich kenne ihre Grausamkeit. Deshalb kann ich Beschönigungsversuche nicht ertragen, auch wenn sie noch so gut gemeint sind.

von Berg Es lag mir fern, irgend etwas beschönigen zu wollen.

Leduc Was bleibt Ihnen anderes übrig? – Sie werden ja überleben, da müssen Sie's beschönigen, nur ein bißchen, gerade ausreichend. Ich will Sie damit nicht kränken. *Kurze Pause* Sehen Sie, das kann einen rasend machen: Daß alle diese Leiden so sinnlos sind – man kann nichts daraus lernen, man kann ihnen keinen Sinn geben. Und darum wird es immer von neuem geschehen.

von Berg Weil es nicht von allen geteilt wird?

Leduc Ja, weil es nicht von allen geteilt werden kann. Es ist totale, absolute Vergeudung ... *Er beugt sich nach vorn, als wollte er sich gegen seine Furcht sammeln. Mit einem Blick zur Tür* Seltsam – man kann sich sogar beinahe damit anfreunden. *Er schüttelt seufzend den Kopf, voller Ärger und Erstaunen über sich selbst.*

von Berg *nicht ohne ein Gefühl der Verbundenheit* Jetzt verstehen Sie vielleicht, warum ich aus Wien fortging. Sie können den Tod verführerisch machen. Das ist ihre größte Sünde. Ein Traum verfolgte mich in der Nacht – Hitler in einem langen, herabwallenden Gewand, beinahe wie ein Kleid, beinahe wie eine Frau. Er sah schön aus.

Leduc ... Erzählen Sie bitte meiner Frau nichts von den Öfen.

von Berg Gut, daß Sie mir das sagen. Mir fällt ein Stein vom Herzen. Es hätte wirklich keinen Sinn gehabt ...

Leduc *gequälter, als ihm bewußt ist* Nein, wahrscheinlich nicht ... Daß ich hier bin, ist übrigens reiner Zufall. Wir hatten ein Versteck, das sehr gut war. Nie hätte man uns gefunden. Aber meine Frau hatte Zahnschmerzen, und ich wollte versuchen, ein paar Tabletten in der Stadt aufzutreiben ... Sagen Sie nur, ich bin verhaftet worden.

von Berg Hat sie genügend Geld?

Leduc Wenn Sie ihr etwas geben könnten? – Vielen Dank.

von Berg Und die Kinder? Sind sie noch klein?

Leduc Zwei und drei Jahre.

von Berg Wie schrecklich! Wie schrecklich! *Er wirft einen verächtlichen Blick auf die Tür* Soll ich ihm vielleicht etwas Geld anbieten? Was meinen Sie? Ich habe so wenig Menschenkenntnis – ich fürchte, er ist ein Idealist. Dann würde er nur noch böser werden.

Leduc Vielleicht fühlen Sie erst mal vor. Ich kann Ihnen da wirklich nicht raten.

von Berg So weit ist es gekommen, daß man sich einen geldgierigen Zyniker herbeiwünscht – was für eine verdrehte Welt.

Leduc Wundert Sie das? Wir haben unseren Idealismus teuer bezahlen müssen.

von Berg Aber eine Welt ganz ohne Ideale – wäre das vielleicht wünschenswert? Das ist ja gerade das Deprimierende – nicht zu wissen, was man sich wünschen soll.

Leduc *ärgerlich* Als ich mich auf den Weg machte, wußte ich schon, daß es sinnlos war ... Nur wegen der verfluchten Zahnschmerzen? Na gut, dann schläft sie eben mal nicht ein paar Wochen ... Es war ganz klar, ich hätte es nicht tun sollen.

von Berg Ja, aber wenn man jemanden liebt ...

Leduc Wir lieben uns nicht mehr. Aber kann man sich unter diesen Umständen trennen?

von Berg Wie entsetzlich.

Leduc *ruhiger, er hat es sich anders überlegt* Hören Sie – das mit den Öfen – ich würde ihr das doch nicht sagen. Kein Wort darüber, bitte. *Verächtlich, sich selbst meinend* O Gott – in solcher Zeit – sich an ihr rächen zu wollen – Was sind wir doch für ein Abschaum! *Pause.*

von Berg *sich zu Leduc wendend, Tränen in den Augen* Gibt es denn gar nichts mehr? Kann man denn gar nichts für Sie tun?

Leduc *losbrechend* Was schlagen Sie vor? Verzeihen Sie, aber wovon, zum Teufel, reden Sie eigentlich?

Die Tür öffnet sich. Der Professor kommt heraus und winkt dem alten Juden.

Professor *ist in schlechter Stimmung, vielleicht hat er im Büro Streit gehabt* Der nächste. *Der alte Jude rührt sich nicht.* Hast du gehört, kannst du nicht aufstehen? *Er geht zu dem alten Juden und reißt ihn hoch. Der Mann greift nach unten, um sein Bündel aufzuheben, aber der Professor stößt es zu Boden* Laß das hier. *Mit einem wortlosen, wehen Aufschrei klammert sich der alte Jude an sein Bündel.* Laß das hier. *Der Professor schlägt dem alten Juden auf die Hand, aber der hält das Bündel nur noch fester, wobei er weiterhin wehe, wortlose Schreie ausstößt. Der Polizeihauptmann kommt heraus, während der Professor an dem Bündel zerrt* Loslassen! *Das Bündel zerreißt. Eine Wolke von weißen Federn fliegt auf. Einen Augenblick halten sie inne, während der Professor überrascht auf die langsam niedersinkenden Federn sieht. Der Major erscheint in der Tür, nachdem die Federn zu Boden gefallen sind.*

Polizeihauptmann Los!

Der Hauptmann und der Professor heben den alten Juden hoch und tragen ihn an dem Major vorbei ins Büro. Der Major blickt mit stumpfem Gesichtsausdruck auf die Federn und humpelt hinein, die Tür hinter sich schließend. Leduc und von Berg starren auf die Federn, von denen einige auf sie gefallen sind. Sie entfernen sie schweigend. Leduc nimmt die letzte zwischen zwei Finger seiner Hand und läßt sie zu Boden fallen. Schweigen. Plötzlich hört man kurzes Gelächter aus dem Büro.

von Berg *mit einiger Überwindung, ohne Leduc anzusehen* Ich würde gern von Ihnen in Freundschaft scheiden. Wäre das möglich?

Leduc Prinz, in meinem Beruf lernt man, sich selbst objektiv zu sehen. Ich bin *Ihnen* nicht böse. In irgendeinem Winkel meines Bewußtseins nicht einmal diesen Nazis. Böse bin ich nur darüber, in einer Zeit geboren zu sein, wo der Mensch seine wahre Natur noch nicht erkannt hat, nämlich, daß er nicht vernünftig ist, sondern nur an Mord denkt, und daß seine Ideale nur der kleine Beitrag sind, mit dem er sich das Recht erkauft, mit gutem Gewissen hassen und morden zu dürfen. Ich bin nur böse darüber, daß die Zeit nicht ausreichte, um mir diese Wahrheit ganz zu eigen zu machen und sie andern mitzuteilen.

von Berg *erregt, über seine Angst hinweg* Aber es *gibt* Ideale, Herr Doktor, allerdings anderer Art. Es *gibt* Menschen, denen es leichter fiele zu sterben, als auch nur einen Finger mit diesem Mord zu besudeln. Es gibt sie. Ich schwöre es Ihnen. Menschen, die nicht glauben, daß alles erlaubt ist, närrische, einflußlose Menschen, aber wir existieren und wollen unserer Tradition treu bleiben. *Verzweifelt* Ich bitte Sie um Ihre Freundschaft.

Aus dem Büro kommt erneut Gelächter, diesmal lauter. Leduc wendet sich langsam von Berg zu.

Leduc Ich bin Ihnen die Wahrheit schuldig, Prinz. Sie werden es mir jetzt nicht glauben, aber denken Sie später noch einmal darüber nach. Noch nie habe ich in meiner Praxis einen Nichtjuden analysiert, der nicht irgendwo in seinem Unterbewußtsein eine heimliche Abneigung gegen die Juden gehabt oder sie sogar gehaßt hätte.

von Berg *aufspringend, indem er sich die Ohren zuhält* Ausgeschlossen! Auf mich trifft das nicht zu!

Leduc *steht auf, geht zu ihm, Mitleid und Erbitterung in seiner Stimme* Solange Sie noch nicht erkannt haben, daß es auch auf Sie zutrifft, Prinz, werden Sie aus diesem Grauen keine Lehren ziehen können. Um zu wissen, wer man ist, muß man wissen, wer man *nicht* ist. Und Jude ist nur der Name, den wir dem Fremden geben, jener Todesqual, die wir nicht fühlen, jenem Sterben, das für uns nur eine kalte Abstraktion ist. Jedermann hat seinen Juden, und das ist der andere. Und auch die Juden haben ihre Juden. Und jetzt, gerade jetzt, müßten Sie erkennen, daß Sie Ihren haben – den Mann, dessen Tod Ihnen, trotz all Ihrer Anständigkeit, das erleichternde Gefühl gibt, daß Sie – nicht *er* sind. Und eben darum ist alles umsonst und wird alles umsonst bleiben – es sei denn, Sie erkennen Ihre Mitschuld an dieser ... Ihrer eignen Unmenschlichkeit.

von Berg Ich leugne das ab. Ich leugne es kategorisch ab. Nie im Leben habe ich auch nur ein Wort gegen Ihre Glaubensgenossen gesagt. Wie können Sie mir so etwas unterstellen? Daß ich mit dieser Ungeheuerlichkeit irgend etwas zu tun hätte? Ich hatte schon den Revolver an meinen Kopf gehalten. An meinen Kopf.

Man hört wieder Gelächter.

Leduc *aufgebend* Verzeihen Sie, es ist wirklich nicht mehr wichtig.

von Berg Mir ist es aber sehr wichtig! Enorm wichtig!

Leduc *in einem Tonfall des Bedauerns und zugleich voller Abscheu* Sie fragten mich vorhin, ob ich Ihren Vetter kannte, Baron Keßler? *Von Berg sieht ihn an, Schlimmes ahnend.* Baron Keßler ist Nazi. Er ist mitverantwortlich dafür, daß sämtliche jüdischen Ärzte aus der Universitätsklinik entfernt wurden. *Von Berg ist betroffen, blickt verlegen um sich.* Das wußten Sie doch, nicht wahr? *Halb hysterisches Gelächter kommt aus dem Büro.* Irgendwann *müssen* Sie davon gehört haben?

von Berg *betreten, verstört* Ja, ich habe davon gehört. Es war mir ... entfallen. Sie müssen verstehen, er ist doch ...

Leduc ... Ihr Vetter. Ich verstehe. *Sie wissen nun, worum es geht, und Leduc, ungeachtet seines Zorns, bedauert den Prinzen ebenso wie sich selbst* Für Sie ist das nur ein kleiner Teil von Baron Keßler. Ich verstehe das, wirklich. Für mich *aber* ist es der ganze Mann. Als Sie vorhin seinen Namen aussprachen, taten Sie es mit Liebe, und ich bin überzeugt, daß er auch gute Eigenschaften hat und daß man sich über vieles mit ihm verständigen kann. Aber wenn *ich* diesen Namen höre, sehe ich ein Messer. Verstehen Sie jetzt, warum alles umsonst ist und sein wird, wenn nicht einmal Sie sich in meine Lage versetzen können. Nicht einmal Sie. Und deshalb können mich auch Ihre Selbstmordabsichten nicht beeindrucken. Ich will ja nicht, daß Sie sich schuldig bekennen, sondern mitverantwortlich – das hätte vielleicht geholfen. Wenn Sie nämlich begriffen hätten, daß Baron Keßler zu einem Teil, einem geringen und doch furchtbaren Teil – Ihrem Willen gemäß handelte. Vielleicht hätten Sie dann, mit Ihrem Ansehen, Ihrem Namen und Gefühl für Anstand, wirklich etwas getan – anstatt mit dem Selbstmord zu spielen!

von Berg *in tiefster Verzweiflung, den Kopf zurückwerfend, als riefe er den Himmel an* Was kann uns jetzt noch retten? *Er birgt das Gesicht in den Händen. Die Tür öffnet sich, der Professor kommt heraus.*

Professor *dem Prinzen zuwinkend* Der nächste. *Von Berg dreht sich nicht um, sondern sieht Leduc mit flehentlich beschwörenden Augen an, als wollte er sich nicht von ihm trennen. Der Professor nähert sich dem Prinzen.* Na, los schon! *Er will von Berg am Arm packen. Aber dieser stößt die verhaßte Hand fort.*

von Berg Wagen Sie nicht, mich anzurühren!

Der Professor zieht seine Hand zurück, steht einen Augenblick unbeweglich da, überrascht, als spürte er die Autorität des andern, gegen die er nicht ankämpfen kann. Von Berg dreht sich noch einmal zu Leduc, der zu ihm aufschaut, ihm einen warmen lächelnden Blick zuwirft und sich dann wieder abwendet.

Von Berg wendet sich zur Tür und geht hinein, während er in seine Brusttasche greift und seine Brieftasche herausnimmt. Der Professor folgt ihm und schließt die Tür. Leduc, allein, sitzt unbeweglich auf seinem Platz. Dann scheint ihn das Gefühl des Eingesperrtseins zu überkommen, er schluckt schwer, schlägt abwechselnd ein Bein über das andere, bis ihm ein Gedanke zu kommen scheint. Er beugt sich nach vorn und späht um die Ecke, wo die Wache sich befinden muß. Durch eine Bewegung seines Fußes sind ein paar Federn aufgeflogen. Draußen hört man das Akkordeon. Er stößt gereizt mit dem einen Fuß eine Feder von dem andern Fuß fort. Jetzt scheint er zu einem Entschluß gekommen zu sein. Er greift schnell in die Tasche, nimmt ein Messer heraus, läßt die Klinge springen, steht auf und will auf den Eingang des Korridors zugehen. Die Tür öffnet sich, von Berg erscheint, in der einen Hand hält er einen weißen Passierschein.

Die Tür schließt sich hinter ihm. Er sieht auf den Schein

in seiner Hand, und während er an Leduc vorbeigeht, dreht er sich plötzlich um und drückt Leduc den Passierschein in die Hand.

von Berg *merkwürdig gereizt ihm zuflüsternd, während er ihm bedeutet, sich davonzumachen* Hier nehmen Sie das. *Er setzt sich schnell auf die Bank, nimmt den Ehering aus der Tasche. Leduc starrt ihn erschrocken an. Von Berg gibt ihm den Ring*

Rue Charlot, Nummer 9! Gehen Sie!

Leduc Und was wird aus Ihnen?

von Berg *ihn beinahe erzürnt wegweisend* Gehen Sie, gehen Sie!

Leduc *rückwärts gehend, seine Augen mit den Händen bedekkend, als wäre ihm nun seine eigene Schuld bewußt geworden, beinahe flehentlich Das* habe ich nicht von Ihnen verlangt. *Das* sind Sie mir nicht schuldig gewesen!

von Berg Gehen Sie!

Leduc, dessen Augen Furcht und tiefe Ergriffenheit widerspiegeln, dreht sich plötzlich um und geht schnell auf den Korridor zu, an dessen Ende der Polizist erscheint, der seine Schritte hörte. Leduc gibt ihm den Passierschein und verschwindet. Pause. Die Tür öffnet sich. Der Professor erscheint

Professor Der nä ... *Er bricht ab. Sieht sich um. Dann zu von Berg* Wo ist Ihr Passierschein? *Von Berg starrt geradeaus. Der Professor ruft in das Büro* Mann entkommen! *Er läuft zum Korridor und ruft* Mann entkommen! Mann entkommen! *Der Polizeihauptmann stürzt aus dem Büro. Draußen hört man Stimmen, die Befehle erteilen. Das Akkordeon bricht ab. Der Major kommt eilig aus dem Büro. Der Polizeihauptmann stürzt an ihm vorbei.*

Hauptmann Was? *Er sieht sich nach von Berg um, begreift und läuft den Korridor entlang, rufend* Wer hat ihn rausgelassen? Holt ihn zurück! Wie ist das passiert? *Die Stimmen draußen werden von einer Sirene übertönt. Der Major ist dem Polizeihauptmann bis zum Eingang des Korridors gefolgt, bleibt dort einen Augenblick stehen und sieht den Gang entlang. Man hört jetzt nur noch die sich entfernende Sirene, die sich auf die Suche macht. Sie erstirbt, so daß man nur noch die raschen Atemzüge des Majors hört, Atemzüge eines erregten, aufgebrachten, ungläubigen Mannes. Jetzt dreht der Major sich langsam nach von Berg um, der noch immer geradeaus starrt. Von Berg wendet sich ihm zu und*

sieht ihm ins Gesicht. Dann steht er auf. Die beiden messen einander in einem langen, nicht endenwollenden Blick. In dem starren Gesicht des Majors drückt sich zugleich Wut und innere Verzweiflung aus, er ballt die Fäuste. So stehen sie sich gegenüber, Auge in Auge, einander fremd und für immer unverständlich.
Am Ende des Korridors erscheinen vier neue Männer, Gefangene, die von den Geheimpolizisten in das Haftlokal hineingetrieben werden. Sie setzen sich auf die Bank, lassen ihre Augen umherwandern, betrachten die Decke, die Wände, die Federn am Boden und die beiden Männer, die einander auf eine so seltsame Weise anstarren.

Der Preis

Ein Theaterstück

Personen

Victor Franz
Esther Franz
Gregory Salomon
Walter Franz

Erster Akt

Heute.
Eine dunkle Bühne.
Durch die verschmutzten Scheiben eines Deckenfensters dringt langsam Tageslicht ein. Gleichzeitig erhellt sich ein verrußtes Fenster im Hintergrund, das mit weißer Farbe ausgekreuzt wurde, wie bei Gebäuden, die abgerissen werden sollen.
Das Oberlicht fällt zunächst auf einen in der Mitte stehenden unförmigen Lehnstuhl mit einem zerschlissenen rosa Überzug. Links von ihm, auf einem kleinen Tischchen, ein altes Radio aus den zwanziger Jahren, rechts ein Ständer mit Zeitungen, dahinter eine Stehlampe. Ein weißes Staubtuch liegt auf einer Stuhllehne, neben dem Stuhl ein Eimer und ein Teppichreiniger.
Das Zimmer wird allmählich erkennbar, aber nur der Teil, der von dem Lehnstuhl, ein paar Stühlen und einer Couch gebildet wird, sieht noch bewohnbar aus. Der Rest ist bis hinauf zu den Wänden chaotisch mit den Möbeln und den Einrichtungsgegenständen von zehn Zimmern vollgepfropft.
Vier Couches und drei kleinere Sofas stehen umher, Armsessel, ein Diwan, Stühle in verschiedenen Größen und Ausführungen. Der Boden und die Wände sind bis zur Decke hinauf mit Möbeln vollgestellt – Schreibtischen, Schränken, einem Buffet, einem langen, reich geschnitzten Eßtisch, einem Bibliothekstisch, Rauchtischchen, Bücherregalen, Vitrinen usw. Zusammengerollte Teppiche, große und kleinere. Ein altes Grammophon zum Aufziehen. Bettgestelle, Koffer. Zwei Kronleuchter aus Kristall, ein großer und ein kleiner, die aber nicht an die Leitung angeschlossen sind, hängen an Stricken von der Decke herab. Zwölf Eßzimmerstühle stehen in einer Reihe vor einer aus Möbeln gebildeten Wand.
Der Eindruck von etwas Kompaktem, beinahe »Deutschem« geht von diesem Hausrat aus, das Gewicht der

Jahre scheint auf den an die Wand geschobenen Möbeln mit ihren vielen Kurven und Verzierungen zu lasten. Der Raum wirkt auf eine beängstigende Weise überladen, wobei man nicht genau weiß, ob das Ganze wirklich eindrucksvoll ist oder nur unförmig und häßlich.
Eine Harfe, deren Gold bereits zu bröckeln begann, steht allein im Vordergrund.
Hinter einem improvisiert wirkenden, längst verblichenen Vorhang im Hintergrund entdeckt man einen Ausguß, einen elektrischen Kocher und einen alten Eisschrank.
Rechts führt eine Tür zum Schlafzimmer.
Links im Vordergrund eine andere zum Korridor und zur Treppe, die aber nicht zu sehen ist.
Wir befinden uns im Dachgeschoß eines Brownstone-Hauses in Manhattan, das auf Abriß steht.

Victor Franz kommt durch die Tür links im Vordergrund. Er trägt die Uniform eines amerikanischen Polizisten. Er bleibt im Zimmer stehen, blickt um sich, macht ein paar Schritte, bleibt wieder stehen. Scheinbar unbeteiligt, dennoch seltsam berührt von dem, was dieser Raum ausstrahlt, geht sein Blick, prüfend und zugleich wie benommen von ihrem sphinxhaften Dasein, von einem Möbelstück zum andern.
Er setzt sich auf die Stuhllehne im Vordergrund, als wartete er auf jemanden. Er sieht auf die Uhr. Starrt ins Leere ... Die Zeit will nicht vergehen.
Sein Blick fällt auf einen Stoß Schallplatten neben dem Grammopohn, er geht hin, nimmt eine Platte, liest die Aufschrift, legt sie wieder zurück. Schlendert umher, wartend, bis er sich in Reichweite der Harfe befindet. Er streckt einen Finger aus und zupft an einer Saite, die leise aufklingt. Er geht zum Grammophon zurück, zieht es auf und spielt eine Platte: Gallagher und Sheean singen.
Er lächelt über den Schmalz und geht, während das Grammophon weiterspielt, zum Schlafzimmer, sieht hinein und bleibt einen Augenblick stehen, mit den Blikken das Zimmer musternd.
Er kommt wieder nach vorn, setzt sich auf die Stuhllehne in der Mitte. Er will eine Zeitung aus dem Ständer nehmen, aber sie zerfällt in seiner Hand.
Er steht auf, lockert die Krawatte, knöpft sich den Kragen auf und sieht wieder auf die Uhr ... Die Zeit will nicht vergehen. Er schreitet eine Wand mit Möbeln ab,

hier und dort ein Stück berührend, sieht zu den Kronleuchtern hinauf, kommt zu einem Bücherregal und studiert die Titel. Er nimmt ein Buch heraus und will es gerade öffnen, als ihm etwas einfällt. Er sieht sich suchend um, während er das Buch wieder in das Regal stellt, geht zu einer bestimmten Stelle und zieht ein hinter den Möbeln verstecktes Ruder hervor, dessen Länge er mit den Augen abschätzt. Er sucht weiter nach etwas, das er dort vermutet, zündet eine zweite Lampe an, um besser sehen zu können, und zieht zuerst eine Fechtmaske und dann ein Rapier zwischen den Möbeln hervor.

Sein Gesicht hat sich entspannt, er ist amüsiert und neugierig. Er nimmt die Mütze ab, legt das Rapier auf den Boden, setzt sich die Fechtmaske auf und dreht den Kopf probeweise hin und her. Er macht eine nicht ganz einwandfreie Kniebeuge, richtet sich auf, dann noch eine.

Unschlüssig betrachtet er das Rapier zu seinen Füßen, hebt es auf und schnellt es in plötzlichem Entschluß in die Luft. Er gibt sich noch einen Ruck, nimmt Fechterhaltung an, macht einen Ausfall und geht wieder in die Grundposition zurück.

Er senkt das Rapier und macht eine Bewegung, als hätte er Rückenschmerzen. Er macht erneut einen Ausfall, gibt es dann auf, nimmt die Fechtmaske ab, legt das Rapier hin, befühlt seine ungeübten Hände und reibt sich die Schenkel.

Er setzt sich auf eine Tischkante und beugt sich vor, um das Grammophon abzustellen. Er reibt sich Kinn und Ohr, als ob es ihm weh täte, sieht auf die Uhr, zieht das Grammophon auf, greift zu einer andern Platte und liest erstaunt die Aufschrift.

Er legt die Platte auf. Es ist eine Lachplatte. Zwei Männer versuchen erfolglos, einen einzigen Satz herauszubringen, während sie sich vor Lachen schütteln.

Er lächelt vor sich hin, er fängt laut zu lachen an, er lacht immer mehr. Es hat ihn erwischt, er macht hilflos einen Schritt nach vorne, während er sich vor Lachen krümmt …

Esther, seine Frau, kommt von links herein. Er steht mit dem Rücken zu ihr. Sie lächelt bereits, während sie noch um sich blickt, um zu sehen, wer mit ihm lacht. Sie geht auf ihn zu, er hört ihre Schritte und dreht sich nach ihr um.

Esther Was geht hier vor?

Victor *überrascht* Guten Tag. *Stellt das Grammophon ab, lacht etwas verlegen.*

Esther Es klang beinah, als ob hier eine Party wär. *Er gibt ihr ein Küßchen.* Was ist wirklich los?

Victor *bemüht sich, nicht vorwurfsvoll zu klingen* Du hast getrunken?

Esther Du weißt doch, ich war beim Arzt *Sie muß über ihre eigene Unlogik lachen.*

Victor Du und dein Arzt. Ich dachte, er hätte dir das Trinken verboten?

Esther *lacht* Ich hatte nur ein Glas mit ihm. Eins kann nicht schaden. Außerdem bin ich völlig gesund. Er läßt dich übrigens grüßen. *Sie sieht sich im Zimmer um.*

Victor Das ist aber nett von ihm. *Er setzt sich, das Gesicht zum Publikum, leise grollend.* Der Händler muß jede Minute hier sein – falls du dir noch etwas mitnehmen möchtest.

Esther *sieht seufzend um sich* Ach du lieber Gott – da wären wir also wieder.

Victor Die alte Dame hat sich angestrengt.

Esther Ja – so sauber war's noch nie. *Im Hinblick auf das Zimmer* Kommt dir das nicht komisch vor?

Victor *achselzuckend* Nein, eigentlich nicht.

Esther Hmm – *schüttelt den Kopf, während sie sich umsieht.*

Victor Was?

Esther Die Zeit.

Victor Ich weiß.

Esther Irgend etwas hat sich hier verändert.

Victor Nein, es ist genauso, wie's war. *Zeigt auf eine Seite des Zimmers* Dort hat mein Schreibtisch gestanden und daneben die Couch. Sonst ist alles genauso wie früher.

Esther Merkwürdig. Es kam mir immer so bombastisch vor und irgendwie bourgeois. Aber ich muß zugeben – es hat Charakter... Einiges ist sogar heute wieder modern.

Victor Vielleicht kannst du dies oder jenes noch gebrauchen?

Esther *mit einem Blick auf die Sachen, zögernd* Ich weiß nicht, ob ich es um mich haben will. Es ist alles so gewaltig. Wo kann man so was noch hinstellen? – Die Kommode ist reizend. *Sie geht hin.*

Victor Die hat mir gehört. *Zeigt auf die andere* Und die drüben Walter. Sie gehören zusammen.

Esther *vergleichend* O ja. – Hast du ihn erreicht?

Victor *weicht ihrem Blick aus, als wäre dies ein heikles Thema* Heut früh rief ich wieder an. Er war gerade beschäftigt.

Esther Hast du in der Praxis angerufen?

Victor Ja, die Schwester ging hinein und sprach kurz mit ihm.

Es ist übrigens nicht so wichtig. Er ist verständigt, und ich habe jetzt freie Hand.

Esther Und was ist mit seinem Anteil?
Er wendet sich fort.
Ich will dir nicht wieder auf die Nerven gehen, Victor, aber ich nehme an, daß hier ziemlich viel Geld drinsteckt. Wirst du ihm nahelegen, daß er auf seinen Anteil verzichtet?

Victor Ich habe es mir anders überlegt. Er schuldet mir nicht das geringste. Ich kann ihm nichts vormachen, er hat ein Recht auf die Hälfte der Summe.

Esther Kann ich dich nicht irgendwo treffen? Das Ganze deprimiert mich zu sehr. *Will zu ihrer Handtasche.*

Victor Warum? Es wird nicht viel Zeit in Anspruch nehmen. Werde nicht nervös. Komm, setz dich hin. Der Händler muß jeden Augenblick hier sein.

Esther *setzt sich auf die Couch* Es ist alles so widerwärtig, ich kann mir nicht helfen. Entschuldige, aber es macht mich rasend.

Esther Bitte reg dich nicht so auf. – Ich hab übrigens die Karten schon gekauft.

Esther O gut. Hoffentlich ist der Film einigermaßen gut.

Victor Hoffentlich. Zweifünfzig pro Stück.

Esther Ach was, ich will irgendwohin gehen. Als ich eben hier die Treppe heraufkam und alle Türen offenstanden – Gott, es ist kaum zu fassen.

Victor Ein altes Haus wird abgerissen. Na und? Das kommt alle Tage vor.

Esther Ich weiß. Aber ich habe das Gefühl, als wäre ich hundert Jahre alt. *Geht zur Harfe.* Wo bleibt dein Händler?

Victor *einen Blick auf seine Uhr werfend* Es ist zwanzig vor sechs ... Warum ist er noch nicht da? *Sie zupft an einer Saite. Auf die Harfe zeigend* Das müßte eigentlich etwas wert sein.

Esther Das und vieles andere. Du mußt mit ihm handeln, verstehst du? Nicht immer akzeptieren, was sie dir sagen –

Victor *mit einem Anflug von Protest* Oh, ich *kann* handeln, verlaß dich drauf, ich verschenke nichts.

Esther Weil sie nämlich erwarten, *daß* man mit ihnen handelt.

Victor Du bist bereits deprimiert, bevor es überhaupt losgeht. Ich kenne meine Leute. Ich weiß, wie man mit ihnen umzugehen hat.

Esther *sie verzichtet auf weitere Auseinandersetzungen, geht zum Grammophon und möchte etwas Lustigkeit aufkommen lassen* Was ist das für eine Platte?

Victor Eine Lachplatte. Der große Schlager der zwanziger Jahre.

Esther Daran erinnerst du dich noch?

Victor Nicht sehr gut. Damals war ich ja erst fünf oder sechs. Ich hab sie auf Kindergesellschaften gespielt. Wer am längsten ernst bleiben konnte, verstehst du? Oder vielleicht haben wir einfach nur herumgesessen und uns totgelacht, was weiß ich.

Esther Großartige Idee.

Ihr Verhältnis zueinander hat sich irgendwie ausbalanciert, er betrachtet sie.

Victor Hübsch siehst du aus. *Sie sieht ihn an, lächelt verlegen.* Im Ernst. – Ich habe dir doch gesagt, daß ich mit ihm handeln werde, warum mußt du –

Esther Ich glaube 's dir. *Das* ist das Kleid.

Victor Oh, deshalb. Wieviel? Dreh dich mal herum.

Esther *steht auf* Fünfundvierzig – Stell dir vor! Er hat gesagt, es wird ja doch niemand kaufen, weil es zu – einfach ist.

Victor Nein, sind Frauen dämlich. Wie hübsch das ist. Manchmal kriegt man wirklich was für sein Geld, aber das meiste, was man kauft, ist Schund – *Geht zu ihr.* Bitte sieh dir diesen Kragen an. Hast *du* ihn mir nicht gekauft?

Esther *prüfend* Nein, das ist noch einer von den alten.

Victor Trotzdem – *Er hebt den Fuß und zeigt auf seinen Absatz.* Sieh dir diese Absätze an. Vor drei Wochen gekauft. Ich sollte einen Brief hinschreiben und mich beschweren.

Esther Du trittst nicht richtig auf, daran liegt es. – Hoffentlich gehst du nicht in Uniform mit mir aus.

Victor Ich hätte den Kerl umbringen können. Gerade hatte ich mich umgezogen, und MacGowan wollte von ihm Fingerabdrücke machen, aber dem Burschen gefiel das nicht, und wie ich zufällig an ihm vorbeigehe, holt er aus und schlägt mir den Kaffee aus der Hand.

Esther O Gott.

Victor Ich hab den Anzug sofort zur Schnellreinigung gegeben. Gegen sechs soll er fertig sein.

Esther War es schwarzer Kaffee oder Milchkaffee?

Victor Milchkaffee mit Zucker.

Esther Dann wird er bestimmt nicht um sechs fertig sein.

Victor Sie haben's mir aber versprochen.

Esther Schlag es dir aus dem Kopf. Erledigt. *Kurze Pause. Sie ist nun wirklich schlechter Laune.*

Victor Wir gehen doch nur ins Kino –

Esther Selten genug ... Muß denn jeder gleich wissen, wieviel du verdienst? Ich möchte einmal an etwas anderes denken, einmal in einem Restaurant sitzen können, ohne daß sich ein betrunkener Expolizist zu uns an den Tisch setzt und von den guten, alten Zeiten redet.

Victor Das ist höchstens ein- oder zweimal passiert. Ich verstehe wirklich nicht, daß du nach all den Jahren ...

Esther Es ist nicht wichtig, ich weiß es. Aber denk an den Mann im Museum, der hat doch wirklich ... er glaubte, *du* wärst der Bildhauer.

Victor Na schön, dann bin ich eben halt Bildhauer.

Esther Es war nett, mehr wollte ich nicht sagen. Und es stimmt, Victor – in Zivil siehst du wirklich distinguiert aus. *Legt den Kopf zurück.* Soll ich dir mal einen Vorschlag machen?

Victor Ja?

Esther Verlasse mich. Du brauchst mir nur genug Geld für Kaffee und Zigaretten dazulassen.

Victor Dann würdest du überhaupt nicht mehr aufstehen.

Esther Doch – hin und wieder.

Victor Ich hab eine viel bessere Idee. Sag deinem Arzt, er soll ein paar Wochen mit dir verreisen. Im Ernst. Dann würdest du vielleicht manches etwas anders sehen.

Esther Ich wünschte, ich könnte es.

Victor Warum tust du's nicht. *Er* hat einen Zivilanzug. Du könntest sogar den Hund mitnehmen. *Sie lacht.* Was ist daran so komisch? Jedesmal, wenn du im Regen fortgehst, frage ich mich mit Schrecken: Was wird diesmal mit ihr nach Hause kommen?

Esther *lachend* Aber du liebst doch den Hund.

Victor Ich ihn lieben? Du betrinkst dich, bringst die seltsamsten Tiere nach Hause, und ich soll sie »lieben«? *Sie lacht auf eine zärtliche und zugleich feminin-herausfordernde Art.* Ein Hund ist keine Lösung. Du bist eine tüchtige, gescheite Frau, du kannst nicht den ganzen Tag im Bett liegen. Such dir eine Arbeit, vielleicht sogar nur halbtags, damit du etwas zu tun hast.

Esther *kurze Pause* Ich kann nicht jeden Tag ins Büro laufen. Ich habe das nie gekonnt und werde es nie können. Nein, mir fehlt etwas anderes. Ich hab mich noch nicht daran gewöhnt, daß Richard nicht mehr da ist.

Victor Er ist fort, mein Kind. Er ist ein erwachsener Mensch. Du mußt etwas mit dir anfangen.

Esther Hast du gefragt, ob du mit deinem Bruder sprechen kannst?

Victor *sieht fort* Ich habe es der Schwester gesagt. Ja. Er konnte sich nicht frei machen.

Esther Saukerl. Widerlich.

Victor Was kannst du machen? Er hat nie ein Gefühl dafür gehabt.

Esther Wofür? Nach sechzehn Jahren einmal ans Telefon zu gehen? Das ist ganz gewöhnliche Anstandspflicht. *In einer Aufwallung von Sympathie.* Hoffentlich nimmst du's nicht zu tragisch.

Victor Nein ... ich habe nur die ganze Woche auf seinen Anruf gewartet ... ich hätte nämlich sonst noch ein paar andere Gutachten eingeholt. Aber vielleicht ist es so vernünftiger – wir haben einander nichts mehr zu sagen.

Esther Du bist jetzt natürlich wütend auf ihn.

Victor Nur auf mich selber. Ihn wie ein Idiot immerzu anzurufen ... Ach was, ich brauche ihn ja gar nicht mehr. *Er schweigt.* Ich kann die Sache auch ohne ihn machen und ihm die Hälfte zuschicken.

Esther Wie viele Cadillacs kann ein Mensch besitzen?

Victor Eben deshalb hat er seine Cadillacs ... Leute, die Geld lieben, verschenken es nicht.

Esther Aber das hat doch nichts mit Wohltätigkeit zu tun. Es ist eine moralische Verpflichtung.

Victor Moralische Verpflichtung. Damit kannst du *ihm* nicht kommen. Das würde er gar nicht verstehen.

Esther Dann mußt du es ihm beibringen. Aber du glaubst ja selbst nicht daran. Jedenfalls tust du so.

Victor Was soll ich ihm deiner Ansicht nach sagen? »Du bist mir das schuldig?«

Esther Er verdankt dir seine ganze Karriere. Wo stand geschrieben, daß nur er allein Medizin studieren durfte?

Victor Fang doch nicht wieder davon an.

Esther Er hätte nie zu Ende studieren können, wenn *du* nicht Papa unterstützt hättest. Können wir nicht mal wie normale Menschen reden? Hier steckt eine Unmenge Geld drin.

Victor Das bezweifle ich – es sind keine Antiquitäten darunter.

Esther Nur weil es *uns* gehört, deshalb braucht es nicht gleich wertlos zu sein.

Victor Warum sagst du das jetzt?

Esther Weil wir uns das doch immer einreden, nicht wahr?

Victor Er wollte nicht einmal ans Telefon gehen, wie soll ich ihm da –

Esther Dann schreib ihm einen Brief, donnere an seine Tür – dies gehört *mir.*

Victor *sieht, wie ernst es ihr ist – überrascht* Warum regst du dich eigentlich so auf?

Esther Aus dem einfachen Grunde – damit du endlich mal den Entschluß faßt, dich pensionieren zu lassen. *Kurze Pause.*

Victor *etwas geheimnisvoll* Es geht nicht nur um das Geld.

Esther Worum sonst? *Er schweigt.* Mit ein bißchen Rückendeckung könntest du ein oder zwei Monate pausieren, bis sich etwas ergibt, das dir zusagt.

Victor Dazu brauch ich nicht den Dienst zu quittieren. Ich denke schon unausgesetzt darüber nach.

Esther Es scheint nicht viel dabei herauszukommen.

Victor Du stellst es dir so einfach vor. Ich werde fünfzig. Da kann man nicht wieder von vorne anfangen. Ich verstehe nicht, warum du's plötzlich so eilig hast.

Esther *lacht* Plötzlich? Wovon habe ich denn die ganze Zeit gesprochen, seitdem du pensionsberechtigt wurdest? Von nichts anderm. Seit drei Jahren rede ich auf dich ein.

Victor Es sind nicht drei Jahre . . .

Esther Im März werden es drei Jahre. Genau drei Jahre. Wenn du damals den Dienst quittiert hättest, wärst du heute fast schon mit deinem Studium fertig. Und hättest inzwischen etwas gefunden, das dir Spaß macht. Stimmt das nicht? *Neugierig und zugleich nicht ohne Anteilnahme* Warum tust du nichts dafür?

Victor *Pause. Er schämt sich fast schon* Soll ich dir die Wahrheit sagen? Ich habe das Gefühl, daß es schon zu spät ist. Ich werde dreiundfünfzig oder vierundfünfzig sein, bevor ich etwas Neues anfangen kann.

Esther Aber das weißt du doch nicht erst seit heute.

Victor Es sieht anders aus, wenn man unmittelbar davorsteht. Ich fürchte, es hat jetzt keinen Sinn mehr.

Esther *wendet sich ab, verzweifelt* Genau das hab ich dir tausendmal zu erklären versucht. Es hat jetzt genausowenig oder genausoviel Sinn wie früher. Du hast vielleicht noch zwanzig Jahre vor dir, und das ist eine ganz hübsche Zeit. Da kann noch so viel geschehen. *Kurze Pause.* Du bist noch so jung, Victor.

Victor Findest du?

Esther Aber ja. *Ich* bin nicht mehr jung, aber *du* bist es. Mein

Gott, all die Mädchen, die dich anhimmeln. Was kannst du mehr verlangen?

Victor *lacht, indifferent* Ich kann so schwer darüber sprechen, weil ich's nicht verstehe.

Esther Du solltest Walter einen Brief schreiben.

Victor *als wäre dies eine alte Geschichte* Was hat das nun wieder mit Walter zu tun.

Esther Oder sprich doch einfach mit ihm. Was riskierst du schon dabei? Er ist ein anerkannter, bedeutender Chirurg. Hast du nicht gelesen, daß sie jetzt einen neuen Flügel anbauen wollen, für Forschungszwecke? Es ist *sein* Hospital.

Victor Er hat mich in sechzehn Jahren nicht ein einziges Mal angerufen.

Esther Hast *du* ihn vielleicht angerufen? *Er sieht sie überrascht an.* Nein. Das steht nun mal fest.

Victor *als wäre ihm der Gedanke neu und unfaßbar* Warum hätte *ich* ihn anrufen sollen?

Esther Weil er dein Bruder ist. Weil er Beziehungen hat und uns vielleicht behilflich sein könnte – Ja, das gibt es nämlich auch noch. Die Artikel, die er geschrieben hat, waren sehr menschlich, sehr idealistisch ... Ich meine, die Menschen können sich ja auch mal ändern, nicht wahr?

Victor *wendet sich ab* Ich habe Walter nicht nötig.

Esther Du brauchst ja nicht mit ihm in allen Punkten einig zu sein. Er ist ein furchtbarer Egoist, aber vielleicht kann er dir irgend etwas verschaffen. Damit vergibst du dir noch nichts.

Victor *in die Enge getrieben* Warum plötzlich diese Eile?

Esther Weil ich in Gottes Namen nicht mehr weiß, woran ich bin.

Sie ist selbst überrascht, daß sie am Ende beinahe geschrien hat. Er schweigt. Sie lenkt ein.

Ich würde alles tun, wenn ich wüßte, warum. Bisher hieß es immer nur, erst müssen wir die Pension haben, dann beginnt ein neues Leben. Als hätte man sich zwanzig Jahre lang gegen eine Tür gestemmt, die plötzlich aufgeht – und man steht ganz woanders. Manchmal frage ich mich, ob ich dich nicht überhaupt mißverstanden habe. Vielleicht *liebst* du deinen Beruf.

Victor Ich habe ihn von Anfang an gehaßt.

Esther Alles habe ich falsch gemacht. Ich hätte mehr von dir verlangen sollen, dann hätte ich dir mehr geholfen.

Victor Das stimmt nicht. Du bist eine fabelhafte Frau gewesen.

Esther Glaube ich nicht. Du wolltest Sicherheit im Leben, und ich machte den Fehler, darauf einzugehen ... Bevor ich hierher kam, habe ich mir überlegt, ob wir vielleicht etwas von dem hier gebrauchen können ... Unsere Wohnung ist ja so häßlich, voll von schäbigen, geschmacklosen Sachen, und dabei kann ich von mir sagen, daß ich Geschmack habe – wirklich. Aber bei uns war alles immer nur provisorisch. Wir sind eigentlich nie etwas gewesen, wir waren immer nur dicht davor. Wenn ich bedenke, wieviel Geld im Krieg gemacht wurde – mein Gott, *damals* hättest du den Dienst quittieren sollen, und ich wußte es, ich wußte es.

Victor Weißt du, manchmal redest du wirklich, als ob wir nichts vom Leben gehabt hätten.

Esther Wie recht hatte meine Mutter – ich kann nie das glauben, was ich sehe. Damals, im Krieg, wußte ich – wenn er's jetzt nicht tut, wird er's nie tun. Ich hab es kommen sehen und nichts gesagt. Weißt du, warum wir ewig im Druck sind?

Victor *sieht auf seine Uhr, das Ende ihrer Rebellion scheint nahe* Nein, warum sind wir ewig im Druck?

Esther Weil wir uns nie wirklich um Geld gekümmert haben. Wir machen uns Sorgen, gewiß, wir reden davon, aber wir scheinen es nicht eigentlich zu *wollen.* – Ich ja, aber du nicht. Ich will Geld haben. Victor. Ich will es. Victor? *Ich will Geld.*

Victor Gratuliere.

Esther Scher dich zum Teufel.

Victor ... Tatsache ist, daß ich die Formulare sogar schon mehrmals ausgefüllt hatte.

Esther Und?

Victor Ich weiß nicht – es hat etwas so Endgültiges, und ich ... *Er bricht ab.* Es ist dumm, ich gebe es zu ... Aber da wird dir nun ein Formular vorgelegt, und du sollst achtundzwanzig Jahre deines Lebens unterschreiben. Und du fragst dich unwillkürlich, na und? Ist das alles? Natürlich ist es alles. Aber wenn ich mir vorstelle, daß ich nun plötzlich etwas Neues anfangen soll, dann sehe ich eine Zahl vor mir – Fünf Null – und der Bart ist ab. *Mit forcierter Entschlossenheit* Aber ich werde etwas unternehmen, ganz bestimmt ... *Kurze Pause, er sucht nach einem Gedanken* Ich weiß nicht, was es ist, aber jedesmal, wenn ich darüber nachdenke, packt mich der Schreck –

Esther Warum?

Victor Genau wie vorhin, als ich hier hereinkam. *Blickt sich um.* Das Ganze kam mir wie heller Wahnsinn vor. All diesen Kram aufzuhäufen, als wäre es pures Gold. Fast hätte ich auch noch die Reißnägel aufgehoben. Ich meine, so vieles, was einem einmal wichtig erschien, wird auf einmal lächerlich. *Er sieht auf den Stuhl in der Mitte und bricht ab.* Zum Beispiel, daß ich die ganze Zeit hier bei ihm geblieben bin – unvorstellbar.

Esther Du hast ihn doch geliebt.

Victor Gewiß, aber das sind doch nur Worte. Was war er in Wirklichkeit? Ein bankrotter Geschäftsmann wie tausend andere, und ich habe so getan, als wäre ein Berg zusammengestürzt. Manchmal kommt es mir vor, als wär es eine Geschichte, die mir ein andrer erzählt hat. Geht dir das auch so?

Esther Täglich, stündlich.

Victor Ach, hör mal –

Esther Doch, es stimmt. Ich war neunzehn, als ich diese Treppe zum erstenmal heraufkam. Weißt du noch, wie du zum erstenmal die Uniform aus der Schachtel nahmst – wie du sie zum erstenmal anzogst – Gott, haben wir gelacht – Wenn irgendwas schiefgeht, rufe ich die Polizei, hast du gesagt. *Beide lachen.* Es kam uns wie ein Maskenball vor. Und wir hatten ja recht. *Damals* hatten wir recht.

Victor *ihr Schmerz wirkt ansteckend* Weißt du was, Esther? – Manchmal bist du einfach kindisch.

Esther *auf die Möbel zeigend Mich* nennst du kindisch? Hier, in diesem Zimmer? Wo du seit Jahren hier alles herumstehen läßt, nur weil du unfähig bist, mit deinem eigenen Bruder zu reden? Ihm gegenüber bist du noch immer der Achtzehnjährige von damals. *Ich* weiß, was mir fehlt, aber ich gebe es wenigstens offen zu.

Victor Also gut, ich gebe es auch zu. – Ich weiß nicht mehr weiter. Mein ganzes Leben ist mir unverständlich geworden. Ich weiß überhaupt nicht mehr, warum ich es gemacht hab. Ich hab das Gefühl, als ob man mir ein Faß über den Kopf gestülpt hat, und wenn's dir ebenso geht, dann gilt es für mich doppelt und dreifach. Ich hab überhaupt keinen Grund mehr, auf mich stolz zu sein, aber gib mir noch etwas Zeit. Ich habe gesagt, ich werde etwas unternehmen, und ich *werde* es bestimmt noch tun.

Esther *Pause* Hast du eine Quittung bekommen? Ich hole dir deinen Anzug ab. Ich muß hier raus.

Victor *gibt ihr die Quittung* Ich kann's dir nachfühlen. Es ist gleich bei der Siebenten Avenue. Die Adresse steht drauf.

Esther Ich bin gleich wieder zurück.

Victor *obwohl er es sich nicht verzeihen kann* O. K. Laß dir Zeit. *Er geht zum Radio.*

Esther *teilnehmend* Du hast heute nacht wieder mit den Zähnen geknirscht.

Victor Kein Wunder, daß ich Ohrenschmerzen habe.

Esther Es ist schrecklich. Als ob Felsblöcke einen Berg herunterrollen. Ich möchte dir so gern helfen, aber ich weiß nicht, wie.

Victor *verlegen* Ich werde es dir bei Gelegenheit sagen. *Er geht zu dem alten Radio.*

Esther *um den Kontakt wiederherzustellen* Was ist denn das?

Victor Ein altes Radio, das ich mir damals gebastelt hatte. Ach, du meine Güte, sieh dir diese Röhren an.

Esther Funktioniert es noch?

Victor Man braucht dazu einen Akkumulator. Dabei fällt mir ein – *Er sieht zur Decke.*

Esther Was?

Victor Einmal ist einer explodiert. Dort, siehst du, wo der Gips anders aussieht? *Er zeigt hinauf.*

Esther *sucht nach einem Gesprächsfunken* Hast du damit nicht Tokio hören können?

Victor *unnachgiebig, kalt* Ja, das ist das Ungeheuer.

Esther *warm* Nimm's doch mit.

Victor Wozu? Es ist nicht mehr zu gebrauchen.

Esther War hier oben nicht dein Laboratorium? Ich glaube, du hast mir mal davon erzählt. Oder hab ich's nur geträumt?

Victor Ja, bevor ich mit Papa hier heraufzog. Diese Wand gehörte mir und die andere Walter. Wir haben hier tolle Experimente gemacht. *Sie ist an ihn gebunden. Er sieht sie nicht an und entfernt sich.* Offen gestanden, das Ganze ist mir schleierhaft. Ich kenne die Gründe, ja, ich kann sie dir alle aufzählen, und trotzdem ... Komisch, wie ich das vergessen konnte. Manchmal haben wir hier oben die ganze Nacht zusammen gearbeitet, und es war voll von Musik ... Unten im Bibliothekszimmer saß meine Mutter und spielte, viele Stunden lang. Seltsam, eine Harfe ist doch sonst so leise. Aber sie kann durch Wände gehen .... *Sieht sie an, betroffen von dem Widerstreit seiner Gefühle.*

Esther Du bist sehr lieb, Victor. Sehr, sehr lieb. *Sie geht auf ihn zu, er entzieht sich ihr und sieht auf die Uhr.*

Victor Ich sollte nun wirklich einen andern Mann anrufen. Komm, gehen wir. *Mit gespielter Lustigkeit* Wir holen uns den Anzug ab und spielen reich.

Esther Victor, ich wollte dich nicht –

Victor Warte noch einen Augenblick, erst muß ich das irgendwohin tun, bevor es mir jemand stiehlt. *Er nimmt das Rapier und die Fechtmaske.*

Esther Kannst du das noch?

Victor Ach nein – ich bin aus der Übung gekommen. Alles Hüftarbeit ...

Esther Zeig es mir mal, ich hab dich nie fechten sehen.

Victor Gut – aber ich kann nicht mehr so tief heruntergehen. *Er stellt sich in Position, die Füße im rechten Winkel zueinander, macht einen Ausfall.* Einen Moment – *Er nimmt seinen Revolver heraus, der ihn hinderte, und legt ihn auf den kleinen Tisch neben dem Stuhl in der Mitte.*

Esther Ach, du solltest wieder fechten.

Victor Zuviel Mühe – es ist der anstrengendste Sport, den es gibt. *Nimmt die Position wieder ein.* O. K., stell dich dorthin.

Esther Ich?

Victor Keine Angst. *Biegt die Klinge* Wunderbares Rapier. Sieh, wie lebendig, damit hab ich Princeton besiegt. *Lacht müde, macht aus einiger Entfernung einen Ausfall und berührt mit der Spitze ihren Bauch.*

Esther *zurückspringend, als die Spitze sie berührt* Gott – Victor.

Victor Was?

Esther Du hast schön ausgesehen.

Er lacht, überrascht und zugleich verlegen, während beide zur Tür sehen und draußen ein lautes, anhaltendes Husten vernehmbar wird. Es wird stärker, und herein kommt Gregory Salomon, ein Phänomen, ein Mann, fast neunzig Jahre alt, aber immer noch aufrecht daherschreitend im Bewußtsein seiner imponierenden Erscheinung. Die Art, wie er sich auf seinen Stock stützt, erweckt eher den Eindruck von Eleganz als von Schwäche.

Er trägt einen abgetragenen, schwarzen Filzhut, dessen Krempe auf einer Seite umgebogen ist, ähnlich dem Jimmy Walkers, nur viel verstaubter, und einen aus der Form gegangenen Überzieher. Der dicke Knoten seiner schäbigen Krawatte ist verrutscht, ein Kragenende steht nach oben. Weste und Hosen sind schon seit undenklichen Zeiten nicht mehr gebügelt worden. Auf seinem linken Zeigefinger sitzt ein großer Diamantring. Unter seinen Arm hat er eine alte Aktentasche geklemmt. Er hat sich heute nicht rasiert.

Noch immer hustend und nach Atem ringend, versucht er, die Asche seiner Zigarre von den Rockaufschlägen abzuklopfen, in dem hoffnungslosen Bemühen, sich als ein würdiger Geschäftspartner auszuweisen.

Er nickt Esther und Victor zu und hebt verheißungsvoll die Hand zum Zeichen, daß er sobald wie möglich sprechen wird. Dabei ist ihm das Rapier in Victors Hand nicht entgangen, und er betrachtet es argwöhnisch.

Victor Kann ich Ihnen ein Glas Wasser bringen?

Salomon deutet mit einer gebieterischen Geste ein »Nein« an, wobei er gleichzeitig versucht, nicht mehr zu husten.

Esther Wollen Sie bitte Platz nehmen?

Salomon dankt mit einer Handbewegung, setzt sich auf den Stuhl in der Mitte, während der Husten nachläßt.

Wollen Sie nicht doch ein Glas Wasser?

Salomon *mit einem russisch-jüdischen Akzent* Was brauch ich Wasser? Mehr Blut sollt ich brauchen.

Er holt tief Atem, immer noch Victor ansehend, der das Rapier hinlegt und den Revolver wieder zu sich steckt.

Gott, der Gerechte – Treppen sind das, Treppen.

Esther Fühlen Sie sich jetzt besser?

Salomon Ein paar Stufen mehr, und man ist im Himmel. Oh ... verzeihen Sie, ich suche jemanden. Sein Name ist ...

Er sucht in seiner Westentasche.

Victor Franz.

Salomon Das ist es. Franz.

Victor Das bin ich.

Salomon sieht ihn ungläubig an.

Victor Franz.

Salomon Was? Ein Polizist?

Victor *lachend* Ja ... ja ...

Salomon Sieh mal einer an. *Zu beiden Ein* Gutes hat dieser miese Beruf – Leute trifft man, Leute. Aber mit der Polizei hab ich noch nicht Geschäfte gemacht. *Er reicht ihnen die Hand.* Salomon, Gregory Salomon.

Victor *gibt ihm die Hand* Dies ist meine Frau.

Esther Sehr angenehm.

Salomon *nickt ihr anerkennend zu* Sehr hübsch. *Zu Victor* Das sehr eine hübsche Frau. *Streckt ihr die Hand entgegen.* Guten Tag, schönes Kind. Wundervolles Kleid.

Esther *lacht* Wollen Sie's genau wissen? Soeben gekauft.

Salomon Geschmack hat sie auch noch. Gratuliere, mögen Sie gesund bleiben in diesem Kleid. *Läßt ihre Hand los.*

Esther Ich gehe schnell zur Reinigung. Bin gleich wieder zurück. *Einen Schritt zur Tür, dann zu Salomon* Haben Sie lange hier zu tun?

Salomon *mit einem Blick auf die Möbel, als wäre es ein Feind* Bei Möbeln weiß man nie, kann lang sein, kann kurz sein, kann sein mittel.

Esther Machen Sie ihm einen guten Preis, ja?

Salomon Aha ... *Winkt ihr nach* Sie gehn jetzt zu Ihrem Reiniger, und wir erledigen alles andere hundertprozentig.

Esther Es sind nämlich ein paar wunderhübsche Sachen darunter ... *Ich* weiß es, *er* nicht.

Salomon Mach ich Geschäfte seit sechzig Jahren, um die Leut' reinzulegen? Gehen Sie, viel Spaß bei Ihrem Reiniger. *Victor und sie lachen.*

Esther *droht ihm mit dem Zeigefinger* Hoffentlich werde ich Sie nachher auch noch gern haben.

Salomon Alle Mädchen haben mich gern, was kann ich tun?

Esther *noch immer lachend, beim Hinausgehen zu Victor* Du, sieh dich vor.

Victor *nickt* Auf Wiedersehen. *Sie geht.*

Salomon Sie gefällt mir – sie ist mißtrauisch.

Victor *überrascht* Wie meinen Sie das?

Salomon Ein Mädchen, das alles glaubt, kann man ihr noch trauen? *Victor lacht zustimmend.* Ich hatte eine Frau ... *Bricht mit einer Handbewegung ab.* Ach, wozu? Gestatten Sie mir eine Frage: Woher haben Sie meinen Namen?

Victor Aus dem Telefonbuch.

Salomon Was Sie nicht sagen ... Aus dem Telefonbuch.

Victor Warum?

Salomon *geheimnisvoll* Nein, nein ... sehr gut, sehr gut.

Victor In Ihrer Annonce bezeichnen Sie sich als lizenzierten Taxator.

Salomon Das stimmt. Ich bin lizenziert, ich bin registriert, ich bin sogar geimpft ... Lachen Sie nicht. Es gibt heutzutage nur eins, was man machen darf *ohne* Lizenz – den Fahrstuhl nehmen und aus dem Fenster springen. Aber was erzähl ich Ihnen – Sie sind ja von der Polizei, Sie kennen die Welt. *Sucht Kontakt.* Hab ich recht?

Victor *ausweichend* Ich nehme an.

Salomon *eine Hand an der Hüfte, die andere auf der Stuhllehne, in einer von Natur aus eleganten Haltung die Möbel ringsum abschätzend* So ... *Wirft noch einen Blick auf die Möbel, mit einem unsicheren Lächeln* Ziemlich viel Möbel, muß ich schon sagen. Ist das alles zum Verkauf?

Victor Ja.

Salomon Sehr gut, sehr gut. Wollte nur mal wissen, woran ich bin. *Mit einem nicht ganz überzeugenden Lächeln* Auf so viel hatte ich mich nicht gefaßt gemacht. Nicht in dieser Gegend. Erstaunlich.

Victor Ich sagte Ihnen doch am Telefon, es wäre ein ganzes Haus voll.

Salomon *seiner selbst nicht ganz sicher* Machen Sie sich keine Sorgen, wir werden alles hübsch erledigen. *Er steht auf, geht zu einer der beiden Kommoden, die ihn offensichtlich beeindrucken. Er sieht zu dem Kronleuchter hinauf. Dann zu Victor.* Es geht mich ja nichts an, aber wenn Sie nichts dagegen haben: Was haben *Sie* damit zu tun? Das gehört doch nicht Ihnen?

Victor Es gehörte meiner Familie.

Salomon Was Sie nicht sagen. Sieht aus, als ob's hier schon lange gestanden hätt', nein?

Victor Nach dem Börsenkrach im Jahre 29 hat mein Vater alles hier heraufbringen lassen. Meine Onkel haben das Haus übernommen und überließen uns diesen Stock.

Salomon *als wollte er betonen, daß er es glaube* Ich verstehe. *Geht zur Harfe.*

Victor Könnten Sie mir das sofort abschätzen, oder müssen Sie dazu erst ...?

Salomon *fährt mit der Hand über das Harfenholz* Nein, nein – ich mache es sofort, wir wollen keine Zeit verlieren, ich bin sehr beschäftigt. *Er zupft an einer Saite, lauscht. Dann bückt er sich und fährt mit der Hand über den Resonanzboden.* Er ist gestorben, ja?

Victor Oh, vor langer Zeit – vor sechzehn Jahren.

Salomon *richtet sich auf* Und das alles hat sechzehn Jahre hier gestanden?

Victor Wir kamen nie dazu, etwas damit zu machen. Jetzt soll das Haus niedergerissen werden ... Es sind nämlich sehr gute Sachen darunter, wissen Sie ... sie hatten ziemlich viel Geld.

Salomon Sehr gute, ja ... das sehe ich. *Er nimmt mit einem abschätzenden Blick von der Harfe Abschied.* Ich bin auch einmal sehr gut gewesen, aber jetzt bin ich nicht mehr so gut. Die Zeit, verstehen Sie, ist etwas Furchtbares. *Er zeigt auf die Harfe.* Der Resonanzboden ist gesprungen. Aber machen Sie sich keine Sorgen – immer noch ein schönes Stück. *Geht zum Schrank und streicht über die Politur.* Komisch, ein Schrank wie dieser hier, noch vor zwanzig, dreißig Jahren konnte man so was nicht loswerden – eine Katastrophe. Heut wollen's die Leut' plötzlich wieder. Da soll einer klug draus werden. *Er geht zu einer der Kommoden.*

Victor *hoffnungsvoll* Machen Sie mir einen guten Preis, und wir werden uns bestimmt einigen.

Salomon Ganz bestimmt. Sehen Sie, ich mache Ihnen nichts vor – *Zeigt auf die Kommode* Eine Kommode wie diese würde bei mir nur eine Woche stehen. *Zeigt auf die andere* Die gehören nämlich zusammen.

Victor Ich weiß.

Salomon *Auch* ein hübscher Stuhl. *Er setzt sich auf einen Eßzimmerstuhl und bewegt sich vorwärts und rückwärts, um seine Stabilität zu prüfen.* Die Stühle gefallen mir.

Victor Im Schlafzimmer steht noch mehr, wollen Sie sich das mal ansehen?

Salomon Oh? *Geht zum Schlafzimmer.* Was haben Sie da alles? *Er läßt seine Augen im Schlafzimmer hin und her schweifen.* Das Bett gefällt mir. Das ist sehr ein hübsches Bett. Holzgeschnitzt. Das kann ich verkaufen. Das Bett Ihrer Eltern, wie?

Victor Ja, wahrscheinlich in Europa gekauft, wenn ich mich nicht irre. Sie sind viel gereist.

Salomon Sehr hübsch, sehr geschmackvoll. Gefällt mir. *Er geht zum Stuhl in der Mitte zurück, die Möbel nicht aus den Augen lassend.*

Victor Der Eßtisch läßt sich verlängern. Vierzehn Personen können bequem daran sitzen.

Salomon Weiß ich. Weiß ich. Und unbequem sogar sechzehn. *Er nimmt das Rapier.* Was ist das? Wissen Sie, was ich gedacht hab, als ich hereinkam? Sie wollten erstechen Ihre Frau.

Victor *lacht* O nein, ich hab das zufällig gefunden – ich war vor vielen Jahren mal ein großer Fechter.

Salomon Haben Sie etwa studiert?

Victor Ja, ein paar Jahre.

Salomon Sehr interessant.

Victor Ach, gar nicht – die alte Geschichte.

Salomon Sagen Sie das nicht. In meinem Beruf treff ich fast nur Leute mit Miesigkeiten. Und warum? Wann ruft man mich? Wenn jemand sich scheiden läßt oder jemand gestorben ist. Und das ist immer 'ne andere Geschichte. Ich meine, es ist die alte Geschichte, aber neu.

Victor Und Sie leimen sie sich zusammen.

Salomon Ja, sehr gut. Ich leime sie mir zusammen. Irgendwie tun Sie das ja auch. Ich meine, Sie müssen ja auch ziemlich viele Geschichten erleben, wie?

Victor Nicht so sehr viele.

Salomon Was sind Sie eigentlich, ein Verkehrspolizist oder –?

Victor Ich bin ein Cop, ein ganz gewöhnlicher Schutzmann. Draußen auf dem Flugplatz.

Salomon Das klingt wie Sibirien.

Victor *lacht* Nicht ganz so schlimm.

Salomon Man macht sich die Hände nicht so schmutzig.

Victor *lächelnd* Richtig. *Auf die Möbel zeigend* Also was sagen Sie dazu?

Salomon Was ich dazu sage? *Nimmt zwei Zigarren aus der Tasche, während er sich umsieht.* Möchten Sie eine Zigarre?

Victor Danke, ich habe schon vor langer Zeit damit aufgehört.

Salomon Ich sehe, Sie sind ein nüchterner Mensch.

Victor Das bin ich allerdings.

Salomon Dann erlauben Sie mir bitte eine Frage: Haben Sie irgendwelche Papiere? Irgendeinen Nachweis, wem diese Möbel gehören?

Victor Nein, aber ... *Halb im Lachen* Es gehört mir, das ist alles.

Salomon Mit andern Worten – es gibt keine Brüder oder Schwestern?

Victor Einen Bruder.

Salomon Sehen Sie ... Stehen Sie gut mit ihm? Es geht mich ja nichts an, aber mit den Familien ist das so'ne Sache – lieben sich wie wahnsinnig, und plötzlich, wenn die Eltern sterben, gibt's Mord und Totschlag, und jeder will wissen genau, wer was bekommt ...

Victor Kommt hier nicht in Frage.

Salomon Wenn's sich nur würde handeln um ein paar Stücke, na schön, aber Wagenladungen mit Möbeln fortschleppen ohne ein Papier in der Hand ...

Victor Ich werde Ihnen eine Bescheinigung meines Bruders verschaffen.

Salomon Darauf muß ich leider bestehen. Sie würden's nicht für möglich halten, was sich alles tut, sogar in den besten Familien – Rechtsanwälte, Universitätsprofessoren, Fernsehprominente – fünfhundert Dollar zahlen sie einem Anwalt, wenn sie wollen haben ein Bücherregal, das wert ist, sage und schreibe, nicht mehr als fünfzig lumpige Cents – und warum? Jeder will sein Nummer 1.

Victor Ich hab Ihnen schon gesagt, daß ich Ihnen eine Bescheinigung besorgen werde. *Zeigt auf das Zimmer.* Also wie steht's nun damit?

Salomon Gut, ich werde Ihnen sagen, wie's damit steht. *Er zeigt auf den Eßtisch.* Sie erwähnten zum Beispiel den Eßtisch. Wiener Werkstätten, würde ich sagen. Muß etwa zwölf-, dreizehnhundert Dollar gekostet haben. So um 1921 oder 22. Habe ich recht?

Victor Wahrscheinlich.

Salomon *räuspert sich* Ich sehe, Sie sind ein intelligenter Mensch. Bevor ich weiterrede, merken Sie sich bitte eins: Bei gebrauchten Möbeln darf man nicht sein sentimental.

Victor *lacht* Ich hab ja noch gar nicht den Mund aufgemacht.

Salomon Hören Sie mich an. Sie sind Polizist, ich bin Möbelhändler, wir beide kennen die Welt. Wiener Werkstätten sind schwerer loszuwerden als eine Lungentuberkulose im letzten Stadium.

Victor Warum? Der Tisch ist noch fast wie neu.

Salomon Lieber Freund, Sie halten sich an Äußerlichkeiten, man kann sich nicht halten an Äußerlichkeiten bei gebrauchten Möbeln. Die Leute haben den Stil nicht mehr gern, und nicht nur, daß sie ihn nicht mehr gern haben, sie *hassen* ihn. Dasselbe gilt dort für das Buffet und für ... *Er will auf etwas anderes zeigen.*

Victor Kurz und gut – Sie wollen nicht das Ganze kaufen?

Salomon Lieber Freund, Sie müssen mir mehr Zeit lassen –

Victor Nein, nein ... Sie können hier nicht den Rahm abschöpfen und mich mit dem Rest sitzenlassen. Ich habe Ihnen am Telefon gesagt, es handelt sich um einen ganzen Haushalt.

Salomon Immer diese überstürzte Eile. Reden wir noch ein bißchen miteinander, und sehen wir zu, was dabei herauskommt. Rom ist auch nicht in einem Tag gebaut worden. *Er rechnet, nun etwas beunruhigt, die Stücke, die er haben will, zusammen. Steht auf und geht zur Harfe* Was mir vorschwebte, war – für einige von diesen Sachen wollte ich Ihnen machen so eine große Offerte, daß sie ...

Victor Kommt nicht in Frage. Ich kann hier keinen Möbelladen aufmachen. Das Haus soll abgerissen werden ...

Salomon Ausgezeichnet. Wir verstehen einander, so daß wirklich kein Grund zur Aufregung vorhanden ist. *Er schaut sich noch mal um, nervös, geht zum Eßtisch, betastet ihn, haßerfüllt, sieht sich anderes an, was er auf keinen Fall haben will, dreht sich dann nach Victor um.* Was soll mit den Platten geschehen?

Victor Zwei oder drei möchte ich behalten.

Salomon Sieh mal einer an ... Gallagher und Sheean.

Victor *halb im Lachen* Wollen Sie das jetzt etwa spielen?

Salomon Spielen? Was hab ich das nötig. Gallagher und Sheean? Wir sind aufgetreten zusammen in, na sagen wir, fünfzig Theatern.

Victor Was? Sie waren Schauspieler?

Salomon Was heißt Schauspieler? Akrobat war ich, alle in meiner Familie sind gewesen Akrobaten. Haben Sie nie gehört von den »Five Salomons«? Gott hab sie selig. Ich war der zuunterst.

Victor Komisch – ich hab noch nie von jüdischen Akrobaten gehört.

Salomon Und was war mit Jakob? Ein Ringkämpfer – er rang mit dem Engel. *Victor lacht.* Seit dem Beginn der Welt sind Juden gewesen Akrobaten. Eine Pferdenatur hab ich gehabt damals. Trinken, Frauen, was Sie wollen – on-the-go, on-the-go, nichts konnte mich aufhalten. Nur das Leben. Tja, mein Junge. *Legt beinahe liebevoll die Platte hin.* Sieh mal einer an – Gallagher und Sheean.

Victor *intimer, wenn auch nicht weniger hartnäckig* Wie steht's also nun?

Salomon *dreht sich nach ihm um, philosophisch* Und was ist mit Vietnam? Schlimm, wie?

Victor Ja, schlimm. Hören Sie, mein lieber Herr Salomon, eins muß ich Ihnen sagen – ich bin nicht gesellig.

Salomon Hab ich gemerkt.

Victor Ich bin kein Geschäftsmann, und ich kann nicht Konversation machen. Einigen wir uns auf den Preis und dann Schluß. Okay?

Salomon Sie wollen also nicht sprechen von Freund zu Freund?

Victor Nicht unbedingt.

Salomon Also gut, dann nicht. *Er seufzt* Trotzdem möcht' ich, daß Sie näher mit mir bekannt werden ... hier ... *Zieht ein Dokument aus der Brieftasche.* Meine Entlassung aus der British Navy. Sehen Sie ... »His Majesty's Service«.

Victor *betrachtet es* Hm – Was haben Sie in der British Navy gemacht?

Salomon Vergessen Sie die British Navy. Sehen Sie sich an das Geburtsdatum.

Victor 18 ... *überrascht* Sie sind ja beinahe neunzig.

Salomon Ja, mein Junge. Vor fünfundsechzig Jahren Rußland verlassen, damals keine vierundzwanzig. Ich hab geraucht mein Leben lang, ich hab getrunken mein Leben lang, ich hab geliebt jede Frau, die mich hat gelassen. Warum sollte ich Sie bestehlen?

Victor Seit wann brauchen die Leute einen Grund zum Stehlen?

Salomon Was für ein Mensch. So was wie Sie hab ich in meinem ganzen Leben noch nicht gesehen.

Victor Machen Sie mir jetzt eine Offerte oder nicht?

Salomon *er hat Angst, daß ihm die guten Stücke verlorengehen* Wie kann ich Ihnen machen eine Offerte? Sie trauen ja keinem Wort, das ich sage.

Victor Warum soll ich Ihnen trauen? Ich hab Sie ja noch nie vorher gesehen.

Salomon Ich kann nicht mit Ihnen reden. Tut mir leid. Entweder Sie glauben mir oder wir lassen es sein. Sie können nicht ewig Polizei spielen. Ich bin ... ich bin ... ach, wozu, lassen wir's sein. *Er steht auf und will zu seiner Aktentasche.*

Victor Was tun Sie?

Salomon Ich kann so nicht weiterarbeiten. Jedesmal, wenn ich aufmache meinen Mund, nennen Sie mich einen Lügner, und dazu bin ich zu alt.

Victor Wer hat Sie einen Lügner genannt?

Salomon *geht zur Tür* Nein ... das brauche ich nicht. Damit stell ich mir meinen Laden nicht voll. *Droht Victor mit dem Finger.* Ich hab Ihnen noch keinen Preis genannt, merken Sie sich das, und wie behandeln Sie mich? Ich hab Ihnen noch keinen Preis genannt.

Victor *aufgebracht* Sind Sie etwa gekommen, um mir einen Gefallen zu tun?

Salomon Sie tun mir leid, mein Herr. Was ist eigentlich mit euch los? Ihr seid ja schlimmer als meine Tochter. An nichts mehr glauben in der Welt, vor nichts mehr Respekt haben. Halten sich wohl noch für wunderbar gescheit, wie? Bilden sich wohl auch noch was drauf ein, wie? Soll ich Ihnen mal was sagen? An nichts mehr glauben können, das ist kein Kunststück. Aber zu wissen zu glauben, *wo*, das ist das Kunststück. Und wenn Sie das nicht haben gelernt, lieber Freund – dann sind Sie ein toter Mann. *Er geht auf die Tür zu.*

Victor *widerstrebend* Ach, Salomon, machen Sie keine Geschichten.

Salomon Nein, nein ... Sie haben hier ein Möbelproblem und ich will Ihnen helfen, aber Sie wollen nicht zuhören.

Victor Ich höre zu. Was um Himmels willen soll ich tun? Vor Ihnen auf die Knie fallen?

Salomon *legt seine Brieftasche hin und zieht ein zerknittertes Metermaß aus seiner Westentasche* Okay, komm her. Du bist für Zahlen, ich geb dir architektonische Zahlen. *Er mißt mit dem Metermaß ein Möbelstück ab.* Wie lang?

Victor *tritt näher, liest ab* Vierzig Inches. Na und?

Salomon Die Schlafzimmertüren in einer modernen Wohnung sind breit dreißig, höchstens zweiunddreißig Inches. Du kriegst also das nicht durch ... Nein, widersprich mir jetzt mal nicht. Da drüben hast du sehr einen hübschen Bibliothekstisch. Gute Arbeit. Aber zeige mir ein modernes Appartement mit einem Bibliothekszimmer. Ja, wenn sie heutzutage noch *alte* Hotels bauten, würd ich's können verkaufen, aber sie bauen heutzutage nur noch *neue Hotels.* Die Leute richten sich nicht mehr so ein. Dies hier stammt aus einer andern Welt. Ich bemühe mich, dir hier eine moderne Ansicht beizubringen. Weil nämlich der Preis für gebrauchte Möbel Ansichtssache ist, und wer das nicht versteht, wird nicht verstehen den Preis.

Victor Also was ist Ihre Ansicht? Daß das Ganze nichts wert ist?

Salomon Das sagen *Sie*, nicht ich. Die Stühle sind etwas wert, die Kommoden, das Bett, die Harfe ...

Victor Okay, lassen wir's. Ich denke nicht daran, Ihnen nur die besten –

Salomon Warum wieder so aufgeregt?

Victor Großer Gott, machen Sie mir nun ein Angebot oder nicht?

Salomon *entfernt sich, eine Hand an der Schläfe* Junge, Junge ... eine halbe Million Leute müssen Sie schon verhaftet haben.

Victor Neunzehn in achtundzwanzig Jahren.

Salomon Warum machen Sie mir dann das Leben so schwer?

Victor Weil Sie über alles reden, nur nicht über Geld, und weil ich überhaupt nicht mehr weiß, was Sie eigentlich wollen.

Salomon *hebt den Finger* Also gut, reden wir von Geld. *Geht zum Stuhl in der Mitte.*

Victor Ausgezeichnet. Es ist nicht meine Schuld – jedesmal, wenn Sie den Mund aufmachen, scheint der Preis herunterzugehen.

Salomon Der Preis hat sich nicht geändert, seitdem ich betreten hab dieses Zimmer.

Victor *lacht* Um so besser. Also raus mit der Sprache. Wieviel? *Salomon sieht sich um, er weiß nicht mehr weiter, er ist entmutigt.* Was haben Sie?

Salomon Entschuldigen Sie, aber ich hätte nicht sollen kommen. Ich dachte, es wären nur ein paar Stücke ... *Drückt sich die Finger in die Augen.* Es ist zuviel für mich.

Victor Warum sind Sie dann überhaupt gekommen. Ich habe Ihnen doch gesagt, worum es sich handelt.

Salomon *protestierend* Sie haben gerufen, ich bin gekommen. Was hätt' ich sonst tun sollen? Mich hinlegen und sterben? *Versucht, ob noch etwas zu retten ist* Hören Sie, ich würde Ihnen gern, furchtbar gern machen eine Offerte, das einzige ist nur – *Er bricht ab, als fürchte er, irgend etwas zu sagen.*

Victor Das ist ja zum Wahnsinnigwerden –

Salomon Glauben Sie mir, es reizt mich ungeheuer, die Sache ist nur die – *Als wollte er sich Victor völlig ausliefern* Sie müssen in einem sehr, sehr alten Telefonbuch nachgesehen haben. Ich arbeite zwar noch, aber vor ein paar Jahren, verstehen Sie, hab ich mir gesagt, jetzt wird's Zeit. Ich habe also fast mein ganzes Lager verkauft – bis auf ein paar alte englische Kaminböcke, die ich jederzeit loswerden kann, wenn ich ein paar Dollars brauche. Sogar aus meiner Wohnung bin ich ausgezogen, ich hause hinten im Laden, mit einem elektrischen Kocher ... Und da saß ich nun und wartete, verstehen Sie, aber nichts passierte. Ich bin immer noch hundertprozentig, nein nicht hundertprozentig, aber ich fühle mich immer noch recht gut. Und ich hab mir gedacht, vielleicht bekomme ich von Ihnen ein paar hübsche Stücke – womit ich nicht behaupten will, der Rest ist unverkäuflich, nur wird's dauern ein Jahr. Und ich weiß nicht, ob ich noch habe soviel Zeit. *Er sieht sich um, bedrückt* Das Schlimme an der Sache ist – ich liebe meine Arbeit, ich liebe sie, aber ... *Gibt es auf* Ich weiß nicht, was ich Ihnen sagen soll.

Victor *steht auf* Also gut, lassen wir's.

Salomon *aufstehend* Schon wieder diese Aufregung.

Victor Sind Sie noch daran interessiert oder nicht?

Salomon Weiß ich, was ich bin. Unter uns: Sie haben sich da was Schönes eingebrockt. Maseltoff. Ein ordinärer Käufer, der wirft einen Blick darauf, und es macht ihn nervös.

Victor Salomon, Sie fangen schon wieder an.

Salomon Ich will ja gar nicht mit Ihnen handeln.

Victor Warum macht es ihn nervös?

Salomon Weil er weiß, es wird nie gehen kaputt.

Victor *leicht amüsiert, aber bei der Sache bleibend* Was soll das nun wieder heißen – haben Sie Mitleid mit mir.

Salomon Lieber Freund, was verstehen Sie von Psychologie? Wenn es nicht wird gehen kaputt, dann hat das Ganze keine Zukunft. Nehmen Sie zum Beispiel diesen Tisch *Geht zum Tisch* ... hören Sie? *Er schlägt auf den Tisch. Victor lacht.* Ein Mann, wo sich hinsetzt an so einen Tisch, weiß nicht nur, er ist verheiratet, sondern er wird auch *bleiben* verheiratet – keine Zukunft in dem Tisch. *Victor lacht.*

Ich spreche von Tatsachen, und Sie lachen. Was ist heutzutage das Losungswort? Wegschmeißen. Je mehr etwas zum Wegschmeißen ist, desto schöner ist es. Das Auto, die Möbel, die Frau, die Kinder – alles zum Wegschmeißen. Weil nämlich die Hauptsache ist heutzutage – Kaufen. Zu meiner Zeit, wenn ein Mensch ist gewesen unglücklich, wenn er nicht hat gewußt, was mit sich anfangen, was hat er gemacht? Er ist gegangen in die Kirche, er hat gemacht eine Revolution – *irgend etwas.* Und heutzutage? Du bist unglücklich? Weißt nicht mehr aus noch ein? Was ist die Losung? Geh und kauf dir was.

Victor *lachend* Sie sind wirklich großartig, das muß ich schon sagen.

Salomon Ich spreche die Wahrheit. Wenn sie hier im Land alle Läden wollten zumachen auf sechs Monate, umbringen würden sich die Leut', von New York bis San Francisco. Aber diese Möbel hier sind gebaut für die Ewigkeit. Kein Einkaufen mehr. Vorbei. Schluß. Tja, da haben Sie sich was Schönes eingebrockt.

Victor *lachend* Salomon, Sie sind nicht zu schlagen, aber ich bin Ihnen doch noch über. Bei mir wirkt das nicht.

Salomon *verletzt* Was wirkt nicht? Ich weiß nicht, wieviel Zeit ich noch habe. Was habe ich denn Furchtbares gesagt? Sie sind noch zu jung, Sie verstehen nichts von diesen Dingen, das ist das Schlimme.

Victor Ich verstehe sehr gut, o ich weiß, worauf Sie hinaus wollen – Ich bin gar nicht so jung –

Salomon Wie alt sind Sie? Vierzig? Fünfundvierzig?

Victor Ich werde fünfzig.

Salomon Fünfzig. Aber Sie sind ja noch ein Baby, Junge.

Victor 'n schönes Baby.

Salomon Mein Gott, wenn ich noch fünfzig wäre ... ich hab geheiratet mit fünfundsiebzig.

Victor Erzählen Sie.

Salomon Was soll ich Ihnen erzählen – sie wohnt noch drüben bei der Eighth Avenue. Eben deshalb will ich bleiben flüssig, damit sie nicht legt ihre Hand auf all das hier ... Vögel liebt sie. Vögel hat sie in ihrer Wohnung, Hunderte von Vögeln. Sie stellt Ihnen einen Teller Suppe hin – voller Federn. Nein, für Vögel hab ich nicht geschuftet mein Leben lang.

Victor Ich habe Verständnis für Ihre Probleme, Herr Salomon, aber warum soll ich dafür zahlen. *Steht auf.* Ich habe wirklich keine Zeit mehr.

Salomon *streckt begütigend seine Hand aus – verzweifelt* Ich werde es kaufen. *Er hat sich selbst überrumpelt und blickt erschrocken auf die übereinandergetürmten Möbelmassen.* Ich meine, ich ... *Er geht, die Möbel noch einmal zu betrachten.* Nun ja, dann werd ich eben halt weiterleben – was bleibt mir anderes übrig? *Ich kaufe es.*

Victor *spürt Salomons geheime Angst und ist irgendwie davon berührt* Wir werden jetzt alles regeln, ja.

Salomon *ärgerlich* Alles, alles. *Geht zu seiner Aktentasche.* Ich werde's mir ausrechnen, ich werde Ihnen machen einen sehr, sehr netten Preis, und Sie werden sein ein glücklicher Mensch.

Victor *setzt sich wieder hin* Das bezweifele ich. *Salomon nimmt einen Notizblock aus seiner Aktentasche und ein hartes Ei.* Was ist das jetzt? Mittagessen?

Salomon Sie haben mir so viel zugesetzt, daß ich Hunger bekommen hab. Und ich darf nicht zu hungrig werden.

Victor Du meine Güte.

Salomon *schlägt das Ei an seinem Knöchel auf* Wollen Sie, daß ich sterbe Hungers? Ich werde mich jetzt sehr beeilen.

Victor Mein Gott – was für eine Nummer hab ich angerufen.

Salomon Eine Frage – Hätten Sie zufällig etwas Salz?

Victor Ich denke nicht daran, jetzt hier nach Salz zu suchen.

Salomon Bitte werden Sie nicht böse. An die Decke werden Sie springen, wenn Sie hören werden den Preis, passen Sie auf. *Er verschluckt das Ei, stellt sich vor den Möbeln auf, sagt halb zu sich selbst, Bleistift und Notizbuch zückend* Ich werde arbeiten wie ein Computer. *Er beginnt, die Zahlen rasch zu Papier zu bringen.*

Victor Lassen Sie sich ruhig Zeit – falls Sie's ernst meinen.

Salomon Danke sehr. *Er sieht sich das enorme Buffet an.* Oi, Oi, Oi. Nun schön, gut ... *Er schreibt eine Zahl auf, geht zum nächsten Möbelstück, schreibt eine andere Zahl auf und so weiter.*

Victor *nach einer kurzen Pause* Haben Sie wirklich erst mit fünfundsiebzig geheiratet?

Salomon Wieso? Was ist dabei?

Victor Gar nichts. Ich finde es phantastisch. Aber sagen Sie – was hatte das noch für einen Sinn?

Salomon Hat's einen Sinn mit fünfundzwanzig? Kann man nicht sterben mit sechsundzwanzig?

Victor *lachend, warm* Wahrscheinlich.

Salomon Es ist dasselbe wie mit gebrauchten Möbeln – alles Ansichtssache. Es ist der Geist, der die Welt regiert. *Er notiert den Preis für ein Möbelstück.* Mit fünfundsiebzig hab ich geheiratet, einundfünfzig, zweiundzwanzig.

Victor Machen Sie keine Witze.

Salomon Ich wünschte. *Er arbeitet, notiert den Preis für jedes Stück, untersucht es aufs genaueste, öffnet Schubladen, befühlt alles.*

Victor *beobachtet ihn mit zunehmendem Interesse bei seiner Arbeit* Spaß beiseite – wie alt sind Sie wirklich?

Salomon *eine Schublade herausziehend* Neunundachtzig. Ist das so 'ne Leistung?

Victor Sie sind ein toller Bursche.

Salomon *lächelt geschmeichelt, dreht sich nach Victor um* Komisch – wie lange hab ich das schon nicht mehr gemacht – ein ganzes Lager aufnehmen? Man vergißt, wieviel Kraft es einem gibt. Wieder einen Bleistift in der Hand zu haben – das ist wie eine Vitaminspritze. Mein Telefon, das hätten Sie als Suppenlöffel benutzen können, wo doch niemand mehr anruft. Ich bin Ihnen sehr dankbar. *Zeigt auf Victor.* Ich werde mich sehr, sehr anstrengen für Sie. Kann ich das hier aufmachen?

Victor Natürlich. Alles, was Sie wollen.

Salomon *zum Schrank gehend* Da ist bei den meisten ein Spiegel – *Er öffnet ihn, eine zusammengerollte Autodecke fällt heraus.* Was ist das?

Victor Weiß ich? Ein Teppich, nehme ich an.

Salomon *hebt sie hoch* Nein, nein ... es ist eine Autodecke.

Victor Das stimmt. Wenn sie ausfuhren ... Mein Gott, wann habe ich das zum letztenmal gesehen ...

Salomon Hatten Sie einen Chauffeur?

Victor Ja, wir hatten einen Chauffeur.

Ihre Blicke begegnen sich. Salomon sieht ihn an, als ob

er erst jetzt Victor wirklich zur Kenntnis nähme. Er beschäftigt sich wieder mit dem Schrank.

Salomon Seht euch das mal an. *Zieht einen Chapeau claque aus einem Fach* Mein Gott. *Er setzt ihn sich auf, sieht in den Spiegel an der Innenseite der Tür.* Was für eine Welt. *Zu Victor* Muß aber ein fescher Kerl gewesen sein.

Victor *lächelnd* Sie sehen sehr gut damit aus.

Salomon Und mit all dem ist er pleite gegangen?

Victor Innerhalb von fünf Wochen. Sogar schon früher.

Salomon Was Sie nicht sagen? Und er konnte nicht mehr hochkommen?

Victor Es gibt Menschen, die sich nie mehr davon erholen, verstehen Sie.

Salomon *grunzt* Hm ... Was hat er dann gemacht?

Victor Nichts ... Herumgesessen ... Rundfunk gehört.

Salomon Aber irgendwas muß er doch gemacht haben?

Victor Dies und jenes ... Kassierer in einer Cafeteria und so. Gegen Ende hat er Telegramme ausgetragen.

Salomon *kopfschüttelnd* Was Sie nicht sagen. Und wieviel hat er vorher gehabt?

Victor Oh ... ein paar Millionen, glaube ich.

Salomon Mein Gott, was war los mit dem Mann?

Victor Meine Mutter starb ungefähr gleichzeitig – das hat wohl auch eine Rolle gespielt. Manche Menschen können sich nie mehr davon erholen, das ist alles.

Salomon Sehen Sie mich an – ich bin ein Stehaufmännchen. Mein Leben war ein einziges Fußballmatch. 1932 hab ich gemacht pleite, 1923 hat's mich ebenfalls erwischt, dann die Börsenpanik von 1904, 1898 ... Aber *so* wie er die Waffen zu strecken ...

Victor *Sie* sind anders. *Er* hat daran geglaubt.

Salomon Woran hat er geglaubt?

Victor An das System, an das Ganze. Er dachte wohl, es wäre seine eigene Schuld gewesen. Aber Sie – Sie kommen herein mit Sang und Tanz und kennen Ihre Tricks. Sie sind hundertfünfzig Jahre alt. Sie erzählen Ihre Witzchen, die Leute verlieben sich in Sie, und Sie ziehen dafür mit ihren Möbeln ab.

Salomon Das ist aber nicht sehr nett von Ihnen.

Victor Jetzt soll ich mich wohl auch noch bei Ihnen entschuldigen? Also wieviel? Sie brauchen sich nichts mehr anzusehen. Sie wissen jetzt ganz genau, was ich habe. Also los.

Salomon ist am Ende seiner Weisheit. Er sieht sich langsam um, die Möbel hängen wie ein Fluch oder wie

eine Verheißung über ihm. Seine Augen klettern hinauf an die Decke, er ringt die Hände.
Wovor haben Sie Angst? – Es wird Ihnen was zu tun geben.

Salomon Und Sie glauben nicht, daß es verrückt ist?

Victor Was weiß ich, was verrückt ist. Sie tun es doch gerne.

Salomon Ich liebe es –

Victor Dann nehmen Sie's in Gottes Namen. Sie überlegen zu lange, Sie werden noch mit leeren Händen ausgehen.

Salomon *vertraulich* Darf ich Ihnen ein Geheimnis anvertrauen? Ja? Seit ein paar Monaten – ich weiß nicht, was es ist – sie kommt zu mir. Ich hatte eine Tochter, verstehen Sie? Gott hab sie selig. Sie hat sich das Leben genommen, Selbstmord ...

Victor Wann war das?

Salomon Das war ... warten Sie mal ... 1912. Ende 1912. Aber sehr schön, entzückendes Gesicht, große Augen. Sie war so rein wie der Morgen. Und in letzter Zeit, was soll ich Ihnen sagen ... sehe ich sie so deutlich vor mir wie ich Sie jetzt sehe ... Und jedesmal wenn ich mich am Abend schlafen lege, sitzt sie da ... Und da frage ich mich unwillkürlich ... Was ist geschehen? Was ist geschehen? Vielleicht sollte ich sprechen mit ihr ... vielleicht hab ich sogar schon mit ihr gesprochen ... es ist alles ... *Er blickt auf die Möbel.* Sterben? Davor braucht man sich nicht zu fürchten ... Aber ... soll ich Ihnen die Wahrheit sagen, ja? Es ist noch keine fünf Minuten her, da habe ich erwähnt meine vier Frauen – *Kurze Pause, seine Angst wird größer.* Und in diesem selben Augenblick fällt mir ein, es sind nicht gewesen vier Frauen sondern nur drei – ist das nicht schrecklich? Das erstemal 1919, in Litauen. – Sehen Sie, das meine ich ... wie kann man wissen, was wichtig ist – unmöglich. Und hier sitze ich mit Ihnen und ... und ... und ... *Er mustert verzweifelt die Möbel.* Wozu? Sagen Sie nicht, ich will sie nicht haben – ich *will* sie haben ... aber ... Bitte sehen Sie sich an mein Leben ... Mir hat man nichts können wegnehmen, o nein, ich hab es verteidigt mit Klauen und Zähnen, ich hab gestoßen, ich hab gezerrt und gezogen, in fünf verschiedenen Ländern hab ich mich herumgeschlagen, und ein paarmal wär ich fast dabei draufgegangen ... Und jetzt? Jetzt sitze ich hier und rede mit Ihnen und rede, und ich sage Ihnen, es ist ein Traum. Sie werden sich das nicht können vorstellen, weil Sie ...

Victor Ich weiß, was Sie meinen. Nur ist es kein Traum. Man muß sich für etwas entscheiden und weiß erst, wozu es führt, wenn es schon zu spät ist. Ich habe einmal studiert, ich habe die Wissenschaft geliebt, aber mußte damit aufhören, weil ich Papa ernähren mußte. Ich hab mich zur Polizei gemeldet, damals, und hoffte, weiterzustudieren, wenn die Wirtschaftskrise mal vorbei ist. Aber dann kam der Krieg, und dann hatten wir ein Kind, und dann stellte sich heraus, daß wir fünfzehn Jahre auf die Pension eingezahlt hatten, so was wirft man nicht zum Fenster hinaus. Und ich bedauere es ja auch nicht. Unser Junge ist ein ganz prachtvoller Kerl geworden, das ist nun mal sicher, dem kann niemand was vormachen. Aber wie Sie richtig sagten – man weiß nie, was wirklich wichtig im Leben ist. Die Jagd nach dem Geld wollten wir nicht mitmachen, darüber waren wir uns einig. Wir wollten so leben, wie wir's für richtig hielten. Das schien uns das einzig Wichtige. Aber jetzt will sie dies, und sie will das, und ich kann es ihr nicht mal übelnehmen. Das einzige, wovor die Leute noch Respekt haben, ist Geld.

Salomon Was haben Sie gegen Geld?

Victor Nichts, ich will nur nicht, daß es mich auffrißt. Aber etwas anderes hat mich aufgefressen, und ich schwöre Ihnen, ich habe keine Ahnung, warum. Wenn ich zurückblicke, sehe ich mich immer dieselbe Straße auf und ab gehen, sonst nichts. Ich glaube, es ist das alte Lied: Tue, was du willst, aber sorge dafür, daß du gewinnst. Nehmen Sie meinen Bruder. Damals, als ich hier oben mit Papa lebte, hat mein lieber Bruder fünf Dollar pro Monat beigesteuert. Pro Monat. Stellen Sie sich das mal vor. Ein erfolgreicher Arzt. Und ich mußte mein Studium aufgeben, damit Papa nicht verhungerte. Was ich damit sagen will? Sie hätten das Gesicht von dem alten Herrn sehen sollen, wenn mein Bruder sich mal herabließ, ihn zu besuchen. Als ob der liebe Gott persönlich ins Zimmer getreten wäre. Diese Ehrfurcht, verstehen Sie? Und warum auch nicht? Warum auch nicht?

Salomon Na ja, er hatte eben Macht.

Victor Jetzt haben Sie's gesagt. Und wenn man das hat, hat man alles – man wird sogar geliebt. *Er lacht.* Nun, was sagen Sie? Machen Sie mir einen Preis.

Salomon *kurze Pause* Ich werde Ihnen geben elfhundert Dollar.

Victor Für alles.

Salomon *tonlos* Alles. *Kurze Pause.*

Victor betrachtet noch einmal die Möbel ringsum.
Ich will es haben, also mache ich Ihnen anständigen Preis. Glauben Sie mir, Sie könnten nicht besser dabei wegkommen. Ich will es haben, ich habe mich dazu entschlossen.
Victor starrt noch immer die Möbel an. Salomon zieht einen gewöhnlichen Briefumschlag aus der Tasche und entnimmt ihm ein Bündel Geldscheine.
Hier ... ich zahle sofort.

Victor Die Sache ist nur die – ich muß die Hälfte abgeben.

Salomon Gut ... dann werde ich Ihnen ausschreiben eine Quittung und Ihnen geben sechshundert Dollar.

Victor Nein, nein ... *Er steht auf, geht umher, die Möbel ansehend.*

Salomon Warum nicht? Er hat genommen von Ihnen, jetzt nehmen Sie von ihm. Wenn Sie wollen, werde ich schreiben vierhundert Dollar.

Victor Nein, auf keinen Fall. *Kurze Pause.* Ich rufe Sie morgen an.

Salomon *lächelt* Wenn ich, so Gott will, morgen noch da bin, werde ich antworten am Telefon. Wenn nicht ... *Kurze Pause* dann nicht.
Victor entfernt sich schweigend.
Glaube mir, Victor, es gibt viele Händler, die würden das nicht einmal anrühren. Es sind keine Antiquitäten dabei, zwei Mann braucht man, um es abzuholen, ich muß ihnen bezahlen einen ganzen Tag, und man muß bestellen einen sehr einen großen Lastwagen ...

Victor *ärgerlich über seine eigene Unentschlossenheit, kurz* Fangen Sie schon wieder an?

Salomon Sie haben mich überzeugt, ich will es haben – was gibt's da noch anzufangen?

Victor *Ich Sie* überzeugt?

Salomon *sehr gekränkt* Absolut überzeugt. Haben Sie's nicht bemerkt – als ich hier hereinkam, ein Blick hat genügt, und ich wollte sofort wieder gehen.

Victor Ach zum Teufel, geben Sie schon her. *Er streckt seine Hand aus.*

Salomon Bitte, nicht böse sein.

Victor Die ganze Sache stinkt. – Also los, geben Sie.

Salomon *er hält einen Schein über Victors Hand – protestierend* Was stinkt? Sie sollten sein ein glücklicher Mensch – jetzt können Sie ihr kaufen einen schönen Mantel, fahren Sie mit ihr nach Florida und vielleicht –

Victor *ironisch* Ja, natürlich, natürlich ... jetzt werden wir alle miteinander furchtbar glücklich werden. Geben Sie schon her.

Salomon schüttelt den Kopf und zählt die Geldscheine in seine Hand. Victor dreht sich um und sieht noch einmal die aufgestapelten Möbel an.

Salomon Hier sind einhundert, zweihundert, dreihundert, vierhundert – darf ich Ihnen geben einen Rat – kaufen Sie ihr einen hübschen Pelzmantel und alles wird werden gut –

Victor Ich weiß, machen Sie schon.

Salomon Sie hätten hier also vier, jetzt werde ich Ihnen geben fünf, sechs, sieben ... ich meine, es steht schon geschrieben in der Bibel, das mit der Jagd nach dem Geld. Da, wo sie hat gelegt die Hand auf den Apfel, da hat's begonnen.

Victor Ich lese die Bibel nicht. Machen Sie schnell.

Salomon Lesen Sie die Bibel ... Sie werden sich wundern ... Immer hat's gegeben die Jagd nach dem Gelde, man kann sich nicht raushalten. Sie hätten jetzt also sieben, und jetzt gebe ich Ihnen noch ...

Ein Mann erscheint in der Tür. Er ist etwa Mitte fünfzig, gut rasiert, ohne Hut, in einem Kamelhaarmantel, sehr gesunde Hautfarbe. Sein Blick verrät durchdringende Intelligenz. Victor, an Salomon vorbeisehend, ist unwillkürlich etwas zusammengezuckt. Er zieht die Hand zurück, in die Salomon gerade einen Geldschein zählen wollte.

Victor *er ist rot geworden, seine Stimme klingt seltsam hoch und jungenhaft* Walter.

Walter *kommt ins Zimmer, geht mit ausgestreckter Hand auf Victor zu und sagt, nicht ohne Charme, wenn auch mit einem etwas gefrorenen Lächeln* Guten Tag, mein Junge.

Salomon hat sich etwas zurückgezogen.

Victor *nimmt das Geld in die linke Hand, während er mit der rechten Walter die Hand gibt* Ich hab dich überhaupt nicht erwartet.

Walter *etwas ironisch, mit einem Blick auf das Geld in Victors Hand* Ich komme leider etwas zu spät. Was tust du da?

Victor *unfähig, es zu leugnen, mit einem etwas forcierten Humor* Ich ... habe es soeben verkauft.

Walter Gut. Wieviel?

Victor Ah ... elfhundert.

Walter *ausdruckslos* Oh. Gut. *Er wendet sich ein wenig zu absichtlich, obwohl nicht eigentlich vorwurfsvoll, an Salomon* Für alles?

Salomon *geht mit ausgestreckter Hand auf Walter zu und sagt mit einer nun energisch gewordenen Stimme, die auf alles gefaßt zu sein scheint* Ich freue mich, Sie kennenzulernen, Herr Doktor. Mein Name ist Gregory Salomon.

Walter *scheint eher amüsiert zu sein, aber seine Zurückhaltung schließt eine mögliche Anklage nicht aus* Sehr angenehm.

Er gibt Salomon die Hand.

Victor, im Begriff, sich mit der Hand übers Haar zu streichen, läßt in seinem Gesicht eine gewisse Besorgnis über den unerwarteten Besuch erkennen.

Zweiter Akt

Die Handlung geht weiter. Wenn der Vorhang aufgeht, hat Walter soeben Salomons Hand losgelassen und sieht sich Victor gegenüber. Seine Haltung ist reserviert und als Resultat einer jahrelang eingeübten Kontrolle über seine fast zügellose Neugier ein wenig formell. Sein Lächeln wirkt eher hart und zurückhaltend, während seine Augen zugleich Wärme und Aggressivität verraten.

Walter Wie geht's Esther?
Victor Danke, gut. Sie muß jeden Augenblick hier sein.
Walter Hier? Das freut mich. Und was macht Richard?
Victor Er studiert an der TH.
Walter Was du nicht sagst. – TH.
Victor *nickt* Er hat ein Stipendium bekommen.
Walter Was du nicht sagst. *Lächelnd und nicht ohne Wärme* Da bist du natürlich stolz.
Victor O ja. Es war eine große Auszeichnung.
Walter Wunderbar. Es ist dir doch nicht unangenehm, daß ich gekommen bin?
Victor Nein. Ich hatte dich ein paarmal angerufen.
Walter Ja. Die Schwester hat es mir ausgerichtet. Wofür interessiert sich Richard in erster Linie?
Victor Für Naturwissenschaft. Im Augenblick jedenfalls. Und wie geht's bei euch?
Walter *entfernt sich ein wenig und beendet damit die Konfrontation* Ich glaube, Jeannie hat sich am besten entwickelt. Du hast sie nie gesehen?
Victor Nein.
Walter Die Times hat im Herbst etwas Nettes über sie gebracht. Ziemlich gute Modezeichnerin.
Victor So? Das ist großartig. Und die Jungens? Gehen schon auf die Universität, ja?
Walter Häufig *Lacht abrupt, obwohl es ihm etwas peinlich ist.* Obwohl es ja genug ungelöste Welträtsel gibt, haben sie sich die Gitarre als Forschungsgebiet ausgesucht.

Ausgerechnet ... ich habe es längst aufgegeben, mir ihretwegen Sorgen zu machen. *Er geht an Salomon vorbei, wirft einen Blick auf die Möbel.* Ich hatte schon vergessen, was er alles hier hatte. Da ist dein Radio.

Victor *erwidert sein Lächeln* Ich weiß, ich hab's gesehen.

Walter *betrachtet kopfschüttelnd das Radio zu seinen Füßen* Hmm. *Sieht Victor an, gefühlsbetont* Lange her.

Victor *ablenkend* Wie geht's Dorothea?

Walter *geheimnisvoll* Gut – nehme ich an. *Er geht umher, mustert die Sachen, dreht sich dann wieder plötzlich um.* Freut mich, Esther wiederzusehen. Macht sie noch immer Gedichte?

Victor Nein, schon lange nicht mehr.

Salomon Er hat eine sehr eine nette Frau. Ich kenne sie.

Walter *wundert sich über die Einmischung* Oh? *Er wendet sich wieder den Möbeln zu* Ein Haufen Dreck, was?

Victor *unterdrückt heftigeren Protest* Das würde ich nicht sagen. Manches ist gar nicht schlecht.

Salomon Ein, zwei hübsche Sachen, Herr Doktor. Und wir haben uns geeinigt auf einen hübschen Preis.

Victor *mit leisem Vorwurf* Ich hatte nicht gedacht, daß du kommen würdest. Jetzt müssen wir wieder von vorne anfangen.

Walter Oh, nein – nein. Ich will dir dein Geschäft nicht verderben.

Salomon Verzeihen Sie, Herr Doktor – nehmen Sie sich lieber gleich, was Sie wollen, sonst gibt es später Scherereien. Was wollten Sie haben?

Walter *überrascht, dreht sich zu Victor* Nichts wollte ich haben. Ich bin nur gekommen, um guten Tag zu sagen.

Victor Ach so. *Er nimmt Walters Geste nicht zur Kenntnis, wechselt deshalb schnell das Thema.* Ich habe deine Ruder gefunden, willst du sie haben?

Walter Ruder? *Victor zieht eins zwischen den Möbeln hervor.* Hahhh ... *Er nimmt das Ruder, schätzt seine Länge mit den Augen ab, wägt es in der Hand.* Ich muß vollkommen wahnsinnig gewesen sein.

Salomon Verzeihen Sie, Herr Doktor – wenn Sie wollen haben die Ruder –

Walter *legt das Ruder wieder zurück* Keine Aufregung, ich will sie nicht haben.

Salomon Ich wollte nur sagen – gegen persönliche Souvenirs habe ich nichts einzuwenden.

Walter *ärgerlich – lacht gezwungen* Sehr großzügig von Ihnen.

Victor *entschuldigt sozusagen Salomon* Ich hab ihm alles verkauft – ich dachte nicht, du würdest kommen.

Walter *mit übertriebener Liebenswürdigkeit* Aber natürlich. Was nimmst *du* dir?

Victor Eigentlich nichts. Esther möchte vielleicht eine Lampe oder irgend so etwas.

Salomon Er ist nicht interessiert, verstehen Sie? Er ist ein moderner Mensch, was werden Sie tun?

Walter Nimmst du dir nicht die Harfe?

Victor *etwas schuldbewußt* Niemand von uns kann Harfe spielen. Nimm sie dir, wenn du willst.

Salomon Verzeihen Sie, Herr Doktor – aber die Harfe, das ist etwas anderes.

Walter *lacht* Darf ich Ihnen etwas vorschlagen?

Salomon Ich wollte Sie nicht verletzen, Herr Doktor, ich wollte ja nur ...

Walter *mit eisernen Lächeln* Warum unterbrechen Sie uns dauernd? Beruhigen Sie sich, wir unterhalten uns ja nur.

Salomon Sehr gut, sehr gut. Verzeihen Sie vielmals. *Er setzt sich, zupft nervös an seiner Backe.*

Walter *berührt die Harfe* Schade drum ... Das war Großpapas Hochzeitsgeschenk, weißt du das?

Victor *sieht überrascht auf die Harfe* Ja, das stimmt.

Walter *zu Salomon* Was geben Sie ihm dafür?

Salomon Ich hab mich nicht an das einzelne Stück gehalten. *Ein* Preis für alles zusammen ... Vielleicht dreihundert Dollar. Der Resonanzboden ist gesprungen, wissen Sie?

Victor *zu Walter* Willst du sie haben?

Salomon Bitte, Victor, nehmen Sie sie mir nicht fort. *Zu Walter* Sehen Sie, Herr Doktor, ich will machen Ihnen nichts vor – die Harfe ist das Herz und die Seele von dem Geschäft. Ich verstehe, es war die Harfe Ihrer Mutter, aber ich habe Ihnen – *zu Victor* bereits erklärt – *zu Walter* bei gebrauchten Möbeln darf man nicht sein sentimental.

Walter *sieht die Harfe an, zu Victor* Es ist nicht so wichtig. – Weißt du übrigens, ob noch eins von ihren Abendkleidern da ist?

Victor Ich hab noch nicht alles durchgesehen.

Salomon *mit erhobenem Finger, eifrig* Warten Sie, warten Sie, ich glaube, ich kann Ihnen helfen. *Er geht zu einem Schrank, in den er vorher hineingesehen hatte.*

Walter *geht auf den Schrank zu* Sie hatte einige, wirklich aufsehenerregende ...

Salomon *zieht den Saum eines reich mit Gold durchwirkten Kleides hervor* Meinen Sie das hier?

Walter Ja, zum Beispiel. *Salomon pustet den Staub ab und reicht es ihm.* Ist das nicht wunderschön? Du, ich glaube sogar, sie hat es zu meiner Hochzeit getragen. Natürlich. Erinnerst du dich nicht?

Victor Was willst du damit?

Walter *zieht ein anderes Kleid aus dem Schrank* Sieh dir das an. Das ist aber wirklich ... Ich dachte mir, vielleicht könnte Jeanne sich aus dem Stoff etwas anderes machen, ich möchte gern, daß sie etwas von Mutters Sachen trägt.

Victor Das ist eine hübsche Idee.

Salomon Nehmen Sie, nehmen Sie – sie sind wunderschön.

Walter *sieht sich plötzlich um, während er die Kleider über einen Stuhl legt* Was ist mit dem Klavier geschehen?

Victor Ach, das haben wir ja schon verkauft, als ich noch studierte. Wir haben ziemlich lange davon gelebt.

Walter *sehr interessiert* Davon hatte ich keine Ahnung.

Victor Ja. Und das Silber.

Walter Richtig. Ich hatte gar nicht mehr daran gedacht.

Victor Warum solltest du auch?

Walter Weißt du übrigens – daß du Papa jetzt sehr ähnlich siehst.

Victor Ich?

Walter Ja, es ist wirklich verblüffend. Und deine Stimme klingt fast so wie seine.

Victor Ich weiß. Es kommt mir manchmal selbst so vor.

Salomon So, meine Herren – *Er wägt das Geld in seiner Hand.*

Victor *auf Salomon zeigend* Ich glaube, wir sollten das jetzt erst einmal erledigen.

Walter Bitte, laß dich nicht stören – *Er geht und sieht sich die Möbel genauer an.*

Salomon *zeigt auf das Geld in Victors Hand* Sie hätten nunmehr sieben ...

Walter *Salomon ignorierend und anscheinend nicht imstande, sich sozusagen mit dem Status quo abzufinden* Ich freue mich, daß du so gut aussiehst.

Victor *die neuerliche Unterbrechung irritiert ihn – er beobachtet ihn, während er spricht* Du auch, du siehst großartig aus.

Walter Ich laufe Ski, und ich reite fast jeden Morgen ... Weißt du übrigens, daß ich dich Dutzende von Malen in diesem Jahr anrufen wollte. *Bricht ab, zeigt auf Salomon.* Mach erst fertig. Wir sprechen uns später.

Salomon Und jetzt gebe ich Ihnen – *Er hält einen Schein über Victors Hand.*

Victor Bist du mit dem Preis einverstanden?

Walter Ach, ich mische mich da nicht ein ... Ich habe diese Burschen kennengelernt, als Dorothea und ich die Wohnung auflösten, und ich fand ...

Victor *der schon vorher etwas geahnt hatte* Seid ihr etwa geschieden?

Walter *lacht nervös* Ja.

Esther kommt herein, sie trägt einen Anzug in einem Plastiküberzug.

Esther *überrascht* Walter. Nein, so was.

Walter *springt freudig auf, kommt auf sie zu und gibt ihr die Hand* Wie geht's dir, Esther?

Esther *befremdet und zugleich freudig überrascht* Was machst du hier?

Walter Du hast dich aber gar nicht verändert.

Esther Ach, sag das nicht. *Sie hängt den Anzug an einem Schrank auf.*

Walter *zu Victor* Menschenskind, sie sieht aus wie fünfundzwanzig.

Victor *beobachtet Esthers Reaktion* Ich weiß.

Esther *geschmeichelt und auch irgendwie verletzt* Hör auf damit, Walter. *Setzt sich.*

Walter Aber es stimmt, wirklich, du siehst fabelhaft aus.

Salomon Das macht das Kleid. Was hab ich Ihnen gesagt? Es ist ein sehr schönes Kleid.

Victor lacht ein wenig, während sie Salomon ansieht, dessen Kompliment sie verwirrt.

Esther *mit gespieltem Vorwurf – zu Victor* Worüber lachst du? – Es *ist* ein hübsches Kleid. *Sie will lachen.*

Victor Du hast so überrascht ausgesehen.

Esther Ich bin es nicht gewöhnt, mit so vielen Komplimenten empfangen zu werden. *Bricht in Lachen aus.*

Walter Ich habe nicht geahnt, daß ich dich heute sehen würde. Sonst hätte ich dir ein paar zauberhafte indische Halsbänder mitgebracht. Ich habe ein ganzes Paket aus Bombay geschickt bekommen.

Esther *sie hat sich noch immer nicht ganz auf Walter eingestellt, sieht ihn an* Aus Bombay?

Walter Ja, von einem großen Textilmann, den ich mal operiert habe und der mir seitdem unentwegt Sachen schickt. Zum Beispiel diesen Mantel ...

Esther Ist mir gleich aufgefallen. Herrlicher Stoff.

Walter Nicht wahr? – Zwei Gallensteine. *Lacht.*

Esther Wie geht's Dorothea? Habe ich richtig gehört? Ihr seid ...

Walter *sehr ernst* Geschieden? Ja. Vergangenen Winter.

Esther Tut mir aber leid.

Walter Es hat sich lange hingezogen. Jetzt ist uns beiden wohler. Wir sind beinahe miteinander befreundet. *Lacht.*

Esther Sag so was nicht, du Hund.

Walter Aber es stimmt.

Esther Ich bin immer für die Frau, mit mir kannst du so nicht sprechen. *Zu Victor, sieht das Geld in seiner Hand.* Alles erledigt?

Victor So ziemlich –

Walter Ich sagte gerade zu Victor ... als wir unsere Wohnung auflösten – *Zu Salomon* Kennen Sie Spitzer & Fox?

Salomon Ob ich kenne Spitzer & Fox? Seit dreißig Jahren kenne ich Spitzer & Fox. Bert Fox hat gearbeitet für mich, sagen wir zehn, sagen wir zwölf Jahre ...

Walter Sie haben unsere Sachen abgeschätzt.

Salomon Gute Leut' ... Spitzer ist nicht so gut wie Fox, aber mit beiden zusammen sind Sie in guten Händen.

Walter Ja, darum habe ich ...

Salomon Spitzer ist Vizepräsident des Taxatorverbandes.

Walter Ich verstehe. Was ich sagen will, ist –

Salomon Ich bin Präsident gewesen.

Walter Wirklich?

Salomon O ja, o ja, ich habe gemacht alles ethisch.

Walter *bemüht sich, nicht zu lachen – Victor ebenfalls* Was Sie nicht sagen.

Victor bricht plötzlich in Lachen aus, Walter und Esther fallen ein, Wärme steigt zwischen ihnen auf.

Salomon *ebenfalls lächelnd – hartnäckig* Was ist so komisch? Hören Sie, vor mir war Dschungel – Sie würden nicht so lachen – Ich hab eingeführt Tarife, für alles – was wir so verlangen können – ich hab daraus gemacht eine Profession, wie Ärzte, Rechtsanwälte – wo es doch gewesen ist eine Schlangengrube – aber heute – keine Sorge – heute alle Mitglieder sind hundert Prozent ethisch.

Walter Das nenne ich mir eine gute Tat, aber ich glaube doch, Herr Salomon, Sie hätten hier einen besseren Preis machen können.

Esther *zu Victor, der Geld in der Hand hat* Wieviel hat er dir geboten?

Victor *verlegen, obwohl er sich der Situation stellt* Elfhundert.

Esther *enttäuscht, protestierend* Oh, ich glaube, das ist ... ist das nicht zu wenig? *Sucht bei Walter Unterstützung.*

Walter *zugänglich* Hören Sie, Salomon – er riskiert täglich sein Leben für Sie – seien Sie großzügig.

Salomon *zu Esther* Ein echter Bruder. Wunderbar. *Zu Walter* Fragen Sie, wen Sie wollen – Spitzer & Fox, Joe Brody, Paul Cavallo, Morris White – ich kenne sie alle, und ich weiß, was sie Ihnen werden sagen.

Victor *zu Esther, in Selbstverteidigung* Er hat mir klarzumachen versucht –

Salomon *zu Esther, mit erhobenem Zeigefinger* Hören Sie auf ihn, er ist –

Victor *zu Salomon* Einen Moment mal, ja? *Zu Esther und Walter* Es muß nicht unbedingt stimmen, aber er behauptet, die Möbel wären zu groß – sie gehen nicht in die modernen Wohnungen.

Esther *halb lachend* Und du glaubst das?

Walter Ich weiß nicht. Spitzer & Fox haben mir dasselbe gesagt.

Esther Die Stadt wimmelt nur so von alten, großen Wohnungen.

Salomon Darling, überlaß das lieber den jungen Leuten.

Esther *einen Ausbruch unterdrückend* Machen Sie mir bitte keine Vorschriften, Herr Salomon. *Zu Walter, protestierend* Diese beiden Schreibtische sind allein schon mehrere hundert Dollar wert ...

Walter Ich hätte mich nicht einmischen sollen ...

Esther Warum nicht? *Auf Salomon* Laß dich doch nicht von ihm einschüchtern.

Salomon Mein teures Kind, Ihre Befürchtungen sind grundlos.

Esther *losbrechend* Ich mag dieses Feilschen nicht, Herr Salomon. – Ich mag es ganz und gar nicht. *Sie ist dem Weinen nahe. Pause. Zu Walter* Dieses Geld bedeutet für uns sehr viel.

Walter Ja ... ich ... es tut mir leid. *Er sieht sich um* Wenn es mir gehörte ...

Esther Es gehört dir genauso wie Victor.

Walter O nein, meine Liebe – ich möchte nichts davon haben. *Pause.*

Victor Nein, Walter, du bekommst die Hälfte.

Walter Ich denke nicht daran. Ich bin nur vorbeigekommen, um guten Tag zu sagen.

Esther *Pause. Sie ist sehr beeindruckt* Das ist wirklich phantastisch, Walter. Es ist ... ich ...

Victor Wir werden noch darüber sprechen.

Walter Nein, nein, Victor, du hast es verdient, es gehört dir.

Victor *die Implikation zurückweisend* Warum hab ich's verdient? Du nimmst, was dir zukommt.

Walter Können wir das nicht später besprechen? *Zu Salomon* Meiner Ansicht nach –

Salomon *zu Victor* Jetzt brauchen Sie nicht mehr abzugeben die Hälfte. *Zu Esther* Sehen Sie ... das nennt man Brüder – so etwas gibt's heute kaum noch.

Zu Victor und Walter Glück haben Sie gehabt, daß man niederreißt das Haus – es hat euch zusammengebracht, endlich ...

Walter Ich hätte gesagt – dreitausend Dollar, Minimum.

Esther Genau das hatte ich mir auch vorgestellt. *Zu Salomon* Ich würde sogar sagen – dreitausendfünfhundert.

Walter *zu Victor, taktvoll, aber nicht ohne eine gewisse Genugtuung* In *dieser* Gegend.

Schweigen. Salomon sitzt da und enthält sich jeden Kommentars, er sieht Victor nicht an, aber man spürt Protest in seinen Augen. Victor denkt einen Augenblick lang nach, wendet sich dann an Salomon, und seine Stimme klingt nicht sehr ermutigend.

Victor Nun, was sagen Sie?

Salomon *breitet seine Arme in hilfloser Empörung aus* Was kann ich sagen? Es ist lächerlich. Warum gibt er Ihnen nur dreitausend? Was ist los mit fünftausend, zehntausend?

Walter *ohne Kritik – zu Victor* Du hättest noch ein paar andere Gutachten einholen sollen, das ist immer ...

Victor Genau deshalb hab ich dich eine Woche lang erreichen wollen, aber du bist nie ans Telefon gegangen.

Walter Was hat das damit zu tun?

Victor Ich traute mich nicht, es allein zu machen – hat dir die Schwester nichts ausgerichtet?

Walter Ich war furchtbar beschäftigt – außerdem wollte ich nichts davon haben ...

Victor Wie konnte ich das wissen?

Walter *sein Versäumnis zugebend* Ja, ich ... bitte dich um Verzeihung. *Er läßt es dabei bewenden.*

Salomon Verzeihen Sie, Herr Doktor, ich kann Sie nicht verstehen. Erst ist es ein Haufen Dreck ...

Esther Niemand hat von einem Haufen Dreck gesprochen.

Salomon Er hat von einem Haufen Dreck gesprochen, als er hier hereinkam.

Esther dreht sich zu Walter, überrascht und empört

Walter *auf ihren Blick reagierend, zu Salomon* Einen Augenblick mal –

Salomon Nein, bitte – *Auf Victor zeigend* Das ist ein sachlicher Mensch, bleiben wir sachlich.

Esther Ein ziemlich starkes Stück, Walter – so etwas zu sagen.

Walter Ich habe es nicht in diesem Sinne gemeint, Esther.

Salomon Bitte, Herr Doktor – Sie haben gesagt Dreck.

Walter *scharf, und in der Art, wie er es sagt, drückt sich ein viel tiefer liegender Ärger aus* Ich habe es nicht in diesem Sinne gemeint, Herr Salomon. *Er beherrscht sich wieder – halb zu Esther* Wenn man mit Dingen gemeinsam aufgewachsen ist, bekommt man sie leicht über – *Zu Esther* Mehr wollte ich damit nicht sagen.

Salomon Mein lieber Mann, wenn es wär gewesen Louis Seize, Biedermeier oder irgend so etwas, Sie würden es nicht überbekommen haben.

Walter *zeigt auf ein Möbelstück, wobei er selbst spürt, daß er übertreibt* Zufällig haben wir dort drüben etwas im Biedermeierstil stehen.

Salomon Biedermeier-»Stil«. *Nimmt seinen Hut.* Ich hab einen Hut im Borsolino-»Stil«, aber es ist kein Borsolino. *Zu Victor* Er muß mich nicht provozieren, das macht auf mich keinen Eindruck.

Walter *versucht, es von der komischen Seite zu nehmen* Was soll das nun wieder heißen?

Victor *will Salomon nicht fallenlassen* Nach welchen Gesichtspunkten urteilst du, Walter?

Walter *rot werdend, dennoch lächelnd* Nach dem Gefühl.

Esther *Victor lächerlich machend* Und auf Grund welcher Erwägungen hast du die elfhundert akzeptiert, mein Lieber?

Victor *verärgert* Es schien mir mehr oder weniger angemessen.

Esther *wie ein Refrain* O Gott, da hätten wir's wieder. Schön, wirf es zum Fenster hinaus.

Salomon *zeigt auf Esther* Bitte, Esther, er wirft nichts hinaus zum Fenster – diesem Mann kann man nichts vormachen – *Zu Walter* Entschuldigen Sie, Herr Doktor, aber es ist nicht richtig, was Sie tun mit ihm.

Walter *versucht zu lächeln* Jetzt wollen Sie mir auch noch sagen, was richtig und was falsch ist.

Esther *zu Victor, in Walters Protest einstimmend* Nein wirklich.

Victor *fügt sich ihrem Protest, um sich dafür mehr Gewißheit zu verschaffen, und sagt, die Hand auf Salomons Schulter legend* Herr Salomon, würden Sie vielleicht nebenan ins Schlafzimmer gehen und uns hier ein paar Minuten allein lassen?

Salomon Aber gewiß, was immer Sie wünschen. *Steht auf* Nur

eins, wenn ich bitten darf – Sie haben gemacht ein sehr gutes Geschäft, Sie brauchen sich nicht zu schämen. *Zu Esther* Entschuldigen Sie, ich wollte nicht werden persönlich.

Esther *lacht zornig* Er ist phantastisch, dieser Mann.

Victor *will ihn zum Gehen veranlassen* Möchten Sie nicht bitte ins Nebenzimmer gehen?

Salomon Ich gehe. Ich will nur, daß Sie verstehen, Victor – wären Sie ein anderer Mann, würde ich sagen, er hat in der Hand das Geld, und der Handel ist abgeschlossen.

Walter Er kann keinen Handel ohne mich abschließen, Salomon, mir gehört die Hälfte.

Salomon *zu Victor* Sehen Sie? Was habe ich Ihnen gleich zu Anfang gesagt, als ich hier hereinkam? »Wem gehören die Möbel?«

Walter Verdrehen Sie nicht alles. Ich mache keine Ansprüche geltend, ich wollte lediglich –

Salomon Warum mischen Sie sich dann ein? Er hat bekommen das Geld, ich kenne das Gesetz.

Walter *zornig* Hören Sie endlich mit diesem Blödsinn auf, verstanden? Ich habe die besten Anwälte in New York, gehen Sie ins Nebenzimmer und setzen Sie sich dort ein bißchen hin.

Victor *während er Salomon hinausbegleitet* Laß das, Walter, ja? Sei still, reg dich nicht auf.

Esther *versucht, leicht, amüsiert zu sprechen* Warum nicht? Er hat vollkommen recht.

Victor *wirft ihr einen zurechtweisenden Blick zu, während er mit Salomon nach hinten geht* Hier, halten Sie Ihr Geld fest.

Salomon Nein, es ist Ihr's. Sie haben jetzt –

Er schwankt. Victor packt seinen Arm. Walter steht auf.

Walter Ist Ihnen nicht gut?

Salomon *faßt sich taumelnd an den Kopf* O doch, o doch, ich ...

Walter *geht auf ihn zu* Lassen Sie mal sehen. *Er nimmt Salomons Handgelenk, sieht ihm ins Gesicht.*

Salomon Bin nur ein bißchen müde, ohne mein Nachmittagsschläfchen ...

Walter Kommen Sie, legen Sie sich etwas hin. *Er führt ihn ins Schlafzimmer.*

Salomon Machen Sie sich keine Sorgen meinetwegen ... ich bin ... *Bleibt stehen, zeigt auf seine Aktentasche, während er sich an eine Kommode lehnt* Bitte, Herr Doktor, wenn Sie nichts dagegen hätten ... ich hab da etwas Schokolade ... *Walter zögert.* Es hilft ... *Walter geht*

unwillig zur Aktentasche und greift hinein. Sonst bin ich ein sehr ein gesunder Mensch, aber ohne mein Nachmittagsschläfchen, sehen Sie, ohne das geht's nicht mehr ...
Walter zieht eine Apfelsine heraus.
Nicht die Apfelsine ... *Walter nimmt ein Täfelchen Schokolade heraus.* Guter Junge.

Walter *geht zu ihm zurück und führt ihn ins Schlafzimmer* Kommen Sie ... langsam ... so ist's recht .. .

Salomon *während er ins Schlafzimmer geht* Mir fehlt nichts, keine Sorge ... Ihr seid alle sehr, sehr nette Leut' ...
Sie verschwinden im Schlafzimmer. Victor wirft einen Blick auf das Geld in seiner Hand, legt es dann auf einen Tisch und das Rapier darüber.

Esther Warum nimmst du ihn in Schutz?

Victor Wen?

Esther Den Alten ... War es sein erstes Angebot?

Victor Warum glaubst du Walter? Er hat doch nur geblufft, das war doch ganz klar.

Esther Ich bin seiner Ansicht. Hast du versucht, mehr herauszuschlagen?

Victor Ich kann nicht handeln, und ich denke nicht daran, es jetzt noch zu lernen.

Esther Du fühlst dich immer so erhaben, Victor, wir sind nicht mehr zwanzig. Wir brauchen dieses Geld. *Er schweigt.* Hast du gehört?

Victor Ich habe einen Handel abgeschlossen, und damit basta.

Esther *steht auf, geht unruhig umher* Auf jeden Fall bekommst du den ganzen Betrag. – Mein Gott, hat er sich verändert. Erstaunlich.

Victor *ohne recht zuzustimmen* Scheint so. Ja.

Esther *möchte, daß er mit ihr übereinstimmt* Er ist so menschlich. Er lacht sogar.

Victor Ich habe ihn auch schon früher lachen sehen.

Esther *mit einem verzerrten Lächeln* Höre ich etwas, oder bilde ich es mir nur ein?

Victor Ich möchte es mir noch überlegen.

Esther *ruhig* Du willst also das Geld nicht von ihm nehmen?

Victor Ich habe gesagt, ich will es mir noch ...
In der Annahme, daß er es nicht nehmen will, nicht mehr wissend, was sie tun soll, geht sie schnell auf die Handtasche zu. Steht auf Wohin gehst du?

Esther *dreht sich nach ihm um* Ich wünsche zu wissen – nimmst du seinen Anteil, oder nimmst du ihn nicht?

Victor Ich habe eine Woche lang bei ihm angerufen, er hat es nicht einmal für nötig befunden, ans Telefon zu gehen, jetzt taucht er hier auf und lächelt mich an, und ich soll ihm sofort in die Arme fliegen ...

Esther Was willst du *wirklich?*

Victor Einiges ist geschehen. Ich kann mich nicht so schnell umstellen. Er ist erst zehn Minuten hier, und ich soll achtundzwanzig Jahre ausstreichen. Setz dich bitte hin. Ich brauche dich hier. *Er setzt sich; sie bleibt unschlüssig stehen.* Bitte.

Esther *verzweifelt* Nichts bleibt uns mehr.

Victor Die Hälfte von elfhundert Dollar sind fünfhundertfünfzig.

Esther Ich meine nicht das Geld.

Stimmen aus dem Schlafzimmer.

Er bemüht sich offensichtlich um dich, kannst du's ihm nicht leichter machen? *Sie legt den Kopf zurück.* Meine Mutter hatte so recht. Ich kann nie das glauben, was ich sehe. Aber von jetzt ab werde ich. Ich werde ... was ich sehe.

Ein Stuhl wird nebenan gerückt.

Victor Trockne dir dein Gesicht ab, ja?

Walter kommt aus dem Schlafzimmer.

Wie geht es ihm?

Walter Er hat sich schon wieder erholt. *Warm* Mein Gott, was für ein Räuberhauptmann. *Er setzt sich.* Er ist neunundachtzig.

Esther Nein, das glaube ich nicht.

Victor Doch. Er zeigte mir –

Walter Hat er's dir auch gezeigt?

Victor Ja, von der British Navy.

Esther *Er* war bei der englischen Marine?

Victor *sucht Walters Zustimmung* Ich hab seinen Entlassungsschein gesehen. Der Mann ist nämlich kein Scharlatan.

Walter So weit würde ich nicht gehen. Immerhin, in seinem Alter noch so zäh zu sein – *als wollte er Victor recht geben* das ist allerdings großartig.

Victor *untertreibend Ich* finde es jedenfalls.

Esther Was sollen wir deiner Meinung nach tun, Walter?

Walter *kurze Pause. Er hält noch etwas zurück, um nicht den Anschein zu erwecken, als wollte er ihnen einen Rat aufdrängen – obwohl er von seiner Überredungskunst durchdrungen ist. Er lächelt Victor an* Es gibt eine Möglichkeit, viel, viel mehr aus der Sache herauszuholen. Ich nehme an, du wirst davon gehört haben.

Victor Ich bin mit dem Mann nicht verheiratet – wenn du noch einen andern hinzuziehen willst – bitte.

Walter Nicht nötig. Er ist ein amtlich zugelassener Taxator. Nein, die Sache ist folgende: Anstatt zu verkaufen, könntest du es in eine wohltätige Stiftung umwandeln.

Victor Verstehe ich nicht.

Walter Ganz einfach. Er setzt einen Wert fest, sagen wir mal, fünfundzwanzigtausend Dollar.

Esther *fasziniert, lachend* Ist das dein Ernst?

Walter Es wird oft gemacht. Und es ist vollkommen legal. Obwohl es phantastisch klingt. Er setzt bei seiner Schätzung den höchsten Ladenpreis ein, der ungefähr dem Betrag entsprechen würde, den ich eben genannt habe. Dann schenke *ich* es der Heilsarmee. Es ist nämlich besser zu sagen, daß es mir gehört, weil ich dann mehr von der Steuer abziehen kann. Ich muß ungefähr fünfzig Prozent Steuern bezahlen. Wenn ich also fünfundzwanzigtausend zu wohltätigen Zwecken stifte, würde ich etwa zwölftausend an Steuern einsparen. Wir können dann diesen Betrag zwischen uns aufteilen, sagen wir, fifty-fifty. Demnach würde ich dir sechstausend Dollar auszahlen. *Pause.* Es ist wirklich das einzig Vernünftige, was man in diesem Fall tun kann.

Esther *wirft Victor einen Blick zu, aber Victor schweigt* Würde es dich etwas kosten?

Walter Im Gegenteil, es wäre gefundenes Geld für mich. *Zu Victor* Ich habe mit ihm darüber gesprochen.

Victor *als hänge alles davon ab* Und was sagt er?

Walter Die Entscheidung liege bei dir. Wir müßten ihm natürlich etwas für seine Arbeit zahlen – fünfzig, sechzig Dollar.

Victor Wäre er damit einverstanden?

Walter Er möchte natürlich lieber das Ganze kaufen, aber Herrgott noch mal –

Esther Er kann dir doch nicht vorschreiben, was du –

Victor Nein ... aber ich hatte mich bereits mit ihm geeinigt, und ich finde, es wäre nicht ...

Walter Das würde mich persönlich nicht stören ... Er bekommt fünfzig Dollar dafür, daß er ein Papier ausstellt.

Esther Nicht schlecht für einen einzigen Nachmittag.

Pause.

Victor Ich möchte es mir noch mal überlegen.

Esther Wenn du's mit ihm machen willst, hast du aber nicht mehr viel Zeit.

Walter *zu Esther* Er soll es sich ruhig überlegen. *Zu Victor* Wie gesagt, es ist vollkommen legal. Ich hätte es selbst beinah so gemacht. Aber dann beschloß ich, meine Sachen zu behalten. *Licht.* Mit dem Resultat, daß bei mir alles schon genauso vollgestellt ist wie hier.

Esther Nun, vielleicht heiratest du noch mal.

Walter Kaum ... Ich habe oft das Gefühl, ich hätte nie heiraten sollen.

Esther *spöttisch* Wieso?

Walter Im Ernst. Ich hab einen seltsamen Beruf. Da gibt's zuviel zu lernen und viel zuwenig Zeit dafür. Und das schlimmste ist, daß du keine Zeit mehr für andere Menschen hast. Nicht soviel, wie eine Frau für sich verlangen kann, wenn sie überhaupt eine Frau ist. *Lacht.* Aber ich komme ganz gut allein aus.

Victor Wie soll ich diesen Betrag in meiner Steuererklärung nennen?

Walter Nenne ihn ... eine Schenkung.

Victor schweigt. Walter spürt, was in ihm vorgeht.

Was es natürlich nicht ist, aber du kannst es als solche deklarieren. Es ist erlaubt.

Victor Ich verstehe ... Ich wollte nur wissen, wie ...

Walter Trage es einfach als Geschenk ein, das ist gar kein Problem.

Walter spürt zum erstenmal das Ressentiment des andern und sieht fort. Esther blickt mit gerunzelter Stirn zu Boden. Walter nimmt das Rapier vom Tisch – er will offensichtlich das Thema wechseln.

Fechtest du noch?

Victor *beinah dankbar für die Ablenkung* Nein, man muß dazu einem Klub angehören – und all das. Ich muß oft am Wochenende Dienst tun. Nein, ich hab's zufällig hier gefunden.

Walter *um die Stimmung zu heben* Mutter hat ihm für ihr Leben gern zugesehen.

Esther *überrascht, erfreut* Wirklich?

Walter Sie hat bei keinem seiner Turniere gefehlt.

Esther *zu Victor, irgendwie berührt* Das hast du mir nie erzählt.

Walter Aber ja, es war doch *ihre* Idee. *Zu Victor, lachend* Sie fand Fechten so elegant. Besonders mit diesen französischen Fechthandschuhen. *Lacht in Erinnerung* Und er hat auch fabelhaft damit ausgesehen. *Macht seine Brust frei* Hier sind noch meine Wunden ...

Victor *sieht sich um, als suchte er sie* Du ... warte mal. *Er geht plötzlich auf den Schrank zu* Ich glaube, sie waren immer ...

Esther *zu Walter* Französische Fechthandschuhe?

Aus dem Schubfach, in dem er vorher die Schlittschuhe gefunden hatte, zieht Victor einen Sweater mit den Initialen eines College hervor, einen Schlittschuh . . .

Walter Sie hat sie ihm aus Paris mitgebracht. Wunderbar bestickt. Er sah aus wie einer von den drei Musketieren.

Victor Hier sind sie. *Er zieht ein paar wappengeschmückte Fechthandschuhe heraus und hält sie in die Höhe.* Was sagst du *nun?*

Esther *streckt ihre Hand danach aus* Die sind aber herrlich.

Er gibt sie ihr.

Victor Mein Gott, ich hatte sie schon total vergessen. *Er zieht einen an.*

Walter Weihnachten 1929.

Victor *bewegt die Hand im Handschuh* Immer noch so weich wie damals. *Zu Walter – etwas scheu* Du scheinst dich noch an alles zu erinnern.

Walter Du nicht?

Esther Nicht an seine Mutter.

Victor *er betrachtet die Handschuhe* O doch. Nur nicht an ihr Gesicht. Ich kann sie nicht *sehen.*

Walter Das ist aber merkwürdig, Victor. *Zu Esther* Sie hat ihn nämlich angebetet.

Esther *erfreut* Ist das wahr?

Walter Victor? Wenn es zu regnen anfing, lief sie zur Schule und brachte ihm seine Gummischuhe. *Ihr* Victor – mein Gott. Als er zum erstenmal ein Streichholz anzündete, war er schon ein zweiter Louis Pasteur.

Victor Es ist irgendwie unheimlich – wie mit der Harfe. Ich höre die Musik – aber ich kann ihr Gesicht nicht sehen. Nicht wirklich.

Salomon kommt aus dem Schlafzimmer. Er sieht verstört aus. Er hat keinen Rock an, nur die Weste, die Krawatte steht offen, ohne nach vorn zu kommen, sagt er

Salomon Bitte, Herr Doktor, wenn Sie nichts dagegen haben, möchte ich Sie bitten . . . *Er bricht ab, zeigt aufs Schlafzimmer.*

Walter Was ist?

Salomon *zeigt aufs Schlafzimmer* Nur einen Augenblick, bitte.

Walter steht auf. Salomon wirft einen Blick auf Victor, dann auf Esther und geht zurück ins Schlafzimmer.

Walter *zu Victor* Was hast du?

Kurze Pause. Victor sieht bewegt zu ihm auf, Walter wendet sich betroffen ab und sieht Esther an, nicht zuletzt, um Victors verschleierten Blick zu vermeiden.

Ich bin gleich wieder da. *Er geht schnell nach hinten und verschwindet im Schlafzimmer.*

Pause. Victor sitzt da und starrt vor sich hin. Esther spürt, was in ihm vorgeht, ihre Stimme ist zart, teilnahmsvoll.

Esther Nimm ihn so, wie er ist. *Er sieht sie an.* Oder erwartest du etwa, daß er sich bei dir entschuldigt? Wahrscheinlich sieht er alles ganz anders. *Er schweigt, sie geht zu ihm.* Ich weiß, es ist nicht leicht für dich, aber ich habe den Eindruck, daß er sich Mühe gibt.

Victor Wahrscheinlich. Ja.

Esther *dringlich* Weißt du, was wunderbar wäre? Wenn wir beide ein paar Wochen irgendwohin fahren könnten, ganz weit weg – einfach mal fort von allem und neue Dinge sehen, neue Gesichter. Du hast immer nur mit scheußlichen Menschen zu tun und mit ihrem scheußlichen Kram. Im Ernst – und es wäre auch gar nicht romantisch, dazu sind wir beide schon viel zu abgebrüht.

Victor *starrt vor sich hin* Merkwürdiger Bursche.

Esther Inwiefern?

Victor Einfach so hier hereinzuschneien, als ob nichts gewesen wäre. Ich nehme das Geld nicht, ohne vorher mit ihm gesprochen zu haben.

Esther *erschrocken* Du kannst den Gedanken nicht ertragen, daß er anständig ist. *Er sieht sie scharf an.* Darauf läuft es nämlich hinaus, mein Lieber. Entschuldige, aber es mußte einmal gesagt werden.

Victor *ohne lauter zu werden* Ich kann es nicht ertragen, daß er anständig ist.

Esther Wenn du das hier ausschlägst, bist du mir eine Erklärung schuldig. Du kannst ihn nicht für alles verantwortlich machen, oder das »System«, oder was weiß ich. Du bist frei, aber du rührst dich nicht, und das bringt mich zum Wahnsinn. *Er schweigt und starrt sie an.* Du nimmst jetzt das Geld, verstehst du? Oder ich bin mit dir fertig. Wenn du unfähig bist, so heißt das noch nicht, daß ich es auch sein muß.

Man hört, daß etwas im Schlafzimmer vorgeht. Sie nimmt sich zusammen. Victor streicht sich langsam übers Haar wie jemand, der sich auf einen Kampf vorbereitet.

Walter kommt lächelnd aus dem Schlafzimmer, beinahe kopfschüttelnd.

Walter *auf das Schlafzimmer zeigend* Kinder – wir haben einen

Tiger im Haus. Was ist da eigentlich zwischen euch beiden, kennst du ihn schon lange?

Victor Nein. Warum? Was hat er gesagt?

Walter Er will noch immer das Ganze haben. *Lacht* Du hättest sein Leben um fünf Jahre verlängert, behauptet er.

Victor Gut zu hören, hast du was dagegen?

Walter Nein, gar nicht, es ist wunderbar. – *Er setzt sich, kurze Pause.* Wir verstehen uns nicht.

Victor *mit einer gewissen Anstrengung, die Walters angestrengtem Lächeln entspricht* Ich bin ein bißchen durcheinander, Walter . . . ja.

Walter Und warum? *Victor antwortet nicht sofort.* Heraus mit der Sprache, wir werden ohnehin bald sterben.

Victor Also gut. Ich werde dir ein Beispiel geben – Als ich dich Montag und Dienstag anrief und heute morgen wieder . . .

Walter Ich habe dir das bereits erklärt.

Victor Ich telefoniere nicht zu meinem Vergnügen . . . Was die Schwester sagte, hat so geklungen, als ginge ich ihr schon auf die Nerven . . . Es war demütigend.

Walter *ziemlich aufgebracht* Tut mir furchtbar leid, sie hätte es nicht tun sollen.

Victor Ich kann mir nicht denken, daß sie von allein darauf gekommen ist, so mit mir zu sprechen.

Walter *der nun bemerkt, wie tief das Ressentiment bei Victor sitzt* O nein – sie ist oft so . . . Ich habe mich nie abfällig über dich geäußert.

Victor schweigt. Er ist nicht ganz überzeugt.

Bitte glaube es mir. Es tut mir furchtbar leid. Ich bin mit Arbeit überlastet.

Victor Du hast mich gefragt, ich habe dir geantwortet.

Walter Ja. Das solltest du auch. Aber du liest da etwas hinein. *Kurze Pause. Seine Nervosität ist größer geworden. Er zwingt sich ein Lächeln ab.* Nun zu dieser Steuersache. Er wäre bereit, das Ganze auf fünfundzwanzigtausend zu schätzen. *Nicht ohne Schwierigkeit* Wenn du willst, überlasse ich dir den ganzen Betrag, den ich einspare. *Kurze Pause.*

Esther Zwölftausend?

Walter Was immer dabei herauskommt.

Pause. Esther sieht langsam Victor an.

Du mußt doch jetzt bald pensionsberechtigt sein?

Esther *schnell* Er ist es schon. Er weiß aber noch nicht recht, was er tun wird.

Walter *zu Victor* Dann würde es ja ganz gelegen kommen.

Victor, anstatt zu antworten, wirft ihm einen Blick zu. Ich brauche es nicht, Victor ... Tatsache ist, daß ich dich die ganze Zeit anrufen wollte.

Victor Weswegen?

Walter *er streckt plötzlich seine Hand aus und legt sie, kurz auflachend, auf Victors Knie* Sei doch nicht immer so mißtrauisch.

Victor *lachend* Nein, ich bin nur gespannt.

Walter Ja, gut. Also dann. *Kurze Pause.* Ich dachte, es wäre an der Zeit, daß wir uns ein bißchen näher kennenlernen. Das ist alles. *Kurze Pause.*

Victor Ich habe dich schon viel früher mehrmals zu erreichen versucht. Das ist jetzt vielleicht drei Jahre her.

Walter *sein Lachen klingt etwas nervös* Ich war krank.

Victor *überrascht* Oh ... Hat man es dir nicht ausgerichtet?

Walter Ich war schwer krank. Ich war im Spital.

Esther Was hattest du denn?

Walter *kurze Pause. Als wäre er noch nicht ganz sicher, ob er es sagen soll* Einen Nervenzusammenbruch. *Kurze Pause.*

Victor *entwaffnet* Ich hatte keine Ahnung.

Walter Eigentlich habe ich mich erst jetzt wieder gefangen. Ich habe fast drei Jahre lang nicht praktiziert.

Esther Du hast dich sehr verändert.

Walter Ja, ich glaube. – Ich lebe anders, ich denke anders. Ich begnüge mich mit einer kleinen Wohnung, und ich habe auch meine Altersheime abgestoßen –

Victor Was für Altersheime?

Walter Mir gehörten drei Altersheime. Alte Leute sind ein großes Geschäft. Hilflose, verzweifelte Kinder wollen ihre Eltern loswerden – das bringt Geld ein wie Heu. Auch von vielem andern hab ich mich zurückgezogen. Fünfzig Prozent meiner Zeit verbringe ich in Hospitälern in Harlem. Und ich sage euch – ich lebe. Zum erstenmal. Ich nehme die Medizin ernst. Das ist es. *Lächelnd* Was nicht ausschließt, daß ich's auch von den Reichen nehme – aber nur so viel, um leben zu können. *Es ist, als wäre dies seine Mission hier gewesen, und er wartet nun auf Victors Reaktion.*

Victor Wunderbar.

Walter *faßt es als Ermunterung auf* Ich wünschte, wir könnten wochenlang noch so weiterreden. Ich hab dir so viel zu sagen. *Es geht nicht so glatt wie gehofft, und er muß nun Beispiele aus der Luft greifen, um sein neu erworbenes Lebensgefühl zu beschreiben.* Du weißt, daß ich nie Freunde hatte; jetzt habe ich welche – gute Freunde. *Er geht umher, setzt sich neben Victor, sein Enthusiasmus geht mit ihm durch* Es ist nicht über Nacht gekommen. So etwas braucht Zeit. Wenn du anfängst, verlangst du von dir das Höchste, und dazu gehört natürlich Fanatismus. Du mußt so viel lernen und hast so wenig Zeit. Bis du alles Unwichtige ausgeklammert hast ... *Lächelt.* Auch die Menschen. Und dann stellst du eines Tages fest, daß du dich im Grunde gar nicht auf etwas Bestimmtes spezialisiert hast – etwas in dir hat sich spezialisiert. Du wirst eine Art Instrument, ein Instrument, das Geld aus Menschen schneidet oder Ruhm aus der Zeit, und das führt allmählich zur Verdummung, das hat die Macht so an sich. Du stellst dir vor, daß die Leute dich lieben, nur weil sie Angst vor dir haben, und sogar, daß du sie liebst. Aber dahinter steckt doch nur Angst. Eines Nachts befand ich mich in meinem Wohnzimmer, sternhagelbesoffen, ein Messer in der Hand, und ich war im Begriff, meine Frau umzubringen.

Esther Gott im Himmel.

Walter ... und beinah hätt' ich's auch geschafft. *Lacht Wenn* du's überlebst, dann hat das Verrücktwerden *ein* Gutes – du lernst den Terror in dir kennen, nicht den lauten, den brüllenden Terror, sondern die schleichende, tägliche Angst, was man Ehrgeiz nennt, Berechnung, das Anhäufen von Geld. Und eben das wollte ich dir die ganze Zeit sagen – du hast mir geholfen, es in mir zu erkennen.

Victor Ich?

Walter Ja, du. *Lächelt, warm, verlegen.* Durch das, was du getan hast. Ich habe es nie verstehen können – schließlich warst du von uns beiden der bessere Student. Und daß du es nun all die Jahre in einem solchen Beruf ausgehalten hast, schien mir – *Er bricht ab, da er nicht weiß, wie Victor es aufnehmen wird.* Ich mußte erst krank werden, um zu begreifen, daß du eine Wahl getroffen hattest.

Victor Was für eine Wahl?

Walter So zu leben, wie du's für richtig hältst. Und das ist eine teure Angelegenheit, man muß dafür zahlen. *Er hat jetzt sein Thema gefunden und spürt, daß er etwas in Victor getroffen hat.* Darf ich offen mit dir sprechen? Ich habe dich diese Woche nicht angerufen, weil ich mich – davor fürchtete. Ich weiß nicht, ob ich dir verständlich machen kann, was in mir vorging, aber ich will es versuchen. *Er sieht an Victors verwundertem Gesichtsausdruck, daß er weitersprechen darf.* Ich war an einem Punkt angelangt, wo ich – Angst vor meinem eigenen Beruf bekam. Ich konnte nicht mehr operieren. Du weißt, daß es manchmal besser ist, den Patienten in Ruhe zu lassen, weil er vielleicht noch ein oder zwei Jahre leben kann, anstatt einen Eingriff vorzunehmen, bei dem er möglicherweise stirbt. Und die Entscheidung darüber ist häufig ... Gefühlssache. Manchmal irrt man sich, dann hat man Pech gehabt. Aber im großen und ganzen geht die Rechnung auf, vorausgesetzt, daß man richtig denkt. Oder man soll überhaupt nicht mehr denken, und das war mir bis dahin ganz gut gelungen. *Kurze Pause.* Und dann geschah etwas – ich traf eine Reihe von Fehlentscheidungen. Dreimal hintereinander. Drei Fälle, bei denen andere Kollegen die Operation abgelehnt hatten. Und plötzlich kamen mir meine eigenen Beweggründe zum Bewußtsein. *Warum* hatte ich etwas riskiert, was sehr kompetente Männer abgelehnt hatten? Und die naheliegende Antwort war natürlich: um das Unmögliche möglich zu machen. Die Konkurrenz auszustechen. Und plötzlich sah ich etwas anderes. *Kurze Pause.* Angst. Sie hatte mich dirigiert, mein Gehirn, meine Hände, meinen Ehrgeiz – dreißig Jahre lang. *Kurze Pause.*

Victor Angst wovor?

Walter *Pause. Er starrt Victor ins Gesicht* Daß *mir* das je passieren würde ... *er blickt auf den Stuhl in der Mitte* was *ihm* passiert ist. Ohne eigenes Verschulden über Nacht degradiert zu werden, hinabgestoßen ... *Mit einer kaum spürbaren Ungeduld und auch ein klein wenig herausfordernd* Du weißt, wovon ich rede?

Victor dreht sich etwas fort, will sich nicht festlegen lassen.

Hat es dich nicht genauso verfolgt wie mich? Ich wollte ganz nach oben, weil ich glaubte, dort in Sicherheit zu sein. Du bist bei der Polizei gelandet und ich in einem Tümpel von Erfolg und Bankguthaben. Wir sind beide vor derselben Angst davongelaufen, nur mit dem Unterschied, daß du dabei andern nicht geschadet hast. Und eben das habe ich an dir schätzen gelernt. Du hast versucht, dich nützlich zu machen.

Esther Wunderbar, daß du das so klar siehst.

Walter Es ist mir erst im Hospital aufgegangen, Esther. Zum

erstenmal hatte ich das Gefühl, daß wir – Brüder sind. Daß wir etwas gemeinsam haben. Und ich glaube zu wissen, wie wir jetzt Freunde werden könnten.

Victor *kurze Pause. Er ist unsicher* Schön. Das freut mich.

Walter *sieht den Widerstand, aber spürt auch, daß er Fortschritte gemacht hat, und stößt nach* Deshalb ist auch deine Ehe intakt geblieben. Und dein Junge so gut geraten. Du hast dein Leben gelebt. *Zu Esther* Aber du weißt das besser als ich.

Esther *zögert zunächst, dann mit Nachdruck* ... Ja.

Walter Zweifele nicht daran, Esther. Ihr seid vom Glück begünstigt. *Zu Victor* Das weißt du doch hoffentlich.

Victor *ohne Esther anzusehen* Ich glaube.

Esther Es ist nicht ganz so einfach, wie du's dir vorstellst.

Walter Das weiß ich, jedenfalls kann ich's mir denken. *Er zögert, dann stürzt er sich mitten hinein* Hör zu – ich habe eine tolle Idee – Was wirst du jetzt tun? Dich pensionieren lassen?

Victor Ich bin mir noch nicht im klaren.

Walter *nervös* Darf ich dir etwas vorschlagen?

Victor Warum nicht?

Walter Wir haben eine Menge Leute für den Neubau interviewt. Was wir suchen, ist eine Art Verbindungsmann zwischen den Wissenschaftlern und dem Verwaltungsrat. Und ich dachte mir, daß dir das liegt. *Kurze Pause.*

Esther Das wäre wunderbar.

Victor *kurze Pause. Er sieht sie ruhig an, aber seine Stimme verrät innere Aufgeregtheit* Was hätte ich da zu tun?

Walter *spürt Victors Interesse* Im Augenblick ist alles noch im Fluß. Es wäre eine Stellung für Leute mit wissenschaftlicher Vorbildung, die ...

Victor Du weißt, daß ich kein Examen gemacht habe.

Walter Aber du hast Chemie studiert – und Mathematik und Physik, soviel ich weiß ... Schlimmstenfalls müßtest du ein paar Abendkurse belegen. Ich glaube, du hast genügend Vorbildung. Was hältst du davon?

Esther *als wollte sie ihn zwingen, es anzunehmen* Wenn er wieder wissenschaftlich arbeiten könnte, das wäre großartig. Er hat ja nie etwas anderes gewollt.

Walter Ich weiß – es ist jammerschade, daß er damit aufgehört hat. *Zu Victor* Es wäre furchtbar einfach – ich bin nämlich Vorsitzender des Verwaltungsrats, ich könnte das mit Leichtigkeit arrangieren ...

Salomon kommt herein. Sie drehen sich überrascht nach ihm um. Er will etwas sagen, unterdrückt es aber.

Salomon Verzeihen Sie bitte ... reden Sie ruhig weiter. *Er geht nervös zu seiner Aktentasche, langt hinein, obwohl dies nicht seine Absicht gewesen ist.* Entschuldigen Sie die Störung. *Er nimmt eine Apfelsine heraus, geht zum Schlafzimmer, bleibt auf halbem Wege stehen und sagt zu Walter* Was die Harfe anbelangt – Wenn Sie mir überlassen das Ganze in Bausch und Bogen, bin ich bereit zu geben fünfzig Dollar *mehr.*

Walter Sie scheinen es sich überlegt zu haben.

Salomon Ich bin fair. Wozu sich streiten und verrückt machen mit Taxieren und Steuerabzügen? *Bevor Walter antworten kann* Aber lassen Sie sich Zeit, ich kann warten, ich stehe zur Verfügung. *Er geht schnell und besorgt ins Schlafzimmer.*

Esther *fängt zu lachen an – zu Victor* Wo hast du den nur aufgegabelt?

Walter Ist er nicht großartig? Er hat alles »gemacht ethisch«.

Esther bricht in Lachen aus, Walter stimmt ein, Victor ebenfalls. Dann wendet sich Walter an ihn.

Also was ist, Victor, hast du dich entschlossen?

Das Lachen verstummt. Victor starrt vor sich hin, als überlegte er. Die Pause wird länger. Fast scheint es, als ob er überhaupt nicht mehr reden würde. Man weiß nicht, was sein Schweigen bedeutet oder wie man es beenden kann. Endlich dreht er sich mit einer schnellen Kopfbewegung zu Walter, als hätte er sich dazu entschlossen, es doch zu sagen

Victor Ich weiß im Grunde nicht, was du willst, Walter.

Walter ist betroffen, beinahe fassungslos. Victor läßt den Blick nicht von ihm. Walter lacht unhörbar auf, als könnte er das Ganze nicht glauben, und sieht zu Boden.

Esther *in einem vermittelnden Ton, der ihren Schreck und Protest abmildert* Ich finde das nicht fair von dir, Victor.

Victor Wir sprechen hier über eine sehr einschneidende Veränderung in meinem Leben ... *Zu Walter* Gewiß bin ich dir sehr dankbar, Walter, aber du mußt zugeben, einiges ist vorgefallen, und – *halb lachend* nun plötzlich über etwas zu sprechen, das –

Walter *versucht sein Ressentiment zu verbergen* Ich hatte gehofft, wir könnten eins nach dem andern erledigen. Unsere Beziehung ist reichlich kompliziert, und ich dachte, wir könnten erst einmal –

Victor Es ist alles ein bißchen verwirrend –

Walter *zornig* Was ist verwirrend?

Victor *überlegt es sich einen Augenblick, kann aber nicht mehr zurück* Stell dich doch nicht so dumm, Walter.

Walter Jetzt hab ich's aber satt, Victor – du kannst nicht erwarten, daß alles in einer einzigen Unterhaltung beigelegt wird. Ich hatte mir vorgestellt, daß mit etwas gutem Willen wir ... wir ... *Er sieht Victors unerbittliche Haltung.* Ach, zum Teufel, was soll ... *Er geht abrupt zu seinem Mantel und stößt ärgerlich einen Arm in den Ärmel.* Laß dir von dem alten Mann geben, was er dir geben kann. Ich will davon nichts haben. *Er geht und streckt Esther die Hand mit einem forcierten Lächeln hin.* Tut mir leid, Esther. Jedenfalls hat es mich gefreut, dich wiederzusehen.

Sie gibt ihm die Hand, es ist ihr alles widerwärtig.

Vielleicht sehen wir uns noch mal, Victor. Viel Glück ... Ich werde morgen die Fechthandschuhe abholen lassen. *Er geht auf die Tür zu, Tränen in den Augen.*

Esther *bevor sie Zeit hat, zu überlegen* Walter?

Walter bleibt stehen und dreht sich fragend um. Sie sieht hilflos Victor an.

Walter Ich lehne dieses Ressentiment ab, Victor. Es verblüfft mich. Ich begreife es nicht. Ich bitte dich, das zur Kenntnis zu nehmen.

Esther *besänftigend* Es ist kein Ressentiment, Walter.

Victor Das Ganze ist mir zu phantastisch. Was soll ich in einem Laboratorium, wo ich seit fünfundzwanzig Jahren kein wissenschaftliches Buch mehr in der Hand gehabt hab.

Esther Walter ist der Ansicht, daß du genug Vorbildung hast.

Victor *beinahe lachend, während er seinen Ärger über sie runterzuschlucken versucht* Jeder Primaner versteht mehr von Chemie als ich, von Physik ganz zu schweigen. Mein Gott, Walter ... *lacht* spiel doch nicht den Ahnungslosen.

Walter Ich bin überzeugt, daß dir die Arbeit liegen wird.

Victor Was für eine Arbeit? Papiere von einem Büro zum andern tragen?

Walter Unsinn.

Victor Daß ich dein Bruder bin, wird mir auf die Dauer nichts nützen. Achtundzwanzig Jahre lang habe ich die Straßen bewacht, ich habe nichts anderes gelernt, bin zu nichts anderm geeignet, wovon sprichst du eigentlich?

Walter Warum fragst du mich das dauernd? Habe ich es dir nicht deutlich genug gesagt?

Victor Nein.

Walter Wofür hältst du mich eigentlich?

Victor Du hast vorhin gesagt –

Walter Was habe ich gesagt?

Victor *mit kaltem, entschlossenem Lächeln* Wie schade, daß ich nicht zu Ende studiert habe.

Walter *überrascht* Was ist daran so furchtbar?

Victor *lachend* Aber Walter, tu nicht so.

Walter Das war immer meine Meinung.

Victor *noch immer lächelnd, während er auf den Stuhl in der Mitte zeigt* Auf diesem Stuhl hat ein Mann gesessen und vor sich hingestarrt, erinnerst du dich nicht mehr?

Walter O doch, gewiß – ich habe ihm jeden Monat Geld geschickt.

Victor Ja, fünf Dollar.

Walter Ich konnte sie entbehren. Was hat das mit dir zu tun?

Victor Was das mit mir zu tun hat?

Walter Ja, ich sehe das nicht recht ein.

Victor Und wovon hat er wirklich gelebt? Was glaubst du wohl?

Walter Das war *dein* Entschluß, nicht meiner.

Victor *Mein* Entschluß.

Walter In diesem Zimmer hatten wir einmal eine lange Unterhaltung.

Victor *kann sich nicht erinnern* Was für eine Unterhaltung?

Walter *überrascht* Kurz nachdem du hier mit Papa eingezogen warst. Damals sagte ich dir, daß ich unter allen Umständen mein Studium zu Ende führen würde und daß du dasselbe tun solltest. Ich habe dich sogar gewarnt: Laß dir nicht dein Leben von ihm zerstören. *Zu Esther* Und wenn ich mich nicht täusche, habe ich dir dasselbe bei eurer Hochzeit gesagt.

Victor *mit ironischem Lachen* Und wer in Gottes Namen hätte für ihn sorgen sollen?

Walter *mit mehr Angst als Zorn* Niemand. Er war nicht krank. Er konnte für sich selbst sorgen.

Victor 1936? Wo er nichts mehr besaß, nichts gelernt hatte?

Walter *ausbrechend* Dann hätte er stempeln gehen sollen. Was war er – ein König im Exil? Was haben hundertfünfzig Millionen 1936 getan? Er hätte überlebt. Victor, mein Gott – das müßtest du nachgerade wissen. *Kurze Pause.*

Victor *plötzlich aufs höchste aufgebracht. Zu Esther* Ich habe jetzt genug davon, es ist immer dasselbe. Komm, Esther, wir gehen. *Er geht schnell auf das Schlafzimmer zu.*

Walter *schnell* Victor. Bitte. *Er nimmt seinen Arm. Victor ent-*

zieht sich ihm. Er hat dich ausgenutzt. *Victor bleibt stehen, dreht sich um, voller Zorn.*

Victor Laß dir eins gesagt sein – ich habe mich von niemandem ausnutzen lassen.

Walter Aber das wollte ich dir ja gerade sagen – ich will dich doch nicht bemitleiden.

Victor Du würdest nicht gewagt haben, mir etwas Derartiges zu sagen, wenn ich einen Haufen Geld hätte . . . *Pause.* Entschuldige, Walter, aber ich kann das nicht zulassen . . . Es blieb mir gar keine Wahl. Der Eisschrank war leer, und der Mann saß da mit offenem Mund. *Kurze Pause.* Ich war es nicht, der davon angefangen hat, aber wenn du sagst, daß ich meine Wahl getroffen habe, mein Studium nicht hätte abbrechen sollen, dann muß ich dir antworten: Die Dinge sind nicht so, wie du sie siehst, nur weil du sie so sehen *willst. Kurze Pause.*

Walter Also gut . . . wie siehst *du* sie?

Victor Walter, du warst krank, du darfst dich nicht so aufregen.

Walter Aber es ist mir wichtig.

Victor *versucht zu lächeln, freundlicher als zuvor* Warum? Es ist doch alles längst verjährt. *Er geht wieder auf das Schlafzimmer zu.*

Esther Er meint es gut, Victor.

Er dreht sich ärgerlich zu ihr um, aber sie hält seinem Blick stand.

Warum nimmst du sein Angebot nicht an?

Victor Ich habe gesagt, ich werde es mir noch überlegen.

Esther *beherrscht sich* Du weißt selbst, daß du es ablehnen wirst. *Mit einer gewissen Angst, dennoch hartnäckig* Warum fürchtest du dich davor, die Wahrheit zu sagen. Schlimmer kann es jetzt nicht mehr werden.

Victor Wahrheit? Was meinst du damit . . .

Salomon kommt aus dem Schlafzimmer.

Esther Was ist denn nun schon wieder, Herrgott noch einmal.

Salomon Ich wollte Ihnen nur sagen – Bitte glauben Sie nicht, daß ich's nicht abschätzen will, ich tue es, ich tue es gerne –

Esther *zeigt auf das Schlafzimmer* Wollen Sie uns bitte allein lassen.

Salomon *plötzlich eine heimliche emotionale Beziehung zu Victor offenbarend, auf ihn zeigend* Was wollen Sie von ihm? Er ist Polizist, ich bin Geschäftsmann, er ist Doktor, was haben Sie davon, ihn zu zerreißen in der Luft?

Esther Ich glaube, einer von uns muß dieses Zimmer verlassen, Victor.

Salomon Bitte, Esther, lassen Sie mich ... *Geht schnell zu Walter.* Herr Doktor, nehmen Sie meinen Rat an – Wenn Sie abziehen das Geld von der Steuer, wo steht geschrieben, daß Sie nicht haben werden trouble in zwei, drei Jahren? Ihnen muß ich doch nichts erzählen. Auf die Behörden ist kein Verlaß. Was erlaubt ist heute, ist verboten morgen. Ich verstehe, Sie wollen sein nett zu ihm – *Zu Esther* aber wer weiß, in zwei, drei Jahren werden die Behörden nicht mehr nett sein zu ihm. *Zu Victor und Walter* Mit andern Worten, was ich sagen will, unter Brüdern, ist, kurz und gut ...

Esther Sie wollen die Möbel haben.

Salomon Wenn ich nicht haben will die Möbel, würde ich sie nicht wollen kaufen. Aber was erreichen Sie mit all der Unruhe? Wenn Sie sich hier schon nicht können einigen, dann lassen Sie's lieber ganz. Das letzte Wort wird haben die Bundesregierung. *Alarmiert* Hören Sie auf mich. – Tun Sie, was ich Ihnen sage. Ich bin nicht gefallen auf den Kopf. *Er geht ins Schlafzimmer, erschüttert.*

Walter *nach einer Pause* Es ist etwas dran, Victor. Verkauf ihm das Ganze. Vielleicht können wir uns danach noch einmal zusammensetzen und miteinander reden. *Wirft einen Blick auf die Möbel.* Es ist ohnehin hier nicht sehr gemütlich. Kann ich dich anrufen?

Victor Natürlich.

Esther Ihr beide seid wirklich phantastisch. *Sie versucht zu lachen.* Wir verschleudern diese Möbel, nur weil keiner von euch fähig ist, die simpelsten Dinge zu sagen.

Walter *etwas beschämt* Sie sind nicht so simpel.

Esther Verdammt noch einmal – jetzt sage ich es aber – Als er zu dir kam, Walter, wegen der fünfhundert Dollar, die er für sein Studium brauchte –

Victor Esther, es hat keinen Sinn –

Esther Aber das ist es doch, was zwischen euch steht. Vielleicht kann Walter es aufklären. Ich meine – Gott im Himmel, es muß doch mal ein Ende haben. *Zu Walter* Er wird es nie zugeben, Walter, aber er war furchtbar enttäuscht – *Sie riskiert es* Er hatte nicht einen Moment daran gezweifelt, daß du ihm das Geld borgen würdest. Und als du es ihm dann abgeschlagen hast –

Victor *zerquält* Esther, er hatte doch gerade erst begonnen ...

Esther *geht ihren eigenen Weg* So hast du es mir nicht dargestellt, Victor. Bitte laß mich ausreden. *Zu Walter* Du hattest bereits dein Haus in Rye, du hattest dich etabliert, stimmt das oder nicht?

Victor Na und? Er hatte das Gefühl, er konnte nicht ...

Walter *nicht ohne Furcht, obwohl ruhig* Nein, nein ... ich ... konnte das Geld entbehren. *Er setzt sich im Mantel hin.* Bitte, Victor, setz dich hin – ich will es dir kurz auseinandersetzen.

Victor Ich finde es sinnlos, jetzt –

Walter Nein, nein ... Wir müssen darüber sprechen. Wir haben es nie getan. Ich finde, wir müssen. *Kurze Pause. Zu Esther* Es war schäbig von mir, aber dazu muß ich folgendes sagen: *Kurze Pause* Zwei oder drei Tage – *zu Victor* nachdem du bei mir warst, rief ich an, weil ich dir nachträglich das Geld geben wollte. Wußtest du das?

Victor *kurze Pause* Wo hast du angerufen?

Walter Hier. Ich habe mit Papa gesprochen. *Kurze Pause. Victor setzt sich.* Ich sah ein, daß ich mich schlecht benommen hatte, und wollte ...

Victor Du hast dich nicht schlecht benommen.

Walter Es war schlimm, was ich gemacht hatte. *Er nimmt sich wieder zusammen.* Wir werden ein andermal darüber reden, ich war auf dies alles nicht vorbereitet. *Victors Gesicht drückt nichts aus.* Wie dem auch sei ... Als ich hier anrief, sagte er mir, du hättest dich zur Polizei gemeldet. Ich sagte ihm, er – dürfte das nicht zulassen, du wärst viel zu gescheit dafür, und mit ein bißchen Glück würdest du bestimmt eine wissenschaftliche Karriere machen. Es wäre einfach Kraftvergeudung – usw. usw. Und was hat er mir geantwortet? »Victor will mir helfen, ich kann ihn nicht daran hindern.« *Pause.*

Victor Hast du ihm gesagt, du wolltest mir das Geld geben?

Walter Erinnerst du dich an ... die Hilflosigkeit in seiner Stimme? Damals? Mutter war gerade gestorben, und er hatte jeden Halt verloren?

Victor Jetzt will ich's aber genau wissen, Walter. Hast du ihm gesagt, ja oder nein, daß du –

Walter *zornig, aber auch gegen sich selbst* Man hat einmal ein Gespräch geführt, und wenn man sich erinnern will, weiß man nicht mehr, warum man dies oder jenes gesagt hat. Ich will nichts beschönigen, aber ich möchte, daß man mich versteht, wenn möglich. Ihr alle habt euch gegenseitig mehr gebraucht als ich euch. Ich hatte mir sogar schon Gefühllosigkeit vorgeworfen. Als er mir dann sagte, du wolltest ihm helfen, hielt ich es für falsch, mich zwischen euch zu stellen.

Victor Er hat nie erwähnt, daß du mir das Geld geben wolltest.

Walter Er hat es mir unmöglich gemacht. Verstehst du das?

Victor Ich verstehe.

Walter *eifrig* Wirklich?

Victor Ja.

Walter *das Ungesagte spürend* Bitte sage, was du denkst.

Victor *kurze Pause* Ich denke, daß dir das alles ... sehr gelegen kam.

Walter *erschrocken* Ist das alles?

Victor Wenn du glaubtest, daß Papa mir soviel bedeutete – und bis zu einem gewissen Grad trifft das zu –, warum hätten fünfhundert Dollar uns auseinandergebracht? Ich hätte ihn weiter unterstützt und gleichzeitig mein Studium beenden können. Es leuchtet mir nicht ein.

Walter Was leuchtet dir nicht ein?

Victor Du hast mir das Geld nicht gegeben, weil du es mir nicht geben *wolltest.*

Walter *verletzt – kurze Pause* So einfach war es nicht.

Victor Wenn man jemandem helfen will, dann tut man es – wenn nicht – dann nicht. *Er bemerkt Walters steigenden Unwillen und Esthers Ungeduld.* Warum überrascht dich das so? Wir tun, was wir wollen, ja oder nein? *Walter antwortet nicht. Victors Angst wird größer.* Warum hast du das überhaupt zur Sprache gebracht?

Walter Hast du nicht das Bedürfnis, Dinge ausheilen zu lassen?

Victor Ja, aber nur, wenn noch irgend etwas geheilt werden kann.

Esther Er hat sich ganz klar ausgedrückt, Victor, er will deine Freundschaft.

Victor Indem er mir eine Stellung anbietet und zwölftausend Dollar?

Walter Was könnte ich dir sonst anbieten?

Victor Mußt du mir überhaupt etwas anbieten? Das klingt ja beinahe, als müßte ich gerettet werden.

Walter Ich hatte ganz einfach das Gefühl, daß es eine Arbeit ist, die dir liegt.

Victor Walter, ich habe nicht genug gelernt. Du kannst hier nicht hereinplatzen und achtundzwanzig Jahre ignorieren. Man muß einen Preis für alles bezahlen. Ich habe ihn bezahlt, du auch. Du hast keine Frau mehr, keine Familie, du bist in keinem guten Zustand ... Kannst du das ignorieren? Ich rechne mit dem, was *ist*, jetzt, hier. Und wenn wir schon davon reden, dann muß ich dir sagen, daß man so etwas nicht einem Mann in Gegenwart seiner Frau sagt.

Walter *erschüttert* Was habe ich denn gesagt?

Victor *versucht zu lachen* Wir brauchen nicht gerettet zu werden. Ich habe etwas getan, was getan werden mußte, und ich glaube, ich habe es gut getan. Du sagst, du hättest dich geändert? Ich seh nicht, was sich geändert haben soll.

Esther *steht auf* Ich gehe, Victor.

Victor Bitte, Esther, er hat gewisse Dinge gesagt, die ich nicht unwidersprochen lassen kann.

Esther *aufgebracht* Aber das ist doch unwichtig.

Victor *sich mühsam beherrschend* Du scheinst nichts mehr wichtig zu nehmen. *Er zittert, während er sich an Walter wendet* Was willst du? Mir sagen, daß das Ganze überflüssig war? Bitte korrigiere mich – wolltest du das sagen?

Walter *zu Esther* Es ist unmöglich ...

Victor *jetzt noch intensiver, weil Walter sich mit Esther zu verbünden scheint* Was ist unmöglich? Was *willst* du von mir?

Walter *in der eintretenden Pause liegt das Eingeständnis, daß er sich tatsächlich noch nicht darüber schlüssig geworden ist. Angst ist in seiner Stimme* Ich wollte helfen. Ich hatte einiges erlebt, was sehr schmerzhaft war, aber die Erfahrung allein genügt nicht. Ich wollte etwas tun.

Victor Was?

Walter *wohl wissend, daß es falsch sein könnte, aber seine Ehre steht auf dem Spiel* Helfen. – Warum immer dieselben Fehler machen? Ich wollte nicht wieder eine Gelegenheit verpassen – nicht noch einmal. *Victor ist nicht überzeugt.* Und ich muß dir sagen – wenn du's mir weiter unmöglich machst, dann ist es dein eigener Schade.

Victor Wie schon einmal. *Walter schweigt.* Das wolltest du doch wohl damit sagen, nicht wahr?

Walter *zögert, dann den Kampf aufnehmend, erschreckt und zugleich verzweifelt* Also gut, ja, das wollte ich damit sagen.

Victor Das habe ich mir gedacht. Mein Beruf hat nämlich *ein* Gutes. Man lernt den Leuten zuhören. Es kann nämlich passieren, daß man ein Messer in den Rücken bekommt, wenn man das nicht kann. Mit andern Worten: ich habe das Ganze nur geträumt?

Walter *alle Vorsicht beiseite lassend, sein Charakter steht zur Debatte* Es waren nicht meine fünfhundert Dollar, die dir zum Doktor fehlten. Du hättest Papa verlassen und ruhig weiterstudieren können – es ging ihm nicht schlecht.

Victor Und die zwölf Millionen Arbeitslosen? Was war das? Eine Neurose von mir? Die Salatblätter, die ich abends aus den Mülleimern des griechischen Restaurants an der Ecke herausklaubte – habe ich mir die nur eingeredet? Und die verfaulten Apfelsinen, aus denen wir uns die guten Stücke herausschnitten?

Walter Ich leugne ja nicht ...

Victor *beugt sich vor, in Walters Gesicht* Wir haben hier Dreck gefressen, mein Herr.

Esther Ich sehe nicht ein, warum du das hier ...

Victor *zu Esther* Glaubst du auch, ich habe das alles nur geträumt? *Zu Walter* Es ging ihm nicht schlecht, sagst du? Und was ging in seinem Kopf vor? Der Mann wagte ja nicht mehr, auf die Straße zu gehen.

Esther Er ist tot, Victor.

Victor *mit einem Aufschrei – er spürt, wie schwach seine Position geworden ist* Erzähle mir nicht, daß er tot ist. *Er ist gescheitert, furchtbar allein mit ihr* Damals war er nicht tot, hier. Und ein System brach zusammen, habe ich das etwa auch erfunden?

Esther Nein, gewiß nicht. Aber inzwischen hat sich so viel geändert.

Victor Geändert? Diese Stadt wird von einer Scheißarmee in Schach gehalten, und wenn es zum Krach kommt, dann könnt ihr von Glück sagen, wenn ihr noch ein Dach über dem Kopf habt. Wie kannst du so etwas zu mir sagen? Ich hätte ihn allein lassen sollen, mit deinen fünf Dollar im Monat. Entschuldige, aber Gehirnwäsche wirkt bei mir nicht ... *Er geht langsam nach hinten.* Wenn man etwas wiedergutmachen will, dann kommt man nicht daher und macht andere lächerlich ... Ich hab mein Leben nicht erfunden. Nicht von A bis Z. Aber du hattest eine Verantwortung und hast dich davor gedrückt. Du kannst gehen. Ich schicke dir die Hälfte zu. *Er geht zur Harfe.*

Walter Ich hätte es dir schon vor vielen Jahren sagen sollen. Damals, als du zu mir kamst, habe ich es versucht. Ich sagte dir, erinnerst du dich noch, ich sagte: »Bitte Papa um Geld.« Habe ich das nicht gesagt? Er hatte noch etwas Geld nach dem Börsenkrach.

Victor Was redest du da?
Esther Wann?
Walter Als sie hier Dreck gefressen haben. *Kurze Pause.*
Victor Woher weißt du das?
Walter Er bat mich, es für ihn anzulegen.
Victor Anzulegen?
Walter Ja. Deshalb hab ich ihm nie mehr als fünf Dollar geschickt. Und wenn ich meinem Gewissen gefolgt wär, dann hätte ich ihm nicht einmal die geschickt.
Victor *als könnte er es noch nicht glauben* Er hatte es wirklich ... auf der Bank?
Walter Er hat davon gelebt, bis zu seinem Tode. Was wir ihm gaben, war nicht genug, wie du weißt.
Victor Aber er hat doch auch verdient.
Walter Nicht viel. Er hat hauptsächlich von seinem Geld gelebt, glaube es mir. Ich habe ihm damals gesagt – falls er dich weiterstudieren läßt, würde ich dazu beitragen. Aber er hat dich von einem Job zum andern gehetzt und sich von dir ernähren lassen. Ich wäre ja verrückt gewesen, mich zu opfern, solange er sich an dich klammerte. Kannst du das nicht verstehen?
Victor dreht sich zu dem Stuhl in der Mitte, sein Gesicht drückt Zorn und Fassungslosigkeit aus.
Es hat keinen Zweck, ihm nachträglich böse zu sein. Du weißt, er hatte eine Todesangst davor, daß er nichts mehr verdienen könnte. Es war ihm nicht auszureden.
Victor *protestierend, es ist immer noch kaum zu glauben* Aber er hat doch gesehen, daß ich ihn unterstützte.
Walter Aber auf wie lange?
Victor *zornig* Was heißt das? Ich habe ihm doch gesagt, daß ich ...
Walter Er war fest davon überzeugt, daß du einmal abspringen würdest, früher oder später.
Esther Du meinst, er hat darauf gewartet, daß Victor ihn verläßt?
Walter *aus Angst, daß es Victor zu sehr aufbringen würde, ausweichend* ... Wenn du so willst, ja.
Esther Ich wußte es. Gott, wann werde ich je glauben können, was ich sehe.
Walter Er hat sich davor gefürchtet, und ich ... *zu Victor* muß dir gestehen – ich habe es auch kaum für möglich gehalten –
Victor Was?
Walter Daß du so lange bei ihm bleiben würdest. Inzwischen hast du wohl eingesehen, daß es – ein wenig übertrie-

ben war und wieviel du dabei draufgezahlt hast. *Victor schweigt.*

Esther Er hat es eingesehen.

Walter Ich weiß, wir könnten zusammenarbeiten, und ich möchte es furchtbar gern versuchen. Was meinst du?

Victor Warum hast du mir nichts von dem Geld gesagt?

Walter Das habe ich getan, als du zu mir kamst, um dir von mir die fünfhundert Dollar zu borgen.

Victor »Bitte Papa darum«?

Walter Ja.

Victor Glaubst du, ich wäre zu dir gekommen, wenn ich eine Ahnung gehabt hätte, daß er viertausend Dollar unter seinem Hintern versteckt hatte? Es war sinnlos, mir das zu sagen.

Walter Einen Augenblick. *Er will auf die Harfe zeigen.*

Victor Entschuldige, Walter, aber ich finde das irgendwie beleidigend. Ich bin nicht mehr fünf Jahre alt. Was soll ich damit anfangen? Du wußtest, daß er über das Geld verfügte, du bist oft hier heraufgekommen, du hast hier gesessen, und ihr beide, du und er, habt mich hier in dieser Uniform herumlaufen sehen. Und jetzt soll ich dir abnehmen ...

Walter *scharf* Du hast bestimmt gewußt, daß er *etwas* hatte.

Victor Was *willst* du von mir? Was willst du wirklich von mir?

Walter *Ich* hätte hier nicht gesessen und Dreck gefressen, solange mich das noch anstarrte. *Er zeigt auf die Harfe.* Diese Harfe war damals schon ein paar hundert Dollar wert, vielleicht mehr. Damit hättest du deinen Doktor machen können. Damit allein schon. *Victor schweigt, er zittert.* Aber wenn du von deiner Wahnidee nicht lassen willst, bitte schön. Ich selbst habe unter etlichem zu leiden gehabt, weiß Gott. *Er will zu seinem Mantel gehen.*

Victor Wahnidee.

Walter Es *ist* eine Wahnidee – sich einzureden, dein Vater hätte keinen Pfennig gehabt und dein Bruder wäre ein Schweinehund und du selbst ein Unschuldslamm. Ich habe dir gesagt, sprich mit ihm, weil du mit eigenen Augen sehen konntest, daß er noch etwas Geld haben *mußte.* Du hast es damals gewußt, und heute weißt du es ganz bestimmt.

Victor Du meinst, weil er noch ein paar Dollars übrig hatte ...

Esther Was heißt das, ein paar Dollars?

Victor Ich wußte nicht, daß er ...

Esther Aber du wußtest doch, daß er *etwas* hatte.

Victor *wie in einem Traum, in dem nichts erklärt werden kann* Das habe ich nicht gesagt.

Esther Also was meinst du wirklich? Ich möchte wissen, was du meinst. Hast du nicht gewußt, daß er noch Geld hatte?

Victor Nicht viertausend Dollar ...

Esther Aber genug, um durchzukommen?

Victor *schreiend* Ich konnte ihn doch nicht festnageln. Er sagte, er hätte nichts mehr.

Esther Aber du wußtest doch, daß es nicht stimmte.

Victor *Was weiß ich, was ich wußte. Er hat es herausgeschrien und ist von seiner eigenen Heftigkeit und von dem, was er gesagt hat, überrascht. In die Enge getrieben, beginnt er das, was wirklich in ihm vorgegangen war, zu ahnen. Er setzt sich und starrt vor sich hin.*

Esther Ein Affentheater – das Ganze ist nichts als ein Affentheater gewesen.

Victor Sag das nicht. Bitte sag das nicht.

Esther Ein Affentheater. In einem möblierten Zimmer zu hausen, damit du *ihm* dein halbes Gehalt schicken konntest – und dies sogar noch, nachdem wir verheiratet waren. Nicht noch mehr Kinder zu haben und wie in einem Mauseloch zu leben – und die ganze Zeit hast du gewußt, daß er ... Victor, ich versuche krampfhaft, dich zu verstehen.

Victor *schreiend* Hör auf. *Schweigen. Dann* ... Du reißt alles aus dem Zusammenhang. Der Mann kam sich vor wie ein geprügelter Hund, schämte sich, auf die Straße zu gehen, da kannst du ihm doch nicht seinen letzten Dollar ...

Esther Das sagst du noch immer? – Der Mann hatte viertausend Dollar. *Er schweigt.* Nicht als Theater. Geprügelter Hund? Ein *Schwindler,* nichts weiter – und du hast es im Grunde gewußt.

Er kann nicht antworten, das Ganze ist für ihn noch immer unvorstellbar.

Kein Wunder, daß du nicht mehr weiter weißt – weil du selbst nicht ein Wort von dem, was du mir all die Jahre erzählt hast, glaubtest. Wir haben uns unser Leben versauen lassen, nur um einen miesen, alten Betrüger zu schonen. Kein Wunder, daß es mir immer wie ein Traum vorkam – es war ein böser, scheußlicher Angsttraum, und ich wußte es und tat nichts dagegen.

Nun, ich kann nicht mehr, mein Lieber, ich kann es nicht mehr mit ansehen, nicht einen Tag länger, *ich* will nicht untergehen. *Sie geht auf ihre Handtasche zu.*

Victor Esther ... *Er will zu ihr gehen.* Es ist nicht ganz so.

Esther Gehen wir etwa *nicht* unter?

Victor *seine Stimme klingt, als käme sie aus dem Ruhezentrum eines Sturms* Ich werde dir sagen, was war. Willst du's hören? *Er bewegt sich von ihr fort, sammelt sich, wirft einen Blick auf den Stuhl in der Mitte, dann zu Walter* Ich sagte ihm, was du mir gesagt hattest. Ich habe ihn nicht »gestellt«, ich habe ihm einfach gesagt – Walter meint, ich soll dich um Geld bitten ... *Er hält an, starrt den Stuhl an, von Erinnerungen bewegt – der letzte Satz sogar unmittelbar an den Stuhl gerichtet.*

Walter Und was geschah dann? *Pause.*

Victor *ruhig* Er lachte. Als hätte ich einen dummen Witz gemacht – weil wir hier nämlich Dreck gefressen haben. *Er bricht ab.* Ich wußte nicht, was ich davon halten sollte, und ging hinaus. Ich ging ... *Er setzt sich, starrt vor sich hin.* Ich ging in den Bryant Park, gleich hinter der Stadtbibliothek. *Kurze Pause.*

Auf dem Gras lagen Männer umher, wie auf einem Schlachtfeld. Ein Obdachlosenasyl im Freien. Und keine Vagabunden. Viele hatten noch geputzte Schuhe an den Füßen und trugen gute Hüte – ruinierte Geschäftsleute, Rechtsanwälte, Mechaniker ... Hundertmal hatte ich das schon gesehen, aber plötzlich – verstehst du – *sah* ich es. *Kurze Pause.* Da gab es keine Gnade mehr ... nirgends. *Wirft einen Blick auf den Stuhl an der Stirnseite des Tisches.* Du bist einmal ein »Familienoberhaupt« gewesen, du hast bei Tische präsidiert, und plötzlich bist du ein Stück Scheiße. Über Nacht. Und ich versuchte, mir dieses Lachen zu erklären, das mich bis heute verfolgte ... Wie konnte er mich ausnutzen, wenn er mich liebte?

Esther Liebte?

Victor *seine Stimme ist voller Anteilnahme* Ja, Esther. Er wollte nur nicht auf dem Gras enden. Es ist ja nicht so, daß man jemanden nicht liebt. Aber man muß überleben. Wir wissen ja, wie einem dabei zumute ist, nicht wahr?

Sie kann nicht antworten, da sie den Vorwurf spürt.

Wir tun, was wir tun müssen. *Mit einer ausladenden Handbewegung, die sie, Walter und ihn selbst einbe-*

zieht Wir sprechen doch hier über nichts anderes. Wenn er überhaupt noch etwas besaß ...

Esther »Wenn« er ...

Victor Was ändert das? Ich weiß, daß ich euch wie ein Idiot vorkommen muß, aber was ändert das wirklich? Er konnte an nichts mehr glauben, und ich konnte es nicht ertragen. *Von Walter* Er hat sich nicht um ihn gekümmert, meine Mutter ... *Er sieht Walter an, während er spricht, beinahe pausenlos.* An dem Abend, an dem er uns sagte, er wäre bankrott, hat meine Mutter ... *Sieht Walter jetzt ins Gesicht.* Es war hier auf dieser Couch. Sie hatte ein Abendkleid an – irgendeine große Party, glaube ich. Sie hatte das Haar aufgesteckt, dazu lange Ohrringe. Er im Smoking ... Und dann sagte er, wir sollten uns alle hinsetzen, und teilte uns mit, daß er alles verloren hatte. Und da hat sie sich übergeben. *Kurze Pause.* Sie hat seine Arme vollgekotzt. Seine Hände. Und es hörte nicht auf, als wollte sie fünfunddreißig Jahre ihres Lebens auskotzen. Und er saß da und stank wie die Pest. Und sein Gesicht hatte einen gewissen Ausdruck, ich hab noch nie einen solchen Ausdruck in dem Gesicht eines Mannes gesehen. Er saß da und ließ es auf seinen Händen trocknen. *Pause. Er dreht sich zu Esther.* Kommt es darauf an, was man weiß? *Klagend* Tust du alles, was du weißt?

Sie weicht seinem Blick aus.

Ich will es nicht entschuldigen, es war dumm, das braucht man mir nicht zu sagen, aber man hat uns in dem Glauben erzogen, daß man sich auf den andern verlassen kann, und man hat so lange an den Quatsch geglaubt, daß man's immer wieder versucht – ob man will oder nicht.

Esther Ich weiß. *Sie weint.*

Victor Ich dachte, wenn ich jetzt zu ihm halte, wenn er sieht, daß jemand noch immer ... *Er bricht ab, setzt sich.* Ich kann's nicht erklären, ich wollte nicht, daß alles ... kaputtgeht. Ich ... *Er bricht wieder ab; Pause.*

Walter *ruhig* Ich nehme dir das nicht ab, Victor. *Victor sieht ihn an, ebenso Esther.* Du mußt das doch selbst einsehen. Es stimmt nicht hinten und nicht vorn.

Victor *ruhig* Warum?

Walter Was ging denn kaputt? Sind wir wirklich in dem Glauben erzogen worden, daß man sich auf den andern verlassen kann? Wir sind dazu erzogen worden, Erfolg zu haben. Warum hat er mich so respektiert und nicht dich?

Was ging kaputt? Konnte überhaupt noch etwas kaputtgehen? *Victor sieht fort.* Gab es hier je so etwas wie Liebe? Als er sie brauchte, übergab sie sich, und als du ihn brauchtest, hat er gelacht. Das Unerträgliche war ja nicht, daß alles kaputtging, sondern daß überhaupt nie etwas dagewesen war. *Victor dreht sich zu ihm um.*

Esther *als stehe sie selbst vor dem Richterstuhl* Aber wer ... ich meine, wer kann dem ins Gesicht sehen, Walter?

Walter *zu ihr* Du mußt. *Zu Victor* Es gab keine Liebe in diesem Haus, keine Treue. Das Ganze war eine finanzielle Transaktion. Und du hast dir etwas vorgemacht – du hast ausgelöscht, was du sahst.

Victor *in furchtbarer Angst* Ausgelöscht ...

Walter Ich bin in diesen vier Wänden gewesen. Ich habe dreißig Jahre damit vergeudet, mich gegen diese Katastrophe zur Wehr zu setzen ... *Er zeigt auf den Stuhl.* Und ich bin nur deshalb lebend davongekommen, weil ich einsah, daß es gar keine Katastrophe war, nie gewesen ist – Sie haben sich nie geliebt – hundertmal hat sie gesagt, daß die Ehe ihre musikalische Karriere zerstört habe. Ich sah ein, daß hier nichts kaputtging, Victor – und der Gedanke an ihn verfolgt mich nicht mehr, wenn ich an seine vollgekotzten Hände denke. Ich wittere nicht mehr überall Verrat. Mein Leben gehört mir. Ich kann es mir sogar wieder leisten, andern zu trauen. Ich wollte Wissenschaftler werden, nichts weiter, und statt dessen machte ich aus mir einen geldgierigen, risikofreien Geschäftemacher. Und du ... *Zu Esther, mit einem warmherzigen Lächeln* du konntest kein Blut sehen ... *Zu Victor* Und was tust du? Du suchst dir den wildesten Beruf aus, den es überhaupt gibt. Wir erfinden uns selber, Victor, um das auszulöschen, was wir wissen. Du erfindest ein Leben der Pflicht, der Selbstaufopferung, aber was niemals existierte, kann nicht verteidigt werden. Und du hast ja auch nichts verteidigt, du hast nur nicht wahrhaben wollen, was du von ihnen wußtest. Das steht zwischen uns beiden, das und nichts anderes ... Eine Illusion. Nämlich, daß ich sie betrog, du sie vor mir beschützen mußtest. Aber damals habe ich schon gesehen, was du erst jetzt siehst – daß es da nichts zu beschützen gab. Ich bin nicht dein Feind. Es ist alles eine Illusion, und wenn du das einmal einsiehst, könnten wir beide gemeinsam ... *Er ist zur Versöhnung bereit.* Wir sind Brüder. Es ist beinahe so ... *er lächelt warm, aber noch immer ungewiß* als wären wir zwei Hälften ein und derselben Person. Als könnte der eine nichts tun – ohne den andern. Spürst du das nicht auch?

Victor Ich will dir ja glauben, Walter, wirklich, ich gebe mir alle Mühe. Ich will dir sogar etwas sagen ... Es gibt Tage, da weiß ich nicht einmal mehr, was ich gegen dich habe. Es liegt mir wie ein Stein auf der Brust. Ich sehe mich in einem Schaufenster und stelle fest, daß ich kaum noch Haare habe, ich gehe durch die Straßen und weiß nicht, was es ist. Und man kann verrückt werden, wenn man nach Gründen sucht und sie nicht findet – und nicht einmal mehr hassen kann.

Walter Weil es sie nicht gibt, Victor, und das spürst du irgendwie.

Victor Dann gib mir etwas, woran ich mich halten kann.

Walter Was kann ich dir geben?

Victor Ich will dich jetzt nicht anklagen, ich stelle dir nur eine Frage. Ich kann verstehen, warum du fortgelaufen bist. Ich habe mir tausendmal gewünscht, ich könnte es auch tun. Aber all die Jahre zu wissen, was du wußtest, hierherzukommen und *nichts* zu sagen ...

Walter *als könne er weder das Vergangene ableugnen noch es ganz verantworten* Und wenn ich dir jetzt sagte ... Victor ... Ja, ich hatte irgendwie den Wunsch, dich nicht hochkommen zu lassen, was würde dir das jetzt noch bedeuten?

Victor *als könnten sie wieder Vertrauen zueinander haben wie damals* Hast du dir das wirklich gewünscht, Walter? Sag mir die Wahrheit.

Walter Ich wollte die Hände frei haben für meine eigene Arbeit. Das bedeutet doch nicht, daß ich dir dein Leben gestohlen habe. *Steht auf, schreiend* Du hattest dich für etwas entschieden, Viktor. Du mußt dich damit abfinden.

Victor Und womit mußt du dich abfinden? Du kannst nicht aus mir einen lebenslänglichen Irrtum machen ... Wie kann ich *ihr* noch ins Gesicht sehen, wenn wir von hier weggegangen sind? Wirst *du* dich *damit* abfinden können?

Walter Ich habe dir geben wollen, was ich konnte.

Victor Oh, ich hätte es schon gemerkt, wenn du deshalb gekommen wärst. Ich hätte es bestimmt gemerkt.

Walter *geht zu seinem Mantel* Ich bin nicht das Ungeheuer, das du in mir siehst, Victor. Aber was kann ich tun. Du willst die Wahrheit nicht hören.

Victor Weswegen bist du gekommen? Um dir meinen Segen

zu holen, ja? Das alte Händeschütteln ... Schwamm darüber usw.

Walter bleibt in der Tür stehen.

Und dafür behältst du, was du hast, dein Prestige und deine Karriere, und bekommst außerdem etwas gesagt, was dir sonst niemand anders sagen kann, so daß du es selbst schon beinahe glaubst – nämlich, daß du ein toller Bursche bist und nie im Leben jemandem etwas Böses angetan hast. Nein, mein Lieber, das kriegst du nicht von mir, erst will ich mein Teil haben.

Walter Und was ist mit dir? Du hast mich nie gehaßt, nein? Nie irgendwie den Wunsch gehabt, mich vernichtet zu sehen? Von dir vernichtet, vernichtet von diesem Märtyrertum der Selbstaufopferung, die nichts anderes ist als Angeberei. Was kannst du mir geben, Victor?

Victor Ich kann dir nichts geben. Nichts mehr. Und du mir auch nicht. Es ist nichts mehr da – ich sehe es jetzt ein. Ich wollte nur nicht, daß er auf dem Gras endet. Und das ist auch nicht geschehen. Mehr ist dazu nicht zu sagen. Ich kann nicht mit dir zusammenarbeiten, Walter. Es geht nicht. Ich traue dir nicht.

Walter Rache. Bis zum bitteren Ende. Er opfert sein Leben der Rache.

Esther Nichts ist geopfert worden.

Walter Um mir mit deinem Versagen zu beweisen, was für ein Schuft ich bin. An meinem Türpfosten willst du dich aufhängen.

Esther *ruhig, keinen von beiden ansehend* Laß ihn allein, Walter, bitte. Sage nichts mehr.

Walter Gib auf und leide, das ist das ganze Geheimnis deiner Philosophie. Nichts als Neid.

Salomon kommt herein, sieht bekümmert von einem zum andern.

Und bis zu diesem Augenblick hast du nicht den Mut gehabt, es dir einzugestehen. Du bist ein Versager. Aber dein Versagen macht dich noch nicht zum moralischen Schiedsrichter. Jedenfalls nicht über *mein* Leben. Ich habe geschuftet für mein Geld – ohne mich wären manche schon tot, die heute noch lebend herumlaufen. *Er zeigt auf den Stuhl in der Mitte.* Er war klüger als wir alle – er sah, was du wolltest, und er gab es dir. Er hat diese Frau hier umgebracht, und er hat dich umgebracht, aber nicht mich. Weder damals noch heute. Er wird mich nie umbringen können. *Er fühlt sich vor ihr gedemütigt. Er ist außer sich. Er macht einen un-*

beabsichtigten Schritt zur Tür. Zu Salomon Worauf warten Sie noch, Sie armer Irrer? Rauben Sie sie aus nach Strich und Faden. Das haben sie gern. Das lieben sie. *Zu Victor* Du wirst mich nie, nie wieder beschämen.

Ein Abendkleid liegt neben seinem Mantel auf dem Tisch. Er reißt es plötzlich an sich und wirft es mit einem Aufschrei Victor vor die Füße. Dann eilt er schnell hinaus. – Victor will ihm nach.

Victor Walter!

Salomon *hält ihn fest* Lassen Sie ihn gehen. *Victor sieht Salomon fragend an.* Was können Sie noch machen?

Victor geht zum Tisch, nimmt den Revolver und steckt ihn in die Revolvertasche. Salomon geht zum Tisch und nimmt das Geld, das Victor dort liegen ließ.

Kommen Sie, ich zahle Sie jetzt aus ... So ... Sie hätten also jetzt sieben ... *Er gibt Victor das Geld* Und jetzt gebe ich Ihnen ...

Esther ... was immer Sie sehen. *Salomon dreht sich fragend zu ihr* Sie glauben, was Sie sehen?

Salomon *der darin eine Ablehnung zu sehen glaubt* Was sonst?

Esther Oh, das ist wunderbar. Vielleicht sind Sie deshalb noch so lebendig. *Victor dreht sich zu ihr. Sie sieht zur Tür.* Ich war neunzehn, als ich zum erstenmal diese Treppe heraufkam – es ist kaum zu fassen. Und er hatte einen Bruder, der war einer der fähigsten, wunderbarsten jungen Ärzte, den es auf der Welt gab. Und er würde es auch bald sein, irgendwie, irgendwann. *Sie dreht sich zum Stuhl in der Mitte* Und ein harmloser, liebenswerter Herr saß da, der immer auf die Tagesnachrichten wartete ... Und nächste Woche werden Männer kommen, die wir nie gesehen und von denen wir nie gehört haben, und werden alles in Klump hauen und davontragen. Warum ist Endgültiges immer so unwirklich? Wie oft dachte ich mir – wenn er doch nur einmal mit seinem Bruder sprechen könnte, das hatte er sich am meisten gewünscht. Und nun ist er gekommen, und er ist gegangen, und ich hoffe trotz allem noch – ist das nicht schrecklich? Ich hatte immer die verrückte Vorstellung, nur noch einen kleinen Schritt weiter, und irgendeine Art Versöhnung wäre möglich und würde jeden von uns aufrichten. Wann werden die Menschen endlich – vernünftig werden?

Salomon Ich hatte mal eine Tochter, Gott hab sie selig, sie nahm sich das Leben. Das war vor beinah sechzig Jahren.

Und jeden Abend, wenn ich mich schlafen lege – sitzt sie da. Ich sehe sie so deutlich, wie ich Sie jetzt sehe. Aber wenn geschehen würde ein Wunder und sie würde wieder werden lebendig – was würde ich ihr sagen? *Dreht sich zu Victor, ihn auszahlend* Sie haben somit sieben, ich gebe Ihnen jetzt acht, neun, zehn, elf ... *Sucht, findet einen Fünfzigdollarschein* Und hier sind fünfzig extra für die Harfe. Und jetzt entschuldigen Sie mich bitte. Ich habe hier noch sehr viel zu tun. *Salomon zieht Notizbuch und Bleistift aus der Tasche und beginnt sorgfältig, Inventur zu machen. Victor faltet die Scheine zusammen.*

Victor Wir könnten immer noch zum Film zurechtkommen, wenn du willst.

Esther Okay.

Er geht zu seinem Anzug und will den Plastiküberzug abreißen.

Mach dir keine Mühe. *Er sieht sie an. Sie dreht sich zu Salomon.* Leben Sie wohl, Herr Salomon.

Salomon *sieht von seinem Notizblock auf* Leben Sie wohl, meine Liebe – ich mag Ihr Kleid sehr, es ist sehr hübsch. *Er geht zu seiner Arbeit zurück.*

Esther Danke vielmals. *Sie geht hinaus mit ihrem Leben.*

Victor zieht seine Uniformjacke an, bindet die Krawatte um.

Victor Wann werden Sie's abholen lassen?

Salomon Mit Gottes Hilfe, falls ich noch am Leben bin – morgen früh.

Victor *vor seinem Anzug* Dann werde ich das hier später abholen. Und das Rapier, und die Maske, und die Handschuhe.

Salomon *ohne aufzusehen* Keine Sorge, ich rühre es nicht an.

Victor *die Hand ausstreckend* Ich freue mich, Sie kennengelernt zu haben, Salomon.

Salomon Ganz meinerseits. Und ich möchte Ihnen danken.

Victor Wofür?

Salomon *mit einem Blick auf die Möbel* Wer hätte je gedacht, daß ich so was wieder anfangen würde ... *Er schneidet sich selbst das Wort ab.* Aber gehen Sie – gehen Sie ... ich hab hier noch eine Menge zu tun.

Victor *geht zur Tür* Viel Glück damit.

Salomon Viel Glück weiß man erst, ob man's hat, wenn's zu spät ist.

Victor *lächelt* Stimmt. Ja. *Mit einem letzten Blick auf die Möbel und das Zimmer* Also dann – leben Sie wohl.

Salomon Leben Sie wohl.

Er ist allein. Er hat nun Notizblock und Bleistift in der Hand und will in seiner Arbeit fortfahren. Aber die Aufgabe, die ihm bevorsteht, bedrückt und ängstigt ihn. Während er sorgenvoll umherblickt, den Bleistift in der Hand, zupft er sich mit der andern Hand sorgenvoll die Backe.

Sein Blick fällt auf das Grammophon. Er geht hin, untersucht es, sieht die Platte, die aufliegt. Er hebt sie ab, liest die Aufschrift und kichert in Gedanken an die Zeit, die seitdem vergangen ist. Er setzt sich in den Stuhl in der Mitte, die Platte in der Hand haltend und sie betrachtend, während sein Lachen stärker wird. Er lehnt sich zurück und lacht und lacht.

Vorhang

Die große Depression

Für Inge und Rebecca

Personen

In der Reihenfolge ihres Auftretens

Rose Baum
Moe Baum, *ihr Mann*
Lee Baum, *ihr Sohn*
Arthur Robertson, *Großindustrieller*
Clarence, *Schuhputzer*
Frank, *Chauffeur der Baums*
Fanny, *Schwester von Rose*
Großvater, *Vater von Rose*
Dr. Rosman, *Psychiater*
Tony, *Kneipenbesitzer*
William Durant, *Millionär*
Jesse Livermore, *Millionär*
Diana Morgan
Arthur Clayton, *Börsenmakler*
Joe, *Jugendfreund von Lee*
Henry Taylor, *ein ehemaliger Farmer*
Esther Margolies
Sidney Margolies, *ihr Sohn*
Doris Gross, *die Tochter ihrer Vermieterin*
Banks
Ralph, *ein Student*
Rudy, *ein Student*
Isabel, *eine Prostituierte*
Isaac, *Besitzer einer Imbißstube*
Sheriff
Ryan, *Leiter des Sozialamts*
Kapush, Dugan, Irene, Toland, Grace, Lucy, Matthew R. Bush — *Antragsteller auf dem Sozialamt*
Edie, *eine Comic-Strip-Texterin*
Frieda, *Schwester von Rose und Fanny*

Lucille, *eine Nichte von Rose*
Ein Mann mit einem Eimer
Stanislaus, *ein Seemann*

(Die Besetzung bestand bei der Uraufführung aus 15 Schauspielern, von denen die meisten zwei oder mehrere Rollen spielten.)

Das Stück spielt im Sommer 1929 und in den darauffolgenden Jahren. Musik der dreißiger Jahre.
Da die Handlung an zahllosen und unterschiedlichen Schauplätzen spielt, muß die Bühne ein leicht veränderbarer Raum sein. Für die Spielaktionen sind nur wenige Dekorationsteile notwendig, wie z. B. Klavier, Tische, Stühle, Couch, Bänke oder eine Bar mit Barhockern. Vieles kann auch pantomimisch dargestellt werden, wie z. B. eine Autofahrt oder das Öffnen einer Tür.
Die nicht in einer Szene beschäftigten Schauspieler sind entweder im Off oder im Dunkeln auf der Bühne.

Es gibt sicher zahlreiche Wege, das Stück zu inszenieren. Die hier angegebenen Regieanweisungen gehen von der Produktion des Harold Clurman Theaters aus. Dort befand sich in der Mitte der Bühnenrückseite eine Filmleinwand für Projektionen zu den verschiedenen Szenen. Dieses Stück verdankt Studs Terkel's »Hard Times. An Oral History of the Great Depression« viele Anregungen.

I. Akt

Die Schauspieler kommen im Kostüm auf die Bühne. Wenn alle da sind, tritt Rose aus der Gruppe heraus, geht zum Klavier und setzt sich auf den Klavierschemel. Moe geht zu seinem Stuhl und setzt sich, um ihr zuzuhören. Beide sind in Abendkleidung, Moe trägt einen Smoking. Lee kommt nach vorn. Er trägt ein Hemd und eine Hose aus tweedartigem Stoff.

Lee Der größte Teil des Stücks, das Sie heute abend sehen, spielt vor langer Zeit, in den dreißiger Jahren. Ich bin also noch sehr jung. *Er stellt einen Fuß hoch und schiebt das eine Hosenbein hoch – wie bei Knickerbockern.* Geschichte ist wie Musik – wenn du sie nicht hier empfindest, dann ist jedes Wort zuviel. Genau wie ... *Gedankenverloren dreht er sich zu seinen Eltern um. Sie sitzen regungslos wie Statuen da.* Das ist meine Mutter. Und mein Vater. *Er sieht sie einen Augenblick schweigend an.* Tja – einen Moment noch, dann kommen wir zu den beiden.

Jetzt ganz lebhaft ... das andere Hosenbein ist noch immer nicht hochgeschoben.

... Zum Beispiel – es gab damals in New York eine Hochbahn in der 6. Avenue. Und die sollte abgerissen werden, als das Rockefeller-Center gebaut wurde. Die ganze Anlage wurde als Schrott an die Japaner verkauft. Viele empörten sich darüber, weil die Japaner damals gerade in China einmarschierten. Die Frauen gingen mit dem Schlachtruf auf die Straße: »Wir tragen Wolle«, um die japanischen Seidenstrümpfe zu boykottieren – Nylon war noch nicht erfunden. Das hatte natürlich überhaupt keine Wirkung – außer daß Beine in Wollstrümpfen dicker aussehen. Ein Problem war wahrscheinlich, daß wir Amerikaner die Japaner nicht ernst nahmen – die konnten noch nicht einmal ein Auto bauen! Was die exportierten, das waren kleine Schachteln mit Streichhölzern, die nicht brannten, und Firlefanz – Konfetti, Puppen, denen die Arme ausfielen, und Papierlaternen, die sich bei einem einzigen Regentropfen in Wabbelpudding verwandelten, und so weiter und so weiter. Genauso war es. Aber das sagt heute überhaupt nichts mehr, weil wir die Gefühle verloren haben, die zu all dem gehörten. – Einige Leute erinnern sich natürlich noch daran, was sie fühlten, als der ganze Ramsch in Pearl Harbor vom Himmel fiel. Es war übrigens die Hochbahn aus der 6. Avenue, wie sich später herausstellte. – Aber selbst diese Gefühle haben sich verflüchtigt. Alles ist zu Worten geworden. *Er denkt einen Augenblick nach.* Wenn man zurückdenkt, ist das, als ob man aus dem Fenster eines Busses sieht, der durch eine altvertraute Landschaft fährt – da ist deine Schule und der Platz, auf dem du Fußball gespielt hast, mit dem Baum da vor dem Tor, und das Haus von Onkel Harry, das Kino und das Haushaltswarengeschäft; aber alles ist so uninteressant im Vergleich zu dem Ziel der Reise, ihrer Bedeutung – die man nur ahnen kann. Und dann starrt man aus dem Fenster, gierig auf die Gefühle, von denen man weiß, daß es sie mal gab, aber die man jetzt nicht wiederfinden kann ...

Er schiebt das andere Hosenbein hoch. Er dreht sich zum Publikum um und ist jetzt der vierzehnjährige Junge des Jahres 1929.

Stellen wir also heute abend den Zeiger der amerikanischen Uhr zurück – auf der Suche nach jenen Gefühlen, die einmal unser Leben beherrscht haben, und die die Zeit uns gestohlen hat. *Mit neuem Anlauf.* Es gab damals einige komische Helden ...!

Rose spielt einen Akkord mit einem romantischen Triller. Er sieht mit einem breiten Grinsen zu ihr hoch, als ob er ihre Aufforderung verstanden hätte.

... Ah ja, sogar die eigenen Eltern!

Robertson und Clarence treten vor und fangen an, den Schuhputzstand aufzubauen. Lee spricht ohne Pause weiter.

Vor allem diese frisch-fröhlichen jungen Geschäftsleute, die auf der Welle des großen Börsenbooms geschwommen waren und es jetzt geschafft hatten: Die Herren dieses Kontinents an dem endlosen goldenen Strand. Es ist ein Sommertag im Jahre 1929 ...

Robertson *nimmt sich einen Klappstuhl* ... Und dies ist die Wall Street. Und ich bin Arthur Robertson, Aufsichtsratsvorsitzender, Börsenspezialist und ein wahnsinnig netter Mensch.

Clarence klappt seine Schuhputzkiste auf und putzt ihm die Schuhe.

Wie geht das Geschäft, Clarence?

Clarence *zieht einen Geldschein aus der Tasche* Mr. Robertson, ich möchte noch mal zehn Dollar in General Electric anlegen. *Er legt den Geldschein in Robertsons Hand.* Erledigen Sie das für mich? *Pause.*

Robertson Wieviel Aktien besitzen Sie jetzt, Clarence?

Clarence Also: Mit diesen zehn Dollar kaufe ich mir Aktien im Nennwert von tausend Dollar. Das bedeutet, daß ich, alles zusammen, Aktien im Wert von ungefähr hunderttausend Dollar habe.

Robertson Und wieviel Bargeld haben Sie zu Hause?

Clarence Och, so vierzig, fünfzig Dollar.

Robertson *nach einer kleinen Pause* Also gut, Clarence, ich will Ihnen etwas verraten. Aber Sie müssen mir versprechen, es niemand weiterzuerzählen.

Clarence Ich gebe nie einen Tip weiter, den ich von Ihnen habe, Mr. Robertson.

Robertson Dies ist kein Tip, es ist eher ein Anti-Tip: Nehmen Sie alle Ihre Aktien und verkaufen Sie.

Clarence Verkaufen! Aber erst heute morgen hat der Finanzminister in der Zeitung geschrieben, daß die Kurse weiter steigen müssen. *Müssen*!

Robertson Ich schätze Andrew Mellon sehr, Clarence. Aber er steckt selber bis über beide Ohren in diesem Spiel mit drin – er kann gar nichts anderes sagen. Verkaufen Sie, Clarence, glauben Sie mir.

Clarence *richtet sich auf* Ich widerspreche nicht gern meinen Kunden, Mr. Robertson. Aber ich glaube, ein Mann in Ihrer Position sollte nicht solche Reden führen! Bitte nehmen Sie jetzt diese zehn Dollar, Sir, und kaufen Sie General Electric für Clarence.

Robertson Ich muß Ihnen was Komisches sagen, Clarence.

Clarence Was denn, Sir?

Robertson So wie Sie redet jeder Bankier in den Vereinigten Staaten.

Clarence Das will ich hoffen!

Robertson Also dann ... auf Wiedersehen. *Er geht ab. Clarence nimmt den Schuhputzstand und geht auch ab.*

Lee Ich vermute, alle Kinder brauchen Helden. Aber aus irgendeinem Grund hatten die Erwachsenen in den goldenen zwanziger Jahren auch ihre Helden – genauso naiv wie die Kinder. Da gab es Lindberg und Babe Ruth; und eine gewaltige, breitschultrige Frau namens

Gertrude Ederle, die sich mit Fett einschmierte und den Ärmelkanal durchschwamm; Charley Paddock, der schnellste Mensch der Welt, der einmal mit einem Rennpferd um die Wette lief – und dann war da dein Vater ...

Moe tritt auf. In der einen Hand hat er eine Zeitung, in der anderen ein Telefon.

Speziell, wenn er als armer Einwanderer angefangen hatte und reich geworden war – dieser Weg nach oben war ein heiliger Pfad. In den Augen deines Vaters leuchteten die Sterne der amerikanischen Fahne.

Moe *am Telefon* Trafalgar 9-7711.

Lee Mein Vater war ein liebenswürdiger Herr, und doch hörte jeder zu sprechen auf, wenn er nur eine Augenbraue hob.

Moe Herb? Ich lese hier gerade etwas über National City Anleihen.

Lee Und er rechnete immer fest damit, daß ein Taxi vorbeikommen würde, wenn er sich im Regen einfach an die Straße stellte.

Moe Gut! Ich rufe wieder an, Herb. *Er legt den Hörer auf und dreht sich nach vorn um. Er tut so, als ob er in einen Spiegel sieht, und bindet seine Fliege.*

Licht auf Rose. Sie sitzt am Klavier und spielt leise »Vagabond Lover«

Lee Eines Nachmittags kam meine Mutter nach Hause und hatte sich ihr wunderschönes langes Haar abschneiden lassen.

Rose *spielt* Sing!

Lee *singt* »For I'm just a vagabond lover«

Rose Mehr Gefühl!

Lee »In search of a sweetheart it seems ...« *Er hört auf zu singen. Dann versucht er, weiterzusingen, aber seine Stimme zittert. Sie hört auf.*

Rose Was ist denn los mit dir! *Er kann nur den Kopf schütteln* – »nichts«. Also jetzt ist Schluß! Niemand quält sich heute mehr mit langem Haar herum. Früher hatte ich den ganzen Tag damit zu tun, es hochzustecken, wieder aufzumachen ...

Lee Ich habe überhaupt nichts gesagt! Ich hatte nur nicht damit gerechnet, daß du ... so etwas tun würdest!

Rose Warum kann es nicht mal was Neues geben?

Lee Und warum hast du es mir nicht vorher gesagt?

Rose Weil du dich haargenauso aufgeführt hättest wie jetzt! – Du machst ein Theater, als ob ich eine Ich-weiß-nichtwas wäre! Jetzt hör auf, dich so kindisch zu benehmen und *sing.*

Lee »For I'm just a vagabond lover,
In search of a sweetheart it seems ...«

Rose Leier nicht so!

Moe *am Telefon* Trafalgar 9–7711.

Lee »And I know that some day I'll discover her,«
Moe singt mit.

Lee und Moe »The girl of my vagabond dreams.«
Frank, in Chauffeursuniform, tritt auf und applaudiert.

Rose Bing Crosby würde gelb vor Neid.

Moe *am Telefon* Herb? Ich habe mir gerade überlegt... vielleicht sollte ich noch fünfhundert General Electric kaufen. – Gut. *Er legt den Hörer auf.*

Frank Der Wagen ist da, Mr. Baum.

Moe Rose! Hol deine Schwester!

Rose *ruft laut* Fanny, ist Papa fertig? Der Chauffeur ist da!
Großvater kommt herein. Er hat Hose und Hemd an und zeigt auf seine Manschette.
Bist du fertig, Papa?

Großvater Der Manschettenknopf geht nicht rein.

Rose *macht den Manschettenknopf fest* Fanny ist doch bei dir. Warum kann sie das nicht machen?

Großvater Die Fanny macht alles verkehrt.

Rose So. Und jetzt beeil dich bitte.
Großvater geht ab.

Lee *zu Frank* Guck mal, wie das Babe Ruth gemacht hat! Zeigte genau, wo er den Ball treffen würde und ... *Er schwingt seinen Baseballschläger.* Wumm!

Rose Fanny!

Frank *ernsthaft besorgt* Babe Ruth hat mehr als 200 Pfund mit sich rumzuschleppen, obwohl ... *Er lächelt bewundernd.* All das Bier ... und die Weiber.
Fanny, die Schwester von Rose, kommt mit zwei Koffern, einigen Hutschachteln und vier Spazierstöcken herein.

Fanny *zu Rose* Was hast du gerufen?

Rose Ist er jetzt fertig? Frank ist da.

Fanny Oh! Tag, Frank. – Er kämmt sich noch mal, aber ich habe alles für ihn eingepackt.

Rose Geh noch mal hin und hol ihn. *Zu Frank* Sie setzen uns beim Theater ab, fahren die anderen nach Brooklyn und holen uns dann nach der Vorstellung wieder ab. Und verfahren Sie sich nicht, ja?

Frank Ich kenne Brooklyn. *Er geht mit dem Gepäck ab.*

Fanny Rose ... hör mal ... eigentlich möchte Papa gar nicht weg.

Moe dreht sich langsam mit hochgezogenen Augenbrauen um: jetzt ist auch Rose beunruhigt.

Rose *zu Fanny* Was soll das! Er war sechs Monate bei uns.

Fanny *ängstlich und leise* Und ich sage dir ... er ist ganz unglücklich, daß er weg soll.

Moe *ironisch* Er ist unglücklich.

Fanny *zu Moe* Du weißt doch, daß er Platz braucht, und diese Wohnung ist so groß und geräumig.

Moe *zu Lee* Weißt du, daß er sich ein Grab gekauft hat. Es liegt an dem Weg übern Friedhof – damit er mehr Bewegungsfreiheit hat.

Fanny Och, hör doch auf.

Moe ... und schneller rein und raus kommt.

Rose Ach was! – er will dich nur hochnehmen.

Fanny *lacht* Ach so! ... *Zu Rose* Ich glaube, er hat Angst davor, daß es bei uns zu eng ist. Und dann die Mädchen – und Harry – und dann nur ein Badezimmer ... Und was soll er in Brooklyn mit sich anfangen? Er wollte nie auf dem Lande leben.

Rose Ach was, es wird ihm schon bei euch gefallen.

Fanny Aber hier kann er seine Spaziergänge im Park machen, seine alten Geschäftsfreunde treffen ...

Moe Ich will dir mal was sagen, Fanny: Warum machen wir es nicht so – wir ziehen alle in euer Haus. Dann kann er hier wohnen bleiben, und wir schicken ihm jeden Tag das Mädchen, damit seine Wäsche gewaschen wird.

Rose Also jetzt hör doch auf.

Fanny Aber ich weiß, Rose, er ist nicht glücklich. Ich glaube, es liegt daran: Mutti fehlt ihm immer noch, das ist es.

Moe Eure oder seine?

Rose Halt den Mund.

Moe Warum? Das ist ein ernstes Problem – wenn einem Mann in seinem Alter seine Mutter fehlt ...

Fanny Nicht *seine* Mutter – *Mutti!*

Moe Ach so, Mutti!

Fanny *Sie lacht. Zu Rose, zeigt auf Moe* Er hat gedacht, ihm fehlt *seine* Mutter ...!

Rose *ungeduldig* Merkst du's nicht? Er nimmt dich hoch!

Fanny Oh! *Zu Moe* Du machst Spaß? *Zu Lee Seine* Mutter ist nämlich tot, schon seit ... *Zu Rose* Seit wann ist Großmutter tot?

Rose Ich weiß wirklich nicht, seit wann sie tot ist ... aber warum gehst du nicht rein und bringst ihn her? Ich möchte nicht zu spät zur ersten Szene kommen, sie soll phantastisch sein.

Fanny *fängt an, quer über die Bühne zu gehen* Ich würde gern mal ein Musical sehen ... *Der Gedanke, Großvater gegenüberzutreten, läßt sie stehenbleiben.* Weißt du ... ich habe vergessen, es euch zu sagen: Also wir wären bereit, ihn nächstes Jahr das ganze Jahr zu uns zu nehmen, wenn ihr ihn nur die nächsten sechs Monate behalten wollt. Bis er sich etwas mehr an den Gedanken gewöhnt hat, du weißt schon – na, ähm, sich abzuwechseln.

Moe Wer ist denn auf die Idee gekommen?

Fanny *glücklich* Mein Harry.

Moe Ich darf nicht vergessen, ihm eine Gehaltserhöhung zu geben.

Fanny *zeigt auf ihn Jetzt* machst du Witze!

Moe Nein, nein. Das erste, was ich morgen früh mache, ist – alle Maschinen eine Viertelstunde lang stillstehen lassen ... auch in Chicago und St. Louis.

Rose Das langt, Moe!

Moe *will sie ärgern* Wieso? Wenn jemand so einen Einfall hat, dann muß man das würdigen. Hör zu – warum sollen wir uns nicht ein bißchen verspäten. Du gehst jetzt rein, packst seine Sachen wieder aus – und er soll es sich gemütlich machen, für die nächsten paar Jahre!

Rose *springt voller Empörung auf, geht über die Bühne und schreit* Papa! Mach schon! Wir kommen sonst zu spät!

Lee Soll ich mit ihm reden?

Rose Papa!

Moe *ins Telefon* Trafalgar 9–7711.

Großvater kommt. Anzug, Spazierstock, Mantel. Er wirkt sehr gepflegt und korrekt – und tut sich sehr leid. Er bleibt stehen, schon beleidigt.

Fanny *respektvoll* Bist du soweit, Papa?

Moe *zu Großvater* Machs gut, Charley! Bis dann. *Er telefoniert.* Herb? ... Kauf bitte für mich Worthington Röhren. Tja ... tausend Aktien? Und dann müssen wir uns noch über Gold unterhalten. Erinner mich dran – ja.

Großvater *ungeheuer ernst zu Moe* Warum eröffnest du ein Büro in Boston?

Moe Also ... wir haben gedacht, es gibt da geschäftliche Entwicklungsmöglichkeiten ... aber wir werden ja sehen. Wir kommen zu spät zur Revue, Charley.

Großvater In Boston geht immer alles schief.

Rose Papa, es wäre wahnsinnig nett, wenn du ...

Großvater Kurz bevor ich das Geschäft aufgegeben habe ... da treffe ich zufällig – wie-hieß-er-Alexander, der war damals Chef von ... *Zu Rose* ... Wie heißt die Firma, Rosie?

Fanny Papa, bitte! Sie kommen zu spät.

Großvater *zu Rose* Wofür zu spät?

Fanny *entschuldigend* Ein Musical, »Funny Face«.

Großvater *seufzt – was ist ein Musical im Verhältnis zu ...*
... Und der hat gesagt, sie hätten ein Vermögen in ihr Büro in Boston gesteckt – das ist eine Stadt, die großartig aussieht, aber sie ist ein Dreck. Ein Nichts. *Er sieht Moe an und wartet auf eine Reaktion.*

Moe *hartnäckig, aber mit allem Respekt* Nun mach schon, Charley – der Chauffeur fährt euch hin.
Rose hilft Großvater in den Mantel.

Fanny Rose wird jeden zweiten Tag vorbeigucken, Papa ...

Rose Morgen komme ich. Also los. Und du hast diese wunderhübsche Krawatte umgebunden. Und Sonntag kommen wir dann alle raus und sind den ganzen Tag zusammen.

Fanny Die bauen da jetzt überall Häuser, Papa – in nullkommanichts haben wir da eine richtige kleine Stadt.

Großvater In Brooklyn wachsen nur Tomaten.

Fanny Nicht mehr so viel wie früher, du wirst dich wundern. Die haben angefangen, ganze Wohnblöcke zu bauen; eigentlich lebt man da schon nicht mehr auf dem Land. *Beruhigend* In einigen Straßen gibt es kaum noch einen Baum! *Sie betrachtet Roses Diamantarmband.* Ist das neu?

Rose Geburtstagsgeschenk.

Fanny Es sieht phantastisch aus!

Rose Genau das gleiche hat er seiner Mutter geschenkt.

Fanny Muß die sich gefreut haben.

Rose *mit einem dünnlippigen Lächeln zu Moe* Meinst du?

Großvater *zu Moe* Der Name von dem Mann wird mir noch einfallen – dann kannst du ihn anrufen und ihn selbst danach fragen. – Boston ist ein Dreck. *Er schüttelt mißbilligend den Kopf.* Ein Garnichts.

Lee Auf Wiedersehen, Großvater!
Großvater geht zu Lee, hält ihm die Wange hin, bekommt seinen Kuß und kneift Lee in die Wange.

Großvater Sei artig. *Er geht hinten an Rose vorbei, reißt ihr gereizt seinen Hut aus der Hand und geht ab.*

Moe Da geht er hin ... Wie habe ich darauf gewartet!

Rose Du hättest dich ruhig mit ihm ein bißchen übers Geschäft unterhalten können.

Moe Wenn ich damit einmal anfange, dann landen wir noch *alle* in Brooklyn.

Rose *zu Lee* Willst du mitfahren?

Lee Ich bleibe lieber hier und bastle an meinem Radio.

Rose Gut, aber geh nicht zu spät ins Bett. Ich bringe alle Noten mit, und morgen singen wir dann alle Songs zusammen. *Küsse* Gute Nacht, mein Junge. *Sie hat eine Pelzstola über dem Arm und schwebt hinaus.*

Moe Wann gehst du zum Friseur?

Lee War ich, aber mein Haar wächst so schnell.

Moe *merkt, wie groß Lee geworden ist* Solltest du nicht mal mit Mutter übers College reden?

Lee Ach nein, das hat noch ein paar Jahre Zeit.

Moe Ah, ja. Gut. Gut. – Du sahst plötzlich so erwachsen aus. *Er lächelt und geht ab, mit sich und der Welt zufrieden. Robertson kommt, geht über die Bühne zu der Couch und legt sich hin. Dr. Rosman tritt auf und setzt sich auf einen Stuhl hinter Robertsons Kopf.*

Robertson Wo habe ich gestern aufgehört?

Dr. Rosman Ihre Mutter hatte die Katze verbrüht. *Pause.*

Robertson Es gibt da noch eine Sache, Herr Doktor. Aber ich habe Hemmungen, davon zu erzählen ...

Dr. Rosman Deswegen sind Sie doch da.

Robertson Ich meine nicht das. Es hat mit Geld zu tun.

Dr. Rosman Aha?

Robertson Mit Ihrem Geld.

Dr. Rosman *beugt sich erschreckt über ihn* Was ist mit meinem Geld?

Robertson Ich ... sehen Sie, ich weiß, vielleicht ist es eine fixe Idee von mir. Aber irgendwie glaube ich es doch nicht. Zugegeben, ich könnte mich irren. Aber meiner Meinung nach sollten Sie sich von Ihren Aktien trennen.

Dr. Rosman Von meinen Aktien trennen!

Robertson Verkaufen Sie alles.

Dr. Rosman *Pause. Er hebt den Kopf, um nachzudenken und spricht sehr behutsam weiter.* Könnten Sie mir davon erzählen, was Sie auf diese Idee gebracht hat? Wann haben Sie zum ersten Mal diesen Gedanken gehabt?

Robertson Ungefähr vor vier Monaten. Es muß so Mitte Mai gewesen sein.

Dr. Rosman Und was ist damals passiert?

Robertson Eine meiner Fabriken stellt Küchengeräte her.

Dr. Rosman Die in Indiana.

Robertson Ja. Mitte Mai hörten plötzlich alle Bestellungen auf.

Dr. Rosman Alle?

Robertson Total. Jetzt ist es Ende August, und noch immer ist kein einziger Auftrag eingegangen.

Dr. Rosman Wie ist das möglich? – Die Aktien steigen.

Robertson Um dreißig Punkte in weniger als zwei Monaten. Das versuche ich Ihnen ja zu erklären – der Aktienmarkt ist nichts anderes als eine Projektion. Andererseits ... *Er setzt sich auf.* Ich muß mit der Möglichkeit rechnen, daß es sich nur um eine persönliche Zwangsvorstellung handelt. Ich hatte schon immer so ein dunkles Gefühl drohenden Unheils. Außerdem fühle ich mich auf dieser Couch so hilflos wie ein Baby. Ich konnte das nur kompensieren, indem ich Ihnen Börsentips gab. Aber vielleicht träume ich nur von einer Krise, um ... Nein! – Es läßt mich nicht los. Ich habe die ganze Woche Sitzungen in der Morgan-Bank gehabt; fast in jeder Branche quellen die Lager über ... wir können die Waren nicht umsetzen, das ist eine Realität.

Dr. Rosman Haben Sie Ihren Geschäftsfreunden von dieser Idee erzählt?

Robertson Die wollen nicht zuhören. Ich glaube, sie können nicht. Das ganze System basiert auf einem grenzenlosen, irrationalen Optimismus. Hemmungslos haben wir Eisenbahnen, Fabriken, Unternehmen hin und her geschoben. – Wir haben das ganze Land auf einen Spieltisch geworfen – ein Spiel, bei dem natürlich kein Mensch verlieren darf. *Kleine Pause.* Ich weiß nicht, ob ich verrückt bin oder alle anderen. Jedenfalls habe ich beschlossen, morgen früh bei Börsenbeginn alles zu verkaufen ... Natürlich habe ich ein schlechtes Gewissen, aber ich sehe keinen anderen Ausweg.

Dr. Rosman Warum haben Sie ein schlechtes Gewissen, wenn Sie etwas verkaufen?

Robertson Wenn man Aktien für zwölf Millionen Dollar auf den Markt wirft, kann das eine Lawine auslösen. Tausende von Witwen und alten Menschen könnten ruiniert werden ... Ich habe sogar mit dem Gedanken gespielt, öffentlich eine Erklärung abzugeben.

Dr. Rosman Aber das allein könnte doch eine Lawine auslösen.

Robertson Aber der kleine Mann wäre gewarnt.

Dr. Rosman *mit wachsender Besorgnis* Und zum Schluß wären Sie schuld an einer Wirtschaftskrise.

Robertson Aber wenn ich weiß, was ich weiß, und ich sage nichts, dann bin ich auch schuld?

Dr. Rosman Ja, aber wenn Sie ganz still und leise verkaufen, berührt das die Börse vielleicht überhaupt nicht. Sie *könnten* sich irren, stimmts?

Robertson Ja, das ist denkbar. Ja ... Vielleicht verkaufe ich einfach und halte den Mund. Sie haben recht. Ich könnte mich irren.

Dr. Rosman *erleichtert* Sehr wahrscheinlich – Aber ich denke – ich sollte auf alle Fälle verkaufen.

Robertson Dann ist ja alles klar, Herr Doktor. *Er steht auf.* Und noch etwas ... das klingt wahrscheinlich auch völlig verrückt, aber ... wenn Sie verkaufen, behalten Sie das Geld nicht. Kaufen Sie Gold.

Dr. Rosman Das ist doch nicht Ihr Ernst!

Robertson Goldbarren, Herr Doktor. Der Dollar könnte plötzlich verschwinden wie alles andere auch. *Streckt die Hand aus* Also dann ... viel Glück.

Dr. Rosman Ihre Hand zittert.

Robertson Na und! Wenn sich rumspricht, was ich gesagt habe, dann gibt es keinen Bankier in den Vereinigten Staaten, der nicht beschwören würde, daß Arthur A. Robertson den Verstand verloren hat. *Er geht ein paar Schritte und dreht sich dann um.* Goldbarren, Herr Doktor, und bringen Sie sie nicht auf die Bank. In Ihren Keller. Vorsicht ist die Mutter der Porzellankiste. *Er geht ab.*

Licht auf Tonys »Flüsterkneipe« (Verbotener Alkoholverkauf) Durant und Livermore sitzen in Abendkleidung an einem Tisch. Licht auf Lee.

Lee Und überall in der Stadt trafen sich nachts die großen Männer und versuchten, die Botschaft an der Wand zu entschlüsseln, die sich ausbreitete von Mund zu Mund – und die keiner glauben wollte.

Livermore Tony? *Tony tritt auf.*

Tony Bitte, Mr. Livermore? Noch einen Brandy, Mr. Durant?

Livermore Wie war das mit Randolph Morgan? Haben Sie selber gesehen, wie er runtergefallen ist?

Tony Allerdings. Der Himmel hatte dieses seltsame blaue Licht, kurz bevor es dunkel wird. Ich weiß nicht, wieso, aber aus irgendeinem Grund mußte ich nach oben gucken. Und da sehe ich einen Menschen waagerecht mit ausgebreiteten Armen durch die Luft fliegen. Er war genau über mir, wie Superman! – *Er sieht zu Boden.* Und dann gucke ich hin. Ich konnte es nicht fassen. Es war Morgan!

Livermore Der arme, arme Mann.

Durant Blöder Idiot.

Livermore Ich weiß nicht – ich glaube, es ist eine Art Mut ... wenn man sein eigenes Geld verliert und das von anderen Leuten, dann gibt es vielleicht keinen anderen Weg.

Durant Es gibt immer einen Weg. Durch die Tür.

Livermore *erhebt sein Glas* Auf Randolph Morgan. *Durant hebt sein Glas.*

Tony Amen. Auch ich möchte noch was sagen – jeder von uns sollte auf die Knie fallen und John D. Rockefeller danken.

Livermore Das können Sie laut sagen.

Tony Ehrlich, Mr. Livermore, waren Sie nicht auch ganz baff? Mann! Ich meine, das ist ein *Mann* – stellt sich hin, während die ganze Börse zusammenkracht, und sagt: »Und ich und meine Söhne kaufen für sechs Millionen Dollar öffentliche Anleihen.« Wie ich sage: ein tollkühner Kämpfer!

Livermore Er wird auch nicht schlecht dabei fahren.

Tony Natürlich wird er nicht schlecht dabei fahren – weil er ein Kapitalist ist. Der weiß, wie man eine Schlacht gewinnt. Warten Sie ab, morgen früh steigen die Kurse wieder – wie die Raketen!

Ein Kellner tritt auf, der Tony etwas ins Ohr flüstert.

Tony Ja, ja! Bringen Sie sie rein. *Der Kellner geht schnell wieder hinaus. Tony wendet sich an die Millionäre.* O Gott, die Schwester von Randolph Morgan ist da ... sie weiß es noch nicht.

Diana tritt auf. Sie ist jung und attraktiv.

Guten Tag, Miss Morgan! Kommen Sie doch, kommen Sie doch herein. Ich habe hier einen sehr schönen Tisch für Sie.

Diana Danke!

Tony Was darf ich Ihnen bringen? Ein schönes Steak? Etwas zu trinken?

Diana Ich warte noch auf Mr. Robertson.

Tony Selbstverständlich. Fühlen Sie sich wie zu Hause.

Diana Sind Sie der berühmte ... *der* ... Tony?

Tony Genau der.

Diana Ich finde es phantastisch, Sie kennenzulernen. Ich habe alles über dieses berühmte Lokal gelesen. – *Blickt sich um* Sind das alles Schriftsteller?

Tony Nun, nicht alle, Miss Morgan.

Diana Aber das ist doch das Lokal von F. Scott Fitzgerald?

Tony Allerdings, aber heute abend ist es sehr ruhig wegen der Börse und so. In den letzten Tagen sind viele Gäste zu Hause geblieben.

Diana Ist *der* Herr Schriftsteller?

Tony Nein. Das ist »Jake the Barber« ... äh ... Alkohol und Spirituosen.

Diana Und die? *Zeigt auf Durant und Livermore.*

Durant hat das gehört und steht auf.

Tony Mr. Durant – Miss Morgan. Mr. Livermore – Miss Morgan.

Diana Doch nicht *der* Jessie Livermore?

Livermore Leider doch!

Diana Ho, also ich werde verrückt! – Sitzen da wie zwei ganz gewöhnliche Millionäre! Das ist wirklich ein einmaliger Tag! – Bestimmt kennen Sie doch auch Durham?

Livermore Durham? Ich glaube, ich bin noch nie dagewesen.

Diana Aber da ist doch Ihre große Philipp Morris Fabrik. – Philipp Morris gehört doch Ihnen!

Livermore Ja, ja. Aber wenn man auf Pferde wettet, braucht man doch nicht reiten zu können. Die Firmen interessieren mich nicht, ich interessiere mich nur für Aktien.

Diana Das ist doch unglaublich! – Da hat jemand eine Fabrik und hat sie noch nie gesehen! Mein Bruder ist Börsenmakler – Randolph Morgan?

Livermore Ich habe mit ihm zu tun gehabt, als ich die Aktienmehrheit von IBM gekauft habe. Sehr sympathisch.

Diana Ich verstehe nicht, was er die ganze Nacht in seinem Büro gemacht hat – die Börse ist doch nachts zu, oder? *Beide Männer bewegen sich unbehaglich auf ihren Stühlen.*

Durant Jaja. Aber es rollt gerade eine Lawine von Aktienverkäufen aus dem ganzen Land auf uns zu. Und die Makler arbeiten rund um die Uhr. Es ist ein solches Chaos, daß niemand weiß, wie hoch die Kurse eigentlich stehen. – Gucken Sie doch mal da rüber. Da am Ende der Bar. Das ist Mr. Clayton. Der wartet gerade auf die letzten Notierungen.

Diana Ich bin ganz sicher, es wird sich alles wieder einrenken. *Lacht* Man hat unser Telefon gesperrt!

Livermore Wie kommt das?

Diana Ich weiß nicht genau – es siehst so aus, als ob Daddy in den letzten Monaten mit Darlehen gearbeitet hat, und daß er plötzlich keinen Kredit mehr hatte. Ich habe nichts davon gewußt. *Lacht* Ich komme mir vor wie in einem Traum. – Vorhin bin ich in den Speisewagen gegangen, weil ich unheimlich hungrig war, und da merke ich, daß ich nur vierzig Cent bei mir habe! Seitdem ernähre ich mich von Kaugummi und Mars. *Sie kann ihre*

Besorgnis kaum verbergen. Wo ist denn das ganze Geld geblieben?

Livermore Machen Sie sich keine Sorgen, Miss Morgan. Bald gibt es wieder Geld genug. Geld ist wie ein scheuer Vogel – beim kleinsten Rascheln versteckt er sich. Aber das Geld kann die Einsamkeit nicht lange ertragen, es muß raus ans Licht und seinen Hunger stillen. Und deswegen müssen wir alle optimistisch sein und Vertrauen haben. Nach Rockefellers Erklärung heute morgen ist die Wende wahrscheinlich schon eingetreten.

Im schwachbeleuchteten Bühnenhintergrund tritt Clayton auf und hält einen Telefonhörer an sein Ohr.

Durant Ich würde an Ihrer Stelle mit dem Schlimmsten rechnen, Miss Morgan.

Livermore Also, Bill, was soll denn das!

Durant Es ist alles noch viel traumhafter, als Sie es sich vorstellen, Miss Morgan. Während ich hier sitze und mich mit Ihnen unterhalte, wappnet sich der Herr da am Ende der Bar – der da, der gerade den Telefonhörer aufgelegt hat – um mir beizubringen, daß ich die Aktienmehrheit von General Motors verloren habe.

Diana Was!

Clayton hat tatsächlich den Hörer aufgelegt, seine Weste zurechtgerückt und kommt jetzt an ihren Tisch.

Durant *beobachtet, wie Clayton näher kommt* Wenn ich Sie wäre, würde ich mich jetzt auf das Schlimmste gefaßt machen, Miss Morgan. *Clayton bleibt vor Durant stehen.* Ja, Clayton?

Jony kommt und serviert Diana ein Glas Wein.

Clayton Könnte ich mit Ihnen allein sprechen, Sir ...

Tony wirft einen Blick auf Clayton und geht ab.

Durant Bin ich kaputt?

Clayton Wenn Sie für zwei oder drei Wochen noch einen Kredit bekommen könnten ...

Durant Von wem?

Clayton Ich weiß nicht, Sir.

Durant *steht auf* Gute Nacht, Miss Morgan. *Sie sieht ihn erstaunt an.* Wie alt sind Sie?

Diana Neunzehn.

Durant Ich hoffe, daß Sie die Kraft haben, die Dinge so zu sehen, wie sie sind, mein Kind. Hüten Sie sich vor Papier. Papier ist unser Verhängnis. Ich wünsche Ihnen alles Gute. *Er dreht sich nach hinten, um wegzugehen.*

Livermore Wir müssen uns noch unterhalten, Bill ...

Durant Es gibt nichts zu sagen, Jessie – Geh ins Bett, alter

Junge, es ist schon nach Mitternacht. *Er geht. Livermore wendet sich an Clayton.*

Livermore *ganz nebenbei* Clayton ...? Weiß man schon, wie Philipp Morris eröffnen wird?

Clayton Unter zwanzig. Höher nicht. Wenn wir überhaupt Käufer finden.

Livermore *plötzlich ganz ernst* Aber Rockefeller. Rockefeller hat doch ...

Clayton Es scheint überhaupt keine Wirkung gehabt zu haben, Sir. *Livermore steht auf. Pause.* Ich müßte wieder zurück ins Büro, wenn Sie ... *Livermore schweigt.* Es tut mir leid, Mr. Livermore.

Clayton geht ab. Diana sieht die Qual in Livermores Gesicht und steht halb auf.

Diana Mr. Livermore ...?

Robertson tritt auf.

Robertson Entschuldige, daß ich so spät komme, Diana – wie war die Fahrt ...? *Als er ihren Gesichtsausdruck sieht, dreht er sich zu Livermore um. Er geht zu ihm.* So schlimm, Jessie?

Livermore Ich bin bankrott, Arthur.

Robertson *versucht, lustig zu wirken* Nun mal langsam, Jessie. Jemand wie du hat immer noch irgendwo zehn Millionen versteckt.

Livermore Nein, nein. Ich habe immer geglaubt, wenn man nicht wirklich viel Geld hat, braucht man überhaupt keins zu haben. – Ist das wahr, was ich gehört habe – du hast rechtzeitig verkauft?

Robertson Ja. Ich habe dir gesagt, daß ich das tun würde.

Livermore *kleine Pause* Arthur, kannst du mir fünftausend Dollar leihen?

Robertson Natürlich. *Setzt sich und zieht einen Schuh aus*

Livermore Was machst du denn da?

Robertson holt ein Bündel Fünftausend-Dollar-Scheine aus seinem Schuh, steht auf und gibt Livermore einen Schein. Livermore starrt auf Robertsons Schuhe.

Livermore Mein Gott. Glaubst du denn an gar nichts?

Robertson An wenig.

Livermore Das kann ich verstehen. *Er faltet den Geldschein zusammen.* Aber ich kann nicht sagen, daß ich das gut finde. *Er steckt den Schein in die Tasche und sieht dann wieder auf Robertsons Schuhe und schüttelt den Kopf.* Tja, also, ich nehme an, damit kannst du morgen halb Amerika aufkaufen. *Er dreht sich wie blind um und geht hinaus.*

Robertson Vor fünf Wochen hat er mir auf seiner Yacht in Oyster Bay erzählt, daß er vierhundertundachtzig Millionen Dollar in öffentlichen Anleihen besitzt.

Diana *hat Livermore nachgesehen und wendet sich jetzt an Robertson* Ist Randolph auch ruiniert?

Robertson *nimmt ihre Hand* Diana ... Randolph ist tot. *Sie reißt beide Hände vor das Gesicht.* Er ist ... aus seinem Fenster gefallen. *Sie steht auf, hilflos, versteht dann ... Es wird dunkel. Man sieht nur Robertson, in einem Spot, der sich zum Publikum dreht.*

Robertson Kurz darauf bestellte sich Mr. Livermore im Sherry-Netherlands-Hotel ein gutes Frühstück, bat um einen Briefumschlag, adressierte ihn an Arthur Robertson, steckte den Fünftausend-Dollar-Schein hinein, ging auf die Toilette und erschoß sich.

Robertson geht ab. Licht auf Lee, der auf einem Fahrrad hereingefahren kommt.

Lee Ich war erst 14 beim großen Börsenkrach, den bekamen wir aber nur nach und nach zu spüren.

Rose *ruft aus dem Off* Lee? *Sie tritt mit einer kleinen Papiertüte in der Hand auf.* Ich möchte, daß du etwas für mich erledigst ... Oh, was für ein wunderschönes Rad!

Lee Ein Columbia-Rennrad! Ich habe es eben von Georgie Rosen für zwölf Dollar gekauft.

Rose Wo hast du zwölf Dollar her?

Lee Ich habe alles Geld von meinem Sparbuch abgehoben. Es ist viel mehr wert ...!

Rose Das kann ich mir denken! – Hör jetzt genau zu, Lee. Du weißt doch, wie man zur Ecke 3. Avenue und 19. Straße kommt?

Lee Natürlich. In zehn Minuten.

Rose *holt ein Diamantarmband aus der Tüte* Das ist mein Diamantarmband. *Sie greift in die Tüte und holt eine Karte heraus.* Und das ist die Karte von Mr. Sanders mit seiner Adresse. Er erwartet dich. Gib es ihm einfach, und laß dir eine Quittung geben.

Lee Soll er es reparieren?

Rose Nein, mein Junge. Es ist ein Pfandhaus. Geht jetzt. Ich erkläre es dir später.

Lee Kannst du es mir nicht jetzt erklären? Was ist ein Pfandhaus?

Rose Da bringt man etwas für 'ne kurze Zeit hin und kriegt Geld dafür geliehen. Ich will das Armband bis Ende des Monats da lassen, bis die Börse sich wieder erholt hat. Ich habe es ihm am Freitag gezeigt, und er gibt uns ein ganz schönes Darlehen dafür.

Lee Und wie kriegst du es zurück?

Rose Man zahlt einfach das Darlehen zurück, plus Zinsen. In ein oder zwei Monaten ist alles wieder wie früher. Los jetzt, und fahr vorsichtig! Ich bin richtig froh, daß du das Rad gekauft hast ... es ist fabelhaft!

Lee *steigt auf sein Fahrrad* Weiß Papa Bescheid?

Sie will abgehen, als Joe hereingestürzt kommt.

Joe Oh, Tag, Mrs. Baum.

Rose Tag Joe ... bist du dünner geworden?

Joe Ich? *Legt wie beschützend eine Hand auf seinen Bauch* Nee, mir gehts prima. *Auch zu Lee – er nimmt ein Foto 8 × 10 aus einem Umschlag.* Seht mal, was ich eben gekriegt habe.

Rose und Lee sehen sich das Foto an.

Rose *beeindruckt* Wo hast du das her?

Lee Wie hast du das Autogramm gekriegt?

Joe Bloß ans Weiße Haus geschrieben.

Lee *fährt mit dem Finger über die Unterschrift* Haste Töne. ... guck dir das an, he! ... »Herbert Hoover«!

Rose Was für eine reizende Geste von ihm. So menschlich! Was hast du ihm geschrieben?

Joe Viel Glück und Erfolg ... Sie wissen – die Depression.

Rose *erstaunt* Sieh mal einer an! – Aus dir wird noch mal ein Politiker, Joe. *Sie betrachtet wieder das Foto.*

Joe Tja, vielleicht, hab ich auch schon mal dran gedacht ...

Lee Ich dachte, du willst Zahnarzt werden?

Joe Na ja, eins von beiden.

Rose *betrachtet bewundernd das Foto* Aber wie kommt ein Präsident dazu, einen Poposcheitel zu tragen? *Zu Lee, lachend* Er sieht aus wie du, als du sechs Monate warst. *Gibt Joe das Foto zurück* Warum besorgst du dir nicht auch so eins? Du könntest es ja über deinen Schreibtisch hängen. Vielleicht machst du dann deine Schularbeiten. *Zu Joe* Wie geht es deiner Mutter? Macht sie immer noch diese Salate?

Joe Ja! Grade einen gegessen!

Rose Ich muß mal mit ihr darüber reden – ich verstehe einfach nicht, wie Menschen Salat essen können. *Sie geht ab. Lee steigt auf sein Rad ...*

Lee Bolzen wir nachher noch ein bißchen?

Joe Warum nicht jetzt?

Lee *verlegen* Nee ... ich muß noch was für meine Mutter erledigen. In einer Stunde im Hof ... *Will wegfahren*

Joe *hält ihn auf* Warte, ich komm mit. Laß mich drauf! *Will auf die Querstange steigen*

Lee Es geht nicht, Joe.

Joe *spürt, daß es sich um ein Geheimnis handelt, erstaunt* Oh!

Lee Bis gleich. *Er fährt weg. Joe betrachtet das Autogramm und formt mit dem Mund lautlos die Worte . . . »Herbert Hoover«. Er nickt stolz und geht ab.*

Pantomime: Frank tritt in Chauffeursmütze und -mantel auf. Er tut so, als ob er eine riesige Limousine mit einem Tuch poliert, das er aus seiner Tasche zieht. Ab und zu haucht er auf den »Lack«. Unter dem Arm hat er eine zusammengelegte Wolldecke. Moe tritt auf.

Frank Guten Morgen, Mr. Baum. Ich habe die Heizung schon eine Weile für Sie laufen lassen. Und die Decke habe ich reinigen lassen.

Moe *gibt Frank eine Rechnung* Was ist das, Frank?

Frank Oh. Das ist doch die Rechnung von der Werkstatt.

Moe Was ist mit den Reifen da, Frank?

Frank Ja, Sir, das ist die Rechnung für die neuen Reifen von letzter Woche.

Moe Und was ist mit den Reifen, die wir vor sechs Wochen gekauft haben?

Frank Die waren nicht sehr gut, Sir, sie haben sich schnell abgefahren. Das möchte ich von vornherein klarstellen.

Moe Aha – zwanzig Dollar das Stück und halten nur sechs Wochen?

Frank Das meine ich ja, Sir. Die waren einfach sehr schlecht. Aber die neuen sind bestimmt besser.

Moe Hören Sie zu, Frank –

Frank Ja, Sir. – Für diese Reifen verbürge ich mich persönlich.

Moe Sie wissen, ich habe mich früher nie für so was interessiert, aber ich weiß nicht, ob Sie von dem Börsenkrach gehört haben? – Über Nacht hat sich praktisch alles in Luft aufgelöst, verstehen Sie.

Frank Natürlich. Alle reden davon . . .

Moe Aha, Sie haben davon gehört. Ich auch – viel zuviel. Lassen wir das. Das Geld, das Sie dadurch verdient haben, daß Sie während der letzten zehn Jahre meine Reifen verkauft haben . . .

Frank Oh, nein, Sir! Mr. Baum!

Moe . . . Ich habe gesagt, wenn Sie sie verkauft haben. Von Mann zu Mann, Frank – seit ich als Sechsjähriger aus Europa hergekommen bin, habe ich noch nie von einer solchen Anzahl Reifen gehört! Es waren Hunderte von Reifen, Frank! Ich werde Ihnen jetzt sagen, was wir tun: Sie fahren zu der Ausstellungshalle von Pierce Arrow und lassen den Wagen da stehen, dann kommen Sie in mein Büro, und dann machen wir Ihre Papiere fertig.

Frank Aber was wollen Sie denn ohne Wagen machen?

Moe Ich fahre sehr gerne Taxi, Frank.

Frank Es fällt mir schwer, Sie alle zu verlassen.

Moe Alles hat ein Ende, Frank. Es war eine schöne Zeit. – Kopf hoch! *Er schüttelt Frank die Hand.* Wiedersehen!

Frank *seine ganze uniformierte Haltung ist verschwunden ...* Aber was ... aber was soll ich denn jetzt tun?

Moe Haben Sie Verwandte?

Frank ... Ich habe mich nie mit ihnen vertragen.

Moe Das war ein großer Fehler! *Er blickt ins Off und ruft.* Taxi!

Moe geht ab. Frank nimmt seine Mütze ab und sieht sie an – der Schmuck einer geschlagenen Armee. Dann geht er zögernd ab.

Lee tritt auf und bringt einen Sessel, ein Telefon und einen Tisch auf die Bühne und spricht dabei zum Publikum.

Lee Irgendwas war mit den Häusern los: Entweder waren sie kleiner geworden oder es wohnten mehr Leute drin – Kinder, die schon längst verheiratet waren, kamen mit ihren Babies zurück nach Haus – und wenn man zufällig mal unter eine Bettdecke guckte, lag da plötzlich ein Onkel von dir! *Er geht ab.*

Großvater tritt auf. Er hat vier oder fünf Spazierstöcke in der Hand. Außerdem trägt er zwei Hutschachteln an ihren Bändern. Er stellt sie ab, legt die Spazierstöcke auf den Boden und setzt sich sauer auf einen Stuhl.

Rose kommt. Sie trägt ein Kittelkleid, hat ein Bettuch in der Hand und ist eine sehr beschäftigte Hausfrau.

Rose *sieht die Spazierstöcke auf dem Boden* Wo kommen die her?

Großvater *eine endgültige Feststellung* Ich habe dafür keinen Platz in meinem Schrank ...

Rose Für die paar Stöcke?

Großvater Und was ist mit meinen Hüten? – Ihr hättet kein so kleines Haus kaufen sollen, Rose.

Rose *will weggehen* Ich bin gleich wieder da. – *Sie zeigt auf die Stöcke.* Ich tu sie in den Schrank auf dem Flur.

Großvater Nein, ich möchte nicht, daß sie irgendwo stehen, wo sie umfallen können, und dann tritt man drauf. – Und wo soll ich meine Hüte hintun?

Rose *versucht, sich zu beherrschen* Papa, was willst du eigentlich? Wir tun, was wir können!

Großvater Ein Schlafzimmer für so viele Menschen ist unmöglich – in der alten Wohnung hattet ihr drei Badezimmer. Und wenn man aus dem Fenster sah, konnte man über ganz New York gucken. Und hier ... die Straße ist ausgestorben wie der Brooklyner Friedhof. Und der Friseur ist sehr schlecht. – Guck mal, was er mit mir angestellt hat. *Er zeigt es ihr.*

Rose Wieso? Es ist sehr schön so. *Sie streicht ihm die Haare glatt.* Es ist nur ein bißchen unregelmäßig ...

Großvater *stößt ihre Hand weg* Ich verstehe das nicht, Rose – warum geht er in Konkurs, wenn er dann doch seine Schulden bezahlt?

Rose Wegen seines Renommees als Geschäftsmann.

Großvater Sein Renommee! Er hat das Renommee, ein Idiot zu sein. – Der Grund, weswegen man Konkurs macht, ist der, daß man seine Schulden *nicht* bezahlt!

Rose *selber unsicher* Er wollte anständig bleiben.

Großvater Aber der Witz an der Sache ist doch gerade, daß man nichts zahlen muß. Er hätte mich fragen sollen. Als ich in Konkurs ging, habe ich keinem Menschen was bezahlt!

Rose *entschlossen* Ich muß dir was erzählen, Papa ...

Großvater Und du mußt mit Lee reden – er wälzt sich die ganze Nacht im Bett hin und her. Er weckt mich zehnmal auf und läßt seine Socken auf dem Fußboden liegen ... *Er hebt einen Fuß, als ob er über etwas steigen müßte.* ... Ich muß aufpassen, daß ich nicht darauf trete.

Rose Ich möchte allen Ärger von Moe fernhalten, Papa. *Er versteht und wirft ihr einen schnellen Blick zu.* Er fängt vielleicht ein neues Geschäft an, deswegen ist er so nervös.

Großvater Was hab ich denn gesagt?

Rose Nichts. Aber wir müssen alle versuchen, miteinander auszukommen. Ich brauche einen großen Spiegel. Es gibt keinen vernünftigen Spiegel hier im Haus. *Er hilft ihr schuldbewußt, das Bettuch zusammenzulegen. Sie sieht auf die Spazierstöcke.* Vielleicht kann ich irgendwo einen Schirmständer auftreiben.

Großvater Ich habe gerade etwas über diesen Hitler gelesen ...

Rose Mir ist gerade eingefallen, wie es war, wenn Mutti vor dem Spiegel stand: Ihr Gesicht war so zart; sie sah aus wie eine Porzellanpuppe.

Großvater ... er schmeißt alle Radikalen aus Deutschland raus. Er wäre gar nicht so übel, wenn er nicht gegen die Juden wäre. – Der macht das keine sechs Monate mehr ... Dabei fällt mir ein: Früher, wenn ich Mutti mit nach Baden-Baden nahm, genau in dieser Jahreszeit ...

Rose Wie wunderschön sie war!

Großvater ... Einmal saßen wir in dem Zug, der gerade nach Berlin abfahren sollte. Plötzlich kommt ein Mann gerannt und ruft meinen Namen. Ich rufe: »Ja, das bin ich!« Er hält mir durch das Abteilfenster meine goldene Uhr mit der Uhrkette hin: »Sie haben das in Ihrem Zimmer vergessen, Sir«. So etwas kann einem nur in Deutschland passieren. – Dieser Hitler ist geliefert.

Rose Bitte ... *Sie zeigt auf die Stöcke.* Bring sie in deinen Schrank zurück, ja? *Sie will weggehen.*

Großvater Ich habe nur gesagt, wenn er Konkurs macht, dann ...

Rose Ich will nicht, daß er den Verstand verliert, Papa. *Sie nimmt sich zusammen und belädt Großvater mit den Spazierstöcken und Hutschachteln.*

Großvater *murmelt* Dieser Mann weiß nicht mal, wie man Konkurs macht. *Er geht ab.*

Lee kommt auf seinem Fahrrad herein – aber jetzt in Winterkleidung. Er steigt ab und stellt das Rad ab, während Rose sich in den Sessel setzt.

Lee Mama! Weißt du was!

Rose Was?

Lee Du weißt doch, daß ich mein Sparbuch für das Rad abgehoben hab?

Rose Ja?

Lee Die Bank hat gerade zugemacht! Die ist pleite! Die Straße vor der Bank wimmelt von Leuten, und die schreien, wo ihr Geld geblieben ist! Und Polizisten und Sirenen und – kein Geld mehr auf der Bank!

Rose Du bist ein Genie!

Lee Stell dir mal vor! – Mein ganzes Geld wäre jetzt weg! – Puh!

Rose *Ja, ja. Sie nimmt ihr Perlenhalsband ab und sieht es gedankenverloren an.*

Lee Findest du Brooklyn nicht auch toll, Mama? – Wir sollten einen Obstbaum im Hof pflanzen; stell dir vor, du gehst einfach raus und pflückst dir einen Apfel? *Er sieht die Perlenkette. Gerührt* Ach Mama, muß das denn ...?

Rose Ich finde es schrecklich: Es war Papas Hochzeitsgeschenk.

Lee Aber was ist mit seinem Geschäft? Kann er nicht ...?

Rose Er hat zuviel Geld in Aktien angelegt, Lee. – Es hat da mehr gebracht als in seinem Geschäft. Und deswegen – und deswegen ist es jetzt nicht mehr da.

Ein Dieb kommt und fährt schnell mit dem Fahrrad weg.

Aber wir schaffen es schon. Fahr vorsichtig. Los. Du kriegst ein Brot mit Marmelade, wenn du zurückkommst.

Lee stopft die Perlenkette in seine Hose, während er dahin geht, wo er sein Rad abgestellt hat. Er sieht sich überall um und fängt an zu zittern. Er rennt nach hinten und nach vorn und nach links und nach rechts, bleibt schließlich stehen, atemlos und ganz erschrocken. Rose steht aus dem Sessel auf und geht zu ihm, als ob sie gespürt hat, wie ihm zumute ist.

Rose Wo ist das Rad? *Er kann nicht sprechen.* Hat es jemand gestohlen? *Er steht bewegungslos da.* Hoffentlich bricht er sich das Genick! *Sie nimmt ihn in die Arme.* Oh, mein Junge, mein Junge, das ist ja furchtbar.

Er schluchzt einmal auf, unterdrückt es dann aber. Sie nimmt ihn an den Schultern, sieht ihn an und versucht zu lächeln.

Jetzt mußt du zu Fuß zum Leihhaus, wie alle anderen. *Er muß lachen.* Komm. Iß dein Marmeladenbrot.

Lee Nein. Ich will mal sehen, ob ich bis dahin rennen kann – Mittelstreckentraining. Dabei fällt mir ein: Ich hab mich wegen dem College entschieden – ich geh nach Cornell, nach Cornell oder nach Brown.

Rose *läßt sich nichts anmerken* Och! – das hat doch noch Monate Zeit.

Lee Bis gleich. *Lee läuft weg. Sie streicht sich besorgt mit der Hand über die Augen und geht dann auch ab.*

Taylor tritt von der Seite auf. Er trägt Regenmantel, Stiefel, eine Schirmmütze und eine zerknitterte Papiertüte unter dem Arm. Er sieht ausgemergelt aus und wirkt hilflos und verlassen. Er geht an der Rampe quer über die Bühne, blickt ins Publikum und tut so, als ob er auf einer Straße an vielen Häusern vorbeigeht. Dann klingelt er an der Haustür der Baums. Nichts passiert. Er dreht sich um und will weggehen, faßt dann doch wieder Mut und klingelt noch mal. Lee geht zur Tür und öffnet sie – entweder pantomimisch oder es ist eine richtige Tür.

Lee Bitte?

Taylor *scheu – er kennt sich noch nicht so aus, ein Amateur* Äh ... entschuldigen Sie, daß ich an einem Sonntag störe und überhaupt ...

Lee Och, das macht nichts.

Taylor Also ... vielen Dank. *Er ist am Ende. Er verschränkt die Arme, lächelt hilflos und sieht schweigend um sich.*

Lee Suchen Sie jemand, oder ...?

Taylor Hoffentlich glauben Sie nicht, ich will mich in Sachen einmischen, die mich nichts angehen, aber ... *sieht ins Off zu einem unsichtbaren Gegenstand* Was halten Sie davon, wenn ich Ihre Hecke da oben etwas kürzer schneide – Sie haben dann mehr Licht, und unten sieht sie nicht so dünn aus, klar, nich?

Lee *sieht auch ins Off, versteht nichts* Ah ja!

Taylor ... oder sehen Sie sich mal den Rosenstrauch an; den haben Sie viel zu lang werden lassen, klar, nich? – Aber ich will mich nicht in Sachen einmischen, die mich nichts angehen.

Lee *sieht in die andere Richtung zu dem »Rosenstrauch«* Ah, ja.

Rose kommt in Kittelkleid und Schürze herein und trocknet sich die Hände an einem Handtuch ab.

Rose Wer ist das. Lee? *Sie kommt zur Tür.*

Lee Das ist meine Mutter.

Taylor Guten Tag. Ich heiße Taylor. Ich bin grade vorbeigekommen und hab überlegt, ob Sie hier wohl irgendwas für mich zu tun haben ...

Moe *kommt und sieht die drei erstaunt an* Oh! ...

Rose *Moe soll ihn loswerden* Er sucht Arbeit.

Moe *mißtrauisch* Was für Arbeit? Das ist keine Fabrik, das ist ein Wohnhaus.

Taylor Ich könnte das Haus streichen oder das Dach reparieren, Elektroarbeiten, Klempnern, Mauern, Arbeiten im Garten ... Ich hab meine eigene Farm gehabt, und ich hab das alles immer selber gemacht, klar, nich? Ich würde nur ganz wenig Geld ...

Rose Also, wir brauchen überhaupt keinen ...

Moe Wo kommen Sie her?

Taylor Iowa.

Lee *als ob das auf dem Mond wäre* Aus Iowa!

Taylor Außer meinem Essen würde es Sie fast nichts kosten, klar, nich? Natürlich, das Material müßten Sie stellen.

Moe *fängt an, Taylor geographisch einzuordnen* Von wo in Iowa?

Rose Der Mann meiner Schwester kommt aus Cleveland.

Moe Nee, nee. Cleveland liegt ganz woanders. *Zu Taylor* Von wo genau?

Taylor Kennen Sie Styles?

Moe Ich kenne nur die Kaufhäuser in Großstädten.

Taylor *lacht erleichtert* Also, sowas! Ich hätte nie damit gerechnet, jemand zu treffen, der ... *Ihm wird plötzlich schwindlig. Er bricht ab und sucht nach etwas, um sich daran festzuhalten. Lee faßt ihn am Arm. Taylor sinkt in sich zusammen.*

Rose Sind Sie krank?

Moe Herr – äh ...

Lee Ich hol Wasser! *Er rennt hinaus.*

Rose Haben Sie was mit dem Herzen?

Taylor Entschuldigen Sie – es tut mir schrecklich leid ... *Er kniet sich hin, die Hände auf dem Boden, und schafft es aufzustehen, als Lee mit einem Glas Wasser kommt. Er trinkt das Glas halb aus und gibt es ihm zurück.* Danke, mein Junge.

Rose *zeigt auf das Haus, wartet auf Moes Reaktion* Er sollte sich lieber hinsetzen.

Moe Möchten Sie sich hinsetzen? *Taylor sieht ihn hilflos an.* Kommen Sie rein und setzen Sie sich hin.

Lee führt Taylor zu einem Stuhl, und er setzt sich.

Rose *beugt sich über ihn und betrachtet sein Gesicht* Haben Sie was mit dem Herzen?

Taylor *verlegen und wirklich ängstlich* Ob Sie mir vielleicht etwas zu essen geben könnten?

Die drei starren ihn an; er sieht in ihre schockierten und erstaunten Gesichter. Er weint.

Moe Sie haben *Hunger*?

Taylor Ja.

Rose sieht Moe an, ob sie das glauben soll.

Moe Hol was für ihn.

Rose *läuft sofort hinaus* Oh, lieber Gott im Himmel!

Moe *mißtrauisch und vorwurfsvoll* Was machen Sie? Laufen einfach so rum und ...

Taylor Nein, nein! Ich bin hier in den Osten gekommen, nachdem ich meine Farm verloren hatte ... es hieß, in New Jersey werden Leute für die Rübenernte gesucht. Ich kriegte aber nur Arbeit für zwei Tage. Deswegen bin ich nach New York gekommen – jemand hat mir erzählt, daß hier in der Gegend vielleicht ein Haus streichen, ein Dach reparieren oder ... ich war zwei-, dreimal bei der Heilsarmee, aber da habe ich gestern auch nur ein Stückchen Brot und 'ne Tasse Kaffee gekriegt ...

Lee Sie haben seit gestern nichts gegessen?

Taylor ... Ich brauche normalerweise nicht viel ...

Rose kommt mit einem Tablett mit einer Schüssel Suppe und Brot herein.

Rose Ich war grade erst dabei, die Suppe zu machen, die Kartoffeln sind noch nicht drin ...

Taylor Oh, rote Beete?

Rose Man nennt das Borscht.

Taylor *folgsam* Ah, ja. *Er verliert keine Zeit und löffelt seine Suppe. Alle beobachten ihn: den ersten hungernden Mann, den sie sehen.*

Moe *skeptisch* Wieso haben Sie Ihre Farm verloren?

Taylor Zwangsvollstreckung. In Iowa haben die Banken ganze Dörfer versteigert.

Moe Wie lange haben Sie die Farm gehabt?

Taylor Ach, mein Urgroßvater hatte sie schon.

Moe Und dann war immer noch 'ne Hypothek drauf?

Taylor Nein – nein – Mein Vater hat eine Hypothek aufgenommen, um den Trecker zu kaufen und die neue Scheune und die Maschinen ... klar, nich?

Moe Ah, ja.

Rose Haben Sie Familie?

Taylor Eine Frau und zwei Töchter. Sie sind bei ihren Verwandten in Illinois, bis ich irgendwas finde. Aber ich hab nichts gefunden.

Moe *begreift* ... Sie stecken irgendwie in der Klemme, nicht?

Taylor *kleine Pause* Nein, Sir. Es hat sich alles aufgeklärt. Und ich war nur die eine Nacht im Gefängnis.
Schweigen

Moe Weswegen waren Sie im Gefängnis?

Taylor *löffelt seine Suppe als hoffnungsloses Ablenkungsmanöver* Das ist eine sehr gute Suppe. Ich mach mir normalerweise nichts aus roter Beete ...

Rose Das ist keine Suppe mit roter Beete, das ist Borscht.

Taylor Ah, ja. *Er ißt, sieht dann zu Moe ...*

Moe Essen Sie jetzt auf. Und dann gehen Sie wieder.

Taylor Danke.

Lee Wie funktioniert das, wenn man eine Farm verliert?

Taylor Och, der Sheriff kommt her und macht bloß einen Zettel an die Toreinfahrt und einen an die Haustür. Und dann kriegt man natürlich noch den Brief. Und dann kriegt man einen Termin, bis wann man die Farm räumen muß. Dann schicken sie den Auktionator, Mr. Harrison, und der verkauft das Vieh, die Maschinen und alles andere an den Meistbietenden.

Lee Und dann kommt man ins Gefängnis?

Moe Niemand muß wegen einer Hypothek ins Gefängnis gehen.

Taylor Das ist richtig – *Kleine Pause.* Da war diese Geschichte mit dem Farmer. Ich glaube nicht, daß das hier in Ihren Zeitungen gestanden hat. Es war ein Farmer aus der Gegend von Columbia, er hieß Karl Brewster. Dem wurde seine Farm irgendwann im letzten Jahr von der Bank weggenommen. – Also, der kommt zu meiner Versteigerung und bringt so zehn, zwanzig von seinen Leuten mit, die mit ihm herumziehen – und wenn dann der Moment kommt, wo die Gebote gemacht werden sollen, dann ... dann lassen sie das einfach nicht zu. Und dann sind sie die einzigen, die ein Gebot abgeben. Und dann kriegen sie die ganze Farm für ein oder zwei Dollar und geben sie dem Farmer zurück, dem sie weggenommen werden sollte.

Lee Mann, das find ich toll!

Moe *zu Lee* Und die Bank?

Lee Aber sie kriegen ihre Farmen zurück!

Taylor *anerkennend* Sehr richtig, mein Junge!

Moe Mit anderen Worten, das heißt, Sie gehen zu einer Auktion – mit Gewehren, ist das richtig?

Taylor Nun ... ja, Sir. – Es wurde auf keinen geschossen, es wurde nur allen geraten, nicht mitzubieten, das war alles.

Lee *bewundernd* Mannometer!

Rose *zu Moe* Weißt du, sie sind bestimmt ganz verzweifelt ...

Moe Aber mit *Gewehren*?

Lee Und wieso sind Sie dann weggegangen?

Taylor Na, ja, schließlich haben sie uns doch alle eingelocht. »Wegen Behinderung des rechtmäßigen Ablaufs von Auktionen im Staate Iowa« – so heißt das.

Lee Ach, Sie sind mit Karl Brewster und seinen Leuten mitgezogen?

Taylor Nun ja, ich bin mitgezogen, so zwei- oder dreimal. Schließlich haben sie uns vor Gericht gestellt. Und der gute Karl nimmt einen Anlauf, springt über die Absperrung, und bevor man überhaupt kapiert, was los ist, haben die den Richter Bradley draußen unter einem Baum mit einem Strick um den Hals. Beinahe hätten sie ihn gelyncht.

Rose Einen *Richter*?

Taylor Er hatte Hunderte von Farmern von Haus und Hof vertrieben. Richter Bradley hatte nie Zeit, sich einen Einspruch anzuhören, und da sind Brewster und seine Leute einfach durchgedreht. Klar, nich? – Ich hab wegen Beihilfe nur einen Tag Gefängnis gekriegt, aber die anderen sitzen noch immer, glaube ich, wohl noch bis Dezember. *Seufzt* Ich dachte, es wäre besser, eine Zeitlang zu verschwinden – die Zeitungen haben furchtbare Sachen über uns geschrieben – Ich will nur abwarten, bis Gras über die Sache gewachsen ist.

Rose *schüttelt den Kopf* Und ich hatte gedacht, in Iowa wären sie alle Republikaner.

Taylor Also, ich glaube, das stimmt.

Lee Nennt man das nicht radikal?

Taylor Na, ja ... die Leute in Iowa sind eben praktisch. Und wenn es praktisch ist, werden sie sogar radikal. Und sie hören auf, radikal zu sein, wenn es nicht mehr praktisch ist.

Moe Hoffentlich haben Sie alle was draus gelernt.

Lee Aber wieso denn! – Der Richter wollte ihnen ihre Häuser wegnehmen!

Moe Und da zieht man vors Gericht und lyncht ihn?

Lee Aber ... das war nicht recht, Papa!

Rose Pscht! – Keine Widerrede ...

Lee *zu ihr* Aber du *weißt*, daß das nicht richtig ist! – Stell dir vor, die kommen und wollen uns aus *diesem* Haus rausschmeißen.

Rose Ich will nicht darüber nachdenken. – *Zu Taylor* So. Wo schlafen Sie?

Moe Moment. – Wir wollen gar nicht wissen, wo Sie schlafen, Herr, ähm ... wie heißen Sie.

Taylor Taylor. – Ich würde sehr gern die Fenster putzen oder ...

Moe *geht zu Taylor und faßt ihn am Ellbogen, damit er aufsteht* Wir mögen unsere Fenster so, wie sie sind.

Taylor Ich würde auch nur fürs Essen arbeiten, wenn ich nur im Keller unterkriechen dürfte ...

Rose *zu Moe* Warum bist du so ...

Moe *zu Taylor, aber ein bißchen ist auch Rose gemeint* Es ist eine Frage der Größenordnung, Herr ... wie war Ihr Name? – ah, ja, Taylor. Das hier, Mr. Taylor, ist ein sehr kleines Haus, und uns geht es auch nicht großartig. Und im zweiten Stock wohnt ein sehr alter Mann bei uns, der da sein Nickerchen macht ... ihr Vater, verstehen Sie ... er ist hierhergekommen, weil er gern bei uns wohnt, verstehen Sie. Was kann man da machen? Liebe ist Liebe. Wir haben keinen Platz für einen weiteren Menschen in diesem Haus, verstehen Sie? – Auch nicht im Keller. *Er nimmt zwei oder drei Geldscheine aus der Tasche.*

Taylor Ich habe nicht um Almosen gebeten ...

Moe Ich werde Ihnen jetzt einen Dollar leihen. Ich hoffe, Sie fangen ein völlig neues Leben an. Hier ... *Er gibt Taylor einen Geldschein und bringt ihn zur Tür.* Und zahlen Sie mir das Geld zurück, aber es ist nicht so eilig. *Er streckt die Hand aus.* Ich habe mich gefreut, Sie kennenzulernen. Viel Glück.

Taylor Vielen Dank für die Suppe, Mrs. ...

Rose Wir heißen Baum. Wie alt sind Ihre Kinder?

Taylor Die eine ist elf, die andere neun. *Er faltet nachdenklich die Dollarnote zusammen.* Ich muß Ihnen sagen, Mr. Baum ... ich hätte nie gedacht, daß ich so etwas tun könnte: Geld von jemand nehmen, ohne was dafür zu tun.

Großvater tritt auf, er ißt eine Pflaume.

Rose Und schreiben Sie Ihrer Frau einen Brief. – Alles Gute.

Taylor Ja, das werde ich tun. *Zu Moe* Auf Wiedersehen, Sir ...

Moe *grinst, tippt mit dem Finger nach ihm* Und Finger weg von Stricken, klar!

Taylor Ah, ja. Capito ... *Taylor geht ab. Lee geht ihm nach bis zur Seite der Bühne und ruft hinter dem Weggehenden her.*

Lee Auf Wiedersehen, Mr. Taylor!

Taylor *dreht sich um und winkt* Wiedersehen, mein Junge! *Er geht weg. Lee sieht ihm gedankenverloren nach.*

Großvater Wer war das?

Moe Ein Farmer aus Iowa. Er hat versucht, einen Richter zu lynchen. Deswegen wollte sie ihn in unserem Keller einquartieren.

Großvater Was macht ein Farmer hier in New York?

Rose Er ist bankrott, er hat alles verloren.

Großvater Aha. Dann sollte er sich was leihen.

Moe *faßt sich an den Kopf – zu Lee* Ich lauf ihm sofort nach und sag es ihm. *Zu Rose* Ich geh mal an die Ecke und eß ein Eis – er hat mich hungrig gemacht. Kommst du mit, Lee?

Lee Ich habe keine Lust.

Moe Sei nicht traurig. Und immerhin – vielleicht hat er gelogen.

Lee Wie kannst du so etwas sagen?

Moe Wer weiß? Die Menschen lügen, weißt du ... sie will das nicht wahrhaben. Aber ich kann dir sagen: Das Leben ist hart. Aber was kann man machen? Manchmal ist es etwas weniger hart, aber hart ist es immer. Los, wir essen ein Eis.

Lee Danke, jetzt nicht, Papa. *Er dreht sich weg.*

Moe *pikiert und den Vorwurf zurückweisend* Bin gleich wieder da. *Er schlendert über die Bühne, pfeift leise und geht dann ab. Großvater kaut und sieht sich mit dem Pflaumenkern in der Hand um, wo er ihn hinlegen kann. Rose sieht, was unvermeidlich kommen wird und streckt die Hand aus . . .*

Rose *mit Widerwillen* Ach, gib schon her.

Er läßt den Kern in ihre Hand fallen. Sie geht damit hinaus und nimmt die Suppenschüssel mit.

Lee *ist noch immer mit dem Vorfall beschäftigt* Großvater. Der war am Verhungern, der Mann.

Großvater Nee, vielleicht hatte er Hunger, aber er war nicht am Verhungern.

Lee Doch. Er ist vor Hunger umgefallen.

Großvater Nein, nein, das ist nicht richtig Verhungern. In Europa, da verhungern die Leute. Aber hier nicht. In ein paar Wochen hat man rausgekriegt, was getan werden muß, und dann brauchst du darüber nicht mehr nachzudenken . . . Alles zu seiner Zeit, mein Junge – *darüber* solltest du mal nachdenken!

Lee bleibt die Antwort im Halse stecken. Er geht ab. Großvater geht hinterher.

Rose kommt und geht zum Telefon. Sie kämpft einen Augenblick mit sich, nimmt dann den Hörer ab.

Rose Dewey 9–1–6–4, bitte. – Fanny? Sag mal, du kennst doch diese Mrs. Cooper, nicht? – Die in dem Haus mit den vielen Stukkaturschnörkeln neben dem Drugstore, die gebleichte Blondine. – Genau. Lillian Frosch von nebenan hat mir gerade erzählt, daß bei der zweimal in der Woche im Keller Bridge um Geld gespielt wird. – Ja, sie nimmt eine Teilnahmegebühr, und dann dürfen sich die Leute hinsetzen und spielen. Lillian hat mir erzählt, sie braucht noch jemand. Vielleicht könntest du fragen, ob sie mich aufnimmt. – Ja, Schwesterherz. Ich würde die Aufsicht an einem der Tische übernehmen und könnte vielleicht fünf oder sechs Dollar in der Nacht verdienen. – Was hat denn die Polizei damit zu tun? Es ist doch kein Glücksspiel; es ist Bridge! – Überlaß das bitte mir, Liebling, und frag sie bloß, ob ich zu ihr kommen und sie besuchen kann, ja? – Und hör zu: Ich habe mich jetzt wegen dieser Wahrsagerin entschieden – ich werde hingehen. – Na ja, ich mache mir Sorgen um Lee; ich sehe doch, wie all diese Jungs rumlungern und nichts tun – vielleicht kann ich einen kleinen Blick in die Zukunft werfen . . . und vielleicht fällt mir dann etwas für ihn ein. Ich weiß, es ist lächerlich, aber wer weiß? – Und sag mal, was ist denn mit der Wie-heißt-sie-doch aus dem

Konfektionsgeschäft, die mich wegen dieser Stelle anrufen wollte? – Natürlich habe ich das ernst gemeint! Ich würde wahnsinnig gern Kleider verkaufen. Wenn ich raus aus diesem Haus komme und ein paar Dollar verdienen kann, verkaufe ich auch Elefanten! Hol mich ab, wenn du zu der Wahrsagerin gehst. – Wirklich? – Sie hat wirklich gesagt, daß Harry eine Erbschaft machen wird? Wann denn? *Resigniert* Ach so. Du holst mich dann ab, Fanny. *Sie legt auf, reibt sich verzweifelt die Augen, blickt zum Himmel und seufzst.* Irgendwo auf dieser Welt muß es doch jemand geben, der weiß, was man jetzt tun muß.

Sie setzt sich und fängt an, in einem Buch zu lesen. Lee kommt mit Vorlesungsverzeichnissen herein.

Lee Hör mal.

Rose *reißt sich von dem Buch los* Ja?

Lee *zeigt auf das Vorlesungsverzeichnis* In Cornell braucht man überhaupt keine Vorlesungsgebühr zu zahlen, wenn man Bakteriologie studiert.

Rose Gar keine?

Lee Hier steht das. Vielleicht sind die da mit Bakteriologen knapp.

Rose Das wäre ja phantastisch! Würdest du das gern studieren?

Lee *starrt vor sich hin, sieht sich als Bakteriologen, seufzt* Ich weiß nicht. Bakteriologie?

Rose *rümpft die Nase* Muß schrecklich sein. Gibt es sonst noch was umsonst?

Lee Nee, das ist das einzige, was ich gefunden habe. – Mann, warum hab ich bloß kein besseres Zeugnis. Ich verstehe nicht, was ich in der Schule getan habe.

Rose Du warst in einen Baseballschläger verliebt.

Lee ... Ich hätte bestimmt ein Stipendium gekriegt.

Rose Ich hatte ein Stipendium. Aber Großvater konnte mich nicht schnell genug unter die Haube bringen. *Sie schüttelt den Kopf.* Zwei Tage vor der Abschlußfeier bekam das Mädchen, das den »Alten Seefahrer« von Coleridge aufsagen sollte, eine Mandelentzündung. Da hatte ich gerade zwei Tage Zeit, um das ellenlange Gedicht auswendig zu lernen.

Lee *schüttelt den Kopf* Wau!

Rose Dann bin ich aufs Podium ... und kein einziger Fehler. Sie waren alle weg.

Lee Ich konnte nie gut auswendig lernen.

Rose Du hast ein Gedächtnis wie ein Sieb. Du sitzt und träumst vor dich hin. Jeden Morgen machst du die Augen auf und guckst erstaunt in die Welt – als ob es der erste Schöpfungstag wäre.

Lee *düster* Ja, ich weiß. – *Er blättert in einem Vorlesungsverzeichnis.* Weißt du, daß Syracuse ...

Rose *zeigt auf ihr Buch* Ich muß hiermit bis morgen früh fertig sein – ich habe jetzt schon vierzehn Cent Nachgebühr zu zahlen.

Lee Was ist das?

Rose »Coronet« von Manuel Komroff. Es geht um eine Königskrone, die gestohlen wird und dann verloren geht, und dann wird sie wiedergefunden und geht wieder verloren – über Generationen. Es soll Literatur sein, aber ich find es spannend. *Sie liest weiter in ihrem Buch.*

Lee *schlägt die Vorlesungsverzeichnisse zu und sieht sie an* Mama?

Rose *immer noch lesend* Hm?

Lee *tastet sich vorsichtig ran* Ich glaube, es ist sowieso zu spät, sich für dieses Semester zu bewerben. Meinst du nicht auch, Mama?

Rose *dreht sich um zu ihm* Also – für dieses Semester hast du vielleicht recht. Ich bin fast sicher, mein Junge.

Lee Na gut, Mama.

Rose Ich finde das so schrecklich – die ganze Zeit haben wir mit Geld so geaast, und jetzt wo du es brauchst ...

Lee *Endlich weiß er Bescheid.* Nun laß das doch. Ich glaube, ich werde mich nach einer Arbeit umsehen.

Rose Da sind nur diese verdammten Aktien dran schuld.

Lee Ich weiß nur nicht, wo ich nachsehen soll, unter »Aushilfskräfte männlich« oder »Jugendliche gesucht«.

Rose Jugendliche. *Ihre Blicke treffen sich. Sie sieht seine ängstliche Besorgnis.* Hab keine Angst, mein Junge ... du wirst dich schon durchbeißen, das weiß ich!
Sie versteckt ihre Rührung in ihrem Buch. Während das Licht schwächer wird, geht sie ab.

Lee *zum Publikum* In dieser Zeit gab es in Brooklyn nur eine Frage: Wie kann man ohne Geld seine Miete bezahlen?
Esther Margolies tritt auf. Ihr Sohn Sidney sitzt am Klavier und fängt an, einen Schlager zu spielen.
Obwohl es in unserer Straße von gewitzten Hausfrauen nur so wimmelte, gab es doch eine, an die niemand herankam – die Mutter von Sidney Margolies, das Flintenweib Esther Margolies. *Er geht ab.*

Esther Sidney?

Sidney *singt* »Say don't you remember they called me Al ...«

Esther Sidney?

Sidney »It was Al all the time
Say don't you remember, I'm your pal . . .«

Esther Sidney?

Sidney »Brother can you spare a dime?«

Esther Ich muß mit dir reden, Sidney. *Aber er spielt weiter leise Akkorde.* Bitte hör für eine Minute damit auf.

Sidney *hört auf* Hör zu, Mutter . . . es ist erst Juli. Wenn ich noch auf der High School wäre, hätte ich noch Ferien.

Esther Und wenn ich die Königin von Rumänien wäre, brauchte ich keine Miete zu zahlen. Du hast dein Abitur gemacht, Sidney, es sind jetzt keine Schulferien.

Sidney Mutter, es ist ganz sinnlos, daß ich zum Arbeitsamt gehe – da stehen erwachsene Männer Schlange – Ingenieure, Doktoren. Die nehmen jede Arbeit. Wenn ich nur einen Erfolgsschlager schreiben würde wie diesen, nur einen – dann brauchten wir uns keine Sorgen mehr zu machen. Laß mir noch diesen Monat Zeit, nur den Juli. Warte ab, ob ich es schaffe! Der Mann ist ein guter Bekannter von dem Ober aus dem Restaurant, wo der Manager von Bing Crosby immer hingeht – er hat es wirklich ernst gemeint. Er hat gesagt, er könnte ihm jeden Schlager geben, den ich schreibe. Und wenn Bing Crosby den dann nur einmal singt . . .

Ein Spot auf Doris. Sie sitzt auf dem Fußboden weit weg, isoliert – sie spielt »Abnehmen« (Fadenspiel). Sidney und seine Mutter beachten sie nicht. Sie sitzt einfach da.

Esther Ich möchte mit dir über Doris sprechen.

Sidney Welche Doris?

Esther Doris! Die Doris von unten. Ich habe mich mit ihrer Mutter unterhalten. – Sie mag dich gern, Sidney.

Sidney Wer?

Esther Ihre Mutter! Mrs. Gross. Sie ist in dich verschossen.

Sidney *begreift nichts* Ah, ja.

Esther – sagt sie. Doris redet über nichts anderes als über dich.

Sidney *beunruhigt* Was redet die denn über mich!

Esther Nein – nur Nettes. Sie mag dich.

Sidney *amüsiert, lacht ungläubig Doris?* – die ist dreizehn.

Esther Sie wird im Dezember vierzehn. Jetzt hör mal genau zu.

Sidney Ja?

Esther Es hängt natürlich nur von dir ab, Sidney, und ich möchte, daß du deine eigene Entscheidung triffst. Aber Vater wird nie wieder auf die Beine kommen. Und jetzt, wo sich Theresa verheiratet hat, können wir ihren Lohn vergessen. Mrs. Gross sagt immer – sie ist Witwe, weißt du? Und dann ihr Kropf und dann mit ihrem ...

Sidney Ja?

Esther Wenn du Doris magst – aber nur wenn du sie magst – und du einverstanden wärst, dich zu verheiraten – wenn sie achtzehn ist, zirka achtzehn oder vielleicht siebzehn – und wenn du dich jetzt schon entscheiden könntest, dann brauchten wir für diese Wohnung keine Miete mehr zu zahlen. Ab nächsten Ersten.

Sidney *beeindruckt, sogar verblüfft* Für ... für immer?

Esther Selbstverständlich. Du wärst der Ehemann, und dies wäre dein Haus. Du würdest nach unten ziehen, und das große Klavier auch, und auch die gekachelte Dusche ... Ich könnte mir sogar vorstellen, wenn du dich jetzt entscheiden würdest, würde sie auch noch die Miete für die letzten drei Monate schießen lassen, die wir ihr schulden. Ich wäre nicht einmal sehr überrascht, wenn du in die Bäkkerei einsteigen könntest.

Sidney Die Bäckerei! Um Gotteswillen, Mutter, ich bin Komponist!

Esther Jetzt hör mir mal genau zu ...

Sidney Aber wie soll ich ein Bäcker werden!

Esther Sidney, mein Junge, hast du dir das Mädchen überhaupt mal angesehen?

Sidney Warum sollte ich sie mir ansehen!

Esther *nimmt seinen Arm und dreht ihn zu Doris um* Weil sie eine Schönheit ist. Sonst hätte ich nicht davon angefangen. Guck! Guck doch! Guck dir diese Nase an. Sieh dir ihre Hände an. Siehst du diese wunderschönen kleinen weißen Hände? Solche Hände findet man nicht so leicht.

Sidney Aber Mutter – wenn du mich nur noch den Juli in Ruhe läßt, und wenn ich nur den einen Schlager schreibe ... ich weiß, ich kann es schaffen, Mutter.

Esther Gut, Sidney. Wir schulden nur hundertachtzig Dollar. Am ersten August sitzen wir auf der Straße. Also, schreib deinen Schlager, mein Junge. Ich hoffe nur, daß du nicht in vier oder fünf Jahren zufällig irgendwo Doris Gross triffst und dich in sie verliebst – nachdem wir alle auf der Straße erfroren und umgekommen sind.

Sidney Aber Mutter. Angenommen, ich sage jetzt ja – und dann treffe ich nächstes oder übernächstes Jahr ein Mädchen, das ich wirklich mag ...

Esther Dann stell dir vor, du heiratest *dieses* Mädchen und nach einem Jahr triffst du ein anderes Mädchen, das du lieber magst – was willst du dann tun? Jedes Jahr heiraten? ...

Aber ich wollte dich nur über unsere Situation informieren. Ich mache jetzt die Tür hinter mir zu, du wirst nicht mehr gestört werden ... und schreib einen ganz großen Schlager, Sidney. *Sie geht hinaus.*

Alleingelassen, vermeidet er es, in die Richtung von Doris zu sehen. Mit sich uneins, geht er zum Klavier, berührt die Tasten, ohne sich hinzusetzen. Eine Pause. Er dreht sich zu Doris um. Dann geht er zu ihr hinüber. Sie spielt weiter »Abnehmen«. Langsam geht er in die Hocke.

Sidney Donnerwetter ... das kannst du ja großartig, Doris. *Doris berührt ihn am Arm und fängt an, mit ihm Kriegen zu spielen. Nachdem sie zwei- oder dreimal rund um die Bühne gelaufen sind, folgt er ihr müde ins Off. Banks tritt in einer zerlumpten Soldatenuniform auf.*

Banks Während der Depression zogen Hunderttausende hin und her durch das ganze Land. Ich bin auf Güterzügen durch einundvierzig Staaten gekommen, her und hin. Ich höre noch immer das Rollen der Züge. Und höre noch immer dieses lange, tiefe Pfeifen. Und höre noch immer die Lokomotive. *Er imitiert den Pfeifton der Lokomotive.* Tuuut! – Ich komme hier bestimmt bald raus. Nur eine kleine Diabetes, das ist alles. *Eine kleine Pause. Er denkt nach.* 1929 war wirklich hart. Wir hatten eine kleine Baumwollfarm in McGehee in Arkansas. Aber als Mann mußte man auf die Straße – man mußte seine Frau, seine Mutter verlassen, nur um ein bißchen Geld zum Leben zu verdienen. Aber ich fand keine Arbeit. Manchmal hörte man von irgend jemand, daß in New York Leute gesucht würden. Sofort fuhren alle nach New York, zehn, fünfzehn Mann zusammen auf einem Zug. Einen von ihnen hab ich schreien hören, als er runterfiel und sich das Genick brach. Aber in New York gab es keine Arbeit. Also kehrten wir alle wieder um und zogen nach Lima in Ohio, Detroit in Michigan, Duluth in Minnesota. Oder wir fuhren runter nach Baltimore oder Alabama oder Decatur in Illinois. Und überall, wo wir hinkamen, gab es ein Gefängnis. Ich habe, an mehrere Häftlinge gekettet, vier Monate lang Baumwolle gepflückt, nur weil ich auf einem Güterzug getrampt bin. Das war im Sommer 1930. Und als ich entlassen wurde, habe ich fünfunddreißig Cent bekommen. Jawohl, fünfunddreißig Cent dafür, daß ich vier Monate lang gegen meinen Willen Baumwolle pflücken mußte! Ach, ich höre noch immer das Rollen der Züge, dieses lange, tiefe Pfeifen. Tuuut! *Er geht ab.*

Moe und Rose treten auf. Sie trägt einen Morgenrock und Hausschuhe, er einen grauen Anzug und einen Hut. Er gibt ihr gerade einen Kuß.

Rose Wiedersehen, Liebling. Heute ist ein guter Tag – ich spüre das!

Moe *nicht allzu überzeugt* Ich glaube, du hast recht. Wiedersehen.

Sie winkt, als ob sie auf einer Treppe steht. Er geht. Langsam bleibt er stehen. Unsicher und gespannt blickt er zu seinem Haus zurück, sieht dann zu Boden und denkt nach. Währenddessen kommt Lee. Rose gibt ihm einen Abschiedskuß. Er hat ein Frühstückspaket unter dem Arm.

Rose *deutet auf das Frühstückspaket* Quetsch es nicht so, ich habe ein paar Kekse reingetan ... Und noch was – das bedeutet nicht, daß du später nicht doch aufs College gehen kannst.

Lee Och, ist doch nicht so schlimm, Mama – ich steh da gern zwischen den Maschinen. Ich bin sehr froh, daß ich die Arbeit gekriegt habe.

Rose Die ganze Zeit hatten wir so viel Geld, und jetzt, wo du es brauchst ...

Lee *unterbricht sie* Wiedersehen! *Er geht los. Rose geht ab. Lee geht weiter und erschrickt, als er Moe da stehen sieht.* Ich habe gedacht, du wärst schon lange weg!

Moe Ich komme ein Stück mit dir. *Er macht sich nicht die Mühe, zu erklären, warum er auf Lee gewartet hat. Er geht nur neben ihm her, aber viel langsamer, als Lee vorher gegangen ist. Lee bemerkt seine ungewöhnliche Anspannung, traut sich aber nur, ihn von der Seite anzusehen, während seine eigene Irritation und Ängstlichkeit zunimmt. Endlich* ... Gute Stelle?

Lee Prima. Ich konnte gar nicht fassen, daß sie mich genommen haben.

Moe *nickt* Gut.

Sie gehen schweigend weiter. Sie können über die ganze Bühne hin und her gehen, während die Spannung wächst und Lee ständig Moe von der Seite ansieht, der immer nur nach unten oder nach vorn sieht. Endlich bleibt Moe stehen und holt tief Luft.

Moe Lee – wieviel Geld hast du, Lee?

Lee *völlig verblüfft* Wieviel Geld ich habe?

Moe *zeigt auf Lees Taschen* Ich meine, bei dir.

Lee Och! Also, ungefähr ... *Er holt einige Münzen aus der Tasche* ... fünfunddreißig Cent. Mehr brauch ich nicht.

Moe ... Könntest du mir fünfundzwanzig Cent geben? – Ich muß in die Stadt.

Lee *einen Moment überrascht, dann* ... Aber natürlich, Papa!

Moe Du hast dein Frühstück bei dir – ich muß mir später ein Würstchen kaufen.

Lee *gibt ihm einen Vierteldollar* Bitte. Ich habe noch einen Dollar zu Hause in der Schublade ... soll ich ...? *Er will zurückgehen.*

Moe Nein, brauchst du nicht. *Er geht weiter.* Und, äh ... du brauchst es nicht weiterzuerzählen, ja!

Lee Natürlich nicht!

Moe *bleibt stehen* Sie macht sich Sorgen.

Lee Ich weiß.

Moe geht ab. Lee wendet sich zum Publikum.

Wir sind zusammen mit der U-Bahn gefahren, und es fiel uns schwer, uns in die Augen zu sehen. Also taten wir so, als ob überhaupt nichts passiert wäre. Aber es war etwas passiert. – Es war, als ob ich angefangen hätte, meinen *Vater* zu unterstützen! Und warum mich das so glücklich machte, weiß ich nicht. Aber so war es! Um ihn aufzumuntern, fing ich an zu erzählen, und bevor ich es merkte, hatte ich schon eine phantastische Zukunft erfunden! *Er lacht.* Ich erzählte, ich würde in knapp einem Jahr aufs College gehen – spätestens in zwei Jahren – ich würde mich am Riemen reißen und ein glänzendes Examen machen. – Und dann würde ich nicht nur eine Stelle bei einer Zeitung kriegen, sondern sogar meine eigene Spalte – mindestens! – als wir in der 42. Straße ankamen, war die Depression praktisch vorbei! *Er lacht. Musik.* Und irgendwie war sie das auch ... *Er klopft an seine Brust* ... hier drin ... Auch wenn ich genau wußte, daß uns noch lange harte Zeiten bevorstanden. – Und so habe ich wie die meisten Leute in der fieberhaften Erwartung gelebt – die einen befällt, wenn es keine Hoffnung mehr gibt. – Ich wartete darauf, daß der Traum zurückkommen würde. Irgendwo mußte er sich doch versteckt haben.

Das Licht verlischt, während er seine Mütze aufsetzt und abgeht. Während man die Musik noch leise weiter hört, fällt langsam der Vorhang.

II. Akt

Man sieht Rose aufgeregt beim Klavier auf und ab gehen. Sie bleibt stehen.

Rose Aber dies Klavier kommt mir nicht aus dem Haus. Schmuck ja, aber niemand nimmt mir mein geliebtes Klavier weg. *Sie spielt und singt.*
»I can't give you anything but love, Baby,
That's the . . .«
Auf was für Ideen die Leute kommen! Mr. Warsaw hier in unserer Straße veranstaltet in seiner Küche Rennen mit Kakerlaken, nur um ein bißchen was zu verdienen. Er hält sie in Streichholzschachteln, auf denen ihre Namen stehen – »Alvin«, »Murray«, »Irving« . . . Und darauf wird dann gewettet. *Sie nimmt ein paar Notenblätter.* Das ist ein tolles Musical, »Funny Face«.
»He loves and she loves and they love . . .«
Die Jahre verrinnen – und man hat kein einziges Musical gesehen. Brooklyn schiebt sich weiter und immer weiter in den Atlantik und ist bald von allem abgeschnitten. Manhattan ist ein fremdes Land geworden, und manchmal vergeht ein ganzes Jahr, und man ist überhaupt nicht dagewesen.
»So why can't you love and I love too. Birds love and bees . . .«
Wo man auch hinguckt, überall diese Preisausschreiben: Kelloggs, Post Toasties. Erster Preis fünftausend Dollar, erster Preis zehntausend Dollar. Vielleicht sollte ich es auch mal versuchen, aber komischerweise kommen die Gewinner immer aus Indiana. Ich bete zu Gott, daß wir gesund bleiben – einmal zum Zahnarzt, und man kann den Eisschrank nicht reparieren lassen. Sing!
»Oh, do-do-do what you done-done-done before baby, etc.«
Ich muß in die Leihbücherei! – Mal wieder ein gutes Buch lesen. Ich muß aufpassen, daß ich nicht völlig ver-

blöde. Ich sehe nichts, ich höre nichts außer Geld, Geld, Geld ...

Sie spielt Schumann. Dann hört sie enttäuscht auf und geht ins Dunkel ab. Lee tritt auf, begleitet von drei anderen Studenten, die Examenshüte und College-Talare tragen. Lee trägt einen Pullover. Sie singen im Quartett: »Down by the Old Mill Stream«. Lee kommt nach vorn, während die anderen weitersummen.

Lee Am besten aufgehoben war man auf dem College. Zwei Paar Socken, zwei Hemden und ein Mantel. Eventuell stundenweise Aushilfe in der Bücherei – man lebte wie ein König und brauchte praktisch kein Geld. *Er geht wieder zu den anderen zurück. Sie singen das Lied zu Ende.*

Quartett »... The old mill streammmmm.«

Lee Mann, hoffentlich können die vom neuen Jahrgang singen. *Er umarmt seinen alten Freund Joe.* Wer hätte das gedacht, Joe!

Joe Was?

Lee Du bist ein Zahnarzt!

Ralph *streckt die Hand aus* Tja, also dann – machs gut, Lee.

Lee *schüttelt ihm die Hand* Weißt du schon, was du machst?

Ralph In Louisville soll es eine kleine Flugzeugfabrik geben, die angeblich noch in Betrieb ist ...

Lee Zu blöd, daß du dir als Spezialkurs ausgerechnet Propeller ausgesucht hast.

Ralph Ach was, die werden schon wieder Flugzeuge produzieren – beim nächsten Krieg – wart mal ab.

Lee Wie soll es denn wieder Krieg geben?

Joe Solange es den Kapitalismus gibt ... mein Kleiner ...

Ralph Wird es immer Kriege geben, das ist gewiß. So steht es nämlich in der Bibel. Und wenn nicht, werde ich vielleicht Pfarrer.

Lee Ich hab nicht gewußt, daß du so religiös bist.

Ralph Ich bin sehr religiös. Sie zahlen sehr gut, man wohnt umsonst und bekommt einen Kleidungszuschuß ...

Joe *kommt mit ausgestreckter Hand herüber* Und vergiß nicht Karl Marx zu lesen, Lee. Und wenn du mal in meiner Gegend bist und Zahnschmerzen hast, besuch mich. Ich werde aufpassen, ob ich dein Zeichen unter einem Zeitungsartikel finde, Lee.

Lee Och, ich glaube nicht mehr an eine Stelle bei einer Zeitung – die machen überall zu. Sag mir Bescheid, wenn du deine Praxis aufmachst.

Joe Wahrscheinlich wird das im Keller vom Vater meiner

Freundin sein. Er hat versprochen, den Fußboden im Keller tiefer zu legen, damit ich aufrecht stehen kann ...

Lee Und woher kriegst du die Einrichtung?

Joe Also, ich hab mir das so vorgestellt: Ich mache die Praxis in zwei, drei Jahren auf, sowie ich die Anzahlung für einen gebrauchten Bohrer machen kann. Besuch mich, und ich setz dir die Zähne wieder ein, die dir die Ohio State Boys ausgeschlagen haben.

Lee Darauf kannst du dich verlassen! ... Mach's gut, Rudy!

Rudy Wer weiß, vielleicht sehen wir uns im nächsten Semester wieder.

Joe Bleibst du auf dem College?

Rudy Vielleicht – nur wegen meiner Wurzelbehandlung. Es gibt da ein paar Physikstudenten, die wollen bald in eins von den leerstehenden Häusern in der Lawrence Avenue ziehen – es ist da ein bißchen dunkel, weil die Fenster vernagelt sind. Aber man zahlt keine Miete, und wenn ich nur eine Vorlesung belege, bleibe ich in der Studentenkrankenversicherung und kann meine Zähne finanzieren.

Lee Und du glaubst, es gibt eine Vorlesung, die du noch nicht belegt hast?

Rudy Jawohl, ich habe sie gerade entdeckt. – Römische Zupfinstrumente.

Joe *lacht* Ach, hör doch auf!

Rudy Nein ehrlich, Altphilologie. Römische Zupfinstrumente. *Er zieht eine Lippe zur Seite.* Da, die drei Backenzähne da müssen noch in die Mache genommen werden. Im Ernst, was soll ich denn machen? In Chicago treten sich die Soziologen auf die Füße. Und hier die Universität, die ist wie eine Mutter – ich zahle keine Miete, wasche Geschirr ab und habe dafür freies Essen, meine Zähne werden in Ordnung gebracht, und so weiter und so weiter ... Vielleicht schlage ich eines Morgens die Zeitung auf und lese eine Annonce: »Aushilfe gesucht: Gut aussehender Collegeabsolvent, mit gesunden Zähnen und umfassenden Kenntnissen in römischen Zupfinstrumenten!« *Gelächter.*

Ralph Los, Tempo, wir kommen zu spät! Hoffentlich sieht alles etwas rosiger aus, wenn du fertig bist, Lee. Jedenfalls passe ich auf dein Zeichen in der Zeitung auf.

Lee Glaub ich nicht dran. Aber vielleicht ergattere ich Arbeit auf einem Mississippi-Raddampfer.

Rudy Fahren die immer noch?

Lee Ja, ein paar noch. Ich möchte gern die Spuren von Mark Twain zurückverfolgen.

Rudy Tja, also wenn du Huckleberry Finn triffst ...

Lee Werde ich ihn von dir grüßen. *Gelächter.*

Ralph Und hau die Ohio State Boys in die Pfanne! *Ralph und Rudy gehen ab.*

Joe *grüßt mit erhobener Faust* Bis dann, Lee.

Lee *erwidert die Geste* Bis dann, Joe.

Joe geht ab. Lee ist allein. Er spielt pantomimisch, daß er den Zug für eine Schiffssirene zieht. Leise vor sich hin ...

Tuuuut! Tuuuuut!

Blackout

Sidney und Doris treten auf.

Sidney Was ist denn los? – Manchmal ändert sich deine Laune von einer Sekunde zur anderen.

Doris *schüttelt den Kopf und schließt die Augen* Ich kann nichts dafür, es passiert einfach.

Sidney Wie kannst du dich von einer blöden Kuh wie Francey irritieren lassen?

Doris Weil sie es in der ganzen Klasse rumerzählt! – Und ich kann noch immer nicht verstehen, wie du so etwas hast sagen können.

Sidney Ich habe nur gesagt, daß, falls wir je heiraten, wir wahrscheinlich unten wohnen. Das heißt doch nicht, daß das der Grund dafür ist, daß wir heiraten! Francey ist nur eifersüchtig!

Doris *zutiefst verletzt* Ich wünschte nur, du hättest das nicht gesagt.

Sidney Heißt das, du glaubst, ich könnte dich heiraten wegen einer *Wohnung*? Wofür hältst du mich eigentlich ...!

Doris *schluchzt* Es kommt nur, weil ich dich so liebe.

Sidney Wenn ich nur einen einzigen Schlager verkaufen könnte! Oder wenigstens die Prüfung für die Post bestehe. – Dann hätte ich eigenes Geld, und dieses blöde Gequatsche würde aufhören.

Doris ... Ich sage, daß ich dich liebe, warum sagst *du* nichts?

Sidney Ich liebe dich, ich liebe dich. Aber ich sag dir: Weißt du, was ich glaube?

Doris Was?

Sidney Ich glaube, wir sollten wirklich eine Zeitlang auch mal andere Menschen sehen.

Doris *verständnislos* Was für andere Menschen?

Sidney Ausgehen. Du bist noch nicht mal sechzehn, Kleine ... und auch in meinem Alter ist es vielleicht gar nicht richtig, daß ich nie mit jemand anderem ausgehe ... Ich glaube, es kommt nur daher, daß du noch so jung bist. Deswegen denken bestimmt alle, daß ich wegen der Wohnung mit dir zusammen bin.

Doris Und – mit wem ... mit wem willst du ausgehen?

Sidney Mit niemand ...!

Doris Was willst du denn?

Sidney Ich *will* ja gar nichts.

Doris Aha. Aber an wen denkst du denn?

Sidney Also, ich weiß nicht ... vielleicht zum Beispiel ... wie heißt die doch, die Schwester von Rita Ganz ...

Doris *alarmiert* Du meinst Esther Ganz mit den ... *Sie deutet mit einer Geste einen großen Busen an.*

Sidney Dann also *nicht* die!

Doris *verletzt* Du willst mit *Esther Ganz* ausgehen?

Sidney Es *muß* ja nicht sein! Aber ... du könntest zum Beispiel mit Georgie ausgehen.

Doris Welcher Georgie?

Sidney Georgie Krieger.

Doris Du bietest mir *Georgie Krieger*, und *du* willst mit *Esther Ganz* ausgehen?

Sidney Es war nur ein *Beispiel*!

Doris *mit ungläubiger Abscheu* Aber Georgie *Krieger* ...!

Sidney Nun laß doch den Georgie Krieger! – Ich könnte auch sagen ... Dann such *du* dir jemand aus.

Sie starrt vor sich hin und läßt alle möglichen Jungs Revue passieren.

Ich meine doch nur ... findest du nicht auch ... wirklich? Wir kennen niemand außer uns. Und ich garantiere dir, das ganze Gerede wird aufhören, bis wir dann endgültig heiraten.

Doris Also ... was hältst du von Morris?

Sidney *ihm bleibt das Herz stehen* Welcher Morris? Meinst du den Morris aus ...?

Doris Ja, Morris aus dem Schuhgeschäft.

Sidney *bekommt eine ganz neue Seite von ihr mit* Im Ernst?

Doris War er nicht ein Jahr auf dem City College?

Sidney Nein, war er nicht! Nur ein Semester – Und er läßt immer noch seinen Kamm aus der Tasche gucken ... Ich weiß nicht, vielleicht sollten wir doch lieber warten.

Doris Also, vielleicht ist es doch 'ne ganz gute Idee ... auf alle Fälle, bis ich sechzehn bin ...

Sidney Nein, wir warten. Wir denken nochmal drüber nach.

Doris Aber weißt du ...

Sidney *Wir denken nochmal drüber nach*, Kleine ...!

Er geht zum Klavier, spielt eine Phrase. Sie kommt zu ihm ... fährt ihm mit den Fingern durch das Haar.
Blackout
Musik. Auf der Projektionswand hinten erscheint die Karte von Amerika, von einer Lichterkette eingerahmt. Licht auf Lee. Sein nackter Oberkörper ist schmutzig. Er wischt sich den Schweiß vom Gesicht.

Lee Liebe Mama und lieber Papa. Eigentlich ist es keine richtige Arbeit, weil ich kein Geld dafür kriege. Aber ich kann in der Kombüse essen und auf Deck schlafen. Der Mississippi ist unglaublich schön, aber manchmal auch furchterregend. Gestern haben wir in einer kleinen Stadt angelegt, wo sie Bohnen und Fleisch an die Hungernden verteilt haben. Das Fleisch wimmelte von Maden. Wenn der Schlachter es aufschnitt, konnte man sie sehen, wie sie sich herausschlängelten. Ein Mann hatte ein Gewehr bei sich. Das richtete er plötzlich auf den Schlachter und zwang ihn, das gute Fleisch herauszugeben, für das er Geld vom Staat bekommt, das er aber für seine zahlenden Kunden aufgehoben hatte. Ich versuche mir dauernd vorzustellen, was Mark Twain aus einem solchen Stoff gemacht hätte. Ich verstehe nicht, wie die Menschen es schaffen weiterzuleben. Viele Banken sind mit Brettern zugenagelt. Es hat seit Monaten nicht geregnet; sogar der Himmel ist verdorrt. In allen Städten sitzen die Männer auf dem Bürgersteig mit dem Rücken an den Häusern. Sehen einen nur an und dösen vor sich hin. Es sieht aus, als ob sie alle verhext wären. Ich bin noch immer damit beschäftigt, die schwachen Stellen im Marxismus zu entdecken, aber ich finde keine. Ich habe gerade einen Artikel gelesen, aus dem hervorging, daß die Gehälter von zwölf Direktoren der Tabakbranche höher waren als das, was dreißigtausend Farmer verdienten. Deswegen ist alles so gekommen – die Arbeiter haben nie genug verdient, um das zu kaufen, was sie produziert haben. Der Boom der zwanziger Jahre war ein einziger gigantischer Schwindel. Die Reichen haben die anderen Leute einfach ausgeplündert. Und alles, was Präsident Roosevelt dazu einfällt, ist: Vertrauen zu haben! Ich bin an Feldern vorbeigekommen, auf denen der Mais, der nicht verkauft werden kann, auf dem Halm vergammelt. Aber er wird von der Polizei bewacht, während die Menschen auf den Straßen vor Hunger umfallen. – Die Revolution wird kommen, Mama ...
Lee geht ab.

Licht auf Rose – sie liest einen Brief vor.

Rose Sie liegt in der Luft. Ich werde mich bemühen, meinen Weg zu finden, um mitzuhelfen, daß sie passiert. – Aber wie soll denn aus ihm ein Sportjournalist werden, wenn er Kommunist ist?

Drei Männer kommen herein, die das Klavier wegbringen wollen. Rose nimmt zögernd die Noten vom Notenständer und schließt sanft den Klavierdeckel. Die Männer tragen das Klavier von der Bühne. Rose bleibt bewegungslos stehen, sie sieht müde aus. Dann geht sie ab.

Joe und Isabel treten auf. Joe trägt einen großen Korb mit Blumen. Er zieht eine zweite Hose über die, die er schon anhat.

Isabel Ist das nicht unbequem, hm? Zwei Hosen?

Joe Es ist ganz schön kalt – den ganzen Tag auf dem Bahnsteig. Der Wind pfeift wie in Sibirien. Das Problem mit den Hosen ist nur – es dauert doppelt so lange, wenn man pinkeln muß.

Isabel Verkaufst du auch Bücher?

Joe Die lese ich bloß. Nach der Arbeit versuche ich, die englische Sprache nicht ganz zu vergessen. Den ganzen Tag über höre ich nichts anderes als Scheiße, Arsch und Kacke.

Isabel *blättert in dem Buch* Ist das über Ehe?

Joe Nicht direkt – es ist von Engels: »Der Ursprung der Familie, des Privateigentums und des Staats«.

Isabel *sehr beeindruckt, blättert eine Seite weiter* Oh!

Joe *ein plötzlicher Einfall* Sag mal, warum versuchst du nicht, das Buch zu lesen? Mich würde wirklich interessieren, wie du es findest. Weißt du, das ist Marxismus – der sagt, daß all unsere Beziehungen eigentlich durch das Geld bestimmt sind.

Isabel *nickt, das weiß sie sehr gut* Ah, das ist wahr! Jawohl.

Joe ... Nein, so habe ich das nicht gemeint. *Er ändert seine Meinung.* Na ja, vielleicht doch.

Isabel Und darüber schreibt einer ein ganzes Buch?

Joe Also, er versucht, das zu ändern, verstehst du. Im Sozialismus werden alle Mädchen Arbeit haben und müssen so was nicht tun.

Isabel Und was machen dann die Männer, hä?

Joe *nur leicht verwirrt* Na ja ... die müßten bloß ... äh ... Wenn ich zum Beispiel das Geld hätte, um eine Praxis zu eröffnen, dann würde ich wahrscheinlich sehr schnell heiraten.

Isabel Aber zu mir kommen auch verheiratete Männer. *Strah-*

lend Ich hab zwei Zahnärzte, die du mir geschickt hast ... Bernie und Allan? ... und die haben auch 'ne Praxis.

Joe *gequält* Du verstehst es nicht. Der Marxismus beweist, daß hinter allen Idealen der Menschen nur wirtschaftliche Interessen stecken. Und daß das nicht so sein sollte.

Isabel Du meinst, es sollte sowas sein wie ... Liebe?

Joe *nicht direkt, aber* ... Na ja ... ja, also irgendwie, ja.

Isabel Oh! Das hört sich gut an. Hei! *Sie schlägt das Buch wieder auf.* Ich würde das gern lesen.

Joe Aber erwarte keinen Liebesroman; es ist eigentlich Sozialphilosophie.

Isabel *verängstigt* Ach so. Na ja, wahrscheinlich habe ich doch keine Zeit. *Verlegen, sie gibt ihm das Buch.* Aber – hei, was ich dir noch sagen wollte – Ich kenne einen sehr netten Buchmacher. Vielleicht kann der dir Geld für 'nen Bohrer leihen.

Joe Ich habe mir schon zuviel geliehen. Hier, nimm dir eine Nelke.

Isabel Oh – danke – nein. Behalt sie lieber und verkauf sie.

Joe Nein, nimm schon. Ich liebe die Illusion. Da ist dein Dollar. *Er gibt ihr einen Geldschein und setzt sich seine Wollmütze auf.* Kann ich nächste Woche wieder, hm?

Isabel Kannst du dann ein bißchen später kommen? Um die Zeit bin ich immer noch so müde.

Joe Ich muß die Sekretärinnen erwischen, wenn sie ins Büro gehen – sie kaufen gerne eine Blume für den Schreibtisch. Und ich mag dich so früh am Morgen; da siehst du so frisch aus. – Ich liebe die Illusion. – Ist Bernie mit der Plombe fertig?

Isabel *öffnet den Mund* Ja, er hat sie gestern poliert.

Joe *sieht ihr in den Mund* Hat er gut gemacht. Wir waren im selben Semester. Sag ihm, daß ich bei dir vorbeigeguckt habe, wenn du ihn siehst.

Isabel Er hat gesagt, er kommt vielleicht nach fünf. Ich soll dich grüßen.

Joe Ja, dann grüß ihn wieder –.

Isabel Ich hab jetzt wirklich sehr viele Zahnärzte.

Joe *mit dem Gesicht zum Publikum, fängt an zu schreiben* Lieber Lee. Was du vom Mississippi schreibst, klingt ja toll! Fast so schön wie hier. Ich schreibe dies in einem Bordell. Ich komme hierher, um nicht verrückt zu werden. Das ist meine Situation. Ich habe beschlossen, ich gebe mir noch ein Jahr. Wenn es länger dauert, bin ich mit den Nerven so runter, daß ich kein Instrument mehr in die Hand nehmen kann. Vielleicht bin ich jetzt schon kaputt. Davor habe ich Angst. Ich hoffe, daß ich mich irre. Aber ich glaube, je mehr Sorgen die Menschen haben, desto mehr nehmen sie einfach nur alles hin. Auf den U-Bahnhöfen reden die Leute nur noch mit sich selber. Dabei sind sie so vertieft, daß sie sogar ihre Züge verpassen. Der Ungeist kommt an die Macht. Es ist erstaunlich, wie viele Amerikaner sich hinter mich drängeln und versuchen, meinen Arsch zu betätscheln. Gestern fängt ein kleiner Buckliger an, mich ohne den geringsten Anlaß anzubrüllen: »Sie werden in der Verfassung kein einziges Wort über Demokratie finden! Dies ist eine christliche Republik.« Niemand hat gelacht. Nazi-Hakenkreuze sind sogar über die größten Zahnpastareklamen geschmiert ... Auch wenn ich meinen Kopf noch so tief in meine Blumen stecke – in der U-Bahn stinkt es nach Faschismus. An der Ecke 49. Straße und 8. Avenue kriegst du zwei sehr gute heiße Würstchen für sieben Cent. Was kann der Verkäufer bei sieben Cent noch verdienen? Ich warte immer darauf, daß plötzlich an einem schönen Morgen Millionen Menschen aus ihren Häusern strömen und einfach – ich weiß nicht was tun. – Einander umbringen? Oder nur die Juden? Oder setzen sie sich bloß auf die Straße und weinen?

Blackout

Licht auf Lee. Er steht im Arbeitsanzug da und hat gerade eine Scheibe Wassermelone gegessen. Isaac, ein Schwarzer, tritt auf. Er ist der Besitzer einer Imbißstube: weiße Schürze und Kochmütze. Er wischt die Theke.

Isaac Arbeiten Sie hier schon lange? Ich habe Sie früher noch nie gesehen.

Lee Tja, das ist meine erste Fahrt auf dem Mississippi. Ich komme aus New York. – Ich will mich nur ein bißchen in der Gegend umsehen, mich mit den Leuten unterhalten ...

Isaac Suchen Sie was Bestimmtes?

Lee Nee – ich versuche nur rauszukriegen, was hier so passiert. Haben Sie schon mal von Mark Twain gehört?

Isaac Ist der von hier?

Lee Ja, ist aber schon ein bißchen her. Er war Schriftsteller.

Isaac Oi, oi! Nee, den hab ich hier noch nie gesehen. Haben Sie schon in der Post gefragt?

Lee Nee, aber vielleicht tu ich das noch ... Jetzt sagen Sie mir bloß, wie kann man hier in diesen Zeiten fünfzehn Cent für eine einzige Scheibe Melone kriegen?

Isaac Ooch – die Weißen sind ganz verrückt nach Wassermelonen. Ist es im Norden wirklich so schlimm?

Lee Es geht. – Jedenfalls möchte ich nicht als Schwarzer hier im Süden leben ... vor allem jetzt nicht.

Isaac Soll ich Ihnen mal was sagen, Mister? Das einzig Gute an der Depression ist, daß es zu guter Letzt die Weißen doch noch erwischt hat. Wir hatten nichts zu verlieren. *Er sieht ins Off.* Oi, oi – der Chef persönlich.

Lee Ist der so wichtig?

Isaac Er kann machen, was er will – er ist der Sheriff.

Der Sheriff tritt auf. Pistole im Halfter, Stiefel, Stern, breitrandiger Hut. Er hat etwas Eingewickeltes unter dem Arm. Er sieht Lee aufmerksam an.

Lee *nervös* Auh, ich muß zurück aufs Schiff. *Er zeigt ins Off.*

Sheriff Du kannst ruhig hier bleiben, warum so nervös?

Er legt sein Paket hin und dreht sich gewichtig zu Isaac um. Lee hält sich unauffällig im Hintergrund und beobachtet schweigend die Szene.

Sheriff Isaac?

Isaac Ja, Sir.

Zur Wahrung seiner Würde setzt sich der Sheriff schweigend auf einen Stuhl an die Theke; dann nach einem Augenblick ...

Sheriff Setz dich.

Isaac Ja, Sir. *Isaac setzt sich auf einen anderen Stuhl. Er ist sehr neugierig, warum der Sheriff ihn aufsucht, hat aber keine Angst. Da der Sheriff Mühe zu haben scheint, das Gespräch zu beginnen ...* Sieht nach Regen aus.

Sheriff *gedankenverloren* Hm. – Kann man nie wissen.

Isaac Tja – so ist das in Louisiana. – Was kann ich für Sie tun, Sheriff?

Sheriff Hast du heute die Zeitung gelesen?

Isaac Ich könnte nicht mal meinen Namen lesen, wenn ihn ein Flugzeug mit Riesenbuchstaben an den Himmel schreiben würde, das wissen Sie doch, Sheriff.

Sheriff Über meinen Cousin zweiten Grades? Allan? Senator in Louisiana?

Isaac Hm?

Sheriff Er kommt in die Leitung der Landespolizei. Der Gouverneur hat ihn gerade ernannt.

Isaac Hm?

Sheriff Freitag abend kommt er zum Essen zu uns mit seiner Frau und seinen zwei Töchtern. Ich will versuchen, mich mit Allan über eine Stelle bei der Landespolizei zu unterhalten. Die Landespolizei kriegt noch immer ihr Gehalt, weißt du.

Isaac Hm? Das wär was, hm?

Sheriff Isaac, könntest du uns ein paar von deinen märchenhaften Brathähnchen machen – so um sechs rum am Freitag abend? Ja? Ich komm selber vorbei.

Isaac *will sich nicht festlegen* Hm.

Sheriff Das wär dann für ... Moment ... *Er zählt an den Fingern ab* ... acht Leute. Mein Bruder und seine Frau kommen auch. Ich wollte nämlich für Allan ein kleines Festessen geben. Das Beste ist grade gut genug, du kapierst, nicht?

Isaac Hm. *Eine verlegene Pause*

Sheriff Was würde das kosten für acht Leute, Isaac?

Isaac *kleine Pause* Zehn Dollar.

Sheriff Zehn.

Isaac *bedauernd* Jaja, Sheriff.

Sheriff *Kleine Pause. Er fängt an, ein Radio aus dem Papier zu wickeln.* Ich möchte dir was zeigen, Isaac. Mein Radio, nicht?

Isaac Ah, ja. *Er fährt mit der Hand darüber.* Geht es?

Sheriff Klar! Sehr guter Klang. Vor zwei Jahren habe ich neunundzwanzigfünfundneunzig dafür gezahlt.

Isaac *sieht es sich von hinten an* Kann ich es mal anschließen?

Sheriff Klar. Nur los. Du hast den Imbißladen wirklich sehr anständig ausgemalt. Ein richtiges Restaurant. Du solltest Gott sehr dankbar sein, Isaac.

Isaac nimmt das Kabel aus dem Apparat und steckt es in die Steckdose.

Isaac Bin ich auch. Gott und den Brathähnchen!

Sheriff Die Gemeinde hat ihren Angestellten seit drei Monaten keinen Cent mehr gezahlt, weißt du ...

Isaac Ja, ich weiß. Wo macht man es an?

Sheriff Den Knopf drehen. So. *Er schaltet es ein.* Aber die Landespolizei, die kriegt noch immer ihr Gehalt, weißt du. Und ich habe mir gedacht, wenn ich Allan dazu bringen könnte, mich da unterzubringen ... *Radiomusik. Sie ist sehr leise.*

Isaac Kann man kaum hören.

Sheriff *verärgert* Herrgott, Isaac, du mußt die Antenne rausziehen! *Er macht ein Kabel am Apparat los.* Du gibst mir acht Portionen Brathähnchen, und ich gebe dir das hier als Pfand, ja? Also, abgemacht.

Der Sheriff geht rückwärts und zieht dabei die Antenne heraus. Plötzlich kommt Roosevelts Stimme sehr laut aus dem Apparat. Der Sheriff bleibt stehen und hält die Antenne hoch. Lee hört gespannt der Radioübertragung zu.

Roosevelt Unsere Nation wird auch dies überstehen, wie sie in der Vergangenheit alles überstanden hat. Sie wird wieder neu wachsen und gedeihen.

Sheriff Und schöne fette Hähnchen, ja? Nicht diese kleinen verschrumpelten.

Isaac *meint Roosevelt* Wer ist das?

Roosevelt So lassen Sie mich denn als allererstes meine feste Überzeugung bekunden, daß das einzige, was wir zu fürchten haben, die Furcht selbst ist ...

Sheriff Hört sich an, als käme er aus dem Norden.

Isaac Psst! *Zu Lee* Das ist Roosevelt, nich?

Lee Ja.

Isaac Bestimmt! – Das ist der neue Präsident!

Sheriff Wie ist es? Abgemacht?

Isaac hält den Kopf ganz nahe an das Radio. Er hört nichts anderes. Lee kommt näher und beugt sich vor, um zuzuhören.

Roosevelt Die Geldwechsler sind von ihren hohen Stühlen im Tempel der Zivilisation geflüchtet. Jetzt können wir diesen Tempel den uralten Wahrheiten wieder zurückgeben ... Das Glück liegt nicht im bloßen Geldbesitz; es liegt im Stolz auf die erreichte Leistung und in der Freude an der schöpferischen Arbeit ... Unsere größte und vordringlichste Aufgabe besteht darin, den Menschen Arbeit zu verschaffen.

Jetzt ist sogar der Sheriff von der Rede gefesselt, die leiser wird ... Das Licht fängt an, schwächer zu werden, während Isaac zuhört und der Sheriff noch immer die Antenne hält.

Während des Vorangegangenen ist eine Gruppe von Arbeitslosen aufgetreten und hat die Szene für das Sozialamt aufgebaut: Tische, Stühle, Bänke, eventuell ein Zug mit Fabriklampen. Ryan, der Leiter des Sozialamts, hat entweder sein Büro an einem Tisch auf der Mitte der Bühne, oder das Büro ist im Off anzunehmen. Die Arbeitslosen bestehen aus Schwarzen und Weißen, Jungen und Alten. Sie sitzen oder stehen herum – zunächst noch im Dunkeln.

Währenddessen hat sich Lee – eventuell auf der Bühne – umgezogen. Er sieht sich unruhig um. Moe kommt und geht zu ihm. Er ist offensichtlich sehr nervös.

Lee Tach, Papa! Danke, daß du gekommen bist.

Moe Einen Augenblick noch, Lee. Bevor wir da reingehen . . .

Lee Hör mal, Papa, wenn es dir peinlich ist . . .

Moe Hast du dir das auch genau überlegt? . . . Es hat nämlich klipp und klar in der Zeitung gestanden, daß jeder, der arbeiten will, zur Arbeitsbeschaffungsbehörde gehen kann.

Lee Das war so, aber das ist jetzt geändert worden. Jetzt kriegen nur die Arbeit, die Sozialhilfe beziehen.

Moe Das verstehe ich nicht . . .

Lee Es gibt sechzehn Millionen Arbeitslose. Sie haben nicht für alle Arbeit.

Moe Aber Roosevelt hat was anderes gesagt.

Lee Wahrscheinlich hat er gedacht, die Dinge würden sich bessern. Aber das ist nicht passiert. Deswegen nimmt die Beschaffungsbehörde nur diejenigen, die nachweisbar mittellos sind.

Moe *zeigt auf die Schlange der Arbeitslosen* Also ist das hier nicht die Arbeitsbeschaffungsbehörde.

Lee Ich habe dir doch gesagt, Papa – das ist das Sozialamt.

Moe So was wie . . . Wohlfahrt.

Ein alter zerlumpter Neger geht vorbei und ins Dunkel ab. Moe folgt ihm mit den Augen.

Lee Bitte, wenn es dir peinlich ist . . .

Moe Nein – was sein muß, muß sein. Laß uns nur noch einmal durchgehen, was ich sagen soll.

Lee Du weigerst dich, mich in deinem Haus wohnen zu lassen. Wir kommen nicht miteinander aus.

Moe Warum kannst du denn nicht bei uns wohnen?

Lee Wenn ich bei euch wohne, brauche ich keine Sozialhilfe. So sind die Bestimmungen.

Moe Na gut. Also: Ich kann deinen Anblick nicht ertragen.

Lee Genau.

Moe Und du wohnst mit einem Freund zusammen in einem möblierten Zimmer.

Lee Richtig.

Moe . . . Und die sollen das glauben?

Lee Warum nicht? Ich habe ein paar Sachen von mir hingebracht.

Moe Und das alles wegen zweiundzwanzig Dollar die Woche?

Lee Was soll ich tun? Sogar Journalisten, die seit Jahren bei der Zeitung sind, werden entlassen. – Guck mal, wenn ich in das Autorenförderungsprojekt aufgenommen werde, dann habe ich wenigstens was zu tun und lerne was, bis ich mal eine richtige Arbeit kriege. Ich habe dir das doch schon so oft erklärt, Papa. Es ist wirklich nicht so kompliziert.

Moe *noch immer unzufrieden* Es ist alles so neu für mich. Na gut. Gehen wir. *Er macht ein paar Schritte, bleibt dann stehen.* Es darf nicht so aussehen, als ob wir uns gut vertragen, nicht?

Lee Du hast es erfaßt. *Er lacht.*

Moe Ich mag dich nicht, und du kannst mich nicht ausstehen.

Lee Genau das: *Er lacht.*

Moe *mit gespielter Entrüstung* Und der lacht!
Licht auf die wartenden Arbeitslosen. Moe sieht sie sich an. Du, ein paar sehen aber *sehr* anständig aus!

Lee Eben.

Moe Mein Gott, wo soll das alles enden?

Ryans Stimme *off* Matthew R. Bush!
Ein würdiger Mann von fünfundvierzig Jahren erhebt sich, geht quer über die Bühne und ab.

Moe Sieht aus wie ein Butler.

Lee War er vielleicht auch.

Moe *schüttelt traurig den Kopf* Tststs!
Ein Baby auf dem Arm von Grace, einer Frau im Hintergrund, schreit. Moe dreht sich danach um und starrt dann wieder vor sich hin. Lee, was machst du, wenn sie dir Arbeit beim Straßenbau anbieten?

Lee Dann mach ich das.

Moe Mit Hacke und Spaten arbeiten?

Lee Das ist keine Schande, Papa.

Kapush *Ende 60, slawischer Typ, Schnurrbart, ein unzufriedener Krakeeler* Was kann man schon von einem Land erwarten, in dem ein Mr. F. Frankfurter oberster Richter ist? Felix, das Frankfurter Würstchen. So ist das.

Dugan *aus einem anderen Teil des Raums* Halt die Klappe, Scheißpolacke!

Kapush *dreht sich ärgerlich nach Dugan um und brüllt dabei Irene – eine Negerin um die 40 – neben sich an* Wer war das?

Irene Moment, Mister, kommen Sie mir nicht so!

Dugan Gib's ihm! Gib's ihm!
Ryan, der Leiter des Sozialamts, kommt. Er sieht blaß aus. Seine Weste steckt voller Schreibfedern und Bleistifte. Er hat ein Blatt Papier in der Hand. Er wirkt erschöpft.

Ryan Na, schon wieder 'ne Demonstration? Seid ihr dazu hergekommen? Mr. Kapush – seit drei Tagen sage ich Ihnen jeden Tag: Wenn Sie in der Bronx wohnen, müssen Sie auch in der Bronx Ihren Antrag stellen.

Kapush Ich weiß schon. Ich werde weiter warten.

Ryan *während er an Dugan vorbeigeht* Lassen Sie ihn in Frieden, ja? Er ist ein bißchen durcheinander – im Kopf.

Dugan Er ist ein Faschist. Ich habe ihn schon sehr oft am Union Square gesehen.

Irene schlägt mit ihrem Spazierstock auf den Tisch.

Ryan Ach Gott! Geht das schon wieder los. *Er will abgehen.*

Irene Es ist gleich zehn, Mr. Ryan.

Ryan Irene ... Ich habe mein Bestes versucht ...

Irene ... Sagte der liebe Gott zum Einbeinigen. Aber dann hat er sich am Riemen gerissen und es noch mal probiert. – Die Menschen sind auf die Straße gesetzt worden. Sie sitzen alle in der 138. Straße mitten zwischen ihren Matratzen, Töpfen und Pfannen und Klamotten. Entweder kommen die heute wieder in ihre Wohnungen oder es gibt Krach, und zwar gewaltigen!

Ryan Ich kann keine Wohnung freikriegen vor dem nächsten ersten. Das wissen Sie doch, Irene.

Irene Sie sprechen nicht mit mir, Mr. Ryan. Sie sprechen mit der Ortsgruppe 45 des Arbeiterbundes. Und Sie wissen, was das heißt.

Dugan *lacht* Kommunisten.

Irene Allerdings! Und wir machen ganze Arbeit. *Sie zeigt auf die junge Frau mit dem Baby.* Und diese Frau hier kriegt ihre hundert Dollar, Mr. Ryan!

Ryan Das geht nicht, Irene! Für Begräbnisse habe ich kein Geld.

Irene Gu-ut! Wenn sie nicht das Geld für 'nen Sarg kriegt, dann werdet ihr ihn eben beerdigen.

Ryan Der kommt hier nicht her!

Irene Und wie der hierherkommt! Und dazu noch fünf- oder sechshundert Lebendige! Sehr lebendig und klassenbewußt. Warum hängen Sie sich also nicht an die Strippe und telefonieren mit Washington! Und wenn Sie schon dabei sind, können Sie ruhig Mr. Roosevelt daran erinnern, daß ich bei der letzten Wahl die 139. Straße für ihn gewonnen habe. Und wenn er sie noch mal gewinnen will, soll er lieber mal 'nen Gang zulegen!

Ryan Herrgott! *Er geht schnell weg, aber Lee steht auf und hält ihn auf.*

Lee Ich sollte meinen Vater mitbringen.

Ryan Was?

Lee Gestern. Sie haben mir gestern gesagt, ich ...

Ryan Lassen Sie mich jetzt in Ruhe! *Er rennt ab.*

Dugan Die Amerikaner werden eines Tages wieder in den Bäumen sitzen und sich mit Kokosnüssen bewerfen.

Moe *leise zu Lee* Hoffentlich sind wir bis elf fertig. Ich habe einen Termin mit einem Kunden.

Toland *Er sitzt neben Moe und hält die geöffnete Daily News in der Hand.* Mannomann! Sehen Sie sich das an – Helen Hayes muß vierzig Pfund zunehmen, um die Viktoria zu spielen.

Moe Wer ist das?

Toland Königin von England.

Moe War die so dick?

Toland Victoria? Ein Fettkloß. Ich hab Helen Hayes mal gefahren, als ich noch mein Taxi hatte. Ein winziges Persönchen. Und einmal Adolphe Menjou – er war auch sehr klein. Ich hab sogar mal Al Smith gefahren, lange bevor er Gouverneur wurde. Der war wirklich klein.

Moe Vielleicht hatten Sie ein kleines Taxi.

Toland Was soll das heißen? Ich hatte einen ganz normalen Ford.

Moe Sie haben ihn nicht mehr?

Toland Was willste machen? Taxis sind überflüssig. Die ganze Stadt geht zu Fuß. Er hat fünfhundert Dollar gekostet, ein nagelneuer Ford, inklusive Reserverad und Stoßdämpfer. Aber, Gott sei Dank, hab ich wenigstens 'ne Wohnung vom Wohnungsbeschaffungsamt; sehr nett und preiswert.

Moe Was zahlen Sie?

Toland Neunzehn fünfzig im Monat. Kommt Ihnen vielleicht teuer vor, aber wir haben drei große Zimmer. – Ich muß bloß nachweisen, daß ich Stütze von hier kriege. Was machen Sie?

Moe Im Augenblick bin ich Vertreter. Früher hatte ich mein eigenes Geschäft.

Toland Früher! Jeder, mit dem man spricht, sagt »früher«. Wenn nicht bald was passiert, dann ist das mal Amerika gewesen – »früher«!

Kapush *explodiert* Verdummung! Verdummung! Die Leute wissen nicht mal die simpelsten Tatsachen. Wir haben das beste und größte Bibliothekssystem in der ganzen Welt – und niemand benutzt die außer den Juden.

Moe *sieht ihn flüchtig an* Aha.

Lee Und was sind Sie? Ein Sioux?

Dugan Er ist ein Faschist. Ich habe ihn am Union Square gesehen.

Irene Wir brauchen Solidarität! Auch zwischen Schwarzen und Weißen! Tretet dem Arbeiterbund bei. Für nur zehn Cent im Monat werdet ihr erfahren, was Solidarität ist.

Kapush Ich fordere jeden einzelnen auf, mir zu zeigen, wo in der Verfassung das Wort Demokratie vorkommt. Dies ist eine Republik! Demos ist das griechische Wort für Pöbel.

Dugan Plemplem!

Kapush Als ich in die Bank komme, um mein Geld zu holen, da ist sie geschlossen! Viertausend Dollar futsch! Dreizehn Jahre ein Haushaltswarengeschäft, und jede Woche gespart.

Dugan Geistiger Dünnschiß!

Kapush Nicht Demokratie – Pöbelkratie! Haben, haben, haben! Das ist das einzige, was die kennen.

Dugan Und was machen *Sie* hier?

Kapush Roosevelt wurde auf eine holländische Bibel vereidigt. *Stille* Wetten, daß Sie das nicht gewußt haben, na? Und wetten, daß Sie nicht gewußt haben, wo sie aufgeschlagen war? Weiß das jemand? Korinther, Kapitel 13. Der erste und einzige Amerikaner, der auf die Korinther vereidigt wurde. Und warum? Weiß irgend jemand, warum?

Dugan Plemplem!

Kapush Haben Sie Angst vor der Wahrheit, meine Freunde? Lest eure Bibel. Ich zitiere: »Nun aber bleibt Glaube, Hoffnung, Mitleid, diese drei; aber die größte unter ihnen . . .«, hören Sie genau zu, meine Freunde, ». . . die größte unter ihnen ist das Mitleid«. Das haben wir gekriegt. Das ist alles, was wir gekriegt haben!

Irene Sie machen mich krank, Mister . . .

Kapush Ich habe nichts gegen die Farbigen. Die Farbigen haben mir mein Geschäft nicht weggenommen. Hier ist mein Sparbuch. Sehen Sie's? Bank der Vereinigten Staaten. Sehen Sie's? Viertausendsechshundertundzehn Dollar und einunddreißig Cent, ja? Wer hat das Geld? Dreizehn Jahre Woche für Woche gespart. *Wer hat mein Geld?*

Er ist aufgestanden. Seine Wut hat alle zum Schweigen gebracht. Matthew Bush kommt. Er schwankt.

Ryan *off* Arthur Clayton!

Clayton steht auf. Beim Abgehen zeigt er auf Bush.

Clayton Ich glaube, irgend etwas stimmt mit dem nicht . . . *Bush fällt ohnmächtig zu Boden. Einen Augenblick lang sind alle erstarrt. Dann geht Irene zu ihm und beugt sich über ihn.*

Irene Hei. Hei. Mister.

Lee hilft Bush hoch und setzt ihn auf einen Stuhl. Ryan kommt.

Ryan *ruft nach links* Myrna, ruf den Krankenwagen!

Irene schlägt Bush sanft auf die Wangen.

Lee Geht's wieder?

Ryan *sieht sich im Raum um* Clayton?

Clayton Das bin ich.

Ryan *hat Claytons Antrag in der Hand* Sie haben keinen Anspruch auf Sozialhilfe. Sie besitzen Möbel und Wertgegenstände, nicht wahr?

Clayton Aber nichts, was ich zu Geld machen könnte.

Ryan Wieso nicht? – Ist das Ihre Adresse? Drei Eichen, Gramercy Park?

Clayton *verlegen* Das hat überhaupt nichts zu sagen. Ich habe nichts gegessen ... schon seit ein paar Tagen ... genauer gesagt seit ...

Ryan Woher haben Sie das Geld für die Miete?

Clayton Ich habe seit über acht Monaten die Miete nicht mehr bezahlt ...

Ryan *will weggehen* Es hat keinen Zweck, Mister – Sie besitzen Möbel und Wertgegenstände. Die Bestimmungen ...

Clayton Ich bin sehr gut in Mathematik. Ich war Börsenmakler. Ich dachte, wenn ich vielleicht etwas bekommen könnte, wo man ... zum Beispiel Statistik verlangt ...

Irene Der Mann wird verrecken, wenn er nicht bald was zu essen kriegt, Mr. Ryan.

Ryan Arzt sind Sie auch noch, Irene? Ich habe schon den Krankenwagen rufen lassen! Machen Sie jetzt keine Schwierigkeiten, ja?

Ryan geht schnell ab. Clayton weiß nicht, was er tun soll.

Irene Grace? Hast du noch was in der Flasche?

Aus einer Hinterreihe reicht eine Frau mit einem Baby auf dem Arm eine Babyflasche nach vorn, in der noch ein winziger Rest Milch ist.

Grace Ist nicht mehr viel da ...

Die anderen Leute geben die Flasche an Irene weiter. Sie nimmt den Sauger ab.

Irene Jetzt machen Sie mal den Mund auf, Mister. *Bush schluckt die Milch herunter.*

Ryan Alfred Ramsay!

Irene Da, sehen Sie sich das an! Na! Ein Mensch verhungert!

Moe *steht auf und greift in die Tasche* Hier ... nehmen Sie ... um Gottes willen ... *Er holt Kleingeld aus der Tasche und nimmt ein Zehncentstück.* Bitte, kann nicht jemand eine Flasche Milch für ihn holen?

Irene *ruft nach hinten* Lucy ...

Ein junges Mädchen kommt nach vorn.

Lucy Ja, Irene.

Irene Lauf mal eben los und hol 'ne Flasche Milch.

Moe gibt Lucy das Zehncentstück. Sie läuft rechts ab. Und 'n paar Strohhalme, Lucy! Sie sehen sehr schlecht aus, Mister. – Warum haben Sie so lange gewartet, Sozialhilfe zu beantragen?

Bush Ach. Ich konnte den Gedanken einfach nicht ... verstehen Sie.

Irene Ja, verstehe. – Sie sind ein richtiger Bourgeois. Ich will Ihnen mal was verraten ...

Bush Ich bin Chemiker.

Irene Das glaube ich Ihnen gerne. – Sie sind so gut erzogen, daß Sie lieber krepieren, als jemand um was zu bitten. Und jetzt will ich euch allen mal was sagen. *Sie wendet sich an alle Anwesenden.* Die Zeit ist reif, daß wir alle kapieren, daß wir Brüder sind. Mein Mann ist gestorben und hat mich mit drei kleinen Würmern allein gelassen. Kein Geld, keine Arbeit – ich wollte schon den Kopf in den Gasherd stecken. Dann kam noch der Gerichtsvollzieher und holt die Kommode, das Bett, den Tisch, und ich sitze alleine auf einer alten Apfelsinenkiste mitten im Zimmer. Da hat es mich gepackt, da hat es mich gepackt ... so ein richtig gemeines Gefühl. Ich bin auf die Straße gerannt und habe geschrien und gekeift wie die letzte ordinäre Schlampe. Da haben die Leute sich um den Lastwagen des Gerichtsvollziehers zusammengerottet und, bevor man bis drei zählen konnte, dreht der sich um und reißt aus. Und da habe ich begriffen: Das war Solidarität. Ich habe angefangen, überall davon zu predigen. Und ich habe mir einen Stock genommen, und wenn ich den Takt mit diesem Stock schlage, dann fangen viele Leute an zu marschieren, im Takt zu marschieren. Und wir lassen uns nicht aus dem Takt bringen, nein, wir lassen uns durch nichts aufhalten. Manchmal gehe ich mit meiner Aktentasche ins Gericht und mache den Richtern die Hölle heiß. Jedesmal wenn ich da erscheine, fangen die Polizisten an zu brüllen: »Da kommt die rote Irene!« Dabei ist alles, was ich in der Aktentasche habe, alte Zeitungen und 'ne Tüte Pfeffer. Für den Fall, daß 'n Polizist anfängt, mir dumm zu kommen – Cayenne-Pfeffer, scharfer, beißender Cayenne-

Pfeffer. Und wenn der Richter zufällig katholisch ist, dann hab ich meinen Rosenkranz in der Aktentasche und laß das Kruzifix ganz zufällig raushängen ...

Lucy kommt mit einer Flasche Milch zurück.

Lucy Irene!

Irene Gib her, Lucy. Trinken Sie langsam, Mister. Langsam, ganz langsam ...

Bush trinkt in kleinen Schlucken. Die Leute beschäftigen sich wieder mit sich selber, lesen Zeitung oder starren vor sich hin.

Ryan *off* Lee Baum!

Lee *läuft zu Moe* Ja! Also, Papa, wir sind dran.

Ryan kommt mit Lees Antrag herein.

Ryan Ist das Ihr Vater?

Moe Ja.

Ryan *zu Moe* Wo wohnt er jetzt?

Lee Ich wohne nicht zu Hause, weil ...

Ryan Lassen Sie *ihn* antworten. Wo wohnt er, Mr. Baum?

Moe Also er ... wohnt irgendwo in einem Zimmer zur Miete.

Ryan Sie sitzen da und wollen mir weismachen, daß Sie ihn nicht in Ihr Haus lassen?

Moe *sehr mühsam* Ich ... ich lasse ihn nicht rein, nein!

Ryan Sie wollen sagen, Sie sind so einer – Wenn er klingeln würde, und Sie machen die Tür auf und sehen ihn, dann würden Sie ihn nicht reinlassen?

Moe Also, na ja, wenn er nur mal ins Haus kommen will ...

Lee Ich will da nicht wohnen ...

Ryan Es ist mir ganz egal, was *Sie wollen*, Mann! *Zu Moe* Sie würden ihn ins Haus lassen, was, Mr. Baum?

Moe *zwingt sich, das folgende zu sagen* ... Ich kann seinen Anblick nicht ertragen.

Ryan Und wieso? In den letzten zwei Stunden habe ich euch beide hier sitzen und euch gemütlich miteinander unterhalten sehen.

Moe Wir haben uns nicht unterhalten ... wir haben uns gestritten, uns gezankt ...!

Ryan Weswegen haben Sie sich gezankt?

Moe *unwillkürlich empört* Wie soll ich das jetzt noch wissen! Wir haben uns gezankt, wir zanken uns immer ...

Ryan Moment, Mr. Baum ... Sie haben Arbeit, nicht wahr?

Moe Ich habe Arbeit? Allerdings habe ich Arbeit. Hier ... *Er hält die zusammengefaltete Times hoch.* Sehen Sie. Lesen Sie selber. R. H. Macy, da? »Der elegante Unterrock für die Dame, original japanische Seide, handbestickt mit Spitzenborten und Spitzenoberteil, zwei Dollar achtundneunzig.« Mein Chef verdient vier Cent pro Stück. Ich verdiene pro Stück ein zehntel Cent. Das ist meine Arbeit.

Ryan Sie werden ihn in Ihr Haus lassen. *Er will weggehen.*

Moe *schreit* Ich werde ihn nicht in mein Haus lassen! ... Er ... er glaubt an überhaupt nichts!

Lee und Ryan sehen Moe erstaunt an. Moe selbst ist überrascht über seine heftige Reaktion. Er geht ab. Ryan stempelt Lees Antrag und überreicht ihn Lee – jetzt ist er überzeugt.

Lee Vielen Dank.

Lee kommt nach vorne, während Ryan, die Arbeitslosen und das Sozialamt verschwinden. Licht auf Edie. Sie sitzt an einem Tisch und schreibt.

Lee *zum Publikum* Jedes Mädchen, das eine eigene Wohnung hatte, war attraktiv. – Sie verdiente sechsunddreißig Dollar die Woche. Sie war eine von mehreren Textern für die Superman-Comicstrips. – Edie, kann ich bei dir schlafen?

Edie Oh, hallo Lee – aber klar. Ich schreibe das nur eben zu Ende, und dann beziehe ich die Couch. Wenn du was zum Waschen hast, schmeiß es ins Waschbecken. Ich muß nachher sowieso waschen. *Er stellt sich hinter sie. Sie arbeitet weiter.*

Edie Diesmal wird das eine phantastische Geschichte.

Lee Daß dir dazu überhaupt was einfällt, kapier ich nicht.

Edie Wieso? – Superman ist einer der bedeutendsten Lehrer des Klassenbewußtseins.

Lee Ja?

Edie Natürlich. Er vertritt die Gerechtigkeit. Es gibt keine Gerechtigkeit im Kapitalismus, also können die resultierenden Konsequenzen nur phantastisch sein.

Lee Du siehst hübsch aus, wenn du über Politik redest, weißt du das? Deine Augen bekommen so einen Glanz ...

Edie *lächelt* Sei nicht so ein bourgeoiser Armleuchter.

Lee Kann ich heute nacht nicht in deinem Bett schlafen, Edie?

Edie Wie kommst du denn auf die Idee?

Lee Ich fühle mich so einsam.

Edie Warum trittst du nicht in die Partei ein, verdammt noch mal!

Lee Fühlst du dich nicht einsam?

Edie *wird rot* Um eine Beziehung zu meinen Mitmenschen herzustellen, muß ich nicht mit jemand ins Bett gehen.

Lee Entschuldige, daß ich das gesagt habe. Ich schäme mich.

Edie Ich verstehe nicht, wie jemand, der den Marxismus kennt, bei unserem Kampf so abseits stehen kann. Du bist einsam, weil du dich weigerst, Teil der Geschichte zu sein. Warum gehst du nicht in die Partei?

Lee ... Wahrscheinlich, weil ich mir meine Karriere nicht verpfuschen will. Ich will Sportjournalist werden.

Edie Du könntest doch für die Sportseite des »Worker« schreiben.

Lee Die Sportseite des »Daily Worker«? Die ist doch ein Witz!

Edie Dann sieh zu, daß sie besser wird.

Lee Sag mal, glaubst du im Ernst, daß Amerika sozialistisch werden kann?

Edie Lebst du auf dem Mond? Wir befinden uns mitten im größten Sprung, den das Klassenbewußtsein je gemacht hat. Hunderte treten jede Woche in die Partei ein! Warum bist du so entsetzlich passiv?

Lee Ich war in Flint in Michigan, als der Sitzstreik anfing. Ich wollte ein Essay darüber schreiben und es an eine Zeitung verkaufen. Es war ein sehr irritierendes Erlebnis. Aus der Ferne sah es sehr schön aus. – Und nicht nur aus der Ferne. Die Solidarität konnte einen zu Tränen rühren. Aber später habe ich ungefähr dreißig von ihnen interviewt. Mit denen solltest du dich mal unterhalten.

Edie Ich weiß sehr genau, wie rückständig die sind.

Lee Die sind nicht rückständig, sie sind nur normal. Ganz normal gegen die Neger, gegen die Juden und gegen die Kommunisten. Sie gehen in die Gewerkschaft, und das ist gut, aber in ihren Köpfen spukt der Faschismus.

Edie Wie kannst du so etwas behaupten?

Lee Ich hab mich mit dreißig Leuten unterhalten, Edie, und ich habe gerade einen einzigen gefunden, der wenigstens eine Ahnung hatte, was Sozialismus ist. In Detroit gibt es eine ganz eindeutig faschistische Organisation ... die Ritter der weißen Kamelie ...

Edie Ich weiß ...

Lee Es sind fast alles Arbeiter aus der Autoindustrie. Ich meine doch nur – ich habe Angst, die Zeit ist zu knapp, um dieses Land zu retten. Und – du hast doch auch Angst, oder? Gib's doch zu.

Edie Willst du wirklich meine Antwort hören?

Lee Ja, das möchte ich.

Edie Morgen stellen wir Streikposten vor das italienische Konsulat. Mussolini will italienische Truppen in den spanischen Bürgerkrieg schicken. Komm dazu! Tu was.

Sie streichelt sein Gesicht. Du liebst doch Hemingway so: Lies, was er gerade gesagt hat: »Ein Mann ohne Freunde ist ein Dreck.« Er lernt dazu, so dekadent er ist! *Er sieht zu ihr hoch.* Wenn dein Leben nicht sinnlos sein soll, dann mußt du glauben. Es ist wirklich das letzte Gefecht, wie es in dem Lied heißt. Sie kämpfen in Spanien, und sie werden siegen. Die deutschen Arbeiter werden sich erheben und den Nationalsozialismus zerschlagen ...

Lee Du siehst so schön aus, wenn du ...

Edie Jeder sieht schön aus, wenn das, was er glaubt, schön ist. Ich glaube an meine Freunde. Ich glaube an die Sowjetunion. Ich glaube an den Sieg der Arbeiterklasse, hier und überall. Und ich glaube an den Frieden, der über die Welt kommen wird, wenn das Volk an die Macht gelangt.

Lee ... Und was ist jetzt, Edie?

Edie Jetzt ist nicht wichtig. Die Zukunft ist wichtig! *Sie nimmt ihre Hand von seiner Hand weg und hinkt zu ihrem Schreibtisch.* Ich muß diese Geschichte noch fertigmachen. In fünf Minuten beziehe ich die Couch.

Lee Du bist ein phantastisches Mädchen, Edie. Wenn ich meine Sozialhilfe kriege, gehen wir zum Essen aus. – Ich meine, ich bezahle.

Edie *lächelt* Also – warum mußt du für mich bezahlen – nur weil ich eine Frau bin?

Lee Ach, ja. Das hatte ich vergessen. *Er stellt sich hinter sie und sieht ihr beim Arbeiten zu.* Warum läßt du Superman nicht mal mit jemand schlafen oder meinetwegen heiraten?

Edie Er hat zuviel zu tun. *Sie lacht leise, während sie arbeitet. Er lehnt sich plötzlich zu ihr hinunter und dreht ihren Kopf zu sich herum, um sie zu küssen. Sie stößt seine Hand weg.* Was soll das!

Er sieht verblüfft zu ihr hinunter. Sie sieht so aus, als ob sie gleich anfangen würde zu weinen – ärgerlich und außer sich.

Ich hatte gedacht, ich könnte dich ernst nehmen. *Sie steht auf.*

Lee Du wirst immer hübscher ...

Edie Aber du bist nicht mal verliebt in mich! Warum bist du so oberflächlich! Eigentlich glaubst du an gar nichts oder?

Lee Muß ich überall derselben Meinung sein wie du, bevor ich ...?

Edie Jawohl! Alles gehört zusammen. Es ist alles ein und dasselbe! Es ist derselbe Zynismus, mit dem du die Arbeiter analysierst, und derselbe Zynismus, wenn du so tust, als würdest du dich ernsthaft mit mir unterhalten, während du eigentlich nur darauf aus bist, mich ins Bett zu kriegen.

Lee Ich kann überhaupt keine Verbindung sehen zwischen den Arbeitern und ...

Edie Ich muß dich bitten, hier nicht zu übernachten. *Sie setzt sich an ihren Tisch.*

Lee Edie, nur weil ich nicht mit allen Ideen von dir einverstanden bin, soll ich ...?

Edie Ich möchte dich bitten zu gehen. Du bist kein guter Mensch. *Sie bricht in Tränen aus, steht auf und hinkt ins Dunkel.*

Lee dreht sich nach vorn.

Lee Liebe Mutter. Herzliche Grüße vom Champlainsee! Ich habe heute mein erstes Geld bekommen und bade im Luxus der W. P. A. Ich habe mir ein Wollhemd und ein Paar warme Handschuhe gekauft. – Es ist hier oben ziemlich kalt. Aber die Luft ist so rein, daß man beim Atmen betrunken werden kann. Die Arbeit macht sehr viel Spaß. Wir durchforschen diesen ganzen Teil des Staates New York für einen kulturellen historischen Reiseführer, den das Arbeitsbeschaffungsprogramm für jede Region des Landes herausgeben will. Ich habe Leute interviewt, die direkte Abkömmlinge der Soldaten waren, die im Unabhängigkeitskrieg in der Schlacht von Fort Ticonderoga gekämpft haben. Sie lassen alle grüßen. Es tut mir sehr leid, daß dir dein Klavier so sehr fehlt, aber wie du immer sagst: Glücklich ist, wer vergißt. Und in ein paar Monaten bin ich wieder bei euch. Herzliche Grüße, dein Lee. P. S. Ich nehme an, du warst diejenige, die den Zehndollarschein in meine Jackentasche gesteckt hat. Geht es euch besser? Bitte, sag mir die Wahrheit.

Während des Vorangegangenen ist Rose gekommen und hat sich an einen Tisch gesetzt und Spielkarten gemischt. Jetzt kommen Großvater, ihre Nichte Lucille, ihre Schwestern Fanny und Frieda. Sie setzen sich um den Tisch und spielen Karten. Großvater liest die Zeitung.

Lee Diese endlosen Junitage in Brooklyn! Der Modergeruch vom Dachboden, der sich langsam über die Treppe nach unten ausbreitete, während das winzige Haus in der Hitze schmorte. Traumverloren saßen die Menschen über ihren Spielkarten und warteten und warteten, und in den Straßen herrschte Totenstille. Und jeder fürchtete insgeheim nur das eine: daß es an der Tür klingeln könnte – wer konnte es sein? Ein heruntergekommener Arbeitsloser, der Gerichtsvollzieher? Von Coney Island bis zur Brooklyn-Brücke war es totenstill bis auf das Geräusch der Spielkarten, die zu Tausenden auf die Tische knallten.

Lee geht ab. Fanny streift sich irgend etwas von ihrem Kleid, während sie in die Karten sieht.

Rose Paß bitte aufs Spiel auf – und denk einmal nicht an deine Schuppen! *Die anderen lachen.*

Fanny *lacht, ist aber pikiert* Das sind keine Schuppen. Das war ein Fädchen.

Rose Ihre Schuppen sind Fädchen. *Zu Lucille* Typisch deine Mutter!

Lucille Weißt du, um was sie uns gebeten hat ...?

Fanny Was ist denn daran so schrecklich?

Lucille Meine Schwestern und ich sollten sie besuchen und einen Nachmittag lang ihr Haus putzen.

Fanny Und warum nicht? Früher, als ihr noch klein wart, hat uns vieren das furchtbar viel Spaß gemacht – nur putzen und putzen.

Rose Es ist eine Manie.

Fanny *wischt sich das Gesicht* Man sitzt hier wirklich wie in einem Backofen, Rose ...

Lucille Ich werde gleich ohnmächtig.

Rose Bitte nicht – hinten sind alle Fenster auf. Vorn müssen sie zubleiben: Eigentlich sind wir nicht zu Hause.

Fanny Aber es ist überhaupt kein Durchzug. – Denk doch an Papa ...

Lucille Warum könnt ihr nicht weg sein und habt aus Versehen ein Fenster aufgelassen? ... Und wenn es klingelt, machst du einfach nicht auf.

Rose Ich möchte es nicht darauf ankommen lassen. Diesmal ist es ein Hypothekenkassierer. Ich habe ihn genau beobachtet: Wenn ein Fenster offensteht, versucht er zu horchen. Die sind erbarmungslos ... ich habe Stanislaus weggeschickt. Er soll Zitronen holen. Es gibt gleich eisgekühlte Limonade. Wer ist dran ...

Fanny Ich kann mir nicht vorstellen, daß sie euch wirklich auf die Straße setzen, Rose.

Rose Das kannst du nicht? Wach auf, Fanny! Es ist unmöglich, wie süß naiv du bist! – Der kommt von einer Bank – ersticken sollen die an dem Geld, das wir Jahr für Jahr dahingebracht haben! Und jetzt geh mal hin zu denen und frag wegen zweihundert Dollar ... *Ihr kommen die Tränen.*

Fanny Rose, Schwesterherz, hör auf! – Es wird etwas geschehen, du wirst es schon sehen. Moe muß einfach bald etwas finden, ein so bekannter Mann ...

Rose Es wäre alles nicht so schlimm, wenn wir nicht selber so blöd gewesen wären! Da baut jemand ein erstklassiges Geschäft auf, und dann kommt eine Horde schwachsinniger Idioten und raubt ihn aus.

Lucille Könnte er nicht seine Mutter bitten, ihm ein bißchen ...?

Rose Seine Mutter sagt nur, wir leben in einer Depression. Unterdessen wirst du schon beim Anblick der Diamanten an ihren Fingern blind! Dabei hat er sie ihr geschenkt ... Das ist eine Tatsache! Und sie hat den Nerv, dazusitzen und sie vor seinen Augen zu tragen, wo sie doch weiß, wie es mit uns steht! Die Menschen sind so niederträchtig! – Ich kann euch sagen, bevor ich noch einmal an irgend jemand oder an irgend etwas glaube, will ich lieber tot umfallen!

Frieda Vielleicht sollte Lee zurückkommen und euch unter die Arme greifen?

Rose Auf keinen Fall! Lee muß lernen, selbständig zu denken und die Dinge sehen, wie sie sind ... Von uns kann er nichts lernen. Er muß sich selber helfen.

Lucille Aber sich mit Kommunisten einlassen ...

Rose Was weißt du davon, Lucille? Was weiß irgend jemand davon! Die Zeitungen? Die Zeitungen haben geschrieben, die Kurse würden nie wieder fallen.

Lucille Aber die sind gegen die Religion, Rose.

Rose Ich bin überglücklich, Lucille, daß du so religiös geworden bist. Aber bitte verschone mich damit! Um Himmels willen!

Fanny *steht auf und will weggehen* Ich bin gleich wieder da.

Rose Jetzt pinkelt sie sich auf den kleinen Finger, damit sie bessere Karten kriegt.

Fanny Also gut! Dann gehe ich eben nicht! *Sie geht zu ihrem Stuhl zurück.*

Rose Was spielen wir, Frieda? – Karten oder Stille Post? *Frieda sieht verwirrt in ihre Karten. Großvater legt die Zeitung weg.*

Großvater Was soll diese Wahl?

Rose Was soll diese Wahl? Wie meinst du das?

Großvater Jeder weiß doch, daß Roosevelt die Wahl wieder gewinnen wird. Ich glaube immer noch, daß er zu radikal ist.

Aber eine neue Wahl zu veranstalten ist eine unmögliche Geldverschwendung.

Rose Wovon redest du, Papa? – Vier Jahre sind vorbei. Es muß neu gewählt werden.

Großvater Wieso denn? – Wenn man beschließen würde, ihn zum König zu machen ...

Rose Zum König!

Fanny *zeigt lachend auf Großvater* Das ist doch nicht wahr!

Großvater Wenn er König wäre, dann brauchte er seine Zeit nicht damit zu vergeuden, diese lächerlichen Wahlreden zu halten, und könnte wirklich anfangen, sich darum zu kümmern, daß es uns besser geht.

Rose Wenn ich das Geld für 'ne Briefmarke hätte, würde ich ihm eine Karte schreiben.

Großvater Er könnte ein zweiter Kaiser Franz Joseph werden. Und es wäre Ruhe im Land. Wenn er dann tot ist, dann könnt ihr meinetwegen so viele Wahlen veranstalten, wie ihr wollt.

Rose *zu Frieda* Spielst du Karten oder brütest du ein Ei aus?

Frieda *erschreckt* Oh, ich bin dran. *Sie spielt eine Karte.* Also bitte, da!

Rose Halleluja! *Rose spielt eine Karte aus. Lucille ist an der Reihe, spielt.* Hast du abgenommen?

Lucille Ich versuche es. Ich überlege, ob ich nicht wieder zur Revue gehe.

Frieda wirft schnell einen ängstlichen Blick auf Großvater. Der beachtet sie nicht und liest weiter.

Fanny *deutet auf Großvater* Du solltest lieber nicht ... äh ... davon sprechen ...

Lucille Er braucht es ja nicht zu erfahren. Und tanzen würde ich sowieso nicht wieder. Ich wäre nur Assistentin vom Zauberer und würde ein paar Witze erzählen, mehr nicht. Sie überlegen, ob sie nicht in New Jersey wieder starten sollen.

Rose Kann Herby nichts finden?

Lucille Er verliert den Verstand, Tante Rose.

Rose Mein Gott! – Was spielst du denn nun, Fanny?

Fanny *gehetzt, guckt in ihre Karten* Augenblick! Ich muß noch mal überlegen.

Rose O Gott! – Als der Verstand verteilt wurde, hat unsere Familie wohl gefehlt. *Sie steht entnervt auf, geht ein paar Schritte und bleibt stehen.*

Fanny Es ist so heiß hier drin. Ich kann mich nicht konzentrieren.

Rose Spiel aus! Ich kann die Fenster nicht aufmachen. Ich kann diesen Menschen nicht noch einmal sehen. Er hat gnadenlose Augen.

Ein Mann kommt herein mit Eimer und Bürste.

Mann Fenster putzen?

Rose Wer sind Sie? Wie sind Sie hereingekommen?

Mann *zeigt nach rechts* Hereinspaziert. Fünf Cent das Fenster. Sechs Stück fünfundzwanzig.

Rose Wir haben schon jemand. Die Fenster sind gestern erst geputzt worden.

Mann Stimmt. Sehen sauber aus. Na ja, vielleicht nächstes Mal. Der Fußboden könnte gebohnert werden.

Rose Was fällt Ihnen ein! Er ist gerade erst gebohnert worden!

Mann Stimmt, sieht prima aus. Haben Sie Kuchen?

Rose Spinnen Sie? Sie spazieren in ein fremdes Haus und fragen, ob Kuchen da ist?

Mann Na ja, mittaggegessen habe ich schon. *Er lacht laut.*

Rose *zu den anderen* Was sagt ihr zu so einer Unverschämtheit!

Rose lacht. Der Mann lacht mit.

Stanislaus kommt von links. Er ist Seemann, um die 40 und trägt einen Arbeitsanzug und ein T-Shirt.

Sie kommen einfach zur Haustür rein? Der Gerichtsvollzieher kann heute kommen!

Stanislaus Hab ich vergessen! Ich habe aber niemand auf der Straße gesehen.

Mann 'tschuldigung, daß ich hier reingeplatzt bin. – Ich sehe, es ist schon ein Mann im Haus. War nett bei Ihnen. *Er geht ab.*

Stanislaus *hält die Tüte mit den Zitronen hoch* Frische Zitronenlimonade ist sofort an Deck. Backen und Banken! *Er geht über die Bühne.* Ich habe alle Servietten gestärkt. *Er geht ab.*

Rose Alle Servietten gestärkt ... die krachen wie Knäckebrot ... Ich glaube, ich sollte mir jetzt die Karten legen. *Rose nimmt ein anderes Kartenspiel von der Klavierbank und legt sich die Karten.*

Lucille Ich weiß nicht, Tante Rose, ist es richtig, diesen Mann bei euch wohnen zu lassen?

Frieda Ich würde mich nie trauen! Wie kannst du nachts schlafen – mit einem fremden Mann im Keller?

Fanny Neiiin! Stanislaus ist ein Gentleman. *Zu Rose* Ich finde, er hat so etwas Warmes an sich, nicht?

Rose Hoffentlich! *Alle lachen.*

Herrgott noch mal, Fanny, nun spiel doch die Treffdame!

Fanny Woher weißt du, daß ich die Treffdame habe?

Rose Weil ich so ein kluges Kind bin: ich habe für Herbert Hoover gestimmt. – Ich merke mir, was gespielt ist, Schwesterchen, also kann ich mir ausrechnen, was du noch in der Hand hast.

Fanny *zu Großvater, der weiterliest* Sie ist ein Wunder. Sie hat ein Gedächtnis wie Großmutter.

Rose Oi, oi! – *Sie zeigt auf die ausgelegten Karten.* Seht euch diese Konstellation an!

Fanny Achtung, ich spiele. *Sie spielt eine Karte aus.*

Rose *legt sich weiter die Karten* Ich gebe ihnen immer draußen auf dem Treppenabsatz zu essen. Als ich ihm den Teller Suppe geben will, sagt er, daß er die Fenster putzen will, bevor er ißt. Vorher. Das hatte ich noch nie gehört! Ich bin fast in Ohnmacht gefallen. Was ist, Frieda? Du bist dran.

Frieda *versucht verzweifelt, sich zu beeilen* Ich weiß genau, was ich spielen muß. Einen Augenblick noch.

Die Frauen »erstarren« – in ihre Karten vertieft. Nur Rose steht im Licht.

Rose *zum Publikum* Früher auf der Schule mußten wir wie die Soldaten sitzen: grader Rücken, Hände vorne auf der Bank gefaltet – alles mußte gerade sein. Alle mußten weinen, als die Navy den Hudson River herauffuhr – so schön war es. Alle mußten weinen, als der Zar von Rußland erschossen wurde. Er sah so schön aus! – Präsident Warren Gamaliel Harding, der war auch eine Schönheit. Bürgermeister James J. Walker lächelte wie ein Engel; was für eine Nase, und so winzige Füße! Richard Whitney, der Präsident der Börse, ein attraktiver Mann. Ich könnte noch hundert andere nennen – Präsident Coolidge sah aus wie eine verschrumpelte Backpflaume, aber er hatte zwei wunderschöne Collies. Pieksaubere Hunde. Sogar die Hunde hielten sich gerade. Wir ahnten damals noch nicht, daß diese geraden, hübschen Männer sich später als Holzköpfe entpuppen würden oder als Betrüger, die im Gefängnis landeten. Woran kann man sich heute noch halten? Das Badezimmer. Ich schließe mich ein und halte mich am Wasserhahn fest, um nicht zu schreien. Meinen Mann anschreien, meine Schwiegermutter oder irgend jemand anderen, bis sie mich wegbringen ... *Sie wendet sich bedrückt wieder ihren Karten zu.* Was ist denn das? Was habe ich mir denn da eingebrockt?

Die ganze Szene ist jetzt wieder beleuchtet.

Frieda »Gray's Elegie auf einem Dorffriedhof«.

Rose Was?

Fanny *berührt besorgt ihren Arm* Warum legst du dich nicht hin, Rose?

Rose Mich hinlegen ... warum? *Zu Frieda* Was ist das für eine Elegie?

Stanislaus kommt hereingestürzt – Er trägt eine kurze, weiße, gestärkte Kellnerjacke und trägt ein Tablett mit Gläsern, einem Krug und steil aufgestellten Servietten auf seiner Schulter. Rose legt eine neue Karte aus und erschrickt sich.

Stanislaus Schaorgscht bschmi we ptschingje – das ist polnisch.

Fanny Wie macht er es, daß die Servietten so stehen bleiben?

Rose *schrecklich gespannt – sie reißt sich von den ausgelegten Karten los* Was soll denn auf einmal diese Jacke?

Die Frauen beobachten sie gespannt.

Stanislaus S. S. Manhattan. Steward des Kapitäns zu Ihren Diensten. *Er salutiert.*

Rose Würden Sie mit diesem Affentheater aufhören! Ziehen Sie die Jacke aus. Was soll das? Steward des Kapitäns? Wer sind Sie?

Stanislaus Ich war der persönliche Steward des Kapitäns, aber die Manhattan fährt nicht mehr. Ich bediente J. Pierpoint Morgan, John D. Rockefeller, Enrico Caruso, Lionel ...

Rose *sehr mißtrauisch* Bringen Sie die Plätzchen, bitte.

Er nimmt den Krug in die Hand, um die Limonade einzugießen.

Danke, das mache ich selber! Gehen Sie bitte.

Sie sieht ihn nicht an. Er geht hinaus. In dem nun eingetretenen Schweigen nimmt sie den Krug, aber ihre Hand zittert. Fanny nimmt ihr den Krug ab.

Fanny Schwesterchen, komm mit nach oben ...

Rose Wie findet ihr ihn?

Fanny Wieso? Er sieht nett aus.

Lucille Er hält das Haus fabelhaft in Schuß, Tante Rose, blitzeblank wie auf einem Schiffsdeck.

Rose Trotzdem. Er ist ein Lügner. Er sagt einfach alles, was ihm durch den Kopf schießt. Wieso glaube ich ihm auch nur ein Wort? Wie komme ich dazu, verdammt noch mal? Auf den ersten Blick sieht man, daß er ein Dreckskerl ist. Kommt an die Tür ein Wildfremder – und ich lasse ihn im Keller schlafen!

Lucille Pssst!

Stanislaus kommt selbstbewußt mit einem Teller mit Plätzchen herein, jetzt wieder im T-Shirt.

Rose Hören Sie, Stanislaus ... *Sie steht auf.*

Stanislaus *spürt, daß seine Entlassung unmittelbar bevorsteht* Morgen gehe ich in das Geschäft für Schiffsausrüstung und hole mir die weiße Spezialfarbe und streiche das ganze Haus von außen. Ich habe ja jede Menge Kredit, kostet Sie keinen Cent.

Rose Ich habe mir alles genau überlegt ...

Stanislaus *mit einem verzweifelten Lächeln* Ich leihe mir die große Leiter aus dem Haushaltswarengeschäft. Und dann mach ich hübsche Gardinen für die Kellerfenster. Entschuldigen Sie, ich muß den Eisschrank saubermachen. Probieren Sie die Limonade, das Rezept habe ich von einem spanischen U-Boot. *Er geht ab.*

Fanny Ich finde ihn sehr, sehr nett, Rose ... Hier ... *Sie bietet ein Glas Limonade an.*

Lucille Du brauchst dir keine Sorgen wegen dem Gerichtsvollzieher zu machen, Tante Rose. Es ist nach fünf, nach fünf kommen die nicht mehr ...

Rose *noch immer unsicher* Ihr findet ihn nett?

Großvater *läßt die Zeitung sinken* Weißt du, was Lee tun sollte, Rosie?

Rose Ja?

Großvater Er sollte nach Rußland gehen.

Die Schwestern und Lucille drehen sich überrascht zu ihm um.

Rose Nach Rußland.

Großvater In Rußland gibt es nichts. Bei uns gibt es alles im Überfluß. Und deswegen gibt es bei uns keine Arbeit. So ist das.

Rose *leicht hysterisch* Vor fünf Minuten war dir Roosevelt zu radikal, weil er Demokrat ist, und jetzt schickst du Lee nach Rußland?

Großvater Das ist was ganz anderes. Guck mal, was hier steht ... einhunderttausend Amerikaner bewerben sich um Arbeit in Rußland. Hier! Da steht es. Also, wenn Lee rüberfahren würde und eine ganze Kette Herrenbekleidungsläden eröffnet ...

Rose Papa! So ein großer Antikommunist wie du ... und du weißt nicht, daß in Rußland alles dem Staat gehört?

Großvater Ja, aber nicht die *Läden.*

Rose Natürlich die Läden!

Großvater Die *Läden* auch?

Rose Ja.

Großvater Diese Bestien!

Rose *zu Lucille* Ich werde hier noch verrückt ...

Frieda Also, wer hat es geschrieben?

Rose Was geschrieben?

Frieda »Gray's Elegie auf einem Dorffriedhof«. Das war die Fünfzehn-Dollar-Frage gestern im Radio. Du warst nicht da. Ich habe versucht, dich anzurufen.

Rose Wer hat »Gray's Elegie auf einem Dorffriedhof« geschrieben?

Frieda Als ich wieder zum Radio kam, waren sie bei einer anderen Frage.

Rose Frieda, Schwesterchen ... *Langsam* »Gray's Elegie auf einem ...« *Fanny lacht.* Worüber lachst du, kannst du mir das sagen?

Fanny *vergnügt* Wie soll ich das wissen?

Lucille War es Gray?

Rose sieht sie mit einem Ausdruck ungeheurer Traurigkeit an.

Schüchtern Es heißt doch »Gray's Elegie«?

Frieda Das kann doch nicht Gray sein. Das ist der Titel!

Rose starrt völlig verzweifelt vor sich hin.

Fanny Was ist los, Rose?

Frieda Was habe ich denn gesagt?

Fanny Rose, was ist los?

Lucille Hast du was?

Fanny *wirklich beunruhigt – dreht Roses Kopf zu sich um und sieht sie an* Was ist los?

Rose bricht in Tränen aus – Fanny steht auf und umarmt sie und muß dabei fast selber weinen.

Ach, Rosie, bitte ... bitte nicht. Es wird wieder besser werden. Irgend etwas wird geschehen ...

Ein Geräusch von links – von der Haustür her – erschreckt alle.

Frieda *zeigt nach links* Da ist jemand ...

Rose *reißt wütend die Hände hoch* Pssst! *Sie flüstert.* Ich gehe nach oben. Ich bin nicht da. *Sie will nach rechts gehen. Moe kommt herein.*

Frieda *lachend* Es ist Onkel Moe!

Moe Was ist denn hier passiert?

Rose *geht zu ihm hinüber* Ach Gott sei Dank, ich dachte, es wäre der Mann wegen der Hypothek. Du kommst früh nach Hause. *Er steht da und beobachtet sie.*

Fanny Los, kommt mit. Wir gehen.

Sie räumen Tablett, Limonade, Gläser usw. vom Tisch.

Moe *sieht Rose ins Gesicht* Hast du geweint?

Lucille Wie war es in der Stadt?

Rose Geht hinten raus, ja?

Moe Die Stadt ist mörderisch.

Rose Geh unter die Dusche. Du siehst so blaß aus.

Lucille Wiedersehen, Onkel Moe.

Moe Wiedersehen, mein Kind.

Frieda *beim Hinausgehen* Ich muß ihn mal nach dem Rezept von dieser Limonade fragen ...

Sie sind weg. Moe starrt gedankenverloren auf irgendeinen Punkt – äußerlich ganz ruhig.

Rose Hast du ... irgend etwas verkauft? ... Nein, nicht? *Er schüttelt verneinend den Kopf – aber das ist nicht das, woran er denken muß –*

Hier ... *Sie nimmt ein Glas vom Tisch.* Trink das, es ist schön kalt.

Moe *nimmt das Glas, trinkt aber nicht* Abends bist du immer so hysterisch.

Rose Nein, es geht mir sehr gut. Es ist nur alles so blöd, und ab und zu ist es mir einfach zu viel ... ich kann einfach nicht. *Sie hält sich den Kopf.*

Moe Es ist nämlich so ... Hörst du mir zu?

Rose Was? *Sie bemerkt plötzlich, wie befangen Moe durch die Anwesenheit ihres Vaters ist. Sie dreht sich um und geht schnell zu Großvater.* Setz dich draußen auf die Bank, Papa, ja? Jetzt ist es da schön schattig ... *Sie gibt ihm ein Glas Limonade.*

Großvater Aber der Mann kann mich da sehen.

Rose So spät kommt er nicht mehr! Und Moe ist da. Geh ... *Großvater geht nach hinten links.*

... und setz dir deine andere Brille auf ...

Großvater ist weg. Sie geht zu Moe zurück.

Ja, mein Liebling? Also was ist? – Wie wird das alles enden?

Moe Es wird schon alles gut.

Rose Und wieso?

Moe Weil wir zusammen sind. Also ist deine Hysterie jeden Abend ganz unnötig, und ich wünschte ...

Rose *zeigt auf den Tisch und die ausgelegten Karten* Ich hab mir bloß die Karten gelegt ... und gleich zu Anfang ... da habe ich ... einen jungen Mann gesehen. Den Tod eines jungen Mannes.

Moe *beeindruckt* Ist das wahr?

Rose *ängstlich* Wieso?

Er dreht sich nach vorne um – überrascht, erschreckt.

Wieso hast du das gesagt?

Moe Nichts ...

Rose Ist Lee ...?

Moe Nun werd nicht schon wieder ...!

Rose Was ist passiert?

Moe Ich hab etwas Schreckliches in der U-Bahn erlebt. Jemand hat sich vor einen Zug geworfen.

Rose Aaaaaaah! – Schon wieder! Mein Gott! Hast du ihn gesehen?

Moe Nein, es war ein paar Minuten, bevor ich hinkam. Er war anscheinend noch sehr jung. Einer der Polizisten hatte einen großen Blumenkorb in der Hand. Der junge Mann hat wohl versucht, auf dem Bahnsteig Blumen zu verkaufen.

Rose Ich habe es gesehen! *Ihr Rücken zittert, sie deutet auf die Karten.* Guck! Da kannst du es sehen! Ich schreibe Lee, daß er sofort nach Hause kommen soll. Und du schreibst bitte unten drunter, daß du auch möchtest, daß er zu uns kommt.

Moe Ich habe nichts, Rose, ich kann nichts für ihn tun. Wie soll ich ihm schreiben, daß er zu uns kommen soll?

Rose *weinend und schreiend* Dann geh zu deiner Mutter und sei ein Mann ... und sei einmal bei ihr nicht dieser Trottel! *Sie weint.*

Moe *gereizt, aber fast geschlagen; er sieht sie nicht an.* Das kann ich nicht ... das kann doch nicht ewig so weitergehen, Rose. Ein ganzes Land kann nicht einfach sterben! *Sie weint weiter. Er schreit vor Schmerz auf.* Hör doch auf! Ich werde es versuchen! Mein Gott, ich werde es versuchen!

Die Türglocke läutet. Sie fahren erschreckt zusammen. Sie sieht nach links. Er hat sich nur halb umgedreht. Großvater kommt eilig und zeigt nach links.

Großvater Rose ...

Rose Pssst!

Es klingelt wieder. Moe preßt seine Finger an die Schläfe, er wagt nicht, Rose anzusehen.

flüsternd Lieber Gott ... bitte mach, daß er weggeht!

Es klingelt wieder. Moes Kopf ist gebeugt. Seine Hand zittert, als er sich an die Stirn faßt.

Oh, lieber Gott, gib unserem neuen Präsidenten die Kraft und die Einsicht ... *Es klingelt, diesmal hartnäckiger.* Zeig Mr. Roosevelt den rechten Weg, wie er uns helfen kann ... *Es klingelt.* Oh, lieber Gott, hilf unserem armen Land ...! Und den Menschen ...!

Es klingelt ununterbrochen, während die Szene ausgeblendet wird.

Geräusch: Eine Sporthalle mit Zuschauern. Licht auf Lee, der seine letzten Notizen neben einem Boxring macht.

Sidney kommt in der Uniform der Hallenaufsicht. Beide sind grauhaarig.

Sidney Guter Kampf heute, Mr. Baum, nicht?

Lee Hm? Ja, nicht schlecht.

Sidney Entschuldigen Sie, wenn ich Sie einfach so anrede. Ich bin ein begeisterter Leser Ihrer Sportkommentare.

Lee Ah, ja? Vielen Dank. *Er will an ihm vorbeigehen.*

Sidney *kommt endlich mit dem heraus, was er will.* Sie werden sich nicht an mich erinnern, aber ich bin Sidney Margolies. *Lee bleibt stehen.*
Sie erinnern sich – Sidney.

Lee *verständnislos, aber neugierig* Sidney.

Sidney *Ein kleines, verlegenes Lächeln* Sidney-und-Doris. Ich hab so ein bißchen kompo . . .

Lee *zeigt auf ihn . . .* Sidney! *Er schüttelt heftig seine Hand, äußerst familiär.* Großer Gott! – *Sidney!*

Sidney *große Erleichterung* Genau! Ich bin jetzt Chef der uniformierten Hallenaufsicht. Ich habe dich schon jahrelang hier am Ring gesehen, aber ich habe nie . . .

Lee Warum hast du nie einen Ton gesagt?

Sidney Och, ich dränge mich nicht gern auf, aber ich will mich bald pensionieren lassen. Und da habe ich gedacht, ich sage mal guten Tag. Wie geht es deiner Mutter und deinem Vater?

Lee Sie sind beide gestorben . . . und deine Mutter?

Sidney Auch. Weißt du, daß wir die ganzen Jahre genau verfolgt haben, was du machst? Wir haben jede Zeile über deine Reisen gelesen. Du solltest uns mal besuchen. Da draußen wohnen noch immer zwei, drei Familien, die dich gerne wiedersehen würden . . .

Lee Ich hab mir das immer vorgenommen.

Stimme *off* Soll ich das Licht ausmachen, Sidney?

Sidney Ja, mach das.
Die Scheinwerfer über dem Ring gehen aus.

Lee Und Doris und du, ihr seid . . .?

Sidney Tja, wir sind praktisch die einzigen aus unserer ganzen Bekanntschaft, die sich nicht haben scheiden lassen. Weißt du, wer dich gern wiedersehen würde? Erinnerst du dich an Lou Charney?

Lee Charney.

Sidney Aus der Leichtathletikmannschaft, weißt du? – Du und er, ihr seid jeden Morgen zusammen im Dauerlauf zur Schule gerannt.

Lee *noch nicht sicher, aber . . .* Oh ja, Lou . . . äh . . . wie geht's ihm?

Sidney Er ist tot ... er ist in Italien gefallen ... aber seine Mutter spricht noch immer davon, wie ihr beide jeden Morgen losgerannt seid ...

Lee Wirklich? ... Und wer wohnt in unserem Haus?

Sidney Puertorikaner. Er ist beim FBI. Nette Leute. Aber sie mähen nie den Rasen. *Er zeigt mit der Hand an sein Knie.* So hoch! – Du weißt doch, daß Georgie Rosen gefallen ist, nicht?

Lee *hat keine Ahnung* Georgie Rosen.

Sidney *hält die Hand sehr tief nach unten* Klein-Georgie. Ich glaube, er hat dir sein Rennrad verkauft.

Lee *erinnert sich jetzt* Georgie auch! ...

Sidney *nickt strahlend* Da war vielleicht was los in unserer Straße – andauernd Krach.

Lee *schüttelt den Kopf* Ja, ja. – Du siehst gut aus, Sidney.

Sidney Du auch. – Jetzt leben wir in einem ganz anderen Land, nicht?

Lee Wie meinst du das?

Sidney Ich weiß nicht – so die ganze Einstellung und so. Aber ich kann mir nicht helfen: Ich glaube, ich bin diesem Land verfallen. – Ich bleibe Optimist! Ich warte immer noch auf das große Glück! – Du denkst bestimmt, ich bin verrückt ...

Lee Nee, warum sollte ich?

Sidney *greift dankbar nach Lees Arm* Du bist auch so, hab ich recht?

Lee *Kleine Pause. Schließlich nickt er.* Ich glaube, ja.

Sidney Ich hab es gewußt! – Komm, Lee, ich nehme dich mit – ich habe den Wagen in der Garage. – Laß uns noch einen trinken.

Lee Prima Idee!

Sidney Sag mal, soll ich dir ein Band mit meinem letzten Schlager schicken? – Er heißt »A Moon of my own«. Guter Titel, findest du nicht?

Lee Ja, klingt großartig.

Sidney verschwindet langsam in der Dunkelheit.

Sidney »A Moon of my own« – das fiel mir plötzlich ein, als ich auf unserer Veranda saß ... *Sidney geht ab. Lee bleibt zurück.*

Schwaches, nur langsam heller werdendes Licht auf Rose, die am Klavier sitzt und sehr leise spielt – in einem ungewöhnlich langsamen Tempo. Die Musik scheint von weither zu kommen. Lee steht in grellem weißen Licht.

Lee Als in Pearl Harbor die Hochbahn aus der 6. Avenue vom Himmel fiel, da verschwand die große Depression von der Bildfläche, ebenso wie die Flotte, und gleichzeitig damit hörten wir auf, sinnloses Leiden resigniert zu ertragen. Dieses Gewitter hatte sehr viel geklärt, aber über meine Mutter bin ich mir auch nach dieser langen Zeit noch nicht im klaren. Auf ihre komische, verrückte Weise war sie wie dieses Land. Bei allem, was sie glaubte, glaubte sie auch an das Gegenteil. In der U-Bahn konnte sie sich neben einen Schwarzen setzen ... und fünf Minuten später erzählte der ihr dann meistens die intimsten Dinge aus seinem Leben. – Und dann, einen Tag später ... *Erschrocken* »Habt ihr das gehört! Man sagt, daß da Schwarze nebenan einziehen.« Oder sie jammerte über ihr Schicksal als Frau: »Ich bin zwanzig Jahre zu früh geboren«, pflegte sie zu sagen. »Die behandeln eine Frau wie eine Kuh, lassen sie kalben und sperren sie dann für den Rest des Lebens ein« ... Aber dann warnte sie mich immer: »Nimm dich vor den Frauen in acht – entweder sind sie dumm, oder sie sind heimtückisch und falsch!« Manchmal kam ich nach Hause und überfiel sie mit linksradikalen Ansichten – und sie war bereit, auf die Barrikaden zu gehen. Aber schon abends hatte sie sich wieder in den Prinz von Wales verliebt! Sie war wie dieses Land, vom Geld besessen, aber im Grunde sehnte sie sich nach einem Aussichtspunkt, wo sie stehen und weit in die Landschaft blicken und tief die Luft des freien Lebens atmen konnte. Trotz aller Niederlagen glaubte sie bis zum Schluß daran, daß sich die Welt bessern würde. Ich weiß nicht. Das einzige, was mir immer einfällt, wenn ich an sie denke, das ist ... dieses Gefühl von ... das Herz voller Lebensfreude. *Er will weggehen.*

Rose *sitzt am Klavier* Sing!

Er lächelt und dreht sich schnell zu ihr um. Sie sitzt weit von ihm entfernt und winkt ihm mit den Händen über den Tasten zu. Währenddessen erstrahlt helles Licht über dem wolkenverhangenen Kontinent im Hintergrund ...

Vorhang

Spiel um Zeit

Ein Fernsehfilm

Langsame Aufblende
Fania Fénelon singt. Wir hören nur die Einleitungstakte der Musik, nicht aber ihre Stimme.

Schnitt
Ein Straßencafé. Es ist später Nachmittag. Deutsche Soldaten in lockerer, entspannter Haltung, wie auf Erholung. Junge Französinnen in ihrer Begleitung. Wir sind in Paris, 1942, besetzt von den Deutschen.

Schnitt
Die Hakenkreuzfahne der Nazis weht auf dem Arc de Triomphe.

Schnitt
Fania begleitet sich selbst am Klavier. Sie singt ein Pariser Chanson, das gefühlsstark von Sehnsucht und Kriegszeiten erzählt. Ihre Zuhörer sind fast ausschließlich deutsche Truppenangehörige mit ihren französischen Freundinnen. Wohlanständig-korrekt sitzen sie an ihren Tischen und genießen offensichtlich Fanias anheimelnde, romantisierende Vortragsweise: Ihre heroischen Eroberungen, fern der Heimat, erhalten so die entsprechende Verklärung, nicht ohne einen kräftigen Schuß Selbstmitleid.
Nichts in Fanias Verhalten verrät ihre Feindschaft gegenüber dem Nationalsozialismus, der Frankreich in den jüngsten Schlachten verwüstet hat. Sie hoffe, sagt sie, daß sich alle gut unterhalten werden heute abend, und verspricht, ihr Bestmögliches zu geben, um sie den Soldatenalltag vergessen zu machen. Aber bei genauerem Zusehen fällt das bißchen Zuviel an Ironie auf, das in einem Seitenblick liegt, oder die Art des Lächelns, das den Blick eines in ihrer Nähe sitzenden Offiziers erwidert. Man ahnt ihre innere Aufgewühltheit angesichts der Tatsache, vor den Eroberern auftreten zu müssen. Sie ist der

Star des Abends, eine außerordentliche, noch sehr junge Frau, nicht ohne Herzlichkeit, mit offensichtlichem Spaß an ihrem Beruf.
Am Ende ihres Vortrags starker Beifall von allen Seiten, sie verbeugt sich und geht dabei nach rückwärts ab, ins Dunkel.

Schnitt
Ein Güterzug auf der Fahrt durch Frankreich. Felder, Wiesen, Äcker.

Schnitt
Ein Güterwaggon von innen. Er ist vollbeladen mit Menschen, viele von ihnen gut angezogene Bürger, unbequem zusammengepfercht ... Jeder der Insassen scheint demonstrieren zu wollen, und dies auch noch auf jeweils ganz persönliche Art und Weise, daß für ihn diese Situation überhaupt nichts Ungewöhnliches an sich hat. Und da noch dazu alle in dieser höchst unbehaglichen und unbequemen Lage sind, gibt es auch keinerlei Anzeichen von Unruhe.
Eine Mutter versucht, ein Staubkorn aus dem Auge ihrer Tochter zu entfernen.
Arbeiter blicken mit Argwohn auf die Mitreisenden.
Ein Clochard, eingehüllt in Lumpen und mit einer solchen Situation schon eher vertraut, betrachtet sich die ganze Gesellschaft – der Chlochard ist eine Frau.
Eine andere Mutter zerrt ihren Jungen von einer Tasche mit Nahrungsmitteln weg, die einem Nachbarn gehören.
Einige vornehme Leute halten sich bewußt abseits, ihre Haltung soigniert, ja beinahe gelangweilt.
Studenten versuchen, sich hinter schöngeistiger Literatur zu verschanzen.
Zwei Intellektuelle spielen am Boden verbissen auf einem kleinen Brett Schach.
Ein zwölfjähriger Pfadfinder übt seine Pflichtknoten an einem kurzen Strick.
Ein alter Mann, Asthmatiker, wird von seiner Frau angehalten, doch endlich eine Tablette zu nehmen. Er hält sie zwischen den Fingern und blickt sich unglücklich um auf der Suche nach Wasser.

Schnitt
Fania in einem wunderschönen Pelzmantel, mit Pelzhut; ein eleganter Koffer zu ihren Füßen. Sie hält ein Tragnetz

mit etwas Obst, einer Hartwurst, Brot und einer Flasche Wasser – die bietet sie jetzt dem alten Mann an. Er nimmt dankbar an, nimmt seine Tablette ein, trinkt einen kleinen Schluck und gibt die Flasche wieder zurück.
Auf dem strohbedeckten Boden neben Fania sitzt Marianne, ein Mädchen um die Zwanzig, ziemlich gut angezogen, sehr dick. Marianne hat ein konturloses, naives Gesicht. Gierig blickt sie nach Fanias Tragnetz.

Fania Nehmen Sie ruhig noch ein Stück Wurst, wenn Sie wollen.

Marianne Es ist blöd von mir – aber ich habe nie geglaubt, daß ich mal etwas annehmen müßte.

Fania *freundlich* Ist ja gut. Ich kann mir vorstellen, das hat Ihre Mutter bis jetzt für Sie gemacht.

Marianne *sie nimmt sich doch mehr als ein kleines Stück* Ja. Nur ein kleines Stück noch ... Ich kann's immer noch nicht glauben. Da sitze ich jetzt so ganz dicht neben Ihnen! Ich habe sämtliche Platten von Ihnen, glaube ich. Im Ernst, alle meine Freunde lieben Ihre Musik. *Marianne beißt von der Wurst ab und kaut bedächtig.*

Fania Haben Sie eigentlich eine Ahnung, warum man Sie verhaftet hat?

Marianne *schaut sich nervös um, ob jemand zuhört* Ich nehme an, es ist wegen meinem Freund – er ist in der Résistance.

Fania Ach, was? – Meiner auch.

Marianne *greift unter ihren Mantel* Ich bewundere ihn. Er heißt Maurice. *Marianne zeigt ihr eine Fotografie. Fania betrachtet sie und lächelt anerkennend. Jetzt öffnet Fania ihre Geldbörse aus weichem Leder und zeigt ihrerseits Marianne eine Fotografie.*

Fania Das ist Robert.

Marianne *blickt auf die Fotografie* Gott, sieht der gut aus! – Blond! Ich liebe Männer mit blondem Haar. *Sie geben sich ihre Fotos wieder zurück.* Im Gefängnis schlugen sie mich dauernd auf ...

Fania Mich auch.

Marianne ... Sie wollten immer nur rauskriegen, wo er ist. Aber ich habe ja selbst keine Ahnung! – Die haben mir beinahe den Arm hier gebrochen. *Schaut sich um.* Irgend jemand hat aber erzählt, sie hätten uns nur deswegen abgeholt, weil wir Juden sind. Sind Sie Jüdin?

Fania Halb.

Marianne Ich auch. Obwohl das für mich niemals irgendeine Bedeutung hatte.

Fania Für mich auch nicht.

Sie starren schweigend auf die anderen. Marianne blickt wieder sehnsüchtig nach Fanias Tragnetz.

Fania Sie sollten wirklich nicht soviel essen.

Marianne Ich weiß auch nicht warum. Es fing erst im Gefängnis damit an. Ich hatte dort nur Hunger, die ganze Zeit über. Ich kann bloß hoffen, mein Freund wird mich nie so sehen – Sie werden es nicht glauben, wie schlank ich noch vor ein paar Monaten war. Und jetzt platze ich bald aus allen Nähten. Aber meine Beine sind noch immer schön. Finden Sie nicht? *Ziemlich kindisch streckt sie jetzt ein Bein vor.* Ich kann's immer noch nicht fassen. Ich sitze direkt neben Ihnen! Ich habe wirklich jede Schallplatte von Ihnen.

Schnitt

Der Pfadfinderjunge sitzt jetzt auf dem Boden. Er hat einen Kompaß auf seinen Knien und beobachtet die Bewegungen der Nadel. Seine Mutter ist neben ihm eingeschlafen.

Fania In welcher Richtung fahren wir denn.

Pfadfinder Süden. *Ein Arbeiter in der Nähe hört zufällig mit.*

Arbeiter Wahrscheinlich geht's nach München. Die brauchen Arbeiter für die Bauernhöfe, die's da geben soll.

Zweiter Arbeiter Ich hab' nichts dagegen. Arbeit im Freien mag ich. *Eine Frau neben ihm bringt auch noch ihre Weisheit unter.*

Frau Dort hat man doch diese netten kleinen Häuschen mit den Strohdächern. Ich hab' sie mal auf Ansichtskarten gesehen.

Erster Schachspieler Wir werden alle mit Maschinengewehren umgelegt, so wie wir hier sitzen, das ist meine Meinung. Und das tut mir ganz besonders leid für Sie, Madame Fénelon – Ihre Musik, das ist für mich die Stimme von Paris.

Fania Ich danke Ihnen sehr.

Marianne *harmlos* Ich weiß nicht so recht, ob ich auf einem Bauernhof arbeiten könnte – Sie etwa?

Fania *hebt die Schultern* Haben Sie eigentlich schon irgendwann mal gearbeitet?

Marianne *lacht ein bißchen* Ach was – bis zu meiner Einlieferung ins Gefängnis habe ich einen Arbeiter nicht einmal zu Gesicht bekommen. Mein ganzes Leben bisher war ich entweder in der Schule oder zu Hause. *Sie lacht noch einmal.* Und jetzt weiß ich nicht einmal mehr, wo meine Eltern sind ... *Erschreckend schnell machen sich in ihrem Gesicht Angst und Unsicherheit breit.* Können wir irgendwie zusammenbleiben?

Fania legt einen Arm um sie, und Marianne kuschelt sich dankbar an ihren Körper. Ein Augenblick lang Ruhe. Fania greift in ihr Netz und gibt Marianne einen Bonbon. Marianne ißt ihn begierig. Fania streicht ihr über den Kopf, wie aus Nachsicht für den neuen Verstoß gegen die verordnete Schlankheitskur.

Schnitt

Der kleine Pfadfinderjunge ist etwas in Aufregung, die Kompaßnadel zeigt auf einmal in eine andere Richtung. Er hält den Kompaß hoch, schüttelt ihn und legt ihn wieder auf seine Knie.

Fania Hat sie sich gedreht?

Pfadfinder Wir fahren jetzt Richtung Osten.

Der erste Schachspieler dreht sich zum Pfadfinder um, beugt sich vor, um jetzt selbst den Kompaß zu kontrollieren. Anschließend geht er mit unbewegtem Gesicht auf seinen Platz zurück. Seine Befürchtungen scheinen sich zu bestätigen.

Zweiter Schachspieler *versucht zu beruhigen* Ein Kompaß kann doch gar nicht exakt gehen, wenn es hier soviel Metall drum herum gibt, oder?

Schnitt

Ein plötzlicher gellender Aufschrei der Empörung. Einzelne springen auf, wie um vor etwas wegzulaufen, das unter dem Stroh am Boden sein soll. Schreie des Ekels und der Entrüstung. Die Mutter und der kleine Junge tauchen mitten aus der Menge auf, der Junge knöpft sich gerade die Hose wieder zu ...

Mutter Aber was soll er denn machen!

Erster Mann Er kann doch den anderen Eimer drüben benutzen!

Zweiter Mann Der Eimer ist voll.

Erster Mann *schreit in Richtung einer vergitterten Öffnung oben in der Waggonwand* Hallo! Wir möchten gerne den Eimer ausleeren! *Das Rattern des Zuges ist die einzige Antwort. Niedergeschlagen versuchen die Deportierten so gut es eben noch geht, trockene Stellen am Boden zu finden.*

Schnitt

Der Urin des kleinen Jungen hat den Eimer zum Überlaufen gebracht.

Schnitt
Um mit den Exkrementen nicht in Berührung zu kommen, drängen sich die Menschen noch enger zusammen. Ihr Ekel wächst. Einige bleiben nur noch stehen.

Schnitt
Marianne löst sich aus Fanias Umarmung, flüstert ihr etwas ins Ohr und legt dabei die Hand auf ihren Bauch. Fania sieht sie qualvoll an.

Fania Versuchen Sie, noch etwas auszuhalten – die müssen doch bald einmal aufmachen.

Marianne Kann ich nicht doch noch einen Schluck Wasser kriegen?

Fania Aber nur den Mund anfeuchten. Sie müssen sich jetzt endlich zusammennehmen.
Marianne trinkt aus Fanias Flasche Mineralwasser. Fania verschließt die Flasche wieder und bemerkt, wie der alte Mann sie durstig anstarrt. Sie zögert einen Moment, streckt dann die Flasche hin, die Frau des Asthmatikers nimmt sie. Der alte Mann schlürft ein wenig daran; er ist sehr viel schwächer geworden.

Schnitt
Die fast volle Wasserflasche. Darübergeblendet die Menschen dieses Waggons in ihrer augenblicklichen Verfassung, die trotz der widrigen Umstände noch nicht besorgniserregend ist – einige stehen, des verdreckten Bodens wegen, die anderen scheinen noch gut bei Kräften.
Das Wasser in der Flasche wird weniger, bis es ganz aufgebraucht ist. Die darübergeblendete Menschenmenge wird immer kraftloser; halb ohnmächtig liegt einer über dem anderen; man erkennt aufgesprungene, ausgedörrte Lippen. Anzeichen großer Qual.

Schnitt
Fania ist im Sitzen eingeschlafen. Marianne versucht im Halbschlaf, mit ihren ausgetrockneten Lippen noch ein paar Tropfen aus Fanias Wasserflasche zu saugen, aber auch sie ist leer. Wie in einem Dämmerzustand, ohne darauf zu reagieren, sieht Marianne, wie sich in ihrer Nähe ein Kampf abspielt. Gerade, als eine Frau ihren Rock hochheben will, stößt sie ein Mann weg . . .

Mann Machen Sie's doch da drüben – das hier ist mein Platz!
Die Frau stolpert über irgend jemanden, blickt nach unten . . .

Schnitt
Der alte Mann mit dem Asthmaleiden ist tot. Leblos und schweigend hält seine Frau seinen Kopf fest in ihrem Schoß.

Schnitt
Die Gesichter der Deportierten. Sie müssen die Gegenwart des toten Mannes ertragen. Fania hält es nicht länger aus, sie klettert bis zu der vergitterten Öffnung hoch.

Fania Hallooo! Hören Sie doch! Bei uns ist ein Mann gestorben! Hallooo!

Zur Überraschung aller quietschen auf einmal die Zugbremsen. Menschen werden durcheinander geschleudert, der Zug kommt zum Stehen. Unsichere Erwartung, Furcht, Hoffnung . . .

Schnitt
Die Türen des Güterwaggons werden aufgestoßen. Mächtiges Scheinwerferlicht blendet die Menschen, die jetzt versuchen, so gut sie noch können, auf die Beine zu kommen und ihre Habseligkeiten zusammenzuraffen.
Ein halbes Dutzend Kapos springt auf den Waggon – Kapos sind selbst Gefangene, die für die Lagerverwaltung arbeiten. Mit Knüppeln bewaffnet treiben sie jetzt die Menschen vom Waggon herunter. (»Beeilt euch, raus hier, Bewegung . . .« etc.) *Es sind brutale Schläger mit offensichtlichem Spaß an ihrer Tätigkeit – sie verschafft ihnen das Gefühl von Macht.*

Schnitt
Die gesamte Entladestation. Unter dem gespenstischen Licht der Bogenlampen werden die Güterwaggons leergeräumt. Mit einer gewissen Sorgfalt verladen Kapos Gepäckstücke auf Handwagen, fast wie Gepäckträger.

Schnitt
Der Bahnsteig. Es ist spät in der Nacht. Immer noch in Pelzmantel und Hut gekleidet, überläßt Fania halb unwillig ihren Koffer einem Kapo. Der mustert Mariannes Körper und lächelt sie dabei auffordernd aus seinem zahnlosen Mund an.

Schnitt
Plötzliche Großaufnahme von Dr. Mengele. Dieses Ungeheuer, der sogenannte Engel des Todes ist ein kleiner,

eleganter Mann mit nicht unattraktivem Gesicht. Er ist der für die Selektionen zuständige Arzt. Man sieht ihn für einen Augenblick nur am Rande der sich an ihm vorüberwälzenden Menge stehen, die er genau beobachtet. Er nickt jetzt leicht zu einem Ordner.

Schnitt
SS-Wachen prügeln die Menschen in eine ungeordnete Schlange, einer steht hinter dem anderen. Ein Dutzend oder mehr Wachhunde mit ihren Haltern treiben die Kolonne an. Die Luft ist voll vom Gewinsel und Knurren der hechelnden Meute. Noch ist die Gewalt unter Kontrolle.
Dr. Mengele stellt sich vor der Menschenschlange auf. Mit einer Handbewegung nach links und rechts, die niemals auch nur von einer Sekunde des Zögerns unterbrochen wird, dirigiert er die Ankommenden entweder zu einigen bereitstehenden Lastwagen mit dem Zeichen des Roten Kreuzes, oder zu einem Platz hin, wo sie sich erst einmal sammeln und warten. Die Menschen dort sind im allgemeinen kräftiger, männlich und jünger.
Und so bilden sich aus der Kolonne, die sich rasch auf Dr. Mengeles Handzeichen zubewegt, in kurzer Zeit zwei Abteilungen links und rechts von ihm.

Schnitt
Fania in der Kolonne genau hinter Marianne, flüstert ihr etwas ins Ohr.

Fania Es wird alles gut gehen – sieh mal da drüben – das Rote Kreuz ist da.

Schnitt
Menschen werden auf die mit dem Roten Kreuz gekennzeichneten offenen Lkws geladen. Babies werden über die Köpfe der Menge hinweg zu Müttern vorgereicht. Alte Menschen werden mit Unterstützung derjenigen, die noch bei Kräften sind, auf den Lkw gehoben. Die Luft ist immer noch voll vom Winseln und Bellen der Hunde und vom Geschrei der antreibenden Kommandos.
Kurze Einstellungen hintereinander lassen noch einmal einzelne Gesichter aus der Masse hervortreten, persönliche Schicksale deuten sich an, Beziehungen werden sichtbar. Tatsächlich scheinen alle beinahe erleichtert zu sein, mit dem Lkw an irgendeinen Bestimmungsort transportiert zu werden.

Schnitt
Die Lastautos entfernen sich. Marianne und Fania bleiben allein zurück und blicken zu dem vollbeladenen Lkw hoch, der als einziger zurückgeblieben ist. Kapos ziehen die Heckklappe herauf und befestigen sie.

Fania Moment – wir sollten doch eigentlich mitkommen, oder?

Kapo Wie alt seid ihr denn?

Fania Ich bin achtundzwanzig, sie zwanzig.

Marianne Ich hätte gern einen Spaziergang gemacht – ist das erlaubt?

Kapo *ganz entfernt ist so etwas wie Humor zu spüren – auch er ist ausgepumpt, abgemagert* Aber natürlich, geh' ruhig noch etwas spazieren.
Der Kapo rennt schnell zum Lkw und springt auf. Der Lkw fährt langsam davon, die beiden Frauen bleiben zurück.

Schnitt
Die Menschen auf dem Lkw. Die Kamera ruft die Gesichter, die wir schon von der Zugfahrt her kennen, ein letztes Mal ins Gedächtnis zurück – der kleine Pfadfinder, die Schachspieler, die Mutter des Pfadfinders etc. Der Lkw fährt in die Dunkelheit davon.

Schnitt
Marianne und Fania blicken sich um. In der Finsternis sind sie von dunklen Gebäuden umgeben, die sie umrißhaft erkennen können. Unten von den Gleisanlagen her hören wir die Kommandos der Wachen, die von denjenigen befolgt werden, die man zum Überleben ausgesondert hat.

Fania Ich finde, wir sollten den Lkws folgen.
Gemeinsam verschwinden beide in der Dunkelheit.

Schnitt
Am nächtlichen Himmel ein merkwürdiges, gelbliches Licht. Der Widerschein von greller Beleuchtung? Oder Feuer? Entfernung ein Kilometer.

Schnitt
Fania und Marianne beim Spaziergang, sie betrachten sich den merkwürdigen Widerschein am Himmel.

Fania Da muß irgendeine Art Fabrik sein oder so was.
Aus der Dunkelheit taucht auf einmal ein Kapo auf und

geht eine Weile mit den beiden mit. Er ist sehr mager, legt einen Arm um Marianne.

Kapo Hör zu ... Du kriegst Kaffee dafür.

Fania *schiebt seinen Arm von Marianne weg* Das scheint hier wohl ein Fünf-Sterne-Hotel zu sein – eine Tasse Kaffee für eine Frau?

Kapo Das ist 'ne ganze Menge. *Zeigt bösartig auf Marianne.* Ich krieg' dich noch, Schönheit.

Fania greift wie zum Schutz nach der Hand der verängstigten Marianne. Sie gehen jetzt beide weiter in die Dunkelheit, auf den Feuerschein zu.

Schnitt

Das Aufnahmelager. Marianne und Fania kommen in einen matt erleuchteten Raum, etwa 20 mal 40 Meter. Ungewißheit in ihren Bewegungen. Ob sie sich hier melden sollen? Fünf Polinnen sitzen gelangweilt um einen runden Tisch. Es sind Gefangene, die hier beschäftigt werden. Die eine reinigt ihre Nägel, die andere liest in einer zerrissenen Zeitung, eine dritte kämmt die Haare ihrer Mitgefangenen. Sie sind von plumper, stämmiger Erscheinung, wahrscheinlich vom Land.

Fania *nach einer Weile* Bekommen wir vielleicht bei Ihnen unsere Sachen zurück?

Sie stellt diese Frage, weil – wie wir jetzt erst sehen – an einer Wand des Raumes, der in den Korridor mündet, und weiter an dieser Wand des Korridors entlang bis tief hinein in das Innere des Gebäudes, sauber gestapelt und geordnet, Hunderte von Koffern, Kleiderberge, Schuhhaufen, Schachteln voll mit Brillen, Gebissen, Unterwäsche, Jacken, Handschuhen, Galoschen und alle nur erdenklichen Bekleidungsgegenstände zu erkennen sind.

Die Polinnen drehen sich zu Fania und Marianne um. Eine von ihnen gibt ihnen einen kleinen Wink, und sie nähern sich ihr.

Zwei SS-Frauen in Uniform kommen aus dem Korridor. Eine von ihnen ist Frau Schmidt, die brutale, stupide Aufseherin der folgenden Aktion. Sie bleiben in gehörigem Abstand stehen und beobachten teilnahmslos das Geschehen.

Die erste Polin steht auf und nimmt wortlos Fanias Handtasche weg. Die zweite Polin greift nach Fanias Pelzmantel und reißt ihn ihr vom Leibe. Tasche und Mantel werden den SS-Frauen übergeben, die beides mit einiger Bewunderung taxieren.

Erste Polin Deine Schuhe.

Fania und Marianne geraten langsam in Furcht. Sie ziehen ihre Schuhe aus, die die Polinnen zu Frau Schmidt bringen. Frau Schmidt begutachtet mit Kennerblick die teuren Schuhe.

Erste Polin Ausziehen.

Schnitt

Fania und Marianne sind wie gelähmt vor Entsetzen. Man sieht jetzt, wie Hände eine Schere bedienen. Beider Haar wird vollständig abgeschnitten – Fania trägt geflochtenes Haar, was schwer zu schneiden ist – kleine Haarbüschel am Kopf bleiben davon übrig.

Schnitt

Auf einen Arm wird eine lange Nummer eintätowiert: 346.991. Die Kamera fährt zurück, und wir sehen, daß es sich um Mariannes Arm handelt. Sie steckt in Kleidern und Schuhen, die ihr viel zu groß sind, ein lächerlicher Anblick. Das gleiche gilt für Fania. Sie starrt auf ihre Tätowierung. Der Tätowierer ist ein Kapo, der bei der Arbeit andauernd seine Zunge aus einem Mundwinkel herausschiebt.

Schnitt

Ungefähr hundert Frauen werden Kleider ausgehändigt, aufgetragenes Zeug, manchmal nur noch Fetzen. Andere Frauen haben bereits kahlgeschorene Köpfe und warten auf die Tätowierung, SS-Frauen gehen während der ganzen Zeit auf und ab. Sie sind im Dienst.

Schnitt

Frau Schmidt wird das kleine Schachspiel aus dem Güterwagen übergeben. Sie betrachtet es mit Bewunderung, genauso wie den Kompaß des kleinen Pfadfinders. Sie legt beides auf den Registriertisch. Eine Polin verfrachtet Schachspiel und Kompaß in einen Behälter, angefüllt mit Spielsachen, Stofftieren, Fußbällen, Sportgeräten.

Schnitt

Fania steht in der Nähe, erkennt diese Überbleibsel wieder. Ihre Augen flackern vor Entsetzen. Sie dreht sich zu einem in der Nähe befindlichen Fenster um.

Schnitt
Das Fenster. Wir sehen das unheimliche Glühen am Himmel.

Schnitt
Eine der Polinnen ist fast fertig damit, sich Fanias abgeschnittene Zöpfe an ihrem eigenen Haar festzustecken, und imitiert dabei Fanias unnatürlichen Gang. Ihre Arbeitsgenossinnen lachen aus vollem Hals.
Fania, gedemütigt und verängstigt, betastet ihren kahlgeschorenen Schädel.

Schnitt
Die Arbeitsbrigade, von Fania aus beobachtet. Eine erschöpfte Frau bricht vor den Füßen der Lagerführerin Maria Mandel zusammen. Die Mandel deutet auf einen Schubkarren. Während Kapos die Frau vorbeitragen, streift ihr einer Arm den Mantel der Lagerführerin. Böse schleudert sie den Arm zur Seite und säubert sich sofort den Mantelärmel. Währenddessen wird die Frau in den Schubkarren geworfen.

Polin Na, wie seh ich aus, du Stück Judenscheiße?

Fania Ich bin kein Stück Judenscheiße, ich bin Französin!
Dröhnendes Gelächter. Von irgendwoher ein fürchterlicher Schlag, der Fania zu Boden streckt. Über ihr steht Frau Schmidt, ein weiblicher Riesenkraftprotz, und blickt wilddrohend auf sie herab. Ausblende. Dunkel.

Schnitt
Der Quarantäneblock – so heißen die Unterkunftsbaracken. Trübes Licht von ein oder zwei einzeln herabhängenden Glühbirnen. Ein schmaler Durchgang zwischen kojenähnlichen Bretterverschlägen. Die Frauen, die drinnen liegen, haben kaum Platz, sich einmal umzudrehen. Die Kojen reichen bis unter die Decke.
Fania und Marianne stehen vor einem Durchgang, begleitet von einer Polin, der Blockowa oder Blockwärterin. Sie deutet ihnen an, die oberen Kojen zu beziehen, und will sofort wieder den Raum verlassen. Die Frauen in den Kojen sind halbtot, zu Skeletten abgemagert, kaum fähig, den Neuangekommenen Aufmerksamkeit zu widmen.

Fania Wo sind denn bloß die Leute, mit denen wir zusammen hergekommen sind? – Man hat sie aus den Waggons geholt, und dann kamen sie auf die Lkws . . .?

Die Blockowa greift sie am Arm, führt sie an ein Fenster und zeigt nach draußen.

Schnitt
Der gelbliche Glutschimmer am Himmel. Aber aus dieser Entfernung kann man jetzt schon erkennen, wie Rauch aus einem hohen Schornstein aufsteigt.

Schnitt
Fania, Marianne und die Blockowa. Die Blockowa zeigt zum Schornstein hin.

Blockowa Deine Freunde. Du sehen? – Braten. Du auch, und bald. *Die Blockowa blinzelt listig mit beiden Augen, grinst wie zur Beruhigung und geht weg.*

Schnitt
Marianne liegt neben Fania in ihrem Verschlag und schluchzt still vor sich hin.

Fania Marianne? Hör doch mal zu. Los jetzt, Mädchen, hör endlich auf damit.

Marianne Warum tun sie das alles. Was haben die bloß davon? *Fania blickt sich nach der anderen Seite um, wo eine völlig ausgehungerte Frau liegt. Sie scheint zu schlafen, könnte aber auch schon tot sein.*

Fania *dreht sich wieder zu Marianne um* Ich mußte in meinem Leben immer ein Ziel haben – irgend etwas, das ich als nächstes tun wollte. Das genau brauchen wir jetzt unbedingt, wenn wir hier jemals wieder lebendig 'rauskommen wollen.

Marianne Was denn für ein Ziel? *Fania sieht nach der Blockowa am Ende des Durchgangs, die mit einem Knüppel in der Faust auf und ab geht.*

Fania Wenn ich jemals hier lebend rauskomme, bringe ich so ein Polenweib um. *Fania legt sich auf den Rücken, schließt ihre Augen, wie wenn sie sich selbst ein wenig verabscheut.*

Marianne Ich hab' so wahnsinnigen Hunger, Fania. Halt mich, ganz fest. *Fania, immer noch auf dem Rücken liegend, umarmt Marianne. Dann dreht sie sich nach der Frau um, die neben ihr liegt; sie ist bis aufs Skelett abgemagert, reglos. Vorsichtig betastet Fania ihre Haut und zieht die Hand nach der kalten Berührung schnell zurück. Sie schüttelt die Frau etwas. Sie ist bereits gestorben.*

Fania beugt sich jetzt über den Rand der Koje und ruft zur Blockowa.

Fania Hier liegt eine tote Frau.

Die Blockowa mit dem Knüppel in der Hand läßt sich viel Zeit. Sie schaut langsam in Fanias Richtung und schlendert ohne die geringste Anteilnahme davon.

Schnitt

Nah: Marianne und Fania in ihrem Verschlag. Marianne starrt ängstlich auf den Leichnam und verbirgt ihr Gesicht bei Fania.

Fania Wir müssen ein Ziel haben, wir müssen. Und ich glaube, unser Ziel wird sein, daß wir versuchen, nichts von dem hier zu vergessen. Ich will dir eine Geschichte erzählen – Es war einmal ein Prinz, der hieß Jean, und der war furchtbar schön. Und er heiratete eine Prinzessin, genannt Jeanette, und auch sie war furchtbar schön.

Marianne löst sich langsam aus Fanias Umarmung und hört mit kindlichem Interesse zu ...

Marianne Und weiter?

Fania Und eines Tages sagte der Prinz: »Mein lieber Schatz, wir brauchen endlich ein Ziel in unserem Leben, und deshalb sollten wir Kinder haben.« Und so begaben sie sich ...

Während Fania weitererzählt, langsame Überblendung der Gesichter von Fania und Marianne in ihrer Koje. Auf das Gesicht der beiden fällt Schnee: ein Wald; es wird Frühling; Blumen stehen in Blüte, Gras sprießt; Eisklumpen schmelzen – während man immer noch ihre Gesichter sieht, werden Steine geschleppt, Holzstämme getragen, Erde umgegraben, Entwässerungskanäle gezogen ... Zum Schluß fährt die Kamera noch einmal auf ihren Verschlag zu – die tote Frau ist jetzt nicht mehr da – beide schlafen eng beieinanderliegend. Sie sind jetzt auch sichtlich abgemagert, mit dem halbverhungerten Aussehen der anderen Gefangenen.

Eine Stimme brüllt laut: »Achtung!«

Schnitt

Die Baracken. Die Frauen gehorchen sofort, kommen aus ihren Kojen herausgekrochen und stellen sich im Durchgang auf. Die Blockowa schreit.

Blockowa Nicht rühren. Kann jemand singen »Madame Butterfly«?

Stille. Alle sind höchst erstaunt. Die Blockowa wird immer wütender.

Blockowa Kann jemand singen »Madame Butterfly«?

Schnitt
Fania, noch unsicher, ob sie sich freiwillig melden soll; Blick auf Marianne, die sie lautlos auffordert, es doch endlich zu tun. Am Ende des Durchgangs will die Blokkowa schon wieder gehen. Fania gibt sich einen Ruck, lehnt sich halb aus ihrem Verschlag heraus und winkt dem Riesenweib nach ...

Fania Ich. Hier!

Schnitt
Fania kommt aus dem Dunkel in einen hellbeleuchteten Raum. Sie bleibt stehen, blickt vollkommen verblüfft um sich.

Schnitt
Der Musiksaal der Baracke, in der die Musikerinnen untergebracht sind. Wie in einem wirren Traum sieht Fania etwa fünfundzwanzig Frauen, die meisten von ihnen sitzen hinter Notenständern; sie sind schlecht, aber sauber gekleidet. Einige haben glattrasierte Köpfe (Jüdinnen), andere tragen noch ihr eigenes Haar. Hier ist es anders als in der Baracke, in der sie vorher hauste, mit den wenigen und auch noch schwachen Glühbirnen. Strahlende Helligkeit liegt über dem ganzen Raum, in dem sich fast keine Möbel befinden.
In der Mitte des Raumes steht ein glänzender, wunderschöner Bechsteinflügel. Fania bestaunt offenen Mundes das Prachtstück.
Verglichen mit diesen Frauen ist Fania natürlich in einem beklagenswerten Zustand – dreckig, in viel zu großen Schuhen, verweint, die Kleider hängen ihr vom Leib.
Elzvieta, eine ältere Polin mit vollem Haar, kommt auf Fania zu und wischt ihr mit einem feuchten Tuch übers Gesicht. Fania läßt diese Freundlichkeit ungläubig über sich ergehen. Elzvieta streicht jetzt mit ihren Fingern mitleidvoll über Fanias Wange.
Etalina, eine zierliche achtzehnjährige Rumänin, bringt einen Klumpen Brot und drückt ihn Fania in die Hand.

Etalina Ich heiße Etalina. Ich hab' dich einmal in Paris gesehen. Im »Melody«. *Fania beißt in den Brotkanten.* Meine Eltern nahmen mich damals mit. Es war an meinem Geburtstag. Ich wurde gerade siebzehn. Letztes Jahr. *Michou gesellt sich der Gruppe bei; ein winziges, aber bestimmt auftretendes Mädchen von zwanzig Jahren. Sie ist militante Kommunistin, furchtbar blaß, mit einer sanften, lyrischen Stimme. Etalina deutet auf Fania (mit schalkhaftem Übermut, aber ganz vorsichtig; Fania ist ja ein halbes Gespenst).*

Etalina Sie ist aber die einzige hier gewesen, die dich erkannt hat. Das ist Michou.

Michou Ich hab' dich gestern aus deiner Baracke rauskommen sehen, lief los und erzählte es unserem Kapo – sie hat mir versprochen, daß du ihr vorspielen kannst –

Fania Wieso vorspielen?

Etalina Für das Orchester – das sind wir hier. *Mit beinahe ängstlichem Respekt* Unser Dirigent ist Alma Rosé. *Sie ruft nach draußen.* Charlotte, komm rein, stell dich Fania Fénelon vor! *Zu Fania* Sie ist eine unserer besten Musikerinnen, aber scheu wie ein junges Reh. Sie spielt sogar die Solopartiten von Bach ...

Charlotte *kommt hereingeflogen. Wenn sie sich vorstellt, flüstert sie beinahe.* Es ist mir eine Ehre, dich kennenlernen zu dürfen.

Fania Guten Tag, Charlotte. *Zu Etalina* Rosé? – Es gab ein Streichquartett mit diesem Namen ...

Michou Alma ist die Tochter des ersten Geigers.

Fania Aber dann ist doch ihr Onkel Gustav Mahler ... der Komponist ...

Elzvieta So ist es; sie ist ein großes Talent ...

Etalina Aber nicht gerade sehr umgänglich und empfindsam, sei da etwas vorsichtig ...

Michou blickt nach draußen und faßt Etalina schnell am Arm, wie um sie zum Schweigen zu bringen.

Schnitt

Alma Rosé hat ihren Auftritt – augenblicklich respektvolle Stille. Jetzt tauchen drei Blockowas auf – polnische Gefangene, die eigentlich Polizeifunktion haben, alle drei sehr kräftig – und betrachten sich das Ganze mit feindseliger Neugier. (Sie sind mit dieser Art Sonderbehandlung von Juden offenbar überhaupt nicht einverstanden.) Alma geht auf die Gruppe zu, wendet sich an Fania: sie ist mager, äußerst »deutsch«, peinlich sauber, ihre eher schäbige Kleidung korrekt gebürstet. Ihr Gesicht zeigt offen ihre Entschlossenheit, ja, ihren beinahe fanatischen Willen zur Perfektion; und dies ist ihr einziger Schutz hier.

Alma Du bist Mademoiselle Fénelon?

Fania Ja, gnädige Frau.
Alma Kannst du Klavier spielen?
Fania Natürlich, gnädige Frau!

Der ängstliche Übereifer, den man aus ihrer Stimme hören kann, veranlaßt einige Zuschauer, nervös zu kichern.

Alma Ich möchte etwas aus »Madame Butterfly« hören.

Alma geht auf einen Stuhl zu, setzt sich. Die anderen bleiben entweder stehen oder setzen sich auch, wie es sich gerade ergibt. Fania geht auf den berühmten Flügel zu; es ist alles wie im Traum. – Sie schlappt in ihren großen Männerschuhen über den Boden, leichter Haarflaum auf ihrem kahlen Schädel, ihr Gesicht von den Hungerrationen ausgemergelt. Jetzt sitzt sie genau vor den Tasten, kann nicht anders, beugt sich nach vorne und küßt sie lange. Dann beginnt sie »Un bel di . . .« zu intonieren.

Schnitt
Fanias Hände. Sie sind schmutzverkrustet, ihre Nägel abgebrochen. Die Finger sind noch steif, sie spielt unsauber.

Schnitt
Fania am Flügel. Sie unterbricht, haucht wärmend in ihre Hände. Jetzt fängt sie noch einmal an und singt. Nach ein paar Takten . . .

Schnitt
Die Gruppe. Alle warten gebannt Almas Reaktion ab – sie zeigt großes Interesse, will Fania unbedingt für ihr Orchester anfordern.

Schnitt
Fania spielt jetzt gelöst, sympathisch, mit großem Selbstvertrauen. Ihr Gesicht und ihre Stimme streben jetzt wieder jenen leicht ironisch eingefärbten Ausdruck an, der ihrer Musik eine so erfrischende Liebenswürdigkeit verleiht. Diese Stimmung wird abrupt gestört: Stuhlbeine scharren, einige Frauen stehen schnell auf. Fania dreht sich um und unterbricht ihren Vortrag.

Schnitt
Lagerführerin Maria Mandel betritt den Raum; sie ist der Chef der Frauenabteilung des gesamten Lagers, ungefähr achtundzwanzig Jahre alt, groß, blond, strotzend vor Gesundheit, eine Schönheit in ihrer schwarzen Uni-

form. Musikerinnen und Blockowas stehen in strammer Hab-Acht-Haltung vor ihr. Fania versucht es nun ebenfalls; in dem schockähnlichen Zustand, in dem sie sich befindet, gelingt ihr dies jedoch ohne großen Erfolg.

Mandel Rührt euch. *Sie kommt näher und inspiziert Fania von Kopf bis Fuß. Jetzt zu Alma ...*

Mandel Sie wollen sie also behalten.

Alma Jawohl, Frau Lagerführerin, mit Sicherheit – sie ist sehr gut.

Mandel *steht jetzt Fania ganz dicht gegenüber* Sie ist wundervoll.

Almas Gesicht zeigt Spuren von Konkurrenzneid.

Mandel Kennst du auch etwas deutsche Musik?

Fania *zögert etwas, zittert vor Angst, die Augen niedergeschlagen* Ja ...

Mandel Ich bin Lagerführerin Maria Mandel, ich habe den Oberbefehl über sämtliche Frauen hier im Lager.

Fania *nickt respektvoll* Ich ... ich habe Madame Rosé vergessen mitzuteilen ... ich kann gar nicht dem Orchester beitreten ... außer meine Freundin, Nummer 346.991, bekommt auch die Erlaubnis – sie hat eine wunderbare Stimme. *Sie sieht der völlig überraschten Mandel direkt ins Gesicht.* Sie ist in Baracke B. *Mandel schweigt, sie ist immer noch total konsterniert.* Ohne sie werde ich ... muß ich ablehnen ... Es tut mir leid.

Auf den Gesichtern der Musikerinnen absolute Verwirrung.

Schnitt

Mandel läßt Fania für eine Weile hängen, ihr Gesichtsausdruck verrät nichts von ihren Gedanken.

Schnitt

Die Kapos, sehr wütend, aber mehr aus Verblüffung über Fanias Dreistigkeit.

Schnitt

Fania und die Tschaikowska, ein Kapo, rennen die Lager»straße« entlang – (ein schmaler Durchgang zwischen den einzelnen Barackengebäuden). Fania treibt die Tschaikowska an, schneller zu laufen ... Sie biegen um ein Gebäudeeck und treffen auf ungefähr zwanzig Frauen, die die Blockowas mit Knüppelschlägen vor sich hertreiben. Viele der Frauen sind dem Tode nah, brechen zusammen, fallen auf die Erde, kriechen dort weiter.

Im Hintergrund bleibt Mala stehen; in ihrer Begleitung ein SS-Offizier. Sie ist eine großgewachsene, sofort ins Auge fallende Erscheinung, Jüdin. Selbstsicher trägt sie den Judenstern. Aber merkwürdigerweise ist in ihrem ganzen Verhalten keinerlei Unterwürfigkeit zu spüren, eher ein recht ausgeprägtes Selbstbewußtsein. Sie hält einen dicken Notizblock in der Hand.

Marianne wird gerade von einer Blockowa gezerrt und geschlagen. Sie versucht, so gut es geht, den Angriffen auszuweichen und in ihre Baracke zu gelangen.

Fania *zur Tschaikowska, zeigt auf Marianne* Da! Mach schnell! Marianne . . .!

Fania geht hinter der Tschaikowska her, die hier als Kapo die Ranghöchste ist. Die Tschaikowska geht auf eine Blockowa zu.

Tschaikowska Die Mandel will die hier haben.

Halb ohnmächtig sinkt Marianne beim Abmarsch in Fanias Arme. Zurück bleiben die konsternierte Blockowa und die erschöpften, ausgepumpten, taumelnden Frauen.

Schnitt

Marianne. Ihr Gesicht ist noch immer dreckverschmiert, tiefe Striemen auf ihrem Nacken. So unglaublich es auch scheinen mag: Sie singt jetzt in der Baracke der Musikerinnen; Fania begleitet sie auf dem Flügel.

Schnitt

Die Mandel. Sie trägt Seidenstrümpfe, hat ihr Käppi abgenommen und läßt ihr blondes Haar über ihre Schultern fallen. Sie hört aufmerksam zu. Alma steht hinter ihr, respektvoll den Abstand einhaltend. Im Hintergrund die aufmerksame Musikerschar.

Fania macht Marianne durch die Art ihrer Begleitung Mut, spornt sie ab und zu mit einem kleinen Seitenblick an. Mariannes fieberhafte Augen verraten: Sie singt um ihr Leben. Das Lied ist zu Ende. Stille.

Mandel *zu Alma* Zieht ihnen was Richtiges an.

Schnitt

Marianne bricht taumelnd zusammen, wird aber von Fania gerade noch aufgefangen.

Schnitt

Ein Ladentisch. Dahinter aufgestapelt vom Boden bis unter die Decke: die Kleider der Ermordeten.

Blockowas und der Chef dieser Abteilung, Frau Schmidt, in Hab-Acht-Stellung. Die Mandel hält einen Büstenhalter hoch, den sie Mariannes mächtigen Brüsten anlegt. Er paßt, sie übergibt ihn ihr. Jetzt hebt sie ein Paar feine Seidenslips auf, hält sie Fania hin, die sie annimmt.

Mandel *zu Frau Schmidt* Such ein Paar Schuhe raus, die ihr passen.

Frau Schmidt Selbstverständlich. *Zu Fania* Sehen sehr klein aus, die Füße. Welche Größe?

Fania Vier.

Frau Schmidt *zur Mandel* Ich glaube kaum, daß wir was . . .

Mandel Die Füße müssen warm sein und die Schuhe gut sitzen. Sonst wirkt sich das auf die Stimme aus. Du wirst welche finden, für meine kleine Sängerin.

Frau Schmidt ist verwirrt, gehorcht aber.

Fania und Marianne bedanken sich bei Mandel. Aber warum bestand sie so sehr auf dieser Einkleidung? Was bedeutet dieser unglaubliche Vorgang?

Mandel verläßt den Raum. Frau Schmidt beginnt, die Kästen mit Frauenschuhen durchzuwühlen.

Eine Blockowa reißt einen Wollmantel vom Tisch und schleudert ihn wütend auf Fania, die ihn mit einem Arm abfängt.

Während Frau Schmidt ihre Suchaktion fortsetzt, verwandelt sich in Fanias Augen der Schuhhaufen.

Überblendung

Man sieht Frauenbeine einen Bahnsteig entlanggehen. Die Schuhe scheinen lebendig zu werden und gehen jetzt auf einem Bürgersteig auf und ab.

Schnitt

Alma klopft mit ihrem Taktstock ans Dirigentenpult, hebt beide Arme zum Einsatz hoch, das Orchester ist bereit. Plötzlich wird von einigen etwas wahrgenommen, das sich außerhalb des Bildes abspielen muß, alle springen von ihren Stühlen auf und stehen stramm.

Mandel kommt herein, gefolgt von ihrer Ordonnanz. Mandel trägt eine Schachtel mit vier oder fünf Paar Schuhen.

Schnitt

Mandel. Ihr Gesicht strahlt Genugtuung aus, ihr Auftritt ein beinahe friedlicher Anblick.

Mandel Setz dich hierher, Fania.

Fania steht von ihrem Klavierstuhl auf, kommt zu ihr herüber und setzt sich wie befohlen vor ihr hin. Mandel stellt die Schuhschachtel ab, holt ein Paar pelzgefütterte Schuhe heraus – und kniet sich vor Fania hin!
Fania tränenüberströmt. Sie wagt nicht, diese unglaubliche Gunstbezeugung abzulehnen. Gleichzeitig fürchtet sie sich vor den Auswirkungen, die ein Eingehen auf die Mandel für ihren täglichen Umgang mit den Frauen haben könnte. Sie blickt auf die pelzgefütterten Schuhe in Mandels Hand.

Schnitt
Der Schuh in Großaufnahme. Die Kamera bringt den Schuh entweder dadurch zum Leben, daß etwa die ehemalige Besitzerin gezeigt wird – oder sie fügt ein Damenbein dazu, und wir sehen jetzt ein Paar Schuhe mit lebendigen Beinen, wie sie gerade die Straße einer großen Stadt entlanggehen.

Schnitt
Mandel richtet sich wieder auf, sobald Fania mit den angezogenen Pelzschuhen dasteht. Ihr Blick wandert aufwärts von den Schuhen bis zum zufrieden lächelnden Gesicht Mandels. Unter großer Anstrengung ringt sie sich zu einem auf deutsch gesprochenen Satz durch ...
Fania Dankeschön, Frau Lagerführerin.

Schnitt
Das gesamte Orchester bei der Probe. Fanias Hände in Anschlagposition über der Tastatur. Alma hebt den Taktstock und gibt das Zeichen zum Einsatz – ein Orchesterstück von Franz von Suppé. Der Klang des Orchesters ist zwar nicht gerade fürchterlich zu nennen, es fehlt aber nicht mehr viel dazu. Einige Spielerinnen sind zwar wirklich total unfähig. Die Probe steht aber nicht deswegen ständig kurz vor dem Zusammenbruch, sondern weil die etwas mehr als vierzig Frauen von Hunger und Furcht vollständig ausgezehrt sind.

Schnitt
Das Orchester. Die Kamera stellt uns die Hauptpersonen vor:
Elzvieta, eine sehr gute Geigerin, eher aristokratische Erscheinung. Polin. Als Nichtjüdin darf sie noch ihr Haar tragen.

Paulette, eine Frau Ende Zwanzig, deutschsprachige Jüdin, ausgezeichnete Cellistin, im Augenblick nur von ihrer Nachbarin gepeinigt, die sehr falsch spielt. Es ist . . .
Liesle, nur noch Haut und Knochen, ängstlich, beinahe hysterisch-schreckhaft. Sie spielt Mandoline und versucht verzweifelt, im Takt zu bleiben. Sie ist Belgierin, wie Paulette.
Charlotte, Geigerin, elegantes Spiel, ziemlich mager, vornehmer Blick, äußerst intelligent, romantischer Gesichtsausdruck.
Etalina, der Witzbold, klein, Rumänin, spielt Geige.
Michou, Französin, spielt Querflöte, aktive Kommunistin.
Die folgenden Musikerinnen stehen mehr im Hintergrund des Geschehens.
Giselle, sehr jung, Sommersprossen, kommt aus Frankreich, kaum fähig, wenigstens die Trommeln zu bedienen. Sie verzweifelt aber nicht, dafür ist sie noch zu jung; und so schlägt sie auf die Trommeln ein, so laut sie kann.
Berta, sie ist Lehrerin.
Varya, bedient das Schlagzeug. Sie ist Polin, die noch ihr eigenes Haar trägt.
Katrina, Polin, sehr schlechte Gitarristin, eigensinnig, unbelehrbar; trägt noch ihr Haar.
Olga, kommt aus der Ukraine, Akkordeonspielerin, ein Trampel. Später wird sie das Orchester übernehmen.
Greta, Akkordeonspielerin, aus Holland, vom Dorf, naiv und dauernd verschreckt, äußerst schwache Spielerin.
Esther, eine disziplinierte, militante Zionistin, sie hat den Traum von Palästina, ihre Augen verraten es; Akkordeonspielerin.
Tschaikowska, der Ober-Kapo.
Von Zeit zu Zeit werden eine oder mehrere dieser Frauen in den Vordergrund treten. Damit soll die Grundabsicht dieses Films erhalten bleiben, daß auch die »Hintergrundgruppe« aus verschiedenen selbständigen Individuen besteht. Wenn dieser Film auch nur annähernd einen Hinweis geben kann auf das Ausmaß der Ungeheuerlichkeiten, in die Menschen in ihrem Leid verstrickt sein können, müssen auch die Nebenfiguren äußerst lebendig gezeigt werden, und ganz besonders in den Szenen, in denen sie ohne Text sind und so kaum ihre Geschichte einbringen können.

Schnitt
Alma klopft zornig ans Dirigentenpult ... Das Orchester hört auf zu spielen.

Alma Warum ist das alles so laut? Das ist doch keine Tanzmusik; wir müssen auch nicht gegen den Wind spielen. Warum könnt ihr nicht meine Anweisungen befolgen! *Die Angst, die aus ihr spricht, daß alles zwecklos sei, hat einen gefährlichen Unterton, der jederzeit in handfesten Zorn umzuschlagen droht.* Musik ist die erhabenste Tätigkeit des Menschen. Ihr müßt Tag und Nacht üben, ihr müßt euch ehrlich abmühen, in euch hineinhorchen. Die Vervollkommnung eurer Spielweise muß euer einziges Ziel sein ... Ihr könnt doch nicht einfach immer nur die gleichen Fehler wiederholen ...
Sie ist unfähig, die Probe fortzusetzen, und läuft überhastet aus dem Saal, um sich wieder zu fangen. Die Frauen verharren für einen Moment in verlegenem Schweigen.

Etalina Philharmoniker, rührt euch.
Die Frauen legen ihre Instrumente beiseite, stehen auf und strecken sich erst einmal ... Etalina kommt zu Fania an den Flügel.

Etalina Ich glaube, du hast sie ganz schön aus der Fassung gebracht ... Sie hörte auf einmal, wonach wir wirklich klingen.
Paulette kommt jetzt ins Bild, dann Liesle, später Giselle.

Fania Schön, es war wirklich ein bißchen laut ...

Paulette *sie spricht von Liesle* Sie kann ihren Part einfach nicht lernen – entweder wir spielen alle laut, oder sie ist erledigt.

Liesle *rechtfertigt sich unter Tränen* Ich hab' in meinem ganzen Leben nicht mehr als sechs Monate Unterricht gehabt.

Etalina Und das waren die sechs schönsten Monate deines Lebens. *Zu Fania* Es ist aber nicht nur sie allein schuld. Der Maestro selbst hat doch diesen ganzen Schlamassel ausgelöst.

Fania Wieso?

Etalina Als wir anfingen, waren wir eine stinknormale Marschkapelle – wir spielten für die Gefangenen, wenn sie zur Arbeit ausrücken mußten. Aber Alma packte auf einmal der Ehrgeiz, und plötzlich spielen wir also diese Orchesterstücke, geben Konzerte für die Offiziere ... spielen Beethoven, du lieber Gott. Sie ist ein Opfer ihrer eigenen

Ansprüche geworden, und wir haben jetzt die Schwierigkeiten.

Marianne *kommt ins Bild* Kriegen wir hier überhaupt mal was zu essen?

Liesle *lacht* Hört euch die an ...!

Etalina Wassersuppe kriegst jetzt hier zu jeder Tages- und Nachtzeit, mein Schatz.

Fania Aber wieso Schwierigkeiten, Etalina?

Etalina Als die Bonzen einmal anfingen, uns auch zuzuhören, ging es ihnen bald auf die Nerven, immer wieder die gleichen Nummern zu hören.

Paulette Unser Orchester setzt sich nun mal aus den Instrumenten zusammen, die wir hier spielen können ...

Etalina Und kein Komponist der Welt hat jemals für eine so idiotische Zusammensetzung komponiert: Piccoloflöte, Gitarre, Querflöte, Violine, keine Bässe, keine Blasinstrumente, keine ...

Michou *zu Fania* Du kannst nicht zufällig instrumentieren, oder? *Offensichtlich kann sie es nicht, aber ihr geöffneter Mund und ihre Augen verraten, daß ihr etwas durch den Kopf geht.*

Paulette Ich mach' mir wirklich langsam Sorgen – wir haben praktisch dasselbe Konzert mindestens ein dutzendmal gespielt. Der Kommandant hält es manchmal schon gar nicht mehr aus bis zum Schluß.

Marianne *dreht sich ängstlich zu Fania um* Aber du hast doch Ahnung davon, wie man instrumentiert, Fania! Das kannst du doch! *Fania blickt jetzt in ihr angstgezeichnetes Gesicht.* Und sie könnten dann alles mögliche spielen!

Fania ... Eigentlich ... *Zu den Frauen* Ich kann's, ja, doch.

Etalina und Paulette Instrumentieren???

Fania Ja ... gut ... nicht professionell, aber ich könnte ...

Michou Ich hab's doch gewußt!

Paulette dreht sich ganz schnell um und schreit zu den anderen Frauen.

Paulette Sie kann es, sie kann instrumentieren!

Etalina und Paulette rasen sofort quer durch den ganzen Raum, begleitet von einem Dutzend Frauen, die alle wild durcheinanderschreien und debattieren ... Sie erreichen die Tür zu Almas Zimmer, Etalina klopft an.

Schnitt

Almas Zimmer. Sie sitzt an einem Fenster, den Taktstock immer noch fest in der Hand. Etalina und Paulette treten ein.

Etalina Wir dachten, es könnte Sie interessieren – Fania Fénelon weiß, wie man instrumentiert.

Almas Gesicht zeigt deutlich, wie wichtig für sie diese Nachricht ist. Sie steht auf. Fania wird nach vorne geschubst und ist jetzt in Almas Zimmer.

Alma *zu den anderen* Geht jetzt. Laßt uns allein.

Alma schließt vor den Frauen die Tür. Das Gesicht von Marianne bekommen wir als letztes zu sehen. Es scheint Fania anflehen zu wollen, sich nicht einschüchtern zu lassen. Alma zeigt auf das Bett. Fania setzt sich darauf, Alma ihr gegenüber auf einen Stuhl. Fania betrachtet sich den sauberen, kahlen Raum.

Alma Sag mir die Wahrheit, Fania.

Fania Ja doch, ich kann das ... ich seh' gar nicht ein, warum ich das nicht schaffen sollte.

Alma Ich gehe davon aus, daß ... du hast das auch wirklich studiert?

Fania *riskiert jetzt alles* Auf dem Konservatorium in Paris.

Alma Fania, was für ein Glück! Was bin ich froh, dich hier bei uns zu haben! Schon seit einigen Wochen habe ich diesen fürchterlichen Druck auf mir verspürt ... irgend etwas Neues ...

Fania Sie sagen, daß Sie ...

Alma Ich fühle mich so erschöpft, so hin und her gehetzt, daß ich einfach außerstande war zu ... ich selbst ... Kannst du gleich anfangen mit ...? *Sie holt ein paar Klaviernoten vom Tisch.* Ich habe einen Klavierauszug von »Carmen« ...

Fania Ja, doch ... ich glaube schon ... ich könnte »Carmen« ...

Alma Oder irgendeinen deutschen Komponisten ... Hier ist noch was von Suppé ...

Fania Ich kann Suppé nicht ausstehen ...

Alma Das glaube ich dir gerne, aber sie vergöttern alles, was Suppé komponiert hat; und wir müssen alles daransetzen, um sie zufriedenzustellen, Fania. *Ihre Blicke treffen sich. Alma jetzt etwas defensiv, ohne jedoch schwächlich zu wirken ...* Ja, und darauf kommt es einzig und alleine an, scheint mir.

Fania Möglich. Aber ich mache mir lieber Gedanken darüber, wie ich mein eigenes Leben retten kann, bevor ich mir den Kopf darüber zerbreche, wie ich der SS zu ein paar angenehmen Stunden verhelfen kann.

Alma Und du meinst, du kannst das eine tun, ohne auch das andere miteinzubeziehen?

Fania verstummt; der Zwiespalt ist offensichtlich; ande-

rerseits hat sie aber auch noch kein Vertrauen zu Alma. Alma lenkt jetzt etwas ein.

Alma Du wirst jetzt sofort anfangen.

Fania Ich werde ein paar Leute benötigen, die mir die Stimmen kopieren ... und Notenpapier.

Alma Es kann sein, daß wir kein Notenpapier bekommen.

Fania Können Sie denn keines anfordern?

Alma Wir haben Krieg, meine Liebe!

Blitzartig ist in diesem Ausruf zu spüren: Das ist das einzige, was Alma im Augenblick an Deutschland auszusetzen hat.

Alma Komm jetzt – ich werde Papier auftreiben. Du und ein paar Mädchen könnt euch dann die Notenlinien selber ziehen. *Fania steht auf, geht an Alma vorbei zur Türe.* Fania? *Fania dreht sich mit einem leichten Lächeln um.* Ich möchte, daß alles immer hundertprozentig klappt; ich kann da nicht anders; ich bin so erzogen; ich kann das jetzt nicht auf einmal ändern.

Fania Ich hätte kaum das Recht, Sie zu kritisieren, wenn ich mich nicht ebenfalls darum bemühen würde, es allen recht zu machen.

Alma Wir sind nun einmal Künstler, Fania, nichts anderes. Wir brauchen uns für nichts zu schämen. *Alma nähert sich jetzt Fania. Ihr Tonfall sehr viel ehrlicher, persönlicher ...* Ich bitte dich, mach die Arbeit so schnell du kannst – sie sind so unberechenbar zu uns, verstehst du? Etwas Neues, eine Überraschung würde uns ... *Sie zeigt jetzt vorbehaltlos offen ihre Furcht ...* unendlich viel helfen. Also, mach schnell, Fania. Kann ich mich auf dich verlassen?

Schnitt
Fania. In ihren Augen Furcht und Entschlossenheit.

Schnitt
Der Musiksaal am selben Abend. Ein Konzert ist in vollem Gange. Ehrengäste sind Kommandant Kramer und Dr. Mengele – aber es sind auch andere Offiziere anwesend, einschließlich Frau Schmidt und Lagerführerin Mandel; im ganzen ein Publikum von etwa zwanzig Personen.
Madame Alma Rosé, ihr Gesicht glänzt vor Reinlichkeit, sie dirigiert umsichtig ...
Die Kamera zeigt die Fähigkeiten der einzelnen Spiele-

rinnen auf – die wenigen guten Musikerinnen versuchen die unsicheren zu übertönen.
Kramer, Dr. Mengele und Mandel sitzen natürlich in der ersten »Reihe«. Mandel zeigt sich interessiert. Dr. Mengele, selbst Musikkenner, ist sehr aufmerksam, scheint zuweilen auch recht amüsiert. Kramer, ein stiernackiger Schläger, ist einzig darum bemüht, nicht einzuschlafen.
Das Konzertstück geht zu Ende mit einem glänzenden Klaviersolo von Fania. Der Applaus ist mehr oder minder oberflächlich.
Alma dreht sich zum Applaus um und verbeugt sich wie vor einem riesigen Auditorium.

Alma Und nun, mit Ihrer Erlaubnis, meine Damen und Herren, etwas Unterhaltungsmusik, vorgetragen von unserem neuen Mitglied Fania Fénelon.
Mandel applaudiert als einzige, übereifrig.

Überblendung
Das Gesicht des Dr. Mengele über dem von Fania. Wir sehen ihn jetzt mit ausgestreckten Fingern, wie er die aus einem Güterwagen herausquellenden Deportierten nach links oder rechts dirigiert, zu Leben oder Tod. Gelbliches Flammenlicht spiegelt sich auf seinem Gesicht.
Nah: Dr. Mengele im Konzertsaal. Fanias Stimme und ihre Musik scheinen es ihm wirklich angetan zu haben.

Schnitt
Fania kommt jetzt zum Ende ihres Chansons – ihr Gesichtsausdruck ist zerquält, aber sie singt voll aus, wunderschön, sie hält durch bis zum Ende.

Schnitt
Das Publikum. Der Applaus scheint jetzt ehrlicher empfunden zu sein. Fania verbeugt sich mehrmals. Ihre Augen versuchen den Ungeheuern, die ihr applaudieren, auszuweichen.

Schnitt
Fania taucht ihr Gesicht ins Wasser, als müßte sie sich von diesem Erlebnis reinwaschen.

Schnitt
Der Schlafsaal. Marianne zieht eine Schachtel unter ihrer Matratze hervor – sie öffnet sie, holt ein Päckchen Margarine heraus, bohrt ein Stück mit dem Finger raus –

jetzt blickt sie schuldbewußt auf, ihr Finger ist schon fast in ihrem Mund.

Fania hat sie die ganze Zeit über aus nächster Nähe beobachtet; sie kam gerade aus der Dusche und trocknete sich ab.

Fania Warum stiehlst du überhaupt? Du weißt doch, ich kann Margarine nicht ausstehen?

Marianne legt die Margarine wieder in die Schachtel zurück. Fania kommt auf sie zu und drängt ihr die Margarine auf. Ihre Stimme ist außer Kontrolle.

Einige Frauen sehen von ihren Betten aus zu, andere kommen jetzt zur Türe herein – allmählich werden fast alle Insassen von der Auseinandersetzung angelockt.

Fania Du kannst alles von mir haben, was du willst, Marianne, du brauchst es dir nur zu nehmen! *Sie dreht sich zu den anderen Frauen um.* Und das gilt für jede von euch hier – ich will keiner irgend etwas vorenthalten, wenn sie es wirklich nötig hat ... Und ich hoffe nur, ihr werdet euch mir gegenüber genauso verhalten, wenn es mir einmal schlecht geht.

Etalina Aber wir können doch nicht alles mit allen teilen, das geht doch nicht, Fania.

Fania Ich weigere mich entschieden, auf die Stufe eines Tieres zurückzufallen, bloß wegen ein paar Gramm Margarine oder einer Kartoffelschale!

Paulette Glaubst du im Ernst, wir sollen auch mit den Polinnen teilen.

Fania zögert einen Moment ... Sie blickt zum Ende des Schlafraums, wo ein halbes Dutzend Polinnen herumstehen – stämmig, robust. Ihre Verachtung für den ganzen Vorgang ist ebenso offensichtlich wie ihre augenblickliche Neugier daran (Katrina: ein Mannweib, fürchterliche Gitarristin; Varya: sehr kräftig, durchtrieben, Trommel- und Beckenspielerin).

Etalina Ohne mich, meine Teuerste – das sind Monster; selbst hier, obwohl wir alle in der gleichen Hölle sind, beten die geradezu, daß eine nach der anderen von uns in die Gaskammer wandert. Mit diesen Hündinnen teilen, niemals!

Elzvieta *eine aparte, äußerst höfliche Polin, wunderschön gepflegtes Haar* Aber ich bitte dich, alle sind wir das nicht. *Kleine Pause*

Paulette Du hast zwar einen Lieblingsjuden – du magst Fania. Aber du bist Antisemitin, Elzvieta.

Elzvieta *unsicher* Aber das stimmt doch überhaupt nicht. Mein

Vater war Schauspieler, wir hatten eine Menge jüdischer Freunde am Theater – ich bin wirklich keine, Fania. *Mit einem Blick auf die satirisch lächelnde Etalina* Meiner Meinung nach, Etalina ... *Mit Blick zu den Polinnen* Sie denken sich halt, daß ihr die ersten sein werdet, die ... ihr wißt ja ...

Etalina Vergast werden. – Sag es ruhig laut.

Elzvieta Also, Tatsache ist doch, die wollen sich bloß deshalb als etwas Besseres fühlen, weil sie wahrscheinlich noch am Leben sein werden, wenn der Krieg vorbei ist ... Christen. *Zu Fania* Die sind blöder als die Polizei erlaubt.

Fania Dann sollten wir ihnen was beibringen.

Nach der ersten Schrecksekunde fängt Etalina zu lachen an. Eine nach der anderen lacht jetzt mit, dabei blicken sie immer wieder auf die Polinnen, die stur, argwöhnisch und stumpfsinnig dastehen. Auf ihrem Höhepunkt ist das Zimmer eine einzige Lachorgie, sogar die Polinnen lachen schließlich noch mit.

Giselle *eine sommersprossige, rothaarige kleine Pariserin* Schluß jetzt endlich. – Erzähl uns lieber was von Paris. – Wann warst du das letzte Mal da? Was trägt man jetzt? *Die Frauen versammeln sich um Fania.*

Fania Ich war fast ein Jahr lang in Drancy im Gefängnis.

Paulette Es wird sich wohl nicht sonderlich viel verändert haben. Sind die Röcke schon wieder kürzer geworden?

Fania *zeigt bis auf Höhe des Knies* Bis hierher. Aber sehr weit geschnitten – die Mädchen sehen wie Blumen aus.

Marianne Die Absätze sind jetzt wahnsinnig hoch – und die Beine sehen fürchterlich aus. Es gibt keine Strümpfe mehr zu kaufen, da malen sie sich jetzt die Beine an. Meine Mutter hätte mir das aber nicht erlaubt.

Paulette Und was ist mit der Frisur? Wir haben gestern ein paar Frauen gesehen, aus Holland, glaube ich, die trugen Locken mitten auf dem Kopf ...

Fania In Paris auch – hochaufgetürmte Lockenköpfe. – Wo sind die Frauen hingekommen?

Etalina Die sind wohl gleich verbrannt worden, nehme ich an. Und die Schlager? – Kennst du ein paar neue Schlager?

Fania *zu Etalina* Wie du das jetzt gesagt hast, Etalina ...

Etalina Daß sie verbrannt worden sind? Und warum nicht? Wir sind so besser darauf vorbereitet, wenn es soweit ist.

Giselle *besteht auf ihrer Antwort* Erzähl uns von Paris, Fania ...

Liesle Spielt man immer noch Swing?

Fania Bist du aus Paris?

Liesle Nein. Aber wir haben dort einmal Urlaub gemacht, kurz vor dem Krieg – spiel uns doch ein paar von den neuen Schlagern, bitte!

Andere Das ist überhaupt die Idee, großartig ... Los, Fania ... Kennst du »Stormy Weather«? ... Wie hieß der Nachtklub, wo du zuletzt gearbeitet hast? ... Hast du viele Schallplatten aufgenommen? ... Sie ist berühmt, ehrlich ... *Die Gruppe wandert langsam zum Aufenthaltsraum rüber.*

Michou Kannst du ohne Noten spielen? ... Los, setz dich her ...

Fania setzt sich an den Flügel, Marianne daneben ... da erscheint ...

Schnitt

Schmuel, in gestreifter Häftlingskleidung. Er ist Elektriker und verlegt gerade eine Leitung an der Wand des Aufenthaltsraumes. Er ist fünfundvierzig, vielleicht schon verrückt, vielleicht aber auch außerordentlich weise, schwer zu sagen. Er sieht aus wie ein kleines Tierspielzeug, große Augen, lockiges Haar, schrecklich schüchtern. Er sieht ein paarmal flüchtig zur Frauenversammlung hinüber, wie zufällig. Aber seine Blicke verraten auch, daß dies nicht ohne Absicht geschieht.

Schnitt

Fania spürt, der Mann will ihr etwas mitteilen, aber was? Sie kann es nicht aus seinen Blicken herauslesen. Ihre Augen verweilen einen Moment bei ihm. Dann bricht sie abrupt ab und spielt die Einleitungstakte zu »The Man I love«.

Nachdem Fania schon eine Weile gesungen hat, unterbricht Marianne sie. Nichts hält sie mehr zurück, Fania muß abbrechen.

Marianne Darf ich? Fania, bitte, laß mich mal!

Fania ist natürlich ziemlich verstört. Sie blickt sie mit einem verlegenen Lächeln an, um ihren eigenen Ärger zu überspielen.

Marianne Ich hab' auf einmal solche Lust drauf! Macht's dir was aus?

Fania ist immer noch sehr verlegen, zuckt mit den Schultern, gibt aber nach und begleitet jetzt Marianne, die das gleiche Chanson singt. – Aber ihr Vortrag ist eher pathetisch, schnulzig, sentimental, während Fania intelligent, sympathisch, elegant gesungen hat.

Schnitt
Die Polinnen. Man kann sie zum Teil daran erkennen, daß sie noch ihr eigenes Haar tragen. Sie sind jetzt vom Schlafsaal herübergekommen, stehen etwas abseits in kleinen Gruppen zusammen und hören mit sichtlichem Vergnügen zu.
Aber bevor Marianne durch ihre Art zu singen die Nummer endgültig abwürgt, spielt Fania rasch eine andere Melodie an und singt jetzt selbst.
Kameraschwenk auf die Gesichter der Frauen ... bald über zwanzig Frauen hängen jetzt wie eine Traube um den Flügel ... kahlgeschorene, ausgemergelte Gefangene. Aber diese Musik heitert sie auf und gibt ihnen neuen Lebensmut.
Einige versuchen jetzt auch, den Text aufzunehmen und mit Fania gemeinsam zu singen. Am Schluß singen alle irgendwie miteinander.

Schnitt
Alma Rosé. Sie öffnet die Türe, ihr Zimmer stößt ja genau an den Aufenthaltsraum, und will sich gerade über den Lärm beschweren ... Sie bricht aber selbst ihren Auftritt ab und gibt halb erzwungen ihr Einverständnis zu dem ganzen Treiben, dreht sich auf dem Absatz um, geht in ihr Zimmer zurück und schließt geräuschvoll die Tür.

Schnitt
Am nächsten Morgen. Draußen auf der Lager»straße«. Ungefähr zwanzig Musikerinnen stellen sich vor der Musikbaracke auf. Jede von ihnen hat ein Halstuch umgebunden, was der gesamten Kapelle ein uniformiertes Aussehen verleiht. Die Jüdinnen tragen natürlich den gelben Stern auf ihren Kleidern. Die Christinnen sind willkürlich unter sie verteilt, es gibt etwa vier oder fünf; ihr eigenes Haar ist meist das einzige Erkennungszeichen.
Es ist ziemlich trübe, noch vor Sonnenaufgang, sehr kalt. Fania hält sich etwas abseits hinter dem Orchester auf. Alma Rosé kommt aus der Baracke, sieht sie und bleibt stehen.
Alma Du hast hier nichts verloren, du gehörst nicht zur Kapelle.
Fania Ich hätte aber gerne zugesehen ... wenn das nicht verboten ist.
Alma ist überrascht, zuckt verständnislos mit den Schultern, stellt sich vor den in Reih und Glied angetretenen Musikerinnen auf und hebt den Taktstock. Und diese

irrwitzige Kapelle ohne ein einziges Blasinstrument, dafür mit Geige, Flöte, Akkordeon, Gitarre und Becken, setzt sich hinter Alma in Bewegung, die dem ganzen Zug wie ein preußischer Offizier voranmarschiert.

Schnitt
Der Lager»platz«. Die Kapelle hat sich auf einem flachen Podium aufgestellt und spielt Marschmusik, die auf groteske Weise mitreißend und anfeuernd wirkt; vor dem Podium in Blocks zu Fünferreihen aufgestellt die weiblichen Gefangenen, abmarschbereit zur Arbeit.
Einige von ihnen sind schwerkrank und können sich nur noch mit Unterstützung der Frauen, die neben ihnen marschieren, auf den Beinen halten; einige gehen aufrecht, ihr Gesicht ist haß- und wuterfüllt; einige Frauen sind schon sehr alt, andere noch halbe Kinder – sie tragen Schuhe, die sie beim Gehen behindern, manche haben nur noch Lumpen um die Füße gewickelt; ihre Kleidung besteht aus zerschlissenen Fetzen.

Schnitt
Nah: Fania. Sie blickt auf einen ganz bestimmten Punkt. Dort steht ...
Eine Gefangene in großer Erregung.
Diese Frau starrt Fania unentwegt an, ihre wutentbrannten Augen wollen sie gar nicht mehr loslassen. Mit größter Verachtung möchte sie Fania anspucken, wenn sie nur könnte; sie kann es nur andeuten.

Schnitt
Fania blickt schnell zu Boden.

Schnitt
SS-Leute geben jetzt den Marschbefehl für die Gefangenen, einige lassen dabei ihre Hunde los. Ein riesiger Haufen setzt sich in Bewegung. Menschen und Morast kaum unterscheidbar.
SS-Offizier *schlägt im Takt gegen seine Stiefel* Eins, zwei, drei, vier ... Hopp, Hopp, Hopp, Hopp ...!

Schnitt
Fania blickt wieder auf; sie zwingt sich dazu, dies alles mitanzusehen. Plötzlich taucht Schmuel vor ihren Augen auf, er steht ganz nahe bei ihr. Verängstigt und überrascht dreht sie sich zu ihm um.

Schmuel *mit flackernden Augen* Du mußt am Leben bleiben! Bleib am Leben! Überlebe!

Seine Werkzeugtasche auf dem Rücken, hinkt er schnell davon.

Schnitt

Der Aufenthaltsraum. In der Nähe eines Fensters sitzt Fania, um sie herum Frauen bei der Arbeit; sie ziehen mit Federhalter und Lineal Notenlinien auf Papier. Draußen ein grauer, trüber Wintertag. Es ist nachmittags.

Charlotte, eine recht ordentliche Geigerin, übt eine Chaconne von Bach. Sie sitzt etwas abseits von der Gruppe.

Marianne starrt zu einem Fenster hinaus, sie denkt nur ans Essen.

Fania hat sich hingesetzt und studiert einen Klavierauszug. Ihr Federhalter dicht über einem mit Notenlinien versehenen Blatt; einige Noten sind bereits eingezeichnet. Sie wirkt sehr konzentriert – beunruhigt sie etwas?

Liesle wiederholt andauernd drei Takte auf dem Akkordeon, und immer wieder macht sie dieselben Fehler.

Giselle *in Gedanken, spricht eher zu sich selbst* Das gibt's doch nicht! – Die malen sich die Beine an! Das wär' was für mich ...

Etalina geht hinter Fania vorbei, blickt kurz auf die wenigen ausgearbeiteten Noten und bleibt erstaunt stehen.

Etalina Ist das alles, was du bis jetzt fertiggekriegt hast? *Fania blickt, wie um sich zu verteidigen, zu ihr hoch.* Jesus, wenn du so weitermachst, dann brauchen wir wohl noch hundert Jahre Krieg, bis wir endlich mal eine einzige Partitur von dir zu Gesicht bekommen.

Charlotte kommt ins Bild, ihre Violine unter dem Arm.

Charlotte Hör auf, sie dauernd zu belästigen! Instrumentieren ist Schwerarbeit! Sogar für Profis.

Alma kommt aus ihrem Zimmer, geht zu Fania und begutachtet ein Notenblatt. Daraufhin blickt sie Fania äußerst überrascht an.

Alma Ich habe mit dir zu reden.

Alma geht zu ihrem Zimmer zurück. Fania steht auf, und während sie ihr nachfolgt, sieht sie ...

Die Polinnen. Sie lachen triumphierend, wenn auch nicht bösartig – sie zeigen auf sie und spielen dabei, daß ihr jetzt der Kopf abgeschlagen wird.

Schnitt
Almas Zimmer

Alma Du hast also gelogen? – Du kannst überhaupt nicht instrumentieren, stimmt's?

Fania Aber natürlich kann ich es; ich bin mir ganz sicher.

Alma Also! Woran liegt es dann?

Fania Eine der Frauen aus dem Arbeitszug heute morgen – hat mich angespuckt.

Alma *versteht überhaupt nichts* Ja? Und?

Fania ... Ich hatte mir überhaupt noch nicht klargemacht ... wie sehr sie uns hassen müssen.

Alma Aber sicher, natürlich; was hattest du denn erwartet?

Fania Ich ... Ja ... Darüber habe ich noch nicht nachgedacht.

Alma *sie spürt jetzt, daß Fanias Äußerung auch eine versteckte Kritik an ihrem eigenen Verhalten bedeuten könnte, und wird sehr wütend* Du hast möglicherweise ein viel zu gutes Gewissen, um in diesem Orchester hier ...

Fania Nein doch! Nein, ich wollte damit nicht sagen ...

Alma Wenn du natürlich lieber in Baracke B leben willst ...

Fania Bitte, hören Sie mir ruhig zu – ich wollte Sie doch nicht kritisieren. *Sie muß sich jetzt sehr zusammennehmen.* Noch nie in meinem Leben ist mir soviel Haß entgegengeschlagen. Ich ertrage das nicht.

Alma *sehr bestimmt* Fania – es geht hier um Leben und Tod; andere Gedanken oder Gefühle, ganz gleich welcher Art, können wir uns bei Strafe des Untergangs nicht leisten. – Ich beabsichtige, dieses Stück hier morgen zu probieren; ich brauche die ausgeschriebenen Stimmen bis spätestens morgen früh. Wenn du dazu imstande bist, in Ordnung. Also?

Fania *sie ist besiegt; dennoch, mit entschlossener Stimme* Jawohl, gnädige Frau. *In hilfloser Wut geht sie an Alma vorbei und verläßt das Zimmer.*

Schnitt
Der Aufenthaltsraum. Es ist spät in der Nacht. Durch das Fenster fällt der regelmäßig wiederkehrende Lichtstrahl eines riesigen Suchscheinwerfers.
Fania sitzt alleine am Flügel und arbeitet an der Instrumentierung. Sie sucht gerade nach einem passenden Akkord. Auf einmal drei peitschende Gewehrschüsse. Sie blickt kurz auf, wartet einen Moment. Stille. Irgend jemand wurde wahrscheinlich gerade umgebracht. Sie schlägt den Akkord noch einmal an und schreibt ihn dann nieder.

Von draußen die alles durchdringenden Schreie eines Menschen in seiner Todesangst – und das Gebrüll seiner Henker. Stille. Fania spürt, wie sie sich innerlich immer mehr gegen all das Schreckliche abschottet. Sie will es nicht zulassen. Doch um zu überleben, muß sie versuchen, all diese Greuel zu verdrängen – und darf sie doch nicht vergessen. Sie nimmt sich noch einmal zusammen, spielt den Akkord an. Sie kann nicht mehr weiterarbeiten, läuft an der Türe zum Schlafsaal vorbei, sieht hinein ...

Schnitt
Der Schlafsaal. Es ist Nacht. Das komplette Orchester, etwa vierzig Frauen, in tiefem Schlaf.

Schnitt
Fania geht an der Türe zum Schlafsaal vorbei, aus dem Aufenhaltsraum raus in einen langen schmalen Korridor. An dessen Ende befindet sich eine Türe. Fania öffnet sie ...

Schnitt
Die Toilette. Auf einer Kloschüssel ein Kapo, er trägt noch die gestreifte Gefangenenmütze. Über ihm Marianne mit gespreizten Beinen; mit der einen Hand umklammert er zwei Würste. Marianne blickt sich kurz um, sieht Fania, dreht sich wieder um und gibt sich weiter mit dem Kapo ab, der dabei Fania anstiert.

Schnitt
Der Aufenthaltsraum. Durch das Fenster dringt das Licht des anbrechenden Tages. Die Kamera fährt zurück auf Fania; ein paar Blätter der fast fertigen Partitur liegen vor ihr – erschöpft zwingt sie sich zu den letzten Eintragungen. Sie versucht immer wieder, ihren Ekel vor sich selber niederzuhalten. Auf der anderen Seite ist sie auch ein wenig stolz, daß sie diese schwere Arbeit zustande gebracht hat. Eine Hand kommt ins Bild, sie hält zwischen Zeigefinger und Daumen ein Stück Wurst. Fania sieht hin.
Die Kamera fährt zurück; es ist Marianne, sie steht neben Fania und bietet ihr ein Stück Wurst an. Fania starrt zuerst auf die Wurst, dann auf Marianne.

Marianne Nimm's – Du hast mir das Leben gerettet. Du mußt halb verhungert sein; die ganze Nacht durchzuarbeiten. *Fania sieht Marianne an; sie kann ihr Verhalten nicht gutheißen; ihr Blick ist trotzdem von Trauer und Furcht erfüllt. Marianne legt das Stück Wurst auf die Tastatur.*

Marianne Ich erleb' das sowieso nicht mehr, daß ich hier irgendwie rauskomme.

Fania Aber wenn doch? Marianne? Und wenn du wirklich überlebst?

Marianne schweigt; beinahe trotzig macht sie sich davon, als ob sie es schon gar nicht mehr wollte. Fania schaut auf die Wurst. Bemüht sich, sie nicht zu essen, verspeist sie dann doch. Man sieht, wie sie mit fast hemmungsloser Genußgier so lange wie möglich an dem Stückchen Wurst kaut. Endlich schluckt sie runter, erstarrt und rennt dann, die Hände vor den Mund geschlagen, im Zimmer herum. Wie in einer Falle, aus der es kein Entkommen gibt ...

Plötzlich ertönt ohrenbetäubendes Pfeifen.

Fania sieht zum Fenster hinaus; in ihrem Blick Angst und Verstörtheit.

Drei Blockowas, angeführt von der Tschaikowska, kommen in den Aufenthaltsraum hereingestürmt, knöpfen sich noch die Mäntel zu und rennen dabei an Fania vorbei direkt in den Schlafsaal.

Schnitt

Der Schlafsaal. Die Blockowas schreien »raus, raus, schnell ...«, *reißen dabei Bettdecken hoch, prügeln und stoßen die Frauen aus ihren Betten. Die Frauen gehorchen auch prompt nach der ersten Verwirrung und beginnen sich anzuziehen.*

Schnitt

Die Eisenbahnrampe, an der die Transporte ankommen. Es ist früh am Morgen. Die Kapelle wird hastig vor einem langen Güterzug aufgestellt; die Waggontüren sind noch verschlossen. SS-Leute halten sich bereit, die Kapos ebenfalls; sie werden sich gleich wieder aufs Gepäck stürzen.

Kommandant Kramer steht unter freiem Himmel, neben ihm Frau Lagerführerin Mandel in voller Uniform mit Umhang und Käppi. Kramer gibt Alma ein Zeichen, unter ihrer Stabführung intoniert das Orchester einen fröhlichen Marsch.

Die Türen der Güterwaggons werden aufgestoßen, drinnen ein einziger Menschenberg. Die Lebenden werden von den Kapos herausgezogen oder -geprügelt, das Gepäck wird ihnen abgenommen.

Schnitt
Eine Mutter wird von ihrem Kind abgedrängt. Man schmeißt es auf einen bereitstehenden Lkw. Die Mutter rennt zu Frau Mandel, sie möge doch eingreifen. Die Mandel schlägt ihr mit der Reitpeitsche quer über das Gesicht.

Schnitt
Fania am Fenster des Musiksaals. Sie verfolgt das Geschehen, muß sich vor Entsetzen fast abwenden, zwingt sich aber dann doch, wieder hinzusehen.
Auf einmal taucht Schmuel außen am Fenster auf, erblickt Fania, sieht sich vorsichtig kurz um und läuft aus dem Bild.
Er kommt jetzt zum Musiksaal herein. Während er hastig zu Fania hinüberhinkt, blickt er sich immer wieder um.

Schmuel Du darfst das nicht machen!

Fania Was denn?

Schmuel Umdrehen. Wegschauen ... Du mußt dir alles genau ansehen und einprägen. Nur so kannst du ihm alles berichten, wenn das hier vorbei ist.

Fania Wem soll ich denn ...?
Seine Augen blicken zum Himmel. Er wagt kaum, mit dem kleinen Finger nach oben zu deuten.
Ich glaube nicht, daß er ...
Er fängt auf einmal übers ganze Gesicht zu grinsen an – Fania hat sich jetzt wohl entschieden, ein Spielchen mit ihm zu treiben.
Warum hast du denn gerade mich dafür ausersehen?

Schmuel Oh, ich weiß sehr gut, wen ich mir immer aussuche! *Er dreht sich noch einmal um, wenn er schon zur Türe hinaus ist, sein Gesicht strahlt vor Freude, die dem Wahnsinn ähnelt.*

Schmuel Bleib am Leben. Du mußt überleben!

Schnitt
Der Schornstein. Es ist früher Morgen. Für einen Moment ist er in helles Licht getaucht, dann steigen wieder Rauchsäulen auf.

Schnitt

Der Musiksaal. Es ist Abend. Kramer, Mengele und Mandel mit Gefolge beim Konzertbesuch. Fania begleitet sich selbst zu »Un bel di ...«, sie singt die Arie derart intensiv wie unter Todesqualen, daß ihr Publikum äußerst bewegt auf ihren Vortrag reagiert. Unmittelbar nach Beendigung der Arie erhebt sich die Mandel zum Applaus, aufgeregt wie ein Gönner, als ob sie persönlich das Talent entdeckt hätte. Sie wendet sich stolz zu Kramer, der ebenfalls lautstark applaudiert.

Mandel Haben Sie jemals etwas Herzergreifenderes gehört, Herr Kommandant?

Kramer Phantastisch. *Zu Mengele* Aber Dr. Mengele kann das, glaube ich, besser beurteilen, er ist Musikexperte hier.

Schnitt

Fania starrt vor sich hin. Sie empfindet äußerstes Grauen: diese Menschen lieben ihren Gesang.

Schnitt

Der Aufenthaltsraum. Totale.

Mengele Ich bin selten so bis in mein Innerstes erschüttert worden. *Und er erscheint in der Tat tief bewegt.*

Alma Du solltest dich beim Kommandanten bedanken, Fania. *Fania versucht zu sprechen, es gelingt ihr nicht, sie nickt statt dessen zum Dank mit dem Kopf.*

Fania *endlich im Flüsterton auf deutsch* Dankeschön, Herr Kommandant.

Kramer Also ich muß schon sagen, Mademoiselle Fénelon ...

Fania Verzeihen Sie bitte, aber mein eigentlicher Name ist nicht Fénelon. Das ist der Name meiner Mutter gewesen.

Mandel Und wie heißt du nun wirklich?

Fania Der Name meines Vaters war Goldstein. Ich heiße Fania Goldstein. Ich bitte sehr um Entschuldigung, aber ich wollte Sie nicht unterbrechen, Herr Kommandant.

Kramer Sie sollten auch deutsches Liedgut üben.

Alma Ich werde das augenblicklich veranlassen, Herr Kommandant.

Kramer Ursprünglich habe ich mich dieser Idee, ein Orchester zu gründen, sehr widersetzt, Mademoiselle. Aber ich muß jetzt zugeben, wenn man jemanden von Ihrer Begabung singen hört ... das ist wie eine Tröstung, die den Geist wieder aufrichtet. Man zieht Kraft daraus für die schwierige Aufgabe, die wir hier alle zu erfüllen haben. Sehr, sehr gut.

Er dreht sich um und verläßt den Raum, mit ihm sein Gefolge und Dr. Mengele. Den Orchestermitgliedern wird jetzt erst klar, daß Fania ihnen geholfen hat, in der Gunst der Mächtigen und damit am Leben zu bleiben.

Mandel kommt noch einmal zurück an die Türe, winkt Fania, die zu ihr kommt.

Mandel Brauchst du irgend etwas Besonderes? Hast du irgendeinen Wunsch?

Fania *nachdem sie sich etwas zur Ruhe gezwungen hat*
Eine ... Zahnbürste?

Mandel *winkt der Tschaikowska, die näher kommt* Schick einige Leute zum Kanada, sie sollen ein paar Päckchen holen. *Zu Fania* Nochmals herzlichen Glückwunsch. *Mandel verläßt den Raum.*

Fania *zur Tschaikowska* Zum Kanada?!!

Schnitt
Der qualmende Schornstein. Sehr lange Einstellung

Schnitt
Unter freiem Himmel, eine Reihe von Tischen, voll mit Waren, links und rechts davon Baracken. Hinter den Tischen die Mädchen vom Schwarzmarkt – glatt, gutgenährt, lachend, verhandeln sie gerade geschäftstüchtig mit ein paar völlig verzweifelten Frauen, die einen Kanten Brot für einen Kamm oder ein Stück Seife eintauschen wollen. Auf den Tischen liegen Parfums, Gesichtswasser aller Art, Seifen, ein Berg gebrauchter Zahnbürsten. Diese »Kanadierinnen« tragen alle noch ihr eigenes Haar – Tschechinnen, Polinnen, Holländerinnen ...

Erstes Mädchen Willkommen in Kanada. Du bist also der kleine Vogel aus dem Franzland – was darf's denn sein? *Fania holt sich eine Zahnbürste, in ihrer Begleitung Charlotte.* Das da kam gerade beim letzten Transport mit – praktisch wie neu und sehr sauber – es waren fast nur Norwegerinnen. Die da ist gut und gerne ein Stück Brot wert.

Sie streckt ihre Hand aus. Fania holt einen Klumpen Brot ... Charlotte schiebt sich dazwischen und gibt ihr das Brot zurück.

Charlotte Ich sagte doch, das ist für den Chef!

Mädchen *süßlich* Man kann's ja mal versuchen, oder? *Zu Fania* Hier ist dein Plunder, Schnalle.

An dem einen Ende der Tische sind vierzig kleine

Paketchen aufgestapelt, alle in schmutziges, sehr oft verwendetes Papier eingewickelt. Charlotte und Fania beladen sich damit.

Schnitt
Hochstimmung im Aufenthaltsraum. Die Mädchen pakken ihre kleinen Geschenkpakete aus; in einem sind etwa ein Stück Butter und ein Glas Marmelade; ein Mädchen bestreicht sich damit voller Sorgfalt ein Stück Brot. In einem anderen Päckchen sind ein kleines Zipfelchen Wurst und ein Schokoladenriegel, woran man sich fünf Minuten lang erfreuen kann, und so weiter. Marianne, wie immer hungerleidend, schlingt ihr marmeladebeschmiertes Brot auf einmal runter.
Auch Fania nebenan schlingt ihre »Gaben« runter. Sie zieht aus dem Päckchen ihre Zahnbürste hervor.

Marianne Du hast eine Zahnbürste gekriegt! – Zeig mal? *Sie nimmt sie prüfend in die Hand, liest ein paar Worte am Griff.* Von Norwegen. Sieht ja fast neu aus. *Gibt sie zurück.* Nichts geht über Freunde in den richtigen Positionen, stimmt's?
Fania zögert einen Augenblick, holt aber dann doch die Zahnbürste vor und zwingt sich, Marianne direkt in die Augen zu sehen.

Marianne Wem die auch gehört haben mag, der ist schon durch den Schornstein gezischt. *Fania schweigt.* Glaubst du, du bist was Besseres?

Fania Wenn ich es überhaupt jemals gedacht habe, jetzt nicht mehr, ganz sicher. Es wird schwer sein, hier nicht verrückt zu werden. *Ganz direkt* Aber ich glaube, wir müssen es versuchen; alle, Marianne.
Etalina kommt ins Bild ... sie wendet sich an alle.

Etalina Ich kann euch nur eins sagen. Ich fühle mich jetzt erheblich sicherer, Fania, seit der Chef so spitz auf dich ist.
Einige Frauen, durch Etalina in Stimmung gebracht, lachen laut auf ... die Polinnen am lautesten von allen.

Etalina Trotzdem, ich hätte keine Lust, mit so einer Hundefresse neben mir aufzuwachen.

Fania Ich auch nicht. Aber es ist eigentlich nicht so sehr ihr Gesicht, wovor ich mich ekle.
Esther spricht jetzt – eine kahlgeschorene polnische Jüdin, hager, mit verschlossenem Gesicht.

Esther Du ekelst dich nicht vor ihrem Gesicht?

Fania Nein. Sie ist eine sehr schöne Frau, davor habe ich mehr Angst.

Esther Du bringst es fertig zu sagen, dieser Mörder ist schön?
Auch andere Frauen nehmen jetzt gegen Fania Stellung – »Schande!« – »Speichellecker!« – »Bloß, weil sie dich vorzieht!«

Fania *setzt sich über die Vorwürfe hinweg* – Das einzige, was in mir Abscheu hervorruft, ist, daß gerade eine so schöne Frau zu all dem hier fähig ist. Versuch doch nicht, sie häßlich zu machen, Esther ... sie ist schön und eine Frau, ein Mensch. Und das sind wir doch auch. Und das ist genau das Hoffnungslose an der ganzen Geschichte.

Michou Was haben wir denn davon, daß sie ein Mensch sein soll? Aber es gibt doch noch Hoffnung – wenn dieser Krieg zu Ende sein wird, ist ganz Europa kommunistisch – und dafür will ich am Leben bleiben.

Esther Nein. Um Palästina zu sehen – dafür müßt ihr leben. Ihr seid doch jüdische Frauen – das ist eure Hoffnung – jüdische Kinder in Palästina zur Welt bringen. Du hast eben nichts, womit du dich identifizieren kannst, Fania – deswegen kannst du auch so ein Ungeheuer einen Menschen und schön nennen.

Fania Ich beneide euch beide – ihr spürt überhaupt nicht, daß ihr mit diesem Gegensatz fertig werden müßt.

Esther *ängstlich, aggressiv* Was denn für ein Gegensatz! Ich weiß überhaupt nicht, was du willst!

Fania Sie ist ein Mensch, Esther! Sie empfindet Trauer, Wut, Schmerz, Haß ... *Kleine Pause. Sie blickt Esther direkt in die Augen.* Wie du. Wie ich. Und das soll kein Gegensatz sein, glaubst du?
Fania schaut gebannt auf Marianne, die zur Tür hinausschleicht.

Schnitt
Vor der Baracke warten ungeduldig zwei Kapos. Marianne macht eine Tafel Schokolade auf, die sie gerade von ihnen bekommen hat, und beißt hinein. Die beiden führen sie nun an der Baracke vorbei, sie gehen um die Ecke und sind außer Sichtweite. Der eine Kapo hat eine halbvolle Weinflasche.
Fania schläft in ihrer Koje. Marianne taucht auf, versucht in ihre Koje zu klettern, rutscht ab und fällt mit einem Aufschrei lang auf den Boden hin. Sie ist angetrunken. Ein paar Frauen wachen auf.

Etalina Laß noch was für uns übrig, Fickmaschine.

Marianne *zu Etalina* Was geht's dich an? *Zu Fania* Sag bloß! – Deine Haare wachsen nach, aber weiß!

Fania Geh jetzt ins Bett, Marianne ...

Marianne Fick doch jemand diese Schnepfen durch ...

Stimmen *Halt's Maul! Hurenstück! Ich bin kaputt! Ekelhaft ist die! Schmeiß sie doch jemand raus! Ruhe endlich!*

Marianne *zu der ganzen schreienden Schar* Na gut, es ergab sich halt so; der eine von beiden ist Arzt, aus Wien.

Etalina Sie ließ sich nur mal kurz von ihm untersuchen!

Marianne ... Er ist der Meinung, wir kriegen nie wieder unsere Regel! *Alle schweigen betroffen.* Wegen dieser ... Tag und Nacht diese Angst ... und dann die Verpflegung ... davon kann man unfruchtbar werden ... *Sie sieht die betroffenen Gesichter um sich herum. Klettert jetzt in ihr Bett, Fania hilft ihr dabei.*

Schnitt

In schneller Reihenfolge, nah:

Esther *sie betet ruhig* Shma Israel, adonai elohaynu ...

Elzvieta bekreuzigt sich, betet still.

Andere Frauen beten ebenfalls.

Fania starrt schweigend vor sich hin. Neben ihr liegt Marianne auf dem Rücken. Sie ist eingeschlafen, schnarcht.

Schnitt

Zwei Kapos tragen Paulette auf einer Bahre quer durch den Raum zur Türe hinaus. Paulette ist die junge Cellistin. Sie hat hohes Fieber. Alma versucht radebrechend den Kapos klarzumachen ...

Alma Haben Sie mich verstanden? – Sie ist Musikerin, Cello, nicht vergasen. Hospital, verstanden? Typhus! Wir brauchen sie. Versteht ihr mich jetzt oder nicht!

An der Türe Moment!

Schnitt

Alma rennt zu Tauber hinüber, einem SS-Offizier, in seiner Begleitung Mala. Sie ist eine großgewachsene, auffallende Person, Jüdin. Sie trägt den Judenstern, scheint aber keinerlei Unterwürfigkeit gegenüber dem SS-Offizier Tauber, der jetzt neben ihr steht, erkennen zu lassen. Die Kapos nähern sich mit Paulette auf der Bahre.

Alma Verzeihen Sie bitte, Herr Kommandant Tauber – wenn Sie erlauben, könnte Mala vielleicht diese Männer in Kenntnis setzen, daß das Mädchen hier mit Sicherheit nicht .... verletzt wird? Sie ist unsere Cellistin; man muß sie ins Hospital bringen – sie hat hohes Fieber, wahrscheinlich Typhus. Ich weiß nicht, welche Sprache sie sprechen ... *Ohne die Erlaubnis dazu von Tauber abzuwarten, hält Mala die Kapos auf.*

Mala Parl' italiano? *Sie schütteln den Kopf.* Español? *Kopfschütteln* Russky? *Kopfschütteln*

Kapo Romany.

Mala Ah! *Auf rumänisch* Vergewissert euch, daß sie auch wirklich im Hospital bleibt, nicht in die Todes ... – sie ist Musikerin, man braucht sie hier.

Kapo *auf rumänisch* Verstanden.

Sie tragen Paulette weiter. Tauber und sein Stab entfernen sich ebenfalls, einschließlich Mala.

Schnitt

Der Aufenthaltsraum. Die Mitglieder des Orchesters kleben an den Fenstern und beobachten den Vorgang.

Michou Ist sie nicht großartig? –

Fania *verblüfft* Aber sie trägt doch den Stern?

Michou Klar – das ist Mala, sie ist ihr Chefdolmetscher. Sie ist zwar Jüdin, aber sie hat sie alle kleingekriegt.

Fania Aber wie ist denn das möglich?

Alma kommt wieder herein, geht zu ihrem Dirigentenpodest und blättert in der Partitur.

Michou Sie ist schon seit ein paar Jahren hier – solange es das Lager eigentlich schon gibt – sie versuchte einmal zu fliehen. Sie und fünf andere Frauen sollten ins Gas geschickt werden; man hatte sie schon ausgezogen, aber sie entkam durch einen Entlüftungsschacht. Schließlich ging sie splitternackt die Lagerstraße entlang, vorbei an der Kommandantur. Sie hat überhaupt keine Furcht; als der Kommandant sie aufhielt, hat sie ihn um Kleider gebeten. Sie redeten kurz miteinander, und er stellte fest, daß sie beinahe jede Sprache beherrschte. Seit dem Tag ist sie sein Dolmetscher.

Liesle *stolz* Sie ist Belgierin, weißt du. Wie ich.

Charlotte Sie war in der Résistance. Sie hat sogar einen Liebhaber hier.

Etalina Und der ist gar nicht mal so übel!

Fania Du hältst mich wohl für doof.

Etalina Ehrlich – er heißt Edek – ein polnischer Junge, auch im Widerstand. Er hat einen Posten in der Verwaltung gekriegt.

Michou *mit strahlenden Augen* Unglaublich die beiden – sie haben Menschen gerettet – wenigstens ein paar; vielen konnten sie helfen. Die sind absolut furchtlos!

Alma Fania! *Die Kamera hinter Alma: Die Gruppe wendet*

sich zu ihr um. Komm jetzt her, wir wollen dieses Schubertlied durchgehen. *Fania geht zum Flügel, setzt sich.* Du mußt noch einmal das »ch« üben – Dr. Mengele hat ein äußerst feines Sprachempfinden. Und er verlangt das auch von uns, du weißt das. Also, los ...

Fania singt ein Schubertlied, in dem das Wort »lachen« vorkommt, spricht es aber als »lacken« aus.

Alma Nein-nein ... Nicht »lacken« – »lachen«!

Fania *erneuter Versuch, jedoch* ... Lacken.

Alma Lachen! Lachen! Lachen! Sprich nach!

Almas Gesicht ist jetzt ganz nah bei Fania; Fania sieht ihr genau in die Augen und spricht ihr nach, in einer Art zorniger Unterwerfung ...

Fania Lachen.

Alma Das ist schon viel besser. Ich hoffe, du bist nicht so töricht und richtest deinen Haß auf eine Sprache! Und jetzt noch einmal das ganze Lied von vorne ... Bis Sonntag muß das sitzen ...

Fanias Kinnbacken mahlen vor Zorn; sie zwingt sich, das Lied noch einmal zu singen.

Schnitt

Die Bahnsteigrampe. Es ist schon fast dunkel. Waggontüren werden aufgestoßen, die Deportierten werden hinausgedrängt. Aus dem Schlafsaal hört man das Kreischen und Schreien der Frauen.

Schnitt

Der Schlafsaal. Die Tschaikowska, die stämmige Barakkenchefin und andere Blockowas ziehen Etalina an den Füßen aus ihrer Koje, sie fällt krachend auf den Boden. Die anderen Frauen schreien sie vor Angst an ...

Stimmen Warum kannst du nicht aufwachen wie alle anderen auch! Warum machst immer nur du Schwierigkeiten! etc. ... *Alma erscheint, Fania ist in ihrer Nähe. Die Tschaikowska schlägt mit der Faust auf Etalinas Rücken.*

Etalina Glaubt mir doch! Ich habe euch nicht rufen hören!

Alma *schlägt ihr mit der flachen Hand ins Gesicht.* Du verzogene Göre. Du wirst jetzt endlich gehorchen, hast du mich verstanden? *Almas Gesicht ist wutverzerrt.*

Schnitt

Almas Gesicht. Sie dirigiert. Sehr beunruhigt über das, was ihr da entgegentönt. Plötzlich geht sie mit großen Schritten direkt auf Etalina zu. Sie steht kurz vor einem hysterischen Anfall, wenn sie sich zu Etalina herunterbeugt, die sie entsetzt ansieht.

Alma Willst du uns alle zugrunde richten? Das ist ein doppelt vermindertes H. Kennst du Heses oder kennst du es nicht? *Etalina duckt sich in ihrer Angst zusammen.* Zum letzten Mal, kennst du ein doppelt vermindertes H oder kennst du es nicht! *Mit einem kräftigen Schlag stößt sie Etalina von ihrem Stuhl, sie fällt zu Boden.*

Etalina *schreit gellend auf – sie ist ein junges Mädchen, beinahe noch ein Kind.* Ich will zu meiner Mama! Mutter! Mama! Mama! *Sie bricht tränenüberströmt zusammen. Fania geht zu ihr, hält sie in ihren Armen.*

Michou Reiß dich doch zusammen, Etalina. Wir spielen ja alle hier nicht zu unserem Vergnügen.

Alma blickt zu Fania. Sie fühlt, daß sie an der Situation nicht ganz unschuldig ist, da sie ihre Wut derart hat durchgehen lassen. Sie verläßt jetzt den Raum und geht in ihr Zimmer. Fania folgt ihr gehorsam und schließt hinter sich die Zimmertüre.

Schnitt

Almas Zimmer. Sie sitzt auf einem Stuhl am Fenster, Fania steht hinter ihr, massiert ihr Schulter und Nacken. Alma legt sich jetzt Fanias Finger an die Schläfen, Fania massiert sie sanft. Nach einer Weile möchte sie sich von ihr die Hände massieren lassen. Fania setzt sich dazu ihr gegenüber.

Alma Sag irgend etwas, Fania. *Fania schweigt, hütet sich davor, ihre Meinung zu äußern.*

Es muß einfach äußerste Disziplin herrschen. So wie wir jetzt spielen, das könnte Dr. Mengele gerade noch aushalten, wenn er uns zuhört. Wenn wir aber ein bestimmtes Niveau unterschreiten, ist bei ihm alles möglich ... Er ist fürchterlich unberechenbar. *Fania antwortet ihr immer noch nicht, massiert weiter.* – Es ist doch wahr, wenn mein Name nicht wäre, hätten die sie doch schon längst durch den Schornstein gejagt. Mein Vater war Erster Konzertmeister an der Berliner Oper. Er hatte ein eigenes Streichquartett, sie spielten in der ganzen Welt ...

Fania Ich weiß es.

Alma ... Daß ich jetzt, eine Rosé, daß ich jetzt hier dirigiere, ist eine solche ...

Fania Das kann ich mir vorstellen.

Alma Was hast du eigentlich gegen mich? Du bist doch selbst

Musikerin, du mußt doch wissen, wie sehr äußerste Disziplin notwendig ist; ein Dirigent muß sich Autorität verschaffen.

Fania Ich glaube aber, daß man Sie gleichzeitig auch lieben kann.

Alma Man kann nicht etwas lieben, wenn man es nicht gleichzeitig respektiert. In Deutschland gibt es da eine wunderbare Tradition; wenn ein Musiker nämlich wiederholt falsch spielt ...

Fania ... wird er geohrfeigt ...?

Alma Aber ja, natürlich! – Furtwängler hat das häufig gemacht, und sein Orchester betete ihn an.

Fania schweigt immer noch, nickt nur kaum merklich mit dem Kopf.

Ich brauche deine Unterstützung, Fania. Ich merke doch, wie sie alle auf dich blicken. Du mußt mich bestätigen, wenn ich ihnen meine Anweisungen gebe. Entweder wir können langsam, aber stetig das Niveau des Orchesters anheben, oder ich ... Ich weiß wirklich nicht, wie lange man das noch hinzunehmen gewillt ist. Also! Willst du mir helfen?

Fania Ich ... ich möchte Ihnen die Wahrheit sagen. – Ich weiß nicht, wie lange ich das alles hier noch werde aushalten können. *Sie bemerkt, wie Almas Unmut wächst.* ... Ich werde mein Bestes versuchen, Frau Alma, immer wieder. Aber manchmal habe ich das Gefühl, als ob ein Teil nach dem anderen in mir absterben würde. – Und glauben Sie mir, ich merke sehr wohl, wie das Leben von uns allen einzig von Ihrer Willensstärke abhängt ...

Alma Warum arbeitest du mir dann nicht entgegen?

Fania Ich weiß es selbst nicht! Möglich einfach, daß ich ... man muß sich doch etwas bewahren ... an das man glauben kann ... Wir können kaum ... es kann doch nicht unser ehrlich gemeinter Wunsch sein, sie mit unserer Musik glücklich zu machen. – Ich merke ja selbst, wie schwachsinnig es ist, so etwas zu sagen, aber ...

Alma Aber es muß einfach aus tiefster Überzeugung dein Wunsch sein, sie zufriedenzustellen. Du bist doch Künstlerin, Fania, oder – bringst du es fertig, absichtlich schlechter zu spielen, als du in Wirklichkeit könntest?

Fania Aber man muß doch nur aus dem Fenster sehen, dann ...

Alma Deswegen habe ich dir doch die ganze Zeit gesagt, tu es nicht! Du tust mir wirklich Unrecht, Fania – du scheinst wirklich anzunehmen, daß ich überhaupt nicht sehe, was hier vor sich geht, daß ich die Augen vor all dem hier verschließe. Aber ich weigere mich einfach, es zu sehen. Ich will es nicht. Und du mußt es genauso machen! Du mußt!

Fania *fast ein Aufschrei* ... Aber was ...

Sie fürchtet, daß es wie eine Anklage klingt. Was bleibt dann noch von mir, Frau Alma!

Alma Aber wieso denn ... Du selbst, die Künstlerin wird bleiben. Das ist doch nicht neu, oder? – Warum hast du denn gesungen, für die Kritik? Oder fürs Publikum? – Vielleicht, um die Menschen mit deinem Gesang zu bessern? Du hast gesungen, weil du einfach singen mußtest, für dich! Um so mehr jetzt, wo dein Leben davon abhängt. Hast du jemals geheiratet?

Fania Nein.

Alma Das dachte ich mir – Du bist mit deiner Kunst verheiratet. Ich war verheiratet ... *Alma bricht ab, verliert einen Moment die Beherrschung, fängt sich wieder, während sie aus dem Fenster schaut, dreht sich dann aber schnell um.* ... Zweimal sogar. Das erste Mal damit ... *Sie deutet ironisch auf ihren Geigenkasten, der auf dem Feldbett liegt.* Das zweite Mal mit einem Mann, er war Geiger. Er heiratete eigentlich den Namen meines Vaters; er glaubte, damit öffnen sich für ihn alle Türen. Ich heiratete ihn eigentlich nur aus Selbstmitleid; ich hatte niemals einen Liebhaber, oder gar einen guten Freund. – Eingeschlossen wie diese Violine in ihrem Kasten, das war mein ganzes Leben. Aber es gibt doch noch etwas anderes ...

Fania Ich könnte so nicht leben. Ich brauche einen Mann, seine Liebe, seine Freundschaft.

Alma *kleine Pause* Ich kann das verstehen, Fania. Ich ... *Als ob sie gerade jetzt das Bedürfnis hätte, sich Fania gegenüber ein wenig zu öffnen* Einmal war ich ganz nah dran, einen Mann zu lieben. Wir lernten uns in Amsterdam kennen. Die drei schönsten Monate meines Lebens. Seine Liebe war wie ein großer, warmer Mantel ... Ich hätte ihn sehr, sehr lieben können.

Fania Und warum wurde nichts daraus?

Alma Ich wurde festgenommen ... weil ich Jüdin bin. Ich wundere mich heute noch darüber.

Fania Eben. Sie sehen doch wie eine typisch deutsche Frau aus.

Alma Das bin ich auch.

Kleine Pause An diesem Ort hier, Fania ... wirst du jetzt die Künstlerin sein müssen und nichts anderes. Du hast dich auf ein einziges Ziel zu konzentrieren, deinen

Gesang so reich und so schön zu gestalten, wie du nur irgend kannst ...

Fania *sie erträgt es nicht mehr, ihr weiter zuzuhören* Entschuldigen Sie mich bitte, Frau Alma ...

Sie öffnet schnell die Türe und flüchtet in den Aufenthaltsraum. Alma bleibt zurück, allein mit ihren Schwierigkeiten und ihrem Zorn darüber. Sie geht zu ihrem Feldbett, holt die Violine aus dem Kasten. In ihrer Erregung geht sie wie in Trance aus dem Zimmer.

Schnitt

Der Musiksaal. Alma tritt auf, sofort kommt Bewegung in die Frauen, sie greifen nach ihren Instrumenten. Alma bleibt vor ihnen stehen, blickt über sie hinweg. Ihr Gesicht strahlt das überlegene Bewußtsein der eigenen Könnerschaft aus, deren Vorführung auf die anderen Musikerinnen wie Tadel und Ansporn zugleich wirken soll ... Ihr Spiel ist von außerordentlicher Schönheit. Man könnte das Solo aus »Thais« nehmen. Jüdinnen, Christinnen, Polinnen, Kapos – sogar Etalina und Fania –, alle sind gefesselt, überwältigt, voll beinahe ehrfürchtigem Staunen.

Zu Beginn des Schlußcrescendos kommen Frau Schmidt und zwei mit Knüppeln bewaffnete Kapos herein. Alle springen in Hab-Acht-Stellung auf.

Frau Schmidt Juden nach links, Arier nach rechts!

Kapo Schnell! Los, Tempo! Bewegung! In Fünferreihen aufstellen!

Während sich aus dem Gedränge langsam zwei Gruppen bilden, wühlt sich Marianne dazwischen, steht jetzt in dem Zwischenraum, den die beiden Gruppen gebildet haben, und zieht die nichts begreifende Fania zu sich. Da stehen sie nun zwischen den beiden Gruppierungen alleine vor Frau Schmidt.

Marianne Wir beide sind nur halb.

Frau Schmidt Halb! Was halb?

Marianne Halb jüdisch. Unsere Mütter waren arisch.

Frau Schmidt ist total verwirrt und weiß nicht, wie sie in diesem Fall vorgehen soll. Alma tritt aus der Gruppe der Jüdinnen zu ihr.

Alma *versucht, gelassen zu wirken, um sie nicht noch mehr zu kompromittieren.* Gemischtrassige werden nicht vergast. Ich bin da ganz sicher, Frau Schmidt.

Fania hat es aber doch gehört; Überraschung und Dankbarkeit sind in ihrem Gesicht.

Aber wozu diese Selektion ... wenn ich fragen darf?

Frau Schmidt *zeigt Alma offen ihre Feindschaft* Ihr Platz ist in der Judengruppe!

Alma geht zurück, verletzt, aber gelassen.

Jüdinnen! Euer Haar ist zu lang! Alles antreten zum Haareschneiden. *Zu Fania und Marianne* Ihr beide kommt mit!

Sie grüßt militärisch und geht ab, gefolgt von den beiden Frauen.

Schnitt

Ein schmales Büro im Verwaltungsgebäude. Der überfressene Unteroffizier hat sich in ein Vorschriftenbuch vertieft. Fania und Marianne stehen daneben, schauen zu. Er liest andauernd stumm mit den Lippen mit, seine Finger fahren dabei die Zeilen nach. Jetzt hat er etwas gefunden, nickt verständig, wie um seine gewonnene Einsicht anzudeuten. Dann blickt er zu den Frauen hin.

Unteroffizier In diesem Fall haben Sie die Erlaubnis, die obere Hälfte des Judensternes zu entfernen.

Marianne reagiert sofort und reißt sich den Stern von ihrem Kleid. (Der Stern wird eigentlich aus zwei übereinandergelegten Dreiecken gebildet.) Fania ist noch unsicher, macht erst einmal gar nichts.

Schnitt

Der Aufenthaltsraum. Große Aufregung: eine Art improvisierte Gerichtsverhandlung scheint im Gange zu sein. Die Lager haben sich schon geteilt, Marianne und Fania wieder alleine in der Mitte.

Fania und Marianne tragen beide den halben Stern auf ihren Kleidern. Marianne reagiert auf die Angriffe weitaus ängstlicher als Fania, die, wenngleich auch ziemlich durcheinander, doch selbstbewußt genug ist, um sich aus dem Streit der beiden Gruppierungen herauszuhalten.

Esther Ihr habt euch verhalten wie ganz gemeine, dreckige Goyim. Ihr habt die Juden in eurer Familie beleidigt.

Marianne Es ist aber doch die Wahrheit! Warum soll ich das dann verheimlichen. Ich bin eben nur eine Halb ...

Etalina Vielleicht werdet ihr dann auch bloß halb vergast. *Großes Gelächter. Varya, die mit anderen Polinnen zusammensteht, tritt aus der Gruppe heraus.*

Varya Ihr schämt euch ja noch, daß ihr Juden seid. Dreckhaufen ... Aber ihr seid auch keine Arier, nie. Gott müßte ja dauernd auf euch runterspucken. Wir sind Arier! Aber ihr, niemals! *Sie spuckt* Pfaaa!

Ihre polnischen Mitgenossinnen brüllen vor Lachen und stimmen ihr lautstark zu.

Esther Einmal sollen die Polinnen auch recht haben!

Etalina Abscheulich! – Den Stern Davids auseinanderzuschneiden?

Marianne Aber warum denn nicht – wenn wir so nicht vergast werden?

Fania Seit wann seid ihr denn alle so glühende jüdische Nationalisten geworden – auf einmal haben die Damen höchste moralische Prinzipien?

Elzvieta Bravo. Ihr sitzt doch nur deswegen mit denen auf dem hohen Roß, weil ihr es nicht wagt, auch nur zu irgend jemand sonst das Maul aufzumachen.

Fania Tut mir leid; eure Verachtung beeindruckt mich überhaupt nicht. Besonders dann nicht, weil ihr doch jede Beleidigung bis jetzt geschluckt habt, ohne auch nur einmal Piep zu sagen. Wir nehmen uns da überhaupt nichts.

Esther Das Blut unschuldiger Juden schreit auf gegen euren Verrat!

Fania Esther, halt jetzt endlich den Mund! Ich bin schon ganz krank von dem »Die Zionisten und die Marxisten«, »die Juden und die Christen«, »die Ostjuden und die Westjuden«, »die Deutschen und die Nichtdeutschen«, »die Franzosen und die Nichtfranzosen«. Ich hab' es satt! Ich hab' es satt! Ich hab' es satt! Ich halte das nicht mehr aus! Ich bin eine Frau, kein Volksstamm. Und man hat mich schwer gedemütigt. Das ist alles, was ich sagen kann. *Sie sitzt jetzt auf einem Stuhl am Fenster, mit abgewandtem Gesicht. Nach einigem Stillschweigen ...*

Marianne Ihr seid doch alle bloß neidisch. Und überhaupt, wir verraten genauso die Katholiken – unsere Mütter waren schließlich Katholiken.

Fania steht plötzlich auf, rennt durch den Raum in den Schlafsaal, als wolle sie der ganzen Debatte entfliehen.

Schnitt

Fania hat sich auf eine der unteren Kojen gesetzt und näht sich die obere Hälfte des Sterns wieder an.

Marianne kommt ins Bild, hinter ihr neugierig einige der vorigen Rednerinnen.

Marianne Warum tust du das? *Fania schweigt.* Fania?

Fania *blickt unwillig zur Gruppe auf, näht dann weiter* Ich weiß es nicht. Ich tu's halt. Ich mach's halt einfach.

Sie näht weiter, zornig – auch auf sich selbst.

Schnitt
Die Baracken»straße«. Durch ein Fenster des Musiksaals sehen wir, wie drinnen das Orchester unter Almas Leitung probt – einzelne Passagen werden gespielt und wiederholt.
Fania kommt aus dem Hintergrund, schlendert langsam an den Baracken entlang, wie um gerade etwas Luft zu schnappen. Ihre Gestalt wird in regelmäßigen Abständen vom Lichtbündel der Bogenlampen erfaßt, die Tag und Nacht zur Überwachung des Lagers eingeschaltet sind. Der Hell-Dunkel-Rhythmus ist an dieser Stelle nicht so grell.
Fania ist immer auf der Hut, auch wenn sie so langsam dahertrottet. Sie biegt gerade um die Barackenecke in die hier einmündende Straße, da geht eine Glühbirne aus, die knapp über ihr brennt. Schmuel steht auf einer kleinen Leiter, steigt jetzt herab, führt ein Kabel runter und schneidet die neuen Anschlußstellen sauber zurecht. Fania und Schmuel blicken sich kaum an. Konversation ist verboten.
Orchestermusik ertönt jetzt wieder aus der Baracke im Hintergrund.

Schmuel Hinter dir. In der Wand.
Fania lehnt sich mit dem Rücken gegen die Barackenwand. Ein dünngefaltetes Papier steckt in der Ritze, die zwei aneinanderstoßende Bretter noch übriglassen. Sie zieht es vorsichtig heraus.

Fania *flüsternd* Danke.

Schmuel Versuche ja nicht, eine Antwort zu schicken – es ist zu gefährlich. Du sollst nur wissen, er ist hier ... Dein Robert.
Sie nickt noch einmal kurz und will gehen.
Fania? Sie vergasen jetzt zwölftausend an einem Tag.
Sie starrt ihn an. Schmuel steigt mit dem Kabel in der Hand wieder auf die Leiter.
Zwölftausend Engel fliegen jeden Tag hinauf.

Fania Warum erzählst du mir das denn andauernd. Was willst du eigentlich von mir!
Schmuel hat die Glühbirne wieder eingeschraubt, sie brennt. Ihr Licht fällt kurz auf sein Gesicht. Es scheint verwildert und zärtlich zugleich. Er sieht nach oben.

Schmuel Sieh genau hin. Die Luft ist voll von Engeln! Du darfst nicht aufhören zu schauen, Fania!

Er verwirrt sie jetzt und macht sie zunehmend nervöser; sie hält sich die Hände an die Ohren und rennt die Barackenwand entlang. Wenn sie um die Ecke biegt ... Stößt sie beinahe mit der Tschaikowska zusammen, die genüßlich eine Zigarette raucht. Sie steht unmittelbar neben der Türe zu ihrem eigenen Zimmer. Fania nickt ihr kurz zu, will an ihr vorbeigehen, da geht die Türe auf, ein Kapo kommt heraus, knöpft sich das Hemd zu.

Tschaikowska Noch zwei Zigaretten. Du hast diesmal länger gebraucht.

Kapo Ich bin blank im Moment – ich geb sie dir das nächste Mal.

Marianne kommt aus der Türe. Sie nagt einen Knochen ab. Sie sieht Fania, ist sichtlich überrascht, ißt aber weiter. Der Kapo kneift sie kurz in den Hintern und geht weg.

Die Tschaikowska geht in das Zimmer.

Fania blickt ins Zimmer. Die Tschaikowska richtet das zerwühlte Bett. Es ist offensichtlich ihr Zimmer.

Schnitt

Eine Baracken»straße«. Fania holt Marianne ein, die den Knochen, an dem noch ein paar Fleischfasern hängen, in ihrer Tasche versteckt.

Fania Gib den anderen doch wenigstens auch ein paar – um deinetwillen, damit du nicht völlig zum Tier wirst!

Marianne Neidisch?

Sie geht weiter, wippt frech mit ihrem Hintern und betritt den Musiksaal.

Schnitt

Fania spielt auf dem Flügel, das Orchester begleitet sie. (Ein leichtes, lockeres Stück, volkstümlich) Die Tastatur neigt sich auf einmal, kippt zur Seite weg. Das Orchester hört auf zu spielen.

Vier Kapos tragen den Flügel weg und laden ihn auf einen kleinen Wagen.

Fania kann gerade noch ihre Noten retten und erstaunt und erschreckt zur Seite springen. Alma und das ganze Orchester sehen schweigend zu, wie der Flügel wegtransportiert wird. Entsetzen auf ihren Gesichtern. Ist dies das Ende des Orchesters? Alle Blicke gehen zu Alma, die ebenfalls sichtlich verängstigt und erschreckt ist. Nach einer Weile ... als ob überhaupt nichts geschehen wäre ...

Alma Laßt uns jetzt etwas anderes, etwas ... äh ... *Sie blättert ihre Noten auf dem Dirigentenpult durch.* Hier, Beethoven ...

Giselle Frau Alma? – Wenn ich einen Vorschlag machen dürfte ...

Alma Ich bin sicher, das wird sich bald aufklären ...

Giselle *verzweifelt* Aber warum denn warten, bis die irgend etwas »aufklären«! Ich habe früher oft in Kinosälen gespielt ... Rue du Four ... Boulevard Raspail ... Ich könnte Ihnen jede Menge von Bal-Musette-Nummern beibringen. Ich meine was richtig Lebendiges, was sie nicht langweilt. Ich meine, hören Sie doch bloß mal zu, nur für eine Minute! *Sie spielt auf ihrer Violine ... ihr Gesicht naß vor Angstschweiß ... ein Bal Musette, lebendig, Tanzmusik ...*

Frau Lagerführerin Mandel und Kommandant Kramer treten mit zwei SS-Gehilfen ein.

Alle springen zur Hab-Acht-Stellung auf, außer Giselle.

Tschaikowska Achtung!

Giselle blickt von ihrer Violine auf und fällt beinahe in Ohnmacht beim drohenden Anblick des Stabes, nimmt dann auch die Haltung der anderen ein.

Mandel Rühren. Die Offiziere haben beschlossen, daß der Flügel in ihrem Kasino aufgestellt wird ausschließlich zur Benutzung der Clubmitglieder.

Kramer *zu Alma* Ich denke doch, Sie kommen ohne ihn aus, oder?

Alma Natürlich, Herr Kommandant ... er ergänzte zwar unseren Klangkörper recht gut, war aber nicht unbedingt notwendig. Wir hoffen alle, daß die Offiziere viel Freude damit haben werden.

Kramer Wer ist Greta, die Holländerin?

Ein Akkordeon quietscht ... in Gretas Händen.

Alma Komm her!

Greta tritt vor, Akkordeon in der Hand. Kramer geht auf sie zu, betrachtet sich genau ihren fetten, vierschrötigen Körper. Sie wagt kaum, ihn anzusehen, schlägt die Augen nieder.

Kramer Mund auf.

In panischer Angst tut sie, was er will; er betrachtet sich ihre Zähne.

Irgendwelche Krankheiten?

Greta *sie kann nur noch flüstern vor Angst* Nein, Herr Kommandant.

Kramer *zu Alma* Dr. Mengele sagte mir, sie sei eine nicht besonders gute Musikerin.

Alma ... Nicht sehr gut, nein; aber auch nicht so schlecht ... Aber sie ist ... sie gibt sich sehr viel Mühe ...

Kramer Sie könnten doch aber auch ohne sie weitermachen.

Alma *widerwillig* Warum ... aber ja, selbstverständlich, Herr Kommandant.

Schnitt
Fania. Schneller, angsterfüllter Blick zu Alma

Schnitt
Kramer gibt einem der SS-Gehilfen ein Zeichen, der geht auf Greta zu und macht sie fertig zum Abmarsch.
Greta steht wie versteinert da.

Kramer *zu Greta* Meine Frau braucht unbedingt eine Hilfe im Haushalt, die auf unsere kleine Tochter aufpaßt. Und du siehst ganz ordentlich und sauber aus.
Allgemeine Erleichterung. Greta steht immer noch unbeweglich da. Mandel läßt sich den Mantel des anderen SS-Gehilfen bringen und gibt ihn Greta, die ihn schnell und dankbar überzieht. Der erste Gehilfe bringt sie zum Ausgang. Greta stolpert beinahe in ihrem Übereifer, um mit ihm auf gleicher Höhe zu gehen. Ihr Akkordeon läßt sie zurück.

Kramer *dreht sich zu Alma um* Nächsten Sonntag spielen Sie ja im Hospital für unsere Kranken und Behinderten. Ist der Beethoven bis dahin einstudiert?

Alma Jawohl, Herr Kommandant. Ich muß Sie aber ... ich will Sie jetzt schon um Nachsicht bitten, wenn es möglicherweise – unsere Cellistin hat Typhus, und jetzt auch noch ohne das Akkordeon ... in den unteren Lagen wird es etwas schwach klingen ...

Kramer Ich werde Ihnen einen Cellisten vom Männerorchester rüberschicken – die haben noch einige von den Berliner Philharmonikern – er kann dann jemandem, der sowieso schon Geige spielt, sonntags Unterricht geben.

Alma *dieses Angebot verschlägt ihr zwar den Atem, aber ...* Aber wieso ... ja, natürlich, wir könnten einige unserer Mädchen sonntags zum Unterricht geben, jawohl.
Kramer dreht sich um und macht sich zufrieden auf den Weg.

Mandel *gleichsam als Anerkennung für das Orchester* Es wird sehr interessant werden, Frau Alma. Dr. Mengele möchte nämlich die Wirkung von Musik auf Kranke studieren.

Alma Aah ... ja ...! Wir werden unser Bestes geben, ich versichere es Ihnen.

Mandel geht zu Fania hinüber, freundlich . . .

Mandel Und wie geht es uns so, in der letzten Zeit?

Fania *läßt sich ihre augenblickliche Stimmung nicht anmerken* Es geht mir ganz gut . . . natürlich haben wir alle großen Hunger, fast die ganze Zeit über – das ist dann nicht so leicht.

Mandel Ich habe bereits die Sendung einer Sonderzulage noch in dieser Woche vor dem Konzert am Sonntag angeboten. Aber Frau Alma meinte, es sollte eine Belohnung werden, nach dem Konzert. Bist du anderer Meinung?

Fania blickt an Mandel vorbei zu Alma, die gerade in ihrer Partitur blättert, aber nahe genug ist, um alles mithören zu können. Alma blickt sie kurz und warnend an.

Fania *senkt ihren Blick, sie gibt sich geschlagen.* Es ist . . . meiner Meinung nach . . . diese Entscheidung liegt ganz bei unserer Leiterin.

Schnitt

Almas Zimmer. Sie geht in höchster Erregung auf und ab. Fania steht mit gesenktem Blick – das könnte ihr Ende bedeuten.

Alma Wie kannst du es überhaupt wagen, ihr gegenüber eine solche Bemerkung zu machen!

Fania Ich verstehe Sie überhaupt nicht, Frau Alma – ich habe ihr lediglich gesagt, daß wir Hunger haben . . .

Alma Wenn die es fertigkriegen sollten, ein einziges Stück fehlerfrei zu spielen, werde ich eine Sonderzulage empfehlen. – Aber das möchte ich alleine entscheiden, hast du mich verstanden? *Fania schweigt.* Es ist ausgeschlossen, daß zwei Leute das Kommando haben. Stimmst du mir da zu? Ja oder nein!

Fania . . . Warum machen Sie das alles mit?

Alma versteht sie überhaupt nicht.

Fania Wir haben Hunger! Und ich hatte eine Möglichkeit gesehen, ihr das mitzuteilen! Soll ich auch noch dies letzte bißchen an menschlichem Empfinden zerstören. Sie fragte mich, und ich habe ihr geantwortet!

Alma *für einen Moment etwas eingeschüchtert, was aber nicht lange anhält* Ich denke, wir verstehen uns sehr gut – das ist im Augenblick alles.

Fania bewegt sich noch nicht von der Stelle Ja, und? – Was gibt's noch?

Fania Nichts. *Geht etwas in Richtung Türe*

Ich weiß nur noch nicht genau, ob ich so weiterleben möchte.

Alma Also wirklich, Fania – keiner stirbt hier, solange sie es verhindern können. Du mußt dir da einfach nichts vorlügen. Geh jetzt, mach die Instrumentierung für den Beethoven fertig – wir müssen ihnen ein erstklassiges Konzert am Sonntag bieten.

Alma geht zu einem Tisch, auf dem ihre Partituren liegen, setzt sich und beginnt sie zu studieren. Fania steht jetzt neben ihr, dreht sich um und geht zutiefst verstört hinaus.

Schnitt

Etalina wird von einem jungen Cellisten unterrichtet. Er ist ein hagerer, junger Mann mit dicken Augengläsern und geschorenem Schädel. Die meisten Orchestermitglieder lassen die beiden nicht aus den Augen – besonders ihn ... In einzelnen Gruppen stehen sie in gebührendem Abstand um ihn herum. Auch die Polinnen.

Seine Hände in Großaufnahme. Sie sind sehr sensibel, lebendig, männlich. Die Kamera fängt in kurzen Einstellungen die Gesichter der einzelnen Frauen ein: Bewunderung, Verlangen, Entbehrung.

Fania versucht, sich von ihm abzulenken, und vertieft sich in ihre Arbeit. Sie greift in ihre Tasche und holt ein sorgfältig gefaltetes Stück Papier heraus – jenes, das sie vorhin aus dem Schlitz in der Wand geholt hat – und entfaltet es über dem Notenpapier.

Schnitt

Der handgeschriebene Zettel:

»Sie haben mich gekriegt. Ich bin hier im Lager. Wir dürfen nicht aufgeben. Vergiß mich nie. Ich liebe Dich. Robert.«

Fanias Hand knüllt den Zettel zusammen.

Schnitt

Fania preßt den Zettel in ihrer Hand an ihre Lippen und starrt dabei auf ...

Die Hände des Cellisten. Er führt gerade vor, wie man ein Tremolo richtig spielt. Etalina versucht es jetzt selbst, aber recht ungeschickt. Er korrigiert ihre Armhaltung.

Schnitt

Paulette kommt zur Eingangstüre herein. Sie ist kaum fähig, sich auf den Beinen zu halten. Michou rennt ihr mit einem Freudenschrei entgegen. Fania sieht sie, springt auf, geht zu ihr, ebenso Elzvieta und Etalina.

Etalina Paulette! Gott sei Dank! Ich hätte dieses verfluchte Instrument doch nie gelernt.

Schnitt

Alle führen Paulette zu einem Stuhl hin. Paulette macht einen sehr vornehmen, asketischen Eindruck, sie ist adelig.

Fania Und du darfst wirklich schon rausgehen? Bist du ganz sicher?

Elzvieta Was war es denn? Typhus? Oder was anderes?

Etalina Sie sieht ja noch fürchterlich aus.

Fania Pssst. Paulette? Was ist denn los?

Paulette versucht nämlich gerade zu sprechen, hat aber kaum die Kraft dazu. Alles verstummt, wartet auf ihren ersten Satz.

Paulette Ihr spielt doch am nächsten Sonntag ...

Etalina Ja, im Hospital, das wissen wir doch schon.

Fania Du siehst mir aber nicht gerade aus, als ob du schon herumlaufen solltest, Paulette ...

Paulette *läßt sich nicht abbringen, erfaßt Fanias Hand, damit sie schweigt, setzt noch einmal an ...*

Sie haben vor ...

Alle Patienten ...

Nach dem ...

Konzert ...

Zu vergasen ...

Lähmendes Entsetzen.

Fania Woher weißt du das?

Paulette Eine der SS-Frauen ...

hat mich gewarnt ...

Ich hab' sie einmal gesehen ...

Sie war früher ...

Eines unserer Dienstmädchen zu Hause.

Deswegen kam ich raus.

Alma kommt aus ihrem Zimmer, sieht, wie alle zusammenstehen, bemerkt jetzt Paulette.

Alma Paulette – das ist ja wunderbar! Geht's dir jetzt etwas besser? – Wir haben uns solche Sorgen um dich gemacht. – Am Sonntag spielen wir Beethovens Fünfte!

Paulette versucht langsam aufzustehen, sie schwankt wie ein Rohr im Wind.

Fania Sie mußte vom Hospital bis hierher laufen – kann sie sich nicht einen Moment wenigstens hinlegen?

Paulette Nein! – Ich ... es geht schon.

Sie geht zu ihrem Cello, setzt sich hin, alles dreht sich jetzt nur um sie. Etalina läuft und holt ihr den Bogen. Die anderen gehen rasch auf ihre Plätze.

Alma *Auf ihrem Podest* Von Anfang an, bitte.

Beethovens Fünfte ertönt. Paulette spielt tapfer ihren Part, dauernd in Gefahr, vornüber zu fallen. Diese Nachricht hat alle sehr erschüttert und beeinflußt ihr Spiel. Fania ist wieder an ihren Tisch zurückgekehrt und macht sich an die Arbeit. Sie sitzt über ihr Notenmaterial gebeugt, den Federhalter in der Hand.

Sie läßt sich gehen, blickt zum Fenster hinaus. Da sieht sie auf einmal wie ...

Schmuel draußen an ihr Fenster kommt; er deutet auf seine Augen und reißt sie ganz weit auf.

Schnitt

Fania schreckt auf, nimmt die Hand von ihren Augen und zwingt sich zum Hinsehen. Und sie blickt zuerst auf Paulette, dann auf das ganze Orchester und schließlich auf Alma. Sie dirigiert sehr konzentriert, mit Spaß an der Sache. Selbstbewußt und sicher gibt sie die Einsätze, ihr Kopf schnellt im Takt nach hinten, sie summt laut mit. Sie musiziert – alles andere um sie herum existiert nicht mehr.

Schnitt

Paulette versucht fieberhaft, nicht aus dem Takt zu kommen; ihr und allen anderen ist verzweifelt bewußt: diese Probe gilt einem Konzert vor Todgeweihten.

Schnitt

Am Ende eines Durchgangs zwischen den Schlafkojen. Fania wringt über einem Eimer einen Büstenhalter und schwere Wollstrümpfe aus, sie wirkt müde und niedergeschlagen. Sie hat sich verändert, ihre Augen sind lebloser geworden. In ihrer Nähe, im Halbdunkel, liegen sich Tschaikowska und eine andere Blockowa in den Armen und küssen sich; die Tschaikowska blickt höhnisch zu ihr herüber ...

Tschaikowska Machst du ihr jetzt schon die Wäsche? – Der Comtessa?

Fania geht mit den beiden Wäschestücken zu Paulettes Koje und hängt sie dort zum Trocknen auf. Paulette liegt wach in ihrem Bett, ist aber sehr schwach.

Paulette Dank dir. Ich weiß nicht ... ob ich das mit den Kranken

überhaupt hätte sagen sollen – was mit ihnen passieren wird. Was meinst du?
Fania schüttelt mit dem Kopf, zuckt mit den Schultern.
Außer, es hätte ihnen irgendwie geholfen, zu wissen, daß ...

Fania Was soll ich noch antworten? Ich weiß nichts mehr, Paulette.

Stimmen Ruhe! Schlaft doch endlich! Pssst!

Fania Laß uns lieber schlafen ...
Charlotte starrt irgendwie überrascht auf Michou, die in einer Koje auf der anderen Seite des Durchgangs liegt. Michou dreht sich um, sieht Charlottes Blick und wendet sich scheu ab.
Fania klettert jetzt in ihre eigene Koje, bleibt mit geöffneten Augen liegen. Andere Frauen sind auch noch nicht eingeschlafen, andere schlafen schon tief.
Fania liegt da, in tiefer Niedergeschlagenheit.
Sie schließt die Augen, wie um sich vor den von draußen hereindringenden Geräuschen zu schützen – Ankuppeln von Güterwaggons, plötzliches Hundegebell, Rufe. Ihr Gesicht ist ausdruckslos, leer. Jetzt erscheint Charlottes Kopf an der unteren Bettkante. Fania wendet sich ihr zu.

Charlotte Darf ich? *Charlotte fragt ängstlich, ob sie in ihr Bett kriechen und sich neben sie legen darf. Fania rückt etwas beiseite. Charlotte legt sich neben sie.*

Charlotte *es ist ihr sehr wichtig* Ich wollte dich nur etwas fragen ... wegen Michou. *Ihre Blicke treffen sich jetzt. Fania ist überrascht, neugierig. Charlotte ist offensichtlich verliebt, aber sich dessen überhaupt nicht bewußt; ihre Begeisterung für Michou hat etwas von kindlicher Unschuld.*

Charlotte Was weißt du von ihr? – Ich sehe euch ja manchmal miteinander sprechen.

Fania Ja, gut ... sie ist eine stramme Kommunistin; irgendwie verlobt. Menschen wie sie haben schon alles in ihrem Leben verplant. Warum fragst du?

Charlotte Ich weiß auch nicht! Sie unterscheidet sich so von den übrigen – immer so mutig. Wenn sie ganz alleine vor der SS steht, könnte ich sie richtig liebhaben.

Fania *zögernd, sie spürt wohl, daß sie jetzt eine Liebesbeziehung mit in Gang setzen hilft.* Genau das sagt sie auch von dir.

Charlotte *überrascht, in heller Aufregung* Sie hat über mich geredet?

Fania Ziemlich oft sogar. Besonders mag sie an dir, daß du dir nie was gefallen läßt.
Pause Und sie findet dich sehr schön.
Charlotte sieht zu Michou hinüber. Sie ist eingeschlafen.

Schnitt

Michou. Ihr verhungerter Blick, ihre Zerbrechlichkeit, ihr schmächtiger Körper – im Schlaf wird alles noch deutlicher.

Schnitt

Fania und Charlotte

Charlotte Sie ist so schön, findest du nicht? Ich mag ihren Blick.

Fania Wir kämen schneller voran, wenn du mir verraten würdest, was dir nicht an ihr gefällt.

Charlotte *lacht etwas verlegen* Ich weiß gar nicht, was mit mir los ist, Fania. Bloß zu wissen, daß sie so nahe bei mir schläft; und wenn ich aufwache, wird sie auch noch da sein – ich denke den ganzen Tag an sie. Ich könnte ihr Gesicht noch im tiefsten Fieber sehen ... Ich bete sie einfach an, Fania.

Fania Nein. – Du bist einfach in sie verliebt, Charlotte, das ist alles.

Charlotte ... Glaubst du wirklich ...?

Fania Du bist siebzehn, warum nicht? Was gibt es mit siebzehn anderes?

Charlotte Aber das geht doch nicht.

Fania lächelt sanft.

Charlotte Lachst du jetzt über mich?

Fania Nach all dem, was du hier gesehen und mitgemacht hast: wär' das so ein Unglück?

Charlotte Ich bin richtig blöd. – Ich hab' doch nie daran gedacht, daß ich vielleicht ...

Fania Hier überhaupt irgend etwas zu empfinden ist schon ein Segen.

Charlotte ... Hast du nie ... geht es dir nicht auch manchmal ...?

Fania *schüttelt mit dem Kopf* Nichts. Überhaupt nichts. Nie mehr! Geh jetzt schlafen. Du bist immer noch nicht richtig gesund.

Charlotte kriecht vorsichtig aus dem Bett, dreht sich noch einmal um und küßt Fania dankbar die Hand.

Fania *lächelt, sichtlich bewegt* Was für ein knackiges junges Ding mußt du mal gewesen sein!

Charlotte muß dies, scheu lächelnd, zugeben. Sie geht den Durchgang entlang, bleibt einen Moment stehen, wenn sie an Michou vorbeikommt. Michou öffnet die Augen, beide Mädchen starren einander schweigend an – leicht verwundert über sich selbst, als ob sie spürten, was in diesem Augenblick vorgeht. Michou streckt jetzt ihren Arm nach Charlotte aus, beider Hände berühren sich zärtlich.

Schnitt
Fania beobachtet beide. Sie ist tief verzweifelt, beunruhigt über sich selbst. Sie schließt die Augen und dreht sich zum Einschlafen um.
Von weither das Dröhnen von Bomberflugzeugen. Fania öffnet langsam die Augen, dreht sich auf den Rücken, lauscht.

Schnitt
Mehrere Kurzeinstellungen dicht hintereinander: Michou, Paulette, Liesle, Etalina ... und einige andere. Sie lauschen mit offenen Augen dem Bombergeräusch nach und versuchen sich vorzustellen, aus welchem Land sie wohl kommen.
Jetzt sieht man die polnischen Blockowas, einige liegen zu zweit in den Kojen. Ihre Gedanken werden ähnlich sein. Fania ist zu einem Fenster gegangen, blickt auf die »Straße«. Das Dröhnen der Flugzeuge hält an.

Schnitt
Die Baracken»straße«. Einige SS-Wachen mit Gewehren laufen zusammen und blicken beunruhigt zum Himmel.

Schnitt
Fania dreht sich vom Fenster weg und trifft für einen Moment auf die fragenden Blicke der Blockowas. Sie will gerade an ihnen vorbeigehen, da hält sie die Tschaikowska am Handgelenk fest.

Tschaikowska *zeigt nach oben* Amerikanisch? Englisch?
Fania zuckt mit den Schultern, sie weiß es ja wirklich nicht. Die Tschaikowska läßt sie los. Zu spät für dich. Sowieso.
Fanias Gesicht ist völlig ausdruckslos. Aber selbst dieser verschlossene Blick läßt ihre Verzweiflung darüber erkennen, daß ein Mensch zu so einem Satz fähig ist.

Fania Vielleicht ist es schon für die ganze Menschheit zu spät, Tschaikowska.
Sie geht an ihr vorbei, legt sich nicht mehr in die Koje, sondern geht zum Aufenthaltsraum rüber.

Schnitt
Fania unter einer Glühbirne, allein im Aufenthaltsraum. Sie arbeitet weiter an der Instrumentierung, Federhalter in der Hand – aber sie blickt weg, kann sich nicht konzentrieren. Elzvieta taucht auf, setzt sich neben sie.

Elzvieta Jetzt geht das doch mal zu Ende hier.

Fania blickt sie verständnislos an.

Jeder will dir erzählen, wie dreckig es ihm geht, stimmt's?

Fania Ich weiß gar nicht warum, ich kann niemandem helfen.

Elzvieta Zu dir hat man Vertrauen, Fania – vielleicht deswegen, weil man dich nicht irgendwo einordnen kann, in eine Partei, eine Religion. Du bist zufrieden damit, einfach ein Mensch zu sein.

Fania Ich weiß überhaupt nicht mehr, was ich bin, Elzvieta. Ich könnte mir einen Nagel durch die Hand schlagen, es würde mir nichts ausmachen. Ich sterbe auf Raten, ich weiß das sehr gut – ich habe zuviel gesehen. *Sie reibt sich müde die Augen.* Zuviel und zuviel und zuviel ...

Elzvieta Ich bin eine der erfolgreichsten Schauspielerinnen in Polen.

Fania sieht sie an, erwartet jetzt eigentlich eine Frage. Elzvieta trägt im Gegensatz zu Fania langes Haar.

Mein Vater war ein Graf, ich wuchs in einem Schloß auf. Ich habe einen Ehemann und Marok, meinen neunjährigen Sohn.

Kleine Pause

Ich weiß nicht, was mit uns noch alles passieren wird, Fania – mit dir, mit mir, bevor das alles zu Ende ...

Fania *mit leichter Ironie* Willst du mir jetzt Lebwohl sagen?

Elzvieta *stockend, mit Mühe* Wenn ich nur eine einzige jüdische Frau finden würde, die das versteht ... Ich lüge doch, wenn ich mich frage, was ist schlimmer, zu überleben oder nicht zu überleben. Für mich, natürlich. Als ich hierher kam, war ich anfangs überzeugt, daß der Papst und die christlichen Politiker von all dem hier keine Ahnung haben; aber wenn sie davon erfahren, dachte ich mir, würden sie sofort Flugzeuge schicken, um die Öfen hier auszulöschen, um die Schienenwege zu zerstören. Aber die Züge kommen immer noch, jeden Tag bringen sie die Menschen hierher, und auch die Öfen brennen immer noch. – Kannst du das verstehen?

Fania Möglich, daß es wichtigere Ziele zu bombardieren gibt. Was sind wir denn? Ein paar Frauen, bei denen die Regel ausbleibt – und einige Vogelscheuchen als Männer.

Elzvieta *küßt plötzlich Fanias Hand* Fania – verzeih mir. Bitte.

Fania Dir? – Aber warum denn? Hast du mir je irgendwas getan? Du warst in der Résistance, du hast wenigstens versucht, gegen all das zu kämpfen. Wieso jetzt diese Schuldgefühle? Die anderen zerstören uns doch – und genau die fühlen sich als einzige unschuldig! Das ist doch alles ein Witz. Merkst du das nicht? Es ist alles so sinnlos, und ich fürchte, du wirst das niemals ändern können, Elzvieta! *Elzvieta steht auf, tränenüberströmt.* Ich bedaure einen Menschen wie dich fast mehr als die unseren. Du wirst überleben, und alle werdet ihr unschuldig sein, alle von einem Ende Europas bis zum anderen.

Die Geräusche eines einfahrenden Zuges. Er hält. Rufe, Schreie, der übliche Lärm bei einer Entladeaktion.

Elzvieta dreht sich zum Fenster um.

Schnitt

Ein Güterzug wird im Morgengrauen entladen. SS-Wachen, Kapos, Hunde.

Schnitt

Elzvieta ist unfähig, länger zuzusehen. Erschüttert fällt sie neben einem Stuhl auf die Knie, bekreuzigt sich und fängt an zu beten. Fania blickt sie einen Moment nachdenklich an ... dann macht sie sich wieder an ihre Arbeit, sie stürzt sich förmlich auf sie. Sie will diese Tröstung nicht, diese falsche Hoffnung, dieses unechte Gefühl. Es fällt ihr nicht leicht. Sie zeichnet eine Note nach der anderen auf. Plötzlich stockt sie, legt den Federhalter beiseite.

Fania Mein Gedächtnis läßt nach; ich merke das ganz deutlich; jeden Tag ein bißchen ... Ich kann mich nicht einmal mehr erinnern, ob wir letzte Nacht unsere Ration erhalten haben ... oder doch?

Tschaikowska kommt aus dem Schlafsaal, sie trinkt aus einer kleinen Schüssel. Jetzt geht sie zum Ausgang des Musiksaals, öffnet die Türe, schüttet den in der Schüssel verbliebenen Rest Milch hinaus und säubert sie mit einem Lappen.

Elzvieta kniet immer noch; sie wartet ab, bis die Tschaikowska wieder zurückkommt und versucht, sie leise anzusprechen ...

Elzvieta Du hast Milch weggeschüttet, Tschaikowska?

Tschaikowska Das war meine.

Elzvieta Und wenn auch ...

Tschaikowska Unser Hof liegt zwei Kilometer von hier entfernt – meine Schwestern bringen sie mir immer.

Elzvieta Ganz gleich wie ... Du schüttest Milch weg, und gleichzeitig ... *Sie bricht ab.*

Tschaikowska blickt sie recht verwirrt an.

Tschaikowska Du sagst, die Milch gehört nicht mir?

Elzvieta ... Nichts ... Laß es.

Tschaikowska *tätschelt ihren Kopf* Du liest zu viele Bücher; macht dich ganz verrückt.

Sie geht in den Schlafsaal. Elzvieta würgt vor Hunger. Sobald sie sieht, wie Fania sie beobachtet, beugt sie sich nieder und betet fieberhaft vor sich hin.

Schnitt
Die Baracken»straße«, für einen Augenblick still und leer. Plötzlich heulen Sirenen auf, Pfiffe gellen, Hunde jaulen wie bei der Fährtensuche. Von allen Seiten laufen SS-Wachen und Hundeführer auf der Straße zusammen. Alles geht wild durcheinander. Sie sind auf der Jagd nach irgend jemandem. Gefangene werden aus den Baracken auf die »Straße« getrieben, in einer Linie aufgestellt, durchgezählt, geschlagen, getreten ...

Schnitt
Die Jagdmeute samt Hunden fällt in den Musiksaal ein. Blockowas kommen vom Schlafsaal herübergelaufen, werfen sich einige Kleidungsstücke über. Weibliche SS-Leute begleiten die Wachen. Alma kommt aus ihrem Zimmer, geht fragend auf einen Offizier zu.

Schnitt
Alle Orchestermitglieder verlassen fluchtartig ihre Kojen. Die Jäger reißen die Bettdecken weg, drehen die Matratzen um – gellende Angstschreie wegen der Hunde, Kommandogebrüll.

Schnitt
Die Musikerinnen werden allesamt auf die »Straße« hinausgetrieben.

Schnitt
Die »Straße«. In wirrer Hast versuchen sie, Reihen zu bilden, ziehen sich dabei noch an, rufen ihren Namen und stehen dann endlich alle in Hab-Acht-Stellung. Vor ihnen SS-Offiziere, Wachsoldaten mit ihren Hunden, daneben die Tschaikowska, die Namenliste zur Kontrolle in der Hand.
Alma steht in Hab-Acht-Stellung vor dem Offizier.

Tschaikowska Alles durchgezählt, Herr.

SS-Offizier *zu Alma* Kennen Sie Mala?

Alma Mala? – Nein, aber ich habe sie in Begleitung des Kommandanten gesehen, schon öfter, natürlich – sie ist doch die Dolmetscherin.

SS-Offizier Hatte sie überhaupt keinen Kontakt mit Ihren Musikerinnen?

Alma Nein. Nein. Sie hat unsere Baracke nie betreten, Herr Hauptmann.

Der SS-Offizier entfernt sich jetzt, die Wachen und ihre Hunde folgen ihm. Michou erfaßt als erste die Situation.

Michou Mala ist geflohen! Hoffentlich kommt sie durch!

Das ganze Orchester in wilder Aufregung ...

Charlotte *zu den anderen* Mala ist weg!

Die Blockowas drängen sie in ihre Baracken zurück.

Paulette Fania! – Hast du gehört!

Schnitt

Die Mädchen vom »Kanada«. Es herrscht reger Betrieb an ihren Tischen. Eine junge Gefangene kommt angelaufen und flüstert verhetzt zu einem der Mädchen.

Mädchen Mala ist abgehauen ... und Edek auch!

Kanada-Mädchen Mit Edek? ... Wie denn!

Mädchen Sie haben sich irgendwie SS-Uniformen verschafft und schwirrten ab!

Einen Moment ist der Handel unterbrochen. Die drei oder vier Mädchen vom »Kanada bekreuzigen sich, die Köpfe zum Gebet gesenkt.

Schnitt

Alma auf ihrem Dirigentenpodest. Sie geht mit Fania die Partitur durch, verweist immer wieder auf einzelne Stellen.

Die folgenden Dialogpassagen sind alles Einstellungen in Großaufnahme. Beide wagen es natürlich nicht, offen über den Fluchtversuch zu sprechen. (Alle Orchestermitglieder sitzen auf ihren Stühlen, mit ihren zur Probe bereiten Instrumenten.)

Charlotte Ist das nicht wunderbar! Stellt euch vor, die beiden zusammen – Lieber Gott ...!

Michou Ich habe ihn einmal gesehen, ein Bilderbuchkerl, blond, wunderschöne Zähne ...

Liesle Sie ist Belgierin, wie ich –

Esther Belgierin? Ach was! – Sie ist Jüdin, wie wir alle hier ...

Liesle Ja, ich meine ja bloß ...

Elzvieta Edek ist aber Pole – und sie werden es jetzt in alle Welt hinausschreien, was sich hier abspielt!

Etalina Stellt euch vor – die kommen jetzt zurück und werfen so ein richtiges Bömbchen auf den Schornstein!

Elzvieta Jetzt müssen es alle erfahren! Wir wollen für die beiden spielen. Für sie ...!

Charlotte *setzt ihren Bogen auf die Saite ihrer Violine – mit großer Innigkeit* Für Mala und Edek!

Michou Mala und Edek!

Etalina, diesmal ganz bei der Sache, setzt ihre Geige an.

Schnitt

Schmuel taucht auf, verbeugt sich vor Alma, seine Werkzeugtasche auf dem Rücken.

Schmuel Ich soll hier den Stromleitungsverlauf aufzeichnen, gnädige Frau. Ich werde Sie nicht bei Ihrer Arbeit stören.

Alma nickt kurz, hebt den Taktstock und gibt den Einsatz.

Schmuel hat ein Stück Papier in der Hand, darauf markiert er den Verlauf der Stromleitungen. Er verfolgt eine an der Fensterwand entlang und kommt zu einem Tisch in der Ecke. Dort sitzt Fania und verfolgt die Probe in ihrer Partitur, Federhalter in der Hand.

Fania spürt, wie Schmuel versucht, in ihre Nähe zu kommen. Sobald er bei ihr angelangt ist, die Augen immer konzentriert auf den Verlauf der Stromleitung gerichtet, hält er das Papier in seiner Hand so, daß Fania es sehen kann. Sie blickt unauffällig zu Alma und lehnt sich dann etwas nach vorne ...

Schnitt

Das Stück Papier. Sie liest:

»Die Alliierten in Frankreich gelandet«

Schmuels Hand knüllt das Papier zusammen.

Schnitt

Schmuel verschluckt das Papier. Dann nimmt er seinen Werkzeugkasten, schwingt ihn über die Schulter und hinkt in großer Eile dem Ausgang zu, ohne sich noch einmal umzudrehen.

Fania wendet sich ab, sieht zum Fenster hinaus und sieht ...

Das beinahe schon vertraute Bild von der Ankunft neuer Gefangenentransporte. Schmuel verschwindet jetzt aus dem Bild. An seiner Stelle sehen wir jetzt Mandel. Sie führt gerade Ladislaus, einen vierjährigen Jungen, von seiner Mutter weg. Die steht etwas abseits des gerade angekommenen Transportes und verfolgt die Szene, ohne recht zu wissen, was sie davon halten soll. Die Mutter ruft ihm jetzt nach. Wir können sie nicht durchs Fenster hören. Ladislaus ist ein sehr schöner Junge. Frau Mandel ist auch ganz hingerissen und streckt ihm jetzt einen Finger hin, damit er sich festhalten kann.

Dieser Gefangenentransport unterscheidet sich stark von den früheren – es sind polnische Bauernfamilien, keine Juden. Sie »kampieren« ahnungslos zwischen den einzelnen Baracken, sind weit weniger unruhig als die Juden. Kinder laufen herum und spielen, werfen sich Bälle zu. Kleinkinder werden gesäugt, improvisierte kleine Kochstellen errichtet etc. ... Deshalb liegt auch wenig Besorgnis oder gar Hysterie in der Stimme der Mutter, wenn sie jetzt nochmal nach ihrem Ladislaus ruft, der sich langsam mit Frau Mandel entfernt.

Schnitt

Das Orchester spielt weiter. Etalina wendet sich vom Fenster weg, kann ihre Furcht nicht verbergen. Sie lehnt sich zu Elzvieta hinüber, die neben ihr sitzt, und flüstert ihr unvorsichtig etwas ins Ohr.

Alma *wütend* Etalina!

Die Musik bricht ab.

Etalina *zeigt nach draußen* Das sind Polen, keine Juden ... sie sind Arier!

Michou Na und? – Hitler hat doch schon immer gesagt, daß er die Polen ausmerzen will, um für seine Deutschen »Lebensraum im Osten« zu schaffen.

Etalina Aber sieh dir das doch an! Das sind Tausende ...
So viele Arier wurden doch noch nie vergast! *Zu Alma* Ich fürchte, die wollen sie hier in diesen Baracken unterbringen.

Mandel und Ladislaus kommen herein. Stille. Mandel nimmt jetzt Ladislaus auf den Arm und führt ihn dem gesamten Orchester vor.

Mandel Ist er nicht hübsch?

Einzig Tschaikowska und die anderen Blockowas stimmen gurrend und kichernd Mandels Lobeshymne zu. Das Orchester sitzt schweigend da. Dieses groteske Schauspiel verunsichert sie ebenso wie Etalinas Vermutung.

Mandel *zu Alma* Was ist denn auf einmal los mit denen?

Alma Nichts, Frau Mandel – es schien sich nur etwas Beunruhigung breitzumachen, weil es hieß, daß diesen arischen Polen unsere Baracken übergeben werden sollten ...

Mandel Aber keinesfalls, Madame. – Ich kann Ihnen wirklich versichern, es wird keinerlei Selektionen mehr innerhalb des Lagers geben. Wir haben dann natürlich keinen Platz mehr für die Neuankömmlinge – aber für sie wird man eben andere Lösungen finden ...

Schnitt
Fanias Blick geht nach draußen ... durchs Fenster sieht sie eine Reihe von Lkws, auf die die Bauern zur Vergasung geladen werden.

Schnitt
Die Mutter des kleinen Jungen wird auf den Lkw gestoßen – sie wehrt sich verzweifelt und sieht sich immer wieder nach ihrem Kind um.

Schnitt
Mandel ist jetzt fast von den Musikerinnen eingekesselt. Ihre Auskunft hat sie doch sehr erleichtert. Und so stehen sie jetzt um den wirklich schönen Knaben herum und lassen ihren Gefühlen freien Lauf. Marianne im Bild. Sie singt ein Wiegenlied und kitzelt dabei den Kleinen an der Backe ...

Marianne Hoppa, hoppa Ladislaus
Du bist unsre liebste Maus ...
Mandel steht in der Mitte des Raumes, Wange an Wange mit dem kleinen Jungen, ihr Lachen beinahe unschuldig-mädchenhaft. Sie stellt ihn wieder auf den Boden, beugt sich zu ihm und hält seine Hand.

Mandel Und jetzt suchen wir für dich ein paar neue Sachen zum Anziehen aus, ein Paar schöne Schuhe, und ein süßes Hemdchen. *Stolz und glücklich wie eine richtige Mutter steht sie vor dem Orchester.* So, jetzt übt aber schön weiter – wir erwarten uns alle für Sonntag ein ganz besonders gutes Konzert im Hospital. *Zum Kind* Komm mit mir. Na, komm schon.
Sie geht mit Ladislaus, der sich wieder an ihrem Finger festhält.

Schnitt
Die »Straße«: Wie wenn sie gesäubert worden wäre von all den Menschen, die sie noch vor ein paar Minuten mit Leben erfüllten. Mandel mit dem Knaben: Sie führt ihn behutsam um die paar Feuerstellen herum, in denen noch Kohlereste glühen. Verstreut liegen die Überbleibsel des

letzten Transports herum: Bündel, Koffer, Kochtöpfe etc. ...
Kapos gehen Streife auf dem verlassenen Gebiet, werfen ab und zu ein paar Bündel auf ihre Schubkarren. Ein Kapo findet einen Ball, hebt ihn auf und überreicht ihn mit einer kleinen Verbeugung der Mandel, die gerade vorbeikommt. Sie nimmt freundlich dankend an, gibt ihn an Ladislaus weiter und schlendert mit ihm die Straße entlang. Zärtlich hält sie seine Hand.

Schnitt
Die Musikerinnen kleben alle am Fenster und sehen dem merkwürdigen Schauspiel zu. Alle sind recht verwirrt, können sich aber dieser Sondereinlage in Sachen Menschlichkeit nicht ganz entziehen.

Giselle Im Grunde ihres Herzens ist sie doch ein Mensch wie wir alle!

Esther Was ist sie!! – Und wo ist die Mutter!

Etalina Dennoch ... wenn man ... Esther – Wenigstens mag sie das Kind, oder?

Esther *mit weitaufgerissenen Augen, bestürzt, an alle*
Was ist denn auf einmal los hier ...?

Paulette Sie sagte bloß, daß ...

Esther *schlägt sich mit den Händen gegen die Ohren* Ein gerettetes Polackengör, und plötzlich ist sie ein Mensch? Was geht denn hier vor!
Vom Dirigentenpodium aus klopft Alma ruhig, aber bestimmt an ihr Pult mit dem Taktstock.

Alma Von Anfang an, bitte! Wir haben noch eine Menge Arbeit vor uns bis Sonntag.
Schweigend gehen alle auf ihre Plätze. Und Beethovens Fünfte ertönt.

Schnitt
Scheinwerferlicht von einem Wachturm über der Straße. Sirenen heulen auf, und die Scheinwerfer gehen aus.

Schnitt
Marianne singt, bricht mit Beginn des Sirenengeheuls ab. Alle Lichter erlöschen. Das langsam abklingende Sirenengeheul wird vom aufkommenden Dröhnen der Bomber abgelöst.
Die Musikerinnen sitzen abwartend im Dunkeln, ihre Augen nach oben gerichtet. Wenn das Dröhnen der Flugzeugmotoren stärker wird, steht Alma auf und geht in ihr

Zimmer zurück. Bevor sie die Türe schließt, fordert sie Fania mit einem Blick auf, ihr zu folgen. Fania steht auf.

Schnitt

Almas Zimmer. Es ist immer noch dunkel. Alma auf einem Stuhl. Das Dröhnen der Bomber nimmt ab.

Alma Ich werde euch nach dem Sonntagskonzert verlassen, Fania. *Fania sieht überrascht auf.*

Ich werde jetzt auf Truppentournee geschickt; ich werde vor den Soldaten spielen. Ich wollte, daß du es als erste erfährst.

Eine andere Kameraeinstellung macht ihre Aufregung und ihren Stolz sichtbar.

Ich soll entlassen werden, Fania! Kannst du dir das überhaupt vorstellen? Ich kann jetzt spielen, was ich will und wie ich es will. Sie sagten zu mir ... *Nicht ohne Hochmut, mit großer Selbstüberzeugung* Sie sagten mir, ein Künstler meines Ranges sollte hier nicht aufgerieben werden! ... Was ist denn? Ich dachte, du würdest dich mit mir freuen?

Fania Aber das tu' ich doch, natürlich. Aber Sie werden Männer unterhalten, die dafür kämpfen, daß man uns wie Sklaven halten kann. Ist Ihnen das klar?

Alma Aber darum geht es doch überhaupt nicht! Ich ... *Nur ein kurzer Moment der Unsicherheit* Ich bin deutsch, Fania; es ist nun mal so; und ich werde vor deutschen Soldaten spielen.

Fania *wechselt das Thema, es ist aussichtslos* Und was ist mit uns? – Wir werden dableiben, für uns wird alles so bleiben wie es ist, oder?

Alma Ich habe dich als Ersatz für mich vorgeschlagen.

Fania *nickt zustimmend* Gut ... *Will gehen* Ich hoffe nur ... das hier wird bald zu Ende sein, für jeden von uns.

Sie steht jetzt an der Türe, die Klinke in der Hand.

Alma Warum versuchst du mein Glück schlechtzumachen.

Fania dreht sich noch einmal zu ihr um. Ihr Blick zwingt Alma zu einer Rechtfertigung ...

Alma Ich will für ehrliche und rechtschaffene Menschen spielen, nicht für diese Mörder hier! Soldaten setzen immerhin ihr Leben aufs Spiel ...!

Fania Warum benötigen Sie überhaupt meine Zustimmung? Wenn es Sie glücklich macht, bitte!

Alma Nicht alle Deutschen sind Nazis, Fania! Du bist auch nicht anders als ein Rassist, wenn du so denkst!

Fania Alma – Sie sind Deutsche und Sie werden bald frei sein – was wollen Sie noch! Ich stimme mit Ihnen völlig überein, es ist eine außerordentliche Ehre. – Sie werden die einzige Jüdin sein, die für die deutsche Armee spielen darf! Mir platzt gleich der Schädel ...!

Sie öffnet die Türe. In diesem Augenblick kommt ihr Frau Schmidt entgegen. Schmidt ist ein Riesenweib, dem die Kleiderverwaltung untersteht. Sie hatte einmal kurz nach deren Einlieferung Fania niedergeschlagen, weil sie außerhalb der Reihe gesprochen hatte.

Alma Wieso ... Frau Schmidt ... Aber kommen Sie doch herein ... Bitte sehr!

Die Zimmerbeleuchtung geht auf einmal wieder an. Alle blicken auf, nehmen es stumm zur Kenntnis.

Schmidt Ich wollte Ihnen meinen Glückwunsch aussprechen, Frau Rosé. – Ich habe gerade von der großen Neuigkeit gehört.

Alma *hingerissen* Oh, danke, danke vielmals. Ich danke Ihnen sehr, Frau Schmidt. Ich bin tief bewegt ... Gerade, weil Sie sich hierher bemühen.

Schmidt Ich sage ja immer, was ich empfinde. Ich würde mich aber freuen, Sie heute zum Abendessen einladen zu dürfen – ein Abendessen, gewissermaßen, Ihnen zu Ehren?

Alma Ich, ich bin außerordentlich überrascht, Frau Schmidt. Ich nehme Ihre Einladung an, selbstverständlich.

Schmidt Also dann, um acht Uhr, ja? – In meinen Räumen.

Alma Ich werde pünktlich erscheinen. Danke nochmals, danke.

Frau Schmidt geht. Almas Augen strahlen jetzt vor Freude, wenn sie sich zu Fania umdreht.

Da ... siehst du es jetzt endlich ein! Diese Frau hat alles getan, um versetzt zu werden, das kannst du mir glauben ... Sie war schon verzweifelt, hier überhaupt nicht mehr rauszukommen. Und trotzdem. Sie hat das Herz, zu mir zu kommen und mir alles Gute zu meiner Abreise zu wünschen.

Fania *wie betäubt* Ja, das ... Ich hätte das nicht erwartet von ihr. Aber wer weiß denn schon, was in uns vorgeht?

Alma Du verurteilst Menschen, Fania. Du bist hart, schrecklich und grausam.

Alma beginnt sich jetzt für die Abendeinladung herzurichten; sie bürstet ihren Rock aus, zieht ihre Bluse glatt ...

Fania Und Mandel hat ja das Kind gerettet. Kann sein, daß sich jetzt einige langsam ausmalen, wenn der Krieg verlorengeht, dann ...

Alma *voll Selbstvertrauen und Zuversicht* Warum muß denn an allem und jedem irgend etwas auszusetzen sein. Warum denn auch noch das letzte bißchen Hoffnung schlechtmachen, die das Leben für einen hat ...? *Sie zieht sich jetzt den Mantel über.*

Fania Ich bin jetzt völlig durcheinander. Daß die Schmidt raus wollte, ist doch ganz unglaubwürdig, Alma. – Der Schwarzmarkt hat sie reich gemacht. Jede Frau, die hier angekommen ist, hat sie ausgeraubt ... Jeder Handel im Lager lief durch ihre Finger ...

Alma *streckt ihr die Hand entgegen* Ich werde morgen abreisen, Fania. – Wenn wir uns nicht mehr sehen sollten ... Ich danke dir für deine Unterstützung.

Fania *nimmt ihre Hand* Sie haben unrecht, absolut unrecht, Alma. Es gibt kaum etwas, wo Sie nicht ... Trotzdem, ich muß zugeben, Sie haben uns allen hier wahrscheinlich das Leben gerettet. Und dafür möchte ich Ihnen danken, aus ganzem Herzen.

Alma Ich lehne jede Verzweiflung strikt ab, Fania. Dafür solltest du dich bedanken.

Fania ... Ja ... Ja ... Ich glaube, das stimmt.

Schnitt
Eine Ehrengarde und SS-Soldaten in Hab-Acht-Stellung. Sämtliche Orchestermitglieder sind in Almas Zimmer versammelt. Sie haben ihre besten Kleider an.
Gedämpfte Atmosphäre. Ihre Augen sind weit geöffnet vor Neugier. Skeptisch verfolgen sie den für sie undurchschaubaren Vorgang.
In der Mitte des Zimmers steht in einem Meer von Blumen ein offener Sarg. Das Orchester wird in einigem Abstand davon aufgestellt.
Zum Schluß treten Kommandant Kramer, Dr. Mengele und der gesamte Stab ein – sowie Frau Mandel. Ihr Finger in der Hand des kleinen Ladislaus. Er trägt jetzt einen netten kleinen Matrosenanzug, Leinenhemd, Schlips, glänzende Schuhe, im Arm hält er einen kleinen Teddybär.
Zuerst stellen sich Kramer, Mengele, Mandel und der gesamte Stab vor dem Sarg auf und blicken hinein. Ihre Trauer scheint wirklich sehr groß zu sein. Anschließend erhält das Orchester durch einen kleinen Blick von Mandel und Fania den Befehl, der Toten die letzte Ehre zu erweisen.

Schnitt
Mandel. Mit tränenüberströmtem Gesicht.

Schnitt
Das Orchester. Eine Art Gemeinschaftsgefühl macht sich breit. Sie beginnen alle zu weinen, ohne recht zu wissen, warum.

Schnitt
Alma in ihrem Sarg. Fania blickt auf sie herab – verwirrt und entsetzt. Sie geht aus dem Bild, Paulette rückt nach etc. ... Das Wehklagen der Frauen wird immer stärker. Jetzt erst wird es den einzelnen schmerzhaft bewußt, daß es Alma ist, die tot vor ihnen liegt.

Schnitt
Der Schwarzmarkt. Fania verhandelt gerade mit einem Mädchen, das offensichtlich die Leitung des Unternehmens innehat. Fania möchte ein dickes Stück Brot gegen etwas Seife eintauschen. Das Mädchen, eine ziemlich unverschämte Person, kostet von dem zum Tausch angebotenen Brot.

Fania Was ist denn passiert?

Mädchen Die Schmidt hat sie beim Abendessen vergiftet.

Fania Woher weißt du das?

Mädchen Sie haben sie heute morgen erschossen.

Fania Schmidt!?

Mädchen *nickt* Wenn sie nicht rauskonnte, wer denn sonst. Und jetzt sollte gerade eine Jüdin ...

Fania Sie wollte also doch abhauen!

Mädchen Klar, sie hat ihren Schnitt hier gemacht. Warum nicht?
Beider Köpfe drehen sich plötzlich gleichzeitig in eine Richtung. Von dort hört man, noch weit entfernt, dumpfes Dröhnen.

Mädchen *sieht fragend zu Fania* Donner oder Artillerie?
Sie wenden sich beide nochmals dem Geräusch zu, mitten im Gedränge des Schwarzmarktes.

Schnitt
Olga, eine Akkordeonspielerin aus der Ukraine. Man hat sie offensichtlich zur Leiterin des Orchesters gemacht. Ihre Armbewegungen geben zwar roboterhaft und schematisch genau das Zeitmaß wieder – aber die einzelnen Stimmen fallen auseinander, und Fania rennt zum Podium.

Olga *bevor Fania ein Wort sagen kann* Nein! Ich bin zum Dirigenten ernannt worden, und ich werde das Orchester hier leiten!

Fania Jetzt hör doch endlich mal auf mich!

Olga Nein! Ich bin jetzt Kapo und ich befehle dir, nicht mehr zu unterbrechen.

Fania Olga, liebe – du kannst doch kaum Noten lesen. Wie willst du denn die einzelnen Stimmen unterscheiden können!

Olga Du gehst jetzt sofort auf deinen Platz zurück.

Fania Du bringst uns alle noch ins Gas! Mengele wird am Sonntag da sein – er wird sich den Krach nicht gefallen lassen – das ist doch absurd – laß mich jetzt die Probe leiten. Du kannst dann ja am Sonntag vorne stehen und mit den Armen rudern, aber wir haben wenigstens einmal eine Probe gehabt.

Etalina He! Pssst

Alle hören gespannt auf ... Wieder ist ein fernes Dröhnen zu vernehmen.

Etalina Gott ... Glaubt ihr, daß Mala und Edek zu den Russen gestoßen sind und sie hierher führen?

Giselle Ich wette! Das war Artillerie. Und die Russen sind berühmt für ihre Artillerie ...!

Olga Also los jetzt! Achtung! – *Sie versucht verzweifelt, dem Anspruch einer Autoritätsperson zu genügen.* Ich kenne ein Stück. Das ist sehr berühmt bei uns in der Ukraine. Das werden wir jetzt spielen. Ich fang mal an.

Olga schnallt sich ihr Akkordeon um und improvisiert eine Art »Lach-Polka« mit Füßestampfen, »Hah-ha-ha« und »He-he-he« etc.

Das Orchester blickt sie entsetzt an. Einige beginnen laut zu kichern.

Angeführt von der Tschaikowska tauchen die Blockowas auf und fangen sichtlich amüsiert an, miteinander Polka zu tanzen, klatschen dabei in die Hände ...

Von draußen gellendes Pfeifen.

Die Tschaikowska rennt auf die Lager»straße«, die Musikerinnen stürzen ans Fenster ...

Schnitt

Ein Galgen. Mala und Edek werden aufgehängt. Sie wurden furchtbar mißhandelt, können kaum stehen. Mala stolpert, bricht in die Knie, stößt aber mit letzter Kraft die Hand eines Soldaten des Exekutionskommandos beiseite und steht jetzt aus eigener Kraft unter der Schlinge.

Die Kamera schwenkt jetzt und zeigt einzelne Gesichter aus der riesigen Menge der Gefangenen, die gezwungen wurden, der Exekution beizuwohnen.

Schnitt
Die Gefangenen. Tatsächlich war das gesamte Lager versammelt. Zehntausende, eine regelrechte Stadt verhungernder, erniedrigter Menschen. Man hat sie zusammengetrieben, damit sie dieser Exekution beiwohnen. Es ist ein Augenblick von ungeheurer Bedeutung – diese Menschen leisten Widerstand. Einer nach dem anderen wagt es, entblößten Hauptes an den beiden vorüberzugehen. Ein Meer kahlgeschorener Köpfe.
SS-Leute und Kapos prügeln auf die Menschen ein, damit sie wieder ihre Mützen aufsetzen. Schweigend und aufrecht grüßen sie so das zum Tode verurteilte Liebespaar.

Schnitt
Der Galgen. – Die Schemel werden weggestoßen. Mala und Edek baumeln.

Schnitt
Der Himmel

Überblendung
Es beginnt zu regnen

Schnitt
Der Aufenthaltsraum. Es ist Nacht. Regen klatscht ans Fenster. Einige Mädchen probieren wild durcheinander ihren Part, brechen mitten im Spiel ab, reden dann miteinander. Fania sitzt an ihrem Tisch; sie spielt mit einem Federhalter, starrt vor sich hin. Sie sieht zutiefst niedergeschlagen aus, ihr Blick wie abgestumpft. An einem anderen Fenster, ein paar Schritte entfernt, Michou. Sie flüstert jetzt laut vernehmbar zu Fania . . .

Michou *zeigt nach draußen* Fania!

Schnitt
Marianne auf der Lager»straße«. Sie verabschiedet sich gerade von dem Soldaten des Exekutionskommandos, einem riesigen, breitschultrigen Kerl. Der patscht ihr brutal auf den Hintern, bevor sie schnell auf die Baracke zurennt.

Schnitt
Marianne kommt herein, schüttelt ihren Mantel aus, geht an Michou vorbei . . .

Michou Mit dem Henker?

Marianne bleibt stehen. Alle Blicke gehen zu ihr, voll wütender Verachtung, angeekelt.

Michou Der hat Mala und Edek umgebracht. Das hast du doch gewußt.

Marianne Wenn er es nicht getan hätte, wäre irgendein anderer drangekommen, da kannst du sicher sein. *Sie geht in Richtung Schlafraum, bleibt stehen, dreht sich um, zu allen.*

Marianne Ich will damit sagen, ihr Lieben: auf welcher Seite steht ihr denn, eurer Meinung nach? Denn wenn irgendeine von euch Zweifel haben sollte, nicht auf der Seite des Exekutionssoldaten zu sein, dann geht doch bitteschön raus und fragt irgendeinen Gefangenen im Lager. Die werden glücklich sein, wenn sie's euch beibringen dürfen! *Zu Michou* Du kannst dir deine Bemerkungen wohin stecken, du weißt ganz genau wo, Michou. Noch irgendwelche Fragen? *Höhnisch blickt sie um sich, geht dann in den Schlafraum und zieht sich ihren Mantel aus.*

Mariannes Bemerkungen entsprechen den Tatsachen. Die Mädchen spüren das, gehen einander aus dem Weg, wenn sie wieder zu proben beginnen. Esther kommt zu Fania.

Esther Du hättest sie nicht so abgehen lassen dürfen. Ich hätte ja gerne geantwortet, aber es hört ja niemand zu, wenn ich was sage . . .

Fania Aber sie ist doch im Recht, Esther, was soll man da antworten.

Esther Ich bin aber nicht auf der Seite von denen. – Ich erhalte mich am Leben für Jerusalem.

Fania Bravo.

Esther *sie gibt sich mit Fanias unbeeindrucktem Kommentar nicht zufrieden* Was willst du damit sagen, Fania?

Fania Daß es gut ist, wenn du dich selbst aus all dem hier raushalten kannst. So sauber getrennt.

Esther *beinahe fragend* Aber man kann uns doch nicht verantwortlich machen für all das hier.

Fania Aber natürlich nicht. Man kann uns nichts anlasten. *Geht scheinbar auf sie ein, um ihren eigenen Standpunkt deutlicher machen zu können* Was ich sagen will, ist bloß, wir sind wahrscheinlich schuldlos, aber wir haben uns verändert. Ich meine, wir wissen jetzt ein bißchen mehr von der Rasse Mensch, was wir vorher eben nicht wußten. Und auf dieses Wissen hätte ich gerne verzichtet.

Esther *ängstlich, fast wütend* Aber wie kannst du sie denn immer noch als Menschen bezeichnen.

Fania Was sind sie denn sonst, Esther?

Esther Ich mag nicht, wie du ... Du scheinst solche Ungeheuer in Verbindung bringen zu wollen mit ...

Giselle, die neben Charlotte sitzt, schreit plötzlich leise auf.

Giselle Mengele!

Dr. Mengele ist Herr über Leben und Tod. Das ist zu spüren, wenn man sieht, wie alle sofort bei seinem Auftritt von ihren Plätzen aufspingen. Sein sonst immer freundliches Gesicht hat sich sehr verfinstert. Unter dem halb offenen Mantel ist seine elegante Uniform zu erkennen. Er knöpft den Mantel jetzt ganz auf und holt Almas Taktstock und eine Armbinde hervor, die sie als Kapo und Orchesterleiterin tragen mußte.

Olga *in strammer Haltung* Wollen der Herr Doktor irgendeine spezielle Musik hören?

Mengele geht an ihr vorbei zur Tür von Almas Zimmer.

Schnitt

Mengele betritt Almas Zimmer. Er blickt auf den leeren Stuhl, das leere Bett, als ob er an einem heiligen Ort wäre. Dann nimmt er den Taktstock und hängt ihn an einen Nagel an der Wand oberhalb eines Regals; auf das Regal legt er sorgfältig ihre Armbinde. Jetzt tritt er ein paar Schritte zurück, und im Anblick dieser »Reliquien« steht er eine lange Zeit in militärischer Haltung.

Die Kamera fährt an ihm vorbei auf Fania, die man jetzt durch Almas Zimmereingang hindurch hinten im Aufenthaltsraum sitzen und alles genau beobachten sieht. Um sie herum die anderen Mädchen, höchst verwundert über den ganzen Vorgang.

Mengele Kapo!

Olga *kommt ins Zimmer gelaufen* Herr Doktor Mengele! *Sie nimmt Haltung an.*

Mengele Das ist der Taktstock von Madame Rosé und ihre Armbinde. Sie sollen hier für immer bleiben.

Er blickt noch einmal auf die »Reliquien«. In memoriam. Fania und die anderen Mädchen verfolgen ungläubig diesen monströsen Gefühlsaufwand.

Jetzt dreht sich dieser Arzt der Humanmedizin um, geht in den Aufenthaltsraum zu den Musikerinnen, die ihm schnell und unterwürfig Platz machen und ihn mit höflichem Respekt grüßen, wenn er an ihnen vorbeigeht.

Er ist jetzt etwa in der Mitte des Aufenthaltsraumes. Seine Stiefelabsätze knallen auf den Holzfußboden in schleppendem, nachdenklichem Takt. Die Spannung wird immer größer – keiner weiß warum. Statt den Raum jetzt zügig zu verlassen, bleibt Mengele auf einmal stehen, ohne sich umzudrehen. Warum tut er das jetzt? Was denkt sich dieser Mensch gerade aus?

Schnitt
Entsetzliche Spannung im ganzen Saal. Die Musikerinnen stehen wie versteinert da.

Schnitt
Mengele. Er dreht sich zu ihnen um. Sein Blick scheint vergeistigt, wie nicht von dieser Welt. Als ob er vergessen hätte, wo er sich befindet, und diese Gesichter um ihn herum zum ersten Male wahrnimmt. Er scheint aber darüber weniger verärgert zu sein als überrascht und verängstigt.
Fania erträgt es nicht, noch länger auf irgendeine Reaktion von Mengele zu warten. Sie macht einen kleinen Schritt nach vorne, verbeugt sich ein wenig. Was hat sie in diesem Augenblick dazu veranlaßt? – Todesfurcht.

Fania Wenn der Herr Doktor gestatten will – das Orchester ist auf's äußerste entschlossen, sein Bestes zu geben. Zum Gedächtnis an unsere geliebte und verehrte Madame Rosé.
Einzig auf dieses Stichwort hin wendet sich Mengele kurz zu ihr um, als ob er ihre Stimme von ganz weit weg vernehmen würde. Fast zitternd vor Angst fährt Fania fort.
Ich kann dem Herrn Doktor versichern, wir werden Tag und Nacht daran arbeiten, um unser Spiel zur Vollkommenheit zu bringen ... Wir glauben, es ist auch im Sinne unserer verstorbenen Dirigentin ... sie hätte ebenfalls gewünscht, daß wir fortfahren ... *Beginnt zu stottern* ... daß wir ... Genau wie sie ... Ihr Vermächtnis ist uns ...
Man hört das Dröhnen von Bomberflugzeugen. Mengele reagiert darauf auf äußerst diskrete Weise, hält den Kopf etwas schief nach oben. Aber die Mädchen verstehen sehr gut; er ahnt, daß langsam das Ende naht, und das macht ihre Furcht noch größer.
Unter dem Eindruck der Bombergeräusche ändert er jetzt seine Haltung und geht fast schlendernd auf den Ausgang zu, als ob ihn das alles nichts mehr anginge. Sobald er außer Sichtweite ist, fangen einige Mädchen sofort zu weinen an. Fania fühlt sich gedemütigt, geht alleine an ihren Tisch ...

Etalina *unter Tränen* Jetzt ist alles aus! Hast du es gespürt, Fania? – Er schickt uns alle ins Gas!

Paulette *wie, um Fanias Antwort zu provozieren* So wie er uns angestarrt hat!

Charlotte Das einzige, was wir jetzt zu tun haben, ist proben, proben und noch mal proben! *Zu Liesle* Bis heute hast du Beethoven kein einziges Mal richtig gespielt! Hier, verflucht noch mal! – *Sie schleudert das Akkordeon nach ihr.* Arbeite endlich mal an dem Arpeggio! *Sie bemerkt, wie Fania aufmerksam wird* Was ist los da hinten?

Die ganze Gruppe sieht sich fragend nach Fania um – alle sind in panischem Schrecken. Fania hört noch immer auf den Flugzeuglärm.

Fania Ich verstehe nicht, warum sie hier nicht angreifen? Sie könnten doch die ganzen Transporte mit einem einzigen Angriff auf die Gleisanlagen stoppen.

Elzvieta Die befürchten wahrscheinlich, daß sie dabei auch uns treffen können.

Michou Das hat politische Hintergründe – wie alles – ich kann mir nur nicht vorstellen, welche.

Esther Sie wollen eben nicht, daß es so aussieht, als sei das Ganze ein Krieg zur Rettung der Juden. *Alle drehen sich zu Esther um.* Die wollen doch nicht unseretwegen Flugzeuge riskieren und Piloten – ihre Bevölkerung hätte dafür kein Verständnis. *Zu Fania* Fania ... Wenn sie wirklich kommen und uns abholen ... Ich bitte dich, mach das nicht noch einmal, so um dein Leben zu bitten ...

Fania *schuldbewußt* Ich wollte doch nur ...

Esther *schreit Fania an – gerade weil sie sie gern hat* Du hättest das niemals tun dürfen, Fania! Betteln!

Schnitt

Lagerführerin Mandel kommt herein. Ihr großer schwarzer Umhang ist regendurchnäßt. In ihrem Blick Aufgewühltheit, Verzweiflung. In ihrer Hand sieht man jetzt ... den Matrosenhut des kleinen polnischen Jungen. Sie hält ihn zärtlich in ihrem Schoß fest.

Schnitt

Mandel in einem schockähnlichen Zustand. In ihren leblos scheinenden Augen ist noch ein letzter Rest von Autorität zu spüren. Olga, obwohl jetzt Kapo, blickt ratsuchend zu Fania, ebenso die anderen Mädchen. Fania kommt nach vorne und steht der Mandel gegenüber. Mandel löst sich etwas aus ihrer Abwesenheit, blickt zu Fania.

Mandel Das Duett aus »Madame Butterfly«. Du und Marianne.

Fania dreht sich rasch zu den Mädchen um – Giselle rennt in den Schlafsaal, ruft . . .

Giselle *man sieht sie nicht mehr* Marianne? Komm her, schnell . . .!

Mandel steht jetzt auf und geht langsam zu einem Fenster, blickt nach draußen in den Regen. Unterdessen haben sich Charlotte und Etalina schon mit ihren Geigen zur Begleitung fertiggemacht.

Marianne kommt, noch halb verschlafen, herein, geht zu Fania. Jetzt warten alle, daß sich Mandel vom Fenster aus umdreht und ein Zeichen für den Beginn gibt. Aber sie tut es nicht. So geht Fania quer durch den Raum zu ihr hin.

Schnitt

Fania steht jetzt neben Mandel, die immer noch aus dem regenverwaschenen Fenster starrt. Fanias Augen wandern an ihr abwärts zum Hut in ihrer Hand.

Fania Wir können jetzt anfangen, Frau Mandel.

Mandel scheint dies gar nicht gehört zu haben, starrt weiter vor sich hin. Nach einer Weile . . .

Fania Ist irgend etwas mit dem kleinen Jungen passiert?

Mandel blickt zu Fania – das Nazigesicht kommt zum Vorschein.

Mandel Es war schon immer so – die Größe eines Volkes hängt von den Opfern ab, die es auf sich zu nehmen bereit ist.

Fania braucht jetzt nicht mehr weiter zu fragen – sie weiß Bescheid.

Mandel Ich gab ihn . . . zurück.

Mandel richtet sich jetzt vor ihr auf, wie, um ihr altes Überlegenheitsgefühl wieder zu demonstrieren. Sie versucht, sich hart und förmlich zu geben; aber ihr Mutterinstinkt scheint noch nicht völlig unterdrückt zu sein.

Mandel Also los, fangt endlich an!

Fast mechanisch stellt sich Fania mit Marianne auf. Fania grüßt sie mit leicht hochgezogener Augenbraue, wie, um sich selbst an ihre Feindschaft gegenüber Marianne zu erinnern. Charlotte beginnt mit dem Violinvorspiel zum Duett des dritten Aktes.

Marianne *als Suzuki* Die Sonne! Tscho-tscho-san.

Fania *als Butterfly. Sie spielt, als ob sie ein kleines Kind auf-*

heben würde, und wiegt es in ihren Armen Er kommt ... Du wirst es sehen.

Marianne *als Suzuki* So gehe nun hinein, und leg dich schlafen, und wenn er ankommt, weck ich dich auf.

Fania *als Butterfly. Zu ihrem »Baby« in ihren Armen* Schlafe, mein Liebling, still in meinen Armen ...

Schnitt
Mandel ist ergriffen vom Gesang wie von der Musik. Aber der sentimentale Tränenschleier kann den Fanatismus nicht verdecken, den ihre grenzenlose Dummheit zuließ.

Fania *als Butterfly* Du bist im Himmel und ich bei meinem Schmerz. Des Morgens Gold umstrahlt dich hell ...

Schnitt
Die Orchestermitglieder

Fania *als Butterfly. Schaukelt das »Baby«* Schlafe, mein Liebling.

Marianne *als Suzuki* Ach, arme Butterfly!

Schnitt
Mandel ringt um Selbstkontrolle. Fania singt jetzt mit aggressivem Unterton und läßt Mandel nicht aus den Augen.

Fania *als Butterfly* Schlafe, mein Liebling, still in meinem Arm! Du bist im Himmel, und ich bei meinem Schmerz.
Das Dröhnen von Bomberflugzeugen ... Plötzlich ist es da, furchterregend laut. Sirenengeheul
Mandel erwacht aus ihrem Dämmerzustand, steht auf ... Einige Mädchen laufen an die Fenster, sehen zum Himmel. Das Licht geht auf einmal aus.
Die Flugzeuge jetzt direkt über dem Lager, Explosionen in unmittelbarer Nähe.
Geschrei, totale Verwirrung in der Dunkelheit. Mandel ist zu sehen, sie rennt hinaus in die Nacht, in ihrem Gesicht wieder die alte Selbstsicherheit.

Schnitt
Die Gleisanlagen an der Bahnsteigrampe. Bomben explodieren.
In diesem Inferno werden die neuangekommenen Deportierten auf die wartenden Lkws getrieben, die mit ihnen abfahren. Alles läuft routinemäßig ab.

Schnitt
Eine Serie von Naheinstellungen: Kramer tritt nach einem Deportierten.
Mandel gibt einer Frau den Befehl, auf einen Lkw zu steigen.
Mengele. Sein Gesicht starr auf den Himmel gerichtet, aber seine Augen flackern krankhaft. Jetzt geht er zu einem SS-Offizier.

Mengele Tempo! – Schneller doch!

Schnitt
Die Lagerhalle. Es ist das Hospital. Es wird gerade »An der schönen blauen Donau« gespielt. Das Orchester sitzt am anderen Ende des riesigen, düsteren Raums, »geleitet« von Olga.
Die wenigen guten Geigerinnen wie Charlotte und Elzvieta spielen drauflos, so laut sie können.
Der Bechsteinflügel ist hereingebracht worden. Fania beginnt zu spielen.
Die Kranken. Es scheinen Hunderte zu sein. Ihre Betten sind exakt in Reihen hintereinander aufgestellt. Die Geisteskranken drängen sich entweder an den Wänden entlang oder klammern sich wie Affen aneinander. Von ihnen getrennt etwa hundert sogenannte »Gefangene mit guter Führung«. Dutzende von SS-Offizieren beiderlei Geschlechts, als Publikum ununterscheidbar, sitzen direkt vor dem Orchester.

Schnitt
Eine Frau taucht tanzend aus der Menge der Geisteskranken auf. Köpfe drehen sich nach ihr um, während sie einen langsamen, schwungvollen Walzer tanzt: Kahlgeschoren, zum Skelett abgemagert.
SS-Leute schauen ihr amüsiert dabei zu.

Schnitt
Die Gefangenen. Einer nach dem anderen summt zur Melodie der »Schönen blauen Donau« mit.

Schnitt
Mengele, Kramer und die SS-Offiziere. Der gesamte Stab kriegt das langsam anschwellende Summen der Gefangenen mit. Sie reagieren mit Unsicherheit darauf. Wollen sie heute Menschenfreundlichkeit demonstrieren?

Schnitt
Die Gefangenen. Sie wagen immer lauter zu summen. – Und die Tatsache, daß alle mitmachen, ohne ausdrücklichen Befehl oder die Erlaubnis dazu, macht sie immer dreister.

Schnitt
Kommandant Kramer will gerade aufspringen. Mengele berührt ihn kurz am Arm und signalisiert ihm, er möge doch dieses harmlose Summen zulassen. Kramer stimmt halbentschlossen zu, setzt sich wieder hin.

Schnitt
Das Orchester. Die letzten Takte von »An der schönen blauen Donau«. Olga schnallt sich schweigend, ohne eine Ansage zu machen, ihr Akkordeon um. Fania und Paulette gehen sofort auf sie zu und reden flüsternd auf sie ein, wobei sie versuchen, nach außen hin ruhig zu wirken.

Fania *mit gedämpfter Stimme* Nicht die »Lach-Polka«. Nicht jetzt!

Olga Aber sie wollen doch noch eine Nummer hören.

Paulette Die werden alle sofort danach vergast. Du kannst doch so was nicht spielen!

Olga Aber ich kenne nichts anderes! Was soll das überhaupt?
Olga macht sich von ihnen los und beginnt ihre »Lach-Polka«. Sie singt ein paar Takte und fordert alle Anwesenden auf, mitzusingen.
Nach und nach fangen einige der Geisteskranken an mitzusingen. Sie singen natürlich nicht im Takt, und ... Kramer und andere von der SS haben ihre helle Freude daran. Auch die Kranken in ihren Betten fangen an, lauthals über die Irren zu lachen.

Schnitt
Mengele gibt Kramer ein Zeichen, und der spricht einen Gehilfen neben sich an. Der steht auf und geht aus dem Bild ...

Schnitt
Das Orchester. Immer noch die »Lach-Polka«.

Schnitt
Eine Tür wird geöffnet, und Kapos führen ein halbes Dutzend Kranke hinaus.

Schnitt
Das Orchester. Sie spielen immer noch die »Lach-Polka«. Paulette sieht jetzt, wie die Menschen hinausgeführt werden. Das Cello entgleitet ihr, sie hat einen Schwächeanfall. Die »Lach-Polka« nähert sich ihrem Höhepunkt. Michou hat die vornübergefallene Paulette mit ihrem Rücken aufgefangen, stützt sie, spielt dabei weiter und lacht auf Befehl mit.

Schnitt
Die gesamte Lagerhalle des Hospitals. Kranke, Orchester und SS schunkeln gemeinsam dem Finale entgegen, während immer mehr Menschen zur Türe hinausgeführt werden.

Schnitt
Der Musiksaal. Es ist später am selben Abend. Die Mädchen sitzen im Dunkeln, einige von ihnen beobachten ein Bombardement in nicht allzu großer Entfernung. Explosionen erhellen blitzartig den Himmel.
Fania sitzt an ihrem Tisch, starrt mit sinnentleertem Gesicht zum Fenster hinaus.
Die Gesichter der Musikerinnen – sie sind kurz im Widerschein des nächtlichen Himmels zu erkennen – ernst, erwartungsvoll.

Schnitt
Der Ofen im Musiksaal. Man hört das Knacken des Feuers. Michou schabt eine Kartoffel in die Pfanne. Charlotte sieht ihr hungrig dabei zu. Beide sind konzentriert bei ihrer Beschäftigung.
Olga, die neue Orchesterleiterin, kommt aus Almas Zimmer. Sie gibt sich seit neuestem sehr offiziell.

Olga Ist das Orchester bereit? Die Probe beginnt. *Die Köpfe drehen sich zwar alle zu ihr hin, aber niemand bewegt sich.*
Ich befehle euch, jetzt zu proben!

Etalina *zeigt nach draußen* Das ist die russische Artillerie, Olga.

Olga Ich bin hier im Dienst. Ich habe nicht die Erlaubnis gegeben, die Probe ausfallen zu lassen!

Etalina Quatsch! Es ist alles vorbei, verstehst du nicht? Die Russen stehen da draußen, und wir werden wahrscheinlich schon vergast sein, wenn sie uns erreichen.

Giselle Ganz ruhig, Olga. – Wir können doch nicht im Dunkeln probieren.

Etalina Sie schon – weil sie nämlich gar keine Noten lesen kann.

Olga *gibt auf, sieht plötzlich Michou* Woher hast du die Kartoffeln?

Michou Gestohlen, woher denn sonst?

Olga *zieht sie zu sich heran* Du kommst jetzt sofort mit zur Mandel. Ich werde dich melden.

Plötzlich faßt Fania sie von hinten bei den Haaren.

Fania *ganz ruhig* Hör auf damit, Olga, oder wir stopfen dir einen Fetzen in den Mund und strangulieren dich noch diese Nacht. Laß sie los.

Olga läßt Michou los.

Charlotte Sie wollte mir bloß einen Pfannkuchen backen, weiter nichts.

Fania Setz dich doch hin, Olga. – Wir werden heute nacht wahrscheinlich alle abgeholt.

Olga Aber warum denn bloß?

Etalina Darum, Dummchen. Wir sind der lebende Beweis.

Olga starrt höchst unglücklich aus einem Fenster.

Ich kann sie ja verstehen. – Da hat sie jetzt endlich ein Orchester gekriegt, und dann muß gerade der Krieg zu Ende gehen.

Schnitt

Eine Serie von Naheinstellungen: die Gesichter der Musikerinnen – Erschöpfung, Angst, Warten.

Schnitt

Etalina setzt sich neben Fania.

Etalina Ich glaube, ich habe gestern meine Mutter gesehen. Und meine beiden Schwestern. Und meinen Vater.

Fania *schreckt aus ihrer Gedankenverlorenheit auf* ... Was? – Wo denn? Was sagst du da?

Etalina Gestern nachmittag. Der Transport aus Frankreich. Wir spielten gerade vor dem Güterwaggon. Ich blicke kurz auf ... Ich dachte zuerst ... Ich war mir nicht sicher, aber dann ...

Sie blicken sich beide an. Fania spürt, daß Etalina sich nicht getäuscht hat. Sie nimmt Etalina in ihre Arme, die sich, geschützt in ihrer Umarmung, vor Weinen schüttelt.

Fania Was hättest du denn tun können?

Schnitt

Lagerführerin Mandel kommt zur Türe herein. Alle stehen

in Hab-Acht-Stellung auf, zitternd vor Angst. Mandel mit weitgeöffneten Augen, vollkommen außer sich, am Ende. Etalina weint immer noch, wenn sie versucht aufzustehen.

Mandel Hat jemand von euch diesen kleinen Hut gesehen? *Stille, keine Antwort, Erstaunen in den Gesichtern* Das kleine Matrosenmützchen. Ich dachte, ich hätte es hier fallen gelassen. – Oder nicht?

Ablehnendes Kopfschütteln. Alle bleiben wie betäubt stehen. Mandel verläßt den Saal. Ihr Gesicht zur Maske erstarrt.

Die Musikerinnen setzen sich wieder hin. Etalina bricht in Tränengeschrei aus.

Fania *beruhigt sie* ... Ssssh ... Pssst!

Marianne kommt zu Fania herüber, die gerade Etalinas Gesicht streichelt.

Marianne Ich möchte bloß ... Du sollst wissen, Fania, daß ... Du hast mir den Rücken zugekehrt, als ich dich gebraucht hätte, und ... Glaub ja nicht, ich wäre so blöd gewesen, das nicht zu merken.

Fania Wovon redest du eigentlich?

Marianne geht erbittert von ihr weg. Fania ruft ihr nach. Bist du ein kleines Kind? Hätte ich dich im Klo einsperren sollen?

Marianne geht zu einem Fenster, bleibt dort stehen, wie versteinert in ihrer Enttäuschung.

Schnitt

Michou füttert Paulette wie ein Kind mit kleinen Pfannkuchenstückchen.

Schnitt

Fania blickt, wie wenn sie es sich vorher genau überlegt hätte, zu ...

Elzvieta, die sich nach einer Explosion am Himmel schreckensbleich wegwendet und bekreuzigt. Fania kommt auf sie zu.

Fania Elzvieta? – *Sie holt ein kleines, dickes Notizbuch hervor.* Ich möchte gerne, daß du das hier aufbewahrst. Es ist mein Tagebuch. – Ich habe alles aufgeschrieben, vom ersten Tag an.

Elzvieta ... Nein, nicht. Behalt du es lieber. Es wird alles gut werden, Fania ...

Fania Nimm es, nimm es doch. Vielleicht kannst du es in Polen veröffentlichen ...

Elzvieta *will das Notizbuch schon an sich nehmen, tut es dann doch nicht.* Es geht nicht, Fania – es ist, als wenn ich dich verurteilen würde! Behalte es, du wirst am Leben bleiben, ich weiß es ganz bestimmt. Du wirst!

Fania Ich bin nicht sicher ... ob ich es wirklich noch will, Elzvieta.

Elzvieta *sie spürt jetzt erst, wie es um Fania steht, sieht ihren kraftlosen Blick* Nein, nicht ... Fania! Nicht doch!

Sie nimmt plötzlich Fania in ihre Arme ... Zwei Soldaten kommen in voller Kampfausrüstung hereingestürzt. Es sind keine SS-Leute.

1. Soldat Juden nach links! Arier nach rechts! Beeilung! Tempo!

Die Musikerinnen stellen sich hastig auf ... Fania und Elzvieta lösen sich nur langsam aus ihrer Umarmung – Es ist der Abschied für immer.

Schnitt

Ein offener Güterwaggon vor Anbruch der Morgendämmerung. Regen durchnäßt die etwa fünfundzwanzig Musikerinnen in diesem Waggon, der normalerweise Kohle transportiert. Fania liegt jetzt auf dem Rücken, die Augen geschlossen. Die Mädchen halten ihre Mäntel über sie ausgebreitet, um sie so vor dem Regen zu schützen. Der Zug fährt langsamer.

In der Nähe drängeln sich zwei Wehrmachtsoldaten um ein kleines Öfchen, in dem Holzscheite brennen. Auch ein paar Frauen stehen eng beieinander in der Nähe des Öfchens, um noch etwas Wärme abzubekommen. Diese Männer sind selbst vom Krieg ausgemergelt und kaputtgemacht, ihre Augen wie tot.

Marianne bahnt sich einen Weg zu einem der Soldaten und lächelt ihn auffordernd an.

Marianne Wie geht's denn so, Krieger?

Das Interesse des Soldaten hält sich in Grenzen.

Darf ein Mädchen euch fragen, wohin ihr uns bringt?

Sie kommt noch näher heran – und ihr dreckverschmiertes Gesicht lächelt ihnen zu ... Der eine zeigt jetzt andeutungsweise ein wenig Aufmerksamkeit.

Was auch immer der Grund dafür sein mag ... Ich weiß, wie man einen Kumpel seine Sorgen vergessen machen kann. – Wohin fahren wir also?

Soldat *zuckt mit den Achseln* Keine Ahnung. – Vielleicht will man euch vor den Russen wegschaffen, möglich ... Damit ihr ihnen nicht erzählen könnt, was hier los war. Oder den Alliierten.

Marianne Wollt ihr uns etwas abseits umlegen?

Soldat Frag mich doch nicht.

Der Zug hält an.

Schnitt

Eine flache, unfruchtbare, endlose Landschaft, schlammbedeckt

Schnitt

Ein SS-Offizier klettert auf den Wagen. SS-Leute mit ihren Hunden warten außerhalb des Waggons.

Der Offizier mustert die Musikerinnen, zeigt auf Marianne. Sie tritt vor. Er gibt ihr einen Knüppel.

SS-Offizier Du bist jetzt hier der Kapo. Schaff sie raus und laß sie antreten.

Der Offizier springt ab und geht zum nächsten Waggon.

Schnitt

Marianne hält den Knüppel fest in ihrer Faust. Sie dreht sich jetzt zu ihren Kameradinnen um, die alle zu empfinden scheinen, was Marianne gerade denkt – sie fürchten sich vor ihr.

Marianne Raus! Aufstellen in Fünferreihen.

Sie stößt Charlotte in den Rücken, während sie gerade versucht, sich an der Waggonwand hinabzuhangeln.

Charlotte Stoß mich nicht, du! Hör auf, mich zu stoßen!

Marianne tritt gemein nach Paulette; Michou und Giselle wollen ihr helfen; sie fällt zu Boden. Marianne drischt jetzt auf Giselle ein und geht gleichzeitig auf Michou los. Beide können sich nur retten, indem sie aus dem Waggon springen und zu Boden stürzen. Und jetzt wendet sich Marianne dem »pièce de résistance« zu –

Fania hängt praktisch in den sie stützenden Armen von Charlotte und Etalina, die sie an Marianne vorbeiführen wollen.

Marianne Die kann gehen wie jede andere auch.

Etalina Sie hat Typhus, Marianne!

Marianne prügelt auf die Hände der beiden Frauen so lange ein, bis sie loslassen. Fania sieht sie dabei unentwegt an, schwankt im Fieber hin und her. Marianne holt aus und schlägt Fania zu Boden.

Schnitt

Eine riesige Scheune oder Lagerhalle. Auf dem Boden Hunderte Deportierter. Kaum noch Anzeichen physischer Widerstandskraft. Sie liegen praktisch einer über dem

anderen. Im ganzen Raum dumpfes, unverständliches Gemurmel. Ein Sprachengemisch fast aller europäischer Länder.
Tageslicht erfaßt kurz die Menge. Ein Tor wird geöffnet, und eine lang auseinandergezogene Reihe von Deportierten schleppt sich nach draußen.
Das Tor wird wieder geschlossen, unmittelbar danach Maschinengewehrfeuer.

Schnitt
Die kleine verbliebene Gruppe von Musikerinnen um Fania. Sie liegt kraftlos, mit weitgeöffneten Augen in Paulettes Schoß, stützt sich etwas auf, ringt um Luft.
Fanias Augen schließen sich langsam.

Etalina *schlägt mit der flachen Hand auf Fanias Hände*
Besser ... Das ist jetzt viel besser ... Versuche, die Augen offen zu halten ... Du mußt leben, Fania ... Hörst du ...
Fania sieht halb bewußtlos an Etalina vorbei ...
Ein Mann und eine Frau an eine Wand gelehnt. Geschlechtsverkehr.
Ein Mann, kaum noch in der Lage zu kriechen, sieht jeder Frau, an der er vorbeikommt, ins Gesicht und ruft: »Rose? Rose Gerschowitz?«

Schnitt
Eine Polin, von Kranken und Sterbenden umgeben, gebiert gerade ein Kind.
Maschinengewehrfeuer in nächster Nähe. Gleichzeitig die ersten Schreie des Babys.

Schnitt
Dieses wahnsinnige Tongemisch aus Leben und Tod dringt zu Fania durch, sie scheint sich zu weigern, es zur Kenntnis zu nehmen. Aber jetzt sieht sie ...
Die Polin hat gerade geboren, sie steht auf, schwankend bindet sie sich wieder ihre Fetzen um, nimmt ihr nacktes Baby in die Arme und drückt es fest an sich.

Schnitt
Fania reißt das Innenfutter aus ihrem Mantel, der auf ihr als Decke liegt – und deutet Paulette an, sie soll es der polnischen Frau geben. Das Baby wird jetzt in das Stück Stoff gewickelt.
Tageslicht fällt wieder durch das geöffnete Tor herein.

Eine weitere Kolonne von Deportierten bewegt sich zum Ausgang und damit in den Tod. Und während diese Kolonne, angetrieben von SS-Leuten und Kapos, sich auf das Tor zubewegt ...
Schmuel erscheint im Tor. Das Tageslicht hinter ihm kontrastiert mit dem Dämmerlicht im Gebäude; mit ihm kommt eine ganz unwirkliche Helligkeit in den Raum ...
Er starrt in die schweigende Menge, jetzt hebt er wortlos seine Arme zu einer Geste der Befreiung, seine Augen geben das wunderbare Ereignis wieder, er dreht sich um und zeigt ...
Ein britischer Soldat erscheint neben ihm und blickt in die Scheune.

Schnitt
Der britische Soldat. Man sieht nur sein ungläubiges, halb beunruhigtes, halb wütendes Gesicht.

Schnitt
Eine schreiende Menge eben befreiter Gefangener wirft Steine. Einige dieser Menschen können kaum noch stehen, einige brechen zusammen, fallen auf die Knie und versuchen so, immer noch Steine zu werfen auf ... Lkws, vollbeladen mit Männern und Frauen der SS. Sie haben ihre Arme erhoben, versuchen, den Steinen auszuweichen. Einige Lkws fahren davon.
Fania wird halb von Michou und Etalina getragen, die anderen Mädchen in ihrer Nähe.

Etalina Fania, hör mir zu ... Fania, du mußt am Leben bleiben ... Du mußt am Leben bleiben ...!
Michou sieht plötzlich etwas, greift sich Steine auf und beginnt zu werfen ...

Michou Da ist sie! Du Ratte! Du Ratte!
Paulette und Esther drehen sich um und erkennen ... Marianne.
Eingekeilt in der Menge. Sie wird von den Steinen getroffen, die Michou nach ihr wirft. Andere Deportierte versuchen sie festzuhalten, um sie am Fortlaufen zu hindern ...

Fanias Stimme Michou!
Michou dreht sich um ...
Fania steht jetzt, unsicher und starrt auf ... Marianne. Marianne sieht sehr verängstigt aus. Ihr Blick ist aber immer noch voll Verachtung und Haß.

Schnitt
Britischer Soldat einer Nachrichteneinheit mit Übertragungsgerät. Er geht auf Fania zu.

Soldat Ein paar Worte für die Truppen – ist das überhaupt möglich?

Fania spürt die Absurdität dieser Bitte.

Soldat Das würde so viel bedeuten ... Ich meine ... Obwohl Ihnen im Augenblick sicher nicht ...

Sie unterbricht ihn, berührt seinen Arm. Alle ihr noch verbliebene Kraft ist jetzt nötig. Mit schwacher Stimme beginnt sie die Marseillaise zu singen.

Fania Allons enfants de la Patrie
Le jour de gloire est arrivé
Contre nous de la tyrannie ...

Fanias Augen. Der Himmel. Wolken

Schnitt
Eine Avenue in Brüssel, belebt, wohlhabend. Autos von 1978. Frauen nach der letzten Mode gekleidet etc.

Schnitt
Ein Speiserestaurant. Die Kamera »entdeckt« gewissermaßen Fania an einem Teich. Sie sitzt alleine. Es ist ein vornehmes Restaurant alten Stils: Silbergeschirr, Kellner im Frack, eine noble, leicht versnobte Abendgesellschaft. Fania raucht, nippt an einem Apéritif, ihren Blick auf den Eingang gerichtet. Natürlich ist sie dreißig Jahre älter geworden, aber sie wirkt immer noch vital, ist elegant gekleidet, eine attraktive Erscheinung. Und sie erblickt ...
Zuerst Liesle, die miserable Mandolinenspielerin, die gerade hereinkommt und nach ihr Ausschau hält. Fania steht etwas auf, hebt ihre Hand. Während Liesle quer durchs Restaurant auf sie zugeht, kommt Charlotte herein. Sie erkennt sofort Liesle ...
Von Fania aus beobachtet: Charlotte holt Liesle schnell ein, berührt sie am Arm. Liesle dreht sich um, sie sehen einander lange an. Jetzt geben sie sich die Hände. Liesle deutet in Fanias Richtung, beide gehen an ihren Tisch.

Schnitt
Liesle und Charlotte sind bei Fania angekommen. Fania steht auf. Pause. Unmöglich, jetzt irgend etwas zu sagen. Fania streckt ihnen endlich beide Hände entgegen, die Frauen ergreifen sie.

Fania Liesle! – Charlotte!

Sie setzen sich, einander immer noch an den Händen haltend. Nach einer Weile ...

Liesle Wir konnten es zuerst kaum glauben. Du singst wirklich immer noch – und gerade hier in Brüssel!

Charlotte Stell dir vor, ich bin hier nur zu Besuch und habe zufällig dein Interview in der Zeitung gelesen! *Die Worte bleiben ihnen im Halse stecken. Sie brauchen erstmal einige Zeit, einander anzusehen, die Tatsache auf sich wirken zu lassen, daß sie alle überlebt haben und daß sie absurderweise immer noch am Leben sind. Endlich ...*

Fania Und was ist mit den anderen? Habt ihr noch mal irgend etwas von Marianne gehört?

Liesle Marianne ist tot.

Fania *der Name wirkt immer noch lähmend* Ach!

Liesle Ein paar Jahre nach dem Krieg – ich weiß gar nicht mehr, wer mir das erzählt hat. Sie fing gerade an, sich als Konzertproduzentin einen Namen zu machen. Sie hatte Krebs.

Charlotte Ich habe zwei Kinder, Fania ...

Fania Charlotte und Kinder! – Das gibt's doch gar nicht!

Ein Kellner nähert sich. Er kennt Fania offensichtlich

Kellner Wollen gnädige Frau gleich bestellen oder sollen wir ...

Fania Nur noch ein paar Minuten, Paul. *Mit Blick auf die beiden Frauen* Wir haben uns dreißig Jahre nicht mehr gesehen, deswegen ... Sie müssen den Küchenchef bitten, uns etwas ganz Besonderes zu machen, irgend etwas absolut Wunderbares!

Sie beugt sich noch einmal über den Tisch, und sie halten sich fest an den Händen.

Schnitt

Ihre Hände auf dem weißen Tischtuch. – Am Handgelenk eintätowiert ihre Nummern.

Die Kamera schwenkt zur Seite, verfolgt den Kellner, wie er durchs Lokal geht. Und wir stellen fest, wie erschreckend normal diese Bilder auf uns wirken. Jetzt sind wir draußen auf der großen Avenue. Der hektische Betrieb unserer Tage. Kurze Schnappschüsse einzelner Passanten. Leben, das weitergeht und weitergeht und weitergeht ...

Ausblende

Nachwort

Ein großes Drama ist ein großes Wissen von dem, was recht ist.

Arthur Miller

»Unsere Bühne hat seit den Glanzzeiten seines Schaffens keinen vergleichbaren moralischen Leitstern zu verzeichnen. Kein Theater kann es sich leisten, auf einen Arthur Miller zu verzichten«, so schrieb 1979 der renommierte Theaterwissenschaftler und -kritiker Martin Gottfried in der »Saturday Review«. In der Tat, wie ehedem in den 20er Jahren Eugene O'Neill hat auch dieser spätbürgerliche Humanist entscheidend mitgewirkt, das intellektuelle und künstlerische Profil der amerikanischen Dramatik seiner Zeit zu prägen. Darüber hinaus errang er weltliterarische Bedeutung. Seine Stimme wird heute in der ganzen Welt gehört. In zahlreiche Sprachen übersetzt, erreichen seine Bühnenschöpfungen ein weitgefächertes internationales Publikum. Hörspiel- und Fernsehbearbeitungen und auch Verfilmungen wie der mit dem Großen Preis von Venedig ausgezeichnete Streifen »Der Tod des Handlungsreisenden« oder der deutsch-französische Gemeinschaftsfilm der DEFA »Die Hexen von Salem« trugen überdies dazu bei, den Autor und sein Werk weitesten Kreisen vertraut zu machen. Allerdings fand Miller nicht nur Ruhm und Anerkennung, sondern auch Ablehnung und bösartige Kritik, so daß er einmal selbst sagte: »Die Kritiker haben mir mehr Lob gezollt, als ein Schriftsteller normalerweise erhoffen kann, aber sie haben mich auch derart heftig attackiert, daß ich mich manchmal frage, wie ich das überhaupt überleben konnte.«

Drei Erlebnisbereiche sind für das Leben und literarische Schaffen Arthur Millers von prägender und bis zur unmittelbaren Gegenwart hin spürbaren Bedeutung gewesen: die 30er Jahre mit den Auswirkungen der großen Wirtschaftskrise, die Jahre des »kalten Krieges« und des McCarthyismus der Nachkriegszeit und die eingehende Beschäftigung mit dem »Holocaust«, d. h. der Massenvernichtung der Juden durch Hitler-Deutschland.

Arthur Miller wurde am 17. Oktober 1915 in New York

geboren. Seine Vorfahren waren deutsch-jüdischer Abstammung und kamen aus Österreich. In durchaus wohlhabenden Verhältnissen aufgewachsen, beendete er 1932 die Oberschule, zu einer Zeit also, da sich das gesamte Land in der Agonie der großen Wirtschaftskrise wand, die mit dem Bankenkrach von 1929 ihren Anfang nahm. Auch das väterliche Textilgeschäft hatte die Folgen dieser ökonomischen Katastrophe zu spüren bekommen, so daß sich der junge Miller gezwungen sah – ähnlich wie Bert in dem Einakter »A Memory of Two Mondays« *(Erinnerungen an zwei Montage)* –, zwei Jahre in einem Warenhaus für Autoersatzteile zu arbeiten, um sich das Geld für den Beginn eines Universitätsstudiums zu verdienen. Von 1934 bis 1938 studierte er an der Universität von Michigan. Während seiner Studienzeit und in den Jahren danach lernte er das Leben der einfachen, schwerarbeitenden Menschen aus unmittelbarer Erfahrung kennen. Zeitweise war er als Tellerwäscher, Lagerarbeiter, Lkw-Fahrer, Kellner, Matrose und Werftarbeiter tätig. Seine schriftstellerische und dramatische Begabung kündigte sich schon während seines Studiums an. Bei den von der Universität ausgeschriebenen Wettbewerben gewann er eine Reihe von Preisen. Später arbeitete er auch im Rahmen des Regierungshilfsprogramms für stellenlose Bühnenschaffende (»Federal Theatre Project«), das allerdings 1939 seine Tätigkeit einstellen mußte.
Diese 30er Jahre, in denen Miller heranwuchs und in denen auch seine ersten literarischen Versuche entstanden, sollten von entscheidendem Einfluß auf den gesamten weiteren Entwicklungsweg des Dramatikers werden. Sie drückten der späteren Künstlerpersönlichkeit entschieden und nachhaltig ihren Stempel auf. So sagte er selbst einmal in einem Vortrag vor Theaterfachleuten in New York: »Die Depression war mein Lesebuch. Erst viele Jahre später konnte ich mir zusammenstückeln, was damals nur dumpfe Gefühle und Eindrücke gewesen waren ... Die große Depression hatte mich eines gelehrt: man kann nichts verstehen, wenn man die Zusammenhänge nicht kennt. Man muß den Dingen auf den Grund gehen.«
Die 30er Jahre waren nicht nur eine Periode der allgemeinen sozialen Gärung, der wirtschaftlichen Unsicherheit und des verschärften Existenzkampfes, sondern sie bildeten auch in der Geschichte der amerikanischen Literatur – und ganz besonders in der des amerikanischen Dramas – eine einmalige und höchst markante Epoche.

Sie sind noch heute ein Alptraum der herrschenden Klasse und aller fortschrittsfeindlichen Kreise in den USA. Denn die Enttäuschung über ein gesellschaftliches System, das in so offenkundiger Weise sein Versagen demonstriert hatte, und die Suche nach neuen, dauerhafteren Werten hatte eine Annäherung weiter literarischer Bereiche an ideologisch links stehende Kräfte gebracht. Viele Werke aller literarischen Gattungen gaben zu erkennen, daß sich ihre Autoren mit dem Marxismus beschäftigt hatten. Die 30er Jahre wurden zum »roten Jahrzehnt«. Das zeigte sich besonders eindrucksvoll im Bereich des amerikanischen Theaters. Eine sich rasch ausbreitende Arbeitertheaterbewegung begann in interessanter Weise neue Themen für das amerikanische Theater zu erschließen, die professionelle Arbeiterbühne »Theatre Union« vermittelte proletarisch-revolutionäre Dramatik des In- und Auslandes, während das bisher erste und einzige staatlich subventionierte Theaterunternehmen der USA, das »Federal Theatre Project«, Millionen von amerikanischen Bürgern im ganzen Land mit dramatischer Kunst vertraut machte. Auch bürgerlich-progressive Theatervereinigungen wie das »Group Theatre«, von dem Arthur Miller wiederholt sagte, daß er sich ihm geistig verpflichtet fühle, bewiesen mit ihren Inszenierungen, daß soziale und kritisch-realistische Stücke eine bedeutende Kraft auch in dem nur vom Profitstreben beherrschten kommerziellen Theaterbetrieb des Broadway sein können. Diese hoffnungsvolle Verbindung eines Gutteils der amerikanischen Dramatik mit dem wirklichen Leben und den echten Problemen der überwiegenden Mehrheit des amerikanischen Volkes wurde zwar während des 2. Weltkrieges durch Themen des antifaschistischen Kampfes noch einmal bereichert, fand aber ein geradezu jähes Ende in den unmittelbaren Nachkriegsjahren, als die Atmosphäre des kalten Krieges und des von ihm genährten McCarthyismus systematisch jede progressive Regung unterdrückte.
Miller wurde zwar nicht zu einem Autor der Depressionszeit wie etwa Clifford Odets, Albert Maltz, John Howard Lawson oder Lillian Hellman – dazu war er ein »Zuspätgeborener« –, aber er machte sich zum Wahrer und schöpferischen Interpreten der besten Traditionen dieser Zeit. Mit sachkundigem Blick und klug die Schwächen der gesellschaftskritischen und revolutionären Dramatik der 30er Jahre vermeidend, wurde er unter den komplizierten Bedingungen der Nachkriegszeit zum beinahe singulären

Anwalt des sozialen Dramas im zeitgenössischen amerikanischen Theater.

Arthur Millers erstes an einer Broadway-Bühne aufgeführtes Drama, »The Man who had all the Luck« (Der Mann, der das ganze Glück hatte; Uraufführung 1944), blieb fast unbeachtet. Es folgte der Roman »Focus« (*Brennpunkt*, 1945), in dem er sich mit dem Antisemitismus in den USA auseinandersetzte, und schließlich gelang ihm im Jahre 1947 mit »All My Sons« (*Alle meine Söhne*) ein bedeutender dramatischer Wurf, der Kritiker und Publikum gleichermaßen aufhorchen ließ und Miller sofort in die Phalanx der amerikanischen Dramatiker der Gegenwart schob. Dieses Stück, das in einfacher, gradliniger Handlung und traditionellen realistischen Bühnenvorbildern folgend, das Kriegsgewinnlertum bloßstellt und zeigt, wie sich die Söhne gegen ihren Vater wenden, der um des finanziellen Vorteils willen rücksichtslos das Leben amerikanischer Flieger aufs Spiel setzt, steht ohne Zweifel am unmittelbarsten in der Tradition des sozialen Dramas der 30er Jahre. Unverbrämt kommt das Antihumane, das Zerstörerische, das Amoralische der kapitalistischen Unternehmerwelt und ihres Profitstrebens zur Verurteilung. Joe Keller, die Hauptperson des Stückes, erscheint dabei nicht als außergewöhnliche Verbrecherpersönlichkeit, sondern – und hier zeigt sich das Vermögen Millers, zu den Wurzeln gesellschaftlicher Erscheinungen vorzudringen – als biederer Durchschnittsamerikaner, der sich im Sinne kapitalistischer Geschäftspraktiken ganz »normal« verhält, nur eigentlich das tut, was die anderen auch tun. Die Tragik liegt aber gerade darin, daß dieser Mann nicht begreift, ja im Grunde überhaupt nicht imstande ist zu begreifen, warum seine Handlungsweise verabscheuungswürdig ist. Hart und von vielen bürgerlichen Kritikern mit Unbehagen oder Mißbilligung vermerkt, stehen die Worte des Sohnes Chris im Raum: »Das hier ist das Land der großen Hunde. Hier liebst du einen Mann nicht, du frißt ihn auf. Das ist hier Prinzip, das einzige Prinzip, nach dem wir leben.« In diesem Drama hatte Miller ein echtes Kernproblem seiner Zeit berührt.

Er fuhr fort, nach weiteren Wegen der Aufdeckung des Verhältnisses von Mensch und Gesellschaft innerhalb seiner Erfahrungswelt zu suchen, und er tat dies mit Konsequenz und dem ehrlichen Bemühen des der Wahrheit verpflichteten Künstlers, auch wenn dieses Suchen für ihn mit großen Schwierigkeiten und oft mühevollem Tasten in dem Irrgarten der komplizierten Erscheinungen der gesellschaftlichen Realität seines Landes verbunden war. Vor allem stellte er an sich selbst hohe Anforderungen. In dem Aufsatz »Das soziale Drama der Zukunft« schrieb er unter anderem: »Das soziale Drama dieser Generation hat mehr zu leisten, als nur die soziale Lage zu analysieren und gegen ihre Unvollkommenheit zu protestieren. Es muß sich in das Wesen des Menschen versenken, um seine wahren Bedürfnisse zu entdecken. Der neue soziale Dramatiker muß ein noch tiefer forschender Psychologe sein als sein Vorgänger, aber er muß auch wissen, wie unnütz es wäre, das psychologische Leben eines Menschen isoliert zu behandeln – denn das würde die Tragödie für immer unmöglich machen.« In seinem nächsten Stück, dem vielgepriesenen, aber auch heftig angegriffenen Pulitzerpreisgewinner »Death of a Salesman« (*Tod eines Handlungsreisenden*; Uraufführung 1949), unternimmt Miller diesen Vorstoß in die Tiefe der menschlichen Seele, aber eben nicht in die irgendeiner Seele oder in die der menschlichen Seele schlechthin, sondern in die Seele eines typischen amerikanischen Kleinbürgers in einem typischen amerikanischen Milieu und zu einer Zeit, wo die Massenmedien die Segnungen des amerikanischen »Wohlfahrtsstaates« mit besonderer Intensität propagierten. Miller bemüht sich, zu veranschaulichen, was im Kopfe eines solchen Menschen, das heißt, konkret im Kopf Willy Lomans, vorgeht, welche psychischen Motivationen Lomans Äußerungen und Handlungen bestimmen. Seine Absicht erläuternd, schreibt Miller selbst: »Das erste Bild, das in meiner Phantasie entstand, war ein gigantischer, die ganze Vorderbühne einnehmender menschlicher Kopf, der sich im Augenblick des Erscheinens öffnete und dem Zuschauer den Blick freigab für das, was in ihm vorging. Eigentlich hieß das Stück anfangs auch ›Das Innere seines Kopfes‹.« Um seine Grundposition zu verwirklichen, greift Miller zu ungewöhnlichen formalen Mitteln, die teilweise an das expressionistische Theater erinnern. Er verbindet die Traumwelt mit der realen Welt, vermischt Gegenwärtiges mit Vergangenem und verschmilzt Illusion und Wirklichkeit. Die Handlung des Stückes bestimmt im wesentlichen der »Bewußtseinsstrom« Willy Lomans, der, angereichert durch bedeutsame Elemente der Vergangenheit, die Konfliktsituationen der Gegenwart erhellt. Das führt uns in erster Linie zu dem Spannungsverhältnis Vater und Sohn (Biff) – eine Ödipus-Situation streng nach der Psychoanalyse und zudem ein wichtiger Nebenhandlungsstrang, der das Stück nicht nur ambivalent macht, sondern es auch hin und wieder von der Hauptproblematik abzulenken droht. Denn diese ist eben doch die Auseinandersetzung mit Erscheinungen des Verfalls, der antihumanen Entartung der bürgerlichen Gesellschaft. Willy Lomans Scheitern, sein Versagen als Handlungsreisender und als Familienoberhaupt, ist in erster Linie sozial bedingt und das Ergebnis seiner unmittelbaren Erfahrungen mit der kapitalistischen Umwelt sowie das seiner falschen Ideale und Moralbegriffe, die durch eben diese geprägt sind. Anschaulich wird demonstriert, was ein solches Gesellschaftssystem aus einem Menschen machen kann und was für dieses der Mensch überhaupt bedeutet. Willy wird wie ein wertloser Gegenstand, wie ein Gerät, das nicht mehr voll funktioniert und seinem Eigentümer keinen Nutzen mehr bringt, »weggeworfen« und muß sich obendrein noch mit denselben Prinzipien schlagen lassen, die er selbst zu seiner Lebensmaxime gemacht hat: »Hier handelt es sich ums Geschäft, und da ist jeder sich selbst der Nächste ... Das müssen Sie doch zugeben: Geschäft ist Geschäft.« Meisterhaft wird Miller wiederum seiner eigenen Forderung gerecht, »den Dingen auf den Grund zu gehen«. Wenn jedoch Miller glaubte, feststellen zu müssen »Death of a Salesman« sei kein antikapitalistisches Werk, so spricht das Stück selbst gegen ihn. Der Theaterkritiker und ehemalige Direktor des »Group Theatre«, Harald Clurman, nannte das Drama mit Recht »eine Kampfansage an den amerikanischen Erfolgstraum ...«, und er fuhr fort: »Der Tod von Millers Handlungsreisendem ist symbolisch für den Zusammenbruch der ganzen Lebensauffassung des Handlungsreisendentums, die unserer Gesellschaft eigen ist.«

Es ist aufschlußreich und nicht nur von literarhistorischem Interesse, daß bereits dreizehn Jahre früher, und zwar mitten in der Depressionszeit, die gleiche Thematik in einem Kurzdrama für die Arbeiterbühne zur Darstellung gelangte. In »What it takes« (*Worauf es im Leben ankommt,* 1936) gestaltete der progressive Autor Philip Stevenson (auch unter dem Pseudonym Lars Lawrence bekannt) den Existenzkampf und Verfall der amerikanischen Mittelklasse unter dem Druck der Wirtschaftsdepression am Schicksal eines Handelsvertreters der Fordwerke, der alt geworden und der Jagd nach den Kunden unter den verschärften Konkurrenzbedingungen nicht mehr gewachsen ist. So wie in »Death of a Salesman« wird die Hauptperson nach langjährigen treuen Diensten von der Leitung der Firma rücksichtslos entlassen und sucht schließlich den Freitod. Die Parallelität der äußeren und inneren Vorgänge in beiden Stücken ist verblüffend. Stevenson stellte in einem Brief fest: »Hier haben wir es wirklich mit einer literarischen Kuriosität zu tun; denn meines Wissens hat Arthur Miller keinerlei Kenntnis von meinem Stück. Es wurde in Kanada aufgeführt, aber niemals in den USA (die für hier vorgesehene Aufführung mußte im letzten Augenblick mangels einer Bühne abgesetzt werden). Die einzige wichtige Persönlichkeit, die beide Stücke gut kannte, ist Elia Kazan, aber es ist schwerlich anzunehmen, daß er einen so unabhängigen und originellen Bühnenschriftsteller wie Miller dazu veranlaßt haben könnte, sein Stück zu überarbeiten, um so viele parallele Elemente einzufügen.« Die Tatsache der großen Ähnlichkeit beider Dramen ist jedoch mehr als nur eine »literarische Kuriosität«. Beide Autoren verdeutlichen – Stevenson offener und vordergründiger in der sozialen Anklage, Miller subtiler, ausgefeilter, aber auch mit mehr tiefenpsychologischem Ballast – das Unmenschliche eines Gesellschaftssystems, das es in einer geradezu unheimlichen Perfektion fertigbringt, einen Menschen in seinem wahren Sein so zu verzerren und zu entstellen, daß er nur noch eine Karikatur seiner selbst ist. Beide Dramen sind – das eine direkt, das andere indirekt – echte »Produkte« der 30er Jahre.

Hatte Arthur Miller in »Death of a Salesman« einen Menschen in den Mittelpunkt der dramatischen Handlung gestellt, der ein passives Opfer der Verhältnisse wurde und hoffnungslos bis zum bitteren Ende im Netz seiner Illusionen verstrickt blieb, so brachte er mit John Proctor in »The Crucible« *(Hexenjagd)* eine Gestalt auf die Bühne, die Klarheit über sich selbst und ihre Stellung in der Umwelt gewinnt. Während in »Death of a Salesman« lediglich die Nebenfigur Biff zu einer relativen Einsicht in das Wesen der eigenen Persönlichkeit kommt, geht Proctor in klarer Erkenntnis seiner selbst und in bewußter, eigener Entscheidung in den Tod. Hier haben wir es mit einem Menschen zu tun, der sich gegen die Korruption stellt und nicht von Illusion, sondern von seinem Gewissen geleitet wird.

»The Crucible« ist auf den ersten Blick ein rein historisches Drama, das sich mit einer Periode und einem Ereignis der amerikanischen Vergangenheit beschäftigt, die wiederholt amerikanische Schriftsteller zur künstlerischen Gestaltung gereizt haben. Die berüchtigten Salemer Hexenprozesse von 1692 mit ihrer Massenhysterie, der Atmosphäre der Furcht und des Schreckens und der Korrumpierung der menschlichen Persönlichkeit waren jedoch im Jahre 1953, als dieses Stück am Broadway zur Aufführung kam, nicht nur von historischer Bedeutung. Denn diese offenbar so weit zurückliegende Vergangenheit war lebendige Gegenwart. Es zeugt von dem ungeheuren Potential des Künstlers Miller und von seinem sicheren sozialen Instinkt, daß er sich gerade in dieser Zeit dieser spezifischen Thematik zuwandte. Denn die erste Hälfte der 50er Jahre sah den Höhepunkt einer modernen »Hexenjagd« sondersgleichen. Der Senator Joseph McCarthy machte den Untersuchungsausschuß für sogenannte unamerikanische Tätigkeit zu seinem Instrument und ließ im Rahmen einer umfassenden antikommunistischen Kampagne Jagd auf jeden fortschrittlich gesinnten Menschen machen. Auch eine große Anzahl von Schriftstellern wurde einer verfassungswidrigen »Befragung« unterzogen und bei Aussageverweigerung der »Mißachtung des Kongresses« bezichtigt, was meist mit Gefängnis- und Geldstrafen geahndet wurde, wie im Falle des Schandprozesses gegen die »Hollywood-Zehn« (1947 bis 1950). Für Arthur Miller schlug 1956 die Stunde der Bewährung. Die Hexenjäger des 20. Jahrhunderts zitierten ihn vor den Kongreßausschuß, um ihn über seine politische Einstellung und Betätigung sowie über seine Verbindung zu linksgerichteten Schriftstellern in früheren Jahren zu »befragen«. Die »New York Times« berichtete damals: »Herr Miller gab offen seine Verbindung zu linksgerichteten Schriftstellern zu und beantwortete bis auf zwei alle Fragen des Ausschusses. Bei den beiden, die zu beantworten er ablehnte, handelt es sich um andere Schriftsteller, die er auf kommunistischen Versammlungen im Jahre 1947 gesehen hatte. Herr Miller lehnte aus Gewissensgründen ab, ihre Namen zu nennen.« Am 31. Mai 1957 wurde Miller daraufhin vom Bundesgericht für schuldig der »Mißachtung des Kongresses« befunden, jedoch wurde dieses Urteil ein reichliches Jahr später durch die Berufungsinstanz annulliert. Die Absicht, den aufrechten Schriftsteller auf diese Weise mundtot zu machen beziehungsweise gleichzuschalten, zeichnete sich allerdings schon einige Jahre früher ab. Denn bereits im März 1954 verweigerte ihm das State Department einen Paß, den er benötigte, um an der Premiere von »The Crucible« in Brüssel teilzunehmen. Auch damals war er beschuldigt worden, den Kommunismus zu unterstützen. Millers unbeugsame Haltung und unmißverständliche Ablehnung des Denunziantentums haben ihm Bewunderung im In- und Ausland eingebracht. So schrieb John Steinbeck in der Zeitschrift »Esquire«: »In Wirklichkeit steht neben Miller der Kongreß vor dem Gericht . . . Ich weiß nicht, was ich tun würde, aber ich möchte wünschen, für mich und meine Kinder, daß ich tapfer genug wäre, meine persönliche Haltung so zu festigen und zu verteidigen, wie er es getan hat.«

Freilich überrascht Arthur Millers persönliches Auftreten vor dem Ausschuß für sogenannte unamerikanische Tätigkeit nicht, wenn man das vorher entstandene Drama »The Crucible« betrachtet. An Hand einer historisch ausgewiesenen Episode aus dem Leben der puritanischen Theokratie im Neuengland des ausgehenden 17. Jahrhunderts werden einmal die allgemeine Atmosphäre und zum anderen eine ganze Reihe spezifische Symptome des McCarthyismus dramatisch gestaltet. Vor allem in den Verhörszenen erreicht Miller eine Authentizität, daß man geradezu glaubt, der Autor habe die Protokolle des Ausschusses für sogenannte unamerikanische Tätigkeit künstlerisch verarbeitet. Es gibt nur sehr wenige amerikanische Schriftsteller – und von den Dramatikern überhaupt keinen anderen –, die wie Miller Methode und Wesen dieser als harmlose »Befragungen« getarnten erniedrigenden Verhöre erkannt haben. Eine breite Palette von Charakteren verdeutlicht, wie die theokratische Oligarchie in Massachusetts (lies aber auch: die reaktionären Kräfte in den USA der 50er Jahre) systematisch und unter Ausnutzung aller ihr zur Verfügung stehenden Machtmittel die Integrität des Menschen zu unterminieren begann, indem sie ihn zu korrumpieren und moralisch zu erpressen versuchte. Die niedrigsten Instinkte, die auf diese Weise nach oben gespült wurden, erhielten plötzlich lobenswerten und patriotischen Charakter und wurden durch Kirche und Staat sanktioniert. Millers Spürsinn deckt die Ursachen dafür auf und stößt auf bemerkenswerte Tatsachen. Immer wieder lenkt der Autor die Aufmerksamkeit auf den reichsten Bürger des Ortes und dessen Motive, sich zu einem eifrigen Anwalt der Hexenverfolgungen zu machen. Raff- und Erwerbsgier, die Erringung ökonomischer Vorrangstellung um jeden Preis in Verbindung mit Rachsucht, Mißgunst und Skrupellosigkeit bestimmen besonders die Beziehungen dieser Gestalt zu ihren Mitmenschen. Leicht ließe sich hier die Brücke zu »All My Sons« schlagen, aber zwischen diesem Stück und »The Crucible« liegt »Death of a Salesman«, das heißt Millers Versuch, stärker die psychologischen Ursachen für die Verhaltensweisen der Menschen in seine Dramenhandlung einzubeziehen. Er erklärte denn auch, daß der entscheidende Impuls zur Abfassung von »The Crucible« nicht das soziale, sondern das rein psychologische Problem der Schuld gewesen sei. Es ist zweifelsohne sehr anzuerkennen, daß sich Miller bemüht, eine ausschließlich soziologische Auslegung der Wirklichkeit zu vermeiden, aber er entgeht doch nicht der Gefahr einer Überbetonung psychologischer Erscheinungen. Er glaubte schließlich sogar, das Vorhandensein des »absolut Bösen« im Menschen entdeckt zu haben. Diese »Entdeckung« verleitete Miller dazu, das Böse als eine mystische Kraft anzusehen – eine Tendenz, die sich hemmend der vollen realistischen Entfaltung der Problematik entgegenstellte. Durch die Einführung der Nebenhandlung, die mit der Person der Abigail verbunden ist, läßt der Autor den konsequenten Kämpfer gegen das Unrecht gleichfalls »sündhaft verstrickt« werden und mit einer Schuld beladen sein. Auf diese Weise wird auch er mit einbezogen in den Bann des Bösen, das in Salem herrscht. Jedoch haben seine Schuld und sein Anteil am Bösen nichts gemein mit den konkreten sozialen Kräften, die sein Leben bedrohen und die sich tatsächlich an der inneren und äußeren Existenz der Menschen schuldig machen. Im entscheidenden Augenblick und in dem ergreifenden Höhepunkt des Stückes steht dann auch Proctor so eindeutig den sozialen Kräften gegenüber, daß jeder Freudsche Anflug übertönt wird. Proctors menschliche Größe wird nicht im Kampf mit irgendeiner mystischen Kraft gemessen, sondern in der Auseinandersetzung auf Leben und Tod mit den kalt berechnenden, brutalen und bigotten Vertretern der herrschenden Ideologie und Staatsmacht, die ihre Positionen bedroht fühlen und sich in den Terror flüchten. Großartig und eindrucksvoll ist das Bekenntnis Proctors – und durch seinen Mund das Millers – zur wahren Menschlichkeit, wenn er sagt: »Ich hab' drei Kinder – wie soll ich sie lehren, aufrecht auf Erden zu wandeln, wenn ich meine Freunde verriet?«

Die Anti-McCarthy-Thematik hat Miller auch in seinen späteren dramatischen Arbeiten, wie »After the Fall« *(Nach dem Sündenfall)* aufs neue beweist, nicht losgelassen. Dabei ist es vornehmlich das Denunzianten-Motiv, das Miller interessiert. In erster Linie stellt er die Frage: Wie verhält und entscheidet sich ein Mensch in einer Situation, die von ihm eine klare Stellungnahme für oder gegen die Humanität fordert und die an den Grundfesten seiner menschlichen Integrität rührt? In dem Kurzdrama »A View from the Bridge« (*Blick von der Brücke*; Uraufführung 1955) wird gewissermaßen die Thematik von »The Crucible« fortgesetzt, wenngleich auch hier der Autor neue, von ihm vorher nicht praktizierte formale Mittel verwendet, um seinem Anliegen künstlerischen Ausdruck zu geben. So versucht er selbst, zu seinem Stoff Distanz zu wahren und zu vermeiden, daß sich der Zuschauer ganz mit dem Bühnengeschehen identifiziert. Zu diesem Zweck bedient er sich auch des Kommentators, der die Handlung von Zeit zu Zeit abrupt unterbricht sowie das Drama eröffnet und abschließt. Der Rechtsanwalt Alfieri ist der über den Dingen stehende Beobachter, gleichsam die Brücke, von der aus das Geschehen gesehen wird. Aber was sich da abspielt, zwingt den Zuschauer zu einer Parteinahme, und zwar zur Parteinahme für das Menschliche und gegen das Antisoziale. Von dem Stück geht trotz aller inneren Widersprüche das Fluidum eines proletarischen Dramas aus, an dessen Ende die Solidarität der Arbeiterklasse triumphiert und den Arbeiterverräter das verdiente Schicksal ereilt. Die Widersprüche aber entstehen, da Miller einerseits wohl zum Ausdruck bringt, daß der Mensch ein gesellschaftliches, für seine Handlungen verantwortliches Wesen ist, er es aber andererseits unternimmt, diese Handlungen psychoanalytisch zu erklären. Viel stärker als in »The Crucible« schieben sich in »A View from the Bridge« die psychologisierenden Elemente in den Vordergrund. Eddie wird von Kräften getrieben, die angeblich dem Menschen seit dunklen Urtagen innewohnen und aus dem Unterbewußten an die Oberfläche drängen. Er kann ihrer nicht Herr werden und ist daher unfähig, mit der Realität einen »Kompromiß« einzugehen. Offen bleibt die Frage: Ist der Verzicht auf Verrat der illegalen Einwanderer ein unbilliger Kompromiß? Des Autors eigene Unsicherheit und sein Umhertasten spiegeln sich wider in der zweiten Fassung des Stückes, die er für die Londoner Aufführung besorgte. Hier schwächte er vor allem in der Schlußrede Alfieris den Freudschen Mythos ab, setzte dafür aber nicht minder mystizistische Erläuterungen vom erfüllten Leben einer Persönlichkeit, die ihren Weg konsequent bis zum Ende gegangen ist. Damit sind wir geradezu aufgerufen, das Verhalten Eddies zu rechtfertigen und in ihm nicht »die Ratte von unter dem Hafen« zu sehen. Die Sympathien des Zuschauers aber können nicht bei Eddie sein; sie sind vielmehr bei dem eindrucksvoll und überzeugend gestalteten Hafenarbeiter Marco, dessen charakterliche Konsequenz sinnvoll und verständlich erscheint, während die Eddies nicht nur abwegig ist, sondern auch von pervertierten Motiven bestimmt wird.

Zugleich mit »A View from the Bridge« stand 1955 ein weiteres Kurzschauspiel auf dem New Yorker Spielplan »A Memory of Two Mondays« *(Erinnerungen an zwei Montage)*, das allerdings nicht »ankam«, obwohl es dasjenige Stück aus dem Gesamtwerk Millers ist, das er, wie er selbst betonte, »mit größter innerer Anteilnahme geschrieben hat«.

Es sind die 30er Jahre, und es sind nicht zuletzt eigene Erlebnisbereiche, in die Miller »zurückblendet«. Auch dieser Einakter, der freilich mehr einem Dokumentarfilmstreifen gleicht, ist wie »A View from the Bridge« im Arbeitermilieu New Yorks angesiedelt. Aber eine schon aus »All My Sons« und »Death of a Salesman« vertraute Grundthematik klingt auf: die Enthumanisierung des Menschen in der kapitalistischen Gesellschaft – hier nun die Entfremdung des Menschen von der Arbeit. Miller zeigt in eindringlichen Bildern, wie der monotone, häßliche Arbeitsalltag, dessen »Höhepunkt« lediglich durch den gefürchteten Rundgang des Bosses markiert wird, den Menschen zermürbt, abstumpft und gleichgültig seinen Mitmenschen gegenüber macht, so daß selbst der plötzliche Tod eines alten Arbeitskollegen oder der Weggang eines anderen, mit dem man jahrelang tagtäglich den gleichen Arbeitsplatz teilte, als Belanglosigkeiten erscheinen. Alle diese Arbeiter sind im Grunde sympathische, anständige Menschen, die im entscheidenden Augenblick auch echter solidarischer Handlungen fähig sind. Aber der Reichtum ihrer menschlichen Anlagen ist verkümmert, und ihre Fähigkeiten kommen nicht zur Entfaltung. Denn das Häßliche einer Welt, die als höchsten »Wert« nur den Profit kennt, umgibt sie nicht nur am Arbeitsplatz, sondern auch außerhalb desselben – ein Blick durch das Fenster genügt! Der junge Bert, in dessen Erinnerung wir eigentlich das Geschehen nur erleben, ist allerdings eine Ausnahme. Denn er vermag sich aus der Klammer der lähmenden Routine zu lösen – zäh, entschlossen, sich bildend, wo immer und wann immer das möglich ist. Wird durch dieses ästhetische Gegengewicht der bedrückende Gesamteindruck auch nicht wesentlich beeinflußt, so ist doch Millers Bekenntnis zur Fähigkeit des Menschen, sein Schicksal selbst in die Hand zu nehmen, recht beachtlich. Und noch eins fällt auf in diesem Stück: das große sprachliche Einfühlungsvermögen. Millers Handhabung des Dialogs vor allem im Bereich des Umgangssprachlichen ist von Drama zu Drama gewachsen. Nicht nur das Was, sondern auch das Wie der Äußerungen seiner Personen geben Situationen und Charakteren spezifisches Kolorit. In »A Memory of two Mondays« sind es neben poetischen Obertönen besonders die sich wiederholenden nichtssagenden, abgegriffenen Wendungen, die banalen Gesprächsthemen und die abgestandenen Witze, mit denen der Autor der psychischen Situation seiner Menschen treffenden Ausdruck gibt.

Sechs Jahre sollten vergehen, bis Arthur Miller mit dem Drehbuch und der Filmnovelle »The Misfits« (*Nicht gesellschaftsfähig*, 1961) erstmalig wieder an die Öffentlichkeit trat, und weitere drei Jahre, bis das nächste Drama, »After the Fall« (*Nach dem Sündenfall*, 1964), erschien. Beide Werke stehen mittelbar und unmittelbar im Zusammenhang mit seiner zweiten Ehe. 1956 heiratete Miller den Filmstar Marilyn Monroe, von dem er sich 1960 wieder trennte. »The Misfits« schrieb er für Marilyn Monroe, und »After the Fall« ist in wesentlichen Partien ein Stück über sie und sein Verhältnis zu ihr. Sosehr Miller diese ungewöhnliche Frau auch verehrt und bewundert haben mußte, so tiefgreifend und kompliziert muß andererseits die Problematik der Ehe gewesen sein. Das läßt zumindest der zweite Akt dieses stark autobiographischen Stückes vermuten. Im übrigen gibt auch dieses wegen der allzu durchsichtigen persönlichen Bezüge recht umstrittene Werk zu erkennen, daß das Ringen um die adäquate dramatische Gestaltung der Auseinandersetzung des Menschen mit seiner Umwelt und mit den negativen Kräften in ihm selbst gerade bei einem so verantwortungsbewußten Schriftsteller wie Arthur Miller ein vielschichtiger und nicht selten widerspruchsvoller Prozeß ist.

Harold Clurman sah in »After the Fall« wohl nicht zu

unrecht ein Stück von großer persönlicher Bedeutung für Miller als Mensch und Künstler – eine Art psychologische Katharsis: »... hätte er dieses Stück nicht geschrieben, so hätte er möglicherweise nie wieder eines schreiben können.«

»After the Fall« markiert tatsächlich – wie auch immer als künstlerische Leistung einzuschätzen – eine Art Zäsur und zugleich Neubeginn in bezug auf den Schaffensweg dieses bedeutenden zeitgenössischen Dramatikers. Denn entscheidende und tief in das persönliche Leben eingreifende Ereignisse lagen eben in der »großen Pause« zwischen der zweiten Fassung von »A View from the Bridge« und »After the Fall« – der Gesinnungsterror durch das Komitee für sogenannte unamerikanische Betätigung, die gescheiterte Ehe mit dem Superstar sowie die erneute Eheschließung mit der Photographin Inge Morath im gleichen Jahr, da die legendäre Marilyn Monroe den Tod fand (1962).

Zu diesem künstlerisch aufgearbeiteten »Selbstfindungsprozeß« gehört ohne Zweifel auch das Stück »Incident at Vichy« *(Zwischenfall in Vichy)*, das noch im gleichen Jahr wie »After the Fall« ebenfalls im New Yorker Lincoln Center Repertory Theatre zur Aufführung kam. Es unterstrich erneut Millers führende Rolle in der amerikanischen Gegenwartsdramatik und zeigte ihn zugleich als einen Autor, der mutig und verantwortungsvoll zu Kernfragen seiner Zeit und zu den zentralen Ereignissen seiner Epoche Stellung nimmt. Zwar gibt es enge thematische Bezüge zu dem vorangegangenen Drama, besonders was das Grundmotiv von der ständigen Präsenz des Schlechten in allen Menschen sowie von Schuld und Verantwortlichkeit des einzelnen seinem Mitmenschen gegenüber in einer Welt, die von den Mächten des Bösen beherrscht wird, anbelangt, aber es steht außer Zweifel, daß »Incident at Vichy« auch und in erster Linie das Ergebnis der erschütternden Eindrücke ist, die der Autor beim Frankfurter Auschwitzprozeß gewann. Diese wollte er verallgemeinern und in Beziehung zur zeitgenössischen Situation setzen. Während des Prozesses, an dem er als Beobachter teilnahm, hatte er in einem aufsehenerregenden Bericht in der »New York Herald Tribune« (März 1964) geschrieben: »Heute, da die Atombombe in so vieler Menschen Hände liegt, ist es ratsam, sich die Durchschnittlichkeit der meisten Angeklagten in Frankfurt genau einzuprägen. Der Gedanke ist gewiß nicht angenehm, und keiner möchte gern daran erinnert werden, aber wir leben nun einmal in einem Jahrhundert, in dem mehr Menschen durch andere Menschen getötet wurden als in jeder früheren Periode. Vielleicht ist die größte Achtung, die wir den Millionen der unschuldigen Toten entgegenbringen können, die, uns zu überprüfen, um herauszufinden, was wir selbst für eine Einstellung zum Mord haben und was wir von unserer eigenen Verantwortlichkeit als Überlebende gegenüber der Zukunft halten.«

Millers Stück ist ein eindeutig antifaschistisches Drama, ein szenisches Werk, das die barbarische Judenvernichtung und den Terror des Nazi-Regimes bloßstellt und verurteilt, basierend auf einem authentischen Ereignis des Jahres 1942 in der südfranzösischen Stadt Vichy. Aber es ist nicht einfach das Wiederauflebenlassen einer »Schrekkensgeschichte aus dem Krieg«. Es widerspiegelt nicht nur die seelische Qual, die Existenzangst und die Suche nach echten menschlichen Kontakten von neun Männern und einem Jungen, die während einer plötzlichen Juden-Razzia von der Straße weg zur Polizeiwache gebracht wurden, sondern es stellt die Frage nach der »Beziehung des einzelnen zu Ungerechtigkeit und Gewalt« natürlich nicht zufällig in einer Zeit, in der der Autor die zügellose Herrschaft der Gewalttätigkeit im eigenen Lande und, verkörpert durch den unmenschlichen Militärapparat der USA, in Vietnam mit größter Besorgnis verfolgt. Hier am konkreten historischen Fall, vor dessen Abscheulichkeit jeder Biedermann im nachhinein nur allzu leicht seine völlige Ablehnung und Entrüstung bekunden kann, wird aufs neue und bis in die seelischen Tiefenschichten vordringend die Frage an jeden gerichtet: Was hast du selbst getan, um das zu verhindern, was damals »im Namen des deutschen Volkes« geschah, und was tust du heute, um solche oder ähnliche Untaten nicht neuerlich aufkommen zu lassen? Ohne den Blick für die gesellschaftliche Realität zu verlieren, möchte Arthur Miller vornehmlich einen Appell an jeden einzelnen Menschen, an seine Menschlichkeit richten, das heißt immer wieder sein Gewissen wachrütteln. Das Böse ist keine mystische kollektive Krankheit, sondern es gilt, den Menschen so zu verändern, daß er das Böse – sprich: Unmenschliche – jederzeit erkennt und bewältigt. So sind wohl auch die Gedanken des Autors zu verstehen, die er im Zusammenhang mit seinem Stück äußerte: »Die primäre Aufgabe ist nicht, etwas gegen das Böse zu unternehmen, sondern zunächst unsere eigene Beziehung zum Bösen zu entdecken, seinen Widerhall in uns. Ist es zuviel gesagt, daß die, welche keine Ungerechtigkeit zu leiden haben, ein unbewußtes Interesse an der Ungerechtigkeit haben?« Deshalb verlagert sich der Schwerpunkt der kargen einsträngigen Handlung immer mehr auf den versehentlich mitverhafteten österreichischen Aristokraten von Berg und auf seine sittliche Entscheidung. In meisterhafter Dialogführung und Charakterentwicklung gestaltete Miller bei diesem Philosemiten und aristokratischen »Antifaschisten« aus ästhetischer Abneigung die Entstehung des Bewußtseins, daß selbst er »irgendwo in seinem Gemüt von Haß gegen Juden nicht frei ist« und daß Worte nicht mehr genügen, soll sein Bekenntnis gegen Rassismus und Faschismus ernst genommen werden. Bestürzt erkennt er, daß er sich durch passives Verhalten mitschuldig gemacht hat und Gefahr läuft, nicht anders zu werden als der Wehrmachtsoffizier, der seine Skrupel in Alkohol ertränkt und sich in Nihilismus und Pessimismus flüchtet. Somit wird die Tat der Selbstaufopferung auch nicht einfach zu einem spontanen Akt der Wiedergutmachung, geboren aus einem plötzlichen Mitleidsgefühl, sondern zur humanistischen Tat aus Einsicht und zur Entscheidungsfrage der persönlichen Integrität. Daß von Berg diesen Schritt gehen kann und daß sein Opfer sinnvoll und zielgerichtet ist, verdankt er nicht zuletzt einer vom Autor mit großer Sympathie konzipierten Gestalt: dem Kommunisten Bayard. Dieser mitinhaftierte Arbeiter erschließt dem aristokratischen Schöngeist die gesellschaftlichen Zusammenhänge und läßt ihn menschliche Solidarität spüren. Er ist der einzige unter den Inhaftierten mit einer klaren Perspektive, mit Vertrauen in die Zukunft und in die Kräfte in der Welt, die den Faschismus zerschlagen werden. Er vermag von Berg die Augen zu öffnen und auch Leduc zu helfen, den Glauben an das Gute im Menschen wiederzugewinnen. Allerdings wirkt gerade diese Dramenfigur teilweise hölzern, und viele ihrer Äußerungen und verallgemeinernden Feststellungen sind nicht frei vom Klischee und neigen zum Phrasenhaften. Auch schwingt natürlich bei der Frage der Beziehung des Menschen zum Bösen ein uns bei Miller wohlbekannter mystischer Schuldkomplex in Untertönen mit, der – wie schon in »The Crucible« und in »After the Fall« geradezu die puritanisch-dogmatische »Erbsündentheorie« heraufbeschwört und stark mit Elementen aus dem erkenntnistheoretischen Umfeld der

Psychoanalyse angereichert ist. So zeigt sich letztlich auch hier wieder Millers Dilemma: einerseits die Tendenz, die menschliche Natur als von vornherein und unausweichlich belastet anzusehen, andererseits aber das Bestreben, eben diese Determiniertheit zu überwinden und das menschliche Wesen und damit auch seine Welt, in der es lebt, zum Besseren zu verändern.
Das Konversationsstück »The Price« *(Der Preis)*, das im Februar 1968 in New York uraufgeführt wurde und sich als ein außerordentlicher Erfolg erwies, liefert nicht nur einen weiteren Beweis für die Kontinuität der emotionalen Bindung des Autors an die 30er Jahre, sondern bringt auch eine Rückkehr Millers zur geschlossenen Form des Familiendramas früherer Zeit. Die bewährte Ibsensche Tradition wird hier höchst erfolgreich fortgesetzt. Überdies erleben wir einen Rückgriff auf eine Thematik und Personenkonstellation, wie sie uns aus den früheren Erfolgsstücken Millers – »All My Sons« und »Death of a Salesman« – vertraut sind: die verderbliche Macht des Geldes in einer Gesellschaftsordnung, in der die »Jagd nach dem Dollar« zum alles beherrschenden Prinzip geworden ist, und zwei ungleiche Brüder im Verhältnis zu einem selbstsüchtigen Vater, der in diesem Stück allerdings nur als Toter, aber allgegenwärtiger Schatten zwischen seinen Söhnen steht. Der finanzielle Ruin des einst wohlhabenden Geschäftsmannes durch die große Wirtschaftskrise von 1929 hat die Weichen für die weiteren Entwicklungswege der beiden Brüder gestellt. Jetzt, nachdem sie sich sechzehn Jahre lang nicht gesehen haben und sich an der Stätte ihrer Jugend inmitten alter, zum Verkauf anstehender Möbel wiederbegegnen, beginnt die Vergangenheit in ihnen aufzusteigen. In einer nur von der Kunst der Dialogführung lebenden, allmählich anschwellenden inneren Dramatik beginnt ein Prozeß der wechselseitigen psychischen Enthüllung und der Analyse der Handlungs- und Verhaltensmotive, die sie so unterschiedlich auf die damalige Situation im Elternhaus reagieren ließen. Eine Art Bewältigung der persönlichen Vergangenheit wird versucht. Die Annäherung mißlingt jedoch, das Stadium der Entfremdung erlaubt keine Aussöhnung mehr, die letzten noch vorhandenen Illusionen werden restlos zerstört. Gerade der Polizist Victor, der als der charakterlich Stärkere von beiden erscheint und der seine ehrgeizigen Pläne, sein Studium und eine mögliche wissenschaftliche Laufbahn opferte, um den Vater zu unterstüt-

zen, ist der Desillusionierung am stärksten ausgesetzt. Er muß die schmerzliche Erfahrung machen, daß er sich immer etwas vorgemacht hat über sein Elternhaus und daß er zum freiwilligen Märtyrer auf Grund einer falschen Prämisse wurde. In einer Welt ohne Ideale und ethische Werte war eben auch das, was im Elternhaus wie Liebe und Treue aussah, nichts weiter als eine »finanzielle Transaktion«, und aufopferungsvolle Hilfsbereitschaft wurde als ausbeutungsfähige Schwäche willkommen geheißen. Denn, wie es an einer entscheidenen Stelle des Stückes heißt: »Das Unerträgliche war ja nicht, daß alles kaputt ging, sondern daß überhaupt nie etwas dagewesen war.« Auch der bedeutende spätbürgerliche Humanist William Faulkner kam zu einer ähnlichen Erkenntnis vom Wesen der »amerikanischen Zivilisation«, als er von Holden Caulfield, dem jugendlichen Helden von Jerome D. Salingers Roman »The Catcher in the Rye« *(Der Fänger im Roggen)* sagte: »Seine Tragik war die, daß, als er den Versuch unternahm, in die Gesellschaft einzutreten, überhaupt keine menschliche Gesellschaft da war.« Victor glaubte – nicht ohne einen Anflug von Selbstgefälligkeit –, verantwortungsbewußt gehandelt zu haben und ergriff schließlich einen zwar von ihm gehaßten, aber doch soziale Sicherheit versprechenden Beruf. Sein Bruder Walter hingegen hatte den Egoismus des Vaters durchschaut, war rücksichtslos seinen eigenen Weg gegangen und zu einem erfolgreichen Arzt geworden. Doch Wohlstand und Ruhm gingen auf Kosten des seelischen Gleichgewichts, führten zur Zerstörung der eigenen Familie und zur Entstellung des Charakters. Alle mußten sie einen Preis bezahlen für das Leben, das sie glaubten richtig und nach ihren Vorstellungen und Wünschen geführt zu haben. Alle sind sie aber zudem Betrogene. Sie sind so oder so Opfer eines gesellschaftlichen Systems, das sie zu Spielbällen der verderblichen Macht des Geldes degradiert, in dem die »Jagd nach dem Dollar«, »das Anhäufen von Geld«, den menschlichen Charakter pervertiert und korrumpiert (man wird an Shakespeares »Timon von Athen« erinnert) und das Denken nur noch auf einen Satz reduziert: »Ich will Geld haben ... Ich will es ... Ich will Geld« (Esther). Das Streben nach höheren und dauerhaften Werten ist einer Konsumideologie gewichen. Alles erscheint käuflich und als eine Ware, die mit einem Preis versehen ist. Selbst das individuelle Glück soll man erkaufen können. Der fast neunzigjährige Möbelaufkäufer

Salomon, die schon nahezu außerhalb des Zeitlichen stehende Verkörperung der Lebensweisheit und eine Art jiddisch-griechischer Ein-Mann-Chor, kommentiert diesen Verfallscharakter der gesellschaftlichen Realität des amerikanischen Alltags und faßt ihn in den Worten zusammen: »Was ist heutzutage das Losungswort? Wegschmeißen. Je mehr etwas zum Wegschmeißen ist, desto schöner ist es. Das Auto, die Möbel, die Frau, die Kinder – alles zum Wegschmeißen. Weil nämlich die Hauptsache ist heutzutage – Kaufen.«

Bei diesen durchaus nicht geringzuschätzenden Einsichten bleibt nun Miller allerdings stehen, und man fragt sich unwillkürlich: Hat sich der Aufwand gelohnt? Was ist das reale Ergebnis der seelischen Selbstbespiegelung und Desillusionierung? Nichts wird sich verändern – weder die Umstände noch die Menschen. Man geht auseinander, und alles ist wie vorher: Statt zum Zivilanzug greift Victor wieder zu seiner alten Uniformjacke (kein neuer Anfang, sondern das gleiche alte Leben!).

In einer »Author's Production Note« zu seinem Stück schreibt Miller über die beiden Hauptgestalten: »Indem sie voneinander das fordern, was die Zeit ihnen vorenthielt, wird am Schluß jeder mit seinem eigenen Leben und dem, was er daraus gemacht hat, allein gelassen.«

Seit dem Meisterwerk »The Price« war Miller zwar ununterbrochen schöpferisch tätig – Fernsehspiele, Dramen, Essays und die Begleittexte zu den eindrucksvollen Bildbänden seiner Frau »In Russia« (1969; *In Rußland*), »In the Country« (1977; *Country life*) und »Chinese Encounters« (1979; *In China*) flossen aus seiner Feder –, aber das New-Yorker (und eben nationale) Theaterzentrum am Broadway verweigerte sich ihm zunehmend, was immer er auch an Stücken anbot. Mit einem Anflug von Resignation erklärte Arthur Miller im März 1984 einem Korrespondenten der sowjetischen Zeitschrift »Literaturnaja Gazeta« gegenüber: »Die Symptome sind alt. Ich war schon immer der Meinung, daß das New-Yorker Theater, welches sich Broadway nennt, immer kommerzieller wird. Natürlich war es das schon früher. Aber heute, wo alles im Theatergeschäft so teuer ist – wegen der Inflation und unserer anderen wirtschaftlichen Gebrechen –, hat es der Broadway weitaus schwerer, etwas Neues herauszubringen. Zu hoch ist das Risiko, das investierte Kapital zu verlieren ... Die Aufführung eines Stückes, in dem die Helden nicht nur Wörter sprechen, sondern auch denken, ist fast unmöglich.« Es verwundert deshalb nicht, daß sich Arthur Miller als gesellschaftlich engagierter Künstler seines Landes auch aktiv an dem »Amerikanischen Schriftstellerkongreß« im Herbst 1981 in New York beteiligte, der sich ja so prononciert mit dem »geistigen und materiellen Notstand« der amerikanischen Schriftsteller der Gegenwart befaßte und zum Kampf gegen die Übermacht der Verlage und Produzenten, gegen öffentliche Zensur und Bücherverbote durch Regierung und besondere Interessengruppen aufrief.

In der Nachfolge von »The Price« gelangten die Stücke »The Creation of the World and Other Business« (1972; *Die Erschaffung der Welt und andere Geschäfte*), »The Archbishop's Ceiling« (1977) und »The American Clock« (1980; *Die große Depression*) zur Aufführung. Sie manifestierten zwar das unermüdliche Bemühen Arthur Millers um die Bereicherung des Fundus der amerikanischen Dramatik und legten beredtes Zeugnis ab von der Erweiterung seines künstlerischen Horizontes sowie der Erprobung neuer Techniken, aber großes öffentliches Interesse errangen sie nicht. Sie wurden entweder nach kurzer Laufzeit abgesetzt oder blieben bereits im provinziellen Versuchsvorfeld des Broadways auf der Strecke.

In »The Creation of the World« – der Titel des Stückes mit seiner biblischen Bezugsebene deutet die Nähe zu »After the Fall« an – schlägt Arthur Miller eine für ihn durchaus neue dramaturgische Richtung ein. Es ist der Vorstoß ins Komische. Insofern ist dieses Schauspiel von der »Erschaffung der Welt« ein Erstling im dramatischen Œuvre Millers. Ein Novum ist aber auch, daß diese drei Akte über Gott und den Teufel, Adam und Eva, Kain und Abel mit ihrem »Jedermann«-Aspekt fast europäische Theaterkost sind. Denn bisher hatten alle Stücke Millers einen realen Hintergrund, bzw. waren in der amerikanischen Realität verankert. Natürlich ist die intendierte Symbolik unverkennbar. Curt Riess schrieb zur europäischen Erstaufführung in Zürich (1974) denn auch: »Zum ersten Mal seit Weltbeginn gibt es einen Mann und eine Frau, findet eine Geburt und ein Mord statt. Nichts ist absehbar oder gar zu berechnen, am allerwenigsten – das müssen Gott und Luzifer auch einsehen – der Mensch und sein Verhältnis zur Umwelt, vor allem auch zu Gott oder, was dasselbe ist, zum Teufel.«

Das Drama »The Archbishop's Ceiling«, aufgeführt im Washingtoner Kennedy Center, war ein ausgesprochener

Mißerfolg und ist weder neuinszeniert noch publiziert worden.
Millers nächstem Stück erging es nicht viel besser. Zwar nahmen die Zuschauer »The American Clock« bei einer Voraufführung anläßlich des Spoleto Festivals in South Carolina im Mai 1980 mit Beifall auf, aber die Broadway-Inszenierung wurde nach einem Dutzend Aufführungen schon im Dezember des gleichen Jahres abgesetzt. Die allgewaltige Theaterkritik des kulturellen Establishments verriß das Stück in ihren Massenmedien als ein inhaltlich überholtes und uninteressantes soziales Drama, dessen Autor im »Kindergartenniveau« moralisiere. Obwohl in »The American Clock« wiederum die Zeit der großen Krise und ihre verheerenden wirtschaftlichen und sozialen Folgen auf der Grundlage des Autors eigener Jugenderinnerungen aus den 30er Jahren das thematische Zentrum des Stückes bilden, ist es alles andere als ein nostalgischer oder historisierender Rückblick. Miller war durchaus aktuell und »zeitgenössisch«, hatte wieder einmal eine »wunde Stelle« des gesellschaftlichen Corpus seines Landes berührt – nicht umsonst waren ja auf dem »Amerikanischen Schriftstellerkongreß« von 1981 immer wieder Parallelen zu den 30er Jahren gezogen worden. Jedoch der von den »Mächtigen« und ihren Handlangern gesteuerte Neokonservatismus erlaubte kein derartiges Krisenbewußtsein oder solche unangenehme Erinnerungen, wie sie der ohnehin schon als »linker Intellektueller« plakatierte und nicht selten diffamierte Dramatiker anbot, als er seinem »Sprecher« eingangs des Stückes verkünden ließ: »Stellen wir also heute abend den Zeiger der amerikanischen Uhr zurück – auf der Suche nach jenen Gefühlen, die einmal unser Leben beherrscht haben und die die Zeit uns gestohlen hat.«
Auch formal gesehen, nähert sich hier Arthur Miller dramatischen Strukturen und Bühnenpraktiken, wie sie in den 30er Jahren häufig anzutreffen waren. In seiner Vermischung von Familiendrama und agitprop-ähnlichem sozialem Panoramadrama gleicht »The American Clock« in vielem den frühen Stücken von Clifford Odets. Der epische Theaterstil im Sinne eines Brecht oder Piscator bietet sich als Vergleich wohl ebenso an, zumal das Stück – wie ausdrücklich von Miller selbst vermerkt – sehr viel Anregungen dem dokumentarischen Sachbuch »Hard Times. An Oral History of the Great Depression« (1970; *Der große Krach*) von Studs Terkel verdankt. Ein »Spiel-

meister« oder autorisierter »Erzähler« präsentiert in einer Serie von »Bildern« bzw. »Episoden« wesentliche Momente aus dem Familienleben (vorwiegend der Mittelklasse) und der allgemeinen geistigen wie sozialen Situation in den USA während der 30er Jahre. Die Zusammenschau oder »Montage« beabsichtigt dem amerikanischen Zuschauer einen differenzierten Einblick in eine turbulente Periode seiner jüngsten Geschichte zu vermitteln, deren Nachwirkungen bis heute spürbar sind. In einem Interview mit Studs Terkel hat Miller versucht, seine Technik zu erläutern. Er sagte: »Ich hatte vor, ein Stück zu schreiben, das mehr sein sollte als nur die zufällig erlauschten Stimmen in der Dunkelheit. Es ist die Geschichte von den Vereinigten Staaten, die sich selbst befragen.« Diese ernstgemeinte »Selbstbefragung« und »Meinungsäußerung« konnte natürlich bei einem so der Wahrheit verpflichteten Künstler wie Arthur Miller einfach nicht bequem und systemkonform sein.

Solche ins Stück auf den ersten Blick hin gleichsam wie zufällig eingestreute Äußerungen und »An-« bzw. »Einsichten« wie »Ich habe gerade etwas über diesen Hitler gelesen ... er schmeißt alle Radikalen aus Deutschland raus. Er wäre gar nicht so übel, wenn er nicht gegen die Juden wäre« oder »Solange es den Kapitalismus gibt ... wird es immer Kriege geben, das ist gewiß« oder »Ich bin noch immer damit beschäftigt, die schwachen Stellen im Marxismus zu entdecken, aber ich finde keine« oder »Sie war wie dieses Land, vom Geld besessen, aber im Grunde sehnte sie sich nach einem Aussichtspunkt, wo sie stehen und weit in die Landschaft blicken und tief die Luft des freien Lebens atmen konnte. Trotz aller Niederlagen glaubte sie bis zum Schluß daran, daß sich die Welt bessern würde« sind daher eben durchaus gezielt und bewußt eingesetzt und erhalten in ihrem jeweiligen Kontext eine Aussagekraft über charakteristische Denk- und Verhaltensweisen (mit allen ihren Widersprüchlichkeiten) in den USA der 30er Jahre und eigentlich auch der folgenden Jahrzehnte bis zur Gegenwart hin.

Während Arthur Miller mit dieser szenischen Collage zur Beförderung des Geschichtsbewußtseins seiner amerikanischen Mitbürger nicht die erhoffte Breitenwirkung erreichen konnte, vermochte er jedoch mit dem ebenfalls im Jahre 1980 publizierten und produzierten Szenarium zu einem Fernsehfilm erneut große nationale wie internationale Aufmerksamkeit auf sich zu ziehen.

Unter dem Titel »Playing for Time« *(Spiel um Zeit)* hatte er das erschütternde Erlebnisbuch »Das Mädchenorchester in Auschwitz« der französischen Chansonsängerin und Résistance-Kämpferin Fania Fénelon über ihren Aufenthalt und Überlebenskampf in dem berüchtigten Konzentrations- und Massenvernichtungslager Auschwitz-Birkenau für die amerikanische Fernsehgesellschaft CBS als Drehbuch bearbeitet. Diese Millersche Adaption erwies sich nicht nur in den USA, sondern auch im Ausland als ungemein populär und erfolgreich. Man sprach vom größten Fernsehereignis seit Gerald Greens Television-Drama »Holocaust« (1978) und meldete Rekordeinschaltquoten. Der Klappentext zur amerikanischen Buchausgabe preist sie als »Arthur Millers erregendstes und erstaunlichstes Drama seit ›Tod eines Handlungsreisenden‹«. Natürlich war die Wahl gerade dieses Stoffes für eine dramatische Bearbeitung durch Miller kein Zufall. Denn mindestens seit seinen Beobachtungen beim Frankfurter Auschwitz-Prozeß hat die Holocaust-Thematik einen immer stärker werdenden Einfluß auf sein künstlerisches Schaffen gewonnen, und Fania Fénelons authentische Dokumentation der fast die menschliche Vorstellungskraft übersteigenden Alptraumwelt des Konzentrationslagers mußte sich ihm geradezu exemplarisch anbieten, um als verantwortungsbewußter Künstler sein humanistisches und antifaschistisches Grundanliegen in einer Welt, die erneut von apokalyptischen Schreckensbildern heimgesucht erschien, deutlich zu machen. Nicht zuletzt mochte es Miller fasziniert haben, wie die Autorin des Buches »Das Mädchenorchester in Auschwitz« in höchst einfühlsamer Weise die zwischenmenschlichen Beziehungen der Häftlinge zu gestalten wußte – ihre Moral und ihre Vorurteile, die Ansätze von Widerstand, aber auch ihre Erniedrigung und Entmenschlichung, die Umwandlung menschlicher Charaktere unter Todesangst und widerwärtigsten Bedingungen zu Helden oder Schurken.

Gewiß, Arthur Millers Adaption folgt der Generallinie der epischen Vorlage und ist wie diese eine kompromißlose Absage an alle Formen der menschlichen Unterdrückung und Ausbeutung, des Rassismus und Antisemitismus, aber darüber hinaus quält doch Miller letztendlich immer wieder die Frage nach dem Bösen im Menschen überhaupt, seinem latenten Vorhandensein in jedem einzelnen von uns und der Möglichkeit seines unvorhersehbaren und unberechenbaren Hervorbrechens unter bestimmten Umständen. Zwar gibt es keine Entlastung oder Entschuldigung für das verbrecherische System des Faschismus und die unmenschlichen Taten seiner willfährigen Gefolgsleute, aber die Spezies Mensch schlechthin, in der eben Schönheit und Häßlichkeit, Gut und Böse, Erhabenes und Niederträchtiges in so komplizierter Weise beieinanderwohnen, entgeht jedoch einer generellen Schuldzuweisung nicht. Der dringliche Appell an jeden einzelnen zum Nachdenken über sich selbst und zur Selbstbefragung über die Mitverantwortlichkeit bei allem Bösen, was in der Welt geschieht, das ist die immer wiederkehrende Botschaft des humanistischen Dramatikers Arthur Miller.

Bereits 1958 hatte er ja in seinem Essay »Shadow of Gods« *(Der Schatten der Götter)* im Rahmen seiner »kritischen Betrachtung des amerikanischen Theaters« geschrieben, daß er sich als Dramatiker und Jude nach der Theaterinszenierung von »The Diary of Anne Frank« *(Das Tagebuch der Anne Frank)* verwirrt die Frage gestellt habe, »warum das, was im wirklichen Leben doch qualvollstes Leiden gewesen sein muß, auf der Bühne fast beruhigend wirkte«. Und er fuhr fort: »Als Schreiber von Bühnenstücken hatte ich technisch nichts von Bedeutung einzuwenden. Und ich hörte mich an dieses Stück dieselbe Frage stellen, die ich bereits früher aufgeworfen habe – wo liegt seine Bedeutung für das Fortbestehen des Menschengeschlechts? Nicht der Amerikaner oder der Juden oder der Deutschen, sondern aller Menschen ... Damit dieses Stück seine beruhigende Wirkung auf die Zuschauer verlöre und der Wahrheit des Lebens entspräche, müßten wir dahin gebracht werden, die Bestialität unserer eigenen Natur zu erkennen. Dann würden wir uns als Brüder nicht nur dieser Opfer, sondern auch der Nazis fühlen, dann würden wir den Ungeheuerlichkeiten unserer eigenen Existenz ins Angesicht sehen – nämlich unserem eigenen Sadismus, unserer eigenen Willfährigkeit, Befehlen von oben zu gehorchen, unserer eigenen Furcht, fest auf dem Prinzip der Humanität zu bestehen angesichts der schändlichen Macht von Massenorganisationen. Eine andere Dimension wartet darauf, sich hinter diesem Stück zu öffnen, eine Dimension, die unsere eigenen Schwächen gezeigt, eine Dimension, die uns zur Selbsterkenntnis geführt hätte ... Dann wäre sogar echte Tragödie möglich gewesen, weil es dann nicht mehr um die Frage gegangen wäre, warum die Nazis so grausam waren, sondern um die Frage, warum die Menschen – wir selbst – so grausam sind.«

Übrigens, Fania Fénelon schien nicht völlig einverstanden gewesen zu sein mit der Millerschen Bearbeitung ihres Buches. Sie hatte wohl die Verschiebung der Akzente erkannt und war der Ansicht, daß Miller in seinem Drehbuch eine »unkorrekte Gesamtatmosphäre« (The New York Times, 23. Oktober 1979) habe aufkommen lassen. Auch habe er manches Detail in der Direktheit und Konkretheit seiner ursprünglichen Aussage abgeschwächt. Als Beispiel verwies sie u. a. auf jene Stelle des Buches, in dem der brutale deutsche Lagerkommandant Kramer unversehens eines der Orchestermädchen beordert, als Kindermädchen für seine kleine Tochter zu arbeiten. Bei Miller sei daraus so etwas wie eine freundlich-wohlwollende Aufforderung geworden.

Millers Unsicherheit und seine gelegentliche Inkonsequenz, seine Neigung, dunkle Kräfte des Schicksals für reale soziale Erscheinungen verantwortlich zu machen, sind nichts Zufälliges, genausowenig, wie es sein Suchen nach menschlichen Werten, nach einer Erklärung der Einsamkeit, der »Entfremdung« des Menschen ist. Es sind Symptome der amerikanischen Gegenwartsdramatik, hervorgerufen durch den lastenden Druck eines Gesellschaftssystems, das in zunehmender und immer raffinierterer Weise den Menschen zu einem willenlosen Werkzeug seiner Interessen macht. Selbst Schriftsteller, die den Mut aufbringen, sozial relevante Themen aufzugreifen und sich dem Druck der offenen wie versteckten Reaktion entgegenzustemmen, verfallen nicht selten dem Skeptizismus und Pessimismus oder dem Einfluß von Ideen, die diesen Druck ideologisch verschleiern.

Trotzdem bleibt Arthur Miller mit seinem dramatischen Werk eine exzeptionelle Erscheinung des amerikanischen Kunstbetriebes der Gegenwart, ein Autor, der keinen geistigen Stillstand kennt und ständig auf der Suche nach neuen dramaturgischen Formen zur Verwirklichung seiner Ideen ist. Das Beglückende an Millers Dramatik ist das nie verstummende Bekenntnis zur Menschlichkeit und sein aktives Eintreten dafür; denn – so sagte er –: »Ich muß darauf beharren, meine Mitmenschen aufzurufen, daß wir einen Weg finden aus der Angst, die wir voreinander haben, herauszukommen, einen Weg zu finden, der jenseits des Existenzkampfes liegt, einen Weg zur Menschlichkeit!«

Eberhard Brüning

Quellenverzeichnis

Übertragungen ins Deutsche:
Volker Schlöndorff, Florian Hopf: »Tod eines Handlungsreisenden«
Marianne Wentzel: »Hexenjagd«
Robert Schnorr: »Blick von der Brücke«, »Erinnerung an zwei Montage«
Hans Sahl: »Zwischenfall in Vichy«, »Der Preis«
Gottfried und Inge Greiffenhagen: »Die große Depression«
Michael Schindlbeck: »Spiel um Zeit«

Hexenjagd The Crucible
© 1952/1953 by Arthur Miller.
German language translation Hexenjagd by S. Fischer Verlag, Frankfurt am Main.
© 1954 by Arthur Miller. All rights reserved under the Pan-American and International Copyright Unions.

Der Tod des Handlungsreisenden Death of a Salesman
© 1949 by Arthur Miller.
German language translation Der Tod des Handlungsreisenden by S. Fischer Verlag, Frankfurt am Main, © 1950 by Arthur Miller. All rights reserved under the Pan-American and International Copyright Unions.

Erinnerung an zwei Montage A Memory of two Mondays
© 1955 by Arthur Miller.
German language translation Erinnerung an zwei Montage by Fischer Bücherei, Frankfurt am Main, © 1962 by Arthur Miller. All rights reserved under the Pan-American and International Copyright Unions.

Blick von der Brücke View from the Bridge
© 1955, 1957 by Arthur Miller.
German language translation Blick von der Brücke by

Fischer Bücherei, Frankfurt am Main, © 1962 by Arthur Miller. All rights reserved under the Pan-American and International Copyright Unions.

Zwischenfall in Vichy Incident at Vichy
Copyright © 1964 by Arthur Miller as an unpublished play. Copyright © 1965 by Arthur Miller. German language translation © 1965 by Arthur Miller. All rights reserved under the Pan-American and International Copyright Unions.

Der Preis The Price
© Rowohlt Taschenbuch Verlag GmbH, Reinbek bei Hamburg, 1968. »The Price« © Arthur Miller und Ingeborg M. Miller, Trustee, 1968 »Arthur Miller Ponders The Price« © The New York Times Company, 1968

Die große Depression The American Clock
© 1981, 1982 by Arthur Miller.
© S. Fischer Verlag GmbH, Frankfurt am Main 1982

Spiel um Zeit Playing for Time
© 1980 by Syzygy Productions, Ltd.
© S. Fischer Verlag GmbH, Frankfurt am Main 1981

Inhalt